Hermann Fürst von Pückler-Muskau

Briefe eines Verstorbenen

Ein fragmentarisches Tagebuch aus Deutschland, Holland, England, Wales, Irland und Frankreich, geschrieben in den Jahren 1826 bis 1829

Erster Band
Dritter und vierter Teil

Mit zeitgenössischen Abbildungen
Herausgegeben von
Günter J. Vaupel

Insel Verlag

insel taschenbuch 1219
Erste Auflage 1991

Hinweise zu dieser Ausgabe am Schluß des zweiten Bandes
Vertrieb durch den Suhrkamp Taschenbuch Verlag
Umschlag nach Entwürfen von Willy Fleckhaus
Satz: Satz-Offizin Hümmer, Waldbüttelbrunn
Druck: Nomos Verlagsgesellschaft, Baden-Baden
Printed in Germany

1 2 3 4 5 6 – 96 95 94 93 92 91

Ludwig Heinrich Hermann Graf von Pückler-Muskau, geboren am 30. Oktober 1785 auf Schloß Muskau/Oberlausitz (ab 1822 Fürst), ist am 4. Februar 1871 auf Schloß Branitz bei Cottbus gestorben.

Sein Vater, Ludwig Graf von Pückler auf Branitz (1754-1811), heiratete 1784 die damals fünfzehnjährige Clementine Gräfin von Callenberg-Muskau. Zwei Jahre nach der Übergabe der Standesherrschaft Muskau (1798) an Ludwig Graf von Pückler, wurde die Ehe geschieden und Pücklers Mutter heiratete den Reichsgrafen von Seydewitz.

Nach dem Tod seines Vaters erbte Pückler die hochverschuldete und durch die preußischen Reformen bald darauf in ihrer Struktur veränderte Standesherrschaft. Altschulden aus der Zeit der Grafen Callenberg, seines Vaters und nicht zuletzt die aus eigenem ökonomischen Unvermögen und den zunehmend steigenden Ausgaben für die Gestaltung des Muskauer Parks (1815-1845) resultierenden Defizite veranlaßten ihn, die 1817 mit Lucie Gräfin von Hardenberg (1776-1854) geschlossene Ehe 1826 pro forma scheiden zu lassen, um in England eine reiche Partie zu suchen.

Von London aus schrieb Pückler an Lucie: »Ach meine Schnucke, hättest Du nur 150 000 Thaler, ich heiratete Dich gleich wieder. (...) Ach, meine Wünsche werden alle Tage bescheidener – Sicherheit ist das einzige, was der Mensch nicht entbehren kann«.

Die umfangreichen Briefe Pücklers, Zeugnisse seines Aufenthaltes in England, Wales und Irland (1827-1829), wurden von Lucie von Hardenberg und Varnhagen von Ense aufbewahrt und redigiert. Während Pückler selbst, nach seiner Rückkehr, auf die Überarbeitung der Briefe des III. und IV. Teils Wert legte, überließ er den I. und II. Teil Varnhagen. Allzu pikante Briefe wurden ausgesondert, aber aufbewahrt. (Eine Auswahl aus den Nachlaß-Briefen ist dieser Ausgabe beigefügt.)

Fürst Pückler-Muskau

insel taschenbuch 1219

Pückler-Muskau

Briefe eines Verstorbenen

Inhalt

Briefe 1826-1828

Briefe 1828-1829

Anhang

Briefe eines Verstorbenen
Dritter Teil

Ein fragmentarisches Tagebuch
aus Deutschland, Holland
und England,
geschrieben in den Jahren
1826 und 1827

S. 9 Warwick Castle

Vorwort des Herausgebers

Schon seit mehreren Monaten hatte mich mein Verleger um die Übersendung der zwei letzt-ersten Teile der Briefe eines Verstorbenen gemahnt, und doch war es mir fast unmöglich, sein Verlangen zu erfüllen, weil mir in den verworrenen, oft auch nicht vollständigen Manuscripten zu vieles dunkel oder ganz unverständlich blieb.

In dieser Not verfolgte mich unablässig der sonderbare Gedanke: ob es nicht möglich sei, mit dem Verstorbenen noch einmal mündlich zu verkehren, und – so unverständig, ja wahnwitzig manchem das vorkommen mag – diese Unterredung hat dennoch wirklich stattgefunden. Gegen *facta*[1] gehalten, müssen aber alle Theorien verstummen.

Wie sich so Unerhörtes jedoch höchst wunderbarerweise gestaltet und zugetragen, werde ich hier kürzlich erzählen.

Die unerwartet günstige Beurteilung, welche vom Gipfel des Parnasses, wie belebender Resurrektionstau[2], auf die Totenblätter gefallen war, hatte meine Sehnsucht nach dem Freunde, um ihm wo möglich so erfreuliche Kunde mitzuteilen, noch mehr als je gesteigert, und ich begann eines Abends schon, mich mit heidnisch-kabbalistischen[3] Beschwörungen zu beschäftigen, als ein ärztlicher Freund mich noch zur rechten Zeit unterrichtete, wie ich weit christlicher und schneller zum Zwecke kommen könne.

Der Leser ahnet wohl schon, auf welchen Weg er mich führte. Ja, er sandte mir jenes außerordentliche Buch, jene neueste Offenbarung: Die Seherin von Prevorst.[4]

Man denke sich, wie in so günstiger, empfänglicher Stimmung jedes letzte Vorurteil des gesunden Menschenverstandes schwinden, wie der überirdische Funke gewaltsam zünden, und gleich einem Blitze mein Inneres erleuchten mußte! ›O ihr edlen Wohltäter der Menschheit‹, rief ich, ebenso triumphierend als gläubig, aus, ›Dank Euch, das Geisterreich ist von Neuem erschlossen, und ist auch die erste Seherin in ihrem Berufe gestorben, warum sollte ihr nicht bald eine zweite folgen? Was einmal da war, kann auch wieder kommen, ja trügt mich die süße Hoffnung nicht, so ist diese Zweite schon gefunden!‹

Dieser Ausruf, geneigter Leser, hatte seinen guten Grund, denn schon seit geraumer Zeit lebte in meiner Nähe ein Mädchen, deren wunderbare Reizbarkeit des Nervensystems in der ganzen Gegend fast zum Sprichwort geworden war. Sie hatte früher als fromme Nonne im B... Kloster zu B... gestanden, und dort seltsame Fata[5] erlebt, wo sie, bei allen echt weiblichen Eigenschaften, zugleich vielfache Gelegenheit gehabt, auch eine wahrhaft männliche Entschlossenheit zu bekunden. Man raunte sich sogar ins Ohr, daß sie im Verlauf gewisser Verfolgungen mehr als einmal vergiftet worden; durch schleunigen Gebrauch der Magenpumpe jedoch immer glücklich wiederhergestellt worden sei. Wegen dieser geheimnisvollen Avantüren hatte man ihr den lugubren[6] Namen des N o n n e r i c h beigelegt, ihr eigentlicher Name war aber Theresel, und ihr Geburtsort Böhmen. Nach Aufhebung des Klosters zog sie sich zu einer mütterlichen Freundin zurück, und lebte jetzt, nach dem Hingange dieser, still für sich, nur den Mysterien eines glühenden Pietismus, und den Werken der ausgedehntesten Menschenliebe rücksichtslos hingegeben.

Dieses hochbegabte Wesen hatte sich so oft im Zustande freiwilliger magnetischer Ekstase befunden, daß durch eine, nach den Regeln der Kunst fortgesetzte, wissenschaftliche Manipulation, die höchsten Resultate unfehlbar erwartet werden durften, und an i h r e r Einwilligung war, bei jener bekannten Richtung ihres Naturells, kaum zu zweifeln.

Ich verlor also keinen Augenblick, und schrieb sogleich an meinen Freund, den Doktor Ypsilon, einen sehr gebildeten und gemütlichen Mann, der auch, wo es Experimente betrifft, keiner unpassenden Gewissenhaftigkeit Raum gibt, und bat ihn dringend um seine beste Hilfe, das große Resultat hervorzubringen, welches ich beabsichtigte.

Doktor Ypsilon war auch, wie ich erwartet, für mein Projekt sofort Feuer und Flamme. »Verlassen Sie sich auf mich«, erwiderte er, »und sollte ich selbst darüber den Kopf und Theresel das Leben verlieren, so muß sie doch *bon gré mal gré*[7] den höchsten Grad des Hellsehens erreichen, und hinter der großen Seherin in keiner ihrer wunderbaren Fakultäten zurückbleiben.

In der Tat segnete der Himmel unsern guten Vorsatz auf das sichtlichste. Der Erfolg übertraf noch die kühnsten Wünsche, denn ehe sechs Wochen vergingen, sah Theresel schon oben und unten, rechts und links, geistig und körperlich, durch sich und andere hindurch, und Geister aller Taillen und Farben gingen bei ihr aus und ein, wie in einer Schenke. Man muß zwar gestehen, es waren nicht immer die geistreichsten. Wir hatten sogar in diesem Punkt Unglück, aber ein sonderbares Vorurteil dieser Erde ist es auch, zu glauben: daß alle Geister Geist haben müßten – gewiß ebenso wenig, als alle Menschen menschlich sind. Gibt es doch sogar dumme Teufel, warum sollte es nicht auch dumme Geister geben!

Dem sei nun wie ihm wolle, kurz, der von mir so lang ersehnte Zeitpunkt war da, der Zweck aller Mühe erreicht, und bei der ersten besonders aufgeregten Stimmung der Prophetin, legte ich ihr meinen Wunsch auf den – Magen, das inbrünstige Wollen aller meiner verschiedenen Seelen und Geister: den verstorbenen Busenfreund noch einmal zu sehen.

Sie besann sich eine Weile, und sagte dann: »Was verlangst

du Lieber! wisse, L... kann nicht anders als zu Pferde erscheinen.« *»Comment«*, rief ich erstaunt, *»à cheval*[8] wie Napoleon?« »Nicht anders, mein Freund, so wollen es die unwandelbaren Gesetze des Zwischenreichs, denn L..., erinnere Dich, hatte unter vielen andern Fehlern auch den, ein viel zu leidenschaftlicher Reiter zu sein, und wie bei meiner Seelen-Freundin von Prevorst alte Ballvortänzer auch jetzt noch tanzend umherhüpfen müssen, so darf auch L... bei mir nur reitend eingelassen werden. Seine Erscheinung wird fürchterlich sein, ich sage es Dir vorher, waffne Dich mit Mut, doch Du hast es gewollt, ich rief ihn, und höre... da kömmt er schon!« Obgleich bereits passabel an den Umgang mit der andern Welt gewöhnt, durchrieselte doch ein kleiner Schauer mein Gebein, als ich jetzt – ›Tap... Tap... Tap...‹ vor der Türe erschallen hörte, und gleich dem Comthur in ›Don Juan‹[9] eine dämmernde, furchtbare Gestalt, mit dem Haupte schrecklich nickend, langsam ins Zimmer ritt.

Es schien wirklich, als habe mein Freund, zur Strafe für seine einstige Eitelkeit: immer die schönsten Pferde haben zu wollen, jetzt das magere Tier der Apokalypse besteigen müssen, ein fahles Ungeheuer, dessen Nüstern stahlblaue Dämpfe von sich stießen, und dessen Augen wie Feuerräder im Kopfe rollten. Daß es übrigens bei seinen ungeheuren Dimensionen, die gewiß dem trojanischen Pferde nichts nachgaben, dennoch in unsrer kleinen Stube Platz fand, war gewiß ein so offenbares Wunder, daß es auch dem Ungläubigsten jeden Gedanken an mögliche Täuschung der Sinne benehmen mußte. »O teurer Freund!« rief ich zitternd, noch ganz außer mir vor Schrecken und Freude, »bist Du es wirklich? Ja, jetzt erkenne ich schon wieder die alten lieben Züge, und, bei allen Geistern des Zwischenreichs, wirklich besser konserviert, als ich erwartete. Wieviel, o Freund, habe ich mit Dir zu reden, wieviel zu melden, wieviel zu erfahren, doch vor allem höre jetzt das: Was von Dir auf Erden allein zurückblieb – Deine posthumen, harmlosen Briefe[10] – sie haben mehr Gnade daselbst gefunden, als Du je im Traume gehofft, und dürfte ich mich etwas orientalisch ausdrücken, was besser zu Deiner exotischen Erscheinung paßt, so würde ich sagen: daß aus dem unansehnlichen Feuerstein der edelste Stahl einen helleuchtenden Rubin geschlagen, daß die Sonne das Stückchen Glas durch ihre Strahlenkraft einen Augenblick zum Brennspiegel erhoben hat – mit einem Wort, um *plan*[11] zu sprechen...«: Hier ergriff ich ein schon in der Tasche bereitgehaltenes Papier, und las, wie auf der Tribüne der französischen Deputiertenkammer, den Rest meiner Rede, und die Nr. 59 der Jahrbücher für wissenschaftliche Kritik, dem erstaunten Geiste vor*.[12]

Dieser (ein sanft aschgrauer, also nach den Regeln der Uniformierung des Zwischenreichs, schon beinahe halbseliger) war bei der ersten Nennung des salomonischen Namens etwas erblaßt, dann schnell errötet, und hörte hierauf, ohne ein Wort zu sprechen, dem Anschein nach tief in sich versunken, andächtig zu.

Als ich geendet, entschwebte seinen Lippen ein behaglicher Seufzer, und lächelnd lispelte er (ganz wie im Leben): »Auf Erden wollte mir das Glück nie wohl, Heil aber sollte mir dennoch von daher, hier im Zwischenreich widerfahren! Wandelte ich noch irdisch umher, mir würde sein, wie einem Türken, der, in der Menge verborgen, plötzlich einen Gesandten des Sultans auf sich zukommen sieht, um ihn mit dem Ehrenpelz zu bekleiden, und zum Pascha einiger Roßschweife zu ernennen. Lächle nicht über die scheinbare Eitelkeit dieses Vergleichs, mein guter Hermann; denn es steht mir ja wohl an, stolz zu sein auf Jupiters Lob, und es ist sogar Pflicht, meine eigne Bescheidenheit hier gefangen zu neh-

* O Eitelkeit!

men – denn wäre es nicht anmaßend, mich selbst richtiger schätzen zu wollen als Er?

Ist es mir aber vergönnt, nun auch dem Gehörten einige demutsvolle Worte zu entgegnen, so muß ich vor allem mein Staunen ausdrücken, wie der achtzigjährige Greis so jugendlich frisch noch in jeden mutwilligen Scherz des Weltkindes, in jede Kinderfreude an der Natur so teilnehmend freundlich einzugehen vermag, und wie hoch er dabei dennoch in seiner Dichter-Glorie oben über uns schwebt, und alle Zustände der Menschen, wie einer der Herzen und Nieren prüft, erkennt und schildert, ohne nötig zu haben, sie selbst zu teilen, noch sie aus eigner Erfahrung sich zu abstrahieren. Nicht richtiger hat Rhadamanth[13], als ich in der Unterwelt ankam, mir im Herzen gelesen, und selbst wenn mit wohlwollender Feinheit der gütige Meister andeutet, wie manche heterogene Aufsätze in jenem wunderlichen Buche wohl auch von fremder Hand sein könnten, so hat er auch darin im Wesentlichen Recht, denn zeigte es sich auch am Ende, daß Herausgeber und Autor nur eine Person wären, und ein und derselbe das Ganze geschrieben (was jedoch nur mystisch möglich sein könnte, da ich tot bin, und Du noch lebst) so wissen wir doch, daß es auch in demselben Individuo verschiedene Naturen geben könne, und daß, wenn die Linke nicht wissen soll, was die Rechte tut, auch manchmal die Linke tut, wovon die Rechte nichts wissen will.

Du, mein treuer Herausgeber, gehst ebenfalls nicht leer aus, und es wird Dir zum Verdienst angerechnet, daß Du ›offen aber nicht aufrichtig‹ bekanntest, wie gewisse besondere Umstände Dich nötigten, das Ende zum Anfang zu machen, während Du dadurch doch nur ein heilsames *clair-obscur*[14] über das Ganze breiten, und ihm, wie der Richter sagt, einen epischen Anstrich geben wolltest. So erscheinst Du denn, neben dem glücklichen Autor, auch als gewandter Editor, vor Reich und Zwischenreich, uns beiden aber wird schließlich Absolution erteilt, wenn wir auch wirklich gewagt haben sollten, hie und da Dichtung (bescheidner, Fiktion) mit Wahrheit zu vermischen.«

Der Verstorbene (wie man sieht, mit ziemlicher Redseligkeit begabt) machte Miene noch länger fortfahren zu wollen, als eine dröhnend schallende Glocke ertönte, und ihm plötzliches Stillschweigen auflegte. Es war, wie wir bald merkten, ein warnendes Zeichen für ihn: sein stündliches Strafpensum abzureiten, welches diesmal in dreimal drei Volten[15], in neun verschiedenen Gangarten, rund um die Stube bestand. Es war schrecklich anzusehen, wie der ungeheure, uns mehr als spanisch vorkommende Tritt des höllischen Gaules ihm fast den Atem zu benehmen schien. Noch mehr schauderten wir aber, als jetzt der, gleich einem Kometen in elliptischen Bahnen kreisende Schweif des Untiers, vor unsern Augen mehrere schöne Porzellantassen (alles echte altsächsische) von einer Konsole herabkehrte, die in Scherben auf dem Boden zertrümmerten, ohne dennoch das mindeste Klirren vernehmen zu lassen – denn die Prevorst'schen Geister haben nicht nur die Fähigkeit, immaterielle Klänge hervorzubringen, die materiell gehört werden, sondern auch solche, die ihnen unangenehm oder nicht anständig scheinen, unhörbar zu machen, ein Vorrecht der Zwischenregionen, welches verschiedene Bequemlichkeiten darbieten muß.

Als mein Freund endlich wieder still hielt, und sich keuchend den Schweiß von der Stirne trocknete, benutzte ich den günstigen Augenblick schnell, um von neuem also zu sprechen: »Die guten Nachrichten, die ich Dir zu bringen habe, sind noch nicht zu Ende. Vernimm, daß auch eine andere gewichtige Stimme in Deutschlands kritischen Gauen zu Deinem Preise erschallte, und den eigenen Glanz Dir als wohltuende Folie unterlegte – und manche andere wertvolle Namen sind demselben Beispiel gefolgt. Ein Freimütiger[16] darunter, der Dich wahrlich nicht übel kennt, obgleich er

Dich sichtlich mit einer andern Person verwechselt, hat sogar ausgemittelt, daß Du bei aller Liberalität, doch gerade noch genug Adelstolz besäßest (gestehe, verehrtester Zwischengeist, er hat nicht ganz Unrecht), und dabei uns zugleich seine Theorie vom Adel mitgeteilt, nämlich daß dieser sein und nicht scheinen solle. Viel verlangt in der Tat! denn, wäre nur gesagt, der Adel solle nicht bloß scheinen, sondern auch sein, so wäre dies zwar immer noch, in Sandomir[17] wenigstens, unmöglich, jedoch denkbar – aber Sein ohne allen Schein, sozusagen, eine unsichtbare Existenz, ein Licht ohne Flamme – *voilà qui est difficile!*[18] O Gott! da entfuhr mir wieder eine französische Floskel, die, wie ich selbst fühle, zarten deutschen Ohren doch so empfindlich sein muß! *Pardon,* es soll nicht mehr geschehen.*[19]

Noch schmeichelhafter ist die, in seiner reichen Bildergalerie ausgesprochene Anerkenntnis jenes liebenswürdigen deutschen Humoristen[20], der, wenn er dem Auge eine Träne entlockt, während sie herabfällt, die Lippen schon wieder zwingt, sie mit Lächeln aufzufangen.

Damit Dir aber nichts Wünschenswertes fehle, ward Dir auch von den Pharisäern einiger obskure Tadel. Ja, eine arme Seele ist sogar auferstanden, um den Verstorbenen hienieden mit einem schwülstigen Mischmasch anzugreifen, der jedoch bei Freund und Feind nichts als den lebhaftesten Wunsch erregt hat, jene Verschollene möge doch lieber ruhig schlafen geblieben sein, statt das Publikum von neuem gähnen zu machen. Noch mehr. Selbst mit dem großen Unbekannten[21] brachte man Dich in einige entfernte Berührung, indem manche, – die überhaupt heutzutage gar nicht mehr

* Übrigens hätte jener, gewiß von mir herzlich verehrte, deutsche Purist doch gewiß am Ende seiner Kritik sich weit richtiger ausgedrückt, wenn er sich herabgelassen hätte, statt dem hier unpassenden, harten, auch nicht ganz deutschen Wort: Skandal, das englische ›*scandal*‹ zu gebrauchen.

begreifen können, wie ein Minister wohl etwas ohne seine Räte, ein General ohne seinen Generalstab, ein Monarch ohne sein Ministerium, allein hervorbringen könne – auch Dein Büchlein, gleich jenes Erhabnen unsterblichen Romanen, einer ganzen *compagnie*[22] größerer und kleinerer Autoren beiderlei Geschlechts zugeschrieben, und sich, hie und da gereizt, (denn Wahrheit tut weh) schmählig in Unschuldige, oder gar in die bloße Luft verbissen. So haben sich denn, lieber Toter, auf die glücklichste Weise für Dich, Licht und Schatten aus den verschiedensten Regionen vereinigt, um...«

»Mon cher«, unterbrach mich hier Theresel, und ergriff verdrießlich meinen Arm, »vergiß nicht, *que tous les genres sont bons hors le genre ennuyeux*[23], der einzige Umstand, in welchem ich mit meiner Freundin von Prevorst nicht harmoniere. Es ist genug für diesmal: Ihr müßt uns jetzt alle verlassen, denn die Zeit naht heran, wo der Geist vom Rosse steigen wird, um die Nacht bis zum Hahnenschrei mit mir zuzubringen. Ihr wißt, wie die unmittelbare Atmosphäre der Erwählten seine Seligkeit um Jahrhunderte beschleunigen kann, und es liegt mir ob, dies Werk christlicher Liebe keinen Augenblick länger zu verschieben, so entsetzlich ich auch dadurch geschwächt werde – aber was ist mein elender Körper gegen eine so hohe Bestimmung, gegen eine so heilbringende Einwirkung auf das Geisterreich!«

Ehrfurchtsvoll traten wir Lebenden zurück. Mein Freund lächelte, fast so sarkastisch, als sei er noch ein schwarzer Geist, sagte, indem er seine Hand küssend mir zuwinkte: *»Au revoir mon ami«*[24] und verschwand, eben als ich die Türklinke ergriff, hinter Theresels Bettvorhängen. Sein Roß aber wirbelte, als der angenehmste Duft von *essence de bouquet*[25], im Kamine empor.

Auf die Straße gekommen, sah ich, noch in halber Betäubung, nach meiner Uhr, *o horror!* in der ganzen Stadt hatte es

5 Uhr geschlagen, als ich in das Haus der Seherin eintrat, jetzt war es drei. Die Zeit also war seitdem, man schaudert, statt vorwärts – rückwärts gegangen! Brauche ich noch zu sagen, daß ich nach dieser ersten *entrevue*[26], nicht nur meinen Freund öfters sah, und jede von ihm gewünschte Auskunft erhielt, sondern daß ich auch überhaupt an dem Geisterverkehr ebensoviel Vergnügen zu finden anfing, als mein Gehilfe, Doktor Ypsilon? Tag für Tag mußte Freund und Feind uns erscheinen, für ein Billiges erlösten wir manchen armen Schlucker, der seit Jahrhunderten als Geist herumlief, weil es ihm an vier Groschen fehlte, um eine gute Tat zu tun, und wollte ich hier erzählen, welche Aufschlüsse uns da geworden, welche Rätsel uns gelöst, welche überraschende Aufklärungen wir über die Geschichte erhalten, was uns Moses und die Propheten, die ›Eiserne Maske‹, Sebastian von Portugal, der falsche Waldemar, Cagliostro und der Graf von St. Germain vertraut – wir endeten kaum.[27] Es ist wahr, Theresel, die uns oft vergebens um Mitleid anflehte, hielt es nicht aus. – Sie ruht nun auf dem Kirchhof, wie ihre große Vorläuferin, und starb – man muß es gestehen – einen elenden Tod. Aber wohl dem, der für das allgemeine Beste sich opfert, oder auch geopfert wird. Für die Überbleibenden ist wenigstens Beides Eins.

Doch auch wir brachten ein Opfer, und bezahlten unsere Schuld. Denn da wir bei jedem Experiment von neuem in der Zeit rückwärts schritten, so hatten wir am Ende nicht bloß, wie die Weltumsegler, einen ganzen Tag, sondern wohl mehr als Jahre verloren, ja oft wollte es uns dünken, es seien soviel Jahrhunderte.*

* Sollte man vielleicht diese Details ebenso unglaublich und läppisch finden, so würde uns solches Urteil sehr schmeicheln, denn bekanntlich sind diese Eigenschaften eben die sichersten Zeichen der Wahrheit und Authentizität. S. hierüber das Nähere in der überzeugenden Einleitung zur ›Seherin von Prevorst‹.

Postscriptum

Ehe ich von dem geneigten Leser ganz Abschied nehme, muß ich denselben noch demütigst, im Namen meines Verlegers, um Verzeihung bitten, einmal wegen der unerhörten Menge Druckfehler, welche gleich Mücken, nach Sonnenuntergang, in den früheren Teilen dieses Werkes[28] wimmeln, und hoffentlich in den jetzt vorliegenden nicht wieder aufleben werden; zweitens wegen der höchst seltsamen Kupfer, die ihnen (auch als Specimina[29] von Stein-Druckfehlern) beigefügt wurden. Man kennt jene hundert Abbildungen, die in ganz unmerklichen Abweichungen, so daß zwei Blätter sich immer vollkommen zu gleichen scheinen, dennoch gradatim[30] den ungeheuern Sprung, von einem ausgespannten Frosch bis zum Apoll von Belvedere zurücklegen. Man kann wohl kaum annehmen, daß die grotesken Figuren im Buche des Verstorbenen, in der erwähnten Galerie weiter hinauf, als höchstens am Ende des ersten Dutzends der Gradation, einrangiert werden könnten. Da aber die Kunst, besonders für angenehme Kleinigkeiten, jetzt auf allen Gassen sich feilbietet, und daher Besseres nur gewollt zu werden braucht, um es sogleich zu finden, so habe ich den Herrn F. G. Franckh[31] im Verdacht, irgend etwas Geheimes, vielleicht etwas Mystisches, oder eine mordante Satire[32] dabei *in petto*[33] gehabt zu haben – vielleicht gar einen gefährlichen Umtrieb! in diesem Falle aber wasche ich meine Hände in Unschuld!

Von den zuerst erwähnten Druckfehlern sind schon die gröbsten namhaft gemacht, leider aber bei der ersten schnellen Durchsicht kaum die Hälfte derselben bemerkt worden. Wir erwähnen hier nur noch, als besonders sinnentstellend, daß unter einer Menge Noten des Verfassers: ›Anmerkung des Herausgebers‹ steht, und zuweilen umgekehrt. Die möchte den Unachtsamen fast glauben machen, beide seien nur eine Person, wogegen ich jedoch auf's ernstlichste protestieren muß, da ich keineswegs gesonnen bin, mich so schnell zu den Verstorbenen zu zählen, und auch hoffe, daß, wenigstens die Pluralität der Leser, mir noch das liebe Leben, ›die süße Gewohnheit des Daseins‹ einige Zeit lang gönnen wird.

Die folgenden Briefe selbst betreffend, will ich endlich noch bemerken, daß, obgleich sie aus den Jahren '26, '27 und '28 sind, und daher veraltet dünken möchten, der geneigte Leser dennoch viel Anklänge mit dem Neuesten darin finden wird, und man auch Rücksicht darauf genommen hat, nur dasjenige von ältern Nachrichten bestehen zu lassen, was noch jetzt ebenso wahr als gültig bleibt, hingegen alles zu streichen, was sein Interesse für den Augenblick schon verlor.

S... den 1. März 1831.

* * *

(Die in vorstehendem Postscriptum ausgesprochenen Rügen der Druckfehler haben in dieser neuen Auflage durch möglichst sorgfältige Korrektur ihre Erledigung gefunden.)

Inhaltsverzeichnis des dritten Teils

* * *

Erster Brief

[s. a. Nachlaß-Briefe S. 392 ff.]
Dresden, den 8ten Sept. 1826

Meine teure Freundin!

Deine Liebe bei unserm Abschied in B... hat mir so wohl und weh getan, daß ich mich noch nicht davon erholen kann. Immer steht Deine kummervolle Gestalt vor mir, ich lese noch den tiefen Schmerz in Deinen Blicken und Tränen, und mein eigenes Herz sagt mir nur zu sehr, was Du dabei empfunden haben mußt. Gott gebe uns bald ein so freudiges Wiedersehen, als der Abschied traurig war!

Ich kann vorderhand nichts sagen, als Dir in's Gedächtnis rufen, was ich so oft wiederholte, daß ich ohne Dich, meine Freundin, mit mir in dieser Welt zu wissen, keine ihrer Freuden mehr ungetrübt genießen könnte, daß Du also, wenn Du mich liebst, vor allem über Deine Gesundheit wachen, Dich durch Geschäfte, so viel Du kannst, zerstreuen, und auch die ärztlichen Anordnungen nicht verabsäumen sollst.

Als mich auf dem Wege die Schwermut, welche allen Gegenständen einen so trüben Anstrich gibt, ganz überwältigen wollte, suchte ich eine Art Hilfe bei Deiner Sévigné[1], deren Verhältnis mit ihrer Tochter in der Tat viel Ähnliches mit dem unsrigen hat, mit der Ausnahme jedoch: *que j'ai plus de votre sang*[2], als Frau von Grignan von dem ihrer Mutter. Du aber gleichst der liebenswürdigen Sévigné, wie dem Portrait einer Ahnfrau. Die Vorzüge, welche sie vor Dir hat, gehören ihrer Zeit und Erziehung an, Du hast andere vor ihr voraus, und was dort vollendeter und abgeschlossener als klassisch erscheint, wird bei Dir – reicher und sich in das Unendliche versenkend – romantisch. Ich schlug das Buch *au hasard*[3] auf. Artig genug war es, daß ich gerade auf diese Stelle traf:

›N'aimons jamais ou n'aimons guères
Il est dangéreux d'aimer tant!‹

worauf sie gefühlvoll hinzusetzt,

›Pour moi j'aime encore mieux le mal que le remède,
et je trouve plus doux d'avoir de la peine à quitter
les gens que j'aime, que de les aimer médiocrement.‹[4]

Ein wahrer Trost ist es mir schon jetzt, Dir ein paar Zeilen geschrieben zu haben. Seit ich mich wieder mit Dir unterhalte, glaube ich Dir auch wieder näher zu sein.

Reiseabenteuer kann ich Dir noch nicht mitteilen, ich war so sehr mit meinen innern Empfindungen beschäftigt, daß ich kaum weiß, durch welche Orte ich gekommen bin.

Dresden erschien mir weniger freundlich als gewöhnlich, und ich dankte Gott, als ich mich im Gasthof auf meiner Stube wieder häuslich eingerichtet fand.

Der Sturm, der mir den ganzen Tag gerade in's Gesicht blies, hat mich übrigens sehr erhitzt und fatiguiert[5], und da ich ohnedem, wie Du weißt, nicht ganz wohl bin, so bedarf ich der Ruhe.

Der Himmel gebe auch Dir in M… eine sanfte Nacht, und einen lieben Traum von Deinem Freunde!

Den 10ten früh

Vous avez sans doute cuit toutes sortes de bouillons amers, ainsi que moi.[6] Indessen bin ich heiterer und wohler aufgestanden, als gestern, und gleich zur Aufräumung meiner Sachen, wie zu allen den kleinen Geschäften geschritten, welche die Vorbereitung für eine weite Reise nötig machen. Am Abend fühlte ich mich wieder recht angegriffen, und da ich

Schloß und Park in Muskau

einen Rückfall meines nervösen, hypochondrischen Übelbefindens befürchtete, was Du meine ›*maladie imaginaire*‹[7] tauftest, so ließ ich den Hofrat W... kommen, den Lieblingsarzt der hier durchreisenden Fremden, weil er, seine Geschicklichkeit abgerechnet, ein amüsanter und lustiger Gesellschafter ist. Du kennst meine Art, Ärzte zu gebrauchen. Niemand kann mehr homöopathischer Natur sein – denn in der Regel kuriert mich schon das bloße Gespräch mit ihnen über meine Übel und ihre Heilmittel zur Hälfte, und nehme ich dann ja noch etwas von dem Verschriebenen, so geschieht es gewiß nur in Tausendteilchen. Dies bewährte sich auch heute, und nach einigen Stunden, die W... an meinem Bette zubrachte, und mit mancher pikanten Anekdote würzte, soupierte ich mit besserem Appetit, und schlief leidlich bis zum hohen Morgen. Als ich meine Augen aufschlug, fielen sie auf ein Briefchen von Dir, das der ehrliche B... mir auf die Decke gelegt hatte, wohl wissend, daß ich den Tag nicht freudiger beginnen könnte. In der Tat, nach dem Vergnügen von Dir zu hören, habe ich nur noch eins – Dir zu schreiben. – Fahre nur fort, so ganz zwanglos Deinen Gefühlen Worte zu geben, und schone auch die meinigen nicht. Ich weiß es ja wohl, daß Deine Briefe noch lange einer ernsten, trüben Landschaft gleichen müssen! Ich werde beruhigt sein, wenn ich nur manchmal ein liebliches Sonnenlicht seine Strahlen hineinwerfen sehe.

Leipzig, den 11ten

In einem recht schönen Zimmer mit wohlgebohntem Parkett, eleganten *meubles* und seidenen Vorhängen, alles noch in der ersten *fraîcheur*[8], deckt man soeben den Tisch für mein *dîner*, während ich die Zeit benütze, Dir ein paar Worte zu schreiben.

Ich verließ heute früh um 10 Uhr Dresden in ziemlich guter Stimmung, das heißt, bunte Phantasiebilder für die Zukunft ausmalend, nur die Sehnsucht nach Dir, gute Julie, und die daraus folgende Vergleichung meines faden und freudelosen Alleinseins gegen die herrliche Lust, mit Dir in glücklicheren Verhältnissen diese Reise machen zu können, griffen mir oft peinlich an's Herz.

Vom Wege hieher ist nicht viel zu sagen, er ist nicht romantisch, selbst nicht die, mehr Sand als Grün zur Schau tragenden, Weinberge bis Meißen. Doch erregt die zu offene, aber durch Fruchtbarkeit und Frische ansprechende Gegend zuweilen angenehme Eindrücke, unter andern bei Oschatz, wo der schön bebuschte Culmberg, wie ein jugendlich gelocktes Haupt in das Land hineinschaut. Die Chaussee ist gut, und es scheint, daß auch in Sachsen das Postwesen sich verbessert, seitdem in Preußen der vortreffliche Nagler eine neue Post-Ära geschaffen hat.[9] Nichts ist mir dabei belustigender als B...s frischer Eifer, der selbst die Gutwilligsten unter den Phlegmatischen rastlos antreibt, und sich gegen sie benimmt, als habe er bereits mit mir die ganze Welt durchreist, und es, wie sich von selbst versteht, überall besser gefunden, als im Vaterlande.

Bei dem gereizten Zustande meiner Gesundheit ist der bequeme englische Wagen eine wahre Wohltat. Ich tue mir überhaupt etwas darauf zugute, das Reisen in gewisser Hinsicht besser als andere zu verstehen, nämlich die größte Bequemlichkeit, wozu auch das Mitnehmen der möglichsten Menge von Sachen gehört (in der Ferne oft liebe, gewohnte Andenken) mit dem geringsten *embarras*[10] und Zeitverlust zu verbinden zu wissen. Diese Aufgabe habe ich besonders diesmal vollkommen gelöst. Ehe ich in Dresden einpackte, glaubte man ein Warenlager in meinen Stuben zu sehen. Jetzt ist alles in den vielfachen Behältnissen des Wagens verschwunden, ohne diesem dennoch ein schweres überladenes Ansehen zu geben, das unsre Postillone so leicht erschreckt, und den Gastwirten einen auf der großen *tour* Begriffenen anzeigt. Jede Sache ist bei der Hand, und dennoch wohl gesondert, so daß, im Nachtquartier angekommen, in wenigen Minuten das ›häusliche Verhältnis‹ in dem fremden Orte schon wieder hergestellt ist. Unterwegs aber geben mir die hellen Kristallfenster vom größten Format, die kein Gepäck und kein Bock verbaut, ebenso freie Aussicht als eine offene Kalesche, und lassen mich zugleich Herr der Temperatur, die ich wünsche. Die Leute auf ihrem hinter dem Wagen befindlichen hohen Sitze, übersehen von dort alles Gepäck und die Pferde, ohne in das Innere neugierige Blicke werfen, noch eine Konversation daselbst überhören zu können, wenn ja, im Lande der Brobdingnags[11] oder Lilliputs angelangt, einmal Staatsgeheimnisse darin verhandelt werden sollten. – Ich könnte ein Kollegium über dieses Kapitel lesen, das dem Reisenden gar nicht unwichtig ist, bin aber hier nur deshalb so weitläufig geworden, um Dir ein vollständiges Bild zu liefern, wie Du mich, die Welt durchziehend, Dir denken sollst, und das nomadische Wohnhaus, mit dem die wechselnden Postgäule mich täglich weiter Deinem Gesichtskreise entrücken.

Der Wirt im Hôtel de Saxe, gewiß einem der besten Gasthöfe in Deutschland, ist ein alter Bekannter von mir, der, als ich in Leipzig studierte, sich sogar manches Recht auf meine Dankbarkeit erwarb. Viele fröhliche, zuweilen ausgelassene Mahle wurden damals in seinem Hause gehalten, und ich lud ihn daher ein, auch heute mein einsameres zu teilen, um mir von der Vergangenheit und dem wilden Jünglingsleben wieder etwas vorzuerzählen. Die jetzigen Zeiten sind leider überall ernster geworden, sonst ward das Vergnügen fast zum Geschäft erhoben, man dachte und studierte nur darauf, und den stets Tanzlustigen war gar leicht aufgespielt – heutzutage findet man das Vergnügen nur noch im Geschäft, und großer Reizmittel bedarf es, um außerdem froh zu werden, wenn es überhaupt noch erlangt wird.

Weimar, den 13ten abends

Ich will Dich mit keiner einzigen Tirade über die Schlachtfelder von Leipzig und Lützen, noch einer Beschreibung des chetiven[12] Monuments Gustav Adolphs, noch der magern Schönheiten der Umgegend von Schulpforte ermüden. In Weißenfels, wo ich ein Buch zu kaufen wünschte, war ich verwundert, zu hören, daß in des großen Müllners[13] Wohnort kein Buchhändler zu finden sei. Wahrscheinlich haben sie gefürchtet, daß er ihnen dort aus erster Hand einen Prozeß an den Hals hängen würde.

Die Fluren von Jena und Auerstädt betrat ich mit eben den Gefühlen, die zwischen den Jahren 1806 und 1812 ein Franzose der großen Armee gehabt haben mag, wenn er über Roßbachs Felder schritt, denn der letzte Sieg bleibt (wie das letzte Lachen) immer der beste – und als nach so vielen Schlachterinnerungen mich der Musensitz, das freundliche Weimar in seinen Schoß aufnahm, segnete ich den edlen Fürsten, der hier ein Monument des Friedens aufgerichtet, und einen Leuchtturm im Gebiete der Literatur aufbauen half, der so lange in vielfarbigem Feuer Deutschland vorgeflammt hat.

Am nächsten Tage stellte ich mich diesem, meinem alten Chef[14], und den sämtlichen hohen Herrschaften vor, die ich wenig verändert, den Hof aber durch zwei liebenswürdige Prinzessinnen vermehrt fand, die, wären sie auch im geringsten Privatstande geboren, durch äußern Reiz und treffliche Erziehung ausgezeichnet erscheinen müßten. Man ist übrigens hier noch von einer, anderwärts ganz aus der Mode gekommenen, Artigkeit gegen Fremde. Kaum war ich angemeldet, als schon ein Hoflakai bei mir erschien, um sich nebst einer Hofequipage für die Zeit meines Hierseins zu meiner Verfügung zu stellen, und mich zugleich ein für allemal zur Mittagstafel einzuladen.

Der Großherzog hatte am Morgen die Güte, mir seine Pri-

Goethes Gartenhaus

vatbibliothek zu zeigen, die elegant arrangiert, und besonders reich an prächtigen englischen Kupferwerken ist. Er lachte herzlich, als ich ihm erzählte, kürzlich in einem Pariser Blatte gelesen zu haben, daß auf seinen Befehl Schiller ausgegraben worden sei, um sein Skelett in des Großherzogs Bibliothek *in natura* aufzustellen. Die Wahrheit ist, daß bloß seine Büste mit denen anderer die Säle ziert, sein Schädel aber dennoch, wenn ich recht hörte, im Postamente derselben verwahrt wird, allerdings eine etwas sonderbare Ehrenbezeugung.

Den Park sah ich mit erneutem Vergnügen wieder.[15] Die Gegend ist zwar nicht eben reich an pittoresker Schönheit, aber die Anlagen sind so verständig erdacht, die einzelnen Partien so sinnig und schön ausgeführt, daß sie ein Gefühl der Befriedigung zurücklassen, welches ähnliche Bestrebungen, auch bei günstigerer Natur, selten in dem Grade hervorbringen. Als neuen Zusatz fand ich in einem weiten Rondell, in dessen Mittelpunkt ein herrlicher alter Baum steht, einen kleinen botanischen Garten angelegt, wo man, nach dem Linnèischen System[16] geordnet, einzelne Exemplare aller im Freien aushaltenden Bäume, Sträucher und Pflanzen antrifft, die der hiesige Park und Garten enthält. Es kann keinen freundlichern Ort zum lebendigen Studium der Botanik geben, als den Sitz unter diesem alten Baume, der wie ein ehrwürdiger Stammvater auf die ihn umgebende Jugend von allen Formen, Blättern, Blüten und Farben herabschaut. Im Verlauf meiner Exkursion besah ich auch noch ein Mustervorwerk des Großherzogs, wo kolossales Schweizervieh wenig Milch gibt – denn diese Verpflanzungen des Fremden taugen gewöhnlich nicht viel; ferner die anmutige Fasanerie, die reich an Gold- und Silberfasanen und weißen Rehen ist. Einen seltsamen Anblick gewährte der große Trutenbaum, auf welchen 70 bis 80 dieser schwerfälligen Vögel vom Fasanenjäger gewöhnt sind, gemeinschaftlich hinaufzuklettern, wo dann die alte Linde, über und über mit solchen Früchten behangen, ein wunderbar exotisches Ansehen gewinnt.

Da man sehr zeitig bei Hofe speist, hatte ich kaum Zeit, mich *en costume* zu werfen, und fand, etwas spät kommend, schon eine große Gesellschaft versammelt, unter der ich mehrere Engländer bemerkte, die jetzt sehr vernünftigerweise hier deutsch studieren, statt früher mit vieler Mühe den Dresdner ungraziösen Dialekt zu erlernen, und äußerst gastfrei aufgenommen werden. Die Unterhaltung bei Tafel wurde bald sehr animiert. Du kennst die Jovialität des Großherzogs, der hierin ganz seinem Freunde, dem unvergeßlichen Könige von Bayern, gleicht. Man rekapitulierte mehrere scherzhafte Geschichten aus der Zeit, wo ich noch sein Adjutant zu sein die Ehre hatte, und nachher mußte ich mein großes *cheval de bataille*[17] reiten – die Luftballon-Fahrt. Interessanter waren Herzog Bernhards Erzählungen[18] von seiner Reise in Nord- und Süd-Amerika, die wir, wie ich höre, bald mit Anmerkungen von Goethe versehen, gedruckt lesen werden. Dieser Prinz, den die Geburt hoch gestellt hat, steht als Mensch noch höher, und niemand konnte, namentlich den freien Amerikanern, eine vorteilhaftere Idee von einem deutschen Fürsten geben, als gerade er, der freie Würde im Benehmen mit echter Liberalität der Gesinnung, und anspruchloser Liebenswürdigkeit des Umgangs verbindet.

Abends war große *assemblée*, eine Art Vereinigung, die ihrer Natur nach nicht zu den genußreichsten gehört. Jede Annehmlichkeit aber kehrte für mich zurück, als ich beim Spiel der Frau Großherzogin gegenüber meinen Platz eingenommen hatte. Wer hat nicht von dieser edlen und vortrefflichen deutschen Frau gehört, die selbst Napoleon mit ihrer stillen Klarheit zu imponieren wußte, und von jedem geliebt wird, der ihres milden und liebreichen Umgangs sich erfreuen darf. Wir saßen zwar, wie gesagt, am Spieltisch, gaben aber wenig auf die Whist-Regeln[19] Achtung, und heitere Unterhaltung nahm den größten Teil der Zeit hinweg.

An einem Hofe wie der hiesige, den so viele Fremde besuchen, kann es nicht daran fehlen, daß oft seltsame Originale sich einfinden, die, auch den am wenigsten zum Medisieren[20] Geneigten, Stoff zu pikanten Anekdoten liefern müssen. Einige ganz lustige wurden mir nach beendigtem Spiele, als ich mich wieder unter die Gesellschaft gemischt, erzählt, unter andern auch eine merkwürdige, Visiten-Karte *in natura* gezeigt, die einer bekannten, von einem Engländer kursierenden Anekdote wahrscheinlich ihr Dasein verdankte. Dies Vorbild brachte nämlich den, wegen seiner lustigen Laune fast berüchtigten, Baron J... auf den Gedanken, die Sache mit einem seiner Tisch-Freunde, einen ehemaligen Hauptmann, dem die Welt und ihre Sitten ziemlich fremd geblieben waren, von neuem ins Leben zu rufen. Er insinuierte[21] zu diesem Endzweck dem bisher ganz einsam in D... Lebenden, daß es die Höflichkeit von ihm jetzt durchaus erfordere, eine Visiten-Runde in der Stadt zu machen, worauf der harmlose Capitaine geduldig erwiderte, er wisse zwar damit keinen Bescheid, wolle sich aber gern der Leitung J...s überlassen. »Wohlan«, sagt dieser, »ich werde die Visiten-Karten, die französisch sein müssen, und alles übrige selbst besorgen, und Dich in drei Tagen in meinem Wagen abholen. Du wirst Uniform anziehen, und auf den Karten muß bemerkt werden, in wessen Diensten Du früher gestanden.« Alles geschah, wie verabredet, man kann sich aber denken, welchen lachenden Gesichtern die Besuchenden begegneten, da ihnen überall Visiten-Karten folgenden Inhalts vorangeschickt worden waren:

Le Baron de J... pour présenter: feu *Monsieur le Capitaine de M..., jadis au service de plusieurs membres de la confédération du Rhin.*[22]

Den 14ten

Diesen Abend stattete ich Goethe meinen Besuch ab. Er empfing mich in einer dämmernd erleuchteten Stube, deren *clair-obscur*[23] nicht ohne einige künstlerische Koketterie arrangiert war. Auch nahm sich der schöne Greis mit seinem Jupiters-Antlitz gar sittlich darin aus. Das Alter hat ihn nur verändert, kaum geschwächt, er ist vielleicht weniger lebhaft als sonst, aber desto gleicher und milder, und seine Unterhaltung mehr von erhabener Ruhe als jenem blitzenden Feuer durchdrungen, das ihn ehemals, bei aller Grandezza, wohl zuweilen überraschte. Ich freute mich herzlich über seine gute Gesundheit, und äußerte scherzend, wie froh es mich mache, unsern Geister-König immer gleich majestätisch und wohlauf zu finden. »O, Sie sind zu gnädig«, sagte er mit seiner immer noch nicht verwischten süddeutschen Weise, und lächelte norddeutsch, satirisch dazu, »mir einen solchen Namen zu geben.« – »Nein«, erwiderte ich, wahrlich aus vollem Herzen, »nicht nur König, sondern sogar Despot, denn Sie reißen ja ganz Europa gewaltsam mit sich fort.« Er verbeugte sich höflich, und befrug mich nun über einige Dinge, die meinen früheren Aufenthalt in Weimar betrafen, sagte mir dann auch viel Gütiges über M... und mein dortiges Streben, mild äußernd, wie verdienstlich er es überall finde, den Schönheitssinn zu erwecken, es sei auf welche Art es wolle, wie aus dem Schönen dann immer auch das Gute und alles Edle sich mannigfach von selbst entwickele, und gab mir zuletzt sogar, auf meine Bitte, uns dort einmal zu besuchen, einige aufmunternde Hoffnung. Du kannst Dir vorstellen, Liebste, mit welchem *empressement*[24] ich dies aufgriff, wenn es gleich nur eine *façon de parler*[25] sein mochte. Im fernern Verlauf des Gesprächs, kamen wir auf Sir Walter Scott. Goethe war eben nicht sehr enthusiastisch für den großen Unbekannten eingenommen. ›Er zweifle gar nicht‹, sagte er, ›daß er seine Romane schreibe, wie die alten Maler mit ihren Schülern gemeinschaftlich gemalt hätten, nämlich, er gäbe Plan und Hauptgedanken, das Skelett der Szenen an, lasse aber die Schüler dann ausführen, und retouchiere nur zuletzt.‹ Es schien fast, als wäre er der Meinung, daß es gar nicht der Mühe wert sei, für einen Mann von Walter Scotts Eminenz seine Zeit zu so viel fastidiösen[26] Details herzugeben.* »Hätte ich«, setzte er hinzu, »mich zu bloßem Gewinnsuchen verstehen mögen, ich hätte früher mit Lenz[27] und andern, ja ich wollte noch jetzt Dinge anonym in die Welt schicken, über welche die Leute nicht wenig erstaunen, und sich den Kopf über den Autor zerbrechen sollten, aber am Ende würden es doch nur Fabrikarbeiten bleiben.« Ich äußerte später, daß es wohltuend für die Deutschen sei, zu sehen, wie jetzt unsere Literatur die fremden Nationen gleichsam erobere, »und hierbei,« fuhr ich fort, »wird unser Napoleon kein Waterloo erleben.«

»Gewiß«, erwiderte er, mein etwas fades Kompliment überhörend, »ganz abgesehen von unsern eignen Produktionen, stehen wir schon durch das Aufnehmen und völlige Aneignen des Fremden auf einer sehr hohen Stufe der Bildung. Die andern Nationen werden bald schon deshalb deutsch lernen, weil sie inne werden müssen, daß sie sich damit das Lernen fast aller andern Sprachen gewissermaßen ersparen können. Denn von welcher besitzen wir nicht die gediegensten Werke in vortrefflichen deutschen Übersetzungen? Die alten Klassiker, die Meisterwerke des neueren Europas, indische und morgenländische Literatur, hat sie nicht alle der Reichtum und die Vielseitigkeit der deutschen Sprache, wie der treue deutsche Fleiß und tief in sie eindringende Genius besser wiedergegeben, als es in andern Sprachen der Fall ist? Frankreich«, fuhr er fort, »hat gar viel

* Sir Walters offizielle Erklärung, daß alle jene Schriften von ihm allein seien, war damals noch nicht gegeben. *A. d. H.*

seines einstigen Übergewichts in der Literatur dem Umstande zu verdanken gehabt, daß es am frühesten aus dem Griechischen und Lateinischen leidliche Übersetzungen lieferte, aber wie vollständig hat Deutschland es seitdem übertroffen!«

Im politischen Felde schien er nicht viel auf die so beliebten Constitutions-Theorien zu geben. Ich verteidigte mich und meine Meinung indes ziemlich warm. Er kam hier auf seine Lieblings-Idee, die er mehrmals wiederholte, nämlich daß jeder nur darum bekümmert sein solle, in seiner speziellen Sphäre, groß oder klein, recht treu und mit Liebe fortzuwirken, so werde der allgemeine Segen auch unter keiner Regierungsform ausbleiben. Er für seine Person habe es nicht anders gemacht, und ich mache es in M... ja ebenfalls so, setzte er gutmütig hinzu, unbekümmert was andere Interessen geböten. Ich meinte nun freilich, mit aller Bescheidenheit, daß, so wahr und herrlich dieser Grundsatz sei, ich doch glaube, eine konstitutionelle Regierungsform müsse ihn eben erst recht ins Leben rufen, weil sie offenbar in jedem Individuum die Überzeugung größerer Sicherheit für Person und Eigentum, folglich die freudigste Tatkraft und zugleich damit die zuverlässigste Vaterlandsliebe begründe, hierdurch aber dem stillen Wirken in eines jeden Kreise eben eine weit solidere allgemeine Basis gegeben wurde, und führte endlich, vielleicht ungeschickt, England als Beleg für meine Behauptung an. Er erwiderte gleich, das Beispiel sei nicht zum besten gewählt, denn in keinem Lande herrsche eben Egoismus mehr vor, kein Volk sei vielleicht wesentlich inhumaner in politischen und Privat-Verhältnissen*, nicht von außen herein durch Regierungsform käme das Heil, sondern von innen heraus durch weise Beschrän-

* Hier habe ich meinen Freund fast in Verdacht, daß er Goethe nur seine eigene Meinung in den Mund gelegt hat. *A. d. H.*

kung und bescheidene Tätigkeit eines jeden in seinem Kreise. Dies bleibe immer die Hauptsache zum menschlichen Glücke, und sei am leichtesten und einfachsten zu erlangen.

Von Lord Byron redete er nachher mit vieler Liebe, fast wie ein Vater von seinem Sohne, was meinem hohen Enthusiasmus für diesen großen Dichter sehr wohl tat. Er widersprach unter andern auch der albernen Behauptung, daß ›Manfred‹[28] eine Nachbetung seines ›Faust‹ sei, doch sei es ihm allerdings als etwas Interessantes aufgefallen, sagte er, daß Byron unbewußt sich derselben Maske des Mephistopheles wie er bedient habe, obgleich freilich Byron sie ganz anders spielen lasse. Er bedauerte es sehr, den Lord nie persönlich kennengelernt zu haben, und tadelte streng, und gewiß mit dem höchsten Rechte, die englische Nation, daß sie ihren großen Landsmann so kleinlich beurteile und im allgemeinen so wenig verstanden habe. Doch hierüber hat sich Goethe so genügend und schön öffentlich ausgesprochen, daß ich nichts weiter hinzuzufügen brauche. Ich erwähnte zuletzt der Aufführung des ›Faust‹ auf einem Privattheater zu Berlin, mit Musik vom Fürsten Radziwill[29] und lobte den ergreifenden Effekt einiger Teile dieser Darstellung. »Nun«, sagte Goethe gravitätisch, »es ist ein eigenes Unternehmen, aber alle Ansichten und Versuche sind zu ehren.«

Ich grolle meinem schlechten Gedächtnis, daß ich mich nicht mehr aus unsrer ziemlich belebten Unterhaltung eben erinnern kann. Mit hoher Ehrfurcht und Liebe verließ ich den großen Mann, den dritten im Bunde mit Homer und Shakespeare, dessen Name unsterblich glänzen wird, solange deutsche Zunge sich erhält, und wäre irgend etwas von Mephistopheles in mir gewesen, so hätte ich auf der Treppe gewiß auch ausgerufen:

Es ist doch schön von einem großen Herrn,
mit einem armen Teufel so human zu sprechen*.[30]

Den 15ten abends

Ich war heute beim Erb-Großherzog im Belvedere zur Tafel eingeladen, und fuhr um zwei Uhr auf einem angenehmen Wege dahin. Das Wetter ist, seit ich hier bin, wundervoll, Tage von Kristall, wie Deine Sévigné sagt, wo man weder Hitze noch Kälte fühlt, und die nur Frühjahr und Herbst so geben können.

Der Erb-Großherzog und seine Frau Gemahlin leben im Belvedere ganz wie Privatleute, und empfangen ihre Gäste ohne Etikette, nur mit der zuvorkommendsten Artigkeit. Die Großfürstin schien noch sehr gedrückt vom Tode des Kaisers[31], demohngeachtet machte sie später, als die Unterhaltung animierter ward, der Gesellschaft eine ergreifende Beschreibung von der Überschwemmung in Petersburg, deren Augenzeugin sie gewesen war. Ich habe immer die vortreffliche Erziehung und die mannigfachen Kenntnisse bewundert, welche die russischen Prinzessinnen auszeichnen. Bei der verstorbenen Königin von Württemberg[32] konnte man es Gelehrsamkeit nennen. Ich hatte dieser Fürstin einst in Frankfurt einen Brief zu überbringen, und blieb, nachdem ich ihn übergeben, auf ihren Befehl im Zirkel stehen, bis die Übrigen entlassen sein würden. Ein Professor der Pestalozzi-

* Ich glaube nicht, daß der erhabene Greis die Bekanntmachung dieser Mitteilung tadelnd aufnehmen wird. Jedes Wort, auch das unbedeutendere, seinem Munde entfallen, ist ein teures Geschenk für so viele, und sollte mein seliger Freund ihn irgendwo falsch verstanden, und nicht vollkommen richtig wiedergegeben haben, so ist wenigstens nichts in diesen Äußerungen enthalten, was, meines Bedünkens, eine Indiskretion genannt werden könnte. *A.d.H.*

schen Schule war der erste, welcher an die Reihe kam, und selbst weniger von seinem Systeme zu wissen schien als die Königin (damals noch Großfürstin Katharine), da sie seine weitschweifigen Antworten mehreremal mit der größten Klarheit rektifizierte.[33] Ein Diplomat folgte, und erhielt ebenso in seiner Sphäre, so weit die allgemeine Unterhaltung es gestattete, die feinsten und gewandtesten Antworten. Hierauf begann sie ein gründliches Gespräch mit einem berühmten Ökonomen aus A..., und zuletzt schlossen tiefsinnige und glänzende Reflexionen in einer lebhaften Kontroverse mit einem bekannten Philosophen die merkwürdige Audienz.

Nach der Tafel führte uns der Erb-Großherzog in die Pflanzenhäuser, welche, nach Schönbrunn, wohl die reichhaltigsten in Deutschland sind. Du weißt, liebe Julie, daß ich auf die bloße Seltenheit wenig Wert lege, und auch in der Pflanzenwelt mich nur an dem Schönen ergötze. Daher gingen viele Schätze an mir verloren, und ich konnte das Entzücken nicht teilen, in welches mehrere Kenner ausbrachen, als sie eine Staude erblickten, die zwar nur sechs Zoll hoch war, und nicht mehr als fünf Blätter ohne Blüte aufwies, aber 60 Guineen gekostet hatte, und bis jetzt noch kein anderes deutsches Pflanzenhaus zierte. Dagegen machte mir ein roter *Cactus grandiflorus*, der wundervoll reich blühte, und eine Menge anderer ausgezeichneter Prunkpflanzen viel Freude; mit aller Ehrfurcht besah ich das Prachtstück eines großen Brotfruchtbaumes, und fand es artig, auf dem Cactus, den die Cochenille[34] bewohnt, mir mit einigen dieser Tierchen sofort die Finger karminrot zu färben. Die ganze Masse der Pflanzen übersteigt 60000 verschiedene Arten. Auch die Orangerie ist prächtig, und ein Veteran von anderthalb Ellen Umfang darunter, der bereits 550 nordische Sommer glücklich ausgehalten.

Den Abend brachte ich bei Herrn v. G... zu, einem geistreichen Manne, und alten Freund der Madame Schopenhauer, die auch für mich eine freundliche Gönnerin ist. Frau v. G...e kam später, unsere Gesellschaft auf sehr angenehme Weise zu vermehren. Sie ist eine muntere, originelle und geistreiche Frau, auf welche der dem Schwiegervater mit so viel Recht gestreute Weihrauch billig nicht ohne allen Einfluß geblieben ist. Sie zeigte sich sehr erfreut, vom englischen Verfasser des ›Granby‹[35], welcher in Weimar deutsch studiert hat, soeben ein erstes Exemplar seines Romans überschickt erhalten zu haben. Ich fand die Opfergabe nicht sehr bedeutend, und wünschte ihr, daß der Verfasser interessanter gewesen sein möge, als sein Werk. Ich sagte dies vielleicht aus *debit*[36], denn man schmeichelt hier, wie überall auf dem Kontinent, den Engländern viel zu viel, und Gott weiß, wie sehr *mal à propos*![37]

Den 16ten

Nachdem ich mich bei allen hohen Herrschaften diesen Morgen beurlaubt, widmete ich den Rest des Tages meinem Freunde Sp..., der mit seiner Familie zeigt, daß man das Hofleben und die große Welt mit der einfachsten Häuslichkeit und gewinnendsten Herzensgüte sehr wohl verbinden kann. Ein junger Engländer, Sekretär bei Herrn Canning, der deutsch wie seine Muttersprache redet, unterhielt uns mit launigen Schilderungen der englischen Gesellschaft, deren Unbeholfenheit und Mangel an Gutmütigkeit er bitter rügte, wobei er natürlich gute Gelegenheit fand, den Deutschen, wie besonders den Anwesenden Verbindliches zu sagen. So urteilen die Engländer jedoch nur im Auslande. Zurückgekommen, nehmen sie schnell wieder die gewohnte Kälte und stolze Indifferenz an, die einen Fremden wie ein geringeres Wesen betrachtet, und lachen höhnisch der deutschen *bonhomie*[38], die sie früher gelobt, so lange sie der Gegenstand derselben waren, während sie doch zu jeder Zeit die wahrhaft lächerliche Ehrfurcht, die wir für den Namen ›Engländer‹ hegen, nur als schuldigen Tribut ihrer hohen Vorzüge ansehen.

Dies ist der letzte Brief, liebe Julie, den Du von hier erhältst. Morgen früh, nicht mit dem Hahnenschrei, sondern nach meinem Kalender, um 12 Uhr, gedenke ich abzureisen, und mich bis London nicht viel unterwegs aufzuhalten. Schone, ich bitte Dich, Deine Gesundheit um meinetwillen, und erheitere Deinen Geist so viel Du es vermagst, mit jener wunderbaren Kraft, die ihm der Schöpfer verlieh: sich selbst zu bezwingen. Doch liebe mich deshalb nicht weniger – denn meine Kraft ist Deine Liebe.

Dein treuer L.

Zweiter Brief

Wesel den 20sten Sept. 1826

Geliebte Freundin!

Nachdem ich von Goethe und seiner Familie noch Abschied genommen, und eine vornehme und reizende Malerin zum letztenmal in ihrem Atelier besucht, verließ ich voll angenehmer Erinnerungen das deutsche Athen.

In Gotha hielt ich mich nur so lange auf als nötig war, um einen alten Freund und Kriegs-Kameraden, den Minister und Astronomen (Himmel und Erde in seltner Berührung) Baron von L... zu besuchen, welchen ich noch immer an den Folgen seines unglücklichen Duells in Paris leiden, aber dieses Ungemach auch mit eben der Ruhe des Weisen tragen sah, die er in allen Lagen des Lebens zu behaupten wußte.

Es war schon dunkel, als ich in Eisenach ankam, wo ich an einen andern meiner ehemaligen Kameraden einen Auftrag des Großherzogs hatte. Ich sah sein Haus hell erleuchtet, hörte Tanzmusik und trat mitten in eine große Gesellschaft, die verwundert mein Reise-*costume* und meine Jagdmütze betrachtete. Es war die Hochzeit der Tochter vom Hause, welche man feierte, und herzlich bewillkommte der Vater mich dabei, als er mich erkannte. Ich entschuldigte bei der Braut mein unhochzeitliches Kleid, trank ein Glas Eispunsch auf ihr Wohlergehen, ein anders auf das des Vaters, tanzte eine Polonaise und entschwand *à la française*.

Gleich darauf machte ich meine Nachttoilette und legte mich im Wagen behaglich zur Ruhe.

Als ich erwachte, befand ich mich schon eine Station vor Kassel, an demselben Ort, wo wir vor 10 Jahren die seltsame *entrée*[1] mit einer aufrechtstehenden, zerbrochenen Wagendeichsel machen mußten, auf der der Postillon zu reiten schien. Ich frühstückte hier, vielfach jener Reise gedenkend, fuhr durch die traurig schöne Hauptstadt ohne mich aufzuhalten, später durch einen herrlichen Buchenwald, der im hellen Sonnenschein wie grünes Gold erglänzte, machte bei Vestuffeln romantische Betrachtungen über einen komischen Berg, den der Vorzeit moosige Trümmer deckten, und traf, durch lange einförmige Gegenden forteilend, zu meiner Eßstunde im alten Bischofssitze zu Osnabrück ein.

Die zweite Nacht schläft man immer noch besser als die erste im Wagen, dessen Bewegung, auf mich wenigstens, wie die Wiege auf Kinder wirkt. Ich fühlte mich sehr wohl und heiter am nächsten Morgen und bemerkte, daß das Land allgemach anfing, einen holländischen Charakter anzunehmen. Altväterische Häuser mit vielfachen Giebeln und Schiebfenstern, ein unverständliches Plattdeutsch, welches an Wohllaut dem holländischen nichts nachgibt, phlegmatischere Menschen, besser meublierte Stuben, wiewohl noch ohne holländische Reinlichkeit, Tee statt Kaffee, überall vortreffliche frische Butter und Rahm, nebst erhöhter Prellerei der Gastwirte – alles zeigte eine neue Schattierung dieser bunten Welt.

Die Gegenden, durch welche mein Weg führte, gehörten einer anmutigen und sanften Natur an, besonders bei Steele an der Ruhr, ein Ort, für den gemacht, der sich vom Getümmel des Lebens in heitre Einsamkeit zurückzuziehen wünscht. Nicht sattsehen konnte ich mich an der saftig frischen Vegetation, den prachtvollen Eichen- und Buchen-Wäldern, die rechts und links die Berge krönen, zuweilen sich über die Straße hinzogen, dann wieder in weite Ferne zurückwichen, aber überall den fruchtbarsten Boden begrenzten, braun und rot schattiert, wo er frisch geackert war, hell- oder dunkelgrün schimmernd, wo junge Wintersaat und frischer Klee ihn bedeckten. Jedes Dorf umgibt ein Hain schön belaubter Bäume, und nichts übertrifft die Üppigkeit der Wiesen, durch welche sich die Ruhr in den seltsamsten Krümmungen schlängelt. Ich dachte lachend, daß, wenn einem prophezeihet würde, an der Ruhr zu sterben, er sich hier niederlassen müsse, um auf eine angenehme Weise die Prophezeihung zugleich zu erfüllen und zu entkräften. Als ich gegen Abend noch diese freundliche Landschaft mit unsern düstern Föhren-Wäldern verglich, erschien, wie durch Zauberspruch, plötzlich eine Zunge heimisches Land mit Kiefern, Sand und dürren Birken, so weit das Auge reichte, über den Weg gelagert. Nach zehn Minuten schon begrüßten uns aber wieder grüne Matten und stolze Buchen. Welche Revolution hat diesen Sandstrich hier hineingeschoben?

Einige Meilen von Wesel wird indessen das ganze Land *tout de bon*[2] vaterländisch, und da hier auch die Chaussee aufhört, watet man von neuem in Berliner Streusande. Ich kam unglücklicherweise einen Tag zu spät, um sogleich mit dem Dampfboot von hier abgehen zu können, sonst hätte ich, von Weimar aus gerechnet, London in 4½ Tagen erreicht. Nun werde ich zu Lande bis Rotterdam reisen, und dort die Abfahrt des nächsten Schiffes erwarten müssen.

Rotterdam, den 25sten

Meine Reise von Wesel bis Arnheim war ziemlich langweilig. Langsam schlichen die Pferde durch eine wenig ansprechende Gegend im endlosen Sande hin. Nichts Interessantes zeigte sich als große Ziegeleien an der Straße, die ich aufmerksam besichtigte, da sie den unsrigen so sehr vorzuziehen sind. Desto belohnender, und wirklich von magischer Wirkung ist dagegen der weite Garten, welcher sich zwischen Arnheim und Rotterdam ausbreitet. Auf einer Chaussee, von Klinkern (sehr hart gebrannte Ziegel) gebaut, und mit feinem Sande überfahren, eine Straße, die durch nichts übertroffen werden kann, und nie auch nur die schwächste Spur eines Gleises annimmt, rollte der Wagen mit jenem leisen, stets den gleichen Ton haltenden Gemurmel des Räderwerks hin, das für die Spiele der Phantasie so einladend ist. Obgleich es in dem endlosen Park, den ich durchstrich, weder Felsen noch selbst Berge gibt, so gewähren doch die hohen Dämme, auf welche der Weg zuweilen hinansteigt, die Menge, große Masse bildender Landsitze, Gebäude und Türme, wie die vielen aus Wiesen, Ebnen, oder über klare Seen auftauchenden kolossalen Baum-Gruppen, der Landschaft ebensoviel Abwechselung von Höhe und Tiefe, als malerische Ansichten der verschiedensten Art; ja ihre größte Eigentümlichkeit besteht eben in dieser unglaublichen Bewegung und Mannigfaltigkeit der Gegenstände, die ohne Aufhören die Aufmerksamkeit in Anspruch nehmen. Städte, Dörfer, Schlösser mit ihren reichen Umgebungen, Villen von jeder Bauart mit den niedlichsten Blumengärten, unabsehbare Grasflächen mit Tausenden weidender Kühe, Seen, die im Umfang von 20 Meilen bloß durch Torfstich nach und nach entstanden sind, unzählige Inseln, wo das baumlange Schilf, zum Decken der Dächer sorgfältig angebaut, Myriaden von Wasservögeln zur Wohnung dient – alles bietet sich fortwährend die Hand zu e i n e m freudigen Reigen, in dem man wie im Traume durch flüchtige Pferde fortgerissen wird, während immer neue Paläste, immer andere Städte am Horizont erscheinen, und ihre hohen gotischen Türme in dämmernder Ferne mit den Wolken sich verschmelzen. Ebenso läßt in der Nähe eine oft groteske und stets wechselnde Staffage keinem Gefühl der Einförmigkeit Raum. Bald sind es seltsam mit Schnitzwerk und Vergoldung verzierte Wagen ohne Deichsel, und von Kutschern regiert, die in blauen Westen, kurzen schwarzen Hosen, schwarzen Strümpfen und Schuhen mit ungeheuren silbernen Schnallen, auf einer schmalen Pritsche sitzen; oder zu Fuß wandernde Weiber mit sechs Zoll langen goldnen und silbernen Ohrringen behangen, und chinesischen Sommerhüten, gleich Dächern auf den Köpfen; bald zu Drachen und fabelhaften Ungetümen verschnittene Taxus-Bäume, oder mit weiß und bunter Ölfarbe angestrichene Lindenstämme, asiatisch mit vielfachen Türmchen verzierte Feueressen, absichtlich schief liegend gebaute Häuser, Gärten mit lebensgroßen Marmor-Statuen in altfranzösischer Hofkleidung durch das Gebüsch lauschend, oder eine Menge 2-3 Fuß hoher, spiegelblank polierter Messingflaschen auf den grünen Wiesen am Wege stehend, die wie pures Gold im Grase blinken, und doch nur die bescheidne Bestimmung haben, die Milch der Kühe aufzunehmen, welche daneben von jungen Mädchen und Knaben emsig gemolken werden – kurz, eine Menge ganz fremder ungewohnter und phantastischer Gegenstände bereiten jeden Augenblick dem Auge eine andere Szene, und drücken dem Ganzen ein vollkommen ausländisches Gepräge auf. Denke Dir nun dieses Bild noch überall in den Goldrahmen des schönsten Sonnenscheins gefaßt, geziert mit der reichsten Pflanzenwelt, von riesenhaften Eichen, Ahorn, Eschen, Buchen bis zu den kostbarsten ausgestellten Treibhaus-Blumen herab, so wirst Du Dir eine ziemlich genaue, und keineswegs übertriebene Vorstellung von diesem wunderbar herrlichen Teile Hollands machen können, und dem hohen Vergnügen meiner gestrigen Fahrt.

Nur ein Teil derselben machte, hinsichtlich der Vegetation und Mannigfaltigkeit eine Ausnahme, war mir aber in anderer Hinsicht, wenn auch nicht so angenehm, doch nicht weniger interessant. Nämlich zwischen Arnheim und Utrecht findet man 4 Meilen lang den Sand der Lüneburger Heide, so schlecht als die schlechtesten märkischen Ebenen. Demohngeachtet, und so viel wirkt verständige Kultur! wachsen neben den Kiefern-Gebüschen, die der Boden nebst dürrem Heidekraut allein von selbst hervorbringt, die wohl bestandendsten Anpflanzungen von Eichen, Weiß- und Rotbuchen, Birken, Pappeln u. s. w. freudig auf. Wo der Boden zu wenig Kraft hat, werden sie nur als Strauchwerk benutzt, und alle 5-6 Jahre abgetrieben, wo er etwas besser ist, als Stämme in die Höhe gelassen. Die herrliche Straße ist hier durchgängig mit wohlerhaltenen dichten Alleen eingefaßt, und, was mir merkwürdig war, ich fand, daß trotz des dürren Sandes Eichen und Buchen noch besser als Birken und Pappeln zu gedeihen schienen. Eine Menge der so überaus netten holländischen Häuser und Villen waren mitten in der wüsten Heide aufgebaut; mehrere noch im Werden, so wie die Anlagen darum her. Ich konnte mir nicht erklären, daß so viele sich gerade dies unwirtbare Terrain zu kostspieligen Etablissements ausgesucht, erfuhr aber, daß das Gouvernement weise genug gewesen sei, diesen ganzen, bisher als unbrauchbar liegengelassenen Landstrich den angrenzenden Gutsbesitzern und andern Vermögenden auf 50 Jahr unentgeltlich und abgabenfrei zu überlassen, mit der einzigen Bedingung, es sogleich durch Anpflanzungen oder Feldbau kultivieren zu müssen. Später zahlen ihre Nachkommen eine sehr billige entsprechende Rente. Ich bin überzeugt, nach dem, was ich hier gesehen, daß der größte Teil unsrer hungrigen Kiefernwälder durch ähnliches Verfahren und fortgesetzte Kultur in hundert Jahren in blühende Fluren verwandelt, und die ganze tote Gegend dadurch wahrhaft umgeschaffen werden könnte.

Utrecht ist zierlich gebaut, und wie alle holländischen Städte musterhaft reinlich gehalten. Das buntfarbige Ansehn der Häuser sowohl, als ihre verschiedenen Formen, die engen gekrümmten Straßen, und ihr altväterisches *ensemble*[3] erscheinen mir viel gemütlicher als die sogenannten s c h ö n e n Städte, die sich wie eine mathematische Figur überall rechtwinklicht durchkreuzen, und wo jede Straße in trostlos langer Linie mit einem Blick zu übersehen ist. Die Umgegend ist reizend, die Luft sehr gesund, da Utrecht am höchsten in Holland liegt, und wie man mir sagt, auch die Gesellschaft im Winter und Frühling sehr belebt, weil der reichste Adel des Landes sich hier aufhält. Der Handel dagegen ist unbedeutend, und die ganze *allure*[4] der Stadt und Menschen mehr aristokratisch.

Von hier fuhr ich nach Gouda, dessen Dom durch seine köstlichen Glasmalereien berühmt ist. Für eins dieser Fenster wurden von einem Engländer ohnlängst 80 000 Gulden vergebens geboten. Es gleicht an Ausführung einem Miniatur-Gemälde und glänzt in unbeschreiblicher Farbenpracht, ja die Edelsteine und Perlen an dem Schmuck der Priester wetteifern mit echten. Ein anderes schenkte Philipp II. der Kirche, dessen eine Hälfte der Blitz kurz darauf zerschmetterte, was gewiß in jener Zeit als ominös angesehen wurde. Er selbst ist darauf abgebildet, und zwar in einem Mantel von echter Purpurfarbe, nicht das gewöhnliche Rot, sondern ein violett schimmerndes, zwischen Veilchenblau und *cramoisi*[5] spielend, schöner als ich es je noch auf altem Glase sah. Auf einem dritten befindet sich das Portrait des Herzogs von Alba.[6] Alle Fenster sind von ungewöhnlich großen Dimensionen, und mit wenigen Ausnahmen tadellos erhalten, sämtlich aus dem 15. und 16. Jahrhundert bis auf eins, welches erst im 17. gemalt wurde, und auch den Verfall dieser Kunst sehr verrät, indem es den übrigen sowohl an Glut der Farben, als an Erfindung und Zeichnung weit nachsteht.

Wer Gouda gesehen hat, kann sich die Reise nach dem schiefen Turme zu Pisa ersparen, denn hier scheint die halbe Stadt nach diesem Prinzip aufgeführt worden zu sein. Obgleich den Holländern, die man in mancher Rücksicht nicht unpassend die Chinesen Europas nennen könnte, gar wohl zuzutrauen wäre, absichtlich für ihre Häuser eine so seltsame Bauart gewählt zu haben, so rührt dieses, fast Schrekken erregende Schiefstehen der hiesigen Gebäude doch wahrscheinlich größtenteils nur von dem unsichern morastigen Grunde her*. Fast alle Häuser stehen mit den Giebeln nach der Straße zu, und jeder derselben ist verschieden ausgeschmückt. In sehr engen Gassen sieht man sie sich fast erreichen und ein Dreieck bilden, unter dem man nicht ohne Besorgnis hingeht.

Da es Sonntag war, fand ich die Stadt höchst belebt, wiewohl nur durch stillen und dezenten Jubel. Die meisten Menschen standen müßig, gafften, zogen aber sehr höflich den Hut vor meinem Wagen ab.

Bevor man Rotterdam erreicht, fährt man durch eine lange Reihe Landhäuser mit fortlaufenden Blumenparterres, die auf beiden Seiten durch schmale Kanäle von der Straße getrennt sind. Zu jedem derselben führt eine mächtige Zugbrücke, welche seltsam mit der Unbedeutendheit des Wassers kontrastiert, denn ein herzhafter Sprung brächte zur Not auch von einem Ufer auf's andere. Ebenso barock sind die turmhohen Windmühlen vor der Stadt. Sie sind vielfach vergoldet und mit dem absonderlichsten Schnitzwerke versehen, bei manchen aber außerdem die Mauern noch mit dichtem Rohre so fein bedeckt, daß es in der Entfernung Pelzwerk gleichsieht, andere bieten einen beschuppten Krokodilenleib dar, einige gleichen chinesischen Glockentürmen, alle zusammen machen aber dennoch einen imponierenden Effekt. Dazwischen ragen die Maste des Hafens und die großen mit Glas gedeckten Schuppen hervor, in denen die Kriegsschiffe gebaut werden, und kündigen die See- und Handelsstadt an.

Bald nahm mich eine lange von Menschen wimmelnde Straße auf, der ein hohes schwarzes Turm-Zifferblatt mit feu-

* Ich erinnere mich von einem griechischen Kloster in der Wallachei gelesen zu haben, dessen vier Türme jeden Augenblick einfallen zu wollen scheinen. Dennoch ist diese optische Täuschung nur dadurch hervorgebracht, daß sowohl die Richtung der Fenster, als mehrere rundumherlaufende Banden schief gestellt sind.

rig rosenroten Zahlen und Weisern zum *point de vue*[7] diente, und ich brauchte wohl eine gute Viertel-Stunde, bevor ich im Hôtel des Bains auf dem Quai anlangte, wo ich jetzt sehr gut und bequem logiert bin. Vor meinen Fenstern übersehe ich eine breite Wasserfläche mit den vier Dampfschiffen, von denen eines mich übermorgen nach England bringen soll. Boote rudern emsig auf und ab, und die geschäftige Menge eilt auf dem Quai rastlos durcheinander, dessen Rand mit himmelhohen Rüstern geschmückt ist, die wahrscheinlich schon zu Erasmus' Zeiten[8] hier gepflanzt wurden. Nach einem kleinen Spaziergang unter diesen Bäumen nahm ich eine gute Mahlzeit ein, und schrieb dann an diesem ellenlangen Brief, der leider mehr Porto kosten wird, als er wert ist. Mit meiner Gesundheit geht es immer noch nicht ganz nach Wunsch, obgleich von Tag zu Tag besser. Vielleicht kuriert mich völlig das Meer, und einige Gläser Seewasser, welches ich zu mir nehmen werde, sobald ich auf seinen Wellen schaukele.

Den 26sten

Die Lebensart nähert sich hier den englischen Sitten. Man steht spät auf, ißt an *table d'hôte*[9] um 4 Uhr, und trinkt abends Tee. Übrigens ist für Fremde in der großen Stadt wenig Abwechselung vorhanden, da sich nicht einmal ein stehendes Theater hier befindet. Nur zuweilen geben die Schauspieler vom Haag einige Vorstellungen in einem schlechten Lokal. Alles scheint mit dem Handel beschäftigt, und findet seine Erholung nachher, sehr angemessen, nur in häuslichen Freuden, an denen aber ein bloß Durchreisender freilich keinen Teil nehmen kann. Um einiges englische Geld einzuwechseln, ging ich in das *comtoir*[10] eines jüdischen Banquiers, der sich, ohngeachtet der Geringfügigkeit der Summe, mit der größten Unterwürfigkeit benahm, und nachdem er mir sorgsam das Geld selbst aufgezählt hatte, mich bis an die Haustür begleitete. Ich war daher nicht wenig verwundert, nachher von meinem Lohnbedienten zu erfahren, daß man das Vermögen dieses Mannes auf zwei Millionen Gulden schätze. Es scheint also, daß viel Geld hier die Banquiers noch nicht so hochmütig gemacht habe, als in andern Ländern. Ich besah hierauf das Arsenal, welches ich, im Vergleich mit englischen Etablissements dieser Art, nur unbedeutend fand. Mehrere der Schuppen sind mit Pappe gedeckt, was sehr dauerhaft sein soll, und gut aussieht. Es wird dazu ganz gewöhnliche starke, in viereckige Platten geschnittene Pappe genommen die man in einem Kessel, worin Holzteer siedet, mehrmals eintunkt, bis sie auf beiden Seiten überall ganz damit bedeckt und durchzogen ist, worauf man sie zum Trocknen an die Sonne hängt. Dann werden die einzelnen Stücke auf dem sehr flachen Dache gleich Kupferplatten übereinander gelegt, und mit Nägeln auf die darunter befindlichen Bretter festgemacht, welche sie viele Jahre lang gänzlich gegen Nässe schützen. Nach Aussage der Marine-Beamten soll ein solches Dach sogar weit länger als Schindeln oder das beste geteerte Segeltuch halten. Interessant war mir in einem der Säle das sehr detaillierte, ganz auseinanderzunehmende Modell eines Kriegsschiffes, welches für die Seeschule zu Delft verfertigt ward, und den Unterricht überaus anschaulich macht. Die g o l d n e Gondel des Königs, obgleich sie der der Kleopatra wahrscheinlich an Pracht nicht gleichkommen mag, wird dennoch von den guten Holländern mit großer Selbstzufriedenheit gezeigt, verfault aber hier im Trocknen, da sie nur selten gebraucht wird.

Die Umgegend von Rotterdam ist wegen ihrer hübschen Landmädchen und saftigen Früchte berühmt, welche (die letztern nämlich) einen nicht unbedeutenden Ausfuhrartikel nach England abgeben. Nirgends findet man wohl Weintrauben von so ungeheurer Größe. Ich sah mehrere auf dem Markt zum Verkauf ausgestellt, deren Beeren das Ansehn und den Umfang von Pflaumen hatten. Indem ich noch weiter müßig umherschlenderte, erblickte ich den Ankündigungszettel eines Panorama[11] des Ätna, trat im Gefolge einer Damengesellschaft hinein, und ach! verlor hier mein Herz. – Das reizendste Mädchen, das ich je gesehen, lächelte mich am Fuße des feuerspeienden Berges mit Augen an, die aus seinen ewigen Flammen ihre Glut geschöpft haben mußten, während ihre schalkhaften Lippen üppig blühten, wie die roten Blumen des neben ihr prangenden Oleanders. Der lieblichste Fuß, der wollüstigste Körper im reinsten Ebenmaß, alles vereinigte sich, sie, wenn auch nicht zum himmlischen, doch gewiß zum verführerischsten irdischen Ideal zu erheben. War dies ein Holländerin? O nein, eine echte Sizilianerin, aber leider, leider! – nur gemalt! Drum warf sie mir auch, als ich das Paradies wieder verließ, aus ihrer Weinlaube nur triumphierend spöttische Blicke zu, denn seit Pygmalions Zeiten[12] vorbei sind, konnte diese nichts mehr beleben, nichts verführen. – Wer mag aber wissen, ob nicht dennoch ein süßes Schicksal mich irgendwo das Original antreffen läßt? Wenigstens ist eine solche Hoffnung und ein solches Bild kein unangenehmer Reisebegleiter; schlimm nur, daß ich mit ihm jetzt gerade dem Nebel-Lande, und nicht den schönen Feuer-Gegenden zuwandle, die eine wärmere Sonne von oben, und geheimnisvolle Gluten von unten, zwischen zwei Feuer genommen haben. Morgen aber schon wird statt dieser Wärme das kalte nasse Meer um mich wogen, ich aber gewiß nicht, indem ich das liebe Holland verlasse, mit dem unartigen Voltaire ausrufen: *Adieu, canards, canaux, canailles!*[13]

Von London schreibe ich Dir erst wieder, wenn ich dort einen längern Aufenthalt mache, worüber ich mich erst an Ort und Stelle bestimmen will. *En attendant*[14] schicke ich Dir beiliegend den Steindruck des Dampfschiffes, mit dem ich absegle. Ein † bezeichnet, in der Art, wie die alten Ritter ihre

Namen unterschrieben, die Stelle, wo ich stehe, und mit einiger Hilfe Deiner Einbildungskraft wirst Du sehen, wie ich mit meinem Tuch zum Abschiede wehe, und Dir tausend Liebes und Herzliches aus der Ferne zurufe.

Dein treuer L.

Dritter Brief

London, den 5ten Oktober 1826

Ich habe eine sehr unglückliche Überfahrt gehabt. Eine *bourrasque*[1], die leidige Seekrankheit, 40 Stunden Dauer statt 20, und zu guter Letzt noch das Festsitzen auf einer Sandbank in der Themse, wo wir 6 Stunden verweilen mußten, ehe uns die Flut wieder flott machte, waren die unangenehmen *événements*[2] dieser Reise.

Ich weiß nicht, ob ich früher (es sind 10 Jahre seit ich England zum letztenmal verließ), alles mit verschönernden Augen ansah, oder meine Einbildungskraft seitdem, mir unbewußt, das entfernte Bild sich mit reizenderen Farben ausmalte – ich fand diesmal alle Ansichten, die wir von beiden Ufern erhielten, weder so frisch noch pittoresk als sonst, obgleich zuweilen doch herrliche Baumgruppen und freundliche Landsitze sichtbar wurden. Auch hier verstellt, wie im nördlichen Deutschland, das Lauben der Bäume gar oft die Landschaft, nur daß ihre Menge in den vielfachen Hecken, die alle Felder umgeben, und die Rücksicht, daß man ihnen wenigstens die äußersten Kronen und Wipfel läßt, den Anblick weniger trostlos machen, wie z.B. in dem sonst so schönen Schlesien.

Unter den Passagieren befand sich ein Engländer, der erst kürzlich aus Herrnhut zurückkehrte, und auch das Bad von M... besucht hatte. Es divertierte[3] mich sehr, ungekannt von ihm, seine Urteile über die dortigen Anlagen zu hören. Wie der Geschmack verschieden ist, und man daher bei nichts verzweifeln darf, kannst Du daraus abnehmen, daß dieser Mann jene düstern Gegenden ungemein bewunderte, bloß wegen der Immensität ihrer ›*evergreen woods*‹[4], womit er die endlosen monotonen Kieferwälder meinte, die uns so uner-

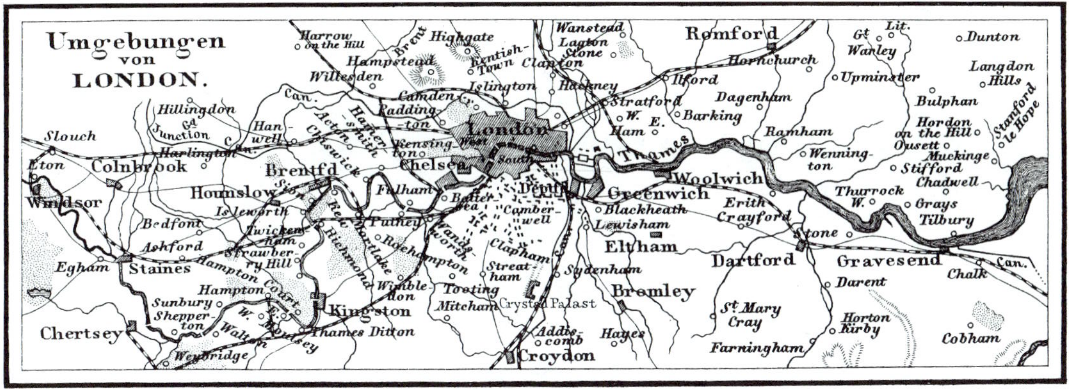
Umgebungen von LONDON.
Slouch
Eton
Windsor
Colnbrook
Hillingdon
Junction
Harlington
Hanwell
Hounslow
Brentfd
Bedfont
Ashford
Egham
Staines
Chertsey
Hampton
Hampton Court
Sunbury
Shepperton
Walton
Weybridge
Isleworth
Twickenham
Strawberry Hill
Kingston
Thames Ditton
Richmond
Kew
Mortlake
Acton
Chiswick
Hammersmith
Harrow on the Hill
Hampstead
Willesden
Highgate
Kentish-Town
Islington
Camden
Paddington
Kensington
Chelsea
Fulham
Putney
Roehampton
Wimbledon
London
West
South
Battersea
Wandsworth
Tooting
Mitcham
Camberwell
Clapham
Streatham
Crystal Palast
Croydon
Addiscomb
Deptford
Greenwich
Blackheath
Lewisham
Eltham
Sydenham
Bromley
Hayes
Wanstead
Lagton Stone
Clapton
Hackney
Stratford
W. Ham
E.
Thames
Woolwich
Romford
Ilford
Barking
Dagenham
Hornchurch
Rainham
Erith
Crayford
Dartford
St Mary Cray
Farningham
Stone
Gravesend
Darent
Horton Kirby
Wennington
Thurrock W.
Grays
Tilbury
Chadwell
Stifford
Ousett
Muckinge
Hordon on the Hill
Bulphan
Upminster
Gt Warley
Lit.
Dunton
Langdon Hills
Stanford le Hope
Chalk
Can.
Cobham

träglich vorkommen, in England aber, wo die Kiefern mühsam in den Parks angepflanzt werden, obgleich sie in der Regel schlecht gedeihen, eine sehr geschätzte Seltenheit sind. Ein Amerikaner war sehr entrüstet, bei dieser elenden Überfahrt seekrank geworden zu sein, während er es von Amerika nach Rotterdam nie gewesen, und ein Plantagenbesitzer aus Demerary, der beständig fror, jammerte daneben noch mehr über die unpolitische Aufhebung des Sklavenhandels, der, wie er meinte, bald den gänzlichen Ruin der Kolonien herbeiführen müßte, denn, sagte er: »Ein Sklave oder Inländer arbeitet nie, wenn er nicht muß, und um zu leben, braucht er nicht zu arbeiten, da das herrliche Land und Klima ihm von selbst Nahrung und Obdach liefert. Europäer aber können bei der Hitze nicht arbeiten, es bleibt also nichts übrig, als die Alternative: Kolonien mit Sklaven oder keine Kolonien.« Dies wisse man auch recht gut, habe aber ganz andere Zwecke bei der Sache, die sich bloß hinter der *étalage*[5] von Menschenliebe (dies waren seine Worte) zu verstecken suchten. Die Sklaven, behauptete er übrigens, würden schon des eignen Vorteils der Herrn wegen weit besser behandelt, als z. B. die inländischen Bauern, und er habe früher in Europa gar oft auch Dienstboten weit schlimmer traktieren gesehen. Eine Ausnahme hie und da möge vorkommen, sie käme aber beim Ganzen nicht in Betracht u. s. w. Ich suchte das Gespräch von dem für Menschenfreunde so schmerzlichen Gegenstand abzuleiten, und ließ mir dagegen von ihm das Leben Guayanas und die Pracht seiner Urwälder beschreiben, eine weit interessantere Unterhaltung, die mich fast mit einer Art Heimweh nach jenen Naturwundern erfüllte, wo alles herrlicher, nur der Mensch niedriger ist.

Das lächerliche Element unserer Fahrt war eine englische Dame, die mit seltener Volubilität[6] und bei jeder Gelegenheit französische Konversationen anzuknüpfen suchte. Nicht mehr im blühendsten Alter, wußte sie diesem Fehler, selbst auf dem Schiff, durch die sorgfältigste Toilette abzuhelfen, und einer der Passagiere behauptete sogar, sie habe ›*a crack*‹ im Nacken, eine neuerfundene Art Schraube, durch welche die Runzeln aufgewunden werden. Als wir spät am Morgen alle mehr oder weniger elend auf dem Verdeck erschienen, war sie schon im eleganten *négligé* dort etabliert, und erwiderte auf meine Klagen lustig in ihrem breiten Dialekt: »*Comment, comment, vous n'avez pas pu dormir? Moi parfaitement, très comfortable, j'étais très chaudement couchée entre deux matelots, et je m'en porte à merveille.*« – »*Madame*«, sagte ich, »*on conçoit que vous ne craignez pas la mer.*«[7]

Mitten in der zweiten Nacht ankerten wir an der Londoner Brücke, der fatalste Umstand, der einem hier begegnen kann, weil man dann, wegen der Strenge der Douanen[8], vor der Visitation seiner Sachen nichts mit sich vom Schiffe nehmen darf, die *bureaux* aber nicht vor 10 Uhr früh geöffnet werden. Da ich meine deutschen Diener nicht mit Wagen und Effekten allein lassen mochte, und ebenso vernachlässigt hatte mir Quartier zu bestellen, als mich durch den Gesandten von der Visitation zu befreien, so war ich genötigt, fast wie ich ging und stand, die Nacht in einer elenden Matrosen-Taverne am Ufer zuzubringen, fand aber am Morgen, wo ich bei der Untersuchung meiner Sachen gegenwärtig war, auch hier den selten trügenden goldnen Schlüssel sehr wirksam, um mir langes Warten und Weitläufigkeiten zu ersparen. Selbst ein paar Dutzend französische Handschuhe, die in aller Unschuld bei meiner Wäsche obenauf lagen, schienen durch meine Guinee unsichtbar geworden zu sein, denn niemand bemerkte sie.

So schnell als möglich eilte ich, aus der schmutzigen *City* mit ihrem Ameisengetümmel herauszukommen, mußte aber noch eine halbe Station weit mit Postpferden fahren, ehe ich in das *West End of the town* gelangte, wo ich in meiner frühern Wohnung im Clarendon Hotel abtrat. Mein alter Wirt, ein

Schweizer, hatte zwar unterdes England mit einem andern, bis jetzt noch unbekannten, Lande vertauscht, der Sohn aber seine Stelle eingenommen, und dieser empfing mich mit aller der ehrerbietigen Sorgfalt, welche die englischen Gastwirte, und überhaupt hier alle diejenigen, welche vom Gelde anderer leben, auszeichnet. Auch erwies er mir sogleich einen wahren Dienst, denn, kaum eine Stunde ausgeruht, ward ich gewahr, daß ich im *trouble*[9] der Nacht einen Beutel mit 80 Sovereigns im Kommodenfach meiner Schlafstube vergessen hatte. Monsieur Jaquier, der das englische Terrain zu gut kannte, zuckte die Achseln, sandte jedoch ohne Verzug einen Vertrauten zu Wasser ab, um womöglich das Verlorene wiederzubringen. Die Unordnung, welche in jenem elenden Gasthofe der Vorstädte herrschte, kam mir zustatten. Unser Bote fand die Stube noch unaufgeräumt, und zur, vielleicht unangenehmen, Überraschung der Hausleute den Beutel unberührt an der bezeichneten Stelle.

London ist jetzt so tot an Eleganz und fashionablen Leuten, daß man kaum eine Equipage vorüberfahren sieht, und von aller *beau monde*[10] nur einige Gesandte gegenwärtig sind. Dabei ist die ungeheure Stadt voller Schmutz und Nebel, und die macadamisierten Straßen[11] einer ausgefahrenen Landstraße ähnlich, denn das alte Pflaster ist in diesen herausgerissen worden, und durch Granitstückchen, mit Kies ausgefüllt, ersetzt, die zwar ein sanfteres Fahren gewähren und den Lärm dämpfen, im Winter aber auch die Stadt in einen halben Sumpf verwandeln. Ohne die vortrefflichen Trottoirs müßte man, wie in den Landes bei Bordeaux[12], auf Stelzen gehen. Auch tragen die gemeinen Engländerinnen etwas Ähnliches von Eisen an ihren großen Füßen.

Durch die neue Regent Straße, Portland Place und den Regent's Park hat die Stadt indes sehr gewonnen. Sie sieht nun erst in diesem Teile einer Residenz ähnlich, nicht mehr wie sonst einer bloßen unermeßlichen Hauptstadt für *shop-*

keepers, nach weiland Napoleons Ausdruck. Obgleich der arme Herr Nash (ein einflußreicher Architekt des Königs, von dem diese Meliorationen[13] hauptsächlich herrühren) so übel von manchen Kunstkennern mitgenommen wird, und auch nicht zu leugnen ist, daß in seinen Gebäuden alle Stile untereinandergeworfen worden, und das Gemengsel oft mehr barock[14] als genial erscheint, so ist ihm doch meines Erachtens die Nation vielen Dank dafür schuldig, so riesenmäßige Pläne zur Verschönerung ihrer Hauptstadt gefaßt und durchgeführt zu haben. Das meiste ist übrigens noch *in petto*[15], wird aber bei der allgemeinen Bauwut und dem vielen Gelde der Engländer gewiß schnell ins Leben treten. In die Details muß man freilich nicht zu streng eingehen. So ist der Regent Street zum *point de vue*[16] dienende Turm, der in einer Nagelspitze endet, und bei welchem Körper und Dach um Anfang und Ende zu streiten scheinen, eine seltsame architektonische Mißgeburt, und nichts ergötzlicher, als die darauf gemachte Karrikatur, wo man Herrn Nash (ein sehr kleiner, verschrumpelt aussehender Mann) gestiefelt und gespornt, äußerst ähnlich abkonterfeit, und auf oben erwähnter Spitze reitend, angespießt sieht, mit der Unterschrift: ›*National Taste*‹ (wird ausgesprochen: Nashional).

Man könnte viele ähnliche Abnormitäten anführen. So sind unter andern an einem Balkon, der den größten Palast am Regent's Park ziert, vier plattgedrückte Gestalten an die Wand gequetscht, deren Bedeutung ein Rätsel bleibt. Ihr *costume* gleicht einer Art Schlafrock, woraus man wenigstens schließen kann, daß Menschen damit gemeint sind. Vielleicht sind es Embleme für ein Lazarett, denn diesen scheinbaren Palästen ist, wie denen in Potsdam, auch nur Einheit und Ansehen durch die *façades* gegeben, eigentlich bilden sie eine Menge schmaler Häuser, die zu allerlei Gewerbs- und andern Zwecken, wie hundert verschiedenen Eigentümern zur Wohnung dienen.

Ansicht der Themse und des Tower of London

Tadellos ist dagegen die, auch von Herrn Nash ausgehende, ländliche Anlage in diesem Park, vorzüglich die Wasserpartie. Hier hat die Kunst das schwere Problem völlig gelöst, in scheinbar frei wirkender Natur nicht mehr bemerkt zu werden. Man glaubt einen breiten Fluß weit hin, durch üppig bebuschte Ufer, in die Ferne strömen, und dort sich in mehrere Arme verteilen zu sehen, während man doch nur ein mühsam ausgegrabnes, stehendes und beschränktes, aber klares Wasser vor sich hat. Eine so reizende Landschaft wie diese, mit hervorragenden Hügeln in der Ferne, und umgeben von einem meilenlangen Cirkus prachtvoller Gebäude, ist gewiß eine der Hauptstadt der Welt würdige Anlage, und wird, wenn die jungen Bäume erst alte Riesen geworden sind, wohl kaum irgendwo ihresgleichen finden. Viele alte Straßen wurden, um alles dies zu schaffen, weggerissen, und seit 10 Jahren mehr als 60 000 neue Häuser in dieser Gegend der Stadt aufgebaut. Es ist, wie mich dünkt, eine besondere Schönheit der neuen Straßen, daß sie zwar breit sind, aber nicht durchaus in schnurgerader Linie gehen, sondern, wie die Wege in einem Park, zuweilen Biegungen machen, die ihre sonst nicht zu verhindernde Einförmigkeit unterbrechen. Erhält London noch Quais und wird die Paulskirche frei gemacht, wie der talentvolle Obrist Trench[17] projektiert hat, so wird sich keine Stadt an Pracht mit ihr messen können, wie sie schon jetzt jede andere an Größe übertrifft.

Unter den neuen Brücken steht die Waterloo Brücke oben an, bei der die Unternehmer jedoch 300 000 L. St. verloren haben sollen. 1200 Fuß lang und mit einem gediegnen Geländer aus Granit versehen, dabei fast immer verhältnismäßig einsam, bietet sie einen anmutigen Spaziergang dar, mit den schönsten Flußaussichten auf ein stolzes Gemisch von Palästen, Brücken, Schiffen und Türmen, insofern nämlich der Nebel solche zu sehen gestattet. Die Vorrichtung, welche hier stattfindet, die Einnehmer des Brückengeldes zu kontrollieren, war mir neu. Der eiserne Dreher, durch den man gehen muß, und der die gewöhnliche Kreuzesform hat, ist so eingerichtet, daß er nur ein Viertel des Zirkels jedesmal weicht, gerade so viel als nötig ist, um eine Person hindurch zu lassen, und in demselben Augenblick, wo er in diese Viertel-Wendung einschlägt, fällt durch einen Mechanismus unter der Brücke eine Marke in einen geschlossenen Behälter. Eine ähnliche Vorrichtung findet sich daneben für die Wagen, und die Eigentümer brauchen daher nur abends die Marken nachzuzählen, um genau zu wissen, wieviel Fußgänger und Pferde täglich über die Brücke passiert sind. Man zahlt einen Penny für den Fußgänger und drei Pence für ein Pferd, wobei man auf 300 L. St. tägliche Einnahme gerechnet hatte; diese übersteigt jedoch selten 50.

Den 7ten Oktober

Was Dich hier sehr ansprechen würde, ist die ausnehmende Reinlichkeit in allen Häusern, die große Bequemlichkeit der *meuble*, die Art und Artigkeit der dienenden Klassen. Es ist wahr, man bezahlt alles was zum Luxus gehört, (denn das bloß Notwendige ist im Grunde nicht viel teurer als bei uns) sechsfach höher, man findet aber auch sechsfach mehr *comfort* dabei. So ist auch in den Gasthöfen alles weit reichlicher und im Überflusse, als auf dem Kontinent. Das Bett z.B., welches aus drei übereinandergelegten Matratzen besteht, ist groß genug, um zwei bis drei Personen darauf Platz zu geben, und sind die Vorhänge des viereckigen Betthimmels, der auf starken Mahagoni-Säulen ruht, zugezogen, so befindest Du Dich wie in einem kleinen *cabinet*, ein Raum, wo in Frankreich jemand ganz bequem wohnen würde. Auf Deinem Waschtisch findest Du nicht bloß eine ärmliche Wasser-*bouteille* mit einem einzigen *faïence*[18] oder silbernen Krug und Becken, nebst einem langgedehnten Handtuche, wie Dir in deutschen und fränkischen Hotels, und selbst vielen Privathäusern, geboten wird, sondern statt dessen wahre kleine Wannen von chinesischem *porcellaine*, in die man den halben Leib ohne Mühe tauchen könnte, darüber *robinets*[19], die im Moment jede beliebige Wasserflut liefern; ein halbes Dutzend breite Servietten, eine Menge große und kleine Kristallflaschen, einen hohen Stell-Spiegel, Fußbecken u. ohne die andern anonymen Bequemlichkeiten der Toilette in eleganter Gestalt zu erwähnen. – Alles präsentiert sich so behaglich vor Dir, daß Dich sofort beim Erwachen eine wahre Badelust anwandelt. Braucht man sonst etwas, so erscheint auf den Ruf der Klingel entweder ein sehr nett gekleidetes Mädchen mit einem tiefen Knicks, oder ein Kellner, der in der Tracht und mit dem Anstand eines gewandten Kammerdieners respektvoll Deine Befehle entgegennimmt, statt eines ungekämmten Burschen in abgeschnittener Jacke und grüner Schürze, der mit dummdreister Zutätigkeit Dich fragt: ›Was schaffen's, Ihr Gnoden‹, oder: ›haben Sie hier jeklingelt?‹ und dann schon wieder herausläuft, ehe er noch recht vernommen hat, was man eigentlich von ihm wollte. Gute Teppiche decken den Boden aller Zimmer, und im hellpolierten Stahl-Kamin brennt ein freudiges Feuer, statt der schmutzigen Bretter und des rauchenden oder übelriechenden Ofens in so vielen vaterländischen Gasthäusern. Gehst Du aus, so findest Du nie eine unsaubere Treppe, noch eine so spärlich erleuchtete, wo nur gerade die Dunkelheit sichtbar wird. Im ganzen Hause herrscht überdies Tag und Nacht die größte Ruhe und Dezenz, und in vielen Hotels hat sogar jedes geräumige Logis seine eigene Treppe, so daß man mit niemand andern in Berührung kommt. Bei Tisch gewährt man dem Gast eine gleiche Profusion[20] weißer Tischwäsche und glänzend geputzter Bestecke, nebst einer wohl furnierten *plat de ménage*[21] und einer Eleganz der Anrichtung, die billigerweise nichts zu wünschen übrig läßt; die Dienerschaft ist stets da, wenn man sie braucht, und drängt sich doch nicht auf, der Wirt selbst aber erscheint gewöhnlich beim Anfang des *dinner*, um sich zu erkundigen, ob man mit allem zufrieden sei; kurz, man vermißt in einem guten Gasthofe hier nichts, was der wohlhabende gereiste Privatmann in seinem eignen Hause besitzt, und wird vielleicht noch mit mehr Aufmerksamkeit bedient. Freilich ist die Rechnung dem angemessen, und auch die *waiters*[22] müssen ziemlich ebensohoch wie eigne Diener bezahlt werden. In den ersten Hotels ist ein Kellner, für seine Person allein, mit weniger als zwei Pfund Trinkgeld die Woche durchaus nicht zufrieden. Die Trinkgelder sind überhaupt in England mehr als irgendwo an der Tagesordnung, und werden mit seltner Unverschämtheit selbst in der Kirche eingefordert.

Ich besuchte heute einige *bazars*, die seit den letzten Jahren immer mehr überhand nehmen, und den Käufern viel Bequemlichkeit darbieten. Der sogenannte ›Pferde-*Bazar*‹ ist im größten Maßstabe erbaut, und versammelt täglich eine sehr bunte Menge. Er nimmt mehrere weitläufige Gebäude ein, wo in endlosen Galerien und Sälen zuerst viele Hunderte von Wagen und Geschirren aller Art, neue und alte, (aber auch die letztern wie neue aufgefrischt) fast zu allen Preisen ausgestellt sind. In andern Zimmern werden *Porcellaine*-Waren, Putz, Kristall, Spiegel, *quincaillerie*[23], Spielsachen, sogar tropische Vögel und Schmetterlings-Sammlungen etc. feilgeboten, bis man endlich in der Mitte des Etablissements in die Zimmer eines Kaffeehauses gelangt, mit einer rund um einen freien Platz laufenden Glas-Galerie. Hier sieht man, während man gemächlich (freilich in sehr gemischter Gesellschaft) frühstücken kann, eine Menge Pferde vorführen und verauktionieren, die in zahlreichen Ställen daneben stehen, wo sie sehr gut gewartet werden, und wo auch für eine vorausbestimmte Vergütung, jeder der verkaufen will, die seinigen hinsenden kann. Wenn ein solches Pferd vom Auktionator garantiert wird *(warranted sound)*[24] so kann man es ziemlich sicher kaufen, da die Eigentümer der Anstalt dafür einstehen müssen; das Beste findet man allerdings hier in der Regel nicht, aber gewiß das Wohlfeilste, und für manchen hat dies auch sein Gutes, noch mehr vielleicht die große Bequemlichkeit, sich alles Nötige im Augenblick an demselben Ort verschaffen zu können. Dergleichen *bazars* gibt es, wie gesagt, schon eine Menge, und sie sind wohl eine kleine Promenade wert. Überdies macht das bequeme Gehen auf den vortrefflichen Londoner Trottoirs, die bunten fortwährend wechselnden Bilder in den Straßen und die vielen reichen Läden, welche die meisten zieren, die Spaziergänge in der Stadt, besonders bei Abend, für den Fremden sehr angenehm.

Außer der glänzenden Gasbeleuchtung sind dann vor den vielen Apothekerläden große Glaskugeln von tief roter, blauer und grüner Farbe aufgehangen, deren prachtvolles Licht meilenweit gesehen wird, und oft zum Leitstern, aber auch zuweilen zum Irrstern dient, wenn man unglücklicherweise eines mit dem andern verwechselt.

Auch unter den Buden ziehen vor allen diejenigen die Augen auf sich, worin das schöne englische Kristall verkauft wird. Echte Diamanten können fast nicht blendender glänzen, als die weithin strahlenden Sammlungen einiger dieser Fabrikanten. Ich sah dort auch einige Gegenstände in rosenrotem und anderm farbigen Glase gearbeitet, doch wundert es mich, daß man die Formen noch immer so wenig verändert. So sind die Kronleuchter immer gleich monoton, und doch sollte ich denken, daß dergleichen, z. B. in Sonnengestalt mit ausgehenden Strahlen, oder als Blumen*bouquets*, statt der gewöhnlichen Kronenform, und ebenso Wandleuchter in bunten Farben, wie *bijoux*[25] von farbigen Edelsteinen behandelt, bei übereinstimmender (vielleicht orientalischer) Zimmer-Verzierung, noch bisher ganz ungesehene und überraschende Effekte hervorbringen müßten.

In andern Buden sieht man mit großem Interesse alle Instrumente neuer Agrikultur und Mechanik, von gigantischen Sämaschinen und Rodeapparaten zum Ausreißen alter Bäume, bis zur kleinen Gartenschere herab, in weiten Lokalen fertig aufgestellt, alles mit einer gewissen Zierlichkeit arrangiert, die selbst bei den Fleischern, Fisch- und Kartoffelhändlern noch anzutreffen ist. Auch die Läden der Eisen-*Meubles* und Lampen-Verkäufer verdienen gar wohl eine Besichtigung, da sie Neues und Nützliches in Menge darbieten, was man nicht leicht auf dem übrigen Kontinent, weder in gleicher Fülle noch Zweckmäßigkeit zu sehen bekommt. Der Reisende aber, der sich immer bloß auf die Salons und seinesgleichen beschränken, und auch nur, sozusagen, vornehme Merkwürdigkeiten besehen will, bleibe besser zu Hause.

Ich beschloß den heutigen Tag mit einer Spazierfahrt nach Chelsea, dem Invalidenhaus der Land-Truppen, wo man sich innig freut, die alten Krieger wohl gepflegt einen Palast und sorgfältig gehaltenen Garten, mit den schönsten kurz gemähten *bowling-greens*[26] und hohen Kastanien-Alleen, bewohnen zu sehen, dessen ein kleiner Souverain sich nicht zu schämen hätte. Ich speiste dann um 8 Uhr beim O... Gesandten zu Mittag, ein *dîner*, das sich außer der Liebenswürdigkeit des Hausherrn, noch durch echten ›Metternich-Johannisberger‹ auszeichnete, für welchen Nektar wenigstens, auch der eingefleischteste Liberale dem großen Minister Gerechtigkeit widerfahren lassen muß. Ich fand dort Deinen Freund B..., den vierzigjährigen Jüngling, der mir viele Empfehlungen an Dich auftrug. Er ist immer noch der alte und unterhielt mich lange von seiner Toilette, wobei er versicherte, daß er hier vor Langeweile entsetzlich mager geworden sei, nur an e i n e r Stelle finde ihn sein Schneider bedeutend stärker, nämlich da, wo er seit einem Monat falsche Waden trage.

Ich will bei dieser Gelegenheit bemerken, daß ich Dir über die hiesige Gesellschaft nicht viel sagen kann, bis ein längerer Aufenthalt und die ›*season*‹, mich befähigt hat, etwas ausführlicher davon zu sprechen. Solange London, hinsichtlich der großen Welt, einem Palmyra[27] an Einsamkeit gleicht, werde ich mich mit der Beschreibung der Lokalitäten begnügen, die m i r zufällig, oder denen i c h absichtlich in den Weg komme.

Den 10ten Oktober

Vor einigen Tagen benützte ich ein etwas helleres Wetter, um Chiswick, eine Villa des Herzogs von Devonshire zu besuchen, die für die eleganteste Anlage dieser Art in England gilt, und die ich vor mehreren Jahren nur oberflächlich, bei einem Feste das der Herzog gab, gesehen hatte. Die Gemälde konnte ich auch diesmal nicht betrachten, weil ein Gast das Haus bewohnte. Im Garten fand ich viel verändert, aber kaum zum Vorteil, denn es herrscht jetzt eine Mischung von Regelmäßigem und Unregelmäßigem darin, die einen widrigen Effekt hervorbringt. Überhaupt ist an mehreren Orten die häßliche Mode in England eingerissen, den *pleasure-ground*[28] fast überall nur mit einzelnen, fast reihenweis gestellten, seltnen Bäumen zu bepflanzen, was den Rasenstükken das Ansehen von Baumschulen gibt. In den *shrubs*[29] beschneidet man die Sträucher rund umher, damit sie ja den Nebenstrauch nicht berühren können, reinigt täglich die Erde darum sorgfältig und führt die Rasenkanten in steifen Linien, so daß man mehr schwarzen Boden als grünes Laub sieht, und die freie Schönheit der Naturformen ganz verdrängt wird.

Nur Herr Nash geht bei seinen Anlagen von einem ganz andern Prinzip aus[30], und die neuen Gärten des Königs bei

Buckingham House sind wahre Muster für den Pflanzer in dieser Hinsicht.

Was den Gärtner in England am meisten begünstigt, ist das milde Klima. Der Kirsch- und portugiesische Lorbeer, Azalien, Rhododendron erfrieren nie, und geben Winter und Sommer den herrlichsten, üppig wachsenden Unterbusch, reiche Blüten und Beeren.

Magnolien werden selten bedeckt, und selbst Kamelien überwintern an geschützten Stellen unter einer bloßen Bastdecke. Auch der Rasen behält den ganzen Winter hindurch eine schöne Frische, ja er ist in dieser Jahreszeit in der Regel weit schöner und dichter als im Sommer, wo ich mich erinnere, ihn bei dürrem Wetter oft noch schlechter als in der Mark[31] gesehen zu haben, jetzt im Herbst ist aber die ganze Vegetation grade in ihrer üppigsten Pracht.

Eine schöne Wirkung macht in Chiswick ein einzelner hoher Baum vor dem Hause, dessen Stamm man bis an die Krone glatt aufgeputzt hat, und unter welchem man nun den ganzen Garten und einen Teil des Parks übersieht, ein guter Wink für Landschaftsgärtner, den ich Dir in M... zu benutzen rate. Die hiesigen Zedern-Alleen (welcher Baum bei uns leider auch nicht im Freien gedeiht) sind berühmt, und erreichen die Größe alter Tannen. Auch kolossale Taxushecken bekunden, wie lange dies Besitztum schon gepflegt wurde, und die neuen Gewächs -und Treibhäuser empfehlen den guten Geschmack ihres jetzigen Besitzers besser als der *pleasure-ground.* Sonderbar ist es, daß nirgends in England die Orangenbäume zu irgend einer bedeutenden Größe zu bringen sind. Auch hier ist dieser Teil der Gärtnerei nur sehr *mesquin*[32], dagegen die Blumengärten noch immer reich blühen. Die Blumenbeete waren ebenfalls so sparsam bepflanzt, daß jede einzelne Staude frei sich ausbreiten konnte, ausgenommen diejenigen Beete, wo nur e i n e Blumensorte kultiviert wird. In diesem Fall sucht man das Ganze so voll als möglich zu erhalten, und diese letzteren sind daher auch bei weitem die schönsten. Ich sah in den Treibhäusern hier zum erstenmal die große Providence-Ananas, welche Exemplare bis zu 12 Pfund Gewicht liefert. Eine kleine Menagerie ist mit Chiswick verbunden, wo ein zahmer Elefant allerlei Kunststücke macht, und sich auf einem weiten Rasenplatz sehr ruhig von jedem Neugierigen reiten läßt. Sein Nachbar ist ein Lama und weit unsanfterer Natur. Die Waffe desselben besteht in einem äußerst übelriechenden Speichel, mit dem es mehrere Ellen weit diejenigen, welche es necken, anspuckt, und dabei so richtig trifft, und so schnell und plötzlich auf seinen Gegner losspringt, daß man nur mit vieler Mühe der zugedachten Ladung entgeht.

Leider hat Chiswick nur stehendes und schlammiges Wasser, was zuweilen so austrocknet, daß der Elefant, bei starkem Durst, den Rest aussaufen könnte.

Durch eine Reihe lieblicher Villen und Landhäuser aller Art, unter dem Gewimmel von Reitern, Landkutschen, Reisewagen und Kohlenkarren mit Riesenpferden bespannt, dazwischen mit gelegentlichen schönen Aussichten auf die Themse, langte ich nach einer Stunde raschen Fahrens wieder bei Hydepark Corner an, und begrub mich von neuem in das Labyrinth der unermeßlichen Stadt.

Den andern Tag besuchte ich die *City* mit meinem Lohnbedienten, einem Schweizer, der Ägypten, Syrien, Sibirien und Amerika bereist, ein russisches Postbuch herausgegeben, die erste Nachricht von der Einnahme Hamburgs durch Tettenborn[33], nebst einem Kosacken *in natura,* nach London gebracht, und zuletzt Napoleons Krönungs-Anzug in Paris erstanden und hier für 5 Schilling Eintrittsgeld gezeigt hat, dabei geläufig die meisten europäischen Sprachen spricht, und also mit einer halben Guinee täglich nicht zu teuer bezahlt wird. Auch als Arzt ist er zu gebrauchen, denn er hat auf seinen Reisen so viel Arkana[34] und Rezepte gesammelt, daß er wundervolle Hausmittel für jedes Übel, und überdem, wie er behauptet, noch tausend verschiedene Punsch-Rezepte besitzt. Geführt von diesem Universal-Genie betrat ich zuerst die Börse, *the Royal Exchange.*

An andern Orten hat die Börse gewöhnlich nur ein kaufmännisches Ansehen, hier durchaus ein historisches. Die imposanten Statuen englischer Herrscher rund umher, unter denen sich Heinrich VIII. und Elisabeth besonders auszeichnen, wie die altertümliche und würdige Bauart erwecken poetische Gefühle, denen der Gedanke eines so unermeßlichen Welthandels, dessen Hauptplatz London ist, eine noch tiefere Bedeutung gibt. Die Menschen jedoch, die das Gemälde beleben, ziehen einen bald wieder in das Reich des Alltäglichen hinab, denn hier leuchtet Eigennutz und Interesse zu lebhaft aus jedem Auge, so daß in dieser Hinsicht der Ort, wie die ganze *City,* einen fast unheimlichen Anblick darbietet, der dem rast- und trostlosen Gewühle verdammter Geister nicht ganz unähnlich erscheint.

Der große Hof der Börse wird von bedeckten Arkaden umgeben, wo Inschriften den Kaufleuten aller Nationen ihren Versammlungsort anweisen. In der Mitte des Hofs steht eine Statue Carl II., der den Palast erbaute. Sie drückt in Haltung und Gebärde ganz den Mann aus, wie ihn die Geschichte beschreibt, nicht schön, aber doch nicht ohne Grazie, und mit einem festgewurzelten Leichtsinn in den, wie zum Spott, halb gravitätischen Zügen, den nichts bessern kann, weil er aus Mittelmäßigkeit entspringt, und daher auch aus diesem König einen ebenso liebenswürdigen und sorglosen *roué*[35], als schlechten Regenten machte. In Nischen, die rund um den zweiten Stock angebracht sind, stehen die Büsten anderer Herrscher Englands. Ich habe schon die Heinrich VIII. und der Königin Elisabeth genannt. Sie würden auch ohne die sich ihnen beimischende Erinnerung auffallen. Heinrich fett und behaglich, und sozusagen gemütlich-grausam aussehend, Elisabeth männlich großartig, und doch auch weiblich boshaft. Die Büsten sind gewiß nach den besten Holbeinischen Gemälden gemacht. In diesem Stocke befindet sich das berühmte Lloyd's Coffeehouse, das schmutzigste Lokal dieser Art in London, dem man es nicht ansieht, daß hier täglich über Millionen verhandelt wird. Doch sind offenbar mehr Papier und Federn als Erfrischungen sichtbar.

Nahe dabei ist das schöne und ungeheure Gebäude der Bank von England, mit einer Menge großer und kleiner Säle, die größtenteils von oben beleuchtet und zur Aufnahme der verschiedenen *comptoirs*[36] bestimmt sind. Hunderte von *clerks*[37] arbeiten hier nebeneinander, und führen mechanisch die kolossalen Geschäfte, bei denen das ›*nil admirari*‹[38] dem ohnedies gern bewundernden armen Deutschen oft schwer werden mag, besonders wenn er im *bullion-office*[39], wo die *lingots*[40] aufbewahrt werden, die Goldhaufen und Silberfässer anstaunt, die ihm die Schätze der tausend und eine Nacht zu realisieren scheinen.

Von hier begab ich mich nach dem Rathaus, wo eben der Lord-Mayor, dermalen ein Buchhändler, der aber in seinem blauen Mantel mit goldner Kette gar nicht übel repräsentierte, und einen ganz monarchischen Anstand anzunehmen wußte, Recht sprach. Ich glaube nicht, daß er sich dabei schlechter wie ein Justizbeamter aus der Affaire zog; denn seit Sancho Pansas Zeiten[41] ist es bekannt, daß der gesunde Menschenverstand das Rechte nicht selten richtiger erkennt, als die durch zu viele scharfgeschliffenen Brillengläser übersichtig gewordene Wissenschaft, so wie ich auch, in Parenthese[42] gesagt, das Kunsturteil eines gebildeten, natürlichen Sinnes in der Regel dem eines Antiquaren vorziehe, der durch den Namen, oder eines Selbstkünstlers, der durch die besiegten Schwierigkeiten am meisten bestochen wird.

Der Schauplatz hier war nur ein mittelmäßiges Zimmer, zur Hälfte mit dem niedrigsten Pöbel gefüllt, Es handelte sich um das häufigste Thema in England, einen Diebstahl, und da der Sünder, welcher ebenso gelassen als ennuyiert[43] schien, nach geringem Zögern gestand, so hatte das Drama schnell ein Ende.

Und weiter wanderten wir fort in der tumultuarischen *City*, wo man wie ein Atom verlorengehen kann, wenn man nicht gehörig rechts und links aufpaßt, um weder von einer dem Trottoir zu nahe kommenden Cabriolet-Gabel aufgespießt, oder von einem einbrechenden und umstürzenden Diligencen-Gebäude[44] erdrückt zu werden, und gelangten abermals zu einem höchst dunklen und unansehnlichen Kaffeehaus, ›Garroway's Coffeehouse‹ genannt, wo in einem elenden Lokal Landgüter und Paläste, oft Hunderttausende an Wert, täglich versteigert werden. Wir setzten uns ganz ernsthaft dazu hin, als wären wir sehr begierig, ähnliche Akquisitionen zu machen, und bewunderten die ungemeine Liebenswürdigkeit und fast unglaubliche Geschicklichkeit des Auktionators, die Kauflust bei seinem Auditorium zu erregen. Er zeigte sich in zierlicher schwarzer Kleidung und Perücke, und stand wie ein Professor auf dem erhabenen Katheder. Über jedes Gut hielt er eine allerliebste Rede, die er nicht ermangelte mit vielfachen Späßen zu würzen, und jeden Gegenstand dabei so unwiderstehlich anzupreisen, daß der Unbefangene darauf hätte schwören mögen, alles ginge hier für das unverantwortlichste Spottgeld weg.

Mein Lohnlakai erzählte mir, daß dieser berühmte Auktionator vor einiger Zeit in einen unangenehmen Prozeß verwickelt worden sei. Er hatte nämlich ein Landgut ungemein wegen des romantischen *hanging wood* in seiner Nähe gepriesen, eine Holzart, die sehr beliebt in England ist, und worunter gewöhnlich Trauerweiden, Trauerbirken, Hängeeschen, Fichten u. s. w. verstanden werden. Ein Käufer ließ sich hierdurch zur Erstehung verlocken; denn es ist eigentümlich englisch, daß fast alle Käufe, die hier gemacht werden, ohne eigne Besichtigung des ausgebotenen Orts stattfinden. Als er indes auf seinem neu akquirierten Grundstück ankam, fand er dasselbe fast ganz von Bäumen entblößt und kein andres *hanging wood* daselbst, als einen nahen – Galgen. Soviel für englische Humoristik und Gerechtigkeit.

Wie hätte ich aber die *City* verlassen können, ohne ihren wahren *lion* (englischer Ausdruck für jedes Außerordentliche in seiner Art) ihren Beherrscher – mit einem Wort: Rothschild[45], besucht zu haben.

Auch er bewohnt hier nur ein unscheinbares Lokal (denn im *West End of the town* befindet sich sein Hotel), und in dem kleinen Hof des *comptoirs* wurde mir durch einen Frachtwagen, mit Silberbarren beladen, der Eingang zu diesem Haupt-Alliierten der heiligen Allianz[46] ziemlich schwierig gemacht. Ich fand den russischen Konsul daselbst, der eben seine Cour machte. Es war ein feiner und gescheiter Mann, der seine Rolle perfekt zu spielen, und den schuldigen Respekt *cum dignitate*[47] zu verbinden wußte. Dies wurde um desto schwerer, da der geniale Selbstherrscher der *City* eben nicht viel Umstände machte, denn, nachdem er gegen mich, der ihm seinen Kreditbrief überreicht hätte, ironisch geäußert: wir wären glückliche reiche Leute, daß wir so umherreisen und uns amüsieren könnten, während auf ihm armen Manne Weltlasten lägen, fuhr er damit fort, sich bitter zu beklagen, daß kein armer Teufel nach England käme, der nicht von ihm etwas haben wolle. So habe noch gestern wieder ein Russe bei ihm gebettelt, eine Episode, die dem Gesicht des Konsuls einen bittersüßen Stempel aufdrückte, »und«, setzte er hinzu, »die Deutschen lassen mir vollends gar keine Ruhe!« Hier kam die Reihe an mich, gute *contenance*[48] zu halten. Als sich nachher das Gespräch auf politische Gegenstände richtete, gaben wir beide gern zu, daß ohne ihn Europa nicht mehr bestehen könne; er lehnte es aber bescheiden ab, und meinte lächelnd: »Ach nein, da machen Sie nur Spaß, ich bin nichts mehr als ein Bedienter, mit dem man zufrieden ist, weil er die Geschäfte gut macht, und dem man dann aus Erkenntlichkeit auch was zufließen läßt.«

Dies wurde in einer ganz eigentümlichen Sprache, halb englisch, halb deutsch, das Englische aber ganz mit deutschem Akzent, vorgetragen, jedoch alles mit einer imponierenden *assurance*[49], die dergleichen Kleinigkeiten unter ihrer Aufmerksamkeit zu finden scheint. Mir erschien gerade diese originelle Sprache sehr charakteristisch an einem Manne, dem man Genialität, und sogar einen in seiner Art großen Charakter gar nicht absprechen kann.

Bei ›Royal Exchange‹ wo die Kaufleute zu sehen sind, hatte ich, für England sehr konsequent, begonnen, mit ›Exeter Change‹[50], wo man die fremden Tiere, gleichsam als Repräsentanten der Kolonien, zeigt, schloß ich meine Tournee. Auch hier begegnete mir wieder ein *›lion‹*, diesmal aber ein wirklicher, mit Namen Nero, welcher außer seiner Zahmheit das in unserm Klima seltenere Verdienst hat, bereits sechs Generationen junger englischer National-Löwen geliefert zu haben. Er ist von ungeheurer Größe und ehrwürdigem Ansehn, ruht aber jetzt auf seinen Lorbeeren aus, und schläft königlich fast den ganzen Tag. Erwacht er jedoch übler Laune, so macht noch sein Brüllen das alte Bretterhaus und die ihn umgebenden gemeinern Tiere erzittern. Diese bestehen aus Geschöpfen fast aller Arten Elefanten, Tiger, Leoparden, Hyänen, Zebras, Affen, Strauße, Condors, Papageien und Vögeln aller Zonen. Eigentümlich ist es, daß sie nicht ebener Erde, sondern alle im zweiten und dritten Stocke wohnen, so daß man auf einem der gezähmten Elefanten, der immer gesattelt steht, oben umherreiten und eine recht hübsche Aussicht ins Weite dabei genießen kann. Den Kauflustigen lockt die große Auswahl und verhältnismäßig sehr wohlfeile Preise. Der württembergische Gesandte des letzten hochselig verstorbenen Königs hatte, wie ich mich noch wohl erinnere, hier mehr zu tun als in St. James und Downing Street, ja ich weiß, daß er einmal wegen einer krepierten, seltenen, großen Schildkröte lange in großen Sorgen stand, seinen Posten zu verlieren.

Auf dem Rückwege zu meinem Hotel kamen wir bei einem Palais vorbei, von welchem mein weit gereister Cicerone[51], Herr Tournier, Gelegenheit nahm, mir folgende interessante Erzählung zu machen. Hat er brodiert[52], so bitte ich Dich, es ihm, und nicht mir, entgelten zu lassen.

Es war dieser Palast nämlich das Haus der Montague[53] (die Shakespeare nach Verona versetzt), aus welchem vor geraumer Zeit der junge Erbe dieses Hauses als einjähriges Kind gestohlen, und lange nichts weiter von ihm gehört ward. Nach acht Jahren vergeblicher Nachforschungen der trostlosen Mutter schickte einst der Schornsteinfeger des Stadtviertels einen kleinen Knaben zum Fegen des Kamins in das Schlafzimmer der Lady Montague, in welchem man durch einen glücklichen Zufall, vermöge eines Mals am Auge und den darauf gegründeten Nachforschungen, den verlornen Sohn erkannte; eine Anekdote die später zu einem bekannten französischen *vaudeville*[54] Anlaß gegeben hat. Aus Dankbarkeit für ein so unverhofftes Glück gab Lady Montague viele Jahre lang, und ich glaube noch jetzt geschieht etwas Ähnliches in dem großen Garten, der an ihr Palais stößt, der ganzen Schornsteinfeger-Innung von London am Tage des Wiederfindens ein Fest, wo sie selbst, mit aller ihrer Dienerschaft in Staatskleidung, für die Bewirtung dieser Leute Sorge trug.

Der Knabe ward später ein sehr ausgezeichneter, aber auch ebenso exzentrischer und wilder Jüngling, der sein Hauptvergnügen in ungewöhnlichen Wagstücken suchte, wozu er bei fortwährenden Reisen in fremde und unbekannte

Länder die beste Gelegenheit fand. Auf diesen begleitete ihn stets ein sehr gelieber Freund, ein gewisser Mr. Barnett.

So hatte er in mehreren Weltteilen die entferntesten Gegenden gesehen, als im Jahr 90 Tournier, seiner Aussage nach, ihn als Kammerdiener nach der Schweiz begleitete. In Schaffhausen angelangt, faßte der Lord die unglückliche Idee, mit einem Boot den Rheinfall hinunterzufahren. Der erste Geistliche des Orts, sowie viele andere Bekannte baten den jungen Brausekopf um des Himmels willen, ein so rasendes Unternehmen zu unterlassen, jedoch vergebens. Man wollte ihn sogar durch Aufbieten der Schaffhäuser Stadtsoldaten daran verhindern, es scheint aber, daß sie ihm nicht mehr Furcht als die weiland Leipziger den dortigen Studiosen einflößten, oder täuschte er ihre Wachsamkeit; kurz, nachdem er vorher einen leeren Kahn gleichsam zur Probe als *avant-coureur*[55] vorausgeschickt hatte, der auch glücklich mit seinem hölzernen Leben davon kam, folgte er selbst in Gesellschaft seines Freundes. Mr. Barnett hatte zwar ebenfalls alles angewandt, dem entetierten[56] Lord sein Vorhaben auszureden, als ihm dieser aber zurief: »Wie Barnett, Du bist mit mir über den ganzen Erdball gezogen, hast jede Gefahr treulich mit bestanden, und willst mich nun bei dieser Kinderei verlassen?« So gab er gezwungen nach und setzte sich, die Achseln zuckend, in den verhängnisvollen Kahn.

Sie schwammen erst sanft und langsam, dann mit immer reißenderer Schnelle dem Sturze zu, während Hunderte von Zuschauern zagend den Wagehälsen nachschauten.

Was indessen jeder vorhergesagt, geschah. Die Kante der Felsen berührend, schlug der Kahn um, die beiden Männer erschienen nur noch einmal zwischen dem Gestein, und der Donner der Wogen übertäubte ihr Hilfegeschrei, das nur undeutlich in Zwischenräumen vernommen ward. Bald waren sie gänzlich verschwunden, und obgleich man viele Monate lang, ohne Kosten zu scheuen, die Körper bis an den Ausfluß des Rheins in Holland suchen ließ, und große Summen auf ihr Wiederfinden setzte, so hat man doch nie wieder etwas von ihnen vernommen. Sie schlummern unbekannt in der kristallnen Tiefe.

Sonderbar ist es, daß an demselben Tage, der ihnen den Tod brachte, das Stammschloß der Montague in Sussex bis auf den Grund abbrannte. Die unglückliche Mutter überlebte nur ein Jahr den Tod ihres zum zweitenmal und diesmal unwiederbringlich verlorenen Sohnes.

Wenn Grillparzer zu trauen ist[57], so muß hier wenigstens eine unversöhnliche Ahnfrau im Spiele gewesen sein, vielleicht noch von Romeos Zeiten her.

Den 13ten

Müde von der vorgestrigen *tour* brachte ich den andern Morgen in meinen vier Pfählen zu, besuchte aber abends die englische Oper im *Strand*, nicht weit von dem Tierlokal, dessen Bewohner sie gleich zu ihrer Disposition hat. Das Haus ist weder elegant noch groß, aber die *acteurs* gar nicht übel. Man gab indes keine Oper, sondern hidöse[58] Melodramen, zuerst ›Frankenstein‹[59], wo ein Mensch durch Zauberkünste, ohne Frauenhilfe, gemacht wird, und daher auch sehr schlecht gerät, und dann den ›Vampir‹[60], nach der bekannten, Lord Byron fälschlich zugeschriebenen Erzählung. In beiden spielte Herr Cook die Hauptrolle, der sich durch ein schönes Äußere, sehr gewandtes Spiel und einen höchst vornehmen und noblen Anstand auszeichnet. Auch war das Zusammenspiel durchgängig musterhaft, die Stücke jedoch so albern und unsinnig, daß man es unmöglich bis ans Ende aushalten konnte. Hitze, Ausdünstung und Publikum waren dabei ebenfalls nicht die erfreulichsten. Überdem dauert dieses Schauspiel von 7 bis ½ 1 Uhr, was selbst bei dem vortrefflichsten zu lang wäre.

Den nächsten Tag fuhr ich nach Hampton Court, um das dortige Schloß, das Gestüt, und meine alte Freundin Lady Lansdown zu besuchen.

Von allen drei Dingen fand ich das erste am unverändertsten vor, und den berühmten Weinstock[61] im Garten wohl noch mit einem Hundert Trauben mehr beschwert. Er hatte jetzt im Ganzen weit über Tausend Stück, und bedeckte das ihm eingeräumte Treibhaus von 75 Fuß Länge und 25 Fuß Breite völlig. In einer Ecke stand, gleich dem dunkeln Ahnherr eines stolzen Geschlechts, sein brauner Stamm, so verloren und unscheinbar, als wenn er gar nicht mehr zu dem prachtvollen Gewölbe von Blättern und Früchten gehöre, die ihm doch allein ihr Dasein verdanken.

Die meisten Zimmer im Schlosse sind noch ganz so meubliert, wie sie Wilhelm III. vor 120 Jahren verließ. Man konserviert absichtlich die zerrissenen Stühle und Tapeten. Viele interessante und vortreffliche Gemälde zieren diese Gebäude, vor allen die berühmten Cartons von Raphael, welche aber bald von hier nach dem neuen Palast des Königs wandern sollen. Du hast das alles aber so oft beschrieben gelesen, daß ich mich der Wiederholung enthalte. Nur zwei schöne Portraits, Wolseys des stolzen Erbauers dieses Palastes, und Heinrichs des VIII. seines verräterischen Herrn[62], laß mich erwähnen. Beide sind vortrefflich und höchst charakteristisch. Du erinnerst dich jenes dicken Advokaten, den wir nur mit so vieler Mühe los wurden, tierischen Ausdrucks, sinnlich, blutgierig soweit die heutige Zeit es erlaubt, gewandt, spitzfindig, voller Geist und Arglist, und bei unbegrenztem Hochmut doch mit überwiegender Tendenz zum Gemeinen, zuletzt aber noch auf eine wahrhaft naive Weise frei von allem Gewissen – gib dem Bilde Heinrichs einen grünen Frack mit Perlmutterknöpfen und Du hast sein treuestes Portrait.

Immer wiederholt sich in anderer Nuance die Natur, aber

die Stufen sind verschieden, und mit ihnen die Ausbildung, wie das Schicksal der Menschen und der Welt.

In der Nacht wäre ich bald im Erstickungstode hinübergeschieden, da mein heimatlicher *jocrisse*[63], wahrscheinlich von einem englischen Kameraden früher zu gut bewirtet, während ich schon schlief, Kohlen aus dem Kamin wegtragen wollte, und sie auf einem lakierten Präsentierbrett daneben stehen ließ. Ein furchtbarer Dampf und infernaler Geruch weckte mich noch glücklicherweise, als ich eben träumte, ein Hofmann Heinrichs des Achten zu sein, und im *camp d'or*[64] eine französische Schöne erobert zu haben – sonst hätte ich gewiß die Traumbraut nur im Himmel geküßt.

Ohngefähr wie dieser Himmel, ebenso entfernt und ebenso lieblich, erscheint mir der Ort wo Du weilst, meine Traute, und so sende ich Dir den Friedenskuß übers Meer und schließe, Heil und Segen wünschend, hiemit die erste englische Epistel.

Dein herzlich ergebener
L.

Vierter Brief

London, den 15ten Oktober 1826

Das hiesige Klima scheint mir gar nicht zu bekommen, denn ich befinde mich seit meiner Landung fortwährend unwohl. Indessen, so lange ich nur nicht die Stube hüten muß, lasse ich mich davon nicht unterdrücken, reite viel, um mich zu kurieren, in der reizend kultivierten Umgegend von London umher, und setze auch meine *courses*[1] in der Stadt nicht aus.

Das Britische Museum kam neulich an die Reihe, wo ein eigner Mischmasch von Kunstgegenständen und Naturalien, Kuriositäten, Büchern und Modellen in einem erbärmlichen Lokal aufbewahrt wird.

Am Eingang oberhalb der Treppe stehen zwei enorme Giraffen, gleichsam als ausgestopfte Wächter und Embleme englischen Kunstsinns. Man findet dann in den verschiedenen Zimmern ohne Zweifel sehr viel Interessantes, ich muß aber zu meiner Schande gestehen, daß ich von dem zu vielen Sehen dergleichen Merkwürdigkeiten, mich jetzt durchaus in sehr favorabler[2] Stimmung befinden muß, um nicht etwas Indigestionsartiges[3] dabei zu empfinden. Unter den antediluvianischen[4] Überresten befand sich ein ganz monströses, äußerst wohl erhaltenes Hirschgeweih, was wenigstens sechsfach die größten übertrifft, die unser Freund C... in der Hirschgallerie seines Schlosses aufbewahrt. Im Antikensaal, der übrigens einer Scheune gleicht, erfreut man sich an den herrlichen ›Elgin Marbles‹[5], wie man sie hier nennt. Könnte man doch nur einmal diese alte untergegangene Kunstwelt in aller Pracht und Erhaltung ihrer Monumente anschauen! Das wäre noch der Mühe wert. – Die einzelnen Torsen, mit denen wir uns begnügen müssen, gewähren doch nur *(décla-*

mation à part)[6] ohngefähr das Vergnügen, welches einem z. B. eine wunderschöne Frau mit nur einem Beine, abgeschnittenen Armen, und geblendeten Augen verschaffen könnte.

Eine Büste des Hippokrates sprach mich an, weil ihr der Arzt vom Metier, sozusagen, aus den Augen geschnitten war, so daß man hier in England, bei dem Anblick derselben schon unwillkürlich in die Tasche griff.* – Auch die berühmte Portland-Vase betrachtete ich mit schuldigem Enthusiasmus.

Ich sende Dir beifolgend zwei spezielle Werke über die Vase und die Elgin'schen Antiken, mit sehr leidlichen Umrissen, nehme aber jetzt Abschied, um einpacken zu lassen, denn morgen gedenke ich nach Newmarket zu fahren, um mich während des Pferderennens einige Tage daselbst aufzuhalten.

Newmarket den 19ten Oktober

Die Schönheit des Landes, und die ungemeine Zierlichkeit aller Orte, durch die mein heutiger Weg mich führte, frappierte mich von neuem auf das angenehmste. Diese ebenso fruchtbaren als geordneten Landschaften, diese Tausende von behaglichen und lieblichen Landhäusern, auf allen Punkten der Gegend verteilt, dies fortwährende Gewühl von eleganten Wagen, Reitern und wohlgekleideten Fußgängern, sind nur England eigen. Es hat aber dieses schöne Ganze doch einen Fehler ,es ist alles zu kultiviert, zu vollendet, deshalb immer und überall dasselbe, und folglich auf die Länge ermüdend, ja ich kann mir sogar denken, daß es endlich widerlich werden muß, wie den Übersatten eine duf-

* Die englischen Ärzte sind nämlich so gewohnt, für jeden Besuch eine Guinee zu erhalten, daß einer von ihnen versicherte, wenn er krank sei und sich ein Rezept schreibe, so verfehle er nie sich selbst eine Guinee aus der linken Tasche in die rechte zu stecken. *A.d.H.*

tende Schüssel voller Delikatessen anekelt. Dies mag auch die große Reiselust der Engländer zum Teil erklären. Es ist gerade so wie im Leben, wo der Mensch ganz ungestörtes Glück am wenigsten vertragen kann, weshalb der liebe Gott vielleicht auch unsern Stammvater Adam, hauptsächlich nur, um ihn nicht vor langer Weile daselbst umkommen zu lassen, aus dem Paradiese jagte.

Heute war indes für einige Schattenbeimischung gesorgt. Wegen der großen Konkurrenz zum Wettrennen traf ich auf allen Stationen nur höchst abgetriebene Pferde, manchmal gar keine, so daß ich, wenigstens nach englischem Maßstab, erbärmlich gefahren wurde, und erst spät in der Nacht Newmarket erreichte.

Nirgends war in den Gasthöfen Platz zu finden, und ich mußte mich zuletzt noch sehr glücklich schätzen, in einem Privathause eine kleine Stube für 3 Guineen die Woche zu erhalten. Glücklicherweise traf ich einen guten Bekannten in demselben Hause an, einen kleinen ungarischen Magnaten-Sohn, der durch Anspruchslosigkeit und frohe Lebenslust dazu gemacht scheint, sich und andern in der Welt zu gefallen. Ich verehre solche Naturen, weil sie so gerade alles besitzen, was mir fehlt.

Den nächsten Morgen schon ritt ich mit ihm umher, um uns ein wenig zu orientieren. Ein Tag gleicht hier dem andern, wie ein Ei dem andern. Früh ½ 9 Uhr sieht man zuerst auf einem Hügel einige hundert Rennpferde, in Decken eingehüllt, ihre Morgenpromenade machen. Der weit ausgedehnte kahle Grashügel ist überall mit ihnen, wie mit einer Herde bedeckt, einige gehen im Schritt umher, andere galoppieren, bald langsamer, bald schneller, doch nie im vollen Lauf. Ein Aufseher, auf einem kleinen Pony reitend, begleitet in der Regel die Pferde, welche demselben Herrn gehören, oder bei demselben *training-groom*[7] in Kost und Wartung sind. Die Rennpferde selbst werden hier alle von kleinen, nur halb angezogenen Jungen auf der Dekke geritten, von denen auch gelegentlich einer zum Vergnügen der Zuschauer abgeworfen wird. Ist diese für den Pferdeliebhaber allerdings sehr interessante Besichtigung vorbei, so frühstückt man, geht wohl noch eine halbe Stunde auf die Pferdeauktion, welche, von dem allbekannten Herrn Tattersall[8] geleitet, beinahe alle Tage auf offener Straße stattfindet, und reitet oder fährt dann zum Wettrennen.

Dieses beginnt ziemlich pünktlich um 12 Uhr. Eine unabsehbare *gras-plain*[9] mit feinem dichten Hutungsrasen bewachsen, ist der Kampfplatz, wo verschiedene Distanzen, von einer ganzen deutschen Meile, als Maximum, bis zu ⅛ und ⅒ als Minimum, stets in grader Linie durchlaufen werden. Diese Bahn ist gegen das Ende hin auf beiden Seiten mit Stricken eingefaßt, längs welchen außerhalb drei- und vierfache Reihen größtenteils ausgespannter Wagen stehen, die von oben bis unten, inwendig und auswendig mit Zuschauern besetzt sind. Am Ziele selbst befindet sich ein Bretterhäuschen, ohngefähr wie die Schäfer in manchen Gegenden Deutschlands zu haben pflegen, auf Räder gestellt, so daß man es beliebig weiterrücken kann, wenn das Ziel verlängert oder verkürzt werden soll. In diesem sitzt der Kampfrichter, um vermöge einer gegenüber eingegrabenen Stange, genau visieren zu können, welches Pferdes Nase die erste in dieser Linie erscheint, denn oft entscheidet nur ein Zoll, und es ist eine sehr gescheite Politik und Hauptkunst der hiesigen *jokkeys*, die wahre Schnelligkeit ihrer Pferde so wenig als möglich zu verraten, sondern nur gerade soviel davon zu zeigen, als zum Gewinnen eben nötig ist. Sehen sie, daß sie keine Chance mehr haben, so bleiben sie lieber gleich ganz zurück, da hingegen diejenigen, welche um den Sieg noch streiten, am Ziele immer nur sehr wenig auseinander sind. Das groteske Schauspiel eines Reiters, der, 1000 Schritt zurück, noch immer wie eine Dampfmaschine mit Sporen und Gerte sich auf seinem Pferde abarbeitet, sieht man nur in Deutschland und Frankreich. Sind zwei Pferde völlig in gleicher Linie am Ziele angekommen, so müssen sie noch einmal laufen, was öfters vorfällt. Der Kampfrichter ist daher vereidet, und zu seinem Ausspruch ist keine *appellatio*[10]. Die englischen *jokkeys* (nicht kleine Jungens, wie man zuweilen im Auslande denkt, sondern oft alte Diminutiv-Greise[11] von 60 Jahren) bilden eine eigne Zunft, und sind die besten praktischen Reiter, die ich kenne. Es sind immer möglichst kleine und schmächtige Leute, die sich durch künstliches Schwitzen, Purgieren[12] u.s.w. fortwährend soviel als möglich reduzieren. Du erinnerst Dich, daß ich selbst früher Rennpferde hielt, wo ich einen Newmarket-Jockey eine Zeitlang im Dienst behielt, der unter andern in Wien eine bedeutende Wette für mich gewann. Es belustigte mich sehr, diesen Menschen zu sehen, wenn er sich selbst *in training* setzte, und, nachdem er sich durch mehrere Laxanzien[13] gestärkt hatte, in der größten Hitze, mit drei oder vier Pelzen bekleidet, im Trabe gewisse Distanzen ablief, bis der Schweiß stromweise von ihm herabrann, und er selbst vor Mattigkeit fast hinsank, *mais tel était son plaisir*[14], und je miserabler er sich fühlte, je zufriedener war er.

Auch dies kommt jedoch auf die Bestimmung an, denn leichter, als wie zu einer Hauptgelegenheit, wo viel zu verdienen ist, erfordert wird, ist es nicht ratsam sich zu machen, indem Blei in den Gurt nehmen zu müssen für Pferd und Reiter unbequem ist, und Du weißt schon, daß auf diese Weise das bestimmte Gewicht, welches ein Pferd tragen muß, reguliert wird.*

* Es sei mir erlaubt, bei dieser Gelegenheit denjenigen meiner Berliner Freunde, welche mit ihren Pferden bei den dortigen Wettrennen konkurrieren wollen, den Rat zu geben, die dazu bestimmten Pferde nur durch gut rekommandierte[15] englische *grooms* trainieren zu lassen, da alle hie-

In einer gewissen Distanz vom Ziele, nach dem Punkte des Auslaufs zu, steht, etwa hundert Schritt seitwärts, eine andere weiße Stange, ›*the betting-post*‹[16] genannt. Hier versammeln sich die Wettenden, nachdem sie vorher die Pferde in den Ställen, am Beginn der Bahn, satteln gesehen, und sich noch genau von allen etwa obwaltenden Umständen überzeugt, vielleicht auch den ergebenen *jockeys* Winke erteilt haben. Für manchen mochte das, was hier vorgeht, von allem das befremdendste Schauspiel sein. Es hat, des Lärmens und verworrenen Schreiens wegen, viel Ähnlichkeit mit einer Judenschule, nur daß mehr Leidenschaft dabei sichtbar wird und das aktive Personal eben, sowohl aus den ersten *Pairs* von England, als Livreebedienten, den gemeinsten *sharpers* und *black-legs* (Betrüger und Gauner) besteht, kurz aus allem, was Geld zu verwetten hat, und hier gleiche Rechte in Anspruch nimmt, auch im Äußern keinen wesentlichen Unterschied darbietet, noch verschieden miteinander umgeht. Die meisten haben Taschenbücher in der Hand, jeder schreit seine Anerbietungen aus, und wer sie annimmt, notiert sie mit jenem zugleich in sein Buch. Herzoge, Lords, Stallknechte, Spitzbuben, alles brüllt durcheinander und wettet miteinander, mit einer Volubilität[17] und in Kunstausdrükken, aus denen ein Fremder ohne langes Studium nicht klug werden kann, bis plötzlich der Ruf ertönt: ›die Pferde sind abgelaufen‹.

sigen ohne Ausnahme es durchaus nicht verstehen, wie ich mich vielfach überzeugt habe. Sie glauben ein Pferd trainiert zu haben, wenn sie es durch Aderlassen, Laxieren und tägliches Umherjagen zum Skelette verwandelt, und ihm alle die Kräfte genommen, welche das echte Trainieren verzehnfacht. Das gut und schlecht trainierte erscheinen zwar gleich mager, bei dem letztern ist es aber die Magerkeit des Elends und der Entkräftung, bei dem andern nur die Entfernung alles unnützen Fleisches und Fettes mit der höchsten Ausbildung und Kraft der Muskeln und der Lunge. *A.d.H.*

Schnell stiebt nun der Haufen auseinander, die Wettlustigen suchen sich aber wieder an den Stricken, die die Bahn einfassen, zusammenzufinden. Eine Menge langer Perspektive[18], Operngucker und Lorgnetten[19] sieht man, von den Wagen und Reitern aus, nach den von fern herankommenden *jockeys* gerichtet. Mit Windesschnelle eilen diese immer näher, und einige Momente schwebt banges Schweigen über der bunten Menge, während ein Aufseher zu Pferde die Bahn freihält, und jeden Eindringling ohne Umstände mit der Peitsche zurückzwingt. Doch nur Momente dauert die Ruhe, bald erhebt sich von neuem das wildeste Getümmel, lautes Jauchzen und Klagen, Fluchen und Beifallsgeschrei schallt von allen Seiten, von Herrn und Damen, herüber und hinüber: ›Zehn gegen vier auf den Admiral, hundert gegen eins auf Putana, Smallbeer *against the field* (Schmalbier gegen alle andren), Karo-Bube gewinnt‹ u. s. w., hört man wütend von den Wettern schreien, und kaum hat man hie und da ein *›done‹* (es gilt) vernommen, so sind die edlen Tiere auch schon heran, im Nu vorbei, im zweiten am Ziele, und das Schicksal, oder Geschicklichkeit, oder Betrug haben entschieden. Starr sehen die großen Verlierer einen Augenblick vor sich hin, laut triumphieren die Gewinner, manche machen *bonne mine à mauvais jeu*[20], alle aber jagen jetzt schnell den *jockeys* nach, um diese wiegen und die Pferde absatteln zu sehen, ob ihnen dort vielleicht eine vorgefallene Unregelmäßigkeit noch eine Chance gewähren möchte. In einer Viertelstunde beginnt mit andern Pferden dasselbe Spiel von neuem, und wiederholt sich so sechs- bis siebenmal. *Voilà les courses de Newmarket.*[21]

Ich hatte den ersten Tag ein so divinatorisches[22] Urteil, daß ich dreimal den Gewinner, bloß nach Gutdünken und Beurteilung beim Satteln erriet und dadurch ziemlich ansehnlich gewann. Doch ging es mir wie gewöhnlich beim Spiel, ich verlor die andern Tage noch einmal so viel dazu.

Wer hier mit Dauer gewinnt, ist vorher seiner Sache sicher, und es ist bekannt, daß ein großer Teil des englischen Adels in diesem Punkt sehr weite Grundsätze hat.

Ich fand unter den Anwesenden mehrere Bekannte aus älterer Zeit, die mir die Erlaubnis erteilten ihre Rennpferde im Stall zu sehen, was sie für eine große Begünstigung halten, und mir dann auch anboten, *entrée* in den hiesigen Club zu verschaffen, wovon ich jedoch nicht profitierte, da es ein bloßer Spiel-Club ist, wovor man sich in England mehr als irgendwo hüten muß.

Es ist als ein Nationalzug anzusehen, und einer, der das allgemein Kaufmännische hier charakterisiert, daß vorher zwar alle Vorteile gelten, aber bei den oft im Augenblick und in der größten Konfusion gemachten Wetten, fast nie ein Streit über die Richtigkeit derselben stattfindet, dagegen oft einer, der mehr verloren hat, als er bezahlen kann, vor dem Abrechnungstage ganz und gar unsichtbar wird, d.h. Bankerott macht, und sich auf dem Kontinent, entweder für immer, oder so lange, bis er wieder zahlungsfähig ist, verbirgt. Wenn dergleichen geschieht, wird es von den *habitués*[23] ein schlechtes ›*meeting*‹ genannt.

Gleich am ersten Tage meines Aufenthaltes in Newmarket machte mich mein ungarischer Freund mit der Familie eines reichen Kaufmanns aus der hiesigen Gegend bekannt, die mit ihrem Landbesuch, worunter einige sehr hübsche Mädchen, täglich zum Rennen herkamen, und nach demselben wieder auf ihr nahes Gut zurückkehrten. Sie luden uns ein, den nächsten Tag dort zu essen, und den darauf folgenden bei ihnen zuzubringen, welches wir mit Vergnügen annahmen.

Gegen 5 Uhr machten wir uns zu Pferde auf den Weg. Eine neu gepflanzte, sehr breite, doppelte Allee von jungen Buchen bezeichnete den Anfang des Gebiets unseres Wirts, und führte uns, ohngefähr eine halbe Stunde weit, an seine *park-*

entrance, welche aus einer Art Triumphbogen und zwei Seitenpavillons bestand, an die sich der hölzerne Parkzaun anschloß, der aber eine Strecke weit vom Tore auf beiden Seiten verpflanzt war, so daß die erwähnten Eingangsgebäude frei im Wald zu stehen schienen, was sich sehr gut ausnahm. Eine Zeitlang führte uns jetzt der Weg durch dichten Busch, worauf wir die mit Baumgruppen besetzte Wiese erreichten, die überall den Hauptbestandteil eines englischen Parks ausmacht, und dann bald von fern das erleuchtete Haus erblickten, hinter dem sich die hohen Bäume und *shrubberies* des *pleasure-grounds*[24] ausdehnten. Einige Kühe lagen vor der Haustüre, über die wir fast hinwegsetzen mußten, eine sonderbare Anomalie, die schon Repton[25] rügt, und die daraus entsteht, daß man, der Gewohnheit gemäß, den Park, d. h. die geschmückte Viehweide, stets auf einer Seite, meistens auf zweien, bis an das Wohnhaus sich erstrecken läßt, anstatt daß es gewiß weit zweckmäßiger wäre, den *pleasure-ground* und die Gärten rund um das Haus zu ziehen, da, wie mir scheint, wohl der entfernte Anblick, aber nicht die unmittelbare Nähe des Rindviehs, nebst allen ihm anhängenden Unannehmlichkeiten, so großes Vergnügen gewähren kann.

Wir fanden eine ziemlich zahlreiche Gesellschaft, bestehend aus dem Herrn und der Frau vom Hause, beide im mittleren Alter, ihrer ältesten verheirateten Tochter mit ihrem Manne, zwei jüngern nicht sehr anlockenden Töchtern, einem Baronet aus der Nachbarschaft mit einer hübschen Frau und ihrer auch ganz artigen, aber sehr melancholischen Schwester, weil sie eben aus Indien unverrichteter Sache zurückkam*, einer sehr gefeierten Miss B..., welche sich oft

* Man pflegt jährlich aus England einen Transport junger mittelloser Damen nach Indien zu spedieren[26], um sie dort, wo die Ware nicht so häufig ist, wo möglich an den Mann zu bringen, und die Spekulation gelingt auch gewöhnlich. Ein rückkehrender Krebs ist aber übel dran.

auch in höhern Zirkeln bewegt, drei andern unbedeutenden Herren, dem Sohn vom Hause, und endlich einem Londner Stutzer der zweiten Klasse, an dem man den strebenden *dandy* der *City* studieren konnte.

Der Baronet hatte in Deutschland gedient, und dort das Theresienkreuz sich erworben, wie er erzählte, denn er trug es nicht, weil er meinte, dies sei eine Jugend-Spielerei, die er nun abgelegt, da sie zu seinen ökonomischen Beschäftigungen nicht mehr passe. Es war ein schlichter und freundlicher Mann, dem man, als mit dem Kontinent am besten bekannt, besonders aufgetragen zu haben schien, uns die *honneurs*[27] des Hauses zu machen. Wir zogen jedoch vor, uns lieber bei seiner Frau und Schwägerin in den englischen Sitten zu unterrichten.

Nach diesen Sitten war der Besuch zweier *noblemen*[28] (selbst fremder, obgleich diese 50 Prozent geringer als die einheimischen stehen) für ein Haus von niederer *volée*[29] wie das S... sche eine Ehre, und man fetierte[30] uns daher ungemein, selbst der *dandy* war, soweit es die Regeln seines Metiers gestatteten, artig und zuvorkommend gegen uns. Es ist eine fast allgemeine Schwäche der nichtadeligen Engländer, mit vornehmen Bekanntschaften zu prahlen, die Adeligen* tun dasselbe mit den Fashionablen, oder Exklusiven, die eigene Kaste, ein Staat im Staate, der in gesellschaftlicher Hinsicht eine noch despotischere Gewalt ausübt, und sich nicht einmal an Rang, noch weniger an Reichtum kehrt, aber nur in jener erwähnten Schwäche der Nation die Möglichkeit seines Bestehens findet.

Es ist daher eine große Wonne für diese Engländer des Mittelstandes auf dem Kontinent zu reisen, und dort mit Leichtigkeit vornehme Bekanntschaften zu machen, von

* Du weißt, daß in England nur die Pairs-Familien zum Adel gerechnet werden. Vom Baronet (incl.) an, gehört alles übrige nur zur *gentry*, ein Wort, das hier am besten durch Honoratioren übersetzt wird.

welchen sie, zu Hause angekommen, wie von intimen Freunden sprechen können. Unsere Hauswirtin gab uns davon bald eine kleine Probe: »Kennen Sie die Königin von…?« frug sie. Auf meine Antwort, daß ich die Ehre gehabt habe, ihr einst vorgestellt worden zu sein, fuhr sie fort: *»She is a great friend of mine«*[31], gerade wie sie von einem Handels-Kompagnon hätte sprechen können. Zugleich produzierte sie, unter den vielen Brimborions, mit denen sie sich behangen hatte, ein Portrait der Königin, welches ihr diese, wie sie behauptete, geschenkt habe. Es mochte wohl wahr sein, denn auch die Tochter zeigte einen Brief von einer der vermählten Prinzessinnen-Töchter Ihrer Majestät vor, der sehr vertrauliche Mitteilungen über ihre Ehe und Häuslichkeit enthielt, und nun wahrscheinlich schon seit geraumer Zeit als Paradepferd dienen mußte, um der Eitelkeit der Besitzerin zu fröhnen. Ist es nicht in hohem Grade auffallend, daß unsere deutschen Großen, denen es doch zum Teil an Stolz und *morgue*[32] gegen ihre Landsleute nicht eben fehlt, jedes englische Landeskind, sei es auch noch so sehr ohne geistige Auszeichnung, bloß als englisch, fast wie ihresgleichen behandeln, ohne im geringsten zu fragen, ob dieses Individuum zu Hause eine Stellung einnehme, die solche Begünstigung rechtfertige!

Nichts läßt uns in den Augen der Engländer selbst geringer erscheinen, als diese demütige Fremdensucht, die noch d a d u r c h etwas besonders Schmähliches erhält, daß ihr wahrer Grund im allgemeinen doch nur in dem tiefen Respekt liegt, den Hohe und Niedere bei uns für englisches Geld haben.

Es gehört hier ein bedeutendes Vermögen dazu, um ein Haus auf dem Lande zu machen, da der Gebrauch sehr viel Luxus dabei erfordert, und dieser Sitte gemäß, in der Hauptsache, beim Krämer dasselbe gefunden werden muß, wie beim Herzog, d.h. ein zierlich dekoriertes Haus mit eleganten *meubles*, ein reiches *vaisselle*[33], stets neu und fein gekleidete Diener, bei Tafel eine *profusion*[34] von Schüsseln und ausländischen Weinen, ausgewähltes und sehr kostbares *dessert*, und in allem der Anschein von Überfluß und ›*plenty*‹[35], wie die Engländer es nennen. Solange Gäste da sind, geht dieser *train*[36] fort, nachher in der Einsamkeit mag sich manche Familie dafür mit der schmalsten Kost entschädigen, daher man auch hier niemanden auf dem Lande besuchen darf, ohne eingeladen zu sein, und diese Einladungen sind dabei gewöhnlich auf Tag und Stunde bestimmt, da die Bekanntschaften groß, und der Raum, wie die dazu bestimmte Zeit, verhältnismäßig gering ist, also einer dem andern Platz machen muß. Wahre Gastfreiheit kann man dies kaum nennen, es ist mehr eine *étalage*[37] seines Besitzes für möglichst viele. Hat eine Familie nun einen Monat oder länger so Haus gehalten, so geht sie die übrige Zeit selbst auf Besuche aus, der einzige gastfreie Monat hat aber dann schon so viel gekostet, als bei uns die ganze Jahresrevenue eines reichen Gutsbesitzers beträgt.

Da Du nie in England warst, will ich Dir mit ein paar Worten den Gang eines englischen *dinner* beschreiben, welches sich, wie gesagt, *á peu de chose près*[38] überall gleich ist.

Du liebst die Details des täglichen Lebens, und hast mir oft gesagt, Du vermißtest dies bei den meisten Reisebeschreibungen, und doch gäbe nichts ein lebhafteres Bild eines fremden Landes; verzeihe also, wenn Du mich jetzt in zu kleinliche Dinge eingehen findest.

Man führt die Damen am Arm, nicht an der Hand, wie in Frankreich, zu Tisch, und ist auch wie dort von den veralteten Reverenzen befreit, die selbst in vielen der vornehmsten deutschen Gesellschaften, noch nach jedem Führen einer Dame gegenseitig gewechselt werden. Dagegen ist man sehr ängstlich um die Beobachtung des Ranges besorgt, wobei man den der Fremden freilich sehr wenig versteht. Ich verwünschte heute den meinigen, der mich neben die Wirtin brachte, während mein Freund sich wohlweislich zwischen die schönen Schwestern eingeschoben hatte. Auf französische Art findet man schon beim Eintritt den ganzen ersten Gang der Mahlzeit, die *relevés*[39] ausgenommen, zugleich auf den Tisch gesetzt, und sobald die Glocken abgehoben sind, legt auch, wie dort, nach der Suppe jeder von der Schüssel vor, die sich vor ihm befindet, und bietet seinem Nachbarn davon an*, während er selbst, wenn er etwas anderes zu haben wünscht, über den Tisch darum bitten, oder einen Bedienten darnach schicken muß, im Grunde eine lästige Mode, weshalb auch einige der elegantesten Gereisten jetzt die bequemere deutsche Sitte des Herumgebens der Schüsseln durch die Dienerschaft angenommen haben.

Es ist nicht üblich, bei Tisch Wein zu trinken ohne sein Glas mit einer andern Person zugleich zu leeren, wozu man das Glas aufhebt, sich starr ansieht, mit dem Kopfe zunickt, und es dann erst gravitätisch austrinkt. Gewiß mancher uns sehr auffallende Gebrauch der Südseeinsulaner mag weniger lächerlich sein. Es ist übrigens zugleich eine Artigkeit, jemand auf diese Weise zum Trinken aufzurufen, und ein Bote wird oft vom andern Ende der Tafel expediert, um B... anzukündigen, daß A... ein Glas Wein mit ihm zu trinken wünsche, worauf denn beide sich, zuweilen mühsam genug, ins Auge zu bekommen suchen, und dann, gleich chinesischen Pagoden, die Zeremonie des obligaten Nickers mit großer Förmlichkeit agieren. Ist aber die Gesellschaft klein, und man hat mit allen Bekannten getrunken, aber noch Lust, mehr Wein zu genießen, so muß man damit bis zum *dessert* warten, wenn man den Mut nicht in sich verspürt, sich über die Gewohnheit hinwegzusetzen.

* Zur englischen guten Erziehung gehört daher auch die Tranchierkunst, welche in Deutschland zu sehr vernachlässigt wird.

Nach vollendetem zweiten Gange und einem interimistischen[40] *dessert* von Käse, Salat, rohem Sellerie und dergleichen (wozu man manchmal *Ale* herumgibt, das 20 und 30 Jahre alt, und so stark ist, daß es, ins Feuer geschüttet, wie Spiritus aufflammt), wird das Tischtuch abgenommen, und in den besten Häusern auf ein zweites darunterliegendes noch feineres Tischtuch, in andern auf den bloßen polierten Tisch das *dessert* aufgesetzt, welches aus allen möglichen Treibhausfrüchten, die hier von ausgezeichneter Qualität sind, indischen und vaterländischen eingemachten *compotes*, magenstärkendem Ingwer, Gefrornem u. s. w. besteht. Vor jeden Gast werden frische Gläser gestellt, und zu den Desserttellern und Bestecken noch kleine mit *franges*[41] umgebene Servietten hingelegt, vor den Hausherrn aber drei Flaschen Wein, gewöhnlich Claret (Bordeaux-Wein), Port und Madeira aufgesetzt. Der Wirt schiebt nun diese, entweder in ihren Untersetzern oder auf einem kleinen silbernen Räderwagen, links zu seinem Nachbar. Jeder schenkt sich selbst, und, sitzt eine Dame bei ihm, auch dieser nach Verlangen ein, und so fort, bis die Runde gemacht ist, wo sie denn wieder von vorn angeht. Einige Kristallkrüge mit Eiswasser erlauben den Fremden glücklicherweise, dem Branntewein, der in den englischen Weinen stark vorherrscht, einiges Gegengift beizumischen. Alle Dienerschaft verläßt nach aufgesetztem *dessert* das Zimmer, und braucht man frischen Wein, so wird dem Haushofmeister geklingelt, der ihn allein hereinbringt. Eine Viertelstunde bleiben die Damen dann noch sitzen, denen zuweilen süßer Wein besonders serviert wird, und verlassen hierauf den Tisch. Die Herren erheben sich mit ihnen, einer derselben öffnet den Damen die Türe, und sobald sie hinausgelassen sind, rückt man traulicher zusammen, der Wirt nimmt den Platz der Wirtin ein, und die Gespräche des täglichen Interesses beginnen, wobei der Fremde in der Regel ziemlich vergessen wird, und sich meistens mit Zuhören begnügen muß. Es steht übrigens jedem frei, den Damen zu folgen, wann er will, eine Freiheit, von der Graf B... und ich heute möglichst bald Gebrauch machten, um so mehr, da dies jetzt sogar Mode, und das viele Trinken *unfashionable*[42] wird. Deshalb hatte auch der *dandy* uns bereits devanciert[43], als wir bei den Damen ankamen, die uns im Salon, um einen großen Tisch gruppiert, mit Kaffee und Tee erwarteten*.

Als die ganze Gesellschaft wieder vereinigt war, teilte sich alles, völlig ungeniert, in beliebige Gruppen. Einige machten Musik, wobei die melancholische Schöne auf einer Orgel spielte, die wahrscheinlich zu religiösem Gebrauch hier aufgestellt war, andere spielten Whist[47], hie und da flüsterte ein Pärchen in der Fenster-*embrasure*[48], mehrere politisierten, nur der *dandy* war allein geblieben; in einen großen Lehnstuhl versunken, hatte er seinen rechten zierlich beschuhten Fuß auf sein linkes Knie gelegt, und sich in dieser Stellung in Mme. de Staëls Buch *sur* ›l'Allemagne‹[49] anscheinend so vertieft, daß er von der ihn umgebenden Gesellschaft nicht die mindeste Notiz mehr nahm.

À tout prendre[50] mußte ich dem hübschen jungen Mann die Gerechtigkeit widerfahren lassen, daß er höhere Originale

* Beim Könige müssen die Damen, wie mir eine derselben erzählt hat, rückwärts hinausgehen, um Seiner Majestät nicht die verkehrte Seite zuzuwenden, welches gegen die, in England zum Teil sehr streng beobachtete Etikette ist. Dies hat sich jetzt zu einer völlig militärischen Evolution ausgebildet, welche eine junge Neulingin oft in Verlegenheit setzt. Die Damen schließen rückwärts die Richtung nach der Türe, nach welcher sie sich in der Diagonale ziehen. Sobald die Flügelfrau an dieser angelangt, macht sie rechtsum, traversiert hindurch, und so jede folgende ihr nach. Lady C... kommandiert. Im Gynáceum[44] angekommen, präsentiert sich ihnen, ebenfalls in Reih und Glied, eine Anzahl eleganter Porcellain-Vasen. *Aprés celà*[45] nippt man von einem Glase Liqueur, setzt sich zu Tee und Kaffee nieder, und nun beginnt die Damenunterhaltung. Man weiß, woraus sie gewöhnlich besteht: Putz, Skandal und Liebe. ›*Such is the custom of Brauksome Hall.*‹[46]

gar nicht übel kopierte. Vielleicht wurde ich zu diesem vorteilhaften Urteil auch dadurch bestochen, daß er bei Tisch viel vom großen Goethe sprach, und seinen ›*Fost*‹[51] anpries, welche beide (Goethe und ›*Fost*‹) Lord Byron in England Mode gemacht hat. ›*Fost*‹ schien ihm besonders wegen der, seiner Meinung nach, atheistischen Tendenz desselben zu gefallen, denn Mr. M... brachte, wie er uns erzählte, die halbe Zeit seines Lebens in Paris zu und erklärte sich für einen *esprit fort.*[52]

Den andern Tag ritten wir, nach dem gemeinschaftlichen Frühstück, mit den Damen im Park spazieren, der nichts Sehenswertes darbot, ausgenommen etwa einen flußartigen Kanal stehenden und schlammigen Wassers, welcher 5000 L. St. zu graben gekostet hatte, und besser unterblieben wäre, wurden aber nachher desto mehr durch die Treibhäuser und Obstgärten befriedigt. Die ersteren, eine Liebhaberei des Besitzers, wurden auf eine höchst ingenieuse Weise nach einer von ihm selbst erfundenen Vorrichtung, mit Dampf beheizt, und die Wärme durch das bloße Drehen eines Hahns augenblicklich zu dem beliebigen Grade vermehrt oder vermindert.

Dreiundzwanzig verschiedene Sorten Ananas, über die sich, vom Glasdach herab, Hunderte von dunkelblauen Riesen-Trauben senkten, füllten diese geräumigen, eleganten Häuser, und im Obstgarten bewunderten wir an der Mauer Birnen, die bei sehr gutem Geschmack eine Größe von 7 Zoll Länge und 16 Zoll Umfang erreichten.

Viele Herren gingen auf die Jagd, wir zogen die häusliche Gesellschaft vor. Der lustige B... war der Liebling der Damen geworden und erregte sichtlichen Kummer bei ihnen, als wir nach dem *dinner* um 1 Uhr in der Nacht und diesmal in einer Post-Chaise unsern Rückweg antraten. Es konnte nicht fehlen, daß wir auf der langen Fahrt über manches *ridicule*[53], das wir gesehen, noch eine lachende Nachlese hielten, obgleich ich mich dabei recht sehr schämte, als echter Bewohner B . . . s, statt des herzlichen Dankes für die gastfreie Aufnahme, mich über die Wirte und ihre Gesellschaft lustig zu machen; aber die Welt ist heutzutage verdorben, und überdies hat Gastfreundschaft aus Ostentation[54] keine bessern Folgen. Wahrscheinlich ging es uns Gästen im Hause, das wir eben verlassen, auch nicht besser.

Beim Wettrennen sahen wir am andern Morgen die jungen Damen wieder, wetteten Handschuhe mit ihnen, so lange, bis wir sie verloren, und erfreuten sie dann gar sehr mit eingeschwärzten Parisern[55]. Eine zweite Einladung aufs Land schlugen wir jedoch aus, da wir zu einem Herren-*dinner* engagiert waren, und Graf B . . . noch abends zur Fuchsjagd nach Melton abreisen wollte. Auch ich werde Newmarket verlassen, und meinen Brief in London weiter fortsetzen.

Epping Place, den 20sten

Ich bin nicht so weit gekommen, als ich wollte, und muß hier übernachten, da die Besichtigung zweier Parks mich den halben Tag aufgehalten hat. Die darauf verwandte Mühe hat sich jedoch reichlich belohnt. Der erste, Audley Park, dem Lord Braybrook gehörig, kann unter den ansehnlichsten im Lande eine Stelle behaupten.

Die Straße führt mitten durch denselben, mit tiefen Ahas[56] auf beiden Seiten, die den Park sichern, und doch die volle Aussicht hinein gestatten. Man überblickt zuerst eine weite grüne Landschaft, in deren Mitte ein breites, flußartiges und vortrefflich geformtes Wasser angebracht ist, das aber leider wegen zu geringen Zuflusses sehr mit Wassermoos bedeckt ist. Nahe an seinen jenseitigen Ufern steht das prächtige gotische Schloß, welches ursprünglich vom Herzog von Suffolk erbaut wurde, und damals noch dreimal größer gewesen sein soll. Demohngeachtet geben ihm auch noch jetzt die Menge seiner Türme, Vorsprünge und verschiedenartigen hohen Fenster ein imposantes und malerisches Ansehen. Obgleich Mylady zu Haus war, erhielt ich doch die seltene Erlaubnis, es zu besichtigen.

Ich trat in eine weite, sehr einfache Vorhalle, nur mit einigen Geweihen von Riesenhirschen der Urwelt, die hier ausgegraben wurden, geschmückt, und mit wenigen massiven Bänken und Stühlen versehen, auf welche das Wappen der Familie in bunten Farben gemalt war. Einige sehr alte Gemälde, eine gotische Lampe, ein großer aus zwei Stücken Muschelmarmor bestehender Tisch, von dem nur die obere Seite des Tischblattes geschliffen, das Übrige ganz roh war, und ein Dutzend lederne Feuereimer, ebenfalls mit bunten Wappen bemalt, machten alle übrigen *meubles* dieser *pièce*[57] aus. Die Decke war von Holz mit tiefen *caissons*[58] und verschossener alter Malerei. Man sah auf den ersten Blick, daß man in kein Haus von gestern getreten war.

Eine hohe Türe, aus schwerem geschnitzten Eichenholz, führte von hier in die Herren-Halle, einem großen Saal, dessen ungeheure Fenster von der Decke bis zum Boden gingen, und auf dieser Seite den freien Anblick der Landschaft gewährten. Viele Ahnenbilder in Lebensgröße, zum Teil von Van Dyck gemalt, hingen an der entgegengesetzten Wand, und zwischen ihnen erhob sich der kolossale Marmor-Kamin mit dem in Stuck ausgeführten und reichgefärbten Wappen der Suffolks darüber. Die dritte Wand, dieselbe, durch welche wir hereingekommen, war von innen durchgängig mit kunstreichem, vortretendem Schnitzwerk bedeckt, Figuren in halber Lebensgröße, wie man an den Chören gotischer Kirchen sieht. Gegenüber befand sich wieder eine hohe Flügeltüre, die sich in den Speisesaal öffnete, und an ihren beiden Seiten zwei freie Treppen, die zum zweiten Stock hinaufführten.

Der Speisesaal enthält ein Portrait Suffolks, und ein Bild

der Königin Elisabeth. Ihr rotes Haar, fades *teint* und falscher Blick, wie der übertriebene Putz, geben keine sehr vorteilhafte Idee von der galanten und eitlen *Maiden Queen*.

Im obern Stocke diente eine schmale und lange Galerie – voll niedlicher Kleinigkeiten und Altertümer, unter andern auch einer großen Windkarte in der Mitte, die mit der Turmfahne in Verbindung steht, und so den Jägern alle Morgen zeigt, wo der Wind herkommt*, zum Salon, denn man hat die gute Einrichtung, in den meisten englischen Landhäusern und Schlössern, nicht viele, sondern nur ein Appartement oder Haupt-*pièce*[59] für die Gesellschaft zu bestimmen, was diese weit besser zusammenhält.

Die Kapelle ist modern, aber reich und geschmackvoll verziert, und hier liest, wenn der Kaplan abwesend ist, der Herr selbst alle Morgen um halb 10 Uhr, wobei sich die ganze Familie und Dienerschaft versammeln muß, nach altem Gebrauch eine Predigt und hält den Gottesdienst ab.

Der Park ist bedeutend groß, aber von einer störenden Menge Zäune durchschnitten, um Schafen, Kühen, Pferden und Hirschen, jeder Tierart ihr eigenes Terrain anzuweisen. Von den letztern sind 4-500 Stück hier vorhanden, die, wie eine zahme Herde fast immer in wenigen Abteilungen vereint, zusammen weiden, und der Idee des Wildes gar nicht mehr entsprechen. Auch schmeckt ihr Fleisch ganz anders, als da, wo sie frei in den Wäldern unserer Heimat leben, ohngefähr wie wildgewordene Ochsen schmecken mögen.

Die Remisen für Rebhühner und Hasen sind ebenfalls umzäunt, da das niedrige Gebüsch sonst vom Vieh abgefressen werden würde, weshalb auch, wie schon bemerkt, der größte Teil der englischen Parks nur aus einzelnen hohen Baumgruppen auf Wiesengrund besteht, deren Äste die Tiere nicht

* Wäre an Höfen nicht übel einzuführen. *A.d.H.*

erreichen können. Diese weiten Ansichten imponieren im Anfang, werden aber, ihrer Einförmigkeit wegen, bald ermüdend. Auch kann ich nicht finden, daß die vielen Vermachungen der Landschaft[60] vorteilhaft sind, denn selbst jeder einzeln gepflanzte junge Baum auf der *plaine* muß mit einem hohen Zaun umschlossen werden, um ihn vor den Tieren zu schützen.

Zwei einzelne Tempel und ein Obelisk, zu denen nicht einmal ein andrer Weg, als über den Rasen führte, nahmen sich sehr heterogen in der Mitte dieser Viehweiden aus, besser der entfernte gotische Turm der Kirche von Waltham, der pittoresk über die Eichenkronen hervorragte.

Sehr schön fand ich dagegen den Blumengarten und die Fasanerie. Der erste bildet ein großes Oval, dicht von immergrünen natürlichen Wänden von Taxus, Kirsch-Lorbeer, Rhododendron, Zedern, Zypressen, hohem Buchsbaum, Holly etc., und den höchsten Waldbäumen dahinter, umgeben. Ein Bach mit Grotte und Wasserfall durchströmt den feinen Samtrasen, auf dem sich seltene Prachtpflanzen und Blumenbeete aller Formen und Farben lieblich gruppieren.

Die Fasanerie, welche eine gute halbe Stunde davon entfernt ist, besteht aus einem schattigen und dichten, mit einer Mauer umgebenen Wäldchen verschiedner Baumsorten von bedeutendem Umfang. Man konnte nur über die nassen Wiesen dazu gelangen, und erst vom Eingangspförtchen an begann ein Kiesweg. Dies geschieht aus Ökonomie, da Wege in England äußerst kostspielig zu machen und zu unterhalten sind, gewöhnlich daher in einem Park nur e i n Fahrweg nach dem Wohnhause stattfindet, und auch die Fußwege mit dem eisernen Zaun des *pleasure-ground* aufhören. Die englischen Damen fürchten weniger ihre Füßchen der Nässe auszusetzen, als die unsrigen.

Der oben erwähnte Weg brachte mich also durch ein höchst anmutiges Laubgewölbe, nach verschiedenen Krümmungen, unerwartet vor die mit Efeu berankte Pforte eines kleinen Gebäudes, an welches sich, noch mehr unter den Bäumen versteckt, die Wohnung des Fasanenjägers anschloß.

Dieser öffnete von innen, und höchst überraschend war der Anblick, der sich jetzt vor uns entfaltete. Wir waren in einen kleinen offenen Salon getreten, dessen freistehende Säulen dichte Monatsrosen ganz bedeckten, zwischen denen wir rechts eine große *volière*[61] mit Papageien, links eine ebenso ausgedehnte Hecke von Kanarienvögeln, Stieglitzen und andern kleinen Vögeln sahen, vor uns aber einen freien Rasenplatz mit einzelnen immergrünen Sträuchern, und einen Hintergrund von hohem Walde, durch den man einige ganz schmale Durchsichten auf ein fernes Dorf und einen einzelnen Kirchturm, mit vieler Kunst menagiert hatte.

Auf diesem freien Platz rief nun der Jäger Wolken von Gold-, Silber- und farbigen Fasanen, nebst einigen fremden Hühnerarten, zahmen Raben, seltenen Tauben und anderem Geflügel zusammen, die hier ihr Futter bekamen, und sich dabei im buntesten Gewimmel umhertaumelten. Ihre verschiedenen Manieren und Gebärden, von der Leidenschaft der Begierde gesteigert, gaben ein ganz eigentümliches Schauspiel; besonders possierlich betrug sich ein Goldfasanenhahn, der gleich einem Stutzer aus alter Zeit allen Hühnern die *Cour* zu machen schien, und mit den allerlächerlichsten Verdrehungen und *airs*[62], die er sich dabei gab, meinen alten B... zu solchem Lachen zwang, daß die englischen Diener, welche im Äußern an sklavische Ehrfurcht vor ihren Herren gewöhnt sind, diese Freiheit mit Verwunderung betrachteten, während sie m i c h wenigstens ebensosehr amüsierte, als die Pantalonaden[63] des *dandys* unter den Vögeln.

Über 500 Gold- und Silberfasanen, denen gleich nach der Geburt nur e i n Flügel verschnitten wird, welches hinlänglich ist, sie am Fliegen zu hindern, bewohnen diesen Wald Sommer und Winter, ohne nur eines Schuppens gegen die Kälte zu bedürfen, so mild ist das hiesige Klima.

Um dich nicht zu ermüden, übergehe ich die Beschreibung des zweiten Parks, Short Grove, der nichts besonderes darbot, und sehr vernachlässigt schien. Schloß und Park mit Treibhäusern u. s. w., das erste völlig meubliert, waren eben für den nicht hohen Preis von 400 L. St. jährlich vermietet worden, eine hier sehr übliche Sitte, wenn die Besitzer auf Reisen sind.

Wir würden dies nicht gern nachahmen, da hingegen bei uns fast immer ein Teil unsrer Wohnhäuser in der Stadt vermietet wird, während die Herrschaft selbst nur die *bel étage*[64] bewohnt, was den Engländern wiederum sehr sonderbar vorkommt, und auch wirklich höchst unbequem ist, indem die Anwesenheit mehrerer Familien in einem Hause selten weder eine gute Hausordnung, noch vollendete Reinlichkeit und Nettigkeit in demselben gestattet.

Die Haupttüre des Schlosses in Short Grove war von außen mit Spiegeln belegt; eine hübsche Idee, indem man dadurch, dem Hause zugehend, schon auf der Türe ein schönes Gemälde der Gegend erblickt.

Der große Reichtum der Gutsbesitzer in England muß immer die Kontinentalen frappieren, wo jetzt größtenteils gerade die Gutsbesitzer die ärmste und die am wenigsten von den Gesetzen und Institutionen protegierte Klasse sind. Hier konkurriert alles zu ihrem Vorteil. Es ist äußerst schwer, für den Rentier freies Grundeigentum in England zu akquirieren, da fast aller Grund und Boden der Krone, oder dem hohen Adel gehört, die es in der Regel nur auf eine Art Erbpacht ausgeben, so daß zum Beispiel, wenn ein Großer ein Städtchen sein nennt, dies nicht, wie bei uns, bloß die Oberherrschaft darüber bedeutet, sondern jedes Haus das wirkliche Eigentum des Besitzers ist, dem Inhaber nur, wie ich gleich auseinandersetzen werde, auf bestimmte Zeit überlassen. Man kann sich denken, welche ungeheure, immer steigende Revenuen dies in einem außerdem so industriellen Lande hervorbringen muß, und kann nicht umhin, zu bewundern, wie die dortige Aristokratie sich, in großer Übereinstimmung, seit Jahrhunderten alle Institutionen zu ihrem besten Vorteil einzurichten gewußt hat.

Der freie Kauf eines Grundstücks erfordert mehrere schwierige Bedingungen, und jedenfalls kann er nur zu so hohen Preisen stattfinden, daß kleinere Kapitalisten sie nicht daran wenden können, und wie es einmal ist, bei der Erbpacht für ihre Person immer noch mit besserem Nutzen dazu kommen, und diese daher auch fortwährend vorziehen. Die hiesige Erbpacht ist aber sehr verschieden von der bei uns üblichen. Es wird nämlich dem Anbauer der nötige Platz auf 99 Jahren dergestalt überlassen, daß er, bei Häusern *pro* Fuß der Front, eine gewisse Rente jährlich, von einigen Schillingen bis zu 5 bis 10 Guineen, bei größern Grundstükken soundsoviel *per acre* (englischer Morgen) an den Grundbesitzer zahlt.

Er schaltet nun damit wie er will, baut auf wie er Lust hat, macht Gärten, Parkanlagen u. s. w.; nach dem Verlauf der 99 Jahre aber fällt alles, wie es steht und liegt, und was niet- und nagelfest ist, der Familie des Verkäufers wieder zu, ja noch mehr, der Pächter muß sein Haus u. s. w. im besten Stand erhalten, und sogar den Ölanstrich alle 7 Jahre erneuern, wozu er durch Visitationen polizeilich angehalten wird. Übrigens kann er während der ihm zugemessenen Frist auch wieder an andere verkaufen, aber immer nur bis zu jener festgesetzten Epoche, wo der eigentliche Herr wieder in Besitz tritt. Alle Landstädte, Villen u. s. w., die man sieht, gehören also, wie gesagt, auf diese Weise Haus für Haus einzelnen großen Gutsbesitzern, und obgleich die Erbpächter nach umgelaufener Frist gewöhnlich das prekäre Eigentum von neuem erstehen, so müssen sie doch, im Verhältnis als der Wert der Grundstücke seitdem gestiegen, oder sie selbst sie verbessert haben, die Rente verdoppeln und verdreifachen. Selbst der größte Teil der Stadt London gehört unter solchen Verhältnissen einzelnen Adeligen, von denen z. b. Lord Grosvenor allein über 100 000 L. St. Kanon[65] ziehen soll. Daher ist, außer der Aristokratie, fast kein Hausbewohner in London wahrer Grundeigentümer des seinigen. Selbst der Banquier Rothschild besitzt kein eignes, und wenn einer, dem Sprachgebrauch nach, eins kauft, so fragt man ihn: ›auf wie lange?‹ Der Preis variiert dann, nachdem es aus erster Hand, gewöhnlich auf Rente, oder aus zweiter und dritter für ein Kapital erstanden wird. Der größte Teil des Erwerbs der Industrie fällt durch diesen Gebrauch ohnfehlbar der Aristokratie zu, und vermehrt notwendig den unermeßlichen Einfluß, den sie schon ohnedem auf die Regierung des Landes ausübt.

London, den 21sten

Heut Nachmittag bin ich bei unaufhörlichem Platzregen hier glücklich wieder angekommen, habe mich im Club bei einem guten *dinner* restauriert, und abends im Whist, zur guten Stunde sei's gesagt, meine Reisekosten sechsfach bezahlt erhalten, bin wohl, und lebenslustig, und finde, daß mir nichts fehlt, als Du. –

Laß mich unter so guten Konjunkturen meinen Brief beendigen, der schon wieder zum Paket angeschwollen ist.

Ewig Dein treuergebener L.

*Fünfter Brief**

London, den 20sten Nov. 1826

Geliebte Freundin!

Reisenden möchte ich den Rat geben, in fremde Länder nie Diener aus dem Vaterlande mitzunehmen, am wenigsten, wenn man sich einbildet, dadurch zu ersparen, heutzutage immer ein wichtiges Objekt. Diese Ökonomie gehört aber zu denjenigen, von denen eine mehr kostet, als vier Verschwendungen, und man hängt sich überdies ein Gewicht an, das vielfach hinderlich ist.

Solche weise Betrachtungen wurden bei mir durch meinen alten Kammerdiener erweckt, der im Begriff ist, in englischen *spleen*[1] zu verfallen, weil er zuviel Schwierigkeiten

* Einige Briefe, die nur persönliche Beziehungen hatten, sind hier ganz unterdrückt worden, und ich bemerke dies bloß, um den schönen Leserinnen, die sich gewiß mit mir über die Pünktlichkeit gefreut haben, mit der der Verstorbene das Ende beinahe jeden Tages seiner abwesenden Freundin widmete, ein zwanzigtägiges Schweigen zu erklären.

Derselbe Fall kommt später noch mehrmals vor, so wie ich mir überhaupt die Freiheit habe nehmen müssen, in den Briefen, welche diese beiden Teile enthalten, vieles bei der Herausgabe wegzulassen, was, um nicht zu ermüden, nur selten durch Punkte angedeutet ist, als z. B. zu uninteressante Alltäglichkeit des Lebens, oder zu interessante *chronique scandaleuse.*[2] Eine kleine satirische Annäherung meines verstorbenen Freundes an die letzte in den vorigen Bänden, ist ihm zu übel bekommen, um eine neue zu wagen. Die lieblichsten Damen in Sandomir[3] sprachen ja den Bann aus über den Ärmsten, und, schreibt mir mein dasiger Korrespondent: *›se demandant partout: avez-vous lu les lettres d'un mort? – elles prirent toutes le mors aux dents.‹*[4] Man versteht keinen Spaß mehr in jener traurig gewordenen Welt! Jeder Scherz wird in einer wunden Stimmung aufgenommen, die ihn zur absichtlichen Beleidigung stempelt und ein Aristophanes würde heutzutage daselbst mit zwanzig Kriminalprozessen verfolgt und des Landes verwiesen werden. *A.d.H.*

findet, – täglich hier – Suppe zu seinem Mittagessen zu erhalten, und mit Tränen in den Augen dieser geliebten Speise zu Hause gedenkt. Er mahnt mich an die preußischen Soldaten, die bei Strömen von Champagner die französischen Bauern prügelten, weil sie ihnen kein Stettiner Bier vorsetzen wollten.

Wahr ist es, die Engländer mittlerer Klasse, an eine nahrhafte Fleischkost gewöhnt, kennen nordische Wasser- und Brühsuppen nicht, und was bei ihnen so heißt, ist ein verhältnismäßig ebenso teures als hexenmäßiges Gebräu von allen Sorten Pfeffern und Gewürzen beider Indien. Die Schilderung meines Getreuen, als er zum erstenmal einen Löffel davon in den Mund bekam, wäre wert gewesen, bei Peregrine Pickles[5] antikem Mahle zu figurieren, und verkehrte meinen Ärger in lautes Lachen. Doch sehe ich voraus, daß an dieser Klippe seine Anhänglichkeit an mich scheitern wird, denn unsre Deutschen sind und bleiben eigentümliche Naturen, länger als andere am Gewohnten haltend, es sei nun Glaube, Liebe oder Suppe.

In Ermangelung der Gesellschaft sind die verschiedenen Clubs, zu welchen jetzt auch Fremde Zutritt erhalten können, was sonst nicht der Fall war, eine große Annehmlichkeit. Der Gesandte hat mir zu zweien derselben Einlaß verschafft, den ›United Service-Club‹, wo außer den fremden Gesandten nur Militär, und zwar nur Stabsoffiziere aufgenommen werden können, und den ›Traveller's-Club‹, in dem zwar jeder gebildete Fremde, der gut empfohlen ist, zugelassen wird, wo man aber, auf eine etwas demütigende Art, alle drei Monate um erneuete Erlaubnis nachsuchen muß, worauf fast unartig streng und mit dem Tage gehalten wird.

In Deutschland macht man sich wohl ebensowenig von der Eleganz und dem *comfort*, als auch von der strengen Handhabung der Club-Gesetze, die hier herrschen, einen deutlichen Begriff.

Alles, was Luxus und Bequemlichkeit ohne Pracht erfordern, findet man hier so gut, als in dem wohlgehaltendsten Privathause vereinigt. Treppen und Stuben sind mit stets frischen Teppichen geziert, und *rugs* (bunt gefärbte und präparierte Schaffelle mit der Wolle), vor die Türen gelegt, um den Zug zu verhindern; marmorne Kamine, schöne Spiegel, (immer aus einem Stück, welches zu dem soliden englischen Luxus gehört) Profusion[6] von *meubles* etc., machen jedes Zimmer höchst *comfortable.* Selbst die Waage, um mit Leichtigkeit jeden Tag seine eigne Schwere bestimmen zu können, eine besondere Liebhaberei der Engländer, fehlt nicht. Die zahlreiche Dienerschaft erblickt man nie anders als in Schuhen und auf das reinlichste in Ziviltracht und Livree gekleidet, und ein Portier ist immer auf seinem Posten, um Überröcke und *parapluies*[7] abzunehmen. Dieser letztere Gegenstand verdient in England Aufmerksamkeit, da Regenschirme, die dort leider so nötig sind, auf eine ganz unverschämte Weise gestohlen werden, wenn man, es sei wo es wolle, nicht sehr genau auf ihre Verwahrung sieht. Dies ist so notorisch, daß neulich in einer Zeitung von einem gewissen ›Tugendbunde‹, der Preise für die edelste Handlung austeilt, erzählt wurde: Die Wahl sei das letztemal sehr schwer geworden, und man wäre schon im Begriff gewesen, ein Individuum zu krönen, das seit mehreren Jahren seinen Schneider richtig bezahlt habe, als ein anderer noch nachgewiesen, daß er zweimal bei ihm vergessene *parapluies* zurückgegeben. ›Bei dieser unerhörten Tat‹, setzt der Journalist hinzu, ›geriet die Gesellschaft zuerst in stummes Staunen, daß so viel Edelmut noch in Israel gefunden werde, dann aber ließ rauschender und enthusiastischer Beifall den zu krönenden Sieger nicht länger mehr zweifelhaft.‹

Bei der eleganten und wohlfurnierten *library*[8] ist ebenfalls immer jemand bei der Hand, die verlangten Bücher zu suchen. Alle Journale trifft man wohlgeordnet im Lesezimmer an, und daneben im Carten-*Cabinet** eine Auswahl des neuesten und besten in diesem Fach. Dieses ist so eingerichtet, daß sämtliche Carten, zusammengerollt, in abnehmender Länge an den Wänden übereinander hängen, und jede an einer in der Mitte befindlichen Schnur über die unteren leicht zur Besichtigung herabgezogen werden kann. Der Zug an einer Seitenschnur rollt hingegen, durch einen einfachen Mechanismus, die Carte mit großer Schnelligkeit wieder auf. Das betreffende Land ist auf dem runden Mahagonistabe, auf dem sich die Carte rollt, mit so großen Buchstaben verzeichnet, daß auch die vom Auge entfernteste Inschrift bequem gelesen wird. Auf diese Weise kann man in einem ganz kleinen *Cabinet* eine große Menge Carten übereinander anbringen und alle ohne die mindesten Umstände, wie man sie eben braucht, augenblicklich finden und besichtigen ohne die andern zu derangieren.

Die Tafel, ich meine das Essen, (bei den meisten doch die Hauptsache, und bei mir auch nicht die letzte) wird größtenteils durch französische Köche gut, und zugleich so wohlfeil versorgt, als es in London möglich ist. Da der Club auch die Weine anschafft, und zu den Selbstkosten wieder verkaufen läßt, so sind diese sehr trinkbar und billig. Daß aber überhaupt in London der Gutschmecker, selbst in den besten Häusern, fast immer die feinsten Weine vermissen muß, kommt aus der sonderbaren Gewohnheit der Engländer (und dieses Volk hängt an Gewohnheiten fester, als die Auster an ihrer Schale) sich ihre Weine nur von Londoner Weinhändlern liefern zu lassen, und sie nie selbst, wie wir zu tun pflegen, aus den Ländern zu beziehen, wo sie wachsen. Da nun diese

* Ich bemerke hier ein für allemal, daß, seit Preußen eine Charte (Konstitution) versprochen worden ist, mein Freund zu besserer Distinktion die Orthographie angenommen hatte: geographische Carte und Spielkarte zu schreiben. Er hofft noch immer, daß diese Vorsicht nicht unnütz gewesen sei. *A.d.H.*

Händler den Wein in solchem Grade verfälschen, daß vor kurzem noch einer von ihnen, der verklagt wurde, soundso viel tausend Flaschen Claret und Portwein in seinen Kellern zu haben, die nicht von ihm versteuert worden wären, bewies, daß aller dieser Wein von ihm selbst in London fabriziert sei, und dadurch der Strafe entging – so kann man denken, welche Gebräue man oft unter den wohlklingenden Namen von ›Champagner‹, ›Lafitte‹ u. s. w. zu trinken bekommt. Jedenfalls aber kaufen fast nie die Händler das allerbeste, was im Vaterlande des Weins zu haben ist, aus dem natürlichen Grunde, weil sie wenig oder gar keinen Profit daran machen könnten, oder sie benutzen wenigstens solches Gewächs nur, um andern schlechten Wein damit passieren zu machen.

Entschuldige diese Weindigression[9], welche Dich, die nur Wasser trinkt, eben nicht sehr interessieren kann, aber Du weißt einmal, ich schreibe für uns beide, und mir, ich gestehe es, ist der Gegenstand nicht unwichtig. Gern ›führe ich Wein im Munde‹.

Doch zurück zu unsern Clubs. Die Verschiedenheit der englischen Sitten kann man hier gleich beim ersten *abord*[10] weit besser beobachten als in der großen Welt, die sich immer mehr oder weniger gleicht, während hier dieselben Individuen, die zum Teil jene bilden, sich weit ungenierter zeigen.

Fürs erste muß der Fremde die raffinierte Bequemlichkeit bewundern, mit der der Engländer zu sitzen versteht, so wie man auch gestehen muß, daß, wer die genialen englischen Stühle aller Formen, und für alle Grade der Ermüdung, Kränklichkeit und Konstitutions-Eigentümlichkeit berechnet, nicht kennt, wirklich einen guten Teil irdischen Lebensgenusses entbehrt. Es ist schon eine wahre Freude, einen Engländer nur in solchem bettartigen Stuhl am Kaminfeuer sitzen, oder vielmehr liegen zu s e h e n. Eine Vorrichtung an der Armlehne, einem Notenpulte ähnlich, und mit einem

Leuchter versehen, ist vor ihm so aufgeschlagen, daß er sie mit dem leisesten Druck sich beliebig näher bringen oder weiter entfernen, rechts oder links schieben kann. Außerdem nimmt eine eigne Maschine, deren stets mehrere an dem großen Kamine stehen, einen oder beide seiner Füße auf, und der Hut auf dem Kopfe vollendet das reizend behagliche Bild.

Dies letztere wird dem nach alter Art Erzogenen am schwersten nachzuahmen, der sich immer eines kleinstädtischen Schauers nicht erwehren kann, wenn er abends in den hellerleuchteten Salon des Clubs tritt, wo Herzöge, *ambassadeurs*[11] und Lords zierlich angezogen an den Spieltischen sitzen, und er nun, um es den *fashionables*[12] nachzumachen, den Hut aufbehaltend, an eine Whist-Partie treten, diesem oder jenem zunicken, und dann gelegentlich eine Zeitung ergreifen, sich in ein Sofa damit niederfallen lassen, und nur nach einiger Zeit den, ihn obendrein vielleicht noch abscheulich inkommodierenden[13] Hut, *nonchalamment*[14] neben sich werfen, oder, wenn er nur wenige Minuten bleibt, gar nicht ablegen soll.

Die Sitte des halben Niederlegens statt Sitzens, gelegentlich auch der Länge nach auf den Teppich zu den Füßen der Damen, ein Bein über das andere so zu legen, daß man den einen Fuß in der Hand hält, die Hände im Ausschnitte der Westenärmel tragen u. s. w., dies alles sind Dinge, die bereits in die größten Gesellschaften und ausgesuchtesten Zirkeln übergegangen sind; es ist daher wohl möglich, daß das Hutaufbehalten gleichfalls zu dieser Ehre gelangt, um so mehr, da auch die Pariser Gesellschaft jetzt das umgekehrte Verhältnis gegen sonst aufstellt, nämlich, wie ihr ehemals ganz Europa nachäffte, jetzt, (oft auf ziemlich groteske Weise), nicht verschmäht, selbst den Affen der Engländer zu machen, und sogar – wie gewöhnlich bei solchen Gelegenheiten – oft noch über das Original zu rencherieren.[15]

In dem ›Traveller's Club‹ belustigte mich in dieser Hinsicht besonders ein vornehmer Fremder aus dem Süden, der, wahrscheinlich als Satire auf diese Sittenlizenz und edle Grobheit im Äußern, gleich den Chinesen sich durchaus nicht genierte, sehr häufig beim Spiel gewisse Laute mit geöffnetem Munde auf's vernehmlichste von sich zu geben, die ehemals wohl kaum in Schenken gestattet worden wären.

Der Zug ist nicht appetitlich, aber für den Londoner ›Traveller's Club‹ doch charakteristisch.

Dagegen nimmt man es Fremden sehr übel, wenn sie im Eßsaal, der doch im Grunde nichts als eine elegante Restauration ist, und wo jeder auch, wie dort, seine Zeche nach vollendeter Mahlzeit bezahlt, mit einem der Diener, der schlecht bedient, lange warten läßt oder eins statt des andern bringt, schmälen, oder überhaupt etwas laut oder herrisch ihre Befehle geben, obgleich die Engländer selbst sich dies sehr oft dort und noch vielmehr bei uns erlauben. Ja es wird sogar nicht gerade als unschicklich, doch aber als fatal und unangenehm angesehen, wenn jemand während des Mittagessens liest, weil dies in England nicht Mode ist, und da unter andern ich selbst diese Unart in hohem Grade an mir habe, bemerkte ich schon einigemal satirische Zeichen des Mißfallens darüber, von diesem und jenem Insulaner von altem Schrot und Korn, der den Kopf schüttelnd an mir vorüberging. Man muß sich überhaupt in acht nehmen, so wenig wie möglich irgend etwas anders zu machen, als die Engländer, und ihnen doch auch nicht alles nachahmen, weil keine Menschen-*race* intoleranter sein kann, die meisten aber ohnedies die Aufnahme Fremder in ihre geschlossenen Gesellschaften nur ungern sehen, alle aber es für eine ausgezeichnete *faveur*[16] und Gnade halten, die uns dadurch erzeigt wird. Eine große Bequemlichkeit wenigstens, und besonders Ökonomie ist der gestattete Besuch der Clubs bei der Teuerkeit der englischen Wirtshäuser und dem Mangel an Restaurationen und Kaffeehäusern nach Art des Kontinents, gewiß.

Unter allen Verstößen gegen englische Sitte jedoch, die man begehen kann, und wofür einem wahrscheinlich der fernere Eintritt ganz versagt werden würde, sind folgende drei die größten: das Messer wie eine Gabel zum Munde führen; Zucker oder Spargel mit den Händen nehmen; oder vollends gar irgendwo in einer Stube ausspucken. Dies ist allerdings zu loben, und gebildete Leute aller Länder vermeiden dergleichen ebenfalls, (wiewohl auch hierin sich die Sitten sehr ändern, denn der Marschall von Richelieu erkannte einen *aventurier*[17], welcher sich für einen vornehmen Mann ausgab, bloß daran, daß er Oliven mit der Gabel, und nicht mit den Fingern nahm), nur die außerordentliche Wichtigkeit ist lächerlich, welche hier darauf gelegt wird, namentlich ist das letzt erwähnte *crime*[18] in England so pedantisch verpönt, daß man ganz London vergebens durchsuchen würde, um so ein *meuble*, wie ein Spucknapf ist, in irgendeinem Laden aufzufinden. Ein Holländer, der sich deshalb sehr unbehaglich hier fühlte, behauptete ganz entrüstet, der Engländer einziger Spucknapf sei ihr Magen.

Dies sind, ich wiederhole es, mehr als triviale Dinge, aber die besten Lebensregeln in der Fremde betreffen fast immer Trivialitäten. Hätte ich zum Beispiel einem jungen Reisenden einige allgemeine Regeln zu geben, so würde ich ihm ganz ernsthaft raten: In Neapel behandle die Leute brutal; in Rom sei natürlich; in Österreich politisiere nicht; in Frankreich gib dir keine *airs*[19], in Deutschland recht viele, und in England spucke niemals aus. Damit käme der junge Mann schon ziemlich weit durch die Welt.

Was man mit Recht bewundern muß, ist die zweckmäßige Einrichtung alles zur Ökonomie des Lebens Gehörigen, und aller öffentlichen Etablissements in England, so wie die systematische Strenge, mit der das einmal Festgesetzte ohne Nachlassung befolgt wird. In Deutschland schlafen alle guten Einrichtungen bald ein, und nur neue Besen kehren gut. Hier ist das ganz anders, dagegen verlangt man auch nicht von jedem alles, sondern strikte nichts mehr als was seines Amtes ist. Die Behandlung der Dienerschaft ist ebenso vorzüglich, als die Dienstverrichtung dieser. Jeder hat seinen vorgeschriebenen Wirkungskreis, in dem man aber auch die genaueste Pflichterfüllung fordert, und bei Nachlässigkeiten immer weiß, an wen man sich zu halten hat. Dabei ist den Dienstboten auch vernünftige Freiheit, und einige Zeit für sich selbst gestattet, die der Herr sorgsam respektiert. Die ganze Behandlung der dienenden Klasse ist weit anständiger, und mit weit mehr *égard*[20] gegen dieselbe verbunden als bei uns, obwohl sie von aller Vertraulichkeit so gänzlich ausgeschlossen bleibt, und eine solche Ehrfurcht von ihr gefordert wird, daß Diener in dieser Hinsicht mehr wie Maschinen als Menschen betrachtet werden. Dies und ihre gute Bezahlung bringt es ohne Zweifel hervor, daß verhältnismäßig wirklich die dienende Klasse in ihrer Art den meisten äußern Anstand in England besitzt.

Es wäre sogar in sehr vielen Fällen ein sehr verzeihlicher Verstoß des Fremden, wenn er zuweilen den Kammerdiener für dessen Lord begrüßte, besonders wenn er Höflichkeit und gewandte *tournure*[21] für das Auszeichnende eines vornehmen Mannes hielte, denn dieser Maßstab würde in England keineswegs passend sein, wo, ohne alle Übertreibung, die erwähnten Vorzüge, obgleich sonst bei vortrefflichen und wesentlichen Eigenschaften, und auch mit sehr glänzenden einzelnen Ausnahmen, doch bei der Mehrheit der Vornehmen nicht angetroffen werden. Den Männern steht übrigens ihr, wenn auch oft an Grobheit streifender, Übermut und die hohe Meinung von sich selbst noch nicht so übel an, bei den Weibern aber wird beides ebenso widrig, als bei andern Engländerinnen das vergebliche Bemühen, continentale Grazie und Leichtigkeit zu affektieren.

Ich lobte vorher die Zweckmäßigkeit der hiesigen Einrichtungen, und will Dir zum Beleg die Organisation des Spielsaals im ›Traveller's Club‹ beschreiben. Es ist dieser Verein kein eigentlicher Spiel-Club, sondern wie sein Name schon anzeigt, ein speziell für Reisende bestimmter, daher auch nur solche wirkliche Mitglieder desselben sein können, die eine gewisse bedeutende Anzahl von Meilen auf dem Kontinent gereist, oder vielmehr umhergefahren sind, doch findet man eben nicht, daß sie deshalb weniger englisch geworden wären, was ich auch nicht tadeln will. Also, obgleich kein Spiel-Club, wird doch bei den ›Travellers‹ sehr hoch Short-Whist und Ecarté, aber kein Hazard gespielt.[22]

In unsern Casinos, Ressourcen[23] u.s.w. muß sich der Spiellustige immer erst mühsam eine Partei aussuchen, und sind die Spieltische besetzt, vielleicht stundenlang warten, ehe einer leer wird. Hier ist es Gesetz, daß jeder der kommt, sobald an irgend einem Tische ein *rubber*[24] beendigt ist, sogleich in diese Partie eintreten darf, und dann der, welcher bereits zwei *rubber* nacheinander gespielt, austreten muß. Dies hat auch das Angenehme, daß, wenn man an dem einen Tisch verloren hat, und glaubt, das Glücke liege am Platze, aufstehen, und bald darauf besseres an einem andern aufsuchen kann.

In der Mitte des Saals steht ein *bureau*, an welchem ein *commis*[25] postiert ist, der klingelt, sobald man etwas von den *waiters*[26] verlangt, die Rechnung führt, auch bei streitigen Fällen die klassischen Werke über das Whist herbeibringt. Denn nie wird auch das geringste Versehen gegen die Regel, ohne die darauf gesetzte Strafe zur Folge zu haben, durchgelassen, was allerdings für den, der nur zur Unterhaltung spielen will, etwas peinlich wird, aber doch eigentlich zweckmäßig ist, und gute Spieler bildet. Derselbe *commis* verabreicht auch jedem Spieler die Marken. Um nämlich der großen Unannehmlichkeit auszuweichen, mit einem bösen Zahler zusammenzukommen, der zwar viel verliert, aber nichts berichtigt, und solche gibt es in England nicht weniger, als anderwärts, so ist der Club selbst der allgemeine Zahler. Bares Geld erscheint (schon der Reinlichkeit wegen sehr angenehm) gar nicht, sondern jeder erhält, so wie er sich zum Spiel hinsetzt, ein Körbchen Marken von verschiedener Form, deren Wert mit Zahlen darauf bemerkt ist, und welche der *commis* in sein Buch einträgt. Verliert er sie, so verlangt er neue, u. s. w. Ehe man weggeht, berechnet man sich mit dem Rechnungsführer, konstatiert entweder den Verlust, oder liefert, wenn man gewonnen, die akquirierten Marken aus. In beiden Fällen erhält man über das Resultat eine Karte eingehändigt, die das Duplikat der Berechnung im Kontobuche enthält.

Sobald einer auf diese Weise über 100 L. St. schuldig ist, muß er den andern Morgen an den *commis* Zahlung leisten, dagegen jeder, der etwas zu fordern hat, es zu allen Zeiten realisieren kann.

Ich muß indes, der Wahrheit zu Ehren, bekennen, daß im ›Traveller's Club‹ diese letzte Regel gegen Fremde sehr schlecht beobachtet, und Engländer von Seiten des *commis*, höchstwahrscheinlich mit stillschweigender Duldung der Direktion, dabei sehr protegiert wurden. Ich selbst und mehrere meiner Freunde haben schon zu verschiedenen Malen, ich wochen- und jene monatelang keine Zahlung erhalten können, wogegen der Verlust von uns immer sehr pünktlich eingefordert ward, und der *commis* selbst sich auf unsre Beschwerde damit entschuldigte, daß dieser Engländer 600, jener 1000 L. St. und noch mehr schuldig geblieben, oder gar abgereist sei, ohne zu bezahlen, man diese Summen daher jetzt nicht eintreiben könne, welches die Kasse momentan außerstande setze, ihre Verbindlichkeiten zu erfüllen. Dies ist aber nur eine üble Ausnahme, und fällt in den andern Clubs, wie ich von allen hörte, nie vor, verdiente aber eben deshalb auch eine öffentliche Rüge.

Es wäre sehr zu wünschen, daß wir in unsern deutschen Städten die Organisation der englischen Clubs nachahmten, welches, wenn auch mit weniger Luxus, weil wir ärmer sind, doch im Wesentlichen sehr tunlich wäre – dabei aber auch den Engländern in sofern Gleiches mit Gleichem vergölten, daß wir nicht ewig vor ihrem Gelde und Namen in einer kindisch-sklavischen Admiration auf den Knien lägen, sondern ihnen mit aller Humanität, und immer noch mit mehr Artigkeit, als sie uns in England bezeigen, doch fühlen ließen, daß wir Deutsche in Deutschland Herren vom Hause sind, und folglich mehr Ansehn zu behaupten und zu fordern haben als sie, die ohnedies nur zu uns kommen, entweder um zu sparen, oder sich ein wenig abzuhobeln und vornehme *liaisons*[27] zu formieren, die ihnen bei mittlerem Stande zu Hause verschlossen bleiben, oder mit Behaglichkeit sich zu überzeugen, daß, den physischen Lebensgenuß betreffend, wir gegen sie noch halbe Barbaren sind.

Es ist in der Tat unbegreiflich und ein wahres Zeichen, daß es hinreichend ist, uns nur schlecht und geringschätzend zu behandeln, um von uns verehrt zu werden, daß bei uns, wie schon erwähnt, der bloße Name ›Engländer‹ statt des höchsten Titels dient, weshalb auch jeden Augenblick ein Mensch, der in England, wo die ganze Gesellschaft bis zur niedrigsten Stufe hinab so schroff aristokratisch ist, kaum in den vulgärsten Zirkeln Einlaß erhält, in deutschen Ländern bei Hofe und vom vornehmsten Adel fetiert[28] und auf den Händen getragen, jede seiner Verstöße und Unbehilflichkeiten aber als eine liebenswürdige englische Originalität angesehen wird, bis zufällig ein wirklich angesehener Engländer in den Ort kommt, und man nun mit Erstaunen erfährt, daß man nur einem Fähnrich auf *half-pay*[29], oder gar einem reichen

Schneider oder Schuster so viel Ehre erwiesen hat. Ein solches niedres Individuum ist indessen doch wenigstens höflich, die Impertinenz mancher Vornehmen dagegen geht wirklich über jeden Begriff.

Ich weiß, daß in einer der größten Städte Deutschlands ein liebenswürdiger Prinz des K... Hauses, der noch zu sehr angloman ist, weil er die Engländer nicht in ihrem Lande gesehen, und sie nur nach seiner eigenen jovialen Ritterlichkeit beurteilt, übrigens auch ihre Pferde und Wagen mit Recht liebt, einen englischen *viscount*[30], der kaum angekommen, und ihm noch nicht präsentiert worden war, zur Jagd einladen ließ, worauf dieser erwiderte, er könne davon nicht profitieren, denn der Prinz sei ihm ganz unbekannt. Es ist wahr, daß einem Fremden in England nie eine solche Artigkeit geboten werden würde, wo die Einladung eines Großen zu einem einzigen Mittagessen (denn mit Einladungen zu Soirées und *routs*[31] etc. ist man, um das Haus zu füllen, sehr freigebig) schon als die ausgezeichnetste Ehrenbezeigung von ihm betrachtet wird, die er, selbst vornehmen Fremden erzeigen zu können glaubt, und welche immer entweder eine schon lange dauernde Bekanntschaft, oder gewichtige schriftliche Empfehlung voraussetzt – eine solche Zuvorkommenheit aber, wenn sie einmal durch ein Wunder in England stattfände, so aufzunehmen, wie dieser tölpische Lord, würde gewiß keinem gebildeten Mann auf dem ganzen Kontinent möglich sein.*

* Laß mich hier ein für allemal bemerken, daß wer England nur nach seinem Aufenthalte daselbst im Jahre 1813 beurteilt, sich ganz darüber irren muß, denn damals war eine Epoche des Enthusiasmus, eine grenzenlose Freude der ganzen Nation von ihrem gefährlichsten Feinde durch uns befreit worden zu sein, die sie zum ersten, und vielleicht letztenmale allgemein liebenswürdig machte.

Den 21sten

Ich besuchte gestern früh L..., um Deine Kommission zu besorgen, fand ihn jedoch nicht zu Haus, statt seiner aber zu meiner Freude einen Brief von Dir, den ich so ungeduldig zu lesen war, daß ich gleich in seiner Stube blieb, um ihn zwei- bis dreimal emsig durchzuforschen. Deine Liebe, die mir so viel wie möglich alles Unangenehme zu ersparen sucht, und mich nur von dem unterhält, was ich gern höre, erkenne ich gar dankbar, dennoch mußt Du mich nicht mehr schonen, als Du ohne Gefahr für die Geschäfte tunlich glaubst. Du machst übrigens eine weit bessere Schilderung vom Inhalt meiner Briefe, als diese selbst darzubieten imstande sind, und es ist ein sehr liebenswürdiger Fehler von Dir, mich so artig zu überschätzen. Liebe malt mit Zauberfarben das Geringste herrlich, aber wohl mag ich mir auch die Gerechtigkeit widerfahren lassen, daß Du durch so genaue Verhältnisse Gelegenheit hattest, Eigenschaften an mir kennen zu lernen, die vielleicht einigen wahren Wert haben, und die sich dem gewöhnlichen Blicke nicht erschließen, sondern, wie die *sensitive*[32], bei der unsanften Berührung der Welt schnell zurückziehen. Dies tröstet mich – aber schmerzlich ist mir Deine Äußerung: Du fändest alles, was Du selbst schreibst, so gehaltlos, daß du glaubtest, der Schmerz der Trennung von mir habe Dich geistesschwach gemacht. Verlange ich denn Phrasen? Wie viel lieblicher ist das natürliche trauliche Geschwätz, das sich unbekümmert gehen läßt, und innig herzlich folglich vortrefflich ausdrückt. Besonders freuen mich Deine Empfindungen bei dem, was ich Dir mitteile, denn sie sind immer ganz so, wie ich sie erwarte und teile.

Folge Deiner Freundin in die Residenz. Das wird Dich zerstreuen, und Du zugleich dort Gelegenheit finden, manches für unsre Angelegenheiten zu tun. *Les absents ont tort*[33], vergiß das nicht. B...s Leichtsinn muß ich tadeln. Wer seinen

Ruf vor der Welt, sei er auch im Innern ein Engel an Güte und Tugend, nicht achtet, wem es einerlei ist, was man von ihm sagt, ja wer sich vielleicht sogar damit belustigt, der wird durch die Bosheit der Menschen den guten Ruf gewiß bald und schnell verloren haben, und sich dann ohngefähr in der Lage Peter Schlemihls[34] befinden, der seinen Schatten weggegeben hatte. Er hielt es erst für nichts, so etwas Unwesentliches zu entbehren, und konnte es nachher doch kaum ertragen – nur in der tiefsten Einsamkeit, fern von aller Welt, mit seinen Siebenmeilenstiefeln vom Nord- zum Südpol rastlos schreitend, und allein der Wissenschaft lebend, fand er einige Ruhe.

Am Ende Deines Briefes nimmt, wie ich wohl merke, die Schwermut wieder die Oberhand, und ich weiß hiervon auch zu reden, *mais il faut du courage*[35]. In jedem Leben müssen Prüfungszeiten durchgelitten, und der bittere Kelch oft bis auf den letzten Tropfen geleert werden. Verklärt nur die Sonne den Abend, so wollen wir über die Mittagshitze nicht murren.

Doch genug von diesen ernsten Gegenständen, laß mich Dich jetzt, um auf etwas anderes überzugehen, in das Haymarket Theater führen, das ich neulich besuchte, während der berühmte Liston zum hundertzweitenmale im Charakter des Paul Prye, einer Art *plumpers*[36], das Publikum entzückte. Dieser Schauspieler, der ein Vermögen von 6000 Louisdor Revenuen erworben haben soll, ist einer von denen, die ich natürliche Komiker nennen möchte, von der Art, wie der Berliner Unzelmann und Wurm waren, und einst Bösenberg und Döring in Dresden; Leute, die auch ohne tiefes Kunststudium, bloß durch die ihnen eigene drollige Weise, sich zu präsentieren, und eine unerschöpfliche Laune, *qui coule de source*[37], Lachen erregen, sowie sie nur auftreten, obgleich sie selbst oft im gemeinen Leben hypochondrisch sind, wie es auch bei Liston der Fall sein soll.

Die berüchtigte Madame Vestris war ebenfalls hier engagiert, die ehemals so viel *furore* machte, und noch jetzt, obgleich etwas passiert[38], auf dem Theater sehr reizend erscheint. Sie ist eine vortreffliche Sängerin und noch bessere Schauspielerin, und noch mehr als Liston ein Liebling des englischen Publikums in jeder Hinsicht, besonders berühmt aber wegen ihres schönen Beins, das fast ein stehender Artikel in den Theater-Kritiken der Zeitungen geworden ist, und in Mannskleider von ihr sehr oft etaliert[39] wird. In der Tat ist es von einem Ebenmaß, einem *moelleux*[40] und Muskelspiel, dessen Anblick für den Kunstfreund hinreißend werden kann. – Ihre Grazie und, ich möchte sagen, der unerschöpfliche Witz ihres Spiels sind dabei wahrhaft bezaubernd, obgleich nicht selten lasziv[41] und zu kokettierend mit dem Publikum. Man kann in manchem Sinne sagen, daß Madame Vestris ganz Europa angehöre. Ihr Vater war ein Italiener, Bartolozzi, der nicht unberühmte Kupferstecher in der sogenannten ›punktierenden Manier‹, ihre Mutter eine Deutsche und große Virtuosin auf dem Klavier, ihr Mann der famöse französische Tänzer Vestris, sie selbst ist eine Engländerin, und was ihr hiermit noch an Verwandtschaft mit europäischen Nationen fehlen könnte, haben Hunderte der markantesten Liebhaber hinlänglich ausgefüllt. Auch spricht Mme. Vestris mehrere fremde Sprachen mit vollkommenster Geläufigkeit. In dem deutschen ›Broomgirl‹[42] singt sie unter andern:

»Ach du lieber Augustin …« u. s. w.

mit ebenso richtiger und deutlicher Aussprache, als der liebenswürdigsten Frechheit.

Wie vornehm sie in ihrem Metier war, und wie sehr die englischen Krösusse sie verdorben hatten, beweiset folgende Anekdote, die mir aus etwas früherer Zeit als authentisch verbürgt wurde: Ein Fremder, der gehört hatte, daß Madame Vestris nicht immer grausam gewesen, sandte ihr bei Gelegenheit ihres Benefizes eine Banknote von 50 L. St., mit der schriftlichen Bitte: sich das *entrée-billet*[43] abends selbst abholen zu dürfen. Dies Gesuch ward gewährt, und der junge Mann erschien mit der Zuversicht und der Miene eines Eroberers zur bestimmten Stunde, doch war der Ausgang ganz wider seiner Erwartung. Madame Vestris empfing ihn mit gemessener und sehr ernster Miene, und wies ihm stillschweigend einen Stuhl an, den der Überraschte schon um so verlegener einnahm, da er seine Banknote offen in ihrer schönen Hand erblickte.

›Mein Herr‹, sagte sie, ›Sie haben mir heute früh diese Note für ein *entrée-billet* zu meiner Benefiz-Vorstellung geschickt, und für ein solches *billet* ist es zuviel. Sollten Sie jedoch andere Hoffnungen damit verbunden haben, so muß ich die Ehre haben, Ihnen zu versichern, daß es mehr als zu wenig ist. Erlauben Sie daher, daß ich Ihnen damit zu Hause leuchte.‹ – Mit diesen Worten steckte sie die Note am nahen Lichte an, öffnete die Türe, und leuchtete dem mühsam eine Entschuldigung stotternden, unglücklichen Versucher die Treppe hinab.

Heute hinderte mich ein *dinner* bei unserm Gesandten, das, beiläufig gesagt, besonders recherchiert war, das Theater zu besuchen, welches ich bisher zu sehr vernachlässigt, und mir daher vorgenommen habe, es nun mit einiger *suite*[44] zu kultivieren, um Dir, wenn gleich in detachierten[45] Schilderungen, doch nach und nach einen etwas ausführlichern Rapport darüber abzustatten.

Wir waren ganz *en petit comité*[46], und die Gesellschaft ungewöhnlich heiter. Unter andern befand sich ein gewisser großer *gourmand*[47] unter uns, der viel geneckt wurde, *sans en perdre un coup de dent.*[48] Endlich versicherte ihm der Fürst E..., daß, käme er (der *gourmand*) je in's Fegfeuer, seine Strafe ohne Zweifel darin bestehen würde, die Seligen fortwährend in seiner Gegenwart essen zu sehen, während er selbst statt ihrer verdauen müsse.

Kurz darauf sprach man von dem alten Lord P..., der sich so unglücklich fühle, keine Kinder zu haben, ohngeachtet er bloß deshalb eine junge Frau geheiratet hatte. *»Oh, n'importe«*, sagte der Fürst, *»son frère a des enfants tous les ans, et cela revient au même pour la famille.« – »Pour la famille oui«*, erwiederte ich, *»mais pas pour lui. Son frère manger et lui digèrer.«*[49]

Dieser Scherz machte Glück, und mit dem petillierenden[50] Champagner folgten ihm hundert bessere, von den übrigen Gästen, die aber meinen Brief zu einem ›Vademekum‹[51] machen würden, wenn ich sie alle aufzählen wollte.

Auch Lord... war da, der sich zwar mir gegenüber sehr freundlich benimmt, mir aber, wie ich von guter Hand weiß, in der Gesellschaft soviel als möglich zu schaden sucht. ....

....

....

Ein Mann von wärmerem Herzen würde Stirn gegen Stirn mich über dieses vermeinte Unrecht zur Rede gestellt haben. Die Diplomaten nehmen aber gar zu gern Fischblut-Elemente in ihre Organisation mit auf, und so zog der edle Lord heimliche *intrigue* vor. Glücklicherweise kann ich zu allen solchen *menées*[52] lachen, denn wer nichts sucht, und wenig fürchtet, wen die große Welt selbst nur insofern interessiert, als er von Zeit zu Zeit darin Beobachtungsexperimente an sich und andern macht, wer, was das *nécessaire*[53] wenigstens betrifft, unabhängig ist, und dabei einige wenige, aber sichere Freunde hat, dem ist es schwer, großen Schaden zu tun.

Auch hat die Erfahrung mich abgekühlt, das Blut wallt nicht mehr so unerträglich heiß, und der leichte Sinn hat mich dennoch nicht verlassen, ebenso wenig, wie die Fähigkeit, innig zu lieben. Damit genieße ich das Leben jetzt besser, als in der Jugendblüte, und möchte nicht mit dem früheren Rausche tauschen, ja ich scheue selbst das Alter durchaus bei solchen Dispositionen nicht, und bin überzeugt, daß auch dieser Epoche, wenn sie kommt, manche herrliche Seite abzugewinnen sein wird, die man früher nicht ahnet, und welche nur diejenigen nicht erkennen, welche ewig Jünglinge bleiben wollen. Ich las neulich ein paar hübsche englische Verse, die etwas Ähnliches berühren, und die ich, nach meiner Art, in Beziehung auf Dich, wie folgt, umwandelte, auf Dich, meine mehr als mütterliche Freundin, welche scheidende Jugend oft zu sehr bedauert. Dies sind die innig gemeinten Worte:

Ist gleich die trübe Wange bleich,
Das Auge nicht mehr hell,
Und nahet schon das ernste Reich,
Wo Jugend fliehet schnell!
Doch lächelt Dir die Wange noch,
Das Auge kennt die Träne noch,
Das Herz schlägt noch so warm und frei,
Als in des Lebens grünstem Mai.
So denk' denn nicht, daß nur die Jugend
Und Schönheit Segen leiht –
Zeit lehrt die Seele schönre Tugend,
In Jahren treuer Zärtlichkeit.
Und selbst wenn einst die Nacht von oben
Verdunkelnd Deine Brust umfängt,
Wird noch durch Liebeshand gehoben
Dein Haupt zur ew'gen Ruh gesenkt.
O, so auch blinkt der Abendstern,
Ist gleich dahin der Sonne Licht,
Noch sanft und warm aus hoher Fern',
Und Tages-Glanz entbehrst Du nicht. –

Ja, meine geliebte Julie, so hat auch uns schon die Zeit in Jahren treuer Zärtlichkeit gelehrt, daß nichts mehr echten Wert als diese haben kann, und gegenseitig sind wir uns ein Abendstern geworden, dessen mildes Licht reichlich den Glanz jener Tagessonne ersetzt, welche gar oft mehr sengt als wärmt.

Ich fuhr mit L... zu Hause, wo wir noch am traulichen Kamin ein langes Gespräch über unsre in mancher Hinsicht so schwer drückenden Landesangelegenheiten hielten. L... ist sehr gütig für mich, und ich ihm doppelt attachiert, einmal wegen seiner eignen Liebenswürdigkeit und Ehrlichkeit, zweitens aus Dankbarkeit für seinen vortrefflichen Vater, dem wir mehr reellen Dank schuldig sind als dem Deinen, ohne daß er ein andres Motiv dazu hatte, als seine unparteiische Gerechtigkeitsliebe.

Den 23sten

Eine sonderbare Sitte in England ist das stete Eingreifen der Zeitungen in das Privatleben. Wer von irgend einiger Bedeutung ist, sieht sich nicht nur bei den abgeschmacktesten Kleinigkeiten, z. B. wo er einem *dinner* oder Abendgesellschaft beigewohnt, ob er verreist ist u. s. w., namentlich aufgeführt (was manche Fremde mit großer Selbstgefälligkeit lesen), sondern er wird auch, arriviert ihm irgend etwas der Rede wertes, ohne Scheu damit ausgestellt, und *ad libitum*[54] beurteilt. Persönliche Feindschaft hat dabei ebenso leichtes Spiel, als die Versuche, Freunde geltend zu machen, ja gar viele benutzen die Zeitungen zu Artikeln für ihren Vorteil, die sie selbst liefern, und die fremden Gesandtschaften kultivieren diese Branche angelegentlichst.

Man sieht, welche gefährliche Waffe sie abgibt, aber glücklicherweise führt das Gift auch gleich sein Gegengift bei sich, und dieses besteht in der Gleichgültigkeit, in der allgemeinen Blasierung, mit der dergleichen vom Publikum aufgenommen wird. Ein Zeitungsartikel, nach dem sich ein Kontinentaler drei Monate lang nicht würde sehen lassen mögen, erweckt hier höchstens ein momentanes Lächeln der Schadenfreude, und ist schon am nächsten Tage vergessen.

So mokiert man sich seit vier Wochen fast täglich über das Duell eines hiesigen Lords, bei dem dieser eben keine Heldentaten ausgeführt haben soll, mit den empfindlichsten Bemerkungen und Folgerungen über das Kaliber seiner Tapferkeit, ohne daß er dadurch gehindert wird, so unbefangen und gesellschaftlich als möglich zu bleiben. Auch mir, von dem die Engländer wie von jedem Heiratsfähigen, der hier herkommt, steif und fest glauben, es geschehe nur, um eine reiche Engländerin zur Frau zu suchen, hat man einen *coup fourré*[55] machen wollen, und einen satirischen Artikel, jene Materie berührend, aus einer heimatlichen Fabrik erborgt, und in verschiedene hiesige Zeitungen gesetzt. Ich bin aber schon längst in der Schule eines alten Praktikers in diesem Punkt aguerriert[56] worden, und lachte daher selbst zuerst am lautesten darüber, indem ich öffentlich harmlose Scherze über mich und andere dabei nicht sparte. Dies ist das einzige sichre Mittel, dem *ridicule*[57] in der Welt zu begegnen, denn zeigt man sich empfindlich oder embarrasiert[58], dann erst wirkt das Gift, sonst verdampft es, wie kaltes Wasser auf einem glühenden Stein. Das verstehen auch die Engländer vortrefflich.

Den heutigen Abend brachte ich, meinem Vorsatze getreu, in Drury Lane zu, wo ich mit Erstaunen den alten Braham immer noch als ersten Sänger und Liebhaber mit gleichem Beifall in derselben Rolle auftreten sah, die er, schon vor 12 Jahren ein alter Mann, den Tag vor meiner Abreise aus England als Benefiz erwählt hatte. Ich fand auch wenig Unterschied in seinem Gesang, außer daß er noch etwas ärger schrie, und noch etwas mehr Rouladen[59] als damals machte, um den Mangel der Stimme zu verdecken. Er ist ein Jude, und, wie ich fast glaube, der ewige, da er nicht zu altern scheint. Übrigens ist er der wahre Repräsentant der englischen Gesangmanier, und besonders in Volksgesängen der enthusiastisch verehrte Günstling des Publikums.

Große Kraft und Geläufigkeit der Stimme und gründliche Musikkenntnis ist ihm nicht abzusprechen, aber geschmackloser kann keine Methode sein.

Als Prima-Donna sang Miss Paton, eine recht angenehme, aber nicht ausgezeichnete Sängerin. Sie ist schön gewachsen und nicht häßlich, dabei sehr beliebt, und was u n s sonderbar vorkommen möchte, an Lord W... L... verheiratet, dessen Namen sie in der Familie und im gewöhnlichen Leben führt. Auf dem Theater aber wird sie wieder Miss Paton und als solche bezahlt, welches bei der Armut des Lords nicht zu umgehen sein mag.*

Was den Fremden in den hiesigen Theatern gewiß am meisten auffallen muß, ist die unerhörte Rohheit und Ungezogenheit des Publikums, weshalb auch, außer der italienischen Oper, wo sich nur die höchste und bessere Gesellschaft vereinigt, diese Klasse nur höchst selten und einzeln die Nationaltheater besucht, ein Umstand, von dem es noch zweifelhaft sein möchte, ob er gut oder nachteilig auf die Bühne selbst wirkt.

Englische Freiheit also artet hier in die gemeinste Lizenz[60] aus, und es ist nichts Seltenes, mitten in der ergreifendsten Stelle einer Tragödie, oder während dem reizendsten *cadence*[61] der Sängerin, mit Stentorstimme eine Zote[62] ausrufen zu hören, der, nach Stimmung der Umstehenden, in der Galerie und obern Logen, entweder Gelächter und Beifalls-

* Es ist wahr, daß in neuerer Zeit unsre liebliche Sontag, die Souveränin des Gesanges, etwas Ähnliches getan, indem sie sich, wie es scheint, den Grafen R... an ihre linke Hand hat antrauen lassen. *A.d.H.*

geschrei, oder eine Prügelei und Herauswerfen des Beleidigers folgt.

In jedem der beiden Fälle hört man aber lange nichts mehr vom Theater, wo Schauspieler und Sänger sich jedoch aus alter Gewohnheit von dergleichen keineswegs unterbrechen lassen, sondern *comme si de rien n'était*[63] ruhig fortdeklamieren, oder mit der Stimme wirbeln. Und solches fällt nicht einmal, nein zwanzigmal während einer Vorstellung vor, und belustigt manche mehr als diese. Es ist auch nichts Seltenes, daß jemand die Reste seines *croûte*[64], welches nicht immer aus Orangenschalen besteht, ohne weiteres auf die Köpfe der Zuschauer ins Parterre wirft, oder kunstvoll[65] in eine Loge abschießt, während andere ihre Röcke und Westen über den dritten Ranglogen aushängen, und in Hemdärmeln sitzenbleiben, kurz, alles was bei dem berühmten Wisotzky in Berlin[66] unter den Handwerksburschen, zur bessern Aufregung einer phlegmatischen Harmonie-Gesellschaft vorfallen soll, trifft man auch in Großbritanniens Nationaltheater an.

Ein zweiter Grund, der anständige Familien abhalten muß, sich hier sehen zu lassen, ist die Konkurrenz mehrerer hundert Freudenmädchen, welche, von der unterhaltenen Dame an, die 6000 L. St. jährlich verzehrt und ihre eigne Loge hat, bis zu denen, die auf der Straße unter freiem Himmel biwakieren, in allen Gradationen erscheinen, und in den Zwischenakten die großen und ziemlich reich verzierten Foyers anfüllen, wo sie alle ihre *effronterie*[67] schrankenlos zur Schau tragen.

Es ist sonderbar, daß diese Verhältnisse in keinem Lande der Erde schamloser öffentlich affichiert[68] werden, als in dem religiösen und dezenten England. Dies geht so weit, daß man sich oft im Theater dieser widrigen Venus-Priesterinnen, besonders wenn sie betrunken sind, was nicht selten der Fall ist, kaum erwehren kann, wobei sie auch auf die unverschämteste Weise betteln, so daß man oft das hübscheste und bestgekleidetste junge Mädchen sieht, die nicht verschmäht, einen Schilling oder Sixpence, gleich der niedrigsten Bettlerin, anzunehmen, um am Büffet ein halbes Glas Rum oder Gingerbeer dafür zu trinken – und so etwas geht, ich wiederhole es, in dem Nationaltheater der Engländer vor, wo ihre höchsten dramatischen Talente sich entwickeln sollen, wo unsterbliche Künstler, wie Garrick, Mrs. Siddons, Miss O'Neil, durch ihre Vortrefflichkeit entzückten, und wo noch jetzt Heroen wie Kean, Kemble und Young auftreten! Ist das nicht im höchsten Grade unwürdig, und alles zusammen ein neuer schlagender Beweis, daß Napoleon nicht Unrecht hatte, wenn er die Engländer ›eine Nation prosaischer *shop-keepers*‹ nannte? Wenigstens kann man ihr im allgemeinen wahre Kunstliebe keck absprechen, weshalb auch die Rohheiten, von denen ich früher sprach, fast nie aus irgendeiner Teilnahme an der Darstellung selbst entstehen (denn höchstens betreffen sie eine persönliche *intrigue* gegen oder für einen Schauspieler) sondern fast immer nur ein ganz fremdes Motiv haben, das mit der Bühne nicht im mindesten konkurriert.

Der ... sche Gesandte hatte mich nach dem Theater begleitet, und erzählte mir, als wir im Foyer umherspazierten und die Anwesenden die Musterung passieren ließen, manche nicht uninteressante Partikularitäten über diese und jene der defilierenden Schönheiten. Der unglaubliche Leichtsinn und die wundervollen Glückswechsel dieser Geschöpfe waren mir dabei am merkwürdigsten.

»Diese mit den schmachtenden Augen«, sagte er, »kommt eben aus der King's Bench, wo sie wegen 8000 L. St. Schulden ein Jahr gesessen, dort aber ihr Metier immer fortgetrieben, und Gott weiß wie, endlich doch Mittel gefunden hat, sich zu befreien. Sie hat einen sonderbaren Fehler für ihren Stand, nämlich sentimental zu sein (ich glaube fast, der Baron wollte mir zu verstehen geben, dies aus Erfahrung zu wissen) und in solchen Anwandlungen gibt sie einem Geliebten zehnmal mehr, als sie von ihrem *entreteneur*[69] erhält. »Ich weiß sehr vornehme Leute«, setzte er hinzu, »die dies unverantwortlich gemißbraucht haben, und ich zweifle nicht, daß bei der ersten Gelegenheit dieser Art sie bald wieder ihr altes Logis im Freistaat der King's Bench beziehen wird.«

»Hier diese etwas verblühte Schönheit«, fuhr er fort, »habe ich noch vor zehn Jahren mit einem Luxus leben sehen, den wenige meiner Kollegen nachahmen können. Weit entfernt, das geringste von ihren damaligen Reichtümern zurückzulegen, hat sie alles mit wahrer Leidenschaft fortwährend zum Fenster hinausgeworfen, und wird Ihnen doch heute sehr verbunden sein, wenn Sie ihr mit einem Schilling unter die Arme greifen wollen.«

Den Gegensatz zu dieser Armen zeigte er mir nachher in einer der ersten Logen; ein reizendes Weib vom besten Anstand, die einen Mann mit 20000 L. St. Revenuen geheiratet hat, und noch vor geringer Zeit für e i n e dieser Guineen jedem alles war, was sie sein konnte. Diese Heiraten sind überhaupt hier häufiger, als irgendwo, und schlagen sonderbarerweise meistens recht gut aus. So machte mich mein Begleiter noch auf eine vierte Dame aufmerksam, eine bekannte Ballettänzerin, die sich ebenfalls sehr reich verheiratet hatte, und mit ihrem Manne noch immer sehr glücklich lebt, obgleich dieser vor kurzem Bankerott gemacht, und sie dadurch wieder arm werden lassen, ja vielleicht in eine noch drückendere Lage als früher gebracht hat.

Das war ein guter Probierstein für Herz und Kopf, welche, bei d i e s e r Tänzerin wenigstens, in der Ausbildung mit den Beinen gewetteifert haben müssen.

Die geschilderte Sittenlizenz erstreckt sich auch bis auf die Bühne selbst, wo man oft so grobe Zweideutigkeiten in Worten und selbst in Gesten zu hören und zu sehen bekommt, daß man nicht mehr zu sehr darüber erstaunen kann, in den alten Memoiren zu lesen, was weiland die Jungfrau-Königin[70] sich von dieser Art gefallen ließ.

Lebe wohl.

Ewig der Deine, L.

Sechster Brief

London, den 25ten Nov. 1826

Geliebteste!

Es ist mir zuweilen ein wahres Bedürfnis, einen Tag ganz allein zu Haus zuzubringen, und dann großenteils in einer Art von träumerischem Hinbrüten zu durchleben, wo ich so lange Vergangenes und Neues und alle Affekte durchlaufe, bis durch die Mischung so vieles Bunten eine Nebelfarbe sich über alles breitet, und die Dissonanzen des Lebens sich am Ende in eine sanfte, objektlose Rührung auflösen. Recht unterstützt wird man hier in solcher Stimmung durch die, mir sonst sehr unausstehlichen Drehorgeln, die Tag und Nacht in allen Straßen ertönen. Auch sie leiern im wilden Wirbel hundert Melodien untereinander, bis alle Musik sich in ein träumerisches Ohrenklingen verliert.

Amüsanter ist dagegen ein anderes hiesiges Straßenspiel, eine echte National-Komödie, die eine etwas genauere Beleuchtung verdient, und mir auch heute von unter meinen Fenstern heitere Zerstreuung heraufgeschickt hat.

Es ist dies ›Punch‹, der englische, ganz vom italienischen verschiedene Pulcinella, dessen getreue Abbildung ich hier beifüge, wie er eben seine Frau totschlägt, denn er ist der gottloseste Komiker, der mir noch vorgekommen ist, und so *complet* ohne Gewissen, wie das Holz, aus dem er gemacht ist, und ein wenig auch die Klasse der Nation, welche er repräsentiert.

Punch hat, wie sein Namensvetter, auch etwas von Arrak[1], Zitronen und Zucker in sich, stark, sauer und süß, und dabei von einem Charakter, der dem Rausche, welchen jener herbeiführt, ziemlich gleich ist. Er ist überdies der vollendetste Egoist, den die Erde trägt, *et ne doute jamais de rien.*[2] Mit dieser unbezwingbaren Lustigkeit und Laune besiegt er auch alles, lacht der Gesetze, der Menschen, und selbst des Teufels, und zeigt in diesem Bilde zum Teil, was der Engländer ist, zum Teil, was er sein möchte, nämlich Eigennutz, Ausdauer, Mut, und wo es sein muß, rücksichtslose Entschlossenheit auf der vaterländischen Seite, unerschütterlichen leichten Sinn und stets fertigen Witz auf der ausländischen – aber erlaube, daß ich, sozusagen mit Punchs eignen Worten, ihn weiter schildere, und aus seiner Biographie noch einige fernere Nachrichten über ihn mitteile.

Als ein Nachkomme Pulcinellas aus Acerra ist er für's erste unbezweifelt ein alter Edelmann, und Harlekin, Clown, der deutsche Kasperle selbst u.s.w. gehören zu seiner nahen Vetterschaft, er jedoch paßt, wegen seiner großen Kühnheit, am besten zum Familien-Chef. Fromm ist er leider nicht, aber als guter Engländer geht er doch ohne Zweifel Sonntags in die Kirche, wenn er auch gleich darauf einen Priester totschlägt, der ihn zu sehr mit Bekehrungsversuchen ennuyiert.[3] Es ist nicht zu leugnen, Punch ist ein wilder Kerl, keine sehr moralische *personnage*[4], und nicht umsonst von Holz. Niemand z. B. kann besser boxen, denn fremde Schläge fühlt er nicht, und seine eignen sind unwiderstehlich. Dabei ist er ein wahrer Türke in der geringen Achtung menschlichen Lebens, leidet keinen Widerspruch, und fürchtet selbst den Teufel nicht. Dagegen muß man aber auch in vieler andern Hinsicht seine großen Eigenschaften bewundern. Seine admirable Herzens-Unempfindlichkeit und schon gepriesene, stets gute Laune, sein heroischer Egoismus, seine nicht zu erschütternde Selbstzufriedenheit, sein nie versiegender Witz und die konsommierte[5] Schlauheit, mit der er aus jedem *mauvais pas*[6] sich zu ziehen, und zuletzt als Sieger über alle Antagonisten zu triumphieren weiß, werfen einen glänzenden *lustre*[7] über alle die kleinen Freiheiten, die er sich im übrigen mit dem menschlichen Leben herauszunehmen pflegt. Man hat in ihm eine Verschmelzung von Richard III. und Falstaff nicht ganz mit Unrecht gefunden. In seiner Erscheinung vereinigt er auch die krummen Beine und den doppelten Höcker Richards mit der angehenden Beleibtheit Falstaffs, zu welcher noch die italienische lange Nase und die feuersprühenden schwarzen Augen sich gesellen.

Seine Behausung ist ein auf vier Stangen gestellter Kasten mit gehörigen innern Dekorationen, ein Theater, das in wenigen Sekunden am beliebigen Orte aufgeschlagen wird, und dessen über die Stangen herabgelassene Draperie Punchs Seele verbirgt, die seine Puppe handhabt, und ihr die nötigen Worte leiht. Dieses Schauspiel, in dem er täglich, wie gesagt, in der Straße auftritt, variiert daher auch nach dem jedesmaligen Talente dessen, der Punch dem Publikum verdolmetscht, doch ist der Verlauf desselben im wesentlichen sich gleich, und ohngefähr folgender:

Sowie der Vorhang aufrollt, hört man hinter der Szene Punch das französische Liedchen ›*Marlborough s'en va – t – en guerre*‹[8] trällern, worauf er selbst tanzend und guter Dinge erscheint, und in drolligen Versen die Zuschauer benachrichtigt, wes Geistes Kind er sei. Er nennt sich einen muntern, lustigen Kerl, der gern Spaß mache, aber nicht viel von andern verstehe, und wenn er ja sanft werde, ihm dies nur *vis-à-vis* des schönen Geschlechts arriviere. Sein Geld vertue er frank und frei, und seine Absicht sei überhaupt, das ganze Leben hindurch zu lachen, und dabei so fett als möglich zu werden. Mit den Mädchen sei er allerdings ein Versucher und Verführer, auch, so lange er es habe, ein Freund der *bonne chère*[9], wenn er nichts habe, aber auch bereit, von Baumrinde zu leben, und stürbe er einmal – nun so sei's eben weiter nichts, als daß es aus sei, und damit habe denn die Komödie von Punch ein Ende. (Dies letzte riecht ohne Zweifel ein wenig nach Atheismus.)

Nach diesem Monolog ruft er in die Szene hinein nach Judy, seiner jungen Frau, welche aber nicht hören will, und statt ihrer endlich nur ihren Hund schickt. Punch streichelt und schmeichelt ihm, wird aber von dem bösen Köter in die Nase gebissen, und so lange daran festgehalten, bis nach einer lächerlichen Balgerei und verschiedenen starken Späßen des nicht allzu diskreten Punch, dieser endlich den Hund abwehrt, und derb abstraft.

Der Hausfreund Scaramutz tritt noch während diesem Lärmen mit einem großen Prügel ein, und setzt sogleich Punch zur Rede, warum er Judy's Lieblingshund geschlagen, der n i e jemanden beiße? »Auch ich schlage n i e einen Hund«, erwiderte Punch, »aber«, fährt er fort, »was habt ihr selbst denn da in der Hand, lieber Scaramutz?« – »O nichts, als eine Geige, wollt ihr vielleicht ihren Ton probieren? Kommt nur einmal her, und vernehmt das herrliche Instrument.« – »Danke, danke, lieber Scaramutz«, erwidert Punch bescheiden, »ich unterscheide die Töne schon vortrefflich von weitem.« Scaramutz läßt sich jedoch nicht abweisen, und indem er, sich mit Gesang akkompagnierend[10], herumtanzt und seinen Prügel schwingt, gibt er, bei Punch vorbeikommend, diesem wie von ungefähr einen derben Schlag auf den Kopf. Punch tut als merke er gar nichts davon, fängt aber auch zu tanzen an, und, seinen Vorteil wahrnehmend, reißt er plötzlich Scaramutz den Stock aus der Hand, und gibt ihm gleich zum Anfang einen solchen Schlag damit, daß dem armen Scaramutz der Kopf vor die Füße rollt – denn wo Punch hinschlägt, da wächst kein Gras. »Ha ha«, ruft er lachend, »hast Du die Geige vernommen, mein guter Scaramutz, und was für einen schönen Ton sie hat! So lange du lebst, mein Junge, wirst du keinen schönern mehr vernehmen. – Aber wo bleibt denn meine Judy. Meine süße Judy, warum kommst denn du nicht?«

Unterdes hat Punch Scaramutz' Leiche hinter einem Vorhang verborgen, und Judy, das weibliche Pendant ihres Mannes, mit ebensoviel Buckeln und noch monströserer Nase tritt auf. Eine zärtlich komische Szene erfolgt, nach der Punch nun auch nach seinem Kinde verlangt. Judy geht es zu holen, und Punch ekstasiiert sich während dem in einem zweiten Monolog über sein Glück als Ehemann und Vater. Sobald das kleine Ungeheuer ankommt, können beide vor Freude sich kaum fassen, und verschwenden die zärtlichsten Namen und Liebkosungen an dasselbe. Judy geht jedoch häuslicher Geschäfte wegen, bald wieder ab, und läßt den Säugling in des Vaters Armen, der, etwas ungeschickt, die Amme nachahmen und mit dem Kinde spielen will; dies fängt aber an jämmerlich zu schreien und sich sehr unartig zu gebärden. Punch sucht es erst zu besänftigen, wird aber bald ungeduldig, schlägt es, und da es nun nur immer ärger schreit, und ihm zuletzt gar etwas in den Händen zurückläßt, wird er wütend, und wirft es unter Verwünschungen zum Fenster hinaus, direkt auf die Straße, wo es mitten unter den Zuschauern den Hals bricht. Punch biegt sich weit über die Bühne hinaus, ihm nachzusehen, macht einige Grimassen, schüttelt mit dem Kopf, fängt an zu lachen, und singt tanzend:

Eia popeia, mit dem Kindlein war's aus,
Du schmutziges Ding, pack' dich fort aus dem Haus,
Bald mach' ich ein andres, das wird mir nicht schwer,
Von wo du herkamst, kommen andere noch her.

Indem kehrt Judy zurück und fragt bestürzt nach ihrem *darling*: »Das Kind ist schlafen gegangen«, erwidert Punch gelassen, doch nach fortgesetzter Inquisition muß er endlich gestehen, daß es ihm während dem Spielen mit ihm von ungefähr aus dem Fenster gefallen sei. Judy gerät außer sich, reißt sich die Haare aus, und überhäuft ihren grausamen

Tyrannen mit den schrecklichsten Vorwürfen. Vergebens verspricht er ihr *la pace di Marcolfa**, sie will von nichts hören, sondern läuft unter heftigen Drohungen davon.

Punch hält sich den Bauch vor Lachen, tanzt umher, und schlägt vor Übermut mit dem eignen Kopfe den Takt an den Wänden dazu, indem er singt:

Welch' tolles Lärmen um nichts,
Wegen des kleinen elenden Wichts!
Warte nur, Judy, dich will ich bekehren,
Will dir bald andere Mores lehren. –

Unterdessen ist aber hinter ihm Judy schon mit einem Besenstiel angelangt, und arbeitet sogleich aus allen Kräften auf ihn los.

Er gibt erst sehr gute Worte, verspricht nie wieder ein Kind aus dem Fenster zu werfen, bittet, doch den ›Spaß‹ nicht so hoch aufzunehmen – als aber nichts fruchten will, verliert er abermals die Geduld, und endet wie mit Scaramutz, indem er die arme Judy tot schlägt. »Nun«, sagt er ganz freundlich, »unser Streit ist aus, liebe Judy, bist du zufrieden, ich bin's auch. Na, so steh' nur wieder auf, gute Judy. Ach verstell dich nicht, das ist nur so eine von deinen Finten! Wie, Du willst nicht auf? Nun so pack Dich hinunter!« – und damit fliegt sie ihrem Kinde nach auf die Straße.

Er sieht ihr nicht einmal nach, sondern, in sein gewöhnliches schallendes Gelächter ausbrechend, ruft er: »Ein Weib zu verlieren ist ein *bonne fortune*[11]!« und singt dann:

* Jeder weiß in Italien, was ›*la pace di Marcolfa*‹ bedeutet. Das gute Weib des ehrlichen Bertoldo (in dem alten Roman dieses Namens) sagte nämlich zur Königin: wenn sie und ihr Mann sich den Tag über gezankt hätten, machten sie den Abend wieder Friede, und dieser Friede wäre ihr so angenehm, daß sie öfters nur deshalb Zänkereien anfinge.

Wer möchte sich mit einem Weibe plagen,
Wenn er sich Freiheit schaffen kann,
Und sie mit Messer oder Stock erschlagen,
Und über Bord sie werfen kann.

Im zweiten Akt sehen wir Punch in einem Rendezvous mit seiner Maitresse Polly begriffen, der er nicht auf die anständigste Weise die Cour macht, und dabei versichert, daß sie nur alle seine Sorgen verscheuchen könne, und wenn er auch sämtliche Weiber des weisen Salomos hätte, er sie ihr zuliebe doch alle tot schlagen würde. Ein Hofmann und Freund seiner Polly macht ihm darauf noch eine Visite, den er diesmal nicht umbringt, sondern nur zum besten hat, sich dann langweilt, und erklärt, das schöne Wetter zu einem Spazierritt benutzen zu wollen. Ein wilder Hengst wird vorgeführt, mit dem er eine Zeitlang lächerlich umhercaracolliert[12], zuletzt aber durch entsetzliches Bocken des unbezähmbaren Tieres abgeworfen wird. Er schreit um Hilfe, und sein glücklicherweise eben vorbeigehender Freund, der Doktor, läuft schnell herbei. Punch liegt da wie halb tot, und jammert entsetzlich. Der Doktor sucht ihn zu beruhigen, fühlt an seinen Puls und fragt: »Wo seid Ihr denn eigentlich beschädigt, hier?« – »Nein, tiefer.« – »An der Brust?« – »Nein, tiefer.« – »Ist Euer Bein gebrochen?« – »Nein, höher.« – »Wo denn?« In dem Augenblick gibt aber Punch dem armen Doktor einen schallenden Schlag auf eine gewisse Partie, springt lachend auf und singt tanzend:

Hier ist der Fleck, wo ich verwundet,
Und jetzt durch Sympathie gesundet;
Ich fiel ja nur ins grüne Gras,
Glaubt Esel Ihr, ich sei von Glas?

Der wütende Doktor ist, ohne ein Wort weiter zu erwidern, weggelaufen, kommt gleich darauf mit seinem großen Stocke mit goldnem Knopfe wieder, und indem er ausruft: »Hier, lieber Punch, bringe ich Euch heilsame Medizin, wie sie für Euch allein paßt«, läßt er besagten Stock noch nachdrücklicher als Judy, wie einen Dreschflegel auf Punchs Schultern arbeiten.

»O weh«, schreit dieser, »tausend Dank, ich bin ja schon gesund, ich vertrage überhaupt gar keine Medizin, sie gibt mir immer gleich Kopf- und Hüftenweh ...« – »Ach, das ist nur, weil ihr noch eine zu geringe Dosis davon zu Euch genommen habt«, unterbricht ihn der Doktor, »nehmt immer noch eine kleine Gabe, und es wird Euch gewiß besser werden.«

PUNCH: »Ja, so sprecht ihr Doktoren immer, aber versucht es doch einmal selbst.«

DOKTOR: »Wir Doktoren nehmen nie unsere eigene Medizin. Doch Ihr braucht jedenfalls noch einige Dosen.«

Punch scheint besiegt, fällt entkräftet hin, und bittet um Gnade; als sich aber der leichtgläubige Doktor zu ihm herabbeugt, stürzt ihm Punch mit Blitzesschnelle in die Arme, ringt mit ihm und entreißt ihm endlich den Stock, mit dem er dann wie gewöhnlich verfährt.

»Jetzt«, ruft er, »werdet Ihr doch auch ein wenig von eurer schönen Medizin versuchen müssen, wertester Doktor, nur ein ganz klein wenig, geehrtester Freund. So ... und so ...«

»O Gott, sie bringt mich um ...« schreit der Doktor.

»Nicht der Rede wert, es ist einmal so gebräuchlich. Doktoren sterben immer, wenn sie von ihrer eignen Medizin genießen. Nur lustig, hier, noch eine, und die letzte Pille.« Er stößt ihm den Stock mit der Spitze in den Magen. »Fühlt Ihr die Wirkung dieser wohltätigen Pille in Eurem Innern?«

Der Doktor fällt tot hin.

Punch lachend: »Nun, guter Freund, kuriert Euch selbst, wenn ihr könnt!«

(Geht singend und tanzend ab.)

Nach mehreren Avanturen, die fast alle einen solchen tragischen Ausgang nehmen, wird endlich die Gerechtigkeit wach, und dem Punch ein Constabler zugesendet, um ihn zu arretieren. Dieser findet ihn, wie immer, in der besten Laune, und eben beschäftigt, sich mit Hilfe einer großen Rindviehglocke, wie er sagt, ›Musik‹ zu machen (eigentlich ein sehr naives Geständnis der Musikkapazität der Nation). Der Dialog ist kurz und bündig.

CONSTABLER: Mr. Punch, laßt einmal Musik und Singen ein wenig beiseite, denn ich komme Euch aus dem letzten Loche singen zu lassen.«

PUNCH: »Wer Teufel, Kerl, seid Ihr?«

CONSTABLER: »Kennt Ihr mich nicht?«

PUNCH: »Nicht im geringsten, und fühle auch gar kein Bedürfnis, Euch kennenzulernen.

CONSTABLER: »Oho, Ihr müßt aber. Ich bin der Constabler.«

PUNCH: »Und wer, mit Verlaub, hat zu Euch geschickt, um Euch holen zu lassen?«

CONSTABLER: »Ich bin geschickt, um Euch holen zu lassen?«

PUNCH: »*Allons*, ich brauche Euch ganz und gar nicht; ich kann meine Geschäfte allein verrichten, ich danke Euch vielmals, aber ich brauche keinen Constabler.«

CONSTABLER: »Ja, aber zufällig braucht der Constabler Euch.«

PUNCH: »Den Teufel auch, und für was denn, wenn ich bitten darf?«

CONSTABLER: »O, bloß um Euch hängen zu lassen. – Ihr habt Scaramutz totgeschlagen, euer Weib und Kind, den Doktor…«

Punch

PUNCH: »Was Henker geht Euch das an? Bleibt Ihr noch viel länger hier, so werde ich's mit Euch ebenso machen.«

CONSTABLER: »Macht keine dummen Späße. Ihr habt Mord begangen, und hier ist der Verhaftsbefehl.«

PUNCH: »Und ich habe auch einen Befehl für Euch, den ich Euch gleich notifizieren will. (Punch ergreift die bisher hinter sich gehaltene Glocke, und schlägt dem Constabler damit dermaßen auf das *occipitium*[13], daß er wie seine Vorgänger leblos umsinkt, worauf Punch mit einer Kapriole davonspringt, indem man ihn noch hinter der Szene jodeln hört:

Der Krug geht zu Wasser
So lang bis er bricht,
Ein lustiger Prasser
Bekümmert sich nicht.

Der Gerichtsbeamte, welcher nach dem Tode des Constabler gesendet wird, Punch zu verhaften, hat dasselbe Schicksal, wie jener, bis endlich der Henker in eigner Person Punch aufpaßt, welcher in seiner lustigen Unbefangenheit, ohne ihn zu sehen, selbst an ihn anrennt. Zum erstenmal scheint er bei dieser *rencontre*[14] betroffen, gibt sehr klein zu, und schmeichelt Herrn Cetsch nach Kräften, nennt ihn seinen alten Freund, und erkundigt sich auch sehr angelegentlich nach dem Befinden seiner lieben Gemahlin, Mistriss Cetsch.

Der Henker aber macht ihm schnell begreiflich, daß jetzt alle Freundschaft ein Ende haben müsse, und hält ihm vor, welch' ein schlechter Mann er sei, so viel Menschen und selbst sein Weib und Kind getötet zu haben.

»Was die letzteren betrifft, so waren sie mein Eigentum«, verteidigt sich Punch, »und jedem muß es überlassen bleiben, wie er dies am besten zu nutzen glaubt.« – »Und warum tötetet Ihr den armen Doktor, der Euch zu Hilfe kam?« –

»Nur in Selbstverteidigung, wertester Herr Cetsch, denn er wollte mich auch umbringen.« – »Wieso?« – »Er offerierte mir von seiner Medizin.«

Doch alle Ausflüchte helfen nichts. Drei bis vier Knechte springen hervor, und binden Punch, den Cetsch ins Gefängnis abführt.

Wir sehen ihn im nächsten Auftritt im Hintergrunde der Bühne aus einem eisernen Gitter den Kopf vorstrecken, und sich die lange Nase an den Eisenstangen reiben. Er ist sehr entrüstet und verdrießlich, singt sich aber doch nach seiner Manier ein Liedchen, um die Zeit zu vertreiben. Mr. Cetsch tritt auf, und schlägt mit seinen Gehilfen vor dem Gefängnisse einen Galgen auf. Punch wird kläglich, fühlt aber statt der Reue, doch nur eine Anwandelung großer Liebe und Sehnsucht nach seiner Polly; er ermannt sich indes bald wieder, und macht sogar verschiedene *bonmots*[15] über den hübschen Galgen, den er mit einem Baume vergleicht, den man wahrscheinlich zum bessern Prospekt für ihn hierhergepflanzt habe. »Wie schön wird er erst werden«, ruft er aus, »wenn er Blätter und Früchte bekommt!« Einige Männer bringen jetzt einen Sarg, den sie an den Fuß des Galgens hinstellen.

»Nun, was soll das vorstellen?« fragt Punch, »aha, das ist ohne Zweifel der Korb, um die Früchte hineinzutun.«

Cetsch kehrt währenddem zurück, und indem er Punch grüßt und die Tür aufschließt, sagt er höflich es sei nun alles bereit, Punch könne kommen, wenn es ihm beliebe. Man kann denken, daß dieser nicht sehr empressiert[16] ist, der Einladung zu folgen. Nach mehrerem Hin- und Herreden ruft Cetsch endlich ungeduldig: »Es hilft nun weiter nichts, Ihr müßt heraus und gehangen werden.«

PUNCH: »Oh, Ihr werdet nicht so grausam sein?«

CETSCH: »Warum wart Ihr so grausam, Weib und Kind umzubringen?«

PUNCH: »Aber ist das ein Grund, daß Ihr auch grausam sein, und mich auch umbringen müßt?«*

Cetsch bedient sich keiner weitern Gründe, als der des Stärkeren, und zieht Punch bei den Haaren heraus, der um Gnade fleht, und Besserung verspricht.

»Nun, lieber Punch« sagt Cetsch kaltblütig, »habt bloß die Güte, Euern Kopf in diese Schlinge zu stecken, und alles wird schnell zu Ende sein.« Punch stellt sich ungeschickt an, und kommt immer auf die unrechte Weise in die Schlinge. »Mein Gott, wie ungeschickt Ihr seid«, ruft Cetsch, »so müßt Ihr den Kopf hineinstecken« (es ihm vormachend). »So, und zuziehen«, schreit Punch, der den unvorsichtigen Henker schnell festhält, mit aller Gewalt zuschnürt, und mit großer Eile selbst am Galgen aufhängt, worauf er sich hinter die Mauer versteckt.

Zwei Leute kommen, den Toten abzunehmen, legen ihn, in der Meinung, es sei der Delinquent, in den Sarg, und tragen ihn fort, während Punch ins Fäustchen lacht und lustig forttanzt.

Doch der schwerste Kampf steht ihm noch bevor, denn der Teufel selbst *in propria persona*[17] kommt nun, um ihn zu holen. Vergebens macht ihm Punch die scharfsinnige Bemerkung: er sei doch ein sehr dummer Teufel, seinen besten Freund auf Erden von dort wegholen zu wollen; der Teufel nimmt keine *raison*[18] an, und streckt seine langen Krallen greulich nach ihm aus. Er scheint schon im Begriff, augenblicklich mit ihm abzufahren, wie mit weiland Faust, aber Punch läßt sich nicht so leicht verblüffen! Herzhaft ergreift er seinen mörderischen Prügel und wehrt sich, selbst gegen den Teufel, seiner Haut. Ein fürchterlicher Kampf beginnt, und – wer hätte es für möglich gehalten! Punch, mehrmals seinem Ende nahe, bleibt endlich glücklich Sieger, spießt

* Welches vortreffliche Argument gegen die Todesstrafe!

den schwarzen Teufel auf seinen Stock, hält ihn hoch in die Höhe, und mit ihm jauchzend herumwirbelnd, singt er herzlicher lachend als je:

Vivat, Punch, aus ist die Not,
Juchhe! der Teufel ist tot.

Ich überlasse Dir alle philosophischen Betrachtungen, deren sich nicht wenige an Punchs Lebenslauf anknüpfen lassen; interessant möchte besonders die Untersuchung sein, wie dieses sich täglich wiederholende, beliebte Volksschauspiel seit so vielen Jahren auf die Moralität des gemeinen Mannes hier eingewirkt haben mag?* –

Zum Schluß skizziere ich am Rand für die tragische Gerechtigkeit noch ein zweites Portrait Punchs, wie er im Gefängnis sitzt, und der Galgen eben für ihn herbeigebracht wird.

In meinem nächsten Briefe aber erhältst Du alle verlangte Details über B..., welchen frommen Mann ich heute über den interessanten Sünder Punch vergessen habe. *Adieu* für heute.

Den 1sten Dezember

Es wird Dir noch gegenwärtig sein, was ich Dir vor einiger Zeit über die Art des Grundverkaufs oder vielmehr Verpachtung desselben schrieb. Da der Eigentümer also nur auf 99 Jahre

* Dies erinnert mich an die alte Anekdote, wo jemand auf dem St. Markusplatz zu Venedig Pulcinella auf ähnliche Art agieren sah, als ein Pfäfflein daherkam, um eine extemporierte Abendpredigt zu halten. Es wollte sich aber nur ein sehr geringer Zirkel um ihn versammeln, weil alles dem Possenreißer seine Aufmerksamkeit schenkte. *»Ah, birbanti!«* schrie endlich der entrüstete Prediger mit Stentorstimme, indem er sein kleines Kruzifix hoch emporhielt, *»lasciate quel c..., venite qua, ecco il vero Pulcinella!«*[19]

Besitz im besten Falle rechnen kann, baut er auch so leicht als möglich, und dies hat zur Folge, daß man öfters in den Londner Häusern seines Lebens nicht sicher ist. So fiel denn auch diese Nacht, ganz nahe von mir in St. James Street ein gar nicht altes Gebäude plötzlich wie ein Kartenhaus ein, und nahm auch die Hälfte des andern noch mit sich, wobei mehrere Menschen gefährlich beschädigt worden sein sollen, aber doch größtenteils noch Zeit zur Rettung fanden, da drohende Vorzeichen sie avertierten.[20] Bei der Schnelligkeit, mit der man hier aufbaut, wird ohne Zweifel das Gebäude in vier Wochen wieder stehen, wenngleich ebenso unsicher wie vorher.

Vor einigen Tagen wohnte ich der interessanten Eröffnung des Parlaments durch den König in Person bei, eine Zeremonie, welche seit mehreren Jahren nicht mehr stattgefunden hat.

In dem Saale des Oberhauses waren in der Mitte die Pairs versammelt, ihre roten Mäntel nur nachlässig über die gewöhnliche Morgenkleidung geworfen. An der vordersten Wand stand der Thron des Königs, auf *gradins*[21] links saßen viele Damen im Schmuck, rechts das diplomatische Corps und die Fremden, dem Throne gegenüber sah man eine Barriere und hinter dieser die Mitglieder des Unterhauses in der bürgerlichen Kleidung unsrer Tage. Das Haus außerhalb und die Treppen waren mit Dienern und Herolden im *costume* des vierzehnten Jahrhunderts bedeckt.

Um 2 Uhr verkündeten Kanonensalven den Anzug des Königs im großen Staate. Viele prachtvolle Wagen und Pferde bildeten den Zug, von dem ich schon eine Abbildung in mein Erinnerungsbuch aufgenommen* und zum Kontrast einen

* Mein Freund führte eine eigentümliche Idee aus, die seinen Hinterlassenen noch jetzt ein wehmütiges Vergnügen gewährt. Er hatte nämlich viele große Foliobände mit Zeichnungen, Kupfern, Autographien, mitunter auch kleinen Broschüren angefüllt, aber nicht wie gewöhnlich alles durcheinander, sondern nur dasjenige, was er selbst erlebt und gesehen,

Triumphzug Cäsars daneben plaziert habe. Man fragt sich unwillkürlich bei dem Anblick dieser Bilder, ob die Menschen wohl seitdem wirklich weitergekommen sind? Im Kunstsinn scheint es kaum, besonders wenn man nach den beiden hervorstechendsten und den höchsten Sitz einnehmenden Personen der respektiven Zeremonien urteilt. Ich meine den königlichen Leibkutscher und Cäsar.

Gegen halb 3 Uhr erschien der König, allein von allen in völliger Toilette, und zwar von Kopf bis zum Fuß in den alten Königsornat gekleidet, mit der Krone auf dem Haupt und den Szepter in der Hand. Er sah blaß und geschwollen aus, und mußte lange auf seinem Throne sitzen, ehe er genug zu Atem kommen konnte, um seine Rede abzulesen. Währenddem warf er einigen der begünstigten Damen freundliche Blicke und herablassende Grüße zu. Lord Liverpool stand mit dem Reichsschwerte und der Rede in der Hand ihm zur Seite, auf der andern der Herzog von Wellington. Alle drei sahen aber so elend, aschgrau und abgelebt aus, daß mir nie menschliche Größe geringer an Wert erschien, ja die tragische Seite aller Komödien, die wir hier unten spielen, fiel mir fast schwer auf's Herz! Doch erregte es auch ein lebhaftes Gefühl des Komischen in mir zu sehen, wie hier der mächtigste Monarch der Erde als Hauptakteur vor einem in seiner Meinung so tief unter ihm stehenden Publikum auftreten mußte! In der Tat erinnerte die ganze Szene des Ein- und Ausgangs, wie das *costume* des Königs, frappant an die Art, wie hier die historischen Theaterstücke aufgeführt zu werden pflegen, und es fehlte bloß der obligate *flourish* (Tusch der Trompeten) der das Kommen und Gehen eines Shake-

in derselben Ordnung, wie er es gesehen, darin aufgenommen, und jede Abbildung mit einer Note begleitet, deren Totalität zugleich einen kurzen, folgerechten Abriß seines Treibens auf dieser Welt gibt, also einen wahren Lebensatlas, wie er ihn auch manchmal selbst nannte. *A. d. H.*

spear'schen Königs stets begleitet, um die Täuschung vollkommen zu machen.

Übrigens las Georg IV. ohngeachtet seiner Schwäche mit vielem Anstande und schönem Organ, aber auch mit königlicher *nonchalance*, die nicht viel darnach fragt, ob die Majestät sich verspricht, oder ein Wort nicht gleich dechiffrieren kann, die banale Rede ab. Man sah indes deutlich, daß der Monarch erfreut war, als die *corvée*[22] ihr Ende erreicht hatte, so daß der Abgang auch etwas rüstiger vonstatten ging als der Einzug.

Seit meinem letzten Briefe war ich zweimal im Theater, was man wegen der späten Eßstunden nie besuchen kann, wenn man irgendwo eingeladen ist.

Ich fand Mozarts ›Figaro‹ im Drury Lane angekündigt, und freute mich, die süßen, vaterländischen Töne wieder zu hören, ward aber nicht wenig von der unerhörten Behandlung überrascht, die des unsterblichen Komponisten meisterhaftes Werk hier erfahren mußte. Du wirst es mir gewiß kaum glauben wollen, daß weder der Graf, noch die Gräfin, noch Figaro sangen, sondern diese Rollen von bloßen Schauspielern gegeben, und die Hauptarien derselben, mit einiger Veränderung der Worte, von den übrigen Sängern vorgetragen wurden, wozu der Gärtner noch eingelegte englische Volkslieder zum besten gab, die sich zu Mozarts Musik ohngefähr wie ein Pechpflaster auf dem Gesichte der Venus ausnahmen. Die ganze Oper war überdies von einem Herrn Bischoff (was ich auch auf der *affiche*[23] bemerkt sah, und zuerst gar nicht verstand) ›arrangiert‹, d.h. englischen Ohren durch die abgeschmackten Abänderungen gerechter gemacht. Die englische National-Musik, deren plumpe Melodien man keinen Augenblick verkennen kann, hat, für mich wenigstens, etwas ganz ausnehmend Widriges – einen Ausdruck brutaler Gefühle in Schmerz und Lust, der sich von *rostbeef, plum-pudding* und Porter ressentiert.[24] Du kannst

Dir also denken, welchen angenehmen Effekt diese Verschmelzung mit den lieblichen Kompositionen Mozarts hervorbringen mußte.

Je n'y pouvais tenir[25], der arme Mozart kam mir vor wie ein Märtyrer auf dem Kreuze, und ich selbst litt nicht weniger dabei.

Dieses Unwesen ist umso bedauernswürdiger, da es im ganzen hier keineswegs an vielen verdienstlichen Sängern und Sängerinnen fehlt, und mit einer vernünftigeren Behandlung sehr gute Vorstellungen gegeben werden könnten. Nur bedürfte es freilich, wenn das Theater in Ordnung wäre, noch eines zweiten Orpheus, um auch das englische Publikum zu zähmen.

Weit besser war die Vorstellung in Covent Garden, wo Charles Kemble, einer der ersten englischen Schauspieler, die Rolle Karls II. vortrefflich gab. Kemble ist ein Mann von der besten Erziehung, der immer in sehr guter Gesellschaft gelebt hat, und war daher auch imstande, den Monarchen königlich darzustellen, d.h. hier nur, ganz mit aller der *aisance*[26], welche gewöhnlich den von jeher Hochstehenden eigen ist. Er weiß dem Leichtsinne Karls II. eine liebenswürdige Seite zu geben, ohne doch je, selbst im größten *abandon*[27], den schwer nachzuahmenden Typus angeborener höchster Würde zu verlieren. Dabei war das *costume* wie aus dem Rahmen alter Gemälde geschnitten, bis auf die größten Kleinigkeiten, was von allen andern Mitspielern ebenso genau beobachtet wurde, weshalb Kemble, auch als Regisseur, sehr zu loben ist.

Ich muß jedoch sagen, daß in dem nächsten Stücke, wo Friedrich der Große die Hauptrolle spielte, nicht dieselbe Genauigkeit und Kenntnis fremden Kostüms herrschte, und sowohl der König als seine *suite*[28] ihre Garderobe von der Harlekinspantomime geborgt zu haben schienen. Zieten unter andern meldete sich in einer hohen Grenadiermütze, und Seydlitz erschien mit langen Locken *à la Murat*[29] und ebensoviel Orden, als jener königliche Komödiant trug, die damals doch keineswegs in solcher Profusion[30] Mode und schon ein bloßer Gegenstand der Toilette geworden waren, wie es jetzt der Fall ist.

Den 2ten

Ich esse oft beim Fürsten E..., der den Diplomaten ein wahres Muster aufstellt, wie vornehme Repräsentation und angenehmer, leichter Umgang zu vereinigen sind, und wie man jedem gefallen kann, indem man sich *à sa portée*[31] zu stellen versteht, ohne doch den eignen Wert verkennen zu lassen, *un vrai seigneur*[32], wie sie immer seltner werden. Auch hat wohl nie ein Fremder so vollständig in England reüssiert[33], und sich doch gewiß nie etwas gegen den englischen Dünkel dabei vergeben. Es gehörte dazu unendlich viel Takt, der süddeutsche leichtere Sinn, und der schlaueste Verstand hinter anspruchsloser *bonhomie* verborgen, alles unterstützt durch einen hohen Namen und großes Vermögen.

Das übrige diplomatische Corps tritt mit wenigen Ausnahmen gegen ihn gar sehr in den Hintergrund, und die meisten *plénipotentiaires*[34] verschwinden ohnedem hier sozusagen gänzlich in der *foule*[35]. Unter den *ambassadeurs*[36] spielt dagegen ein weiblicher noch eine große Rolle ....

....

....

Doch hierüber ausführlicher ein anderesmal. Ich kam eigentlich nur auf die Diplomaten zu sprechen, weil ich Dir ein hübsches *bon mot*[37] von einem derselben, den Du kennst, mitteilen wollte, welches ich eben in der heutigen Gesellschaft erzählen hörte. Graf H... war früher Gesandter an einem, seiner Sparsamkeit wegen *(pour ne pas dire mesquinerie)*[38], bekannten deutschen Hofe, und bekam bei einer solennen[39] Gelegenheit eine Dose mit dem Portrait des Souverains zum Geschenk, die jedoch nur mit sehr kleinen und unansehnlichen Diamanten umgeben war. Kurz darauf bat ihn einer seiner Kollegen, ihm doch das erhaltene Präsent zu zeigen. *»Vous ne trouverez pas le portrait ressemblant«*, sagte der Graf, indem er die Dose überreichte, – *»mais les diamants.«*[40]

Mit vielem Vergnügen sehe ich auch zuweilen den alten Elliot, der, nächst dem ebenso trocknen als interessanten Lord St. Herbert, dessen Ségur[41] so oft in seinen Memoiren erwähnt, zu den *doyens*[42] der englischen Diplomatie gehört, und sich noch immer seines Aufenthalts in Dresden mit außerordentlicher Vorliebe erinnert. Er hat mehrere sehr liebenswürdige Töchter, und dabei Mühe, seine Familie standesgemäß zu erhalten, denn für so lange Dienste findet er sich nicht mit englischer Liberalität belohnt.* Ein anderer interessanter Mann ist der Chevalier L... M..., der früher beim Könige, noch als Prinz von Wales, sehr gut angeschrieben stand, und der Erwähnung verdient, einmal weil er seine Freunde vortrefflich und als höchst angenehmer Amphitryon[43] bewirtet, zweitens weil er einer der originellsten Menschen, und einer von den wenigen echt praktischen Philosophen ist, die mir vorgekommen sind.

Alle Vorurteile der Menge scheinen für ihn nicht zu existieren, und niemanden möchte schwerer, weder mit den großen Herren des Himmels, noch der Erde, zu imponieren sein.

* Es ist ein sehr charakteristischer Zug für den sorglos heitern Charakter dieses liebenswürdigen Greises, daß er seit seinem Abgange von Dresden, vor 20 Jahren, noch immer eine große Menge Kisten mit seinen Effekten dort stehen ließ. Endlich bewog man ihn vor kurzem, jemanden die Untersuchung dieser Kisten anzuvertrauen, der bei den ihm bekannten, sehr beschränkten Vermögensumständen des Besitzers, nicht wenig verwundert war, in denselben noch wohlverpackt die damals dem englischen Gesandten gemachten Geschenke, mit Juwelen von Wert besetzt, vorzufinden.

Obgleich schon 60 Jahre alt, und den größten Teil der letzten Zeit über den unerhörtesten Schmerzen ausgesetzt, mit welchen Gicht und Stein einen armen Sterblichen plagen können, hört doch niemand je eine Klage von ihm, noch kann seine stets heitere, ja lustige Laune einen Augenblick davon getrübt werden. Man muß gestehen, es gibt natürliche Gemüts-Dispositionen und Temperamente, die 100 000 Taler Revenuen wert sind.

Als ich ihn vor einiger Zeit kennenlernte, hatte man ihm erst kürzlich die große Operation des Steinschnitts gemacht, die der Arzt nicht unternehmen wollte, weil er sie bei der Schwäche des Patienten für tödlich hielt, von diesem aber fast dazu gezwungen wurde.

Er konnte damals sein Bett noch nicht verlassen, sah wie ein Toter aus, und ich machte beim Hereintreten unwillkürlich eine *mine de doléance*[44], mit der ich ihm eben mein Bedauern bezeigen wollte, als er mir lachend ins Wort fiel und mir zurief, ich sollte nur die Grimassen lassen. Was nicht zu ändern sei, meinte er nachher, das müsse man ertragen, besser lustig als traurig, und was ihn beträfe, so habe er gewiß alle Ursache, wenigstens über seine Ärzte zu lachen, denn mehr als zehnmal hätten sie ihm mit Bestimmtheit den Laufpaß gegeben, und wären doch jetzt fast alle selbst vor ihm zum T... gefahren. »Übrigens«, setzte er ganz resigniert hinzu, »habe ich mein Leben wie wenige genossen, und muß auch die Schattenseite davon kennenlernen.«

Bei allen diesen Freuden und Leiden ist der lebenslustige Mann indes doch so gut konserviert geblieben, daß er, seit er wieder herumgeht, in seiner artistischen[45] Perücke kaum mehr als ein Vierziger zu sein scheint, und dabei eine kühne und rayonnante[46] Physiognomie zur Schau trägt, deren Züge einst schön gewesen sein müssen.

Den 3ten

Kemble gab mir heute wieder, im ›Falstaff‹, einen großen Genuß. Gewiß ist es, daß auch der größte dramatische Dichter des mitschaffenden[47] Schauspielers bedarf, um sein Werk zu vervollständigen. Ich habe die Natur des berüchtigten Ritters nie so vollkommen verstanden, und nie ist mir auch so anschaulich geworden, wie sein äußeres Benehmen sein müsse, als seit ich ihn durch Kemble gleichsam wieder neugeboren sah. Sein Anzug und Maske sind zwar auffallend, aber keineswegs eine solche Karrikatur, wie auf unsern deutschen Theatern, noch weniger darin der Ausdruck eines Menschen ohne Stand und Erziehung, eines bloßen *farceur*[48] sichtbar, wie ihn z. B. Devrient in Berlin darstellt. Falstaff, obgleich von gemeiner Seele, ist doch durch Gewohnheit wie Neigung ein sehr geübter Hofmann, und das Rohe, was er oft in Gesellschaft des Prinzen zur Schau trägt, ist wenigstens ebensosehr ein absichtliches Spiel, das er benutzt, um den Prinzen zu amüsieren (denn Prinzen lieben, eben wegen der düstern Höhe ihrer Stellung, sehr oft das Gemeine, schon des Kontrastes wegen) als seiner eignen Laune genug zu tun. Hier nuanciert nun Kemble den Charakter besonders fein, denn obwohl er in allen diesen verschiedenen Lagen die natürliche, unbesiegbare Lustigkeit, die witzige Geistesgegenwart und die ergötzliche Drolligkeit beibehält, die Falstaff als Gesellschafter so angenehm, ja einmal gekannt, fast unentbehrlich machen, so ist er doch ein ganz andrer, wenn er bei Hofe in Gegenwart des Königs und ernster würdiger Männer erscheint, oder mit dem Prinzen und seinen Genossen Possen treibt, oder endlich mit diesen letzteren allein bleibt. Im ersten Fall sieht man einen komischen Mann, ohngefähr wie den Maréchal de Bassompierre lächerlich dick, aber vornehm und mit Anstand, immer ein Spaßmacher, aber mit gutem Ton, nie ohne den gebührenden Respekt, den er dem Ort und der Umgebung schuldig ist, wo er sich befindet; in der zweiten Station läßt er sich schon weit mehr geben, nimmt sich jede derbe Freiheit heraus, aber doch immer mit einer merklichen Rücksicht, die schmeichelnd den Prinzen hervorhebt, und sich nur das Privilegium des Hofnarren nimmt, der scheinbar alles sagen darf, was ihm in den Kopf kommt; nur auf der letzten Stufe endlich sehen wir Falstaff im völligen *négligé*, von dem aller Schein herabgefallen ist. Wie das Schwein in der Pfütze wälzt er sich hier behaglich im Kote, und doch bleibt er auch dabei noch originell, erregt noch mehr Lachen als Abscheu, die große Kunst des Dichters, welcher auch bei den horrendesten Mißgeburten der Sünde und Schande, doch, gleich einem göttlichen Siegel, etwas in sie zu legen weiß, was unser Interesse erregt, und uns, fast zu unserm eignen Erstaunen, anzieht. Es ist dies die dramatische Wahrheit, die Schöpfungskraft der Schilderung, von der Walter Scott so artig sagt: ›Sie läßt mich Shakespeare nur mit jenem Manne in den arabischen Märchen vergleichen, der sich in jeden beliebigen Körper versetzen, und dessen Gefühle und Handlungen nachahmen konnte.‹

Hierbei fällt mir ein daß ich nur einen Charakter in dieses unsterblichen Dichters Werken immer etwas verzeichnet fand, und keiner erregt auch allgemein weniger Interesse. Dies ist der König im ›Hamlet‹. Um nur eines Zuges zu erwähnen, so scheint es mir psychologisch ganz falsch, wenn der Autor den König niederknien und dann ausrufen läßt: ›Ich kann nicht beten.‹ Der König wird uns ja nirgends als ein Irreligiöser, ein grübelnder Skeptiker dargestellt, sondern bloß als ein grober sinnlicher Verbrecher, und ein solcher kann, sei er auch der ärgste, wie wir täglich erleben, nicht nur sehr gut und eifrig beten, sondern selbst beten, daß ihm sein Verbrechen doch gelingen möge, wie jene Frau, die man nach dem Fang einer ausgezogenen Diebesbande allein in ihrer Höhle auf den Knien fand, wo sie zu Gott inbrünstig flehte, daß die Expedition, bei der sie die Räuber eben begriffen glaubte, doch glücklich ablaufen und sie recht viel erbeuten möchten.

Ja, öffentlich angeordnete Gebete haben oft keinen viel bessern Zweck, und was bietet im Felde der Religion die Geschichte für Beispiele dieser Art nicht dar! Nein, der verbrecherische König kann beten, aber wer es in dieser Tragödie nicht kann – das ist Hamlet. Denn nur der Ungläubige, der alles ergründen Wollende, der geistige Chemir[49], dem ein scheinbar festes Gebäude nach dem andern einstürzt, der kann – bis es ihm nicht durch die allgöttliche Kraft gelungen, ein inneres Unzerstörbares aufzurichten*, und soweit ist Hamlet offenbar noch nicht gekommen, – der allein, sage ich, kann nicht mehr beten, denn der Gegenstand fehlt ihm. Er kann sich's nicht mehr ableugnen, er spielt, indem er betet, nur Komödie mit sich selbst.

Dies ist ein schlimmer Durchgang, den diejenigen am armen Menschen verschulden, welche schon das Kind mit

* Wie geschieht dies? Doch wohl nur, wenn man endlich erkennt, daß Religion einzig und allein Sache des Herzens und Gefühls ist, wozu der Kopf nur taugt, um gleichsam als Wächter vor dem Heiligtume zu stehen, und es mit dem Schwerte der Vernunft vor seinen Erbfeinden zu bewahren, dem Aberglauben und der Unduldsamkeit. Begnügt er sich damit nicht, und will er begreifen lernen, was seiner Natur nach für uns unbegreiflich ist, so muß er jedesmal auf Abwege geraten, er nehme nun seine Zuflucht zu einer sogenannten positiven Religion, oder einem Systeme spekulativer Philosophie. Beide befriedigen nicht, sobald man mehr als ein interessantes Spiel der Phantasie, oder des Verstandes, daraus machen will – während das innere angeborne Gefühl Gottes, der Liebe und des Guten in jeder gesunden Geistesstunde, dem Niedrigsten an Geistesfähigkeit, wie dem Höchsten mit gleicher, unumstößlicher Sicherheit nicht nur als Glaube, sondern als die wahre Essenz seines Wesens, sein eigentliches ›Ich‹ klar wird, ohne daß dabei weder Vernunft noch Verstand unmittelbar tätig zu werden brauchen, wenngleich beide dasselbe, bei eintretender Reflexion, bestätigen müssen. *A. d. H.*

falscher Lehre in das Bett des Prokrustes[50] zwingen, und dadurch den verkürzten Gliedern das Ausstrecken zu ihrer natürlichen Größe oft für immer unmöglich machen.

Doch zurück zum Schauspiel. Es ward mit einem Melodrama geschlossen, wo ein großer Newfoundland-Hund wahrhaft admirabel spielte, lange eine Fahne verteidigte, den Feind verfolgte, nachher verwundet, blutend und lahm wieder auf die Bühne kam, und dort meisterhaft starb, mit der letzten genialen Zuckung im Schwanze. Man hätte darauf schwören sollen, das Tier wisse wenigstens so gut als einer seiner menschlichen Kameraden, was es zu agieren habe.

Ich verließ das Theater mit so guter Laune, daß ich nachher im Club 8 *rubber*[51] im Whist gewann, denn auch das Spielglück bannt man mit Frohsinn und Zuversicht. Aber gute Nacht für heute.

Den 4ten

Mit Eröffnung des Parlaments fängt nun die höhere Gesellschaft an lebendiger zu werden, wenn gleich London *en gros* noch leer ist.

Gerade die elegantesten Damen der ersten Zirkel geben jetzt besondere kleine Gesellschaften, zu denen der Zutritt vielen Engländern weit schwerer wird, wie vornehmen Ausländern, denn die Despotie der Mode herrscht, wie bereits erwähnt, in diesem freien Lande mit eisernem Szepter, und verzweigt sich durch alle Stände weit mehr, als man auf dem Kontinent einen Begriff davon hat.

Doch, ohne mich jetzt noch in allgemeine Bemerkungen zu früh einzulassen, will ich Dir kürzlich meine Lebensart hier in London beschreiben.

Ich stehe spät auf, lese, als halb nationalisierter Engländer, beim Frühstück drei bis vier Zeitungen, sehe nachher in meinem *visiting-book*[52] nach, welche Besuche ich zu machen habe, und fahre diese dann entweder in meinem Cabriolet, oder reite sie ab, wobei, selbst in der Stadt, zuweilen Pittoreskes mit unterläuft, und namentlich die mit den Winternebeln kämpfende blutrote Sonne oft eine eigentümlich kühne und seltsame Beleuchtung hervorbringt. Sind die Besuche abgetan, so reite ich mehrere Stunden in der herrlichen Umgebung Londons spazieren, treffe mit der Dämmerung wieder ein, arbeite ein wenig, mache dann meine Toilette für das *dinner*, welches um 7 oder 8 Uhr stattfindet, und bringe den Rest des Abends entweder im Theater oder in einer gebetenen kleinen Gesellschaft zu. Die lächerlichen *routs*[53], wo man kaum einen Platz auf der Treppe findet, den ganzen Abend stößt oder gestoßen wird, und sich stets in Treibhaustemperaturen befindet – haben noch nicht begonnen. Man kann aber in England, außer in wenigen der diplomatischen Häuser, abends sich nur da einfinden, wo man besonders eingeladen ist. In diesen kleinen Gesellschaften geht es ziemlich ungeniert her, aber allgemeinere Konversation findet nicht statt, und gewöhnlich wählt sich jeder Herr eine Dame, die ihn vorzüglich interessiert, und verläßt sie fast den ganzen Abend nicht. Manche Schönen bleiben bei dieser Gelegenheit wohl auch ganz allein sitzen ohne ein Wort sprechen zu können, verraten jedoch mit keiner Miene ihr Unbehagen darüber, denn sie sind sehr passiver Natur. Alle Welt spricht natürlich auch hier, *tant bien que mal*[54], französisch, aber auf die Länge ennuyiert[55] die Damen doch die fortgesetzte *gêne*[56], und man hat daher keinen geringen Vorteil, wenn man auch nur einigermaßen fertig englisch spricht. Ich habe nicht gefunden, daß die Damen einen fremden Akzent oder falsch angewendete Wörter und Phrasen, so wie man es den Männern in England vorwirft, belachen. Im Gegenteil ist die Unterhaltung mit ihnen die sicherste und angenehmste Art, Englisch zu lernen. Ich bin überhaupt der Meinung, daß man Lehrer und Grammatik nur dann mit Nutzen braucht, wenn einem die neue Sprache durch die Praxis schon geläufig ge-

London

worden ist. Nützlich aber mag es sein (wer die nötige Geduld dazu besitzt) wie der Fürst Czartoryski empfiehlt, damit anzufangen, den Dictionnaire auswendig zu lernen.

Du siehst, dieses Leben ist ein ziemliches *far niente*[57], wenn auch kein süßes für mich – denn ich liebe Gesellschaft nur im intimen Kreise, und attachiere[58] mich sehr schwer, jetzt beinahe gar nicht mehr, an neue Bekanntschaften. Der *ennui*[59] aber, der mich in solcher Stimmung überfällt, steht zu sehr auf meinem undiplomatischen Gesichte verzeichnet, um sich nicht auch, ansteckend wie das Gähnen, den andern mitzuteilen. Hie und da tritt dennoch eine Ausnahme ein. So machte ich heute die Bekanntschaft des Herrn Morier, des geistreichen und höchst liebenswürdigen Verfassers ›Hadjji Babas‹, sowie auch die des Herrn Hope, angeblich Autor des noch weit genialeren ›Anastasius‹. Dieses letztere Buch wäre Byrons würdig. Viele behaupten, Herr Hope, der im Äußern mehr Zurückhaltung als Genialität zeigt, könne es ohnmöglich geschrieben haben. Dieser Zweifel gründet sich vorzüglich darauf, daß Herr Hope unter seinem Namen früher ein Werk über *ameublement* herausgab, dessen Stil und Inhalt allerdings ungemein mit dem glühenden, von Reichtum der Gefühle und Gedanken überströmenden ›Anastasius‹ kontrastiert. Einer meiner Bekannten sagte daher: »Eins oder das andere. Entweder ›Anastasius‹ ist nicht von ihm, oder das Meuble-Werk.« Aber so verschiedner Stoff bringt wohl auch ebenso verschiedne Behandlung mit sich, und wie ich Herrn Hope, vielleicht mit unwillkürlicher Vorliebe, beobachtet habe, schien er mir durchaus kein gewöhnlicher Mensch. Er ist sehr reich, und sein Haus voller Kunstschätze und Luxus, worauf ich wohl noch einmal zurückkomme. Seine *Meubles*-Theorie, die dem Antiken nachgebildet ist, kann ich aber in der Ausführung nicht loben, da die Stühle nicht zu regieren sind, andere trophäenartige Ausstellungen lächerlich erscheinen, und die Sofas kleinen Gebäuden gleichen, mit überall hervorspringenden so scharfen Ecken, daß bei nachlässigem Niederlassen darauf, eine gefährliche Verwundung nicht unmöglich wäre.

Als ich spät zu Haus kam, fand ich Deinen Brief, der mich, wie immer Nachrichten von Dir, mehr als alles erfreute.

Sage aber nicht, daß der Schmerz der Trennung Dich so tief beuge, wenigstens laß es nicht tiefer sein, als ein frohes Wiedersehen wieder aufrichten kann – und das ist ja wahrscheinlich nicht mehr fern. Daß Du uns aber schon auf die Unsterblichkeit verweisen willst, wenn es hier nicht gleich nach Wunsche geht, zeigt wenig christliches Vertrauen, meine Liebe. Nein, ich gestehe es, bei aller momentan eintretenden Melancholie bin ich doch im ganzen noch leidlich irdisch gesinnt, und ›diese Spanne Leben‹, wie Du sie nennst, liegt mir noch recht sehr am Herzen. Freilich, wärest Du, meine liebende Schutzgöttin, zugleich auch Fortuna, so ginge mir's wahrscheinlich besser als irgend jemand auf Erden, *et toutes les étoiles pâliraient devant la mienne*[60] – aber schon dadurch, daß Du mich liebst, bist Du meine Fortuna, und ich verlange keine bessere.

Laß Dich also weder durch Deine eigenen Schwermutstunden, noch durch meine, irre machen. Was mich betrifft, so weißt Du: ein Nichts hebt den Barometer meiner Seele, und ein Nichts oft läßt ihn wieder fallen. Es ist allerdings eine gar zu delikate moralische Konstitution, die mir zuteil wurde, und nicht zum hausbacknen Glück bestimmt – welches gröbere Nerven verlangt.

Den 5ten

›Oberon‹, Webers Schwanengesang, füllte mir den heutigen Abend. Musik und Gesang ließen bei der Ausführung viel zu wünschen übrig, doch war die Oper für London vorzüglich gegeben. Das beste in seiner Art waren die Dekorationen, besonders die, wo die Geister beschworen werden. Sie erscheinen nicht wie gewöhnlich in dem stehenden *costume* feuerroter Hosen und Jacken, mit Furienhaaren und Flammen auf dem Kopf, sondern die weite Felsengrotte, welche das ganze Theater einnimmt, verwandelte sich plötzlich, jedes Felsstück, in andere phantastische und furchtbare Formen und Fratzen, leuchtend in buntem Feuer und fahlem Schein, woraus auch hie und da eine ganze Figur sich grinsend herausbog, während der schauerliche Gesang rund umher erschallte aus dem wimmelnden Felsenchor. Das Werk selbst halte ich für eine schwächere Arbeit Webers. Schön ist jedoch einzelnes, namentlich die Introduktion[61], die etwas wahrhaft Elfenartiges hat. Weniger gefällt mir die Ouvertüre[62], obgleich sie so sehr von Kennern gerühmt wird.

Ich hätte damit anfangen sollen, Dir zu sagen, daß ich bei einem großen *lever*[63] heute früh dem Könige vorgestellt wurde, wobei ich es als eine Seltsamkeit anführen muß, die in der so merkwürdigen freiwilligen Sequestrierung[64] des jetzigen Monarchen ihren Grund hat, daß mit mir auch unser Legations-Sekretär zum erstenmal präsentiert wurde, obgleich er schon seit zwei Jahren als solcher hier angestellt ist. Seine Majestät besitzen ein sehr gutes Gedächtnis und erinnerten sich sogleich meines früheren Aufenthalts in England, irrten sich aber dennoch um mehrere Jahre in der Epoche. Ich nahm die Gelegenheit wahr, mein Kompliment über die ungemeinen Verschönerungen Londons seit dieser Zeit anzubringen, die in der Tat dem Könige fast allein zu danken sind, und ging, nach gnädiger Erwiderung, fürbaß, wo ich mich dann an einen bequemen Platz stellte, um das Schauspiel recht gemächlich im ganzen zu beschauen. Es war originell genug.

Alles ging der Reihe nach bei dem Könige vorbei, welcher, kränklichkeitshalber, saß, machte dort seine Verbeugung, wurde angeredet oder nicht, und stellte sich hierauf entweder auf der andern Seite in die Reihe, oder verließ auch gleich den Saal. Alle, die zu irgend etwas ernannt worden waren, knieten vor dem Könige nieder und küßten ihm die Hand, wozu der amerikanische Gesandte, neben dem ich zufällig stand, eine Satyrphysiognomie[65] machte. Die Geistlichen und Rechtsgelehrten sahen in ihren schwarzen Talaren und weißgepuderten, kurzen und langen Perücken sehr abenteuerlich aus, und einer wurde unwillkürlich der Gegenstand eines fast allgemeinen, schwer verbissenen Gelächters. Dieses Subjekt kniete nämlich ebenfalls nieder, weil es, wie die Engländer sich ausdrücken, ›gerittert‹ *(knighted)* werden sollte, und sah in dieser Stellung mit dem langen Vlies auf dem Kopfe einem zur Schlachtbank geführten Hammel täuschend ähnlich. Seine Majestät winkte dem Reichs-Kron-Feldherrn, ihm sein Schwert zu geben. Zum erstenmal vielleicht wollte aber dem rüstigen Krieger der Degen durchaus nicht aus der Scheide – er zog, rückte – alles vergebens. Der König mit ausgestrecktem Arme wartend, der Herzog vergebens alle Kräfte anstrengend, der unglückliche Märtyrer in stiller Ergebung daliegend, als wenn sein Ende jetzt herannahe, und rund umher der glänzende Hof in banger Erwartung – es war eine Gruppe, Gillrays[66] Pinsel würdig. Endlich – fuhr, einem Blitze gleich, die Hofwaffe aus der Scheide. Seine Majestät bemächtigten sich derselben mit Ungeduld, da Höchst Ihnen aber wahrscheinlich über dem langen Warten der Arm eingeschlafen war, so trafen Sie mit dem ersten Schlage statt des neuen Ritters die alte Perücke, welche einen Augenblick lang König und Untertan hinter einer Pudersäule verbarg.

Den 6ten

Schon lange hatte Herr R… mich eingeladen, ihn auf seinem Landgute zu besuchen, und ich wählte den heutigen freien Tag, um mit meinem Freunde L… zum Essen hinauszufahren. Der königliche Banquier hat noch keinen herzoglichen Sitz gekauft, und wohnt in einer anmutigen Villa. Wir fanden außer einigen Direktoren der Ostindischen Compagnie[67] auch mehrere Mitglieder seiner Familie und seines Glaubens daselbst, die mir sehr wohl gefielen, wie ich es denn überhaupt an dieser Familie sehr schätze, daß sie Juden geblieben sind. Nur ein Narr kann Juden wegen ihrer Religion geringer als Andersgläubige achten, aber die Renegaten[68] haben immer kein ganz zu verwerfendes Vorurteil wider sich.

In drei Fällen möchte ich jedoch den Juden unbedingt erlauben, die Religion zu verändern. Einmal wenn sie sich wirklich einbilden, nur unter dem Namen ›Christen‹ selig werden zu können; zweitens ihren Mädchen, wenn diese einen Christen heiraten wollen und ihn nicht anders bekommen können; drittens wenn einmal ein Jude zu einem christlichen Könige erwählt werden sollte, was auch nicht unmöglich ist, da ja noch weit Geringere als jüdische Barone, und solche, die notorisch gar keine Religion hatten*, in neuerer Zeit schon öfters den Thron bestiegen haben.

Herr R... selbst war sehr guter Laune, amüsant und gesprächig. Es war drollig anzuhören, wie er uns die Gemälde seines Eßsaales, alles geschenkte Portraits der europäischen Souveräne und ihrer ersten Minister, explizierte, und dabei von den Originalen wie von seinen besten Freunden und gewissermaßen wie von seinesgleichen sprach. »Ja«, rief er,

* Es ist freilich sehr problematisch, was in den Augen der Frommen schlimmer sei, gar keine Religion zu haben, oder von einer andern Sekte zu sein. Wenigstens entschied sich Ludwig XIV., doch auch ein Religionsheld, für die zweite Gesinnung. Der Herzog von Orleans schlug ihm einen Gesandten nach Spanien vor, den der König annahm, aber den Tag darauf widerrief, weil er gehört habe, das betreffende Individuum sei ein Jansenist.[71] »Nichts weniger, Ihro Majestät«, versicherte der Herzog, »soviel ich weiß, glaubt er selbst nicht an Gott.« – »Kann ich mich darauf verlassen?« frug gravitätisch der König. »Gewiß«, erwiderte lächelnd der Herzog. »Nun dann mag er in Gottes Namen den Posten behalten.«

»hier der... drängte mich einmal um eine Anleihe, und in derselben Woche, wo ich seinen eigenhändigen Brief erhielt, schrieb mir sein Vater aus Rom auch eigenhändig, ich solle ums Himmels willen mich in nichts einlassen, da ich es mit keinem treuloseren Menschen als mit seinem Sohne zu tun haben könnte. *C'etait sans doute trés catholique*[69], wahrscheinlich hatte aber doch die alte K... den Brief geschrieben, die ihren eignen Sohn so sehr haßte, daß sie von ihm, jedermann weiß mit welchem Unrecht, zu sagen pflegte: *»Il a le cœur d'un t..., avec la figure d'un â...«*[70]

Nun kamen die andern an die Reihe ....
....
....

Zuletzt nannte er sich jedoch demütig nur den gehorsamen und generös bezahlten Geschäftsmann und Diener sämtlicher hohen Potentaten, die er alle gleichhoch verehre, die Politik möge stehen wie sie wolle, »denn«, fügte er lachend hinzu: *»I never like to quarrel with my bread and butter.«*[72]

Es ist nicht wenig gescheit von R..., daß er für seine Person weder Titel noch Orden angenommen hat, und sich so eine weit ehrenvollere Unabhängigkeit erhält. Gewiß verdankt er aber auch vieles dem guten Rate seiner höchst liebenswürdigen und einsichtsvollen Frau desselben Glaubens, die ihn auch, wenn nicht an Schlauheit und Geschäftssinn, doch wohl an Takt und Welt noch übertreffen möchte.

Ehe wir diesen Abend noch den Weg auf's Land einschlugen, hatte uns die erbeutete Staatskutsche eines andern Monarchen asiatischen Ursprungs[73], nämlich des Königs der Birmanen, zum Aussteigen verlockt. Da sie von Gold und Edelsteinen strotzt, die man auf 6000 L. St. schätzt, so machte sie bei Licht allerdings einen glänzenden Effekt, und schien mir, hinsichtlich ihrer baldachinartigen, pyramidalischen Form, sogar geschmackvoller als die unsrigen. Seltsam war die darauf sitzende Dienerschaft, bestehend aus zwei kleinen Jungen und zwei Pfauen, aus Holz geschnitzt, schön bemalt und lackiert. Zwei weiße Elefanten zogen den Wagen, als er erobert ward, und 15 000 kleine und große, aber rohe Edelsteine, schmücken noch das vergoldete Holz und Goldblech, aus dem er besteht. Viele birmanische kostbare Waffen waren in dem geräumigen Saal als Trophäen umher plaziert, was der ganzen Ausstellung ein doppelt reiches und interessantes Ansehen verlieh. Da man hier immer bei solchen Gelegenheiten viel für's Geld gibt, so war im Nebenzimmer noch ein Poecileorama[74] angebracht, mit ebenfalls birmanischen und andern indischen Ansichten, die durch künstliche Beleuchtung mehrere Verwandlungen untergehen, und dadurch sehr lebendige Landschaftseffekte hervorbringen.

Ich weiß nicht, warum man dergleichen nicht mehr zu Zimmerdekorationen benutzt. Bei einem Feste z. B. müßte ein so präparierter Saal gewiß eine bedeutungsvollere Mannigfaltigkeit darbieten, als die gewöhnlichen abgedroschenen Verzierungen von bunten Behängen, Orangerie und Blumen.

Den 8ten

Ziemlich spät vom *dinner* bei Herrn von Polignac zurückkehrend, einem recht liebenswürdigen, aber auch höchst orthodoxen Repräsentanten *de l'ancien régime*[75], kam ich doch noch zeitig genug ins Theater um, nach dem Hauptstücke, den berühmten Mathews ›*At home*‹[76] zu finden. Der Vorhang war heruntergelassen, und Herr Mathews saß vor demselben über dem Orchester, an einem mit Teppichen behangenen großen Tische.

Er fing damit an, dem Publikum diskursive zu erzählen, daß er soeben von einer Reise nach Paris zurückkomme, wo er viele Originale kennengelernt, und manches scherzhafte Abenteuer bestanden habe. Unmerklich ging er nun aus der Erzählung in eine völlige dramatische Vorstellung über, wo er mit einem fast unbegreiflichen Talente und Gedächtnis vor den Augen des Zuschauers sich zutragen läßt, was er erlebt, indem er sein Gesicht, Sprache und ganzes Äußere mit Blitzesschnelle so total verändert, daß man es gesehen haben muß, um es für möglich zu halten. Alle seine äußern Hilfsmittel bestehen nur, bald in einer Haube, einem Mantel, einer falschen Nase, einer Perücke etc., die er unter dem Teppich hervorzieht, und mit diesen einfachen Dingen augenblicklich die vollständigste Umwandlung hervorbringt. Der Beifall war tobend, und das Gelächter hörte nicht auf. Die Hauptpersonen, welche in mehreren Verwickelungen auftraten, waren ein alter Engländer, der alles im Auslande tadelt und zu Hause besser findet! Eine Dame aus der Provinz, die, um französisch zu lernen, nie anders als mit dem Dictionnaire in der Hand auf die Straße geht, die Vorbeigehenden mit ihren fortwährenden Fragen belästigt, und jede Gelegenheit benutzt, andern Engländern mit ihrer Kenntnis auszuhelfen, dabei aber immer, wie man sich vorstellen kann, das Verkehrteste und Burleskeste, oft Equivokste[77], zur Welt bringt; ferner einem *dandy* aus der *City*, der ›*le grand air*‹[78] affektieren will, und seinem Gegensatze, einem dicken Farmer aus Yorkshire, der ohngefähr die Rolle des ›Pachter Feldkümmel‹[79] spielt. Das Belustigendste für mich war eine englische Vorlesung Spurzheims über Kraniologie[80]. Die sprechende Ähnlichkeit der in England wohlbekannten Person, aller ihrer Manieren und des deutschen Akzents, war so vollkommen, daß das Theater unaufhörlich vor Lachen erbebte. Weniger befriedigten mich andere Nachahmungen, unter andern Talmas, der für einen bloßen Possenreißer, ohngeachtet alles Talents dieses letzteren, doch zu hoch steht. Überdem ist der Tod des großen Tragikers noch zu neu, und der Schmerz über seinen unersetzlichen Verlust bei jedem Freunde der Kunst zu groß, um sich von einer solchen Parodie jetzt angesprochen fühlen zu können.

Den Beschluß machte eine kleine *farce,* wozu nun auch der Vorhang aufgezogen wurde, und in welcher Mathews ebenfalls nur allein spielte, und 7-8 verschiedene Rollen besorgte, ungerechnet der eines Hundes und eines Kindes, die zwar durch Puppen repräsentiert wurden, welche er aber beide ebenso meisterhaft bellte und plapperte, als er die übrigen sprach. Als französischer Hofmeister, der mit einem zehnjährigen jungen Lord auf Reisen gehen soll, sperrt er diesen gleich zu Anfang in einen Guitarrenkasten, um das Geld für die Diligence[81] zu ersparen, und dennoch dem Herrn Papa anrechnen zu können. Auf der Station angekommen, nimmt er ihn jedesmal heraus, einmal um ihn Luft schöpfen zu lassen, und zweitens um seine Lektion zu gleicher Zeit mit ihm zu repetieren, wobei er denn als vollkommner Bauchredner das Gespräch höchst drollig durchführt. Besonders ist es komisch, wenn sich der Junge sträubt, wieder in den Kasten zu kriechen, und nun sein Murren wie seine Klagen, gleich dem Walzer im ›Freischützen‹, immer undeutlicher verklingen, bis das Behältnis endlich ganz zuklappt, und die letzten Töne aus dem verschlossenen Kasten nur wie ein schwaches Echo hervortönen.

Nach vielen Avantüren, die der forteilenden Diligence und ihren Passagieren zustoßen, tritt eine alte Jungfer auf (immer wieder Mathews) die einen Lieblingshund, der im Wagen nicht geduldet werden soll, dennoch einzuschwärzen[82] sucht, und sich nun ebenfalls den Guitarrenkasten ausersieht, um ihren Liebling darin zu verstecken. Bei der Eile, mit der sie die Sache ins Werk setzt, bemerkt sie aber nicht, daß der Platz schon besetzt ist. Doch kaum hat sie den Kasten aus der Hand gelegt, als der Hund zu knurren und zu bellen anfängt, der Junge zu heulen, und sie um Hilfe zu schreien, welches Trio die Galerie vor ausgelassener Freude fast wahnsinnig machte.

Das Ganze ist, wie Du siehst, nicht eben ästhetisch, und mehr für englische Mägen eingerichtet, ja es tut einem fast weh, so große Fertigkeit einzig auf so alberne Possen verwendet zu sehen, doch immer bleibt das dargelegte Talent ausgezeichnet, und selbst die physischen Kräfte bewundernswürdig, die ein so angestrengtes Spiel und fortwährendes Sprechen, mit den fatiganten[83] Umkleidungen, ohne Anstoß mehrere Stunden hintereinander aushalten können.

Um Dir aber nicht eine gleich angestrengte Geduld zuzumuten, will ich jetzt schließen, und wünsche herzlich, daß der magere Guckkasten dieser Stadt, wie ich ihn Dir entrolle, Dich nicht allzusehr langweilen möge. Tägliche Lebensbilder hast Du verlangt, kein statistisches Handbuch, keine Topographie, keine regelmäßige Aufzählung aller sogenannten Sehenswürdigkeiten Londons, und keine systematische Abhandlung über England erwartest Du von mir, noch bin ich im Stande, sie zu liefern; also nimm fürder mit der anspruchslosen Hausmannskost freundlich fürlieb, die doch wohl zuweilen wenigstens ein Körnchen Pfeffer würzt.

Dein treuer L.

Siebenter Brief

London, den 12ten Dez. 1826

Liebste Freundin!

Es ist nicht uninteressant, den hiesigen Auktionen beizuwohnen, zuvörderst wegen der Menge höchst seltener und kostbarer Dinge, die bei einem so regen Leben und ewigem Sinken und Fallen der Fortünen hier täglich vorkommen, und oft sehr billig erstanden werden, dann aber auch wegen der, schon in einem andern Briefe erwähnten Genialität der Auktionatoren, die ihre Reden mit mehr Witz gratis verbrämen, als sie bei uns für schweres Geld zu geben Lust haben würden.

Diesen Morgen sah ich auf diese Art das indische Kabinett eines *banquerotte* gewordenen Nabobs[1] verkaufen, welches bewunderungswürdige Kunstwerke enthielt. »Der Besitzer dieser Schätze«, sagte der Redner, »hat sich viel Mühe um nichts gegeben, nichts mehr für ihn, heißt das, aber noch viel für Sie, meine Herren. Er hatte ohne Zweifel einst mehr Geld als Verstand, jetzt ebenso gewiß mehr Verstand als Geld.« – *»Modesty and merit«*[2], bemerkte er später, »gehen nur insofern miteinander, als sie beide mit einem ›m‹ anfangen«, und in solchem Tone und Wortspielen fuhr er lange fort. »Was macht die Armen leben«, schloß er zuletzt, »gibt ihnen Gesundheit und Nahrung und Komfort? Großmut tut es wenig, Eitelkeit fast allein – nämlich nicht die der Armen, arme Teufel! sondern die der Reichen. Deployieren[3] Sie also diese lobenswerte Eitelkeit, meine Herren, und kaufen Sie, was ihr fröhnen mag, Sie verdienen so, auch gegen ihren Willen, Gottes Lohn daran.«

Jawohl, dachte ich, daran hast Du ganz Recht, alter Spaßmacher; denn so schön hat unser guter Gott die Welt wirklich eingerichtet, daß immer wieder Gutes aus dem Übeln entstehen muß, und das Böse am Ende nur da ist, damit das Gute es besiegen, und sich selbst daran erkennen könne.

Man muß überall seine moralischen Anwendungen machen.

Ich aß bei einer vornehmen Lady, die mich den ganzen Tisch über nur von Napoleon unterhielt und mit englischem Extrem so von ihm eingenommen war, daß sie sogar die Hinrichtung des Duc d'Enghien und die Treulosigkeiten in Spanien sehr lobenswert fand.[4]

Obgleich ich nun nicht so weit gehe, so bin ich doch auch, wie Du weißt, ein Verehrer der kolossalen Größe dieses Mannes, und erfreute meine Nachbarin sehr, als ich ihr die einstige Herrlichkeit Napoleons in Frankreich als Augenzeuge beschrieb, jene Tage des Glanzes, wo ›Cäsar‹ selbst vor seiner Größe staunte,

Quand les ambassadeurs de tant de rois divers
Vinrent le reconnaître au nom de l'univers.[5]

Ich möchte übrigens keinen seiner spätern Unfälle, für seinen eignen Ruhm, sowie keine seiner Sünden, für das tragische Interesse, welches er dadurch einflößt, entbehren. Er hat die *coups d'epée* und auch die *coups d'épingles*[6] mit gleicher Würde zu ertragen gewußt, und sich, wie sein Leben erhaben war, auch eine erhabne Grabschrift durch die Worte gesetzt:

Je légue l'opprobre de ma mort à l'Angleterre.[7]

So viel ist gewiß, er steht immer noch zu nah für unparteiische Beurteilung, und im Ganzen lehrt die Erfahrung, daß man weniger seinen despotischen Grundsätzen, als seiner persönlichen Macht Krieg auf Tod und Leben erklärt hatte.

Dagegen fehlt diesen ähnlichen Grundsätzen jetzt gottlob die Energie gänzlich, mit der er sie auszuführen wußte, und das ist ein Gewinn für die Menschheit.*

Es ist jetzt ein französisches Theater hier, das nur von der besten Gesellschaft besucht wird, und das demohngeachtet nur einer dunkeln kleinen Privatbühne gleicht. Perlet und Laporte sind seine Stützen und spielen vortrefflich. Der letztere gibt aber auch, mit französischer *assurance*[8], Rollen auf dem englischen Theater, und glaubt, wenn das Publikum über seinen Akzent und französische Manieren lacht, es sei bloße Anerkennung seiner *vis comica.*[9]

Ich war in Gesellschaft der Mistress W..., Frau des bekannten Ministers und Parlamentsredners, ins Theater gegangen, und folgte ihr nachher auf den ersten echten *rout*[10], den ich diesmal besuchte, und zwar in ein Haus, das mir ganz unbekannt war, denn es ist Sitte hier, Freunde in solche Art Gesellschaften mitzunehmen, und sie erst dort der Dame vom Hause zu präsentieren, der man nie genug bringen kann, um ihr kleines Lokal bis zum Ersticken zu füllen. Je mehr, je besser, und soll ihre Eitelkeit ganz befriedigt werden, so muß auch vor dem Hause eine *bagarre*[13] unter den Wagen entstehen, einige zertrümmert werden, und einige Menschen und Pferde dabei verunglücken, damit den andern Tag ein recht langer Artikel bei der *Morning Post* über

* Von den neueren Memoiren des Herrn von Bourrienne[11] hat man leider auch weniger wahren Aufschluß über Napoleons eigenstes Wesen erhalten, als man erwartete. Bourrienne schildert Napoleon als Bourrienne – und wenn der Zwerg auch hundert Jahre um des Riesen Füßen herumläuft, so ist doch seine Taille zu kurz, um ihm je in die Augen sehen zu können. In einer Sache hat er jedoch Recht, die auch ganz *à sa portée*[12] war, nämlich, daß der Hauptfeind, von dem Napoleon zu Boden geworfen ward, der so unpolitisch auf's Äußerste gebrachte Handelsstand war, heutzutage eine größere Macht als Kirche und Heer, welche nur noch der Macht der öffentlichen Meinung weicht, wenn sich diese je gegen sein Interesse erklären sollte. *A. d. H.*

die höchst *fashionable soirée by* Lady Vain oder Foolish paradieren könne.[14]

Ich machte indes diesen Abend eine interessantere Bekanntschaft auf der Treppe (weiter kam ich nicht) als ich erwartete, an Lady Charlotte B..., die als Schriftstellerin einigen Ruf erlangt hat. Sie ist die Schwester eines Herzogs, war einst eine berühmte Schönheit, und hat jetzt den Hofmeister ihrer Kinder geheiratet. Den andern Tag besuchte ich sie, und fand in ihrem Hause alles braun, durch alle Nuancen schattiert, *meubles*, Vorhänge, Teppiche, ihre und der Kinder Kleidung, nichts bot eine andere Farbe. Die Stube war ohne Spiegel und Bilder, nur mit Gipsabgüssen von antiken Büsten und Basreliefs geschmückt. Dies ist eine neue Art von Brownomanie[15], an der alten hängt Lady B... dagegen, als Schriftstellerin betrachtet, desto weniger, und wenn ich sie mit Lady Morgan z.B. zusammenstellen sollte (die eine echte geistige Brownianerin ist), so würde ich diese mit einem Glase alten Madeira, der mehr als einmal die Linie passiert hat, Lady B... dagegen mit einem Quell kristallreinen Wassers, der in einer lieblichen Landschaft entspringt, oder jene mit einer gefüllten Glühnelke, diese mit dem zarten Veilchen vergleichen.

In das braune Zimmer trat bald nachher der berühmte Buchhändler C... ein, der durch Walter Scotts Werke reich geworden ist, obgleich er ihn mit seinem ersten und besten Roman, ›Waverley‹, abwies, und endlich nicht mehr als 40 L.St. dafür gab. Ich zweifle nicht, daß Lady B... Ursache hatte, mit ihm zufriedener zu sein, und ließ sie daher diskret mit dem Geschäftsmanne allein.

Den 16ten

Die portugiesischen Affären[16] bewegen jetzt alle Zirkel vielfach, und Marquis P... las uns heute sogar in einer Loge des französischen Theaters die eben gedruckte englische Erklärung vor. Die Politik ist hier ein Hauptingredienz der Gesellschaft, wie sie es in Paris zu sein anfängt, und in unserm schläfrigen Deutschland auch einmal werden wird, weil die ganze Welt einer solchen Tendenz entgegengeht. Die frivoleren Vergnügungen leiden aber dabei, und die Kunst der Konversation, wie sie einst in Frankreich herrschte, möchte vielleicht bald ganz verloren gehen. Hier, glaube ich, hat sie ohnehin in dieser Beziehung wohl nie existiert, es müßte denn zu Carls II. Zeiten gewesen sein; auch ist man allen stattfindenden Gebräuchen hier zu sklavisch unterworfen, zu systematisch in allen Genüssen, zu unglaublich mit Vorurteilen durchknetet, zu wenig lebhaft endlich, um jene ungezwungne Freiheit des Geistes zu erlangen, die allein die Basis liebenswürdiger Gesellschaftlichkeit bilden kann. Ich muß gestehen, daß ich keine einförmigere und eingebildetere kenne, als die hiesige erste, mit nur wenigen Ausnahmen, und diese größtenteils unter den Fremden, oder denen, die sehr lange auf dem Kontinent lebten. Ein versteinerter, marmorkalter Kasten und Modegeist regiert alles, und macht die ersten Klassen langweilig, die tiefern Abstufungen lächerlich. Wahre Herzenshöflichkeit und heitere *bonhomie*[17] vermißt man g a n z, und sieht von den fremden Nationen weder die französische Leichtigkeit, noch italienische Natürlichkeit angenommen, sondern höchstens deutsche Steifheit und Verlegenheit, die sich hinter Arroganz und Hochmut versteckt.

Bei alledem hat der Nimbus, den eine festgeankerte Aristokratie und vieles Geld (nebst allerdings auch vielem Geschmack in feiner Anwendung, den man nicht bestreiten kann) die hiesige große Welt zu der *par excellence* in Europa gestempelt, der alle Nationen mehr oder weniger den Vorrang einräumen. Daß Ausländern aber persönlich nicht wohl dabei wird, beweiset die Seltenheit der Fremden in England, und ihr noch weit seltenerer langer Aufenthalt daselbst. Jeder dankt im Grunde des Herzens Gott, wenn er aus der englischen Gesellschaft wieder weg ist, lobt aber nachher dennoch aus eigner Eitelkeit diese unerquickliche Nebelsonne, deren Strahlen ihm doch von allen dortigen Dingen gewiß am wenigsten Komfort gegeben haben.

Weit liebenswürdiger, wie liebender, scheinen die Engländer in ihren häuslichen und intimsten Verhältnissen zu sein, obgleich auch hier viel Barockes vorwaltet, wie z. B. die allgemeine Sitte in den höheren Ständen, daß die Söhne, sobald sie, sozusagen, ›flügge sind‹, das väterliche Haus verlassen und für sich allein leben müssen, ja ohne förmliche Einladung nicht einmal bei Vater und Mutter zum Essen erscheinen dürfen. Als rührendes Beispiel ehelicher Liebe las ich neulich in den Zeitungen, daß der Marquis Hastings in Malta gestorben, und kurz vorher verordnet habe, sogleich nach seinem Tode ihm die rechte Hand abzuhauen, um sie seiner Frau als Andenken eingepökelt zu übersenden. Ein Herr meiner Bekanntschaft schnitt seiner gestorbenen Mutter aus wahrer Zärtlichkeit und mit ihrer vorher eingeholten Erlaubnis den Kopf ab, um den Schädel sein ganzes Leben lang küssen zu können, wogegen andere Engländer, glaube ich, lieber in die Hölle gingen, als zuließen, daß man ihrem Leichnam mit einem Seziermesser zu nahe käme (denn die *resurrection-men*[18] müssen auch leben!). Die Gesetze schreiben bei allen dergleichen Bestimmungen Verstorbener die skrupulöseste Genauigkeit vor, und wäre es noch so toll, verstößt es nur nicht gegen diese Gesetze selbst, so muß es ausgeführt werden. Es gibt ein Schloß in England, wo seit einem halben Jahrhundert ein Leichnam, wohl angezogen, am Fenster steht, und sich ohne Störung noch immer sein einstiges Eigentum besieht. Wie sehr muß dieser Mann die Häuslichkeit geliebt haben!

Eben als ich noch mehr englische Originalitäten anführen will, tritt mein lang ersehnter Garteninspektor[19] in die

Jacob Heinrich Rehder (1790-1852)
Garteninspektor in Muskau

Stube, und bringt mir Deine Briefe. Wie schade, daß Du Dich nicht selbst (versteht sich mit aller Deiner *fraîcheur*[20], und nicht wie Lord Hastings Hand) in das große Paket mit einlegen konntest, oder in einem zierlichen Kästchen wohnen, wie Goethes lieblicher Erdgeist, damit ich Dich rufen möchte, wenn ich Dich brauchte, und jeden Genuß auf frischer Tat mit Dir teilen könnte, ohne eines so langen Zwischenwegs zu gebrauchen, wo Du erst durch meine Briefe trübe gestimmt wirst, wenn ich es vor 14 Tagen war, oder auf Freudiges Deine lustige Antwort ankommt, wenn ich schon wieder am stärksten Spleen-Anfall laboriere. Wie Du sehr richtig sagst, ist wirklich ein solcher alter Brief oft einem toten Leichnam zu vergleichen, der, längst vergessen, wieder aus dem Meere gefischt wird.

Worüber ich lachen, und mich zugleich ärgern mußte, ist, daß Du mir, wie es Deine Art ist, wieder fast nichts von meinem lieben M...schen Details schreibst, dagegen aber lange Exzerpte aus einer afrikanischen Reisebeschreibung schickst, die ich längst hier im Original gelesen. Ich vergelte Dir gewiß nächstens Gleiches mit Gleichem. Ohnedem studiere ich eben jetzt ein sehr interessantes Werk: ›Das preußische Exerzier-Reglement von 1805‹, woraus ich Dir, sobald es mir an anderem Stoff fehlen sollte, die geistreichsten Auszüge mitteilen kann. O, Du gutes Lamm, mit diesen afrikanischen Neuigkeiten sollst Du noch oft ›geschoren‹ werden, um so mehr, da die letzte Schur schon gar lange vorbei ist, und Du fast so tief in der Wolle sitzen mußt, als die Johanniterritter in B..., wenn sie, ihr doppeltes Kreuz zur Schau tragend, auf ihren Wollsäcken den Meistbietenden erwarten. Der Sitz des hiesigen Lord-Kanzlers ist zwar auch ein Wollsack, aber etwas vornehmerer Natur, mehr dem goldnen Vliese verwandt, wie jener dem Kartoffelsack, auf dem man ein Gericht ›Armeritter‹ verzehrt.

Ich mache jetzt fast täglich Parkexkursionen mit R..., um

seine Anwesenheit in England so nützlich als möglich zu machen, denn einen guten Gärtner bringt ein kurzer Aufenthalt hier weiter in seinem Fach, als zehnjähriges Studium zu Hause. Es gibt aber schon in der Nähe von London eine große Anzahl höchst interessanter Besitzungen, zu denen allen die anmutigsten und belebtesten Wege führen. Dahin gehört ganz besonders eine Villa des Lord Mansfield, deren Ausschmückung dem Geschmack seiner Gemahlin alle Ehre macht. Sion House, dem Herzog von Northumberland zugehörig, und noch von Brown angelegt, ist ebenfalls höchst sehenswert wegen seiner ausgezeichneten Glashäuser, und der Menge von riesengroßen ausländischen Bäumen im Freien, die alle unser Klima nicht vertragen würden. Man sieht hier auch ganze Waldpartien von Rhododendron, Kamelien, Daturen[21], die nur teilweise im Winter bedeckt werden, und alle Arten von schönem Immergrün wuchern üppig in jeder Jahreszeit. Die Gewächs- und Treibhäuser, welche eine Front von 300 Fuß bilden, bestehen bloß aus Stein, Eisen und Glas, eine Bauart, die noch obendrein hier wohlfeiler als die mit Holz ist.

Interessant war mir eine Art Kette, deren Glieder aus Sensen bestanden, um das breite stehende Wasser (ein Mangel der meisten englischen Parks) Anfang Juli damit völlig von Wasserpflanzen zu reinigen, indem man sie nur, wie eine Fischwate, am Grunde hindurchzieht. An dem sehr großen *pleasure-ground* mähen täglich zwölf Mann von 5 bis 9 Uhr. Dadurch wird es möglich gemacht, daß man zu keiner Epoche langes Gras sieht, und doch auch die unangenehme Generalmäherei vermeidet, die ein paar Tage lang den Garten unreinlich macht. Man kann freilich auf diese Weise nur täglich einen Teil vornehmen, man richtet es aber so ein, immer gewisse begrenzte Stücke auf einmal zu vollenden, und kommt dann zeitig genug herum, daß der Unterschied nicht auffallend werden kann. Für die Ökonomie geht dieses

Staubgras zwar ganz verloren, aber immer läßt sich Schönheit und Nutzen nicht vereinigen, und in einem Vergnügungsgarten muß natürlich der letzte nachstehen, oder man muß gar keinen haben wollen.

Das gegenüberliegende Kew enthält wohl die vollständigste Sammlung exotischer Gewächse in Europa. Auch der Park ist durch seine schöne Lage an der Themse sehr begünstigt, aber im übrigen etwas vernachlässigt. Man findet hier Taxusbäume von der Größe unsrer Tannen, und sehr schöne Exemplare von Holly[22] und immergrünen Eichen, sonst sind die Anlagen der alten Königin nicht sehr geschmackvoll.

Wimbledon Park bietet, über mehrere Hügel ausgebreitet, und voll schöner Baumgruppen, großartige Ansichten dar, leidet aber an einiger Monotonie.

Ganz nahe, und fast in den Vorstädten Londons, liegt C... House, dessen Architektur nicht ohne Interesse ist. Hier hatte ich vor mehreren Jahren eine unangenehme Avanture, die England zu sehr charakterisiert, um sie Dir nicht zu erzählen, obgleich sie an sich nichts Pikantes enthält.

Die Ängstlichkeit, ja ich möchte fast sagen, der Neid, mit dem oft die englischen Reichen ihr Eigentum, selbst vor den entweihenden Blicken des Fremden, verschließen, ist zuweilen wahrhaft belustigend, kann aber auch betrübend werden. Beides erlebte ich damals vor 14 Jahren, und wurde heute von neuem lebhaft daran erinnert, als ich das alte Gebäude wiedersah. Ich ritt nämlich eines Tags in der Umgegend von London spazieren, und angezogen durch den Anblick dieser Besitzung, frug ich den an der Park-Loge stehenden Portier, ob er mir erlauben könne, die Gärten zu besehen? Er machte viel Umstände, sich aber endlich besinnend, daß sein Lord unwohl sei und die Stube hüte, mir folglich nicht begegnen könne, mochte er dem ihm angebotenen Trinkgelde nicht länger widerstehen, und öffnete mir die verbotene Pforte, mein Pferd einstweilen zurückhaltend. Ich mochte eine Viertelstunde umhergeschlendert sein, und besah eben den nett gehaltenen *pleasure-ground*, als eine etwas dicke Figur im Hemde an einem Fenster des gegenüberliegenden Wohnhauses sichtbar ward, die ängstlich umherzulaufen schien, endlich aber mit Vehemenz das Fenster aufriß, und, während ich eine große Klingel heftig lärmen hörte, mir mit halb unterdrückter Wut zurief: *»Qui êtes-vous, Monsieur? Que cherchez-vous ici?«*[23] Ich hielt es für zu lächerlich, die Antwort auf dieselbe Weise in so großer Distanz zurückzuschreien, fand es aber auch bald unnötig, da durch das Stürmen der Klingel alarmiert, bereits von allen Seiten Diener herbeisprangen, von denen einer nun *ex officio*[24] die Frage an mich wiederholte. Ich ließ durch ihn den Besitzer kürzlich wissen, daß ich ein Fremder sei, den Liebhaberei für Gartenanlagen hereingelockt, daß ich übrigens nicht, wie er zu glauben scheine, über die Mauer, sondern nur durch das gewöhnliche Tor gekommen sei, wo mein Pferd noch stehe; daß ich übrigens von Herzen bedaure, ihn in seinem kranken Zustande eine solche Alteration[25] zu verursachen, und nur wünsche, daß dieselbe keine bedeutenderen Folgen für ihn haben möge, womit ich mich bestens empföhle, und den verpönten Garten sogleich verlassen würde. Bald darauf erreichte ich mein Pferd, und ritt lachend davon, denn dies war die lustige Seite der Sache. – Nach ohngefähr 14 Tagen führte mich zufällig mein Weg bei derselben Besitzung vorbei. Ich näherte mich wieder der Loge und zog die Klingel. Ein fremder Mann erschien, und aus Mutwillen erkundigte ich mich nach der Gesundheit des Lords, und ob es vergönnt sei, den Garten zu sehen? »Gott bewahre mich in Gnaden«, war die Antwort, »um keinen Preis!« und nun erfuhr ich von dem neuen Diener mit wahrem Schmerz, daß der arme Teufel, sein Vorgänger, eben verabschiedet worden sei mit Weib und Kind, obgleich er lange Jahre im Dienste gewesen, bloß weil er einen Fremden ohne Erlaubnis hier eingelassen. Dennoch ist dieser strenge Herr einer der wahren Patent-Liberalen Englands. Was würde erst ein Illiberaler getan haben!

Von dem bezaubernden Tale Richmonds sage ich Dir nichts. Jeder Reisebeschreiber gerät ja darüber in Ekstase, und mit Recht, erweckt sie aber nicht immer wieder im Leser durch seine Schilderung. Ich enthalte mich also derselben, und bemerke bloß, daß der vortreffliche aristokratische Gasthof (zum Stern und Hosenband) aus dem man dieses Paradies übersieht, während man den Leib auf's beste pflegt, das seinige zu dem Genusse beiträgt. Einsamkeit und Stille, verbunden mit jeder Bequemlichkeit, in einer unbeschreiblich schönen Gegend, laden hier mächtig zum Lebensgenusse ein, und gar mancher Londner junge Mann soll hier im geheimen seine Privathonigmonate ohne Priestersegen feiern – wir Unschuldige feierten nur die herrliche Natur, und einstimmig riefen Deine treuen Gärtner aus: »Wäre doch nur...« Das Übrige kommentierst Du schon.

Abends führte ich R... in das Adelphi-Theater, klein und niedlich, das sich durch vorzüglich gute Maschinerie auszeichnet und auch gerade jetzt mehrere vortreffliche Schauspieler besitzt. Der eine spielte in einem nicht unebnen Stücke den Betrunkenen natürlicher, als ich es noch je gesehen. Es ist wahr, daß er hier auch mehr Gelegenheit zum Studium dieses Seelenzustandes hat, aus demselben Grunde, warum die Alten das Nackte besser darstellen als unsre Künstler, nämlich weil sie es öfter sahen. Ein gut aus dem Leben gegriffener Zug war es, daß der Trunkenbold, welcher eine zärtliche Leidenschaft für ein junges und armes Mädchen in der Pension hegte, im nüchternen Zustande immer anderen Projekten Raum gab, im Rausche aber jedesmal mit Zärtlichkeitstränen *à ses anciennes amours*[26] zurückkehrte, und in gleicher Stimmung auch glücklich zur Heirat bewogen ward.

Den 23sten

Dank für die Nachrichten aus B..., besonders freut mich Alexander von Humboldts Anstellung. Es muß für jeden Patrioten eine Freude sein, einen Mann wie ihn endlich im Vaterlande fixiert zu sehen, das mit so viel Recht auf seinen Ruhm in allen Weltteilen stolz ist.[27] Nebenbei muß es auch zu einem glücklichen Ereignis für manche dortige Zirkel gereichen, denen nun endlich das Salz beigemischt werden wird, dessen Mangel sie so lange ganz ungenießbar machte.

Wie sehr ich über des guten und edlen Königs Unglück getrauert, das ich schon früher durch L... erfuhr, kannst Du Dir denken, da Du meine Gesinnungen in dieser Hinsicht kennst, doch hoffe ich zu Gott, daß seine kräftige Konstitution und die Hilfe so geschickter Männer jedes bleibende Übel abwenden werden. Es ist wohl schön, daß bei dieser Gelegenheit ein ganzes Volk von Herzen ausruft: ›Der Himmel erhalte uns unsern teuern Monarchen!‹

Meine eigne Laune ist übrigens – wahrscheinlich wegen der ewigen Nebel, die oft so arg sind, daß man zur Mittagszeit alle Laternen in den Straßen anzünden muß, und dennoch nichts sieht – etwas von demselben trüben Charakter. *Le pire est, que je suis tantôt trop, et tantôt trop peu sensible à l'opinion et aux procédés des autres.*[28] In der ersten Stimmung (und Stimmungen beherrschen mich leider mit despotischer Gewalt, machen mich nicht nur traurig und fröhlich, sondern leider auch klug und dumm) komme ich mir dann manchmal vor wie jemand, der an einer Strickleiter hinaufkletterte, wo ihm die Hände verklommen, und nun, nachdem er lange im vergeblichen Bestreben weiter zu dringen in der Höhe geschwebt, im Begriff ist, endlich loslassen zu müssen, wo er leicht bis auf die unterste Stufe wieder herabsinken mag. Dennoch würde ihm vielleicht, auf dem ersten Boden der Gewöhnlichkeit und Unbedeutendheit wieder angelangt, dort ruhiger als in den stürmischen Lüften zu Mute sein, und bei weniger Hoffnungen ihn vielleicht eine glücklichere, wenn auch einfachere Wirklichkeit umfangen! Doch hinweg mit solchen Grübeleien. Sie taugen nichts, und selbst Befürchtungen eines drohenden wahren Unglücks, sollte man immer mit Gewalt verbannen, denn warum sich mit Sorgen quälen über das, was kommen kann, und doch vielleicht nie kommt, dann aber nur als ein Traum-Phantom uns so viel frohe Gegenwart verkümmert hat.

In allen solchen Gemütszuständen ist am Ende Dein Bild mein bester Trost, und an Dich, meine einzige und ewige Freundin, wende ich mich dann immer zuletzt mit nassem Auge und innigem Dank für all' Deine vielfache Liebe, Güte und Nachsicht, und lege in Deinen treuen Busen meinen Kummer, wie meine Freude, und alle meine Hoffnungen nieder, deren glänzendste Erfüllung ja doch ohne Dich jeden Wert für mich verlieren würde.

Ich muß Dich aber jetzt verlassen, um meiner Pflicht gemäß (denn es widerstünde mir sonst) in eine große Gesellschaft zu gehen, wo ich mich, wie im Leben, mit andern in der Menge zu verlieren bestimmt bin. Es ist vorderhand mein letzter Ausgang in die Welt, da ich mich präpariere, mit R... eine Park- und Gartenreise anzutreten, die uns wohl einen Monat hinnehmen wird. Die jetzige Zeit ist aber gerade die beste für den, welcher diesen Gegenstand studieren will, da die laublosen Bäume überall die Durchsicht gestatten, und man so bei einer Umgebung der kunstvollen[29] Landschaft alles schon übersehen, die gewonnenen Effekte verstehen, und das Ganze, wie einen Plan auf dem Papiere, beurteilen, sowie die Bestandteile jeder Pflanzung in ihrer absichtlichen Ordnung erkennen kann.

Gestern besuchten wir *en attendant*[30] die Parks in der Stadt, Kensington u.s.w., namentlich den Regent's Park im Detail, bei welcher Gelegenheit wir auch an dem dort aufgestellten Diorama nicht vorbeigingen. Dies übertraf meine

Erwartung und ähnliches früher Gesehene sehr weit, denn gewiß ist es nicht möglich, die Sinne noch effektvoller zu betrügen; ja selbst mit der Gewißheit der Täuschung, hat man Mühe, sie sich auszureden. Das Gemälde stellte das Innere einer großen Abteikirche, vollständig in ihren wahren Dimensionen erscheinend dar. Eine Seitentür steht offen. Efeu rankt durch die Fenster, und zuweilen scheint die Sonne durch die Tür, und erhellt mit einem freundlichen Blick die Überreste bunter Scheiben, die unter Spinnengeweben hervorblinken. Durch das letzte gegenüberliegende Fenster sieht man den verwilderten Klostergarten, und darüber einzelne Wolken am Himmel, die, stürmisch vorüberziehend, abwechselnd das Sonnenlicht verdunkeln, und tiefe Schatten in die totenstille Kirche werfen, wo das zerbrökkelte, aber prachtvolle Monument eines alten Ritters, an dem die Steine des Bodens aufgebrochen sind, als habe man dort nach Schätzen gegraben, in düstrer Majestät sich noch erhalten hat.

Da auf morgen unsre Abreise bestimmt ist, so sende ich diesen Brief ab, obgleich er noch nicht zu der gewöhnlichen Korpulenz angewachsen ist. Wie schmächtig sind dagegen die Deinen! – Gewiß, wenn einst unsre Nachkommen die verwitterte Korrespondenz ihrer Ahnen in einem Winkel der alten Bibliothek auffinden sollten, so werden sie über meine Verschwendung und Deinen Geiz gleich sehr in Erstaunen geraten. *A propos,* zerstreue Dich nicht zu sehr in B..., und vergiß nicht etwa darüber gar, wenn auch nur auf die kürzeste Zeit

den treuesten Deiner Freunde.

Achter Brief

Watford, den 25. Dez. 1826

Liebe Getreue!

Heute früh ging es endlich fort, leider bei schlechtem, regnigtem Wetter. Zehn Meilen von London begannen wir schon, in dem freundlichen Flecken Stranmore, unser Geschäft mit Besichtigung zweier Villen und eines größern Parks. Die erste Villa war durchgängig im gotisch-ländlichen Stil, mit spitzen verzierten Ziegeldächern, aufgebaut, ein *genre*, worin die englischen Architekten sehr glücklich, und ich möchte sagen, gemütlich sind. Auch das Innere war allerliebst in demselben Stil durchgeführt, und doch höchst wohnlich und einladend. Selbst die Türen in den Mauern, welche den Küchengarten umschließen, hatten oben bunte alte Fenster, die im blühenden Gebüsch sich überraschend abzeichneten. Der kleine Blumengarten war gleichfalls mit gotischen Beetformen, von Kieswegen umgeben, ausstaffiert, und die Spielerei erschien gar nicht übel.

Sehr verschieden präsentierte sich die zweite Villa, im italienischen Geschmack, mit großen Vasen davor, in welche man, statt Blumen, kleine Kürbisse und gelbe und grüne ausgehöhlte Pomeranzen aufgetürmt hatte. Etwas zuviel hölzerne, und weiß angestrichne Statuen zierten, oder verunzierten vielmehr, die Gärten, unter denen ein jählings hervorstürzender Löwe vergeblich Schrecken einzuflößen suchte, ebensowenig wie ein Amor, der in den Zweigen hängend, seine Pfeile auf die Vorübergehenden abzuschießen drohte.[1]

Die *Priory*[2], ein ehemaliges Kloster, jetzt Schloß und Park des Grafen Aberdeen, bietet manches Sehenswerte dar. Die Menge herrlicher Fichten und Nadelholz im Park erinnert dabei, mehr als hier gewöhnlich, an das Ausland. Das einfach schöne Schloß ist auf allen Seiten durch hohe und niedrige Bäume fast gedeckt, so daß man es nur teilweise durchschimmernd erblickt, oder nur über die Bäume hervorragen sieht. Dies ist den Gebäuden, besonders altertümlichen, immer sehr vorteilhaft, und überhaupt findet man hier selten jene langen und schmalen, durch nichts unterbrochnen Aussichten über ebnen Rasen, der Triumph unsrer Gartenanleger, der aber nur dazu dient, das Weite näher erscheinen zu machen, als es wirklich ist. Wir gingen ziemlich lange in den Anlagen umher, während einige junge Damen und Söhne des Hauses, hübsche Knaben, uns auf kleinen schottischen Ponys umschwärmten, bis sich einer der letzten als Führer zu uns gesellte, und auch das Innere des Schlosses zeigte, dessen dunkle Mauern von außen höchst üppig bis ans Dach mit Efeu, spalierartig gezogenen Granatbäumen, und Monatsrosen bedeckt waren.

Erst mit einbrechender Dunkelheit verließen wir den Park, und erreichten in einer halben Stunde das Städtchen Watford, in dessen gutem Gasthof ich jetzt ruhe. R... benutzt die Gelegenheit, sich Dir untertänig zu empfehlen, und schreibt mit einer Emsigkeit an seinem Tagebuch, die mich lachen macht.

Nachträglich muß ich doch noch bemerken, daß wir in der *Priory* (ich stehle es aus dem erwähnten Tagebuche) einen einzelnen Rhododendron-Strauch im Freien stehen sahen, der 15 Fuß hoch war, und mit seinen dichten Zweigen über 25 Fuß im Umfang maß. Solche Vegetation ist einladender für Parkomanie, als es uns geboten wird!

Woburn, den 26sten

Wir haben die Berechnung gemacht, liebe Julie, daß wenn Du mit uns wärest, ein Wunsch, der Deinen treuen Dienern stets gegenwärtig ist, Du täglich, vermöge Deiner Abneigung gegen Fußbewegungen, höchstens ¼ Park sehen könntest, und wenigstens 170 Jahre brauchen müßtest, um alle Parks in England zu besichtigen, deren es ohne Zweifel Hunderttausende gibt, denn es wimmelt davon, wo man nur hinkommt. Natürlich ziehen wir nur die größten, oder was uns grade von den kleinen Villen *en passant*[3] aufstößt und auffällt, in Betracht. Dennoch sahen wir heute schon so viel Herrliches und stolze Schlösser, daß wir noch ganz entzückt davon sind, denn auch ich habe es nie mit der Vorschrift des ›*nil admirari*‹[4] halten mögen, die jeden herzlichen Genuß benimmt.

Ehe ich mit der Beschreibung anfange, muß ich aber den guten Gasthöfen gleichfalls ihr Recht widerfahren lassen, die man hier, auch auf dem Lande und in den kleinsten Örtchen, überall gleich sorgfältig gehalten, antrifft. Reinlichkeit, große Bequemlichkeit und sogar Eleganz sind immer darin vereinigt, und man mutet nie dem Fremden zu, in demselben Zimmer zu wohnen, zu essen und zu schlafen, wie in den deutschen Gasthäusern, wo es eigentlich nur Tanzsäle und Schlafstuben gibt.

In der Regel ist das Tischgerät Silber und *porcelaine,* die *meubles* zweckmäßig, die Betten stets vortrefflich, und niemals fehlt das freundlich flackernde Kamin.

Die detaillierte Beschreibung des Frühstücks am heutigen Morgen gebe Dir die beste Idee von dem komfortablen Leben und den Bedürfnissen hiesiger Reisenden.

NB. ich hatte nichts bestellt als Tee, und folgendes fand ich, als ich aus dem Schlafzimmer hinunter kam, in diesem kleinen Städtchen bereitet, das kaum den Umfang eines Dorfes hat: Auf der Mitte des Tisches dampfte eine große Teemaschine, zierlich umstellt mit silberner Teekanne, Spülnapf und Milchtopf. Drei kleine Wedgwood-Teller[5] mit ebensoviel Messern und Gabeln nebst zwei großen Tassen von schönem *porcelaine* erwarteten ihre Füllung. Daneben stand einladend ein Teller mit gekochten Eiern, einer *dito* mit gerösteten *oreilles de cochon à la Sainte Ménéhould,*[6] eine durch heißes Wasser erwärmte Schüssel mit *muffins*[7], eine andere mit kaltem Schinken, flockiges Weißbrot, *dry-* und *buttered-toast,* die beste frische Butter in elegantem Kristallgefäß, bequeme Streubüchsen zu Salz und Pfeffer, englischer Senf und *moutarde de maille*[8], endlich eine silberne Teeschachtel mit sehr gutem, grünem und schwarzem Tee.

Dieses ganz luxuriöse Mahl, von dem Du hoffentlich finden wirst, daß ich es so pittoresk wie eine Landschaft beschrieben habe, ist noch obendrein verhältnismäßig sehr billig, denn es stand auf meiner Rechnung nur mit 2 Schilling (16 Gr.) angesetzt. Im ganzen ist aber das Reisen dennoch sehr kostspielig, besonders die Postpferde grade viermal teurer als bei uns, und Trinkgelder den ganzen Tag über nach allen Seiten auszuteilen.

Um 10 Uhr erreichten wir Cashbury Park, den Sitz des Grafen Essex. Ich ließ mich bei ihm melden, und er schickte mir seinen Schwiegersohn Mr. F..., den ich schon in Dresden gesehen hatte, und hier dessen Bekanntschaft mit Vergnügen erneuerte, um mich herumzuführen. Das Schloß ist modern gotisch und prachtvoll meubliert. Man tritt zuerst in eine Halle mit bunten Fenstern, die auf einen innern Hof die Aussicht öffnen, der als Blumengarten benutzt ist; aus der Halle gelangt man seitwärts durch eine lange mit Waffen behangene Galerie an die reich aus Holz geschnitzte Treppe, welche in den obern Stock führt, und von da in die Bibliothek, die hier fast immer auch als Hauptsalon für die Gesellschaft dient. Alles dies ist ebner Erde. Die Bibliothek hat zwei kleine *cabinets* nach dem Garten zu, beide mit seltenen Sachen angefüllt. Unter diesen gefielen mir besonders zwei humoristische Handzeichnungen von Denon[9], darstellend das *lever*[10] des Kardinals Bernis in Rom, und ein *dinner* bei

Voltaire, mit dem Abbé Maury, Diderot, Helvétius d'Alembert und einigen andern Philosophen. Sämtliche Personen sind Portraits.

Interessant war auch ein vollständiges kleines *ameublement* der Königin Antoinette, auf dem die Bildnisse ihres Gemahls und Heinrichs des Vierten an mehreren Orten angebracht waren. Aus der Bibliothek ging man in ein ebenso reiches zweites Gesellschaftszimmer, und aus diesem in den Speisesaal. Neben beiden zog sich ein Gewächshaus in Form einer Kapelle hin, und überall boten die bis auf den Boden gehenden Fenster die Aussicht auf den herrlichsten, von einem Fluß durchströmten Park. Auf einer fernen Anhöhe sah man in eine sehr breite Lindenallee hinein, an deren Ende im Sommer eine Zeitlang die Sonne täglich untergeht, welches auf diese Art in der graden Verlängerung des Gewächshauses die prachtvollste natürliche Dekoration abgeben muß, um so mehr, da die Sonne zugleich in einer großen Spiegeltüre gegenüber wieder zurückstrahlt. Die Wände dieser Zimmer sind alle mit eichener Boiserie[11] bekleidet, mit kostbaren Simsen und Schnitzwerk, die *meubles* von Rosenholz *(rosewood)*, Seide und Samt, und wertvolle Gemälde in altertümlichen goldnen Rahmen schmücken die Wände. Die Verhältnisse der Zimmer kann man fast saalartig nennen, alle regelmäßig zu 14 Grad Réaumur[12] mit Dampf geheizt.

Die etwas entfernten Ställe und alle Haushaltsgebäude sind links durch eine krenelierte Mauer[13] mit dem Schlosse verbunden, so daß das ganze wohl 1000 Fuß weit sich ohne Unterbrechung hinzieht.

Die Blumengärten nehmen einen bedeutenden Raum ein. Ein Teil davon war nach der gewöhnlichen Art eingerichtet, d. h. ein langes Gewächshaus im Fond, und davor mehrere *berceaux*[14] und schattige Gänge um einen großen Rasenplatz, der mit Beeten aller Formen, seltenen Bäumen und Sträuchern vollgesetzt ist; dann aber kam etwas Neues: nämlich ein tiefes abgesondertes Tal von ovaler Form, rund umher dicht mit Immergrün, Lorbeer, Rhododendron und Steinpflanzen, auf künstliche Felsen undurchdringlich dick gepflanzt, hohe Fichten und Eichen dahinter, mit ihren im Winde wehenden Wipfeln, und an dem einen Ende des Platzes eine freistehende, prachtvolle Linde, von einer Bank umgeben. Von dieser aus bedeckte das ganze kleine Tal, auf Kiesgrund, ein gesticktes Blumenparterre von sehr lieblichen Formen, wiewohl völlig regelmäßig. Der Ausgang aus diesem Bezirk führte durch eine von Efeu überwachsene Grotte, mit Feuersteinen und Muscheln ausgelegt, in einen viereckigen von einer Lorbeerhecke umgebenen Rosengarten, in dessen Mitte ein Tempel, und gegenüber ein Gewächshaus für Wasserpflanzen stand. Die Rosenbeete bilden verschiedene sich ineinander verschlingende Figuren. Ein mit der Schere geschnittener dichter Laubgang von Buchen wandt sich von hier schlängelnd in den Chinesischen Garten, der ebenfalls von hohen Bäumen und Mauern umgeben war, und eine Menge Vasen, Bänke, Fontainen und ein drittes Gewächshaus enthielt, alles im, auf's treueste nachgebildeten chinesischem Stile. Hier waren Beete mit Ringen von weißem, blauem und rotem Sand umzogen, barocke Zwergpflanzen und viele Dutzend große chinesische Vasen auf Postamenten gestellt, die rankendes Immergrün und ausländische Gewächse dicht bezogen. Die Fenster des Hauses waren wie chinesische Tapeten bemalt, und Verkleinerungsspiegel im Innern angebracht, die uns wie in der *camera obscura* präsentierten. Ich sage nichts von der reichen Treiberei und Gemüsegärten mit ihren endlosen Mauern und Reihen von Glashäusern zur Aufbewahrung der Blumen etc. etc., Du kannst Dir den Maßstab selbst anlegen, wenn ich Dir Herrn F... s Versicherung wiederhole, daß die Unterhaltung des ganzen Parks und Schlosses 10000 Pfd. Str. jährlich kostet. Der Graf hat für alles, was er dazu braucht, eigne Leute und Handwerker, Maurer, Zimmerleute, Tischler etc., deren jedem sein bestimmtes Fach angewiesen ist. Einer z. B. hat bloß alle Zäune zu erhalten, ein anderer die Zimmer, ein dritter die *meubles* etc., eine auf dem Lande sehr nachahmungswerte Einrichtung.

Ich machte dem alten Grafen, den die Gicht im Zimmer hielt, meinen Besuch, und erhielt von dem freundlichen alten Mann die besten Informationen und (sehr nötige) Einlaßkarten für meine weitere Reise.

Unsere Tour ging zuerst, lange noch im Park herumführend, zu einer Hauptpartie desselben, ›Das Schweizerhaus‹ genannt, das mitten in einem Wäldchen sehr reizend und heimlich am Flusse gelegen ist. Wir fuhren über den Rasen dahin, weil viele Parks hier, ganz wie freie Natur behandelt, und wie ich schon erwähnt, der Ersparung wegen oft nur einen Weg haben, der zum Schlosse hin und auf der anderen Seite wieder herausführt. Auf die Landstraße zurückgekommen, legten wir durch ein immer gleich schönes, an Fruchtbarkeit und Vegetation üppiges Land, 20 Meilen bald zurück, so daß wir schon um 3 Uhr Ashridge Park erreichten, den Sitz der Grafen von Bridgewater. Hier kannst Du mir, liebe Julie, etwas näher kommen, wenn Du Reptons Gartenbuch[15] aufschlägst, wo Du mehrere Ansichten und den Grundplan der reizenden hiesigen Gärten findest, die der alte Repton selbst angelegt. Erinnere Dich nur des *rosary*[16], so wirst Du es gleich aufzusuchen wissen. Dieser Park ist schon einer der größten in England, denn er mißt über drei deutsche Meilen im Umfang, und das ebenfalls moderne gotische Schloß ist mit allen seinen Mauern, Türmchen und Höfen fast unabsehbar. Ich muß jedoch aufrichtig gestehen, daß dieses neugotische *genre, (castellated style)* der sich in der Zeichnung so feenhaft ausnimmt, in der Wirklichkeit oft durch seine Überladung und Unzweckmäßigkeit nicht nur geschmacklos, sondern sogar etwas läppisch ausfällt.

Wenn man in der kultiviertesten, friedlichsten Wiesenfläche, unter dem Flor unzähliger Blumen, eine Art Festung mit hundert Türmen, Schießscharten und Brüstungen gewahr wird, die alle nicht den mindesten Zweck haben, und obendrein in ihrer Basis fast nichts als Glaswände (die Gewächs- und Treibhäuser, welche mit den Zimmern in Verbindung stehen) darbieten, so ist dies wahrlich ebenso lächerlich, als wenn der Besitzer dieser lieblichen Blumengärten, darin in Helm und Harnisch, wie weiland Don Quijote, spazieren gehen wollte. Der antike, altitalienische oder bloß romantische, unsrer Zeit angepaßte, Stil, harmoniert unendlich besser mit solcher Umgebung, erscheint freundlicher und selbst bei weit geringern Maßen dennoch grandioser. Das Innere des Schlosses war dabei von der größten Wirkung, und durchaus fürstlich zu nennen. Sehr vernünftig hatten sich die Besitzer für die Gesellschaftszimmer nur auf wenige, aber dafür sehr geräumige *pièces*[17] beschränkt. Auch hier tritt man zuerst in die Halle, mit Rüstungen und altertümlichen *meubles* geschmückt. Dann kommt man in das Treppenhaus, das prächtigste, das man in dieser Art sehen kann. Durch drei hohe Etagen aufsteigend, mit ebensoviel rund umher laufenden Galerien erreicht es die Höhe und Größe einer Kirchenkuppel; die Wände sind von poliertem Stein, die Treppengeländer von glänzendem Messing, die Decke aus schön in Holz geschnitzten *caissons*[18], mit Malerei verziert, und rund umher, durch alle drei Etagen hinauf, sind Nischen mit den Standbildern der Könige Englands aus Stein angebracht. Aus diesem Treppenhaus gelangten wir in einen Saal mit rotem Samt und vergoldeten *meubles* geschmückt, vorn durch ungeheure Fenster erleuchtet, die fast die ganze Wand einnehmen, und die Aussicht auf den *pleasure-ground* und Park eröffnen. Seitwärts zur Linken ist ein ebenso großes Zimmer, wo das Billard steht, und daneben die Bibliothek. Auf der andern Seite in derselben *enfilade*[19] schließt sich der Speisesaal an, und hinter diesem ein herrliches Gewächs- und Orangeriehaus, durch welches man in die Kapelle eingeht, die mit zehn alten echten Glasfenstern von großer Schönheit, und mit kostbaren Holzreliefs prangt. Alle Bänke darin sind von Nußbaum, mit Cramoisi-Samt ausgeschlagen.

In den Zimmern hängen einige schöne und interessante Gemälde, jedoch meistens von modernen Meistern. *Pleasure-ground* und Gärten sind noch größer als in Cashbury Park. In Reptons Werk wirst Du sie zum Teil finden, nämlich den Amerikanischen Garten, den Mönchs-Garten und das *rosary* – wozu noch hinzugekommen sind: 1) der sehr zierliche Französische Garten, mit einer bedeckten Galerie an einer Seite, einem porzellanartigen Aufsatz mit Blumentöpfen in der Mitte, und einem großen Parterre, von dem jedes Beet eine besondere Blumenart enthält: – 2) der Felsengarten, wo alle Steinpflanzen vereinigt sind, sowie alle rankenden Gewächse. Es gehört wahrlich die lange Gewohnheit eines großen Luxus dazu, um ein so mannigfaltiges, überall gleich exemplarisch gut erhaltenes Ganze sich nur auszudenken, denn man muß gestehen, daß selbst unsre Souveraine in der Regel nur Teile von dem besitzen, was hier vereinigt ist. Einige 1000 Stück Wild und unzählige Gruppen von Riesenbäumen zieren den Park, der, nur den hindurchführenden Weg abgerechnet, ebenfalls ganz der Natur und vielen weidenden Herden überlassen ist.

Nimm es immer als ein kleines Opfer an, liebe Julie, daß ich so treu diese Details Dir beschreibe, die bei unsern eigenen Plänen und Bauten doch nicht ohne Nutzen sein möchten, und wenigstens gewiß noch mühsamer zu s c h r e i b e n als zu l e s e n sind.*

* Ich weiß nicht, ob der Leser dieselbige Entschuldigung gelten lassen wird. *A. d. H.*

Zu besserer Versinnlichung nehme ich von allem Interessanten Zeichnungen in meine Schreibtafel, die uns einst, als Anregung zu neuen Ideen, gut zu statten kommen sollen. Morgen werden wir des Herzogs von Bedford, eines der reichsten Edelleute in England, nahes Schloß sehen, ›Woburn Abbey‹, welches Ashridge noch ebensosehr an Größe übertreffen soll als dieses Cashbury Park; eine sehr angenehme Steigerung.

Der Gasthof, wo ich schreibe, ist wieder sehr gut, und ich gedenke, nach allen Fatiguen[20], meiner Hauptmahlzeit soviel Ehre zu machen als dem Frühstück, obgleich diese hier viel einfacher ist, und Tag vor Tag in zwar ganz guten, aber auch immer denselben Gerichten besteht. Die ewigen *mutton-chops*[21] und ein gebratenes Huhn mit *bread-sauce*, spielen mit den bloß in Wasser gekochten Gemüsen, und der englischen National-Sauce: zerlassener Butter mit Mehl, immer die Hauptrolle dabei.

Leamington, den 27sten

Ich befinde mich jetzt in einem großen Badeorte, von dem ich jedoch noch nicht viel gesehen habe, da ich um 11 Uhr in der Nacht soeben erst angelangt bin. Ein großer Teil des Tags ging mit der interessanten Besichtigung von Woburn Abbey hin.

Dieser schöne Palast ist im italienischen Geschmack, einfach und edel aufgeführt, unendlich befriedigender als der kolossale gotisch sein sollende *nonsense.* Mit seinen Ställen, Reitbahn, Ballhaus, Statuen und Bildergalerie, Gewächshäusern und Gärten bildet er eine kleine Stadt. Seit 300 Jahren, ein auch in England seltner Fall, vererbte sich diese Besitzung regelmäßig in derselben Familie fort, so daß es auch nicht zu verwundern ist, wie bei einer Million Revenuen nach unserm Gelde, ein Zusammenfluß von Pracht hier entstehen konnte, der bei uns die Kräfte jedes Partiküliers[22] übersteigt, um so mehr, da, wäre auch das Geld hie und da in derselben Profusion vorhanden, doch keine seit Jahrhunderten darauf gerichtete Kultur uns die Mittel zu einem so vollendeten Ganzen des raffinierten Luxus zur Hand läßt.

Das eigentliche Schloß ist ein regelmäßiges Viereck und die *bel étage*, welches auf dem Lande immer die *de plein pied*[23] ist, bildet eine ununterbrochene Reihe, das ganze Viereck umschließender Zimmer. Diese Zimmer sind mit kostbaren Gemälden geschmückt, und außerdem reich in schweren Stoffen meubliert, Decke und Tür-embrasuren[24] von weißer Stukkatur mit Gold, oder aus seltnen geschnitzten Hölzern, alles ebenso einfach als gediegen. In dem einen Zimmer war eine merkwürdige Sammlung von Miniatur-Portraits der Familie, vom ersten Russel (der Familienname der Herzöge von Bedford) bis auf den jetzigen Herzog, in ununterbrochener Linie gesammelt. Unter solchen Umständen kann man wohl ein wenig auf seine Familie und seinen Adel stolz sein.

Diese Miniaturen waren auf eine sehr geschmackvolle Art in einem langen schmalen Goldrahmen auf Cramoisi-Samt gereiht, und medaillonweise eingelassen.

Die Kamine sind größtenteils von vergoldetem Metall, mit hohen Marmoreinfassungen, die Kronleuchter ebenfalls von Bronze, reich vergoldet, überall die angemessenste Pracht, wiewohl ohne alle Überladung. Den Beschluß machte die Bibliothek, in zwei Säle verteilt, und höchst freundlich mit ihren breiten Fenstertüren unmittelbar an die Blumengärten anstoßend.

Diese erschienen mir nun besonders reizend, dabei so zweckmäßig mit den Gebäuden verwoben, und so mannigfaltiger Art, daß eine genügende Beschreibung schwer ist.

Um Dir jedoch wenigstens eine allgemeine Idee davon zu

geben, laß mich nur erwähnen, daß längs der verschiedenen Gebäude, die bald vorspringen, bald zurücktreten, bald gerade, bald runde Linien bilden, nach der Gartenseite zu eine ununterbrochene Arkade, mit Rosen und Rankengewächsen bezogen, hinläuft, an welcher die verschiedenen prachtvollen Gärten aufeinander folgen. Über diesem Gang sind teils Zimmer, teils die anmutigsten kleinen Gewächshäuser, wovon eins unter andern nichts wie Heidekräuter (Erica) enthält, von denen Hunderte in Blüte, den lieblichsten Anblick gewährten, und durch Spiegelwände bis ins Unendliche vervielfältigt wurden. Unmittelbar unter dem Erikenhause war auch der Erikengarten angebracht, ein Rasenplatz mit Beeten, die verschiedene Figuren bildeten, und alle nur mit denjenigen größern Exemplaren der Heiden besetzt waren, welche im Freien aushalten. Einmal wurde der erwähnte Bogengang selbst durch ein hohes Palmenhaus mit Spiegeln unterbrochen, vor dem die schönsten gestickten Parterres auf Kiesgrund sich ausbreiten. An dieses Haus stieß die Statuen-Galerie, deren Wände mit verschiedenen Marmorarten bekleidet sind, nebst sehr schönen Säulen aus Italien. Der Saal enthält eine Menge antiker Skulpturen, und wird an jedem Ende durch einen Tempel geschlossen, wovon der eine der Freiheit, mit Büsten von Fox, Canning und andern, der zweite den Grazien geweiht ist, mit einer herrlichen Gruppe dieser Göttinnen von Canova.[25] Von hier aus führt der Bogengang an einer unermeßlichen Pflanzung entlang, welche an Hügel gelehnt, nur als Azalien und Rhododendron besteht bis man den Chinesischen Garten erreicht, in dem die *dairy* (der Milchkeller) sich besonders auszeichnet. Es ist dies eine Art chinesischer Tempel, mit einem Überfluß von weißem Marmor und buntem Glase, in der Mitte ein Springbrunnen, und an den Wänden umher Hunderte von chinesischen und japanischen großen Schüsseln aller Art aufgestellt, sämtlich mit frischer Milch und Rahm gefüllt. Die *consoles,* auf denen diese Schalen standen, waren ein ausgezeichnet hübsches Modell für chinesische Meublierung. Die Fenster bestanden aus mattem Glase mit chinesischer Malerei, welche phantastisch genug aus dem trüben Lichte hervortrat.

Von hier führte noch ein weiter *pleasure-ground* mit den schönsten Bäumen, und mancherlei überraschenden Abwechslungen – unter andern niedlichen Kindergärten, und einem Grasgarten, in dem alle Arten von Schilf und Gräsern in kleinen Beeten, das Ganze ein Schachbrett bildend, kultiviert wurden – nach dem *aviary.*[26] Dieses besteht aus einem sehr großen eingezäunten Platz mit hohen Pflanzungen und einer *cottage,* nebst einem kleinen Teich in der Mitte, alles nur dem Reiche der Vögel gewidmet. Der vierte oder fünfte Diener erwartete uns hier (die alle Trinkgelder verlangen, so daß man ein solches Etablissement nicht unter einigen L. St. zu sehen bekommt) und zeigte uns zuerst mehrere reich gefiederte Papageien und andere seltene Vögel, deren jeder seine besondere kleine Abteilung, und sozusagen ›sein Gärtchen‹ hatte. Diese Vögelwohnungen waren von Eichenzweigen mit Draht durchflochten, die Decke gleichfalls von Draht, die Sträucher Immergrün, so wie fast alle übrigen Pflanzungen in diesem Bezirk. Als wir auf den Platz hinaustraten, der die Mitte einnimmt, pfiff unser Papageno[27], und sogleich verfinsterte sich wörtlich die Luft über uns, durch eine Unzahl von Tauben, Hühnern, und der Himmel weiß was alles für Vögel. Aus allen Büschen stürzten zugleich Gold-, Silber-, bunte und ordinäre Fasanen hinzu, und aus dem See galoppierte ein schwarzer Schwan schwerfällig herbei, mit kläglich kindlichen Tönen seine große Begierde nach Futter ausdrückend. Dieser schöne Vogel, rabenschwarz mit rosenroten Schnabel und Füßen, war außerordentlich zahm, fraß sein Futter *chemin faisant*[28] aus der Tasche des Wärters, und ließ uns keinen Augenblick allein, solange wir in dem Vogelparadies umherwandelten, nur manchmal *en passant* eine zudringliche Ente und andres gemeiners Volk mit einem Fußtritt abwehrend, oder einem nobleren Goldfasan mit dem Schnabel in die Seite stoßend. Ein zweiter interessanter aber eingeschlossener Bewohner dieses Orts war Héros, ein afrikanischer Kranich, ein Tier das aussieht, wie von *porcelaine* gemacht, und mich in seinen Bewegungen vielmals an unsern seligen, tanzenden Ballerino erinnerte.[29] Der Umstand seiner Geschichte, welcher ihm den Heldennamen gegeben, war dem Wärter unbekannt.

Der vier deutsche Meilen im Umfang haltende Park besteht hier nicht allein aus Weideland und Bäumen, sondern hat auch ein schönes Waldterrain, und noch eine besonders eingezäunte Partie, die ›*thornery*‹ (wörtlich: Dörnerei) benannt, ein wilder mit Dornen und Gestrüppe bewachsener Waldplatz, in dessen Mitte eine kleine *cottage* mit dem freundlichsten Blumengärtchen steht, und den mehrere Spaziergänge durchschneiden. Hiermit schließen die Herrlichkeiten von Woburn Abbey. Doch nein – zwei Dinge muß ich noch nachholen. In dem Schlosse, dessen Schmuck ich Dir *en gros* beschrieben, fand ich zugleich eine sehr zweckmäßige Einrichtung. Nämlich rund um alle Zimmer des großen Vierecks läuft eine innere breite Galerie, auf welche mehrere Türen sich öffnen, und wo mannigfache Sammlungen, teils frei, teils in Glasschränken und hie und da durch Blumenstellagen unterbrochen, aufgestellt sind. Dies gewährt im Winter und bei schlechtem Wetter einen ebenso unterrichtenden als angenehmen Spaziergang, der um so behaglicher wird, da das ganze Schloß mit *conduits de chaleur*[30] geheizt ist. Das ganze Erinnernswerte ist ein schönes Portrait des Grafen Essex in Lebensgröße. Er erscheint hier sehr schön und schlank gewachsen, das Gesicht aber weniger ausgezeichnet, kleine Züge ohne vielen Ausdruck, kleine Augen, und einen großen roten Bart bei dunklem Haupthaar, der ihn vielleicht der Königin, bei ihrem eignen roten Kopf besonders angenehm machte.

Jetzt ist aber ein Viertelszoll von meinen Fingern heruntergeschrieben, und ich muß schließen. Morgen wieder ein Mehreres, wo ich Warwick Castle sehen werde, welches für Englands Stolz ausgegeben wird. Ich bin wirklich begierig, ob wir noch eine Stufe höher zu ersteigen haben, wie wir bisher regelmäßig von Schönem zu Schönerem fortgeschritten sind.

Da eben die *mail* von hier abgeht, lege ich diesen Brief in einen für L... mit ein, durch dessen Güte Du ihn schneller erhalten wirst als den letzten.

Gedenke des Umherirrenden in Deiner ruhigen Einsamkeit, und glaube, daß, verschlüge ihn das Schicksal auch zu den Antipoden[31], sein Herz doch immer bei Dir sein würde.

Dein L.

Neunter Brief

Warwick den 28sten Dez. 1826

Teuere Julie!

Beim Himmel! diesmal erst bin ich von wahrem und ungemeßnem Enthusiasmus erfüllt. Was ich früher beschrieben, war eine lachende Natur, verbunden mit allem, was Kunst und Geld hervorbringen können. Ich verließ es mit Wohlgefallen, und obgleich ich schon Ähnliches gesehen, ja selbst besitze, nicht ohne Verwunderung. Was ich aber heute sah, war mehr als dieses, es war ein Zauberort, in das reizendste Gewand der Poesie gehüllt, und von aller Majestät der Geschichte umgeben, dessen Anblick mich noch immer mit freudigem Staunen erfüllt.

Du erfahrne Historienkennerin und Memoirenleserin weißt besser als ich, daß die Grafen von Warwick einst die mächtigsten Vasallen Englands waren, und der große Beauchamp, Graf von Warwick, sich rühmte, drei Könige enthront, und ebenso viele auf den leeren Thron gesetzt zu haben.

Sein Schloß steht schon seit dem 9ten Jahrhundert und ist seit Elisabeths Regierung im Besitz derselben Familie geblieben. Ein Turm der Burg, angeblich von Beauchamp selbst erbaut, hat sich ohne alle Veränderung erhalten, und das Ganze steht noch so kolossal und mächtig, wie eine verwirklichte Ahnung der Vorzeit da.

Schon von weitem erblickst Du die dunkle Steinmasse, über uralte Zedern vom Libanon, Kastanien, Eichen und Linden, senkrecht aus den Felsen am Ufer des Avon, mehr als 200 Fuß hoch über die Wasserfläche emporsteigen. Fast ebenso hoch noch überragen wieder zwei Türme von verschiedener Form das Gebäude selbst. Der abgerissene Pfeiler einer Brücke, mit Bäumen überhangen, steht mitten im Fluß, der, tiefer unten, grade wo die Schloßgebäude beginnen, einen schäumenden Wasserfall bildet, und die Räder der Schloßmühle treibt, welche letztere, mit dem Ganzen zusammenhängend, nur wie ein niedriger Pfeilervorsprung desselben erscheint.

Jetzt verlierst Du im Weiterfahren eine Weile den Anblick des Schlosses, und befindest Dich bald vor einer hohen krenelierten Mauer aus breiten Quadern, durch die Zeit mit Moos und Schlingpflanzen bedeckt. Die Flügel eines hohen eisernen Tors öffnen sich langsam, um Dich in einen tiefen, durch den Felsen gesprengten Hohlweg einzulassen, an dessen Steinwänden ebenfalls von beiden Seiten die üppigste Vegetation herabrankt. Dumpf rollt der Wagen auf dem glatten Felsengrunde hin, den in der Höhe alte Eichen dunkel überwölben. Plötzlich bricht bei einer Wendung des Weges das Schloß im freien Himmelslichte aus dem Walde hervor, auf einem sanften Rasenabhang ruhend, und zwischen den ungeheuren Türmen, an deren Fuß Du Dich befindest, verschwindet der weite Bogen des Eingangs zu dem Schein einer unbedeutenden Pforte. Eine noch größere Überraschung steht Dir bevor, wenn Du durch das zweite eiserne Gittertor den Schloßhof erreichst. Etwas Malerischeres und zugleich Imposanteres läßt sich beinah nicht denken! Laß Dir durch Deine Phantasie einen Raum hinzaubern, ungefähr noch einmal so groß als das Innere des römischen Colosseums, und versetze Dich damit in einen Wald voll romantischer Üppigkeit. Du übersiehst nun den weiten Hofplatz rund umher von bemoosten Bäumen und majestätischen Gebäuden umgeben, die, obgleich überall verschieden an Form, dennoch ein erhabenes und zusammenhängendes Ganze bilden, dessen bald steigende, bald sich senkende Linien in der blauen Luft, wie die stete Abwechselung der grünen Grundfläche am Boden, nirgends Symmetrie, wohl aber eine sonst nur den Werken der Natur eigne, höhere Harmonie verraten. Der erste Blick zu Deinen Füßen fällt auf einen weiten einfachen Rasenteppich, um den ein sanft geschlungner Kiesweg nach allen Ein- und Ausgängen dieses Riesenbaues führt. Rückwärts schauend, siehst Du an den beiden schwarzen Türmen empor, von denen der älteste, ›Guy's Turm‹ genannt, ganz frei von Gebüsch in drohender Majestät, fest wie aus Erz gegossen dasteht, der andre von Beauchamp erbaut, halb durch eine, wohl Jahrhunderte zählende, Kiefer und eine herrliche Kastanie verdeckt wird. Breitblättriger Efeu, und wilder Wein rankt, bald den Turm umschlingend, bald seine höchsten Spitzen ersteigend, an den Mauern hinan. Links neben Dir zieht sich weit der bewohnte Teil des Schlosses und die Kapelle hin, mit vielen hohen Fenstern geziert, von verschiedener Größe und Gestalt, während die ihm gegenüberliegende Seite des großen Vierecks, fast ganz ohne Fenster, nur mächtige krenelierte Steinmassen darbietet, die einige Lärchenbäume von kolossaler Höhe und baumartige Arbutus-Sträucher, welche hier im langen Schutze wunderbar hoch gewachsen sind, malerisch unterbrechen. Vor Dir jedoch erwartet Dich, wenn Du jetzt den Blick nach der Höhe erhebst, von allem das erhabendste Schauspiel. Denn auf dieser vierten Seite steigt aus einem niedrigen bebuschten Kessel, den der Hof hier bildet, und mit dem sich auch die Gebäude eine geraume Strecke senken, das Terrain von neuem, in Form eines konischen Berges steil empor, an dem die gezackten Mauern des Schlosses mit hinan klimmen. Dieser Berg, der ›Keep‹, ist bis oben dicht bewachsen mit Gesträuch, das jedoch nur den Fuß der Türme und Mauern bedeckt. Dahinter aber ragen, hoch über alle Steinmassen, noch ungeheure uralte Bäume hervor, deren glatte Stämme man wie in der Luft schwebend erblickt, während auf dem höchsten Gipfel eine kühne Brücke, auf beiden Seiten von den Bäumen eingefaßt, gleich einem heh-

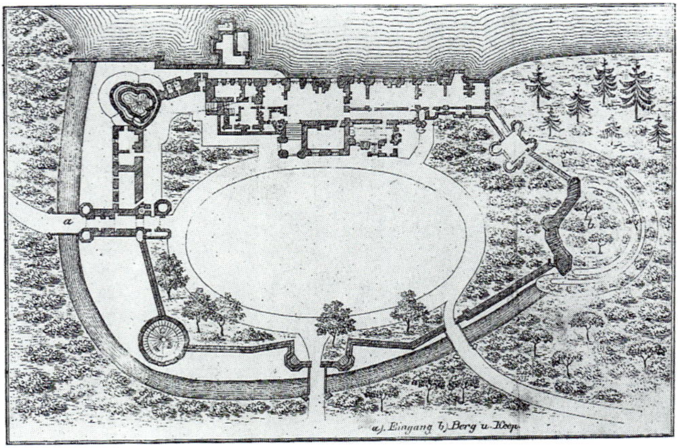

(Plan von Warwick Castle)

ren Himmelsportal plötzlich die breiteste, glänzendste Lichtmasse, hinter der man die Wolken fern vorüberziehen sieht, unter dem Schwibbogen[1] und den dunklen Baumkronen durchbrechen läßt.

Stelle Dir nun vor: diese magische Dekorationen auf einmal zu übersehen, verbinde die Erinnerung damit, daß hier neun Jahrhunderte stolzer Gewalt, kühner Siege und vernichtender Niederlagen, blutiger Taten und wilder Größe, vielleicht auch sanfter Liebe und edler Großmut, zum Teil ihre sichtlichen Spuren, oder wo das nicht ist, doch ihr romantisch ungewisses Andenken, zurückgelassen haben – und urteile dann, mit welchem Gefühl ich mich in die Lage des Mannes versetzen konnte, dem solche Erinnerungen des Lebens seiner Vorfahren durch diesen Anblick täglich zurückgerufen werden, und der noch immer dasselbe Schloß des ersten Besitzers der Veste Warwick bewohnt, desselben halb-fabelhaften Guy, der vor einem Jahrtausend lebte, und dessen verwitterte Rüstung mit hundert Waffen berühmter Ahnen in der altertümlichen Halle aufbewahrt wird. Gibt es einen so unpoetischen Menschen, in dessen Augen nicht die Glorie dieses Andenkens, auch den schwächsten Repräsentanten eines solchen Adels, noch heute umglänzte?

Um Dir meine Beschreibung wenigstens einigermaßen anschaulich zu machen, füge ich einen Grundplan bei, der Deiner Einbildungskraft zu Hilfe kommen muß.

Den Fluß auf der andern Seite mußt Du Dir nun noch tief unter dem Schloßplatz denken, und daß er von den bisher beschriebenen Stellen nicht gesehen wird, sondern erst aus den Fenstern des bewohnten Schloßteils, nach außen hin, (wie es das Kupfer zeigt)[2] zugleich mit dem herrlichen Park sichtbar wird, der überall durch Wald am Horizont geschlossen ist, was der Phantasie so viel Spielraum läßt, und wieder für sich eine neue höchst romantische Aussicht bildet.

Nur über wenige Stufen tritt man vom Hofe aus in die

Wohnzimmer, zuerst in einen Durchgang und von da in die Halle, auf deren beiden Seiten sich die Gesellschaftszimmer, 340 Fuß lang in ununterbrochener Reihe, ausdehnen. Obgleich fast *de plain pied*[3] mit dem Hofe, sind diese Zimmer doch auf der andern Seite mehr als 50 Fuß hoch über dem Avon erhaben. Acht bis vierzehn Fuß dicke Mauern bilden in jedem Fenster, welche auch 10-12 Fuß breit sind, ein förmliches *cabinet*[4], mit den schönsten mannigfaltigsten Aussichten auf den unter ihnen wildschäumenden, weiterhin aber in sanften Wendungen den Park bis in düstere Ferne durchströmenden Fluß. War ich nun vorher, schon seit dem ersten Anblick des Schlosses, von Überraschung zu Überraschung fortgeschritten, so wurde diese, wenngleich auf andre Weise, fast noch in den Zimmern überboten. Ich glaubte mich völlig in versunkene Jahrhunderte versetzt, als ich in die gigantische *baronial-hall* trat, ganz wie sie Walter Scott beschreibt, die Wände mit geschnitztem Zedernholz getäfelt, mit allen Arten ritterlicher Waffen angefüllt, geräumig genug um alle Vasallen auf einmal zu speisen, und ich dann vor mir einen Kamin aus Marmor erblickte, in dem ich ganz bequem mit dem Hute auf dem Kopf, noch neben dem Feuer stehen konnte, das auf einem 300 Jahre alten eisernen, seltsam gestalteten Roste, von der Form eines Korbes, wie ein Scheiterhaufen aufloderte. Seitwärts war, der alten Sitte getreu, auf einer Unterlage, gleichfalls von Zedernholz, mitten auf dem steinernen Fußboden, den nur zum Teil verschossene *hautelisse*[5]-Teppiche deckten, eine Klafter ungespaltenes Eichenholz aufgeschichtet. Durch einen in Braun gekleideten Diener, dessen Tracht, mit goldnen Kniegürteln, Achselschnüren und Besatz hinlänglich altertümlich aussah, wurde von Zeit zu Zeit dem mächtigen Feuer, vermöge eines drei Fuß langen Klotzes, neue Nahrung gegeben. Hier war überall der Unterschied zwischen der echten alten Feudalgröße, und der nur in moderner Spielerei nachgeahmten ebenso schlagend, als zwischen den bemoosten Trümmern der verwitterten Burg auf ihrer Felsenspitze, und der gestern aufgebauten Ruine im Lustgarten eines reich gewordnen Lieferanten. Fast alles in den Zimmern war alt, prächtig und originell, nirgends geschmacklos, und mit der größten Liebe und Sorgfalt unterhalten. Es befanden sich die seltsamsten und reichsten Zeuge darunter, die man jetzt gar nicht mehr auszuführen im Stande sein möchte, in einer Mischung von Seide, Samt, Gold und Silber, alles durcheinander gewirkt. Die *meubles* bestanden fast ganz, entweder aus alter außerordentlich reicher Vergoldung, geschnitztem braunen Nuß- und Eichenholz, oder jenen alten französischen mit Messing ausgelegten Schränken und Kommoden, deren eigner Name mir eben nicht beifällt. Auch waren viele herrliche Exemplare von Mosaik, wie von ausgelegten kostbaren Hölzern, vorhanden. Ein Kaminschirm mit schwerem goldenen Rahmen, bestand aus einem einzigen so klaren Glase, daß es völlig mit der Luft zusammenfloß. Ein solcher Schirm hat das Angenehme, daß man, am Kamin sitzend, das Feuer sieht, ohne es sengend am Gesicht zu fühlen. In dem einen Zimmer steht ein Staatsbett, von der Königin Anna, einer Gräfin von Warwick, geschenkt, noch immer wohl erhalten, von rotem Samt mit grüner und blauer Seide bestickt. Die Kunstschätze sind unzählbar, und die Gemälde, unter denen sich auch nicht ein mittelmäßiges befand, sondern die fast alle von den größten Meistern sind, haben überdem zum Teil ein ganz besonderes Familien-Interesse, da sehr viele Portraits der Ahnen sich darunter befinden, von der Hand Titians, Van Dycks und Rubens gemalt. Der größte Schatz, und zwar ein unschätzbarer, ist eins der bezauberndsten Bilder Raphaels[6], die schöne Johanna von Aragonien (eine nicht genau historisch auszumittelnde Person) von der es, seltsam genug, vier Bilder gibt, alle höchst vortrefflich, und die alle für das echte Original ausgegeben werden, drei davon jedoch ohne Zweifel Kopien sein müssen, dem Vorbilde aber so gut wie gleich geworden sind. Das eine ist in Paris, das andere in Rom, das dritte in Wien, das vierte hier. Ich kenne sie alle vier, und muß unbedingt dem hiesigen den Vorzug geben. Es liegt ein Zauber in diesem herrlichen Weibe, der nicht auszusprechen ist! Ein Auge, das in die Tiefen der Seele führt, königliche Hoheit, verbunden mit der weiblichsten Liebesempfänglichkeit, wollüstiges Feuer im Blick, zugleich mit süßer Schwermut gepaart, dabei eine schwellende Fülle des schönsten Busens, eine durchsichtige Zartheit der Haut, und eine Wahrheit, Glanz und Grazie der Gewänder, wie des ganzen Schmucks der Bekleidung – so, wie es nur ein so göttliches Genie in himmlischer Schöpferkraft vollständig hervorrufen konnte.

Zu den interessantesten Portraits, durch das historische Interesse, welches man an den Personen nimmt, noch erhöht, gehören folgende:

Zuerst Machiavelli, von Titian. Ganz, wie ich mir ihn gedacht. Ein feines und kluges, und doch dabei leidendes Gesicht, wie trauernd über die so tief erkannte, nichtswürdige Seite des menschlichen Geschlechts, jene hündische Natur, die nur liebt, wenn sie getreten wird, nur folgt, wo sie fürchtet, nur treu ist, wo sie Vorteil davon hat. Ein Zug mitleidigen Spottes umschwebt die schmalen Lippen, während das dunkle Auge nachdenkend in sich selbst hineinzuschauen scheint.

Es deucht einem im ersten Augenblick sonderbar und auffallend, daß dieser große und klassische Schriftsteller so lange auf die abgeschmackteste Weise mißverstanden worden ist, entweder als ein moralisches Scheusal geschildert (und wie albern ist in dieser Hinsicht die Refutation[7] Voltaires) oder gar die abenteuerliche Hypothese aufgestellt, daß sein Buch[8] eine Satire sei! Bei näherer Betrachtung erlangt man indes bald die Überzeugung: daß nur die neuere Zeit, welche endlich anfängt, die Politik aus einem höhern, wahrhaft menschlichen Gesichtspunkte zu verstehen und zu behandeln, Machiavellis ›Fürsten‹ richtig beurteilen konnte.

Dieser tiefe und scharfsinnige Geist gibt wirklich den Fürsten der Willkür – so nenne ich aber alle die, welche sich nur *par la grâce de Dieu*[9], um ihrer selbst willen, ›Fürsten‹ glauben; alle Eroberer, auch alle Glückspilze der Geschichte, denen durch ein blindes Ohngefähr Völker geschenkt wurden, die sie für ihr Eigentum ansahen – dieser Art Fürsten also, sage ich, gibt er die einzige und wahre Weise an, wie sie prosperieren[10], die einzigen erschöpfenden Regeln, die sie befolgen müssen, um ihre, von Haus aus auf dem Boden der Sünde und des Irrtums erwachsene Macht erhalten zu können. Sein Buch ist und bleibt für ewige Zeiten das unübertreffliche, das wahre Evangelium für solche, und wir Preußen insbesondere mögen uns Glück wünschen, daß in neuester Zeit Napoleon ›seinen Machiavelli‹ so schlecht inne hatte, weil wir sonst wohl noch unter seinem Joche seufzen möchten!

Wie herrlich geht aber über diesem Abgrund, dem seine relative Wahrheit nicht abzustreiten ist, die Sonne des repräsentativen Volksfürsten neuerer Zeit auf! Wie nichtig wird dann, von dieser Basis ausgehend, das ganze Gebäude der Finsternis, welches Machiavelli so meisterhaft entwickelt, und sinkt vor ihren Strahlen in Nichts zusammen, denn es braucht ja nun weder mehr der List und Unwahrheit, noch der despotischen Gewalt und Furcht, um zu regieren. Humanität und Recht tritt, hundertmal mächtiger und wohltätiger für Fürst und Völker, an die Stelle jenes trüben Glanzes, und dem fortwährenden Kriege folgt einst ein ewiger Frieden! Dies aber fühlte und ahnete, und wünschte Machiavelli, und gar viele Stellen seines Buches deuten deutlich darauf hin, unter andern, wenn er sagt: »Wer eine freie Stadt erobert hat, dem bleibt kein sicheres Mittel, sie zu behalten, als sie zu zerstören, oder ihre Einwohner zu erneuern; denn keine Wohltat des Souverains wird sie ihre verlorne Freiheit vergessen lassen.«

Indem er endlich unumstößlich beweiset, daß man sich nur durch Nichtachtung aller Moral (und was war bis jetzt, beinahe anerkannt, die Politik anders) auf einer solchen Stufe willkürlicher Macht erhalten könne, und den Fürsten ernstlich diese Lehre gab, zeigt er auch zugleich nur zu deutlich: daß die ganze Gesellschaft damals ein Prinzip des Verderbens in sich trug, bis zu dessen Erkenntnis und Beseitigung kein wahres Glück der Völker, keine wahre Zivilisation möglich war. Die Revolutionen neuerer Zeiten und ihre Folgen haben endlich der Menschheit die Augen geöffnet, und sie wird sie nicht wieder schließen!

Der Herzog Alba, von Titian. Höchst ausdrucksvoll, und, wie ich glaube, treu, denn dieser Mann war keineswegs eine bloß grausame und finstere Karikatur. Ernst, fanatisch, stolz, aber fest wie Eisen, praktisch, die Idee eines unerschütterlichen, treuen Dieners aufstellend, der, einmal den Auftrag angenommen, nun weder rechts noch links mehr abweicht, seines Herrn und seines Gottes Willen blind zu erfüllen stets bereit ist, und nicht darnach fragt, ob Tausende dabei in Martern untergehen; mit einem Wort, ein kräftiger, nicht unedler, aber beschränkter Geist, der andere für sich denken läßt, und für fremde Autorität handelt.

Heinrich VIII. mit Anna Boleyn, von Holbein*. Der König in prachtvoller Kleidung, ein fetter, etwas fleischerartig aussehender Herr, bei dem Wollust, Schlauheit, Grausamkeit und Kraft in einer furchtbar behaglichen, und fast jovialen

* Heinrich VIII. und Elisabeths Bilder findet man so häufig in England, daß Du auch, bei ausgezeichneten Exemplaren, die öfter wiederkehrende Schilderung derselben verzeihen mußt. Immer findet sich doch eine oder die andere Nuance verschieden.

Physiognomie hervorherrschen! Man sieht bei alledem, daß ein solcher Mann zittern machen, und dennoch an sich fesseln kann. – Anna Boleyn ist eine freundlich unbedeutende, beinahe etwas dumm erscheinende, echt englische Schönheit, von einer Gestalt, wie man sie auch heute, nur in anderm Kostüme, noch häufig hier antrifft!

Cromwell, von Van Dyck. Ein herrlicher Kopf. Etwas von dem bronznen Gladiatoransehen Napoleons, aber mit viel gemeineren Zügen, hinter denen jedoch, wie hinter einer Maske, eine große Seele dämmert. Schwärmerei ist fast zu wenig darin ausgedrückt, dagegen eine beinahe ehrlich scheinende, und desto betrügendere List im Auge, aber doch nirgends eine Spur von Grausamkeit, die man auch dem Protektor wohl nicht vorwerfen kann, da selbst die Hinrichtung des Königs zwar eine grausame Handlung war, in Cromwells Gemüt aber nur wie eine ihm unumgänglich notwendige politische Operation erschien, keineswegs aber in Freude am Blutvergießen ihren Grund fand. Unter Cromwells Bilde hängt sein eigner Helm.

Prinz Rupert, von Van Dyck. Ganz der kühne Soldat, jeder Zoll ein Kavalier! Du weißt, daß die Anhänger des Königs sich damals ausschließend ›Cavaliere‹ nannten.[11] Ich meine jetzt aber damit den Vornehmen und Ritterlichen. Ein schönes, den Weibern wie dem Feinde gefährliches Gesicht, und eine malerische Kriegertracht und Haltung.Gemälde

Elisabeth, von Holbein. Das beste, und vielleicht ähnlichste Bild, was ich bis jetzt von ihr gesehen. Sie ist in ihrer Blüte dargestellt, ziemlich widerlich weiß, mit sehr blaßrötlichen Haaren. Die Augen etwas albinosartig, fast ohne Augenbrauen. Das viele Weiße darin gibt ihnen, trotz ihrer künstlichen Freundlichkeit einen falschen Ausdruck. Man glaubt zu entdecken, daß heftige Begierden und beharrliche Leidenschaften unter dieser blassen Hülle verborgen sind, wie ein Vulkan unter dem Schnee, und erblickt hinlänglich jene eitle Sucht zu gefallen, in der überreichen, mit Zieraten überladenen Kleidung. Ganz anders, streng, hart und gefährlich zu nahen, erscheint sie in den Bildern ihres spätern Alters, aber auch da immer noch gleich übertrieben geputzt.

Maria von Schottland. Wahrscheinlich im Gefängnis und kurz vor ihrem Tode gemalt; denn sie hat hier das Ansehen einer vierzigjährigen Matrone. Noch immer eine gediegene Schönheit, aber nicht mehr die leichtsinnige, Leben und Reize üppig genießende Maria, sondern sichtlich geläutert durch Unglück, ernsten Ausdrucks, Schillers Maria, eine edle Natur, die sich endlich selbst wiedergefunden hat! Es ist eins der seltneren Bilder dieser vielbeweinten Königin, die man sonst immer jung und glänzend geschildert zu sehen gewohnt ist.

Ignaz Loyola, von Rubens. Ein sehr schön gemaltes, großes Bild, dem man es indessen anmerkt, daß es nur eine Fiktion, und kein Portrait ist. Der heilige, ganz gewöhnliche geistliche Ausdruck ist nichtssagend, und das Kolorit daran bei weitem das Schönste.

Doch ich würde nicht aufhören, wenn ich die ganze Galerie durchgehen wollte. Also laß Dich in das letzte Kabinett führen, wo sich noch eine schöne Sammlung von Majolika[12] und Email, größtenteils nach Zeichnungen von Raphael, befindet, sowie eine Marmorbüste des Schwarzen Prinzen[13], eines derben Soldaten mit Kopf und Faust, aus einer Zeit, wo die letztere allein oft schon zu großem Ruhme hinlänglich war. Viele kostbare etruskische Vasen, nebst andern Kunstwerken, dienen den verschiedenen Zimmern, außer den Gemälden und Antiken, zum Schmuck, und es ist sehr zu loben, daß sie hierzu verwandt, und nicht in einer Galerie als tote Masse zusammengehäuft sind! Es wurde mir als eine Merkwürdigkeit der genauen und festen Bauart des Schlosses gezeigt, daß ohnegeachtet seines Alters, wenn alle Türen der *enfi-*

lade[14] geschlossen sind, man aus dem letzten *cabinet*, die ganze Weite von 350 Fuß entlang, durch die Schlüssellöcher eine am andern Ende gerade in der Mitte stehende Büste erblicken kann! In der Tat eine merkwürdige Genauigkeit, die unsere Handwerker sobald noch nicht begreiflich oder gar ausführbar finden werden! Obgleich, wie ich Dir erzählte, schon die Wände der Halle mit einer Unzahl von Waffen bedeckt sind, so befindet sich doch auch noch eine eigene Rüstkammer im Schlosse, die außerordentlich reich ist. Hier wird unter andern Lord Brookes lederner, noch mit schwarz gewordnem Blut befleckter Koller[15] aufgehoben, in dem dieser nicht unberühmte Vorfahr der jetzigen Grafen, in der Schlacht von Lichfield[16] getötet wurde. In der einen Ecke des Zimmers liegt ein ganz eigentümliches Kunstwerk, von sehr heterogener Natur mit den Übrigen, eine in Eisen gegossene Meerkatze, aber von einer Vollkommenheit und *abandon*[17] in ihrer Stellung und ihren Gliedern, die die Natur selbst erreicht. Es tat mir sehr leid, nicht von der Kastellanin erfahren zu können, wer das Modell zu diesem Gusse gemacht. Es muß ein bedeutender Künstler gewesen sein, der alle Affengrazie und Gelenkigkeit, in dieser Stellung, welche in der behaglichsten Faulheit schwelgt, mit so viel Wahrheit auszudrücken vermochte.

Ehe ich von dem prachtvollen Warwick schied, bestieg ich noch den höchsten der beiden Türme, und genoß dort eine schöne und reiche Aussicht nach allen Seiten hin bei ziemlich hellem Wetter. Weit entzückender als dieses Panorama war aber der lange Spaziergang in den Gärten, die das Schloß von zwei Seiten umgeben, und in ruhiger Größe dem Charakter desselben ganz angemessen sind. Die Höhe und Schönheit der Bäume, wie die Üppigkeit der Vegetation und des Rasens kann nirgends übertroffen werden, während eine Menge riesenmäßiger Zedern (›vom Libanon‹ genannt)[18], und die sich jeden Augenblick neu gestaltenden Ansichten der majestätischen Burg – in deren hohen Zinnen transparente Kreuzesformen, den Lichtstrahlen ein immer wechselndes Spiel gewähren – einen solchen Zauber über das Ganze webten, daß ich mich nur mit Gewalt davon losreißen konnte. Wir gingen bis zum anbrechenden Mondschein, der alles noch gigantischer erscheinen ließ, in den dunkelnden Gängen umher, und konnten deshalb nur bei Laternenlicht die berühmte kolossale Warwick-Vase, welche mehrere hundert Gallonen Wasser enthalten kann und mit der schönsten Arbeit geziert ist, sowie die Altertümer besehen, welche in der Loge des Pförtners aufbewahrt werden, und hauptsächlich in den antediluvianischen[19] Stierhörnern und Eberzähnen bestehen, die man Tieren zuschreibt, welche der fabelhafte Ahnherr der ersten Grafen von Warwick, Guy, aus der Sachsenzeit, erlebt haben soll. Die Dimensionen seiner ebenfalls hier aufbewahrten Waffen, verraten einen Riesen von größeren Kräften, als sie jetzt die Natur hervorbringt.

Hier nahm ich endlich zögernden Abschied von Warwick Castle, und legte die Erinnerung wie einen Traum erhabener Vergangenheit an mein Herz, und mir war in dem dämmernden Mondenlicht wie einem Kinde, dem ein phantastisches Riesenhaupt aus ferner Zeit über den Wipfeln des Waldes freundlich zugenickt.

Mit solchen Phantasien, gute Julie, will ich einschlummern, und dem Morgen wieder entgegentreten, der mir auch romantisches beut[20] – die Ruinen von Kenilworth!

Birmingham, den 29sten abends

Ich fahre in meiner Erzählung fort. Der Badeort Leamington *(car il faut pourtant, que j'en dise aussi quelque chose)*[21] bestand vor dreißig Jahren noch aus einem kleinen Dorfe, und bildet jetzt schon eine reiche und elegante Stadt[22], mit 10–12 palastartigen Gasthöfen, vier großen Badehäusern mit Kolonnaden und Gärten, mehreren Lesebibliotheken, die mit Spielzimmern, Billard-, Konzert- und Tanzsälen (wovon einer für 600 Personen) verbunden sind, und einer Unzahl von Privathäusern, die bloß zum Gebrauch der Badegäste dienen, und fortwährend wie Pilze aus der Erde wachsen. Dergleichen ist hier alles im kolossalen Maßstabe, obgleich die Wasser, etwas schwefel- und salzhaltig, eigentlich sehr unbedeutend sind. Man benutzt dasselbe Wasser zum Baden und Trinken, und noch jetzt wimmelt es von Badegästen. Die Bäder sind so geräumig wie die englischen Betten, in den Boden eingelassen, oben mit Eisenplatten umlegt, und durchaus mit Porcelaine-Tafeln ausgefüttert. An den Seiten haben sie noch besondere Sitze.

Eine elegante und sehr bequem zu applizierende *douche*[23], nebst einer nützlichen Maschine, um unbehülfliche Kranke auf ihrem Stuhl mit leichter Mühe in ihren Bereich zu bringen, verdiente auch bei uns Nachahmung. R... nahm eine Zeichnung davon. Die Trinkanstalt befand sich in einem Saale von der Größe eines Exerzierhauses, um sich hinlängliche *motion* darin machen zu können, und die Röhren, aus denen das Wasser floß, wie die Hähne zum Drehen, waren, so weit sie sichtbar wurden, aus massivem Silber. Das Wasser selbst schmeckte, wie alle Schwefelwasser, faulig und fatal.

Nicht weit von Leamington, und eine Stunde von Warwick, befindet sich ein höchst lieblicher und reizender Ort, ›Guy's Cliff‹ genannt, dessen kleines Schloß teilweise ebenso alt als Warwick Castle ist. Darunter sieht man in den pittoresken Felsenufern des Avon eine tiefe Höhle, in welche sich, der Sage nach, der gestern so oft erwähnte Guy von Warwick, nach vielen großen Taten im In- und Auslande, heimlich begab, um sein Leben in frommer *contemplation*[24] zu beschließen.

Nach zwei Jahren ununterbrochener Nachforschungen seiner trostlosen Gemahlin, fand diese, einst selbst auf der

Jagd, ihn hier tot in seiner Höhle liegen, und stürzte sich aus Verzweiflung über die Felsen hinab in den Avon, wo sie schnellen Trost im Tode fand. Auf derselben Stelle wurde später zum Andenken dieser tragischen Begebenheit eine geräumige Kapelle in den Felsen gehauen, die noch besteht, und mit der Statue Guys von Heinrich III. geziert ward. Diese letztere aber ist leider von Cromwells Truppen später so mütiliert[25] worden, daß sie nur noch einem unförmlichen Blocke ähnlich sieht. Gegenüber der Kapelle sind 12 Mönchszellen in den Felsen gehauen, die jetzt zu Ställen dienen; mit der innerlich ganz renovierten Kapelle aber ist das Schloß des Besitzers verbunden worden, von dem ein Teil gotisch, und viele hundert Jahre alt, ein zweiter in späterer Zeit im alt-italienischen Geschmack, und ein dritter ganz neu, mit dem gotischen ältesten Teile gleichartig aufgebaut ist. Das Ganze zeigt sich äußerst malerisch, und ebenso geschmackvoll und ansprechend ist das Innere eingerichtet. Besonders fand ich das größere Gesellschaftszimmer mit zwei großen herausspringenden Fenstererkern höchst freundlich. Das eine dieser Fenster steht auf dem 30 Fuß senkrecht hinabsinkenden Felsen, gerade über dem Flusse, der nahe dem Schlosse eine lieblich geformte Insel bildet, hinter welcher sich eine weite Aussicht auf üppige Wiesen, schöne Bäume, und im Hintergrunde ein im Wald halb verstecktes Dorf ausbreitet. Seitwärts sieht man, ohngefähr in einer Entfernung von 1000 Schritten, eine uralte Mühle, welche schon zur Zeit des Einfalls der Normannen existiert haben soll. Ein wenig weiter schließt sich das Bild mit einem bebuschten Hügel, noch im Bereich des Parks, auf dem ein hohes Kreuz die Stelle anzeigt, wo Gaveston[26], der berüchtigte Liebling Eduard II., nachdem er von den rebellischen Großen, namentlich Warwick und Arundel gefangen worden war, ohne Erbarmen hingerichtet wurde. Alle diese Erinnerungen, mit so viel Naturschönheiten vereinigt, machen einen großen Eindruck. Das andere Fenster bot dagegen den vollständigsten Kontrast mit dem ersten dar. Es ging zu ebener Erde auf, und zeigte nichts als einen sehr niedlichen, von hohen Bäumen umschlossenen, französischen Blumengarten, in dem bunte Porcelaine-Stückchen und farbiger Sand mit den Blumen abwechselten, gegenüber eine herrliche mit Efeu übervoll umrankte Allee, in spitzen Bögen ausgeschnitten. Im Zimmer selbst brannte ein behagliches Kaminfeuer, ausgezeichnete Gemälde schmückten die Wände, und viele Sofas von verschiedenen Formen, sowie Tische mit Kuriositäten bedeckt, und in angenehmer Unordnung zerstreute *meubles* ließen alles auf's wohnlichste und anmutigste erscheinen.

Ich kehrte von hier noch einmal nach der Stadt Warwick zurück, um die dortige Kathedrale zu besuchen, und die Kapelle, mit des großen Königsentthroners Beauchamps Grab-Monument, das er sich selbst noch bei Lebzeiten setzen ließ, und auch darunter ruht. Seine Statue von Metall liegt oben auf dem Sarkophage, mit einem Adler und einem Bären zu seinen Füßen. Der Kopf ist sehr ausdrucksvoll und natürlich. Er faltet nicht die Hände, wie es sonst bei den alten Ritterstatuen fast immer der Fall ist, sondern erhebt sich bloß etwas gegen den Himmel, wie einer, der nicht eben beten will, sondern nur den lieben Gott mit schuldiger Höflichkeit willkommen heißen, wozu er zwar den Kopf geneigt hat, aber keineswegs demütig aussieht! Rund an den Seiten des Steinsarges sind die bunt bemalten Wappen aller seiner Herrschaften angebracht, und ein ungeheures Schwert liegt ihm noch drohend zur Seite. Die herrlichen bunten Fenster, und die vielfachen, wohl erhaltenen und reich vergoldeten Zierate geben dem Ganzen ein ungemein feierliches Ansehen.

Unglücklicherweise hat man vor 150 Jahren einer Familie aus der Stadt erlaubt, gerade unter dem größten, dem Eingang gegenüberstehenden, Fenster, ein Monument für, ich weiß nicht welchen, Landjunker aus ihrem Hause, aufzuführen, welches die ganze Wand einnimmt, und der schönen Einheit des Ganzen durch seine abscheulichen modernen Schnörkel einen wahren Schandfleck aufdrückt.

An der Seitenwand steht, oder liegt vielmehr auf seinem Sarge, in Stein gehauen ein anderer Eindringling, aber von besserem Schrot und Korn; denn es ist kein Geringerer als der mächtige Graf von Leicester, noch in mittleren Jahren abgebildet; wie es scheint, ein schöner, vornehm und stolz aussehender Mann, doch ohne die Genialität in seinen Zügen, die des großen Warwicks metallnes Bild so sprechend ausdrückt.

Wenige Posten[27] von Leamington in einer immer einsamer und dürftiger werdenden Gegend liegt Kenilworth.

Mit W. Scotts anziehendem Buche in der Hand[28], betrat ich die so mannigfaltige Gefühle hervorrufende Ruine. Sie nimmt einen Raum von mehr als einer Viertelstunde Umfang ein und zeigt, obgleich in schnellem Verfall, noch viele Spuren großer einstiger Pracht. Der älteste Teil des Schlosses, der 1120 erbaut wurde, steht noch am festesten, während Graf Leicesters neu hinzugefügte Gebäude schon fast der Erde gleich sind. Der weite See, der damals das Schloß umgab, und um welchen sich ein Park von 30 englischen Meilen Umfang ausbreitete, ist unter Cromwell ausgetrocknet worden, in der Hoffnung, versenkte Schätze darin aufzufinden, und auch der Park längst verschwunden, und jetzt in Felder umgewandelt, auf welchen man einzelne Hütten zerstreut erblickt. Ein freistehender und abgelegener Teil der Schloßgebäude, den Schlingpflanzen aller Art fast verbergen, ist zu einer Art Vorwerk umgewandelt, und die ganze Gegend hat ein ärmeres, verlasseneres und melancholischeres Ansehn, als irgend ein Teil des Landes, den wir bisher durchfuhren. Doch ist dieser öde Charakter dem Ganzen nicht unangemes-

Kenilworth

sen, und erhöht vielleicht noch den wehmütigen Eindruck so tief gefallner Größe.

Noch steht der Söller, ›Elisabeth's Bower‹[29] genannt, und die Sage geht bei den Landleuten, daß oft bei mondhellen Nächten eine weiße Gestalt dort gesehen worden sei, stumm und still in die Tiefe hinabschauend. Die *rudera*[30] der Bankethalle mit dem Riesen-Kamin, der weitläufigen Küche und den Weinkellern darunter, sind noch deutlich zu erkennen, ja manches einsame Zimmerchen mag noch in den Türmen wohlerhalten sein, wohin schon längst kein Zugang mehr führt. Die Phantasie ergötzt sich, aus dem noch Bestehenden die Vergangenheit zu erraten, und oft träumte ich, bei dem Umherklettern zwischen den Trümmern, jetzt die Stelle aufgefunden zu haben, wo der schändliche Vernon die treueste und unglückseligste der Gattinnen in ewige Nacht verräterisch hinabstieß! Doch gleich vergessen sind jetzt Verbrechen wie Großtaten, die innerhalb dieser Mauern geschahen; über sie hat längst die Zeit ihren alles bedeckenden Schleier gelegt, und dahin sind die ewig sich wiederholenden Leiden und Freuden, die vermoderte Pracht und das vergängliche Streben.

Der Tag war trübe, schwarze Wolken rollten am Himmel, hinter denen selten ein gelber, fahler Schein hervorbrach, der Wind flüsterte im Efeu, und pfiff hohl durch die leeren Fenster, hie und da zuweilen einen losen Stein von den zerbröckelten Mauern ablösend, und mit Geprassel in den Burgwall herunterschleudernd. Kein menschliches Wesen ließ sich sehen; alles war einsam, schauerlich, ein düstres, aber erhabnes Denkmal der Vernichtung.

Solche Augenblicke sind eigentlich tröstend! Man fühlt lebhafter als sonst, daß es nicht der Mühe wert ist: sich über irdische Dinge zu grämen, da die Sorge wie das Glück nur eine Spanne Zeit dauert. – Auch mich ergriff noch heute der ewige Wechsel des Menschenlebens, und versetzte mich am

Abend, im schreienden Kontrast mit der leblosen Ruine, in das prosaische Gewühl einer nur mit Gewinn beschäftigten Menge, in die dampfende, rauchende, wimmelnde Fabrikstadt Birmingham. Der letzte romantische Anblick für mich waren die Feuer, welche bei der anbrechenden Dunkelheit die Stadt auf allen Seiten aus den langen Essen der Eisenhämmer umleuchteten, dann entsagte ich den Spielen der Phantasie bis auf gelegnere Zeit.

Den 30sten

Birmingham ist eine der ansehnlichsten und zugleich häßlichsten Städte Englands. Sie zählt 120000 Einwohner, wovon gewiß zwei Drittel Fabrikarbeiter sind, auch gewährt sie nur den Anblick eines unermeßlichen Ateliers.

Ich begab mich schon nach dem Frühstück in die Fabrik des Herrn Thomasson, unsers hiesigen Konsuls, der zweiten an Größe und Umfang; denn die ansehnlichste von allen, wo 1000 Arbeiter täglich beschäftigt sind, und wo von der Dampfmaschine zu 80 Pferden Kraft bis zum Livrée-Knopfe und der Stecknadel unzählige Gegenstände verfertigt werden, ist seit dem Besuch der österreichischen Prinzen (deren Gefolge einige wichtige Geheimnisse erlauscht haben soll) für jeden Fremden ohne Ausnahme hermetisch verschlossen worden.

Ich hielt mich hier, obgleich in abscheulichen, schmutzigen und stinkenden Löchern, die zu verschiedenen Ateliers dienten, doch mit vielem Interesse mehrere Stunden auf, und machte selbst einen Knopf, den Dir R... als ein Zeichen meines Fleißes mitbringen soll.

Im untern Stock sind in besserem Lokale alle die Erzeugnisse ausgestellt, welche die Fabrik liefert, von Gold, Silber, Bronze, platierten[31] und Lackwaren (die in ihrer Nachahmung die chinesischen Originale selbst übertreffen) Stahlsa-

Birmingham

chen in jeder Gestalt u.s.w. in einer Menge und Eleganz geordnet, die wirklich Staunen erregt. Unter andern sah man hier eine Kopie der gestern beschriebenen ungeheuren Warwick-Vase, von derselben Größe wie das Original, in Bronze gegossen, welche 4000 L.St. kostete, so wie prachtvolle Tafelservices in Silber und *plate,* welches letztere jetzt auf eine Art gearbeitet wird, daß man es von keiner Seite mehr vom Silber unterscheiden kann, daher auch selbst die Großen gar häufig *plate* mit Silber vermischen[32], wie die Pariser Damen falsche Steine und Perlen mit echten.

Eine Menge neue und angenehme Erfindungen des Luxus lernte ich im kleinen und großen hier kennen, und widerstand auch nicht ganz der Kauflust, die hier so viel Nahrung findet, doch beschränkte ich mich bloß auf Kleinigkeiten, die in einer wohlverpackten Kiste nächstens bei Dir ankommen werden.

Die Eisenwerke mit ihren riesenhaften Dampfmaschinen, die Nadelfabriken, die Stahlfabrikation, wo man von der kleinsten Schere bis zum größten Kamin und ganzen, hell wie Spiegel polierten, Treppen, alle dazwischenliegende Nuancen aufgehäuft findet – alles das zu sehen füllt einen Tag recht angenehm aus, doch erlaß mir die nähere Beschreibung, *ce n'est pas mon metier.*[33]

Den 31sten

Da heute am Sonntage die Fabriken Ruhe haben, machte ich eine Exkursion nach Aston Hall, dem Landsitze des Herrn Watt, wo zwar für die Gärtnerei sich wenig Ausbeute zeigte, in dem alten Schlosse sich aber viele kuriöse Portraits befinden. Leider konnte mir ein unwissender Portier nur über wenige Auskunft geben.

Äußerst schön war ein Bild in Lebensgröße von Gustav Adolph. Die Freundlichkeit, Würde und Klugheit, die klaren, biedern, und doch mehr als das noch sagenden Augen, und die sanfte, aber nicht weniger feste Sicherheit in seiner ganzen Erscheinung waren höchst anziehend. Daneben stand eine treffliche Büste Cromwells, die ich noch für ähnlicher halten möchte, als das Gemälde in Warwick, weil sie dem historischen Charakter angemessener ist. Grobe, und wenn man will, gemeine Züge, aber eine Felsennatur im ganzen Antlitz, hier deutlich verschwistert mit jener finstern Schwärmerei und dämonischen List, die den Mann so treu charakterisieren.

Zwei Kanonenkugeln, die Cromwell in das Schloß, welches damals Feste war, werfen ließ, und die das Treppengeländer an zwei Stellen zerschmetterten, werden sorgfältig auf dem Fleck gelassen, wo sie hinfielen, und das Geländer wird nicht repariert, obgleich es seitdem, alberner Weise, samt dem zerstörten Teile mit weißer Ölfarbe neu angestrichen worden ist.

Um den morgenden Tag nicht auch zu verlieren, da außer den Fabriken hier nichts zu sehen ist, denke ich heute abend noch, und die Nacht durch, nach Chester zu fahren. Dort wollen wir morgen Eaton, den berühmten Park des Lord Grosvenor sehen, von dem ich Dir schrieb, daß Batthyány mir eine so prächtige Beschreibung gemacht hätte, und der nach allem was ich höre gewiß erreicht, was Geld erlangen kann. Übermorgen komme ich dann wieder hierher, besehe die übrigen Fabriken und gehe dann über Oxford zurück, in dessen Nähe zwei der größten Parks in England, Blenheim und Stowe, nebst mehreren andern noch mit besucht werden sollen.

Chester, den 1sten Januar 1827

Wieder ein Jahr dahin! Keines der schlechtesten für mich, außer der Trennung von Dir. Ich hatte die Leselampe im Wagen angezündet, und durchlief behaglich den neuesten

Eaton Hall

Roman der Lady Morgan, während wir im Galopp in der Ebene dahinrollten. Sowie der Zeiger seiner Uhr auf 12 stand, gratulierte mir R... für mich und Dich zum neuen Jahr. Zwölf Stunden später erreichten wir Chester, eine altertümliche barocke Stadt.

Obgleich wir die 19 deutsche Meilen von Birmingham hierher in 13 Stunden zurücklegten, so finde ich doch, daß in England wie in Frankreich, je mehr man sich von der Hauptstadt entfernt, eine allmählige Abnahme in vielem Guten stattfindet, die Gasthöfe weniger vorzüglich, die Postpferde schlechter, die Postillons schmutziger, die Kleidung der Leute überhaupt unansehnlicher, und das vielfach sich drängende Leben einsamer wird. Dabei nimmt die Teuerung im umgekehrten Verhältnisse zu, und man ist einzelnen Prellereien unterworfen, die in größerer Nähe Londons wegen der starken Konkurrenz fast nie vorfallen.

Das Wetter war uns im neuen Jahr noch ungünstiger als im vorigen. Es regnete den ganzen Tag. Wir eilten, sobald ich ein wenig Toilette gemacht hatte, die Wunderdinge von Eaton Hall zu sehen, von denen ich jedoch keine zu große Erwartung hegte. Ich fand auch selbst meine mäßigen Hoffnungen kaum erfüllt, denn der Park und die Gärten waren, meinem Geschmack nach, von allen bisher beschriebenen dieser Kategorie am unbedeutendsten, obgleich von sehr großem Umfang, und das Haus erweckte ganz dieselben Empfindungen wie Ashridge in mir, nur mit dem Unterschiede, daß es noch überladner, und auch innerlich weit weniger schön, obwohl ungleich teurer meubliert war. Man fand alle mögliche Pracht und Ostentation[34], die ein Mann nur anwenden kann, der jährlich eine Million unsres Geldes Revenuen, aber Geschmack vielleicht nicht in demselben Verhältnis besitzt. Ich bemerke in diesem Chaos von neugotischem Geschnörkel, schlecht gemalten, modernen Glasfenstern, und unförmlichen Tischen und Stühlen, welche höchst unpassend architektonische Verzierungen nachahmten, auch nicht eine Sache, die mir des Auszeichnens wert geschienen hätte, und es ist mir völlig unbegreiflich, wie Herr Lenné[35], dessen Verdienste um die Verschönerung seines Vaterlandes man alle Gerechtigkeit widerfahren lassen muß, in den Annalen des Berliner Gartenvereins, diesem Park vor allen, die er gesehen, den Vorzug geben kann, worüber sich die englischen Kritiker auch etwas lustig gemacht haben. Herr Lenné ahmte vor dem neuen Palais in Potsdam den hiesigen Blumengarten nach. Ich hätte mir, ich gestehe es, an seiner Stelle ein andres Muster gewählt, doch paßt dieser Stil allerdings vor dem dortigen Palais weit besser, als vor einer gotischen Burg. Kunstschätze sind mir hier gar nicht vorgekommen, bis auf einige mittelmäßige Gemälde von West[36]; alle Pracht liegt in den Stoffen und dem aufgewandten Gelde, wie der kolossalen Größe der Staatszimmer und der Bibliothek, die als Reitbahn dienen könnte. Das große Portrait des Besitzers und seiner Gemahlin im Speisesaal gewährt auch wenig Interesse, außer für Bekannte. Eine Menge affröse[37] gotische Tempelchen verunstalten den *pleasure-ground*, der überdies, so wie der Park, keine schönen Bäume hat, indem der Boden ungünstig ist, und die Anlage überall nicht alt zu sein scheint. Die Gegend ist indes recht leidlich, obwohl nicht sehr pittoresk, und zu flach.

Da uns noch Zeit übrig blieb, besahen wir das königliche Schloß in Chester, welches jetzt in ein vortreffliches Grafschafts-Gefängnis umgewandelt ist, dessen Einrichtung mir ebenso menschlich als musterhaft in jeder Hinsicht erschien. Der Anblick von der Terrasse des *corps de logis*[38], in dem die Gerichtssäle sind, auf die Gefangenen in ihren Höfen tief darunter, ist höchst überraschend.

Denke Dir eine hohe Felsenterrasse, auf der ein Schloß mit zwei Flügeln steht. Das *corps de logis* ist, wie gesagt, für die

Gerichts-Lokale bestimmt, die sehr geräumig sind, und die Flügel für die Gefangenen, welche wegen Schulden sitzen. Der Hof bildet ein Gärtchen, wo diese Schuldner spazieren gehen können. In der Tiefe unter dem Hofe ist eine Art Zwinger in Sternform, durch hohe Mauern in viele Abteilungen separiert, hinter denen ein halbmondförmiges Gebäude hinläuft, welches die Friedensstörer, Diebe und Mörder beherberget. Im letzten Teile desselben rechts sind die Weiber eingesperrt. Jeder der einzelnen Strahlen des Zwingers ist als ein Blumengarten benutzt, mit Gängen durchschnitten, und zum Gebrauch der Gefangenen bestimmt, die, so lange sie noch nicht verurteilt sind, in grauer Kleidung, nach der Verurteilung aber in halb grüner, halb roter erscheinen. In jeder Abteilung des hintern Gebäudes ist unten ein Gesellschaftszimmer, wo an Wochentagen gearbeitet und dazu Feuer gemacht wird. Die Zellen sind reinlich und luftig, die Nahrung verschieden, nach dem Grade des Verbrechens, bei der letzten Klasse nur Brot, Kartoffeln und Salz. Heute, als am Neujahrstag, hatten dagegen alle *roastbeef, plum-pudding* und Ale bekommen, waren größtenteils, besonders die Weiber, sehr animiert, und machten einen furchtbaren Lärm mit ›Hurraschreien‹ auf das Wohl des Stadtmagistrats, der ihnen diese Fete gegeben.

Die Aussicht von der obern Terrasse, über die Gartenzwinger, die Gefängnisse und eine herrliche Gegend, wo man den Fluß in der Tiefe gleich hinter den Gefangenenzellen strömen, seitwärts die Dächer und Spitzen der Stadt in malerischem Wirrwarr, und in der Entfernung die Berge von Wales erblickt, ist herrlich, und *à tout prendre*[39] wohnen bei uns selten die Oberlandesgerichtsräte so gut als hier die Spitzbuben.

Ich danke dem Himmel, daß wir morgen die Rückreise antreten, da ich Merkwürdigkeiten und Parks gänzlich überdrüssig bin. Ich fürchte sehr, daß es Dir mit meinen monotonen Briefen ebenso gehen wird, indessen wer ›A‹ gesagt hat, muß auch ›B‹ sagen, und so mache Dich noch auf ein Dutzend Parks mehr gefaßt, ehe wir das neblige London wieder erreichen.

Indessen sende ich noch heute die vorliegende Epistel nach der Hauptstadt, um Dir wenigstens einen wohltätigen *intervalle* zu gönnen, und bitte dann Gott, Dich in seinen guten und treuen Schutz zu nehmen.

Dein ewig ergebener L...

Zehnter Brief

Hawkstone Park, den 2ten Januar 1827

Geliebte Freundin!

Obgleich ich gestern mich sehr parkblasiert fühlte, und nicht glaubte, noch irgendein lebhaftes Interesse für dergleichen fassen zu können, so bin ich doch heute wieder umgewandelt worden, und muß Hawkstone sogar vor dem bisher Gesehenen den Vorzug geben, welchen ihm, nicht Kunst, noch Pracht und aristokratischer Glanz, sondern die Natur allein verleiht, die hier Außerordentliches getan hat, ja in einem Grade, daß ich, selbst mit der Macht begabt der Schönheit dieser Gegend noch etwas hinzuzusetzen (Gebäude ausgenommen), nicht aufzufinden wüßte, was.

Es scheinen hier durchaus alle Elemente für die günstige Lage vereinigt, wie Du aus einer einfachen Beschreibung selbst entnehmen wirst.

Wirf also Deine Geistesaugen auf einen Erdfleck von solchem Umfang, daß Du von dem höchsten Punkt darin, rund umher den Blick über 15 verschiedene Grafschaften schweifen lassen kannst. Drei Seiten dieses weiten Panoramas heben und senken sich in steter Abwechselung mannigfacher Hügel und niedriger Bergrücken, gleich den Wogen der bewegten See, und werden am Horizont von den höchst seltsam geformten, zackigen Felsen und hohen Gebürgen von Wales umgeben, die sich auf ihren beiden Enden sanft nach der vierten Seite der Aussicht, einer fruchtbaren, von Tausenden hoher Bäume beschatteten Ebene abdachen, welche in dämmernder Ferne, da, wo sie mit dem Himmelsgewölke zusammenfließt, von einem weißen Nebelstreife, dem Meere, begrenzt wird.

Das Waliser Gebürge ist zum Teil mit Schnee bedeckt, und

alles fruchtbare Land dazwischen so eng mit Hecken und Bäumen durchwirkt, daß es in der Ferne mehr den Anblick eines lichten Waldes gewährt, den nur hie und da Gewässer, mit unzähligen größeren und kleineren Wiesen und Feldern durchschneiden. Grade in der Mitte dieser Szene siehst Du nun auf einer Berggruppe, über die nahen Wipfel alter Buchen- und Eichwälder hinschauend, die oft mit den üppigsten Wiesenabhängen abwechseln, und deren Inneres 5-600 Fuß hohe Felsenwände mit hellgrün glänzenden, zutage gehenden Kupferadern, nach mehreren Richtungen durchkreuzen, und vielfache tiefe Gründe und freundliche Täler bilden. An einer der finstersten Stellen dieser Wildnis erheben sich die uralten Ruinen der ›Roten Burg‹, ein prachtvolles Andenken aus den Zeiten Wilhelm des Eroberers. Nun denke Dir noch, daß diese ganze romantische Berggruppe, die sich, ganz für sich allein bestehend, aus der Ebene erhebt, fast in regelmäßigem Kreise von den silberhellen Wellen des Hawk-Flusses umströmt wird, und dieser so natürlich eingeschlossene Raum eben der Park von Hawkstone ist, ein auch in der Umgegend so anerkannt reizender Ort, daß die jungen Ehepaare aus den nahen Städten Liverpool und Shrewsbury seit lange die Gewohnheit haben, wenn ihre Trauung in die schöne Jahreszeit fällt, die ersten Wochen des neuen süßen Glücks in Hawkstone zuzubringen. Vielleicht ist dies die Ursache, daß dieser Park, ganz wider die englische Sitte, mehr dem Publikum als seinem Besitzer gewidmet ist, der gar nicht hier wohnt, ja dessen Haus verfallen und unansehnlich in einem Winkel des Parks, gleich einem *hors d'œuvre*[1], verborgen liegt. Dagegen ist ein schöner Gasthof darin erbaut, der besagte Ehepaare, sowie Liebende aller Art, nebst andern Naturfreunden, mit den ausgesuchtesten Betten und solider Stärkung durch Speise und Trank versorgt. Hier schlugen auch wir unser Lager auf, und begannen, nach einem guten Frühstück *à la fourchette*[2], den langen

Weg zu Fuß – denn wegen des schwierigen Terrains kann der Park nicht befahren werden. Die kletternde Promenade, die im Winter sogar nicht ganz ohne Gefahr ist, dauerte vier Stunden.

Über einen weiten Wiesenplan, von Eichen beschattet und von weidenden Herden bedeckt, wanderten wir auf sehr nassem Boden (denn es hatte leider die ganze Nacht geregnet und geschneit) den Kupferfelsen zu. Diese erheben sich über einen hohen Abhang alter Buchen, wie eine darüberhängende Mauer, und sind oben wieder mit schwarzem Nadelholz gekrönt, was einen herrlichen Anblick gewährt. In dieser natürlichen Mauer befindet sich die erste Hauptpartie des Parks, ›die Grotte‹ genannt, zu welcher man durch einen dunkeln in den Felsen gehauenen, bedeckten Weg von mehr als hundert Fuß Länge gelangt, nachdem man vorher eine geraume Zeit im Walde mühsam im Zickzack bergan gestiegen. Die Grotte besteht aus mehreren Höhlen, mit allerlei Steinen und Metallerzen inkrustiert, in welchen einige angebrachte Öffnungen, die mit bunten, brillantartig geschliffenen, kleinen Glasscheiben ausgesetzt sind, in der Dunkelheit täuschend aladinschen Edelsteinen gleichen. Eine alte Frau, welche wenigstens 50 Jahre zählte, war unsre Führerin, und erregte vielfach unsre Verwunderung durch ihre Ausdauer im Marschieren, und der Gewandtheit, mit der sie die Felsen in Pantoffeln auf und ab kletterte, denn die unregelmäßigen, abschüssigen, und spiegelglatten Felsenstufen waren zuweilen recht schwierig zu passieren, so daß der gute R..., der obenein eiserne Absätze an seinen Stiefeln hatte, oft nur mit der größten Anstrengung und bittern Klagen über die ungemeine Beschwerlichkeit, Felsen auf glatten Eisen hinabzuklettern, den sichern Boden wieder erreichte.

Bei einem aus Stämmen und Ästen erbauten Pavillon, der mit Heidekraut gedeckt, und mit Moos austapeziert war, und eine pittoreske Aussicht auf einen barock gestalteten Berg darbot, (›Der Tempel der Geduld‹ genannt) wandte sich nun der Weg noch mehr in das Innere des Waldes, und führte uns zu der sogenannten Schweizerbrücke, welche zwei Felsen kühn miteinander verbindet. Da das Geländer zum Teil heruntergefallen, und die Passage etwas schwindliger Art war, so würde hier für meine gute Julie (im Fall sie wirklich bis hierher hätte gelangen können) alles weitere Vordringen ein Ende gehabt haben. Wie gut ist es also in solchen Fällen, einen so unermüdlichen Führer im Reiche der Einbildungskraft zu besitzen, wie Du an mir hast, der Dich sofort mit leichter Mühe über die Teufelsbrücke hinüberschwingt, und Dir nun einen turmartigen Felsen zeigt, der aus den glatten Buchen schwarz hervortritt, dicht mit Dornen und Efeu bewachsen ist, das in hundert Guirlanden herabhängt, und lange Zeit einen Fuchs beherbergte, der hier sicher vor den verfolgenden Hunden, jahrelang seine Burg Malepartus[3] aufgeschlagen hatte. Dies ist ein beglaubigtes Faktum, und hat dem Felsen den Namen Reinardshaus verliehen, den er noch trägt. Die Führerin behauptete sogar, es habe sich jetzt wieder ein neuer Bewohner dort angesiedelt, doch konnten wir nichts von ihm erblicken. Bergauf, bergab ging es fort, und schon ziemlich müde erreichten wir endlich die Terrasse, ein etwas offner Platz mit schönen, einzeln durch den Wald gehauenen Prospekten.

Nicht weit davon, hinter sehr hohen Bäumen, steht eine Säule von 120 Fuß Höhe, dem Stifter der Familie des Besitzers gewidmet, einem Londoner Kaufmann und Lord Mayor von London zur Zeit Heinrich des III., dessen Statue die Säule krönt. Eine bequeme Wendeltreppe führt im Innern des turmartigen Gebäudes bis auf die Spitze, von wo man eben das früher beschriebene Panorama der 15 Grafschaften staunend überblickt. Durch immer wildere Felsenschluchten gelangt man von hier, in tiefster Einsamkeit, zu einer lieblichen *cottage*, am Ende eines freundlichen Wiesentals gelegen, wo früher mehrere seltne Tiere und Vögel gehalten wurden, die jedoch jetzt nur noch ausgestopft ein Zimmer der Hütte bewohnen. Als die dort als Aufseherin angestellte junge Person sie uns zeigte, bediente sie sich der lächerlichen Phrase: ›Alle diese Tiere, die Sie hier sehen, pflegten sonst zu leben‹ *(used to live before)*. Das Gewächshaus, von Felsenstücken und Baumästen aufgebaut, sowie den gotischen Turm, eine Art Lusthaus, übergehe ich, und geleite Dich wieder einen langen, langen Weg erst durch Wald, dann über Wiesenhügel und durch eine schmale Schlucht, hierauf wieder mühsam einen Berg hinan, zu der prachtvollen Ruine, dem schauerlich gelegenen Roten Schloß. Weithin erstrecken sich die verwitterten Mauern und in den Felsen gehauenen Wälle dieser Burg, zu deren Innern man nur durch einen zwei Fuß breiten, in Stein gesprengten, gewundenen Gang gelangt, dessen Dunkelheit so groß ist, daß ich mich genötigt sah, den Unterrock meiner Führerin als Faden der Ariadne zu ergreifen[4], weil ich wörtlich die Hand nicht vor den Augen sehen konnte. Aus diesem Schacht kommt man in eine malerische Felsengasse mit glatten hohen Wänden, über die sich Ebereschen und andere beerentragende Bäume hinwölben. Seitwärts erblickt man eine Höhle, deren weite Öffnung noch mit einem verrosteten eisernen Gitter verschlossen ist. Auf einer beschwerlichen Felsentreppe erreicht man endlich den obersten Teil der Ruine, einen hohen dachlosen Turm, in dessen 15 Fuß dicken Mauern mancher hundertjährige Baum Wurzel geschlagen hat, und in dessen Innern sich ein unabsehbarer Brunnen befindet, der bis in die Eingeweide der Erde zu gehen scheint. Wenn man über die feste und wohlverwahrte Barriere, die ihn umgibt, hinunter blickt, erregt der Kontrast der Turmhöhe über Dir, in welche der Himmel hineinschaut, und der bodenlosen Tiefe unter Dir, wo ewige Nacht herrscht, einen ganz eignen Eindruck. Man wähnt hier Verzweiflung und Hoffnung in einem Bilde allegorisch vereinigt zu sehen. Der Turm und die Felsen, auf denen er ruht, sinken in gleicher senkrechter Linie bis in eine schwindelnde Tiefe hinab nach dem Tale, dessen Riesenbäume von hier nur wie junges Dickicht erscheinen. Mit einem etwas starken Sprunge der Einbildungskraft gelangten wir nach einer Viertelstunde von hier zu der Hütte eines Neu-Seeländers, an einem kleinen See gelegen, nach einer Zeichnung Cooks vor vielen Jahren aufgebaut (denn diese Anlagen sind sehr alt), und mit Pfeilen, Tomahawks, Schädeln gefressener Feinde, und andern dieser niedlichen Kleinigkeiten versehen, die den unschuldigen Luxus jener Naturkinder ausmachen.

Hiermit beschlossen wir unsre Promenade, und ließen noch ungesehen (als dieses herrlichen Ganzen unwürdige Flecken) eine Höhle, wo ein Automat den Einsiedler spielt und ein Gedicht hersagt, eine alberne Darstellung des Neptun von Sandstein, verbunden mit einem chinesischen Tempel von Holz, und eine moderne Zitadelle ebenfalls von Holz, wo bei Feierlichkeiten und auf Bestellung mehrere Kanonen gelöst werden können. Diese Anlagen der Afterkunst[5], sowie leider auch die Wege, sind alle etwas verfallen, seit der Besitzer nicht mehr hier lebt. Dies sind aber, so wie die obenerwähnte Überladung und Spielereien, nur kleine Mängel eines erhabenen, und in aller Abwechselung natürlicher Schönheit, wunderbar glänzenden Ganzen.

Newport den 3ten

Es ist völlig und ernsthaft Winter geworden, die Erde mit Eis und 6 Zoll Schnee bedeckt, und die Kälte in den, jetzt selten durch ein unzureichendes Kaminfeuer erwärmten Zimmern, fast unerträglich! Da ich den heutigen Tag meistens im Wagen zugebracht habe, ist nichts weiter davon zu berichten.

Drahtgestelle für Rankpflanzen

Birmingham, den 4ten

Wir sahen auch heute nichts Merkwürdiges auf unserm Wege, als einen Park, durch den wir nur hindurchfuhren, und der größtenteils neu angelegt schien. Ein kleiner, aber hübscher Garten, bot sehr niedliche Modelle für Blumengerüste dar, wie auch zierliche Körbe, alles sehr fein in Eisendraht ausgeführt, und mit rankenden Gewächsen bezogen. R... mußte sie mit steifen Fingern kopieren.[6]

Der Gasthof, wo wir unser *luncheon*[7] einnahmen, war, wie die darauf eingehauene Jahrszahl lehrte, 1603 gebaut, also über 200 Jahre alt, und das hübscheste Spezimen[8] von *cottage* im alten Geschmack, mit Fachwerk in verschiedenen *dessins,* das mir auf dieser Tour vorgekommen ist. Gegen Abend erreichten wir bei immer empfindlicher werdenden Kälte Birmingham, wo ich mich jetzt gemächlich ausruhen will.

Den 5ten

Der ganze Tag wurde abermals, wie bei meinem früheren Aufenthalt hieselbst, den Fabriken gewidmet, und Ausstellungen von Waren besehen. Die armen Arbeiter sind doch mitunter übel daran! Sie verdienen zwar hinlänglich, aber mehrere ihrer Beschäftigungen sind auch, bei der geringsten Nachlässigkeit, bei dem kleinsten Versehen, oft furchtbar gefährlich. So sah ich heute einen, dessen Geschäft es ist, bei dem Stampfen der Livree-Knöpfe den Würfel zu halten, und dem bei dieser Gelegenheit schon zweimal der Daumen zerschmettert wurde, welcher jetzt nur noch einen kleinen unförmlichen Fleischklumpen bildete. Wehe denen, die den Dampf- und andern Maschinen mit ihren Röcken zu nahe kommen. Schon mehrere faßte diese unerbittliche Macht, und zerquetschte sie, wie die grausame Boa ihre hilflose Beute. Dabei sind viele Arbeiten so ungesund wie in den Bleiwerken Sibiriens, und bei manchen ist ein Geruch auszustehen, den der ungewohnte Besucher kaum minutenlang ertragen kann.

Es hat alles seine Schattenseite, auch diese hochgesteigerte Industrie, doch ist sie deshalb nicht zu verwerfen. Hat doch selbst die Tugend ihre Nachteile, wo sie im geringsten das Maß überschreitet, und dagegen das Schlimmste, ja das Laster nicht ausgenommen, seine lichteren Stellen.

Merkwürdig ist es, daß bei diesem raffinierten Fortschreiten in jeder Erfindung, die Engländer, gleich dem eignen Geständnis des Herrn Thomasson, noch immer nicht imstande sind, es den Berliner feinen Eisengußwaren gleichzutun. Was ich von dieser Art hier sah, stand jenen ungemein nach. Oft scheint es mir überhaupt, als wäre, ohngeachtet die Engländer uns noch so weit voraus sind, dennoch der Zeitpunkt schon eingetreten, wo sie zu sinken und wir zu steigen anfangen. Da sie von so hoch sinken, und wir von so tief steigen müssen, so kann es dem ohngeachtet noch lange dauern, ehe wir uns auf demselben Punkte begegnen, aber, wie gesagt, uns entgegen zu gehen, haben wir, glaube ich, angefangen. Deutschland Glück auf!! erlangen deine Bewohner nur Freiheit, so wird ihnen jedes Streben gelingen.

Stratford, den 6ten

Die heutige Tagereise war nicht groß, aber inhaltsschwer, denn der Ort, dessen Namen neben dem Datum meines Briefes steht – ist ja der Geburtsort Shakespeares! Es ist ein tief ergreifendes Gefühl, die unbedeutenden Gegenstände zu sehen, die vor Jahrhunderten mit einem so großen und geliebten Manne in unmittelbarer und häuslicher Berührung standen, und gleich darauf den Ort, wo längst seine Gebeine vermodern – und so in wenig Augenblicken von seiner Wiege den langen Weg bis zu dem seines Grabes zurückzulegen. –

Stratford am Avon

Das Haus, in dem er geboren ist, sowie die Stube selbst, in der dies große Ereignis vor sich ging, stehen noch fast unverändert da. Die Stube gleicht vollkommen einer geringen Bürgerstube, wie sie in unsern kleinen Städten zu sein pflegen, ganz der Zeit angemessen, wo England auf derselben Stufe der Kultur stand, die bei uns der gemeine Mann noch jetzt einnimmt. Millionen Namen, von Königen und Bettlern hingeschrieben, bedecken die Wände des kleinen Zimmers, und obgleich ich dieses Anhängen an fremde Größe, wie Ungeziefer an Marmorpalästen klebt, nicht besonders liebe, so konnte ich doch hier dem Drange nicht widerstehen, auch meinen Namen mit einer tiefen Empfindung von Dankbarkeit und Ehrfurcht den übrigen beizugesellen.

Die Kirche am Avon (derselbe Fluß, der Warwicks ehrwürdige Schloßmauern bespült) wo Shakespeare begraben liegt, ist ein schöner Überrest des Altertums, mit vielen merkwürdigen Monumenten geziert, unter denen natürlich das des unsterblichen Dichters obenan steht. Es war früher, so wie seine Büste, in bunten Farben gemalt und vergoldet, ist aber durch die Stupidität eines gewissen Malone vor nahe 100 Jahren überweißt worden, wodurch es viel von seiner Eigentümlichkeit verloren haben muß. Die Büste ist übrigens nichts weniger als von künstlerischem Wert, und auch ohne Ausdruck, wahrscheinlich also auch ohne Ähnlichkeit. Es gelang mir nur mit vieler Mühe und Geld, ein kleines Bild des Denkmals in den alten Farben, welches das letzte noch vorrätige Exemplar war, von der Küsterin zu erlangen, was ich diesem Briefe beilege.

Außerdem kaufte ich im Buchladen mehrere Ansichten des Orts, und der erwähnten Gegenstände. Auf dem Rathause ist ein großes Bild Shakespeares, in neuerer Zeit gemalt, und ein noch besseres von Garrick, das einige Ähnlichkeit, auch in der Art der *tournure*[9], mit Iffland hat.

Oxford den 7ten

Nachdem wir zwei Tage lang die Parkomanie ruhen gelassen hatten, brachten wir heute das Verlorne wieder ein, indem wir nicht weniger als vier große Parks besuchten, wovon der letzte, das berühmte Blenheim war. Doch in der Ordnung – *exécutez-vous.*[10]

Zuerst kamen wir durch Eatrop Park, deshalb merkwürdig, weil er noch aus der Zeit ist, wo man eben anfing, die französische Manier zu verlassen, dies aber, in solcher Übergangs-Periode, noch so wenig imstande war, daß man nur statt Alleen von einzelnen Bäumen, nun Alleen von clumps[11] aus verschiedenen, immer aber regelmäßig abwechselnden Figuren pflanzte, oder in Schlangen-Linien Haine anlegte, und lotrechte Bergabhänge aus unregelmäßigen Terrassen bildete. Das Ganze schien in großem Verfall.[12]

Ein schönerer Besitz ist Ditchley Park. Leider spielte uns aber das englische Klima heute einen boshaften Streich. Nachdem am Morgen (ich glaube erst zum zweitenmal seit wir London verlassen) die Sonne geschienen hatte, und wir schon über unser Glück triumphierten, fiel plötzlich ein solcher Nebel, daß wir den ganzen übrigen Tag nie weiter als kaum 100 Schritte vor uns, manchmal aber kaum zehn weit sehen konnten. Im Schloß fanden wir eine bedeutende Menge Gemälde, besonders schöne Portraits, von denen uns aber kein Mensch sagen konnte, wen sie vorstellten. Etwas Neues in Hinsicht auf unsere Kunst lernten wir nicht, doch sahen wir etwas anderes Neues. Am Jägerhause nämlich waren, in Ermanglung wirklichen Raubzeuges, einstweilen sechs Dutzend Ratzen[13] sehr zierlich, mit ausgebreiteten Schwänzen und Beinen, angenagelt.

Der dritte Park in der Reihe war Blandford Park, dem Lord Churchill gehörig und sehr unbedeutend; im Hause aber fanden wir einige herrliche Kunstwerke. Zwei Gemälde beson-

Shakespeareschule und die alte Guildhall in Stratford

ders beneidete ich dem Besitzer. Das erste stellt ein nacktes, liegendes, reizendes Weib vor, die durch die Finger ihrer Hand schalkhaft lächelt; gewiß fälschlich auf Michel Angelos Namen getauft. Es ist allerdings von kühner Zeichnung, aber außerdem auch von einer Wahrheit und Elastizität des Fleisches, einer titianischen Färbung und einer Lieblichkeit des Ausdrucks, die keinen Michel Angelo verraten, wenn es auch vielleicht ungegründet ist, daß, wie manche wollen, gar keine Öl-Gemälde von diesem Meister existieren.

Noch mehr zog mich das zweite, ›Judith‹, angeblich von Cigoli, an, einem Maler, von dem ich mich früher nicht erinnere, ein Bild gesehen zu haben. Gewöhnlich ist dieser Gegenstand, die triumphierende Jungfrau mit dem abgehauenen verzerrten Kopf in der Hand, mir eher widerlich als angenehm gewesen – hier aber: welcher poetisch aufgefaßte Ausdruck in Judiths gleich erhabnen und reizenden Antlitz.[14] Eine Welt von Empfindungen liegt in diesen inhaltsschweren Zügen. Es ist nicht das Gesicht einer Jungfrau mehr, sondern schon das einer jugendlichen Frau. In den feuchten, schwimmenden Augen sind zu deutliche Spuren der Vergangenheit zu lesen, und um den üppig schwellenden, noch wie entzückten Mund, verrät ein leises Beben, daß sie, wenngleich wider ihren Willen, doch die Lust kennengelernt! – Stärker aber war im Geiste ihre Liebe zu Gott und Vaterland, und darum blieb fest ihr früherer Entschluß. Das Opfer mußte dennoch fallen, aber kein Triumph hebt ihre Brust – sinnend, über Gedanken brütend, die ihr selbst nicht ganz klar sein mögen, schreitet sie dahin, die zarte Hand krampfhaft in die Locken des furchtbaren, aber männlich schönen Hauptes gedrückt, das sie jetzt, wie bewußtlos, mit sich fortträgt.

Ich merke mir alle diese schönen Gemälde wohl, um sie einmal kopieren lassen zu können, wenn ich Muße dazu habe, denn gute Kopien so herrlicher Bilder ziehe ich weit den mittelmäßigen, oder mich nicht ansprechenden Originalen vor, selbst wenn die letzteren von den berühmtesten Meistern herstammen, denn nur das Dichterische, nicht das Technische eines Kunstwerks kann mich reizen. Eine kostbare Sammlung Handzeichnungen von Raphael, Claude Lorrain und Rubens, und mehrere interessante Portraits übergehe ich, um nicht zu weitschweifig zu werden.

Der abscheuliche Nebel wurde immer dicker, und so sahen wir Blenheim nur wie in der Dämmerung. In Hinsicht auf Glanz und Größe ist es ohne Zweifel außerordentlich zu nennen, und sehr gefiel mir was ich davon sehen, oder vielmehr ahnen konnte, denn es war alles wie in einen Zauberschleier gehüllt, hinter welchem die Sonne ohne Strahlen, wie der Mond erschien. Das Schloß ist sehr groß, und regelmäßig, leider im alt-französischen Geschmack erbaut, an Pracht einem königlichen gleich. Der Park hat 5 deutsche Meilen im Umfang, und das künstlich ausgegrabne Wasser, das herrlichste Werk seinesgleichen, nimmt allein einen Flächenraum von 800 Morgen ein. Ebensogroß ist der *pleasure-ground*, zu dessen fortwährendem Mähen täglich 40 Leute erforderlich sind. Das Wasser bildet dem Schlosse gegenüber eine künstliche Kaskade, die von großen, gesprengten und weit hergeschafften Felsenstücken so täuschend der Natur nachgeahmt ist, daß man, ohne es zu wissen, schwerlich Kunst dabei voraussetzen würde.

Man muß Browns großartiges Genie bewundern, wenn man diese Anlagen durchwandert. Es ist der Garten-Shakespeare Englands.[15] Dabei sind seine Pflanzungen so wunderbar groß geworden, daß wir, unter andern, einen einzigen Strauch portugiesischen Lorbeers auf dem Rasen fanden, der mit seiner dichten Masse 200 Fuß im Umfang erreichte!

Der jetzige Besitzer ist mit einer Revenue von 70000 L. St., so verschuldet, daß sein Vermögen für die Gläubiger admini-

Blenheim

striert wird, und ihm nur 5000 L. St. jährlich übrig bleiben, solange er noch leben kann. Es ist jammerschade, daß er dieses wenige noch dazu anwendet, die imposanten Gärten Browns einzureißen, und nach einem elenden neueren Geschmack zu modernisieren, der mit unzähligen kleinen Klümpchens, Beeten und Pflanzen, die reichen Gewänder, die Brown der Natur umgetan, in Harlekins-Jacken umwandelt. Ein großer Teil des alten *pleasure-grounds* ist bereits auf diese Art zerstört, wie uns der alte Gärtner fast mit Tränen in den Augen zeigte. Mehrere der Riesenbäume lagen noch gefällt umher, und ein schwarzer Fleck auf dem Rasen zeigte einen Lorbeerstrauch an, fast von derselben Größe als der beschriebene, der noch vor kurzem hier in aller Fülle seiner Pracht gestanden hatte. Ich dachte mit Kummer, wie vergeblich es ist, etwas Dauerndes gründen zu wollen, und sah in Gedanken schon denjenigen meiner Nachkommen, der einst meine Anlagen ebenfalls zerstören wird, die wir doch beide mit so viel Liebe erdachten und pflegten!

Blenheim wurde bekanntlich größtenteils auf demselben Fleck angelegt, wo der uralte, königliche Park von Woodstock (den Du Dich aus Walter Scotts neuesten Roman erinnerst)[16] stand, und ein großer Teil des Eichwaldes ist noch wohl aus der unglücklichen Rosamunde-Zeit her, immer grünend, und stirbt nur langsam ab, in einer Agonie von hundertjähriger Dauer. Wahre Ungeheuer von Eichen und Zedern an Form und Größe findet man hier. Manche hat der Efeu so umsponnen, daß er sie zwar getötet, ihnen aber auch wieder, durch sich selbst, ein neues und schöneres immergrünes Laub gegeben hat, das jetzt den verwitterten Stamm, wie ein prachtvolles Leichentuch der Natur, so lange umhüllt, bis er in Staub zerfällt.

Fünfzehnhundert Hirsche, eine Unzahl von Fasanen- und die zahlreichsten Herden von Schafen und Kühen bewohnen den Park, dessen Wiesenflächen sich in dem ungewissen Nebel, ohne Grenze, gleich dem Meere auszudehnen schienen, an einigen Stellen fast nackt wie eine Steppe, auf andern dicht mit Wald und Gruppen besetzt.

Das Schloß sieht innerlich, wegen der üblen ökonomischen Lage des Besitzers, etwas verfallen aus, enthält aber eine Menge der kostbarsten Kunstschätze. Man muß gestehen, daß nie eine Nation einem ihrer großen Männer eine würdigere Belohnung an Geld und Gut gab, als Blenheim für den Herzog von Marlborough war, welches bis in alle Kleinigkeiten hinab königlich zu nennen ist. Wenn man das Schloß betritt, kommt man zuerst durch ein triumphbogenartiges Tor, das oben einen Wasserbehälter enthält, der alle Gebäude mit Wasser versorgt, dann in einen geräumigen Hof, wo die Küchen und *offices*[17] sich befinden, und von hier erst in den großen Schloßhof, der nach dem Park zu die offene Aussicht gewährt, und nur mit einer eisernen *grille*[18] geschlossen ist. Ein dritter Hof bildet auf der andern Seite den *pendant*[19] zum erstern, und enthält die Ställe.

Viele Kuppeln machen das Schloß noch imposanter. Die Halle bildet eine solche von 150 Fuß Höhe, höher als gewöhnliche Türme zu sein pflegen. Den *plafond*[20] darin nimmt ein schönes Fresko-Gemälde ein. Als wir hereintraten, rauchte es aus einem defekten Ofen so stark, daß wir einen zweiten Nebel im Hause anzutreffen glaubten. Einige höchst schmutzige, fast abgerissene Bediente, was in solchen Häusern hier unerhört ist, liefen bei uns vorbei und holten die Kastellanin, welche, in einen schottischen *plaid*[21] gehüllt, mit einem Stäbchen in der Hand und dem Anstand einer Zauberin, so majestätisch auf uns zuschritt, daß man sie für die Herzogin selbst hätte halten mögen. Das Zauberstäbchen diente dazu, um bequemer auf die verschiedenen Merkwürdigkeiten hinweisen zu können. Fürs erste verlangte sie, daß wir unsre Namen in ein großes Buch einschreiben sollten, denn Blenheim steht an gewissen Tagen dem Publikum, bis auf die reservierten

Plätze, offen. Unglücklicherweise fehlte aber im Tintenfaß die Tinte, es mußte also unterbleiben. Darauf ging es durch viele nie geheizte und sehr verblichene Gemächer, die aber mit zahlreichen und schönen Gemälden geschmückt sind, unter diesen jedoch auch manche mittelmäßige, die man sehr freigebig mit den Namen ›Raphael‹, ›Guido‹ etc. beschenkt hatte. Sehr reich erschien die Galerie an schönen und echten Rubens, worunter für mich das ansprechendste sein eigenes, von ihm oft, hier aber vorzüglich gut gemaltes Bild war. Außerdem interessierte mich sehr ein Portrait in Lebensgröße des berüchtigten Herzogs von Buckingham, von Van Dyck, welches doch eine ganz andere Art *roué*[22] darstellt, sowohl im Gehalt der feinen Züge, wie des ritterlichen Anstandes und der geschmackvollen Kleidung, als unsre Modernen aufweisen. Ferner eine schöne Madonna, von Carlo Dolci, weniger glatt und banal als andere dieses Malers, und ein ganz vortreffliches und höchst charakteristisches Bild der Catharina von Medici. Sie ist sehr weiß, hat wunderschöne Hände, und einen merkwürdigen Ausdruck von kalter Leidenschaft, wenn ich es so nennen darf, in ihren Zügen, ohne jedoch dadurch, wie man vermuten sollte, ein widriges Gefühl zu erregen. Rubens' Frau hängt als ein entgegengesetzter Pol neben ihr, ein reizendes flamländisches häusliches Weib, etwas gemein aussehend, aber herrlich gemalt und geistreich aufgefaßt. Philipp II., von Titian, schien mir unbedeutend, zwei Bettelbuben, von Murillo, dagegen vortrefflich. Lot und seine Töchter, von Rubens. Die Mädchen sind etwas weniger gemein und plump als der größte Teil der Schönheiten dieses Malers, die alle zu viel Verwandtschaft mit den Produkten seines Vaterlandes haben, aber der alte Lot ist das unübertrefflichste Muster eines greisen, trunkenen Wollüstlings. Das Gemälde war übrigens indezenter behandelt, als es sich die Kunst bei heiligen Gegenständen gestatten sollte. Im Schlafzimmer hatte man, sonderbar genug, ein widerlich schauerliches Bild, ›Senecas Hinrichtung im Bade‹[23], aufgehangen, Seneca selbst bereits ein grünlicher Leichnam. Hier würde, dächte ich, noch eher der Lot hingepaßt haben. Sehr gefällig erschien das Bild der Mutter des Herzogs mit ihrem Kinde spielend, von Joshua Reynolds, gewiß dem besten aller englischen Maler. Die Schönheit, liebliches Wesen und Kindlichkeit der Herzogin war fast einer Madonna wert, und der kleine ein wahrer Liebesgott, voll Schalkheit und Grazie. Ein großes Gemälde Carls I. zu Pferde, von Van Dyck, ist berühmt, und hat 10 000 L. St. gekostet, bietet aber einen gar zu abgenutzten Gegenstand. Aus Raphaels frühester Zeit, in der Manier des Perugino, vielleicht auch von diesem selbst, befindet sich eine große Tafel hier, die Jungfrau mit dem Kinde, St. Nikolas und Johannes darstellend. Der Ausdruck der Figuren gefiel mir nicht, und ich erwähne des Gemäldes nur aus Respekt für den Namen.

Die Bibliothek ist ein prachtvoller Saal, mit 17 000 Bänden angefüllt, auf der einen Seite die marmorne Statue der Königin Anna, auf der andern als sonderbarer *pendant,* eine kolossale, antike Büste Alexanders, ein Ideal jugendlicher Schönheit, das nach meinem Gefühl noch das Antlitz des Apollo vom Belvedere[24] übertrifft. Es ist menschlicher, und doch zeigt es einen Göttlichen unter den Menschen, freilich im heidnischen, nicht im moralisch-christlichen Sinne.

Es ist billig hier noch des die Bibliothek zierenden Bildes des großen Herzogs von Marlborough zu erwähnen, der durch seine Taten dieser ganzen Schöpfung den Ursprung gab. Seine Geschichte ist in mehr als einer Hinsicht merkwürdig; besonders rate ich jedem, der sein Glück machen will, sie zu studieren. Er kann viel von diesem, so ganz zum Fortkommen in der Welt geeigneten, Charakter lernen. Folgende, nicht sehr bekannte, Anekdote ist mir in dieser Hinsicht, so unbedeutend die Begebenheit an sich ist, immer merkwürdig erschienen.

Der Herzog ward eines Tags beim Spazierenreiten mit seiner *suite*[25] von einem jählingen Regenschauer überrascht. Er verlangte schnell vom Reitknecht seinen Überrock, und wiederholte, als er ihn nicht gleich erhielt, den Befehl mit einiger Hast. Dies ärgerte den Diener, der mit impertinenter Miene erwiderte: »Nun ich hoffe, Sie werden doch so lange warten, bis ich ihn losgeschnallt habe.« Der Herzog, ohne die geringste Empfindlichkeit zu zeigen, wandte sich darauf lächelnd zu seinem Nachbar und sagte: »Nun, für alles in der Welt möchte ich nicht das Temperament dieses Menschen haben.«

Die bekanntere Geschichte der *pétulance*[26] der Herzogin von Castlemaine, welche Churchill (der damalige Name des Herzogs) so gut zu benutzen wußte, und die, gewiß auf die seltsamste Weise, die große *carrière* eines Helden begründete, verrät eine ganz gleiche Disposition und Gewalt über sich selbst.

Bei Nacht und Nebel, wörtlich, erreichten wir Oxford, wo ich im ›Stern‹ abtrat, und mich mit einem vortrefflichen *dinner* stärkte, da ein französischer Koch aus London hierher verschlagen worden ist, und wenn ich auch nicht den Köchen, wie die Alten, eine religiöse Huldigung darbringe, so kann ich doch nicht leugnen, daß ich für ihre Kunst keine geringe Verehrung hege. *»Il est beau au feu«*[27] kann man auch von einem solchen Virtuosen sagen, so gut wie vom glänzenden Krieger, und was vollends Diplomatie und Politik betrifft, so ist wohl kein Minister so undankbar, nicht anzuerkennen, wie viel er seinem Koch verdankt.

Meine Exkursion naht sich nun ihrem Ende, und in drei Tagen hoffe ich Dir R... mit allen gesammelten Materialien, wie die Biene voll Honig, wieder zusenden zu können.

Den 8ten

Oxford ist eine originelle Stadt. Eine so große Menge alter und prächtiger gotischer Gebäude von 300- bis 1000jährigem Alter wird wohl nirgends an demselben Orte so zusammengehäuft, angetroffen werden. Es gibt Stellen in dieser Stadt, wo man sich ganz in's fünfzehnte Jahrhundert versetzt glaubt, weil man durchaus nichts als Denkmale dieser Zeit, ohne irgendeine moderne Unterbrechung, um sich her versammelt sieht. Viele, ja die meisten dieser alten *colleges* und Kirchen sind auch im Detail sehr schön, alle aber wenigstens von höchst malerischer Wirkung, und oft hat es mich gewundert, warum man nicht manches Einzelne dieser Bauart, unter andern die ebenso schönen als zweckmäßigen, lichten Fenster, in zwei und drei Abteilungen, bisweilen mit großen Erkern abwechselnd, und unsymmetrisch verteilt, nicht auch bei unsern modernen Wohngebäuden anwendet, – denn nur die Gewohnheit kann uns wohl die regelmäßigen Reihen viereckiger Löcher, die wir Fenster nennen, erträglich machen.

Ich begab mich zuerst nach dem dreihundert Jahre alten, sogenannten Theater (aber nur für geistliche Schauspieler bestimmt), das von einem Bischof erbaut ist. Die eiserne *grille,* die es umgibt, hat statt der Pfeiler eine Art Termen[28] mit den Köpfen der römischen Kaiser, ein seltsamer Einfall, der aber keinen üblen Effekt macht. In diesem Theater, das, seinem Ursprung gemäß, mehr einer Kirche ähnlich sieht, wurden in neuester Zeit der russische Kaiser, der König von Preußen und der Prinz-Regent zu Doktoren kreiert, wobei sie genötigt waren, im roten Doktorgewande zu erscheinen. Die Portraits aller dieser Souveraine wurden seitdem hier aufgestellt. Der König von England im Krönungsornate, ein vortreffliches Gemälde von Thomas Lawrence (der alten Zeiten würdig), hängt in der Mitte, in einem prächtigen Rahmen. Zu beiden Seiten, in weit einfacherer Umfassung und einfacherer Kleidung, der Kaiser von Rußland und der König von Preußen, auch von Lawrence gemalt. Der König ist nicht ähnlich, von Kaiser Alexander habe ich aber nie ein besseres Bild gesehen. Blücher wurde hier ebenfalls Doktor, und äußerte dabei: da die Herren die Souveraine zu Doktoren kreiert, so könne er nur höchstens darauf Anspruch machen, Apotheker zu werden.

In der Universitäts-Stereotype-Druckerei, wo die Bedrukkung eines Bogens auf beiden Seiten nur fünf Sekunden dauert, zeigte ich mich wieder selbsttätig, und hatte die Ehre, einen Bogen aus der Bibel zu drucken, den ich Dir als Seitenstück zum Birminghamer Knopfe mitschicke. Er enthält einige interessante Begebenheiten der Makkabäer.[29]

Es wird hier viel für die Bibelgesellschaften gedruckt, und wenn dies in derselben Progression fortgeht, so wird wohl bald die Epoche eintreten, von welcher die Jahresschrift ›Der Katholik‹, vom Jahr 1824, folgendermaßen prophezeiht: »Wenn es dahin kommt, daß alle die Bibel lesen, wird die Welt nur ein Aufenthalt für wilde Tiere sein.« Meint ›Der Katholik‹, daß alle sie dann auch verstehen und befolgen, so mag er recht haben, weil dann die ganze Menschheit zu einer höhern Existenz auf einem andern Planeten reif sein möchte. Demongeachtet bin ich mit dem ›Katholiken‹ insoweit einverstanden, daß die unüberlegte Verteilung der Bibeln an alle (auch die ungebildetsten Wilden) das Kind mit dem Bade verschütten heißt.

Ich wanderte von hier nach dem Museum, das eine Mischung sehr verschiedener Gegenstände enthält. Gleich beim Eingange sieht man auf der Treppe ein Bild der Schlacht von Pavia, worin die wichtigsten Personen Portraits sind, in ihrer Zeit nach dem Leben gemalt, wie daneben bemerkt ist. Das Bild ist ganz in dem Stil der alten Miniaturen, und auch sehr merkwürdig wegen der vielen genauen Trachten und Rüstungen jener Zeit. Darunter steht: ›*Comen les gens de L'empereur deffirent les francoys en lan 1525.*‹[30] Des Kardinal Wolsey' und Kardinal Richelieu' Bildnisse, sowie mehrerer anderer historischer Personen zierten diese Treppe. Unter ihnen befand sich auch das eines berühmten Gärtners Carls I., Tredescant mit Namen, von welchem Kollege R... nicht wegzubringen war, das Bild mit einer Art Protektion betrachtend, und besonders sehr zufrieden mit einer Guirlande von Mohrrüben und Gurken, die den Gartenahn malerisch umschlang. Für mich war das Interessanteste auf diesem Gemälde das Konterfei eines seltsamen, ganz ›Tausend und eine Nacht‹ ähnlichen großen Vogels, mit Namen Dodo[31], der diesem Gärtner lebendig zugehört haben, seitdem aber nie wieder seinesgleichen gesehen worden sein soll. Als Beweis, daß die Geschichte keine Fabel sei, zeigte man uns im *museo* noch den ganz fremdartigen Kopf und Schnabel des Dodo.

In der Naturaliensammlung waren eine große Menge, zum Teil sehr seltne, Papageien aufgestellt, nebst einem andern merkwürdigen Vogel, der Stacheln an seinen Flügeln hat, mit denen er kleine Fische wie mit einer Lanze anspießt; dabei sieht der diminutive Kämpe[32], der nur sechs Zoll hoch ist, ungemein putzig, und wie ein Strauß *en miniature* aus, nur viel klüger und kampflustiger. Sehenswert war auch das Schnabeltier, eine Art kolossaler Wasserratze mit Schwimmhäuten und einem Entenschnabel, aus jenem seltsamen Weltteil Neuholland[33], das uns durch seine dem übrigen Naturreich fremde Produktionen, fast auf die Vermutung bringt, es gehöre einer andern Schöpfungsepoche an, oder sei einst von einem vorbeisegelnden Stern verloren worden und auf unsere Erde niedergefallen.

Ein Gemälde von Kolibrifedern bietet Farben dar, die überirdisch erscheinen, und ebenso überraschend war das Basrelief eines herrlich goldgrün geharnischten Ritters, dessen Harnisch aus den Flügelschalen des Goldkäfers bestand.

Eine gute Satire auf den heutigen Landadel wäre es, wenn man einen solchen Ritter mit der blauen Rüstung des Mistkäfers darstellte.

Im Kuriositäten-*cabinet* ist zu vielerlei, um es Dir, gleich einem Antiquar, alles herzuerzählen. Ich beschränke mich daher, wie immer, nur auf das, was mich am meisten anspricht, und das ist nicht immer das berühmteste. Also zuerst ein mit Edelsteinen besetzter Handschuh Heinrichs VIII., und ein sehr wohlerhaltener, fast chinesisch geformter Sorgenstuhl desselben. Ferner ein eigenhändiger Brief der Königin Elisabeth an Lord Burleigh, sehr zierlich geschrieben, und eine niedliche Reitgamasche und Schuhe der Maiden Queen[34], welche wenigstens einen allerliebsten Fuß verraten. Endlich ihre Uhr mit einer geschmackvollen Kette, aus fünf Medaillons bestehend, eines unter dem andern, die alle anders gefärbte Haare enthalten, wahrscheinlich von ihren verschiedenen Günstlingen. Merkwürdiger noch ist ein anderes Medaillon, mit einem groben Portrait in Mosaik, und einer Inschrift, die beweist, daß es dem König Alfred zugehört habe. Dies seltene Überbleibsel des Altertums wurde erst vor zehn Jahren auf der Insel Atheiney, wo Alfred sich vor den Dänen verbarg, beim Aufreißen eines Feldes gefunden.

Die Kopie eines chinesischen Schiffes (einer *junk*) in der Größe eines Kahns, so daß man recht gut damit sogleich eine Spazierfahrt auf dem Wasser machen könnte, sowie das Modell des sogenannten Druidentempels zu Stonehenge, ein sehr vollständiges Kabinett fossiler Knochen u. s. w. erwähne ich noch, und führe Dich nun in die Gemäldegalerie, von Elisabeth erbaut, und ganz *in statu quo*[35] erhalten. Die Decke derselben ist mit Holz-*caissons*[36] verziert, und in jedem *caisson* ein Wappen, was sich gar altertümlich und prächtig ausnimmt. Sehr gut ausgeführte Gipsmodelle von den berühmtesten Tempeln des Altertums stehen im Vorsaal. Unter den Gemälden befinden sich einige vortreffliche. Das liebste war mir ein Portrait der Königin Maria von Schottland, authentisch von dem Italiener Zuccaro gleich nach ihrer Ankunft aus Frankreich gemalt, wo sie noch in allem unbeschreiblichen Reiz ihrer Jugend und Frische glänzte. Man begreift, wie diese Frau nur leidenschaftliche Verehrer oder wütende Feinde haben konnte. Ein im wahren Sinne des Wortes reizenderes, verführenderes Gesicht wird man selten sehen, aber bei aller französischen Grazie verrät es doch, daß diese Schönheit eigensinnig genug, und in ihren Leidenschaften nichtsachtend sein konnte, doch von Bösem oder Gemeinem, wie das erste bei Elisabeth, Katharine von Medici, das letzte bei der Königin Anna sichtlich ist, keine Spur. Eigentlich ein echt weiblicher und daher ganz verführerischer Charakter, mit allen Tugenden und Schwächen ihres Geschlechts in erhöhtem Maßstabe ausgestattet. Den Besitz eines solchen Bildes möchte ich ein wahres Glück nennen! Das Original möchte einem schon mehr zu schaffen machen. Derselbe Künstler hat auch Elisabeth gemalt, ein Portrait, das dem in Warwick beschriebenen vollkommen gleich ist. Graf Leicester, kurz vor seinem Tode dargestellt, erweckt auch viel Interesse. Sein Gesicht ist ebenso vornehm als schön, und obgleich es nicht ein großes Genie verrät, hat es doch den Ausdruck eines klugen, im äußern Anstand würdevollen und kräftigen Mannes. Von dem Glanz der Jugend ist nichts mehr übrig, wohl aber eine gewisse stolze Gemächlichkeit der sichern unerschütterlichen Gunst. In einer Kopie der ›Schule von Athen‹[37] von Giulio Romano, bewunderte ich von neuem das herrliche Antlitz des jungen Herzogs von Urbino, dieses Ideals sanfter jugendlicher Schönheit. Das schönste Mädchen könnte damit überzufrieden sein. Auch Raphaels eigenes Bild ist dort am bedeutendsten. Garricks Portrait von Raphael Mengs entsprach meiner Vorstellung von diesem Künstler nicht so wohl, als das in

Stratford. Desto mehr gefiel mir ein Bild Carls XII. in Lebensgröße von Schroeder, auch jeder Zoll – ein großer Don Quixote, und ein sehr charakteristisches Portrait Carls II. von Peter Leley. Ich finde, daß Carl II. wie seine Weltbildung, auch in den Zügen ganz französich aussieht, und namentlich eine auffallende Ähnlichkeit mit Bussy Rabutin hat. Sein Vater hängt in einer mehr als gewöhnlich anziehenden Abbildung daneben. Gewiß hat er ein schönes Gesicht mit vielsagenden Augen, aber der weiche, leidende, ideologische Ausdruck desselben zeigt genügsam an, daß der Träger solcher Züge keinem Manne wie Cromwell und keiner Zeit wie der seinigen gewachsen war. Es ist aber das größte Unglück für einen Hochstehenden, in eine unrechte Zeit zu geraten, wenn er nicht groß genug ist, ihr seinen eigenen Stempel aufzudrücken. Der große Philosoph Locke[38], von Gibson, erscheint als ein magrer Stubengelehrter; daneben hängen ein schöner, fetter Luther[39], von Holbein, der stattliche Händel[40], von Hudson, und ein Portrait von Hugo Grotius[41], mit einem feinen, schlauen und doch ritterlich ehrlichen Gesicht, mehr den rüstigen Weltmann als den Gelehrten zeigend. Das sind ungefähr die Gegenstände, die mich am meisten anzogen.

Den 9ten

Heute bin ich erst recht in Oxford umhergeirrt, und kann nicht ausdrücken, mit welchem innigen Vergnügen ich in dieser gotischen Stadt, von Kloster zu Kloster wandernd, mir die alten Zeiten aufgefrischt habe. Unter andern gibt es eine prachtvolle Allee von Rüstern hier, die, gleich den von dieser Promenade sichtbaren Gebäuden, dem Jahre 1520 ihren Ursprung verdankt. Von dieser Königin aller Alleen, in der auch nicht e i n Baum fehlt, und die mitten durch eine Wiese am Wasser hinführt, sieht man von der einen Seite eine reizende Landschaft, von der andern einen Teil der Stadt mit fünf bis sechs der schönsten gotischen Türme, an sich schon ein herrlicher Anblick, der aber heute noch durch einen bezogenen Himmel, an dem der Wind schwarze, phantastische Wolken, gleich dem wilden Heer hinjagte, und an dem sich zuletzt der schönste Regenbogen, wie aus einem der Türme steigend, und in den andern herabsinkend, über die ganze Stadt spannte – fast märchenhaft und bezaubernd wurde.

Von diesem alten Musensitz Englands, von allen jenen *colleges,* jedes verschieden von dem andern, und in verschiedenen Zeiten gebaut, jedes große Höfe einschließend und mit prachtvollen Türmen geschmückt, jedes mit einer mehr oder minder verzierten Kirche, einer Bibliothek und Gemäldegalerie versehen, und alle in ihrer Art immer von neuem Interesse – nehme ich das angenehmste Andenken mit. Wenn Du es aushalten kannst, immer und immer mehr aus der alten Schüssel zu genießen, so führe ich Dich noch weiter mit mir umher.

Mein erster Gang am Morgen war also nach der Radcliffe-Bibliothek, ein rundes in neuerer Zeit aufgeführtes Gebäude, das heißt im vorigen Säkulum auf Dr. Radcliffes[42] Kosten erbaut, und ziemlich in der Mitte der Stadt gelegen. Es enthält im Innern nichts als eine Rotunde, durch drei Etagen steigend, mit einer Kuppel und zwei Reihen offener Galerien übereinander, aus denen Seitengemächer wie Strahlen aus dem mittlern Rund nach außen laufen, wo die Bücher (welche nur Medizin und Naturphilosophie betreffen) aufgestellt sind. An den Pfeilern unten stehen rund umher Abgüsse der besten Antiken. Eine kleine höchst akkurat gebaute Wendeltreppe führt in einem Seitentürmchen zur letzten Galerie – auf dem Dache, von welcher man eine schöne Übersicht der mit tausend Spitzen gen Himmel strebenden gotischen Paläste hat. Auch die umliegende Gegend ist freundlich, fruchtbar und baumreich. Man zählt in allem vierundzwanzig *colleges* (Art Klöster, für Erziehung bestimmt) und dreizehn Kirchen in dem kleinen Raum einer Stadt, die nur 16000 Einwohner hat.

Von hier besuchten wir die von Heinrich VIII. erbaute Bibliothek, innerlich und äußerlich größtenteils in ihrem primitiven Zustand erhalten, und mit nicht weniger als 300000 Büchern ausgestattet. Das Lokal sieht keinem andern dieser Art ähnlich, und versetzt auch im Innern vollständig in dahingegangene Jahrhunderte. Die Kreuzesform, die seltsamen Schränke und Eisengitter halb blau, halb vergoldet, von einer jetzt nicht mehr gesehenen Form, die ungeheuren Fenster, von der Breite dreier Kirchenfenster zusammengenommen, und mit dem schönsten farbigen Glase geziert, die bunte vergoldete Decke mit unzähligen *caissons,* jedes das Bild einer aufgeschlagenen Bibel mit vier Kronen enthaltend – selbst das noch beibehaltene alte *costume* der an den Tischen sitzenden Doktoren in Luthers Tracht – wie ungewöhnlich wird die Phantasie durch solchen Anblick angeregt! In der Mitte der hohen Schränke geht eine Galerie rund umher, um zu den höherstehenden Büchern zu gelangen. An dem Geländer dieser Galerie, die unten wieder eine Decke bemalter *caissons* bildet, sind die Portraits der verschiedenen Bibliothekare, vom ersten bis zum letzten, aufgehangen, einige leider in moderner Kleidung, welche daher wie Affen unter ihren ehrwürdigen Altvordern erscheinen. In dem mittleren Teile des Saals sind auf beiden Seiten die Schränke so aufgestellt, daß sie zugleich eine lange Gasse verschlossener *cabinets* bilden, in denen jeder, der die Bibliothek benutzen will, ganz ungestört arbeiten kann; eine alte, höchst nachahmungswürdige Einrichtung. Außer diesem Hauptsaale sind die übrigen Bücher in Zimmern enthalten, die den ganzen ersten Stock des viereckigen Gebäudes einnehmen. Hier sind höchst merkwürdige Manuscripte und alte Drucke aufbewahrt, man bedauert aber soviel hier zu sehen, was Deutschlands Armut dem englischen Reichtum hat zollen müssen, unter andern ein herrliches Exemplar der ältesten Fustischen Bibel[43], von 1440 glaube ich, die unserm Doktor Barth gehörte, und mit vielen Noten von seiner Hand versehen ist. Eine wahre Freude hatte ich, ein Manuskript zu finden, das so sehr dem einen Teil des Froissarts in unserer Bibliothek glich (dem mit den Miniaturen auf jedem Blatt), ganz mit denselben Arabesken von Früchten und Blumen auf Goldgrund geziert, Stil und Farben der Bilder so völlig ähnlich, daß es fast keinem Zweifel unterworfen sein kann, es müsse von demselben Maler herrühren. Leider ist darauf weder Name noch Jahreszahl vorhanden. Der Inhalt ist Curtius' Geschichte Alexanders, alle Personen aber im *costume* der Zeit des Schreibers, und wie im Froissart, die französischen und englischen Ritter, so bricht auch hier Alexander, von Kopf bis zum Fuß in Eisen gehüllt, eine Lanze mit Darius, und wirft ihn unsanft aus dem Sattel. Ein sehr merkwürdiges französisches Manuscript, dessen Gegenstand ein Heldengedicht in Versen ist, enthält (ein äußerst seltner Fall) den Namen des Schreibers mit dem Jahr 1340, und darunter auch Namen und Datum des Malers 1346, was vermuten ließe, daß der letzte sechs Jahre zu den Miniaturen gebraucht hat, die fast alle auf einem ganz ungewöhnlichen Grunde, aus Gold, blau und rot, nach verschiedenen Richtungen quadriert, und einer Tapete ähnlich, gemalt sind. Besonders interessant wird diese Schrift dadurch, daß auf jedem Blatte, wo sich ein Bild befindet, der Maler um den Text, statt einer Einfassung oder Arabeske, die Darstellung damaliger Gewerbe, Spiele und Ergötzlichkeiten angebracht hat. Nur eine flüchtige Durchsicht zeigte mir, neben einer Menge Spielen und Aufzügen, die wir nicht mehr kennen, auch mancherlei so ganz noch, wie wir es in unsern Tagen sehen, daß ich oft darüber erstaunte. Z.B. ein Maskenball, Kämmerchen vermieten, das Händespiel, *gioco di villano*[44] genannt, dasselbe mit den Füßen, was wir Knaben oft in der Schule exerzierten, um uns im Winter zu erwärmen, Hahnenschlag und Hahnengefechte, Seiltänzer und Taschenspielerkünste, Kunstreiter und abgerichtete Pferde, die mitunter noch schwerere Kunststücke machen als die unsrigen, Scheibenschießen nach einem Mann, der *(mille pardons)* seinen bloßen H... der Gesellschaft zukehrt, wie in Pförten in der Lausitz noch ein ähnlicher existiert, eine Schmiede, wo ein Pferd im Notstall beschlagen wird, ein Frachtwagen mit drei großen Karrenpferden voreinander gespannt, mit Leitern an den Seiten, Geschirr etc. ganz in der heutigen Form, selbst das *costume* des Fuhrmanns in seiner blauen *blouse* das nämliche, und manches andere, was ich nicht alles hererzählen will, zeigte an, daß, wenn vieles sich änderte, doch auch unendlich viel sich gleichblieb, und vielleicht, *à tout prendre*[45], das Getreibe der Menschen in den verschiedenen Zeiten sich weit ähnlicher sieht, als man sich vorzustellen pflegt.

Ein Boccaccio mit äußerst schönen Miniaturen und prachtvoller Schrift gehört zu den elegantesten Paradestükken der Bibliothek, und als eine der größten Seltenheiten wird eine lateinisch und griechisch abgefaßte Apostelgeschichte aus dem 7. Jahrhundert gezeigt, in der jede Zeile nur ein Wort in beiden Sprachen enthält. Für sein hohes Alter ist das Ganze sehr wohlerhalten.

In dem Aller-Seelen-College ist eine Stelle in dem schönen Hofe, (den übrigens der feinste Rasen bedeckt) wo man einen besonders herrlichen Anblick fortwährend übereinander hinragender Spitzen und *façades* altertümlicher Gebäude hat, ohne die geringste Mischung mit Modernem. Hier ist ebenfalls eine Bibliothek von 70000 Bänden in einem 120 Fuß langen und 60 Fuß hohen Saal aufgestellt. In der Mitte steht eine Himmelsuhr, die unser ganzes Sonnensystem ungemein einfach versinnlicht, und regelmäßig das Jahr hindurch mit Sonne und Planeten den gleichen Lauf hält.

Christus-College ist ein schönes Gebäude neuerer Zeit, nur

eine Abteilung davon ist uralt, und die Kirche von altsächsischer Bauart, wo antike Säulen mit runden und Spitz-Bogen sonderbar, aber nichts weniger als das Auge beleidigend, durcheinander abwechseln. Hier ist der berühmte Schrein der heiligen Frideswide, ein überaus prächtiges und geschmackvolles gotisches Grabmal aus dem Anfang des achten Jahrhunderts, also jetzt schon 1200 Jahre wohl erhalten. Es war mit silbernen Aposteln und andern Zieraten versehen, die unter Cromwell geraubt wurden, wie überhaupt dieser unglückliche Religionskrieg den Monumenten des Altertums in England einen unersetzlichen Schaden zugefügt hat, da bis dahin alle diese Sachen auf das vollständigste konserviert waren. Bei diesem *college* ist auch der reizende Spaziergang, von dem ich Dir schon geschrieben. Er führte uns zu dem Magdalenen-Kloster, das zum Teil neu restauriert ist, und von allen *colleges* den höchsten Turm hat. Die Restaurationen, welche dem alten Stile vollkommen gleich ausgeführt sind, und diese Teile des Gebäudes nun wieder 500 Jahre länger sichern werden, kosten, obgleich nur ein sehr geringer Teil fertig ist, bereits 40000 L. St. Man kann sich also denken, welche ungeheuren, gar nicht mehr zu erschwingenden Summen die Aufführung solcher Werke von Grund aus heutzutage kosten würde. Die arbeitenden Klassen und zum Teil die Künstler, haben offenbar in unserer Zeit über die Verzehrenden den Vorsprung gewonnen, und ihre Arbeit ist daher so teuer geworden, daß etwas wirklich Großes in der Kunst nach diesem Maßstabe kaum mehr bezahlt werden könnte, denn für die Summe, welche ehemals ein Götterwerk Raphaels erkaufte, kann man heute (selbst verhältnismäßig in Hinsicht auf den geringern Geldwert) kein Portrait von Thomas Lawrence mehr erstehen. Der botanische Garten schloß unsre Promenade, enthält aber nichts, das des Aufzeichnens wert wäre. Ich erlöse Dich daher für jetzt, meine gute Julie. *Mais c'est à y revenir demain.*[46]

Buckingham, den 10ten

Es ist sündlich, wie mein Privat-Tagebuch seit lange schon von mir vernachlässigt wird! Je mehr die Reisebriefe an Dich anschwellen, je mehr schrumpft jenes unglückliche Journal zusammen. Wenn Du diese Briefe verbrannt hast, werde ich gar nicht mehr wissen, was in jener Zeit aus mir geworden ist. Denke Dir wie unangenehm, vor seinem eignen Gedächtnis zu verschwinden! Ja, meine Einbildungskraft ist durch die vielen Ruinen und Anklänge vergangener Zeiten so montiert[47], daß ich schon in eine Zukunft hinüberträume, wo selbst alle Ruinen aufhören, und wo man nicht nur seinen Schatten, sondern den ganzen Menschen verloren haben wird, um auf neuen Sternen ein neues Leben zu beginnen – denn mit der Erinnerung, man sage, was man wolle, verliert man doch das ganz, was man jetzt ist, wie schon auf dieser Erde der Greis beinahe sich als Kind verloren hat. Wiederfinden können wir uns aber dennoch, meine Herzensfreundin, und dann wird das Band, das uns hier verbindet, sich auch notwendig wieder dort neu anknüpfen müssen. Dies kann uns auch genügen.

Ein abscheuliches Wetter, Regen und Dunkelheit hielten mich in Oxford bis 3 Uhr nachmittags zurück, wo es sich soweit aufklärte, daß ich abfahren konnte. Der Postillon wußte den Weg, welcher keine Hauptstraße ist, nicht recht genau, und fuhr uns eine große Strecke um, so daß wir erst sehr spät hier ankamen. Während man in meiner Stube Kaminfeuer machte, trat ich in die des Wirts, wo ich ein sehr hübsches Mädchen, seine Nichte, fand, nebst zwei Doktoren aus dem Orte, mit denen ich mich den Abend ganz gut unterhielt.

Aylesbury, den 11ten

Stove ist gleich Blenheim ein zweites Spezimen englischer Größe und Pracht. Der Park umschließt ein großes Terrain in schöner, hügliger Gegend, mit herrlichem Baumwuchs, und das Schloß ist ein sehr magnifikes Gebäude im italienischen Geschmack, nach Zeichnungen von Chambers.[48] Der *pleasure-ground,* welcher es umgibt, erstreckt sich über 1200 Morgen, und war in bester Ordnung erhalten. Diese Gärten sind eine alte Anlage, und obgleich sehr schön in vieler Hinsicht, und durch ihren Reichtum an hohen Bäumen ausgezeichnet, doch mit Tempeln und Gebäuden aller Art dermaßen überladen, daß 10 bis 12 abzureißen die größte Verbesserung sein würde. Zu rühmen ist ein reizender Blumengarten, dicht umschlossen von hohen Bäumen, Fichten, Zedern, immergrünem und blühendem Strauchholz, und im *dessin* einen regelmäßigen Teppich bildend, der sich vor einem halbzirkelförmigen Hause mit Säulen, das seltne Vögel enthält, ausbreitet. In der Mitte des Teppichs springt eine schöne Fontaine, und auf beiden Seiten sieht man zwei zierliche Volieren[49] von Drahtnetz.

Ein anderer Blumengarten, mit Statuen geschmückt, und einem Gewächshause in der Mitte, bildete irreguläre Blumengruppen auf dem Rasen. Die Umgebung war ein durchsichtiger Hain der höchsten Bäume, ohne weitere Aussicht.

Im Park steht ein Turm, den man den ›Bourbon Tower‹ genannt hat, weil er mit einem Kranze von Linden umgeben ist, die Ludwig XVIII. pflanzte, als er sich so lange hier in der Nähe, in Hartwell, aufhielt. Obgleich neu, ist dieser Turm doch schon wieder halb eingefallen. Ich wünsche, daß dies keine üble Vorbedeutung für die Bourbons in Frankreich abgeben möge, wo man selbst den weisen Chartengeber nur: ›*Louis l'inévitable*‹ und ›*deux fois neuf*‹[50] taufte.

Der Erwähnung wert ist auch ein Monument, den großen

Männern und Frauen Englands gewidmet, mit recht passenden Inschriften, und den besten Gemälden gut nachgeahmten Büsten.

Die Länge der Schloß-*façade* beträgt 450 Fuß und ebensolang ist die ununterbrochene *estrade*[51] der Zimmer in der *bel étage*[52], zu der man, von der Gartenseite, auf einer schönen Treppe hinansteigt. Durch eine breite Bronzetüre tritt man hierauf in einen ovalen Marmorsaal mit einer schönen Kuppel, von welcher aus er allein beleuchtet ist. Ein Kreis von 20 Säulen aus rötlichem Marmorstuck umgibt ihn, und in den Nischen, welche diese bilden, stehen zehn antike Statuen. Der Boden ist mit echtem Marmor ausgelegt, und ein goldnes Gitter in der Mitte des Fußbodens befindlich, aus dem regelmäßige Wärme ausströmt. Es würde zu lang werden, jedes einzelne Zimmer zu beschreiben. Ich erwähne nur im allgemeinen, daß sie sehr reich, und in dem Geschmack, der vor 80-100 Jahren herrschte, meubliert sind. Die Tapeten, entweder schweres Seidenzeug oder *hautelisse*[53], alle Zimmer mehr oder weniger mit Gemälden, Kuriositäten und Kunstschätzen aller Art geschmückt. Eine Unzahl chinesischen *porcelaines* und anderer Sachen aus diesem Lande ist darin zusammengehäuft, besonders in dem Staats-Schlafzimmer, das nicht benutzt wird, sondern nur als Zierde ein prachtvolles, altes, gesticktes Samtbett mit goldnen *franges* etaliert.[54]

In dem *boudoir* daneben befanden sich viele andere Kostbarkeiten, die wir jedoch, durch ein Gitter abgehalten, nur von weitem sehen konnten. Die Entwendung eines Halsbandes von Rubinen, welches Marie Antoinette von Frankreich gehört hatte, ist die sehr triftige Ursache, daß, ohne des Herzogs Gegenwart, niemand mehr hineingelassen wird.

Die Bibliothek, welche eine lange Galerie bildet, dient als Hauptgesellschaftszimmer und ist modern eingerichtet, voller Sofas, Tische, Fortepianos etc., die Wände bis an den *plafond* mit Schränken bedeckt, welche in der Mitte eine leichte und elegante Galerie haben, zu der man durch eine kleine Wendeltreppe gelangt. Ein großes, ebenso disponiertes Zimmer daneben, enthält nichts als Mappen mit Kupferstichen, vielleicht eine der reichsten Sammlungen in der Welt. Es scheint dies die Liebhaberei des jetzigen Herzogs. Der Konzertsaal hat neben allem nötigen Musikapparat auch eine große Orgel. Ein anderer Saal, eigentlich die Halle, auf der entgegengesetzten Seite des Schlosses nach dem Parke zu gelegen, wo die Anfahrt für die Wagen ist, bietet eine Aussicht dar, deren Wirkung ich höchst eigentümlich fand. Man sieht nämlich eine große freie Rasenfläche vor sich, auf beiden Seiten mit Eichenwald eingefaßt, im Mittel- und Hintergrund einige Wiesen und Wald durcheinander abwechselnd. Auf der Mitte der Rasenfläche, ohngefähr 60-70 Schritte vom Schloß, steht ganz frei eine schneeweiße kolossale Reiterstatue, vortrefflich ausgeführt, auf einem hohen Piedestal[55], so daß der Reiter gerade auf den Waldesspitzen hinter ihm zu ruhen scheint. Kein Gebäude oder anderer Gegenstand (nichts wie Bäume, Gras und Himmel) ist sichtbar, und die Gegend so völlig unbelebt, daß das weiße Geisterbild die ganze Aufmerksamkeit allein auf sich ziehen muß. Keine schönere Dekoration zum ›Don Juan‹ läßt sich denken. Dazu kam noch, daß der Himmel gerade heute durch ein glückliches Ohngefähr, auf dieser Seite des Schlosses mit einem Schneesturme drohend, ganz schwarz überzogen war, wogegen die blendend weiße Statue fast grausend abstach. Sie schien in dem Augenblick lebend, und jede Muskel trat im grellen Lichte hervor.

Unter den Gemälden befindet sich ein Schatz, der unseren deutschen Reisenden gar nicht bekannt geworden zu sein scheint, wenigstens habe ich nirgends davon etwas gelesen – ein echtes, noch während Shakespeares Leben gemaltes Portrait dieses Dichters, von Barnage. Die Hyperkritiker in

England wollen zwar durchaus kein echtes Portrait Shakespeares statuieren, aber mir scheint es fast unmöglich, eine Physiognomie zu erfinden, die so siegend den Charakter der Wahrheit an sich trüge, so ganz die Größe und Originalität des Mannes ausspräche, den sie darstellt, ausgestattet mit aller geistigen Erhabenheit, allem Scharfsinn, Witz, Feinheit, und jenem echten Humor, dessen unerschöpflicher Reichtum keinem andern Sterblichen je wieder so zuteil geworden ist. Das Gesicht ist keineswegs, was man gemeinhin schön nennt, aber die erhabene Schönheit des dahinter wohnenden Geistes wird im ersten Augenblicke klar. Um die hohe Stirne spielt dieser kühne Geist in blitzenden Lichtern, durchdringend sind die großen dunkelbraunen Augen, feurig und mild; nur um die Lippen schwebt leiser Spott und gutmütige Schlauheit, aber mit einem so lieblichen Lächeln verschwistert, daß dieses erst der sonst ernsten Würde des Ganzen, den größten, menschlich gewinnenden, Reiz verleiht. Wunderbar vollkommen erscheint dabei der Bau des Schädels und der Stirne, die keine einzelne besonders hervorstehende Erhöhung, aber alle Organe so gewölbt und ausgebildet zeigt, daß man über die Harmonie eines so musterhaft organisierten Kopfes erstaunt, und eine wahre Freude fühlt, das Bild des Mannes mit seinen Werken in so schönem Einklang zu finden.

Zwei vortreffliche Albrecht Dürer, ein Schwesterpaar weiblicher Heiliger in phantastischer Landschaft darstellend, zogen mich besonders durch ihren originell deutschen Charakter an. Es sind zwei echte Nürnberger Hausfrauen, mit ihren vaterländischen Hauben angetan, und nach der Natur aufgefaßt, gutmütig und geschäftig ihr Heiligenamt verrichtend. Ein Bild Luthers von Holbein verrät mehr Geist, und ist weniger fett als gewöhnlich.

Bemerkenswert ist noch ein Bild von Van Dyck, den Herzog von Vieuxville vorstellend, den Gesandten Frankreichs bei Carl I., der mit chevalereskem Geiste den König auch in die Schlacht begleitete, und bei Newbury getötet wurde. Die Tracht ist sonderbar, aber doch malerisch. Ein weißer *juste-au-corps à la Henri quatre*[56], mit einem schwarzen Mantel darüber, weite kurze schwarze Beinkleider über die Knie fallend, mit silbernen Metallspitzen daran, hellviolette Strümpfe mit goldenen Zwickeln, und weiße Schuhe mit goldenen Rosen. Auf dem Mantel ist der Stern des heiligen Geistes, viermal größer als jetzt üblich, gestickt und das blaue Band wird noch *en sautoir*[57], aber länger herunterhängend und bereits ähnlich der heutigen Mode, mit dem Kreuze seitwärts getragen. Dieses hängt fast unter dem Arm, schmaler und kleiner als jetzt, an dem großen Bande.

Den Duc de Guise hätte ich mir anders vorgestellt, ein blasses Gesicht mit rötlichem Bart und Haar, mehr intrigant als großartig aussehend. Dem Charakter der dargestellten Person besser entsprechend ist das Bild des Grafen Gondemar, spanischen Gesandten bei Jacob I., (von Velasquez) der durch sein Küchenlatein dem gelehrten Könige schmeichelte, in welcher burlesken Form er sich alles zu sagen erlaubte, und nachher durch seinen jesuitischen Einfluß Sir Walter Raleigh[58], den Günstling Elisabeths, auf's Schafott brachte.

Ein Bild Cromwells von seinem Hofmaler Richardson, hat ein doppeltes Interesse für die Familie, da es für einen der Vorfahren des Herzogs gemalt wurde, der selbst mit darauf abgebildet ist, – als Page, im Begriff, dem Protektor dienstfertig die Feldbinde in eine Schleife zu binden. Es gleicht dieses Portrait den andern, die ich von Cromwell gesehen, nicht ganz, sondern stellt ihn jünger und in einer verfeinerten Natur dar, ist also wahrscheinlich geschmeichelt. Der Hofmaler läßt dies doppelt vermuten.

Nur andeuten will ich zwei schöne und große Teniers, wovon der eine drei höchst charakteristische holländische Bauern darstellt, die sich im Dorfe begegnen, und mit der Pfeife im Maule zu schwatzen anfangen, einen vorzüglichen Ruysdael, sechs berühmte Rembrandts, und die Geliebte Titians, von ihm selbst gemalt, mit Armen und Busen, die der Umarmung entgegenschwellen. Auch ein neueres Kunstwerk bewunderte ich sehr: zwei Tassen von Sèvres mit Miniaturgemälden nach Petitot, von der vortrefflichen Porcelaine-Malerin Mdm. Jaquotot. Das eine stellt Ninon de Lenclos[59] vor, deren mir bisher bekanntgewordne Abbildungen nie meiner Vorstellung von ihr recht entsprachen, dagegen diese ihren bekannten Charakter vollständig ausspricht, und dabei von der anziehendsten Schönheit ist, echt französisch, lebhaft wie Quecksilber, eine Kühnheit, die allerdings an Frechheit streift, aber doch zu edel und zu wesentlich natürlich, um einen andern als gewinnenden Eindruck zurückzulassen. Die andere, eine sanfte, heitere und wollüstige Schönheit, war unterschrieben ›Françoise d'Orléans de Valois‹ – als Eingeweihte in die französische Genealogie und Memoiren, wirst D u wissen, wer dies ist. *Je l'ignore.*[60] Jede dieser Tassen kostet 1000 Franken.

Bei schönem Mondschein fuhren wir den Abend noch bis Aylesbury, von wo ich Dir jetzt schreibe.

Uxbridge, den 12ten

Noch heute abend hoffe ich wieder in London zu sein. Während dem Umspannen schreibe ich Dir flüchtig nur ein paar Worte. Wir sahen früh Lord Caringtons Park, zu Deinem Trost gesagt, vorderhand wenigstens, den letzten. Der Garten bietet eben nichts Besonderes dar, das Schloß ist abermals im beliebten Neu-Gotisch, aber, da es einfacher gebaut ist, und weniger Prätention macht, erscheint es auch weniger affektiert. Es ist nur aus rohen Bruchsteinen ohne Putz aufgeführt. Innerlich waren vortreffliche alte Glasmalereien, durchgehends aber nur der obere Teil der Fenster bunt, das übrige weiß, um die Zimmer heller zu lassen.

Ein gutes Bild Pitts[61] hängt in der Bibliothek. Der große Mann trägt nichts weniger als geniale Züge, und wer weiß ob die Nachwelt nicht einst ein ähnliches Urteil über sein Wirken fällen wird? – Im Garten bemerkte ich etwas Artiges, einen dicht gepflanzten Efeukranz auf dem Rasen, der wie nur nachlässig darauf hingeworfen, und wie von einem Vorübergehenden verloren, erschien.

Die Reise sollte mit der Besichtigung von Bulstrode geschlossen werden, das Repton so weitläufig, als ein Muster für Park und Gartenanlagen, beschreibt. Dieser Kelch geht aber an Dir vorüber, liebe Julie, denn der Herzog von Portland hat es verkauft, und der jetzige Besitzer die stolzen Baumriesen, für die sich Repton so enthusiasmiert, gefällt, die Wiesen zu Feld beurbart, und selbst das Schloß abgerissen, um die Steine zu Gelde zu machen. Es war eine traurige Szene der Verwüstung, noch bedenklicher gemacht durch die seltsame Tracht der darin arbeitenden Weiber, welche, vom Kopf bis zum Fuß in blutrote Mäntel gehüllt, einer unheimlichen Versammlung von Scharfrichtern glichen.

London, den 13ten

Bei hellem Gaslicht, das hier immer einer festlichen Illumination gleicht, fuhren wir in die Stadt ein, und da ich mir, nach dem langen Park- und Gartenleben, auf der Stelle einen Kontrast bereiten wollte, stieg ich am Covent Garden Theater ab, um die erste Weihnachtspantomime zu sehen. Dies ist eine sehr beliebte Schauspielart in England, wo man vorzüglich die Kinder hinführt, und auch ich also gut an meinem Platze war. Dichter und *décorateurs* wenden viel Fleiß darauf, jedes Jahr das vergangne mit größern Wundern zu überbieten. Ehe ich Dir gute Nacht sage, will ich, in einer rhapsodi-

THEATRE ROYAL, DRURY-LANE.
THIS EVENING, THE HYPOCRITE.
Doctor Cantwell, Mr. Dowton; Maw-worm, Mr. Liston; Charlotte, Miss Ellen Tree.
To conclude with THE MAN IN THE MOON; or, Harlequin Dog-Star.

THEATRE ROYAL, COVENT-GARDEN.
THIS EVENING (4th time), a new Comedy, called a SCHOOL FOR GROWN CHILDREN.
Sir Arthur Stanmore, Mr. C. Kemble; Old Revel, Mr. W. Farren; Lady Stanmore, Miss Chester; Mrs. Revel, Mrs. Chatterley.
To conclude with HARLEQUIN AND MOTHER SHIPTON; or Riquet with the Tuft.

ADELPHI THEATRE, STRAND.
THIS EVENING will be performed, with entirely new music, a nautical burletta, called THE FLYING DUTCHMAN; or, The Phantom Ship. After which, a favourite burletta, called CURIOSITY CURED. To conclude with the grand comic Christmas pantomime, entitled HARLEQUIN AND THE EAGLE; or, The Man in the Moon and his Wife.

TO CORRESPONDENTS.

In the present circumstances of the American negotiation, we think "A. B.'s" letter premature.

The correspondent who has sent us some Latin verses of Porson, will have the goodness to give us a correct version of the second line: as he has written it, it is neither sense nor metre. It would be easy to substitute a word, but we would rather have the exact expressions of the author.

☞ The publication of *The Times* commenced at 5 o'clock yesterday morning, and finished at a quarter-past 9.

LONDON, FRIDAY, JANUARY 12, 1827.

The Times, January 12, 1827

schen Skizze, das Spiel noch einmal vor Dir sich begeben lassen.

Beim Aufrollen des Vorhangs füllt ein dichter Nebel die Szene, der sich nur nach und nach verzieht, welches durch feine Gaze sehr täuschend bewerkstelligt wird. Man unterscheidet im Dämmerlicht eine ländliche Hütte, den Wohnort einer Zauberin, im Hintergrunde einen See, von Gebirgen umgeben, und einigen Schneegipfeln überragt. Noch ist alles dämmernd und undeutlich, da geht die Sonne auf, besiegt die schweren Morgendünste, und die Hütte mit dem entfernter liegenden Dorfe erscheinen nun erst in vollster Klarheit. Jetzt entdeckt man auf dem Dache einen großen Hahn, der mit den Flügeln schlägt, sich brüstet und die Sonne mit mehreren sehr natürlichen ›Kikerikis‹ begrüßt. Eine Elster neben ihm fängt an zu sprechen, herumzuspazieren, und einen in der Mauernische darunterliegenden, gigantischen Kater zu necken, der seine Glieder schläfrig reckt, seine Schnauze putzt, und behaglich schnurrt. Dieser Kater wird von einem der *acteurs*, welcher sich nachher in Harlequin verwandelt, mit großer Virtuosität agiert. Sein Spielen mit einer Melone, die Leichtigkeit seines Kletterns auf den Schornstein hinauf und herunter, seine Sprünge und Manieren sind so natürlich, daß sie nur den Tieren selbst durch langes Studium abgelauscht sein können, denn glücklicherweise ist nun die Schauspielkunst dahin gekommen, daß sie nicht mehr nötig hat, Menschen durch Pudel und Affen überbieten zu lassen, sondern diese gefeierten Tiere durch die Menschen selbst täuschend darstellen zu lassen imstande ist.

Unterdes öffnet sich die Türe, und Mutter Shipton, eine fürchterliche Hexe, tritt mit ihrem ähnlichen Sohne heraus. Die Haustiere, zu denen sich noch eine große Eule gesellt, machen sogleich ihre Morgen-Cour nach Kräften. Die Hexe aber ist unwirsch, spricht eine Verwünschung über sie aus, und verwandelt sie auf der Stelle (was äußerst geschickt gemacht wird) in die Personen der italienischen Komödie, die, gleichsam ein Bild der Welt, sich rastlos verfolgen, bis der Klügste endlich siegt. So spinnt sich denn das Märchen durch tausend Verwandlungen und Tollheiten weiter fort, ohne besondern Zusammenhang, aber zuweilen mit guten Anspielungen auf die Tagesbegebenheiten, und vorzüglich mit herrlichen Dekorationen, den Witzen des Maschinisten. Eine der besten Darstellungen dieser Art war die Zauberküche. Ein Felsen spaltet sich und zeigt eine große Höhle, in deren Mitte über einem brennenden Klafter Holz ein ganzer Hirsch mit Geweih, ein ganzer Ochse, und ein Schwein sich mit Blitzesschnelle übereinander am Spieße herumdrehen. Auf einem Herde an der rechten Seite bäckt eine Pastete von der Größe eines Frachtwagens, und links wird ein *plum-pudding* von gleichem *calibre* gekocht. Der *chef de cuisine*[62] erscheint hierauf mit ein paar Dutzend Gehilfen in weißer grotesker Uniform alle mit langen Schwänzen versehen, und jeder mit einem Riesenmesser und Gabel bewaffnet. Der Kommandierende läßt sie erst ein lächerliches Exerzitium machen, das Gewehr präsentieren u. s. w., wobei sie sich ebenso erfahren benehmen, als die sieben Mädchen in Uniform. Dann stellt er sie pelotonweise[63] an, um die Braten mit Butter zu begießen, und dies zwar mit Kochlöffeln von demselben gigantischen Maßstabe als die übrigen Utensilien, während sie mit ihren langen Schwänzen sorgsam das Feuer anfachen.

Später stellt die Szene eine hohe Burg dar, nach welcher die beschriebenen Riesengerichte gleich Artillerie gefahren werden. Die Windungen des Felsenweges lassen sie in steigender Entfernung immer kleiner wieder zum Vorschein kommen, bis endlich die Pastete, wie der untergehende Mond, am Horizonte verschwindet.

Nun werden wir in eine große Stadt versetzt, mit allerlei komischen Inschriften an den Häusern, meistens Satiren auf die Menge der neuen Erfindungen und Compagnien für alle möglichen Unternehmungen, als z.B. ›Wasch-Compagnie der vereinigten drei Reiche‹. ›*Steamboat,* in 6 Tagen nach Amerika zu fahren‹. ›Sicheres Mittel, in der Lotterie zu gewinnen‹. ›Bergwerksaktien 10 L.St., um in 10 Jahren ein Millionär zu werden‹ etc. etc. Eine Schneider-Werkstatt zeichnet sich im Vorgrund aus, wo im *rez-de-chaussée*[64] mehrere Gesellen emsig nähen, und über der Türe eine Schere von sechs Ellen Länge, aufwärts stehend, als Wahrzeichen befestigt ist. Harlequin kommt an, verfolgt von Pantalon und Comp., und springt, mit einem Purzelbaum in der Luft, durch ein Fenster des zweiten Stocks, das klirrend zerschmettert, in das Schneiderhaus. Die Verfolger, vor dem *salto mortale* zurückfahrend, stürzen übereinander her, und prügeln sich mit artistischem Geschick und einer Gelenkigkeit, die man nur Marionetten zutrauen sollte. Man holt nun Leitern, und die Gesellschaft steigt Harlequin nach in das Haus. Dieser ist aber bereits aus dem Schornstein echappiert[65], und läuft auf den Dächern weiter. Pantalon mit seinem langen Kinn und Bart, lugt indes zum Mittelfenster, wo die Schere hängt, und mit ihren beiden Schneiden das Fenster umfaßt, hinaus, um zu erspähen, welchen Weg Harlequin wohl genommen habe. Plötzlich schlägt aber die Schere zu, und sein Kopf fällt auf die Straße. Pantalon, ohne Kopf, rennt nichtsdestoweniger die Treppe hinab, und stürzt aus der Türe seinem kollernden Haupte nach, das unglücklicherweise in demselben Augenblick ein Pudel aufnimmt, und damit fortrennt. Pantalon hinterdrein. Hier begegnet er aber Harlequin schon wieder, der sich als Doktor verkleidet hat, und schnell eine Konsultation mit drei andern Ärzten hält, wie dem jammernden Pantalon zu helfen sei. Man vereinigt sich endlich, die kahle Stelle, wo der Kopf fehlt, mit Macassar-Öl-Essenz[66] zu schmieren und glücklich wächst auch, vermöge dieser Operation, vor den Augen der Zuschauer der Kopf langsam wieder heraus.

Im letzten Akt wird uns das Tivoli in Paris zum besten gegeben.[67] Ein Luftballon mit einem schönen Kinde steigt auf. Während er vom Theater über die Zuschauer hinschwebt, versinken nach und nach die irdischen Dekorationen, und sobald der Ballon an der Decke angekommen ist, wo er um den Kronleuchter in beträchtlicher Höhe eine Volte[68] macht, füllt sich die Bühne mit wogenden Wolken, durch welche tausend Sterne blinken, was eine artige Illusion hervorbringt.

Beim Herabsinken des Ballons steigt Stadt und Garten wieder gradatim empor. Nach dieser Szene wird ein Seil aufgeschlagen, auf dem eine reizend gewachsene Frau mit dem Schubkarren bis zur Spitze eines gotischen Turmes in Brillantfeuer fährt, während andere Equilibristen[69] auf ebenem Boden daneben ihre halsbrechendsten Kunststücke machen.

Zum Schluß verwandelt sich, mit Donner und Blitz, das Theater in einen prachtvollen chinesischen Saal, mit tausend bunten Papierlampen, wo alle Zaubereien sich lösen, die Hexe durch einen wohltätigen Geisterkönig in die Eingeweide der Erde verbannt wird, und Harlequin, als anerkannter legitimer Prinz, sich endlich mit seiner Kolombine vermählt.

Beim Zuhausefahren hatten wir noch ein anderes sonderbares Schauspiel gratis. Aus einer Feueresse drang eine hohe Säule glühenden Rauches, die sich bald darauf abwechselnd grün, rot und blau färbte, und je näher wir kamen, immer dichter und bunter gleich dem eben gesehenen chinesischen Feuerwerk, in Farben emporwirbelte. »Wahrscheinlich«, sagte ich zu R…, »ein chemisches Laboratorium, wenn nur kein ernstliches Feuer daraus entsteht.« Doch kaum hatte ich es gesagt, so war meine Befürchtung auch schon in Erfüllung gegangen. Geschrei erschallte von allen Seiten, wilde Flammen zuckten gen Himmel, die Menschen liefen zusammen, und bald rasselten schon Spritzen durch die Straßen. Aber die große Stadt verschlingt das Einzelne. – Noch 500 Schritte weiter, und das Feuer in der Nachbarschaft erregte weder Lärm mehr noch Interesse. In einem erleuchteten Palast tanzte man lustig, langsam zogen die aus den Theatern Heimkehrenden ihren Wohnungen zu, und freche Nymphen, wie faktisches Elend, suchten an den dunkeln Stellen wie gewöhnlich der Vorübergehenden Aufmerksamkeit zu erregen.

Doch meine gute, liebe Julie, *il faut que tout finisse*[70], also auch diese lange Reiserelation, die Dir gewiß einen Bogen für jedes Jahr meines Lebens liefert. Daß sie aber mit einem Feuer schließt, das deute auf feurige Liebe, und hierzu ist es nicht nötig, wie Dein Aberglaube empfiehlt, zu rufen: ›Zur guten Stunde sei's gesagt!‹ Jede Stunde, selbst die unglücklichste, ist gut – wo Liebe ist.

Elfter Brief

London den 19. Januar 1827

Teure Julie!

R... ist heute nach Harwich abgereist, und wird in 14 Tagen bei Dir sein, Du aber Dich gewiß dann freuen, einen lebendigen Zeugen des Schaltens und Waltens Deines L... mündlich über so manches ausfragen zu können, was doch mit dem besten Willen in Briefen nicht mit jeder Nuance so auszudrücken ist. Ich habe mich unterdessen im Stadtleben wieder eingewohnt. Gestern speiste ich bei Fürst E..., wo uns der ...sche Legations-Sekretär, eine Art aimabler *bouffon*[1], und obgleich selbst von sehr ordinärer Abkunft, doch ein Superlativ von Ultra *(tel le maître tel le valet)*[2] in einem Lachen erhielt. Ich habe oft das Talent der Franzosen bewundert, und auch wohl beneidet, die amüsantesten Erzählungen aus den gewöhnlichsten Begebenheiten zu komponieren, die in anderm Munde sogleich alles Salz verlieren würden. Niemand exzelliert darin mehr, als Herr R..., und liefert zugleich einen Beweis, daß dieses Talent allein Folge der dazu so vortrefflich passenden Sprache, und einer aus dieser wiederum entspringenden Erziehung ist. Denn Herr R... ist ein Deutscher, ich glaube ein Schwabe, aber als zweijähriges Kind nach Frankreich gekommen und daher als Franzose erzogen worden. Die Sprache macht den Menschen mehr, als das Blut, aber das Blut hat freilich früher die Sprache gemacht.

Übrigens muß man auch wieder bekennen, daß, so brillant ein solches liebenswürdiges Geschwätz auch im ersten Augenblick erscheint, es zuletzt doch nur wie eine *fusée*[3] zerplatzt, und der Erinnerung nichts mehr zurückläßt, so daß der pedantische Deutsche sogar eine Art Unbehaglichkeit darnach fühlt, und bedauert, seine Zeit unnütz verloren zu haben. Wäre dem deutschen Element, das sich seine Sprache gebildet, es auch noch möglich gewesen, ihr jene Leichtigkeit, Rundung, angenehme Zweideutigkeit und zugleich Präzision und Abgeschlossenheit zu geben, welche Eigenschaften auch die französische Dreistigkeit in den gesellschaftlichen Verhältnissen hervorrufen, so müßte des Deutschen Konversation gewiß die befriedigendste von beiden sein, da er nie versäumen würde, dem Angenehmen auch das Nützliche beizufügen. So aber bleibt uns Deutschen gewöhnlich in der Gesellschaft nur die Art Verstand übrig, welche die Franzosen so treffend *l'esprit des escaliers*[4] nennen, nämlich der, welcher einem erst auf der Treppe eingibt, was man hätte im Salon sagen sollen.

Von dem Feuerwerk des Franzosen ist mir nichts im Gedächtnis zurückgeblieben, als folgende gute Anekdote.

Ein zur Zeit Ludwig XIV. als Autorität geltender diplomatischer Schriftsteller, schließt eine Abhandlung über die großen Vorrechte, die einem fremden Botschafter zustehen, mit folgenden Worten: *»Mais dès qu'un ambassadeur est mort, il rentre aussitôt dans la vie privée.«*[5]

Den 22sten

Der arme Herzog von York ist nach langem Krankenlager endlich gestorben, und jetzt sehr prächtig in Parade aufgestellt. Ich sah ihn noch im Oktober, und fand in ihm schon damals nur noch den Schatten des rüstig stattlichen Mannes, den ich in früherer Zeit so häufig in Lady L...s und in seinem eignen Hause sah, wo sechs *bouteilles* Claret, nach Tische getrunken, seine Physiognomie nur unmerklich veränderten. Ich erinnere mich, daß er an einem solchen Abend einst – es war schon nach Mitternacht – einige seiner Gäste, unter denen sich auch der österreichische Gesandte, Graf

Meerveldt, der Graf Beroldingen und ich befanden, in sein schönes Waffenkabinett führte. Wir versuchten mehrere türkische Säbel zu schwingen, mochten aber insgesamt keine recht feste Hand mehr haben, und daher geschah es, daß sowohl der Herzog, als Graf Meerveldt, sich an einer indischen Waffe, einer Art geradem Schwert, beide blutig ritzten. Hierauf wünschte der letztere zu wissen, ob sie so gut schneide als ein Damaszener[6], und unternahm sogleich, eins der auf dem Tisch stehenden Wachslichter mittendurch zu hauen. Das Experiment geriet aber so schlecht, daß beide Lichter samt den Leuchtern auf den Boden fielen und verlöschten. Während wir in der Dunkelheit umhertappten, und die Türe suchten, fing der Adjutant des Herzogs, Obrist C..., kläglich zu stammeln an: »By God Sir, I remember, the sword is poisoned!«[7] ... Man kann sich das angenehme Gefühl der Verwundeten bei dieser Nachricht denken – glücklicherweise zeigte es sich aber bald bei genauerer Untersuchung, daß der Behauptung des Obristen nur Claret, und kein Gift zum Grunde lag.

Der Herzog wird seiner vielen vortrefflichen Eigenschaften wegen sehr bedauert, und das ganze Land trägt tiefe Trauer für ihn, mit Flor am Hute und schwarzen Handschuhen, was die Fabrikanten zur Verzweiflung bringt. Alle Livreen sind schwarz, auch schreibt man nur auf Papier mit breitem schwarzen Rande. Während dem werden aber nichtsdestoweniger die Weihnachtspantomimen auf den Theatern fortgesetzt, und es macht eine sonderbare Wirkung, wenn man Harlequin und Brighella sich in allen Frivolitäten und Possen auf der Bühne herumjagen, und das, wie zu einem Leichenzuge beflorte, rabenschwarze Publikum dabei wütend klatschen und vor Lachen laut jubeln hört.

Eben erhalte ich Deinen Brief von B... Nun wahrlich, so lustig, ich möchte fast sagen, so beißend, hast Du lange nicht geschrieben. Die B...schen Originale scheinen Dich ganz

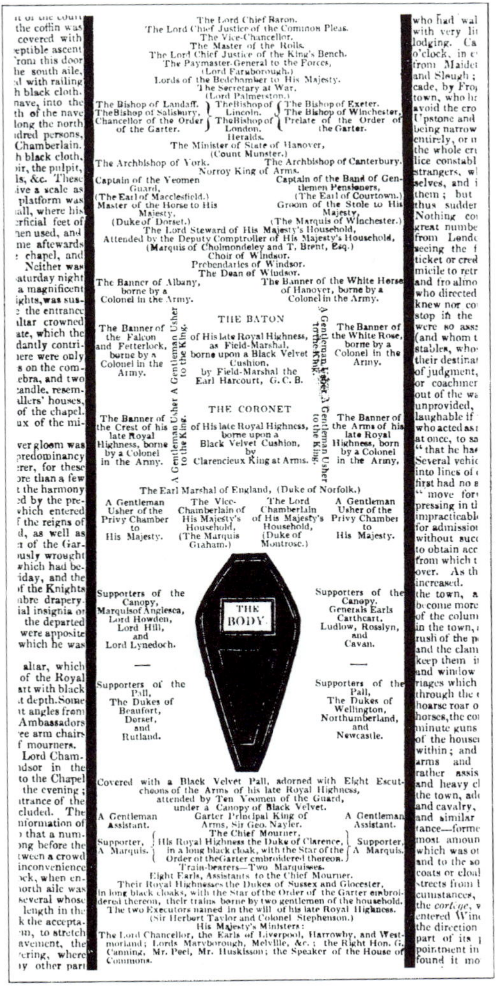

The Lord Chief Baron.
The Lord Chief Justice of the Common Pleas.
The Vice-Chancellor.
The Master of the Rolls.
The Lord Chief Justice of the King's Bench.
The Paymaster-General to the Forces,
(Lord Farnborough.)
Lords of the Bedchamber to His Majesty.
The Secretary at War,
(Lord Palmerston.)

The Bishop of Landaff. The Bishop of Salisbury, Chancellor of the Order of the Garter.	The Bishop of Lincoln. The Bishop of London.	The Bishop of Exeter. The Bishop of Winchester, Prelate of the Order of the Garter.

Heralds.
The Minister of State of Hanover,
(Count Munster.)

The Archbishop of York.	The Archbishop of Canterbury.

Norroy King of Arms.

Captain of the Yeomen Guard, (The Earl of Macclesfield.)	Captain of the Band of Gentlemen Pensioners, (The Earl of Courtown.)
Master of the Horse to His Majesty, (Duke of Dorset.)	Groom of the Stole to His Majesty, (The Marquis of Winchester.)

The Lord Steward of His Majesty's Household,
Attended by the Deputy Comptroller of His Majesty's Household,
(Marquis of Cholmondeley and T. Brent, Esq.)
Choir of Windsor.
Prebendaries of Windsor.
The Dean of Windsor.

The Banner of Albany, borne by a Colonel in the Army.	The Banner of the White Horse of Hanover, borne by a Colonel in the Army.

The Banner of the Falcon and Fetterlock, borne by a Colonel in the Army.	A Gentleman Usher to the King.	THE BATON of His late Royal Highness, as Field-Marshal, borne upon a Black Velvet Cushion, by Field-Marshal the Earl Harcourt, G. C. B.	A Gentleman Usher to the King.	The Banner of the White Rose, borne by a Colonel in the Army.
The Banner of the Crest of his late Royal Highness, borne by a Colonel in the Army.	A Gentleman Usher to the King.	THE CORONET of His late Royal Highness, borne upon a Black Velvet Cushion, by Clarencieux King at Arms.	A Gentleman Usher to the King.	The Banner of the Arms of his late Royal Highness, born by a Colonel in the Army.

The Earl Marshal of England, (Duke of Norfolk.)

A Gentleman Usher of the Privy Chamber to His Majesty.	The Vice-Chamberlain of His Majesty's Household, (The Marquis Graham.)	The Lord Chamberlain of His Majesty's Household, (Duke of Montrose.)	A Gentleman Usher of the Privy Chamber to His Majesty.

Supporters of the Canopy, Marquis of Anglesea, Lord Howden, Lord Hill, and Lord Lynedoch.	THE BODY.	Supporters of the Canopy. Generals Earls Cathcart, Ludlow, Rosslyn, and Cavan.
Supporters of the Pall, The Dukes of Beaufort, Dorset, and Rutland.		Supporters of the Pall, The Dukes of Wellington, Northumberland, and Newcastle.

Covered with a Black Velvet Pall, adorned with Eight Escutcheons of the Arms of his late Royal Highness, attended by Ten Yeomen of the Guard, under a Canopy of Black Velvet.

A Gentleman Assistant.	Garter Principal King of Arms, Sir Geo. Nayler.	A Gentleman Assistant.
Supporter, A Marquis.	The Chief Mourner, His Royal Highness the Duke of Clarence, in a long black cloak, with the Star of the Order of the Garter embroidered thereon.	Supporter, A Marquis.

Train-bearers—Two Marquisses.
Eight Earls, Assistants to the Chief Mourner.
Their Royal Highnesses the Dukes of Sussex and Glocester, in long black cloaks, with the Star of the Order of the Garter embroidered thereon, their trains borne by two gentlemen of the household.
The two Executors named in the will of his late Royal Highness.
(Sir Herbert Taylor and Colonel Stephenson.)
His Majesty's Ministers:
The Lord Chancellor, the Earls of Liverpool, Harrowby, and Westmorland; Lords Maryborough, Melville, &c.; the Right Hon. G. Canning, Mr. Peel, Mr. Huskisson; the Speaker of the House of Commons.

The Times, January 22, 1827.
Aufstellung des Trauerzuges (Ausschnitt)

elektrisiert zu haben, und obgleich ich mich darüber freuen sollte, fühle ich doch ein wenig Eifersucht. Du wirst aber schon zu Deinem Original wieder zurückkehren. – Wie Cäsar, sage ich mit Zuversicht: Ich fürchte nicht die Fetten, sondern nur die Magern, und so lange Du also, wie Du mich versicherst, Dein hübsches *embonpoint*[8] konservierst, bleibe ich ganz ruhig. Bei alle dem hätte ich doch Lust, Dich ein wenig wieder zu necken, wenn ich nicht wüßte, daß Du den Scherz *par distance* nicht wohl verträgst. Um meiner Laune jedoch in etwas genug zu tun, sende ich Dir einen Auszug aus meinem Journal, ein Seitenstück zu Deiner frühern afrikanischen Reise; denn das magere Tagebuch lebt noch, obwohl es manchmal monatelang keine Nahrung bekommt, und die wenige nicht den mindesten *haut-goût*[9] enthält. Erwarte also auch weder etwas Lustiges noch Satirisches, sondern nur Ernsthaftes, denn es wird Dir als Strafe auferlegt.

*

Aus meinem Tagebuch

In der Literary Gazette las ich heute einen sehr gründlichen Aufsatz, der meines Erachtens schlagend beweiset, wie vorteilhaft der große Landbesitz einzelner in England auch auf die Kultur des Bodens selbst wirkt*, im Vergleich mit der, unter einer gewissen Klasse von Staatstheoretikern so beliebten, möglichsten Verparzellierung des Landbesitzes, wie sie in Frankreich stattfindet. Ich gebe einen freien Auszug:

»Nach der auf offizielle Aktenstücke basierten Berechnung ist in Frankreich dem Ackerbau gewidmet an Land 27440 Quadrat-Lieues. In England nur 13396, also noch nicht die Hälfte. Demohngeachtet ist der Ertrag des Bodens

* Mißbrauche abgerechnet. *A. d. H.*

an Produkten in England 1/7 mehr. Da nun die Güte des Bodens nicht in der Totalität erheblich verschieden ist, so beweiset dies offenbar, daß man den Ackerbau in England weit besser versteht, und der Grund in dem Reichtum der großen Landbesitzer lieget, die stets bereit sind, Ameliorationen[10], neuen Versuchen, und dem Fortschritt der Wissenschaft momentane Opfer zu bringen, die ihnen oder andern in der Folge hundertfältig zugute kommen – ein Vorteil, der kleinen Besitzern, die nie zu einem hinlänglichen Betriebs-Kapital kommen können, stets abgeht. Noch merkwürdiger aber wird der fernere Vergleich.

In England und Schottland gibt es 589384 Landeigentümer und Pächter. Ein Drittel für Irland hinzugerechnet: und jede dieser Familien zu fünf Personen angenommen, erreichen sie in der Gesamtheit noch nicht die Zahl von 4000000, also ohngefähr 1/5 der ganzen Bevölkerung Großbritanniens.

In Frankreich dagegen gibt es nicht weniger als 4833000 Landeigentümer und Pächter. Diese gleichfalls zu fünf Personen *pro* Familie angenommen, machen die ungeheure Totalsumme von 24000000 aus, also beinahe 4/5 der Nation, die allein mit Ackerbau beschäftigt sind. Was folgt daraus? Daß in England 1/5 der Bevölkerung dasselbe Resultat des Ackerbaues und darüber ergibt, als in Frankreich 4/5; – daß also der Industrie, den Fabriken, Handel etc. in England 4/5, in Frankreich nur 1/5 übrig bleibt.«

Kann es eine bessere Lektion für unsre Nivellierer geben, die mit so viel Pathos behaupten, nur die möglichste Verkleinerung des Landbesitzes bringe die höchste Bevölkerung, und folglich die größte Wohlfahrt eines Staates hervor, und dabei albern genug sind, wie Elstern den in England von allen Unterrichteten verlachten Oppositionsblättern nachzuschreien, daß die großen Gutsbesitzer allein die Ursache der Not der geringeren Klassen wären?

Diese vorübergehende Not trifft aber eigentlich nur die Fabrikarbeiter und liegt in der Natur der Sache, da diese Leute, lebenslang nur an ein und dieselbe Arbeit gewöhnt, plötzlich keine andere übernehmen können noch wollen, wenn eine Stockung im Handel eintritt. Dies ist die notwendige Folge einer so ins Unermeßliche getriebenen Industrie als in England, und das zufällige und vorübergehende Leiden einiger Tausend kann nicht in Betracht kommen gegen das Übergewicht von Macht und Reichtum, welches England zum großen Teil dieser Industrie, – NB. auf einer blühenden und beschützten Landwirtschaft fest gestellt –, mit verdankt. Übrigens sind die Arbeiter, von denen die Rede ist, durch großen Verdienst und gutes Leben so verwöhnt, daß ein solcher schon vom Verhungern spricht, wenn er nicht täglich Fleisch, Weißbrot, Bier und Tee in den größten Portionen zu sich nehmen kann, und ich frage jeden Fremden, der in England als Beobachter ohne Vorurteil reist, ob er nicht weit mehr noch durch die allgemeine Wohlhabenheit und die vielen befriedigten Bedürfnisse der gemeinern Klassen, als durch den oft fürstlichen Reichtum und Luxus einzelner in Verwunderung gesetzt wird? Der Taglöhner in England lebt fast durchgängig besser, als in Deutschland der wohlhabende Bürger, und es ist ein merkwürdiger Fall, der des Zitierens wert ist, daß, während in Manchester und Birmingham Ende vorigen Jahres, nach den öffentlichen Blättern, Tausende verhungerten, Fabriken verbrannt und Militär requiriert wurde, man im Parlament bewies, daß sechs Stunden davon keine Menschen zur Ernte für dreifachen Lohn zu bekommen waren*.

Ein Hauptgrund des hohen Wohlstandes Englands ist

* Man wird sich in den bereits publizierten Teilen dieser Schrift einer ähnlichen Stelle erinnern, und vielleicht noch andere finden, die einer Wiederholung gleichen, in einer wirklichen und nicht bloß fingierten, *après coup*[11] gemachten, Korrespondenz, kommt dergleichen wohl vor,

aber, alles übrige abgerechnet, wohl vor allem: die außerordentliche Ehrfurcht, welche sowohl die Gesetze selbst, als die Verwaltung für alles Eigentum an den Tag legen, worunter Grundeigentum immer das am gefährlichsten für den Staat zu verletzende bleibt. Dies wird auch von der Nation als ein so heiliges Recht angesehen, daß Operationen, wie Kontinentalmächte sie oft zum Besten ihrer Untertanen willkürlich vornehmen, Theorien, die das Eigentum einer Klasse in Anspruch nehmen, um eine andere besser zu stellen, dort ganz unausführbar sind. Daraus aber entsteht Sicherheit für Vornehme wie Geringe, und dieser folgt Wohlstand.

Später wird man vielleicht auch bei uns einsehen, welchen zweifelhaften Nutzen man dem Staate dadurch gebracht hat, daß man von diesem Prinzipe abging, und das Eigentum der Gutsbesitzer und die Ansprüche der Bauern durch niedergesetzte kostspielige Kommissionen auf eine Art regulieren läßt, die den Ersteren durch Machtspruch einen Teil des ihrigen nimmt, um es den andern zuzuwenden, ohne daß es diesen dennoch zugute kommt, indem beide Teile oft fast so viel, als der ganze Gegenstand wert ist, an die Schiedsrichter bezahlen müssen!

So hat sich aber die gezwungene*, sogenannte ›Regulie-

und kann nicht immer, ohne dem Zusammenhange zu schaden, ausgemerzt werden.

Wir bitten daher den freundlichen Leser hier um gütige Nachsicht. *A. d. H.*

* Gezwungen ist die Regulierung allerdings, weil, wenn nur eine der beiden Parteien darauf anträgt, die andere folgen muß. Da aber der Bauer allein dabei etwas zu erhalten hoffen kann, der Gutsbesitzer in der Regel nur zu geben hat, so versteht es sich von selbst, daß jener immer der antragende Teil ist. In der spätern Zeit jedoch, wo so viele Gemeinden eingesehen, daß die durch die Regulierung erlangten Vorteile mit den Kosten, welche die Herren Regulierer verzehren, nicht in gehöriger Proportion stünden, haben viele derselben vorgezogen, lieber in den alten Verhältnissen zu bleiben, und wären, wo die Prozedur schon angefangen,

rung‹ der bäuerlichen Verhältnisse nur an zu vielen Orten gestaltet, obgleich sie früher in gut gemeinter Absicht angeordnet war, und wenn sie, als eine despotische Maßregel, auch schnell und despotisch ausgeführt worden wäre, vielleicht heilsam gewirkt hätte, statt daß sie jetzt, in Formen

auch gern zurückgetreten, aber die Spinne läßt keine Fliege los, die sie einmal in ihrem Netz gefangen.

Hätte das Gouvernement bloß die freiwillige Separation erleichtert, dazu aufgefordert, und sie ohne Gewalt zu befördern gesucht, wozu ihr viele wohltätige Mittel zu Gebote standen, so wäre kein System segensreicher gewesen, und die immer allgemeiner werdende Humanität unseres Jahrhunderts würde der Regierung mit Freuden selbst in die Hände gearbeitet haben. Dann wären Gutsherren und Bauern Freunde geblieben, und noch weit inniger durch gegenseitigen Vorteil verbunden worden, statt daß jetzt beide Stände, in unendliche Streitigkeiten verwickelt, künstlich zu Antagonisten und Feinden umgeschaffen werden, von nun an nur die schroffeste, dem Staate höchst schädliche gänzliche Trennung alles Interesses wünschend, und jeder Teil sich, von allem patriarchalischen Elemente losgerissen, im grassesten Egoismus zu verschanzen sucht. Wie übel aber, wenn ein gleiches Mißbehagen, und ein endlich daraus entstehendes gleiches *politisches* Interesse einmal so demoralisierte und gemeinschaftlich verarmte Parteien wieder vereinigen sollte!

Es ist sehr zu wünschen, daß man in Sachsen, wo ein ähnliches Bedürfnis laut wird, den gutsherrlichen und bäuerlichen Verhältnissen eine neugeregelte Gestalt zu geben, die Erfahrungen des Nachbarlandes benutzen, keinen gewaltsamen, d. h. keinen ungerechten Weg dazu einschlagen, und vor allem die Ausführung schnell betreiben, nicht einem Heer hungriger Advokaten und verdorbner Ökonomen, in einen monströsen Körper mit weitreichenden Fingern vereinigt, anvertrauen, sondern durch Spezial-Kommission regulieren lassen möge, die aus Abgeordneten der Parteien selbst, mit Zuziehung eines ausgewählten Regierungsbeamten und eines erprobten Juristen zusammengesetzt sind, und von deren Entscheidung kein Appell stattfindet.

Übrigens lassen die dermaligen politischen Konjunkturen uns allerdings fürchten, daß die ganze jetzige Generation zum Opfer für einen bessern Zustand der künftigen gebracht werden soll – ganz dasselbe Prinzip, welches bei uns der Regulierung der bäuerlichen Verhältnisse zum und nicht abzusehende Schwierigkeiten und Instanzenzüge versunken, gleich einem schädlichen Upas-Baum dem Lande ringsumher methodisch das Mark aussaugt, und alle Verhältnisse um sich her vergiftet.

War die Idee des Gesetzgebers also auch wohlmeinend, so blieb die Maßregel doch immer eine eigenmächtige Handlung der Gewalt, die das Privateigentum angriff, und so konnte auch die fehlerhafte Wurzel, besonders bei so schlechter Wartung der Pflanze, nur meist trügende Früchte bringen.[12]

Ich ging jetzt über zu einer Rezension des ›Salvator Rosa‹, von Lady Morgan, in demselben Blatte. Eine Stelle darin ergriff mich tief, *et pour cause.*[13] Es ist die originelle Schilderung ihres Helden ohngefähr wie folgt.

›Mit einem Durst nach Lob‹, sagt sie, ›welchen kein Beifall befriedigen konnte, vereinigte Salvator eine Schnelle und Beweglichkeit der Wahrnehmung, die ihn stets ungewiß machte, ob er gefiele, selbst wenn er den meisten *success* hatte. Ein verzogener Mund, ein niedergeschlagenes Auge, ein ennuyierter Blick, eine ungeduldige Miene, das leiseste Lächeln, der Schein einer gehässigen Anspielung konnte augenblicklich die peinlichsten Gefühle in ihm hervorrufen, alle seine Eigenschaften paralysieren, und ihm alle Macht rauben, diese Schwäche zu verbergen.

Verlassen in dieser Epoche von den Großen und Müßigen, die ihn mehr fürchteten als liebten, und seiner Dienste jetzt nicht bedurften, verbarg er sich freiwillig in tiefe Einsamkeit, auch vor denen, die ihm treu geblieben, gleichmäßig fliehend, wer ihn liebte, und wen er verachtete. Seine Schilderung dieser Reise ist erschöpfend für die wilde Einbil-

Grunde gelegt wurde, und welches das Schicksal allerdings oft anwendet – für einen Staat aber immer mißlich nachzuahmen bleibt. *A. d. H.*

dungskraft und die eigentümlichen Gefühle, welche das wahre Geheimnis seines Wesens ausmachen, während seine Sehnsucht nach Einsamkeit, seine stets vergebne Reue, den Kampf eines Gemüts malen, das zwischen einer angebornen Liebe zu Natur und Ruhe, und einem künstlichen Ehrgeiz für die Aufmerksamkeit der Welt und dem Glanze des Rufes fortwährend schwankte – kein ungewöhnlicher Kontrast in jenen vielleicht höher begabten Gemütern, die ihre Intelligenz zwar oft über die andern erhebt, welche dieselbe Natur aber durch gesellschaftliche und sympathetische[14] Neigungen wieder zum Niveau dieser andern herabzieht. Diese feine, aber unglückliche Organisation, die ihn so empfänglich für jeden Eindruck machte, guten oder übeln, und die ihm zu Zeiten keinen Schutz mehr weder gegen die Schrekken der Einbildungskraft ließ, noch auch gegen die Betrübnis über wahre Verleumdung und Verfolgung – versenkte ihn zu häufig in Anfälle unbesiegbarer Melancholie, wenn jede Illusion verschwand, und er die Menschen, zu denen er mitgehörte, in aller Nacktheit ihrer angebornen Gebrechlichkeit sah.‹

Ja, diese Schilderung ist aus der Seele gegriffen, und ebenso wahr ist es, daß, mit einer solchen Disposition geboren, man in der umgebenden Welt sich nur wohl fühlen kann, wenn man durch die Verhältnisse sehr – sehr hoch über sie gestellt ist, oder ganz unbemerkt in ihr lebt.

So weit wurde ich durch die Gedanken anderer geführt, jetzt will ich für heute das Tagebuch mit einer eignen Betrachtung schließen, deren Gegenstand noch tiefer das Innerste berührt, und eine Frage verhandeln, deren nähere Beleuchtung jeden interessieren muß, wenn er auch ebensowenig wie ich ein Philosoph von Profession ist.

Was ist ›Gewissen‹?

Das Gewissen hat ohne Zweifel eine doppelte Natur, wie

eine doppelte Quelle. Die eine fließt aus unserer höchsten Stärke, die andere aus unserer größten Schwäche, die eine aus dem in uns wohnenden Geist Gottes, die andere aus sinnlicher Furcht. Beide wohl zu unterscheiden, ist für die Ruhe des Menschen nötig, die nur aus möglichster Klarheit entspringt, denn der Mensch verlangt, wenn er aus dem ursprünglichen, gebieterischen Gefühlsinstinkt herausgetreten ist, alles Bleibende nur durch Anstrengung ›im Schweiße seines Angesichts‹, auch die Erkenntnis. Es ist aber ein Ganzes, aus unzähligen Teilen zusammengesetzt, und nur im vollständigen Gleichgewicht dieser Teile kann er als Mensch, d. h. als hier zugleich geistig und sinnlich erscheinendes Wesen, vollständig glücklich und befriedigt sein. Es ist der gewöhnliche, immer wiederkehrende Fehler, nur eine Seite vorherrschend ausbilden zu wollen, einer das Gebiet der Religion, ein andrer die strenge Vernunft, das Weltkind nur den Verstand und das Sinnliche. Alles zusammen aber in gehöriger Harmonie angewendet, genossen, und sozusagen künstlerisch vereinigt, gibt allein für diese Erde und die Existenz auf ihr, das vollständigste Leben, die echte Wahrheit.

Unter diesem Gesichtspunkt muß auch das, was wir ›Gewissen‹ nennen, betrachtet, und das Wahre vom Unwahren geschieden werden.

Unter dem Wahren verstehe ich die untrügliche Mahnung des göttlichen Geistes in uns, die uns von dem Bösen überhaupt, als dem ganz Einseitigen, Inkonsequenten und Negativen abhält, und dies bedarf keiner weitern Erklärung – das Falsche aber ist dasjenige, welches nur vom Konventionellen, der Gewohnheit, Autorität, auf diesem Grunde erwachsenen Spitzfindigkeiten, und übertriebner Ängstlichkeit, mit einem Wort, aus Furcht entspringt. Feine, leicht erregbare Naturen – in denen das Zerebralsystem dominiert, also Kopf und Phantasie – wenn ich mich so ausdrücken darf, kräftiger als das Herz sind, und der teilende Verstand zu leicht die

Innigkeit des vollen Gefühls aufhebt – sind diesem Irrwege am meisten unterworfen. Es ist aber so schwer, diesen subtilen Verzweigungen und geheimnisvollen Wechselwirkungen zu folgen, daß man oft nachher für primäres Glück hält, was doch nur Rückwirkung eines sophistischen Verstandes ist.

Da nun Recht und Unrecht, auf die einzelnen Handlungen im menschlichen Leben angewandt, bei ihren vielfachen Bedingnissen und Verwicklungen offenbar relativ werden muß, so bleibt nichts übrig, als daß ein jeder sich mit Hilfe aller seiner Seelenkräfte recht deutlich mache, redlich ergründe, was er für Recht und Unrecht hält, und was er vernünftigerweise dafür zu halten habe, dann aber ruhig diesen Maßstab anlege, und sich auch um sein sogenanntes ›Gewissen‹, d. h. jene innere Unbehaglichkeit und Ungewißheit bei Kollisionsfällen nicht kümmere, welche nicht ganz ausbleiben kann, da die in der Kindheit und frühesten Jugend erhaltenen Lehren, recht oder unrecht, vernünftig oder abgeschmackt, immer einen unwiderstehlichen Eindruck auf unser Gemüt ausüben werden*.

Ich will nur einige erläuternde Beispiele anführen: Wer mit einem sanften Gemüt, in Gottesfurcht und Menschenliebe erzogen, Soldat geworden ist, wird schwerlich, wenn er zum erstenmal kaltblütig sich ein Menschenleben zum Ziel nehmen ließ, dies ohne eine merkliche Regung seines Gewissens tun können. Wenigstens ging es mir so. Dennoch ist es

* Es kann überdem Fälle geben, wo das Gewissen, sozusagen, recht und unrecht zugleich hat, d. h. eine notwendige Handlung vorkommen, die durchaus von einer Seite fehlerhaft sein muß, wo man dann nur das kleinere Übel zu wählen hat, und es wird keinen vernünftigen Moralisten geben, der behaupten darf, daß sie nicht dennoch unter möglichen Umständen unerläßlich sei, denn wenn wir z. B. auf der einen Seite durch eine Notlüge immer unsrer moralischen Würde etwas Bedeutendes vergeben müssen, so könnten wir doch bei ihrer Unterlassung den niederträchtigsten Verrat an Eltern und Freunden begehen. *A. d. H.*

seine Pflicht, eine Pflicht, die sich aus höheren, wenngleich weltlichen Gesichtspunkten auch sehr gut rechtfertigen läßt, wenigstens solange die Menschheit noch nicht weiter ist, als jetzt.

Ebenso wird der, welcher die Religion seiner Väter, die ihm täglich gepredigte Lehre seiner Jugend, nach langem Kampf und aus reiner Überzeugung, daß eine andere besser sei, abschwört und diese annimmt, doch gar oft eine leise, nur mühsam zu bezwingende Unruhe darüber empfinden, und es geht damit gerade wie mit der abgeschmacktesten Gespensterfurcht bei solchen, denen man früher den Gespensterglauben eingeprägt! Sie haben ein Gespenstergewissen, das sie nicht loswerden können. Ja noch mehr: bei reizbaren Charakteren wird die bloße Überzeugung, daß andere uns einer Übeltat schuldig halten, hinlänglich sein, uns ganz die Empfindung des bösen Gewissens zu geben, daß sich sogar oft äußerlich in den gewöhnlichen Anzeichen desselben, in Verlegenheit, Erröten und Erblassen anzeigt. Dies mag so weit gehen, daß es endlich zum Wahnsinn führt, und z. B. ein allgemein geglaubter, oder ein wirklicher, aber ganz unschuldig begangener, Totschlag dem Täter alles Lebensglück und Ruhe rauben kann. Ja wir lesen von einem Brahminen[15], dessen Kaste den Mord der Tiere dem eines Menschen gleichstellt, daß er sich aus Verzweiflung das Leben nahm, weil ein englischer Naturforscher ihm bewies, er habe, als er ein Glas Wasser trank, mehr als Tausende von unsichtbaren Tieren um ihr Dasein gebracht. *Il n'y a qu'un pas du sublime au ridicule.*[16]

Ugoni erzählt im Leben des äußerst gewissenhaften Passeroni, daß, als dieser einst über die Brücke der *porta orientale* ging, er einen Lastträger auf dem breiten Steingeländer im tiefen Schlafe liegend fand, wo er unversehens geweckt, leicht hätte in den Strom fallen können. Er ergriff ihn daher beim Arm, und machte den sehr Ermüdeten nur mit Mühe munter, und ihm noch schwerer begreiflich, warum er ihn geweckt habe. Höchst verdrießlich erwiderte der Lastträger seine Bemühung nur mit einem derben Fluche, und ersuchte ihn, sich zum T... zu scheren.

Passeroni, höchst betrübt, die allerdings schuldige Ursache dieses Zorns zu sein, ergriff eine Handvoll Münzen, und gab sie dem Erzürnten, um auf des Gebers Gesundheit zu trinken. Darauf ging er ganz vergnügt weiter, war aber noch nicht am Ende der langen Brücke angekommen, als ihm aufs Herz fiel, daß diese Gabe vielleicht noch schlimmere Folgen haben könnte, als das frühere Aufwecken, indem sie leicht den armen Mann zu der Sünde verleiten könnte, sich zu betrinken. Ängstlich eilte er daher sogleich wieder zurück, fand den Mann noch glücklich an derselben Stelle, wo er sich wieder in die vorige Lage zurecht gelegt hatte, und bat ihn verlegen, von dem ihm geschenkten Gelde doch so viel wieder herauszugeben, als er nicht notwendig zu seinen dringendsten Bedürfnissen gebrauche. Da nun der Zorn des sich gefoppt glaubenden Mannes ärger als je aufloderte, so ergriff er einen andern Ausweg. »Hier mein Freund«, sagte er, »da Ihr nichts herausgeben wollt, so nehmt noch diesen Scudo, und versprecht mir heilig, daß wenn Ihr das andere Geld vertrinken solltet, Ihr für diesen Scudo dazu essen wollt.«

Nach diesem ihm von Seiten des *facchino*[17] gern erteilten Versprechens, war Passeroni endlich in seinem Gewissen beruhigt, und ging nun wohlgemut nach Hause.

Wir müssen also, ich wiederhole es, um weder unglücklich, noch lächerlich zu werden, noch einem schwankenden Rohre zu gleichen, auch das Gewissen wie alle andere Eigenschaften der Seele, ausbilden, d.h. in ihrer Reinheit bewahren und zugleich in feste Schranken zurückweisen, denn alles, selbst das Edelste artet sonst aus. Für das Allgemeine bleibt aber immer die beste Richtschnur das einfache, und ebenso jedem verständliche Christuswort:

›Tue andern (und auch dir selbst) nichts, was
Du nicht willst, daß andere Dir tun.‹

So lange wir alle jedoch noch keine Christen sind, und ich möchte fast sagen, sein können, muß es dennoch Ausnahmen erdulden, wie zum Beispiel den Fall des angeführten Soldaten, oder die ebensowenig praktisch zu verwerfenden Ehrengesetze für gewisse Stände, und dann bleibt freilich kein anderer Ausweg, als, wo man selbst die Ausnahme machen muß, auch dem andern, sich ihm gleichfalls zum Opfer bringend, dasselbe zu gestatten. Damit rettet man notdürftig die Liebe, wenigstens diejenige Gerechtigkeit, welche das *ius talionis*[18] genannt wird.

Der aber hat ein glückliches, ein genußreiches Leben, dem es Natur und Umgebung leicht machten, im gewohnten Geleise stets bleiben zu können, von Anfang an gut zu sein, und liebend und sittlich! Der erste Fehler schon macht es schlimm, denn wie unser philosophischer Dichter so wahr sagt:

›Das eben ist der Fluch des Bösen,
Daß es fortwährend immer Böses muß gebähren![19]‹

Und immer ist die Wiedergeburt auf dieser Welt auch nicht zu erlangen – ja es mag wohl die höchste Wohltat der ewigen Liebe sein, daß sie den Tod geschaffen, damit er die verworren gewordene Schrift wieder auslösche und der verirrten Seele von neuem das weiße Blatt zum glücklicheren Versuche darbiete. Wer aber hier schon das Heilige darauf geschrieben, dem wird wohl eine weitere seligere Aufgabe werden! Die liebende Gerechtigkeit straft nicht wie der schwache Mensch, aber sie kann nur da belohnen, wo Lohn verdient, wo er als nötige Folge des Vergangenen errungen wird. Darum vergrabt Euer Pfund nicht. Amen!

Den 24sten

Es ist wieder recht kalt geworden, und der Kamin ›wo Tag und Nacht die Kohle brennt‹ leider unzulänglich eine warme Stube hervorzubringen, wie sie unsre zwar häßlichen, aber mir doch heute sehr zweckmäßig vorkommenden Öfen gewähren.

Um das Blut in Umlauf zu bringen, reite ich desto fleißiger aus, und besah heute bei der Rückkunft, eines der vielen hier aufgestellten Cosmoramas, die allerdings ›eine ganz angenehme Reise auf dem Zimmer‹, wie man es in B... nennt, gewähren.[20] So gab mir das Innere der Kathedrale von Reims nebst der Darstellung der Krönung Carl des X. gewiß hier einen bequemern Anblick derselben, als er in dem Gedränge der Kirche selbst stattgefunden haben mag. Aber welches geschmacklose *costume* vom König bis zum letzten Hofmanne! Neues und Altes auf widrige Art gemischt. Wenn man einmal solche Komödien gibt, sollte man sie doch wenistens ebenso hübsch wie bei Franconi einzurichten suchen.

Die Ruinen von Palmyra breiteten sich daneben ganz schauerlich in der grenzenlosen Sandwüste aus, welche in der Glühhitze, am fernen Horizont, langsam eine *caravane* durchzieht.

Am täuschendsten war der Brand von Edinburgh. Es brannte wirklich. Man sah bald die Flammen stärker hervorlodern, bald Wolken schwarzen Rauchs emporsteigen, und immer änderte sich der Anblick der ganzen Landschaft im Verhältnis dieser verschiednen Beleuchtung, wie es die reelle Feuersbrunst nicht anders mit sich bringen würde. Wahrscheinlich befand sich die Küche des Besitzers hinter dem Bilde, und dasselbe Feuer, welches die Phantasie des gläubigen Zuschauers erhitzte, machte zugleich die Schöpfenkeule gar, die er mit dem *entrée*-Gelde bezahlt hatte.

Den 28sten

Ich habe seit einigen Tagen zu sehr bloß vegetiert, um Dir viel schreiben zu können. Diesen Morgen war ich indes nicht wenig verwundert, R..., den ich fast schon bei Dir angelangt glaubte, wieder in meine Stube treten zu sehen. Er hat auf dem halben Wege bis Hamburg halben Schiffbruch gelitten, und vom Sturme zurückgetrieben im Eise bei Harwich eine ganze Nacht in Lebensgefahr geschwebt, ist aber auch hierdurch so in Schrecken gesetzt, daß er vom Meere sein Lebtage nichts mehr wissen will. Ich sende ihn also in dieser gefährlichen Schiffahrtszeit über Calais, und schreibe es Dir nun, damit du Dich seinetwegen nicht beunruhigst. Von den mitgenommenen Sachen für Dich hat er leider einiges eingebüßt.

Hyde Park bot diesen Morgen ein mir neues Schauspiel dar. Der große See war zugefroren und wimmelte von einer unermeßlichen bunten Menge Schlittschuhfahrer und anderer, die das hier so seltene Eisvergnügen mit wahrer Kinderfreude genossen. Vor einigen Jahren fand bei gleicher Kälte hier eine sonderbare Wette statt. Der berüchtigte Hunt handelt hauptsächlich mit Stiefelwichse, und ein großer *fourgon*[21] mit dergleichen angefüllt, und mit vier eleganten Pferden bespannt, die sein Herr Sohn gewöhnlich ›*four-in-hand*‹ leitet, durchfährt den ganzen Tag die Straßen der Stadt, um diesen Handel zu besorgen. Besagter junger Hunt wettete nun, um 100 L. St., daß er mit der beschriebenen *equipage* im Galopp quer über den See in Hyde Park fahren wolle, und gewann die Wette glänzend. Eine Karikatur hat sie verewigt, und der Wichse wie billig, dreifachen Absatz verschafft.

In meinem Hause ist es jetzt sehr musikalisch geworden, indem Miss A..., eine neu engagierte Sängerin der großen Oper, darin eingezogen ist. Bei den dünnen Wänden höre ich sie alle Morgen gratis. Da sie hübsch sein soll, werde ich auch

COSMORAMA, 209, Regent-street.——A NEW CHANGE in the VIEWS has taken place, viz. :—Edinburgh, with the effect of a Conflagration, as exhibited at the Diorama at Paris, and for the first time in London—Priory of St. Julian at Quevilly, with effect of light and shade—Three Views of Palmyra—Bridge of Cords in Peru—Geneva—Glaciers of Grindelwald, and other Views not less interesting. Open from 10 till dusk. Admittance to both Galleries, one shilling.

HOLLAND HOUSE ACADEMY, Blackheath. —At the above most healthy situation, FORTY YOUNG GENTLEMEN are admitted and duly PREPARED for the UNIVERSITIES, the Naval and Military Colleges, and the Public Offices. There are now three vacancies.

PREPARATORY SCHOOL, Sea-side.—At a select establishment, in a healthy part of Kent, YOUNG GENTLEMEN, under 9 years of age, are received and instructed in the English and French languages, history, geography, writing, and arithmetic, by a lady who can offer references of great respectability. Address, post paid, to B. B., at Mr. Murray's, postoffice, Sloane-street, Chelsea.

FEMALE EDUCATION.—In a Seminary of the first class, and where the number of pupils is small and select, there are TWO VACANCIES. The lady who is at the head of this establishment has had many years' experience, and her system, which has ever been very successful, combines all that is valuable and elegant in female education with maternal care and the freedom and comforts of home. Address to E. F. G., at Darton and Harvey's, 35, Gracechurch-street.

Anzeige eines Cosmoramas auf dem Titelblatt der Times (1827)

suchen, sie zu sehen, was vielleicht nicht ganz so gratis abgehen wird, um so mehr, da auch Madame Vestris sie häufig besucht. Damit meine ich jedoch nichts Arges, gute Julie, sondern nur, daß man in England nichts ohne ein gutes Trinkgeld zu sehen bekommt.

Übrigens bin ich schon seit einigen Tagen nicht recht wohl, die Stadtluft bekommt mir nicht, und zwingt mich zu einem *régime*[22] wie es Deine *chanson* beschreibt, denn ich nehme wirklich nicht viel mehr täglich zu mir,

›*qu'un bouillon*
d'un rognon
de papillon‹.[23]

C... Hall den 2ten Februar

Lord D..., dessen Gemahlin ich in London kennen gelernt, hatte mich eingeladen, ihn einige Tage auf seinem Landgute zu besuchen, was ich um so lieber annahm, da C... Hall der Ort ist, von dem Repton in seinem Werke sagt, daß er an der Verschönerung desselben gemeinschaftlich mit dem Besitzer, gegen 40 Jahre gearbeitet habe. In der Tat macht es auch beiden die größte Ehre, wiewohl nach allem was ich selbst erfuhr und sah, es mir scheint, daß der vortreffliche Geschmack der Eigentümer höchst wahrscheinlich den größten Teil des Verdienstes dabei hat, und manchmal sogar in Kontradiction[24] mit Repton, der namentlich alte Bäume nicht immer genug schonte. Dennoch hat eine ehrenwerte Dankbarkeit dem, um die Kunst der Landschaftsgärtnerei so verdienten, Manne, in dem hiesigen Park einen Ruhesitz erbaut, der nach ihm benannt ist, und eine wundervolle Aussicht darbietet. Da sein Sohn[25], der bei uns war, Lady D..., welche mir in der Parkomanie fast gleich kommt, viel von M... erzählt hatte, so fanden wir dadurch einen sehr anziehenden

Berührungspunkt und spazierten schon in den ersten Stunden fleißig in den noch mehr geschmackvollen als prächtigen, Blumengärten umher, die auch einige graziöse Marmorstatuen von Canova[26] schmücken.

Den Herrn des Hauses, der an Podagra[27] leidet, bekam ich erst zu sehen, als ich zu Tisch herunter kam, wo ich eine große Gesellschaft, und auch Lord M... antraf, der eben die Kriegsschiffe auf der Themse hier in der Nähe besichtigt hatte.

Lord D... lag in der Mitte des Salons auf einem Sofa, mit einem schottischen Mantel zugedeckt, und setzte mich durch seine Anrede etwas in Verlegenheit.

»Sie erkennen mich nicht«, sagte er, »und doch haben wir uns schon vor 30 Jahren gar oft gesehen.«

Da ich nun in jener Zeit noch im Flügelkleide umherschwebte, so mußte ich um nähere Erläuterung bitten, war aber gar nicht erfreut, mein Alter (denn Du weißt, daß ich noch prätendiere[28], nicht älter als dreißig Jahr auszusehen) so genau vor der ganzen Gesellschaft deklinieren zu hören. Übrigens mußte ich Lord D...s Gedächtnis bewundern, denn er erinnerte sich aus jener Zeit, wo er mit dem Herzoge von Portland bei meinen Eltern auf dem Lande gewesen war, so sehr jeder Kleinigkeit, daß er selbst mir das Andenken schon längst vergeßner Dinge von neuem auffrischte. Welche Originale es damals gab, und wie lustig man in jener Zeit alle Arten von *amusements* aufgriff, bestätigte mir seine Erzählung auf ganz unterhaltende Weise.

So erwähnte er unter andern eines Barons, der so fest an Geistererscheinungen als an das Evangelium glaubte, und dabei Cagliostro[29] für eine Art zweiten Messias hielt. Als er eines Tages auf einem unserm Schlosse nahen See allein Schlittschuh lief, verkleidete sich eine ganze Gesellschaft mit Bettüchern und andern, aus der Theatergarderobe entnommenen Utensilien, und produzierte dem erschrockenen Illuminaten am hellen lichten Tage eine Geistererscheinung in Masse auf dem Eise. In Todesangst fiel er, so unbequem dies in Schlittschuhen sein mochte, auf die Knie, und betete mit einer Volubilität der Zunge, die den alten Lord noch heute lachen machte, ›*abra cadabra*‹ und Vorschriften aus Fausts Höllenzwang abwechselnd mit dem tremulierenden Gesang einiger geistlicher Lieder vermischt. Währenddem glitschte indes einer der Geister, der, vermöge einer Stange unter dem Bettuche, sich bald groß bald klein machte, unglücklicherweise aus, und rutschte, entblößt von aller Verkleidung, dem betenden Baron vor die Knie. Dieser aber war zu starkgläubig, um daß selbst ein solches Ereignis ihm aus dem Traume hätte helfen können. Sein Entsetzen wurde im Gegenteil dadurch dermaßen vergrößert, daß er aufsprang, zwar wegen der im Schreck vergeßnen Fußbekleidung wieder hinfiel, sich aber schnell von neuem aufraffte, und dann mit noch nie bei ihm gesehener Geschicklichkeit, unter dem lauten Jubel der Gesellschaft, wie der Wind auf seinen Schlittschuhen entschwand.

Selbst das spätere Eingeständnis der Posse konnte ihn nie überzeugen, daß man ihn bloß zum besten gehabt – und keine Macht der Erde hätte ihn vermocht, während seines fernern Aufenthaltes in M... dem Schauersee wieder zu nahen.

Du weißt, ich kann das Reflektieren nicht lassen, das mich manchmal bei der lustigsten Veranlassung mit Schwermut überfällt. So ging es mir auch jetzt, als mir Lord D... so das Bild vergangener Zeit heraufbeschwor, die Liebenswürdigkeit meines Großvaters lobte, den Mutwillen meiner Mutter schilderte, und welch ein wildes Kind ich gewesen sei. *Hélas ils sont passés ces jours de fête.*[30] Der Liebenswürdige modert längst im Grabe, die Mutwillige ist alt und nicht mehr mutwillig, und auch der wilde Knabe mehr als zahm geworden, ja selbst von den Tagen nun nicht allzuentfernt mehr, von denen es heißt: Sie gefallen mir nicht –. Der junge tolle Engländer aber der den Geist auf dem Eise spielte, lag wie ein Greis vor mir, von der Gicht geplagt, unbehilflich auf seinen Sofa ausgestreckt, und erzählte, oft von Seufzern die der Schmerz erpreßte unterbrochen, von den lustigen Streichen seiner Jugend, während der arme Tor, den er damals als ›Geist‹ so sehr erschreckte, längst schon selbst ein Geist geworden ist, und ihm gewiß keinen geringen Schreck einflößen würde, wenn es ihm einfiele, die Visite nachträglich noch zu erwidern.

›O Welt, o Welt!‹ wie Napoleon sagte*.

Den 3ten abends

Lord D... besitzt eine sehr reiche Gemäldegalerie, worunter eine berühmte Venus von Titian, der ›Tod des Regulus‹ von Salvator Rosa, ein großes, mehrmals in Kupfer gestochenes Gemälde von Rubens, und ein herrlicher Guido die vorzüglichsten sind. Auf den beiden letzten Bildern spielt zwar eben kein angenehmer Gegenstand, nämlich ein toter Kopf die Hauptrolle, auf dem einen der des Cyrus[33], auf dem andern des Johannes, aber die ›Herodias‹[34] Guidos ist wieder eine jener vom Genie eingehauchten, poetischen, himmlische Schönheit mit der lieblichsten Weiblichkeit und dem tiefsten tragischen Ausdruck vereinenden, Figuren, die einen so unauslöschlichen Eindruck zurücklassen und in der

* Diesen Ausruf muß ich erklären. Als Napoleon nach der *défaite* bei Aspern[31], in dieser sehr bedenklichen Lage auf gebrechlichem Kahne nach der Insel Lobau mit wenigen Begleitern zurückschiffte, befand sich der damals noch sehr junge General Tschernyschew bei ihm. Nach dessen Erzählung saß der Kaiser tief in sich versunken, redete mit niemand, und brach nur zuweilen in die halblaut gesprochenen Worte aus: *»O monde, o monde!«* Er mochte wohl hinzudenken: *tu m'échappes*[32] – wie es einige Jahre später wirklich eintraf. *A. d. H.*

Wirklichkeit nur höchst selten angetroffen werden. Es gibt eine Dame Deiner Bekanntschaft, welche diesem Ideal entspricht, die Gräfin A... in B.... Sie war, als ich sie kannte*, die schönste und reichbegabteste Frau, die ich je gesehen habe. Das größte Ebenmaß, das vollkommenste Gleichgewicht herrschte in ihrem Äußern und Innern, so daß die heterogensten Dinge ihr gleichwohl anstanden. Majestätisch wie eine Königin, wenn sie repräsentierte, von der leichtesten und anmutigsten Weltbildung, wenn sie ihren Salon hielt, von der naivsten, rührendsten Güte und Heiterkeit im vertrauten Familienkreise – in jeder Erscheinung aber noch bedeutender gemacht durch einen nie ganz verwischten Zug gedankenvoller Schwermut, verschwistert mit jener echt weiblichen Zartheit, die einem Weibe in der Männer Augen den höchsten unwiderstehlichsten Reiz verleiht. Ihre Ähnlichkeit mit dem Guidoschen Bild war auffallend. Als herrlicher Kontrast mit der Hauptfigur dienen in diesem Gemälde zwei, ebenfalls sehr hübsche, Hofdamen im Gefolge der Herodias. Sie sind vollendete Hofdamen, die für nichts weiter mehr Sinn zu haben scheinen, als ihren Hof und ihren Dienst, und ihre Schönheit erhält eben durch den unbedeutenden Charakter derselben einen gewissen, mehr sinnlichen Reiz, der uns bequemer anspricht, und von dem tiefern erschütternden Seeleneindruck nach und nach erholen läßt. Die eine lauscht mit Aufmerksamkeit und nichtssagendem Lächeln auf die Blicke ihrer Herrin, ob sie vielleicht etwas befehle, die andere betrachtet so gleichmütig den blassen Kopf des Märtyrers auf der Schüssel, als sei es ein Pudding.

Ich muß Dir doch ein für allemal *la vie de château*[35] in England, – d.h. nur den täglichen Cannevas[36], auf welchem nachher das Speziellere von jedem nach Belieben brodiert

* und ist es noch *A.d.H.*

wird, – beschreiben, da diese Organisation sich überall gleich bleibt, und ich sie auch von dem, was ich ehemals hier sah, in nichts verändert finde. Dieses Leben bietet ohne allen Zweifel die angenehmste Seite der englischen Sitten dar, denn es herrscht dabei große Freiheit, und eine Verbannung der meisten lästigen Zeremonien, die bei uns noch Wirt und Gäste ermüden. Demohngeachtet findet man nicht weniger Luxus als in der Stadt, was (wie ich Dir schon meldete) durch den Gebrauch erleichtert wird, nur eine kurze Zeit lang, und immer nur eingeladene Gäste bei sich zu sehen.

Die Ostentation[37], welche allerdings solcher Gewohnheit zum Grunde liegt, kann man aber, schon um der bessern Bewirtung willen, gern verzeihen.

Man weiset, um Raum zu menagieren, Fremden gewöhnlich nichts weiter als eine geräumige Schlafstube im zweiten Stock, selten mehrere Zimmer an, und Engländer betreten diese Wohnung auch kaum anders als zum Schlafen und zur zweimaligen Toilette, welche selbst ohne Gesellschaft und im strengsten Häuslichen, immer *de rigueur*[38] ist, denn alle Mahlzeiten werden gemeinschaftlich eingenommen, und wer etwas zu schreiben hat, macht es gewöhnlich in der Bibliothek ab. Dort gibt man sich auch *rendez-vous*, um die allgemeinen, wie die einzelnen Partien (worin jeder ganz ungeniert ist) abzureden. Oft hat man sogar hier Gelegenheit, mit den jungen Damen, die immer sehr literarisch gesinnt sind, stundenlang ganz ungestört zu plaudern, Manche Heirat, oder Entführung der schon Verheirateten, spinnt sich dort zwischen dem *corpus iuris*[39] auf der einen, und Boufflers Werken auf der andern Seite an, während der Moderoman als Bindungsmittel, aufgeschlagen in der Mitte liegt.

Um 10 oder 11 Uhr ist die Stunde des Frühstücks, bei dem man im größten *négligé* erscheinen darf. Es ist immer von derselben Art des Dir schon einmal im Gasthof geschilderten, nur natürlich in Privathäusern noch reicher und vollständiger versehen, und die Damen machen sehr anmutig die *honneurs*[40] desselben. Kommt man später, wo diese schon weg sind, so besorgt ein Kammerdiener das Nötige, der in guten Häusern wohl bis um 1 Uhr und noch länger acht hat, daß auch der letzte Nachzügler nicht leer ausgehe. Daß dabei ein halb Dutzend Zeitungen auf dem Tisch liegen muß, in denen jeder liest, wie es ihm gefällt, versteht sich von selbst.

Die Herren gehen nun entweder auf die Jagd oder andern Geschäften nach, der Wirt desgleichen, ohne sich im Geringsten weiter um die Gäste zu bekümmern, (eine wahre Wohltat!) und erst eine halbe Stunde vor Tisch, findet man sich abends in eleganter Toilette im Salon wieder zusammen.

Wie es bei Tafel hergeht, habe ich Dir auch schon einmal beschrieben, und nur einer seltsamen Sitte nicht erwähnt, die ich, obgleich skabrös[41], der Vollständigkeit wegen nicht übergehen darf, und welcher man nach der Entfernung der Damen, auf eine höchst ungenierte Weise und immediat[42] neben dem Tische ihren Lauf läßt; ein Überbleibsel der Barbarei, welches unsern Begriffen von Schicklichkeit höchst widerstrebend ist.

Mir fiel dies besonders heute auf, wo ein alter Admiral, der wahrscheinlich wegen der Anwesenheit des Lord Melvilles in seine Staatsuniform gekleidet war, wohl eine halbe Viertelstunde zu diesem Experiment gebrauchte, während wir so lange, wie aus einer Dachtraufe, die letzten Spuren eines schon längst vorübergegangenen Gewitterregens zu hören glaubten.

England ist das wahre Land der Kontraste. *Du haut et du bas*[43] auf jedem Schritt. So servieren, bei allem übrigen Luxus, doch in den besten Häusern (wenigstens auf dem Lande) auch Kutscher und Reitknechte oft mit bei der Tafel, wobei sie nicht immer vom Pferdegeruch ganz frei sind, und beim zweiten Frühstück, dem *luncheon*, das ein paar Stunden nach dem ersten stattfindet, und in der Regel nur von den Damen benutzt wird (die bei Tisch gern *la petite bouche*[44] machen und sich daher beim *luncheon* vorher ganz ordentlich satt essen) erhält man keine Servietten, ein gebrauchtes Tischtuch, und oft gar nicht sehr appetitliche Überreste des vorigen Tages.

Dies als Parenthese. Ich kehre jetzt zur ›Tagesordnung‹ zurück. Haben also die Herren endlich hinlänglich getrunken, und den übrigen Bedürfnissen in patriarchalischer Sitteneinfalt genügt, so suchen sie Tee, Kaffee, und das weibliche Geschlecht wieder auf, und bleiben nun noch einige Stunden zusammen, ohne sich deshalb doch sehr zu vereinigen. Heute z. B., als ich zur Beobachtung aufblickte, fand ich die Gesellschaft folgendermaßen verteilt. Der kranke Herr des Hauses lag auf dem Sofa und war ein wenig eingeschlummert; fünf andere Herren und Damen lasen eifrig in sehr verschiedenen Werken und Aktenstücken; (zu dieser Zahl gehörte auch ich, mit einem *cahier*[45] Parkansichten vor mir) ein andrer spielte schon seit einer Viertelstunde mit einem geduldigen Hunde; zwei alte Parlamentsglieder stritten sich heftig über die *corn-bill*[46], und der Rest der Gesellschaft befand sich im dunkeln Nebenzimmer, wo ein hübsches Mädchen Klavier spielte, und eine andere ohrenzerreißende, schmachtende Balladen dazu sang, worüber die liebenswürdige Hausfrau selbst mit mir herzlich lachen mußte.

Ich kann hier nicht umhin zu bemerken, daß Lord und Lady D... zu den aufgeklärtesten, anspruchlosesten und deshalb angenehmsten hiesigen Vornehmen gehören. Er ist von der mäßigen Opposition, die das wahre Gute des Landes und nur dieses will, ein wahrer, von allem Egoismus freier Patriot, der schönste Titel, den ein gebildeter Mensch tragen kann. Sie ist die Güte, Herzlichkeit und Anspruchslosigkeit selbst.

Nach Mitternacht, und nachdem vorher noch gewöhnlich ein leichtes *souper*, aus Früchten und kalten Speisen bestehend, serviert worden ist, wobei sich jeder selbst bedient, retiriert man sich. Zu diesem Behufe stehen auf einem Seitentische eine Quantität kleiner Handleuchter parat, von denen sich jeder den seinigen anzündet, und damit selbst hinaufleuchtet, denn der größte Teil der Dienerschaft, welcher früher aufstehen muß, ist darum billigerweise schon längst zur Ruhe. Das ewige Sitzen der Bedienten im Vorzimmer ist hier nicht Mode, und außer den bestimmten Zeiten, wo man ihrer Hilfe gewärtig ist, sieht man sie wenig, und bedient sich selbst.

Für die Nacht erwartete mich heute auf meiner Stube ein vortreffliches altes chinesisches Himmelbett, groß genug, um als Sultan mit sechs Weibern in seinem weiten Raume schlafen zu können, aber allein fror ich bei der großen Kälte darin wie ein Eiszapfen, ehe die eigene Wärme durchdrang, denn der entfernte Kamin gab keine.

Den 5ten

Unter uns gesagt, so angenehm, so ungeniert es auch in einem fremden Hause sein mag, für mich ist es immer noch sehr geniert, zu unwohnlich, vor allem zu abhängig, um mich Überstolzen und Bequemen recht *à mon aise*[47] darin zu befinden. Dies letztere fühle ich mich daher nur in den eigenen vier Pfählen vollkommen, nächstdem im Reisewagen oder im Gasthofe. Dieser Geschmack mag nicht der beste sein, indessen es ist einmal der meine! Da nun so viele Menschen eigentlich gar keinen haben, so bin ich immer noch auch mit einem minder guten, ganz zufrieden.

Ich werde also die Tage der Einladung nicht ganz ausschöpfen, sondern morgen mein großes Bett einem andern und vielleicht korpulenten Sterblichen offenlassen, um dem

Badeort Brighton zuzueilen, welcher dermalen sehr *fashionable* ist.

Vorher habe ich indes noch mit Lord D…s gefälligem Sohne die ganzen hiesigen Anlagen beritten, die weniger auffallend durch Züge außerordentlicher Schönheit sind, als siegreich die schwere Probe bestehen, nirgends etwas Tadelnswertes zu zeigen. Einige Aussichten aus Waldschluchten auf die entfernte Themse, den Hafen von Gravesend und seine emporstrebenden Masten, sind dem ohngeachtet sehr grandios, nichts aber geht über die unvergleichliche Kunst, mit der, innerhalb des Parks, die Linien der Waldränder, in meisterhafter Nachahmung der Natur, gezogen sind. Zum Studium würde ich in vieler Hinsicht Cobham Hall mehr als irgend einen andern der beschriebenen Parks empfehlen, obgleich er an Umfang und kostspieligen Anlagen und Bauten vielen nicht gleichkommt, und sozusagen einen mehr modesten[48], dem Naturfreund aber, besonders auf die Länge, nur desto werteren Charakter hat, auch durch Berg und Tal und geschlossenen Wald mehr Mannigfaltigkeit darbietet.

Von Lady D… nahm ich soeben in ihrer eigenen Stube Abschied, ein kleines Heiligtum, das ich mit allerliebster Unordnung und Überfülle meubliert fand, die Wände voll kleiner Spiegelkonsolen mit gewählten Kuriositäten besetzt, und prächtige Kamelien, einzeln in Körben auf dem Boden verteilt, so daß sie wie daraus hervorgewachsen erscheinen.

Erlaube, liebe Julie, daß ich unter diesen Blumen von Dir hier ebenfalls Abschied nehme, und Dich bitte, diesem Brief eine ebenso lange Antwort zu gönnen, damit es nicht Deinem Gewissen zuletzt vorkommen möge, als liebte ich Dich (wenigstens schriftlich) weit mehr als Du mich.

Dein Herzensfreund L.

Zwölfter Brief

Brighton, den 7ten Februar 1827

Geliebteste!

Ich habe gestern die 60 Meilen hierher sehr schnell, und in der angenehmsten Trägheit, ohne nur aufzublicken, zurückgelegt, denn man muß auch manchmal wie ein vornehmer Engländer reisen.

Es scheint hier eine bessere Temperatur als in dem übrigen Nebellande zu herrschen, der glänzendste Sonnenschein weckte mich wenigstens heute früh schon um 9 Uhr.

Bald darauf ging ich aus, zuvörderst auf die Marineparade, die sich weit dem Meere entlang erstreckt, machte dann eine Tour durch die große reinliche und sehr heitere Stadt, die mit ihren breiten Straßen den neuesten Quartieren Londons ähnlich ist, und schloß mit Visiten bei verschiedenen Londner Bekannten. Nachher ritt ich spazieren, denn meine Pferde wurden bei Zeiten vorausgeschickt. Vergebens sah ich mich dabei nach einem Baum um. Die Gegend ist vollkommen kahl, nichts als mit kurzem Gras bedeckte hüglige Dünen sind zu erspähen, und Meer und Himmel gewähren die einzigen pittoresken Gegenstände. Auch bereiteten sie mir heute gleich zum Empfang den schönsten Sonnenuntergang. Dieses majestätische Gestirn war in rosenrote transparente Nebel gehüllt, so daß es keine Strahlen mehr warf, dagegen in der intensivsten Glut einem dichten Goldklumpen glich, der, als er das Wasser berührte, nun langsam zu schmelzen und einen großen Teil des blauen Meeres zu überfließen schien. Endlich verschlang der Ozean den feurigen Ball, die brennenden Farben verblichen, aus rot zu violett, dann nach und nach zu weißlichem Grau, und in der Dämmerung rauschten die Wogen, vom Abendwind getrieben, pfeifend gegen den flachen Strand, wie im Triumph über die nun begrabne Sonne.

Ein berühmter alter Minister sah das schöne Schauspiel mit mir zugleich an, und war keineswegs dafür abgestorben, Lord Harrowby, ein liebenswürdiger Mann von ebenso feinen und sanften Sitten, als großer Welt- und Geschäftserfahrung.

Den 8ten

Öffentliche Reunions-Säle, Badelisten etc. gibt es hier gar nicht. Brighton h e i ß t nur ein Badeort in unserm Sinne, und dient hauptsächlich den Einwohnern Londons, die Zerstreuung und gesundere Luft suchen, und keinen eigenen Landsitz haben, oder das Haushalten dort zu kostspielig finden, zum Winteraufenthalt, denn die hiesige *season* fällt in die Wintermonate. Mode hat es besonders der König gemacht, der es einst sehr liebte, und einen abenteuerlichen, orientalischen Palast hier gebaut hat, der mit allen seinen Kuppeln und deren Aufsätzen von den nahen Höhen gesehen, vollkommen einem aufgestellten Schachspiel gleicht, inwendig aber sehr prächtig, wenngleich auch phantastisch meubliert ist. Obwohl er ungeheuere Summen gekostet hat, soll der längst seiner überdrüssige hohe Besitzer, schon manchmal Lust gezeigt haben, ihn wieder einreißen zu lassen, was auch eben nicht sehr zu bedauern sein würde.

In den Gärten dieses Palastes befinden sich die einzigen erwachsenen Bäume in hiesiger Gegend, die ich bis jetzt gesehen.

Aber auch ohne diese sind doch die Promenaden am Meer sehr anmutig, besonders die große Kettenbrücke oder *jetée*[1], welche 1000 Fuß weit in die See hineingeht, und an deren Ende man sich in den Dampfschiffen für Boulogne und Havre embarkiert.

Nicht weit davon hat ein Indier orientalische Bäder an-

Der Pavillon in Brighton

gelegt, wo man, wie in der Türkei, massiert wird, was sehr stärkend und gesund sein soll, auch bei der vornehmen Welt, besonders den Damen, sehr beliebt ist. Man nennt sie ›Mahomets Bäder‹. Ich fand das Innere indes sehr europäisch eingerichtet. Die Behandlung gleicht der in den russischen Dampfbädern, nur finde ich sie weniger zweckmäßig, denn man sitzt in einer kühlen Stube auf einem erhöhten Sessel, den eine Art Palankin[2] von Flanell umgibt; und nur in diesen kleinen Raum dringt, aus dem Boden aufsteigend, ein heißer Kräuterdampf hinein. Die Flanellwand hat mehrere Ärmel, die nach außen herabhängen, und in welche der Masseur seine Arme steckt, und mit den Händen den Körper des Badenden sanft knetet. Er fährt dann mit festem und stetem Drucke des Daumens an den Gliedern, am Rückgrat, den Rippen und über dem Magen viermal herab, was der Organisation wohl zu tun scheint. Währenddem transpiriert man so lange und so stark als man wünscht, und wird zuletzt, bei abgenommenem Deckel des Flanellzeltes, mit lauem Wasser übergossen. Die plötzliche Kühle des Zimmers aber, der man nun ausgesetzt bleibt, halte ich für sehr ungesund.

Nachahmungswerter scheint mir die hier übliche Weise, die Wäsche zum Abtrocknen zu wärmen. Diese liegt nämlich in einer Kommode, deren Fächer mit Messing gefüttert sind, und durch Dampfheizung den ganzen Tag eine stets gleiche Wärme behalten.

Den 9ten

Die Sonne ist schon wieder verschwunden, und von neuem eine solche Kälte eingetreten, daß ich Dir in Handschuhen schreibe, um meine weißen Hände zu konservieren, auf die ich, wie Lord Byron, sehr viel halte. Ich gestehe dies auch, da ich gar nicht der Meinung bin, daß man gerade ein *fat*[3] sein muß, wenn man das wenige Hübsche, was einem der liebe

Gott gegeben hat, möglichst zu bewahren sucht; vor Frost aufgesprungene Hände waren mir aber von jeher ein Greuel. Dabei fällt mir ein, daß ich vor vielen Jahren in Straßburg mich einmal im *boudoir* einer sehr schönen Frau, mit dem Feldmarschall W... (damals noch General) früh zusammenfand, und dieser, Napoleon rühmend, auch seiner Mäßigkeit erwähnte, und mit fast verächtlichem Tone hinzusetzte: ein Held könne kein *gourmand* sein.

Nun kannte mich die schöne Frau, die mir übrigens gar sehr wohl wollte, als nicht ganz unempfindlich für *bonne chère*[4] und fand um mich zu necken, ein boshaftes Vergnügen daran, den General diesen Spruch wiederholen zu lassen. Obgleich ich nie versucht worden bin, mich für einen Helden zu halten (ausgenommen etwa eines kleinen Romans hie und da), so fühlte ich doch, daß ich rot wurde, eine derjenigen Dummheiten, die ich mir nie, und leider Gottes noch nicht abgewöhnen kann, oft sogar, wenn gar kein wirklicher Grund dazu vorhanden ist.

Ärgerlich über mich selbst, sagte ich ganz pikiert: »Es ist ein Glück für den Liebhaber eines guten Tisches, Herr General, daß es einige brillante Ausnahmen von Ihrer aufgestellten Regel gibt. Erinnern Sie sich nur der Tafelrunde, und dann Alexanders. Freilich ist es wahr, daß diesen ein zu schwelgerisches Mahl zur Verbrennung von Persepolis[5] verleitete, aber ein Held blieb er dennoch, und auch Friedrich den Großen hat die *gourmandise*[6] weder am höchsten Kriegs- noch Regentenruhm gehindert. Übrigens sollten Sie, der mit den Franken so ruhmvoll streitet, die gute Küche nicht angreifen, da jene Nation, so große Generale sie hat, doch durch ihre Küche schon länger, und vielleicht auch bleibender berühmt ist.« Dies letzte sprach ohne Zweifel ein prophetischer Geist aus mir, und wie würde sich der so enthusiastisch Napoleon pronierende[7] General gewundert haben, wenn ich ihm zugleich hätte sagen können, daß über ein

Kleines er selbst diesem großen Nicht-Gourmand gegenüberstehen, und einen der letzten erfolgreichen *coups de griffes*[8] des kranken Löwen erleiden würde.

Du meinst vielleicht, meine gute Julie, diese Anekdote passe hierher, wie ein ›*apropos*‹ unsers Freundes H... – aber nein – ich führe im Gegenteil auch noch Alkibiades und Poniatowsky[9] für Putz und Toilette an, um gänzlich durch die Erfahrung zu beweisen, daß weder Empfänglichkeit für die *bonne chère*, noch etwas Fatuität[10] an Heldentaten hindern, wenn man sonst die gehörige Anlage dazu hat.

Ein Besuch des Grafen F..., einem der liebenswertesten und achtbarsten Repräsentanten der Zeiten Napoleons, welcher in diesen *les souvenirs de l'ancien régime*[11], und in die heutigen das Zeugnis makelloser Rechtlichkeit und Treue mit hinübergenommen – (ein seltner Fall!) unterbrach mich hier, um mich zu übermorgen zu Tisch einzuladen. Das hat mich aufgehalten, zum Reiten ist es zu spät, Club-Gesellschaft zu besuchen habe ich keine Lust, ich werde also lieber noch einen zweiten Schlafrock überziehen, von Dir und M... träumen, Deine Briefe wieder einmal überlesen, und geduldig dabei in meiner Stube frieren, bis ich zu Bett gehe, denn mehr wie 8 Grad Wärme kann ich in meinem luftigen und fensterreichen Lokal, durch bloßes Kaminfeuer nicht hervorbringen. Also *au revoir.*

Den 10ten

Es war billig, daß ich mich heute für den gestrigen Stubenarrest entschädigte, und viele Stunden in der Gegend umherirrte, um so mehr, da ich abends mich exekutieren mußte, um einem großen Subscriptionsball beizuwohnen.

Die hiesige Umgegend ist gewiß sehr eigentümlich, denn während vier Stunden Umherreitens fand ich immer noch keinen ausgewachsenen Baum. Die vielen Hügel jedoch, die große Stadt in der Ferne, mehrere kleinere in der Nähe, das Meer und seine Schiffe nebst einer häufig wechselnden Beleuchtung, belebten die Landschaft hinlänglich, und selbst der Kontrast mit dem überall sonst so baumreichen England war nicht ohne Reize. Die Sonne ging endlich inkognito zur Ruh, das Wetter hellte sich ganz auf, und der Mond stieg klar und glänzend über den Wassern empor. Jetzt wandte ich mein Roß von den Hügeln herab dem Meere zu, und ritt die 5-6 Meilen, die ich noch von Brighton entfernt sein mochte, hart am Rande der Wellen auf dem sandigen Strande nach Brighton zurück. Die Flut war eben im Beginnen, und mein Pferd machte zuweilen einen Seitensprung, wenn mit weißem Schaum gekrönt, eine Woge unter ihm durchrollte, und schnell wieder, wie mit uns spielend, zurückfuhr.

Ich liebe nichts mehr, als bei Mondschein einsam am öden Meeresufer zu reiten, einsam mit dem Plätschern und Rauschen und Sausen der Wellen, so nahe der geheimnisvollen Tiefe, so schauerlich, daß selbst die Pferde nur mit Gewalt sich an der Flut halten lassen, und vom Instinkt geleitet, sobald man sie ablenkt, mit verdoppelter Schnelligkeit dem sichern festen Lande zueilen.

Wie verschieden von dieser poetischen Szene der prosaische Ball! – der überdies meiner Erwartung so wenig entsprach, daß ich darüber erstaunte. Eine enge Treppe führte zum Lokale hinauf, und ohne Vorzimmer, kam man unmittelbar in einen schlecht erleuchteten, und höchst ärmlich meublierten Saal, um welchen rund umher eine Galerie von wollenen Stricken gezogen war, die Tanzenden von den Zuschauern zu trennen. Eine Tribüne für die Musik war so ungeschickt mit schlecht gewaschenem Weißzeuge drapiert, daß es aussah, als wenn man Bettücher zum Trocknen aufgehangen hätte. Dazu denke Dir noch einen zweiten Saal daneben mit fortlaufenden Bänken an den Wänden und einem großen Teetisch in der Mitte, in beiden aber die zahlreiche Gesellschaft ganz rabenschwarz von Kopf zu Fuß, inklusive Handschuh, wegen der Trauer[12], und dabei ein so melancholisches Tanzen mit keiner Spur von Lebhaftigkeit oder Freude, daß man die Leute wegen der unnützen *fatigue*[13] bedauert, so wirst Du eine sehr treue Idee von Brightons ›Almacks‹ (so werden diese sehr fashionablen Bälle genannt) haben. Die ganze Einrichtung ist komisch genug. Diese Almacks sind in London das Höchste der Mode in der *season*, die vom April bis Juni dauert, und 5-6 der vornehmsten Damen (Princess L... ist auch eine davon), welche man ›*patronesses*‹ nennt, verteilen die *billets* dazu. Die Erteilung derselben ist eine große Gunst, und für Leute, die nicht zu der allervornehmsten oder modernsten Welt gehören, sehr schwierig zu erlangen, so daß monatelange Intriguen angesponnen, und den ›Lady Patronesses‹ auf die gemeinste Weise geschmeichelt wird, um dergleichen zu erhalten, weil der oder die, welche nie auf Almacks gesehen werden, als ganz *unfashionable* (ich möchte fast sagen unehrlich) zu betrachten sind, und die *fashionable* sein wollende englische Welt dies natürlich für das größte mögliche Unglück hält. Dies ist so wahr, daß neulich sogar ein Roman eigens über diesen Gegenstand geschrieben worden ist, der das Treiben der Londoner Welt recht treu schildert und seit zwei Monaten schon die dritte Edition erlebt hat, dabei aber doch, bei genauer Betrachtung, mehr die *antichambres*[14] als den Salon verrät, einen, wie der Abbé de Voisenon sagte: *qui à écoute aux portes*[15].

Wie die Engländer über Fremde gut unterrichtet sind, beweist unter andern eine Stelle dieses Romans, wo sich die Frau eines fremden Gesandten, die aber in England geboren ist, sehr darüber lustig macht, daß die mit dem Auslande so unbekannten Londner einem deutschen Fürsten einen höheren Rang gewährten, als ihrem Manne dem Baron, dessen

Titel doch dort weit vornehmer sei, ›aber das Wort *prince*‹, setzt sie hinzu, ›dessen Nichtigkeit auf dem Kontinent jeder kennt eblouiert[16] meine albernen Landsleute‹. – ›*C'est bien vrai*‹, fällt ein Franzose ein, ›*un Duc cirait mes bottes à Naples, et à Petersbourg un Prince russe me rasait tous les matins.*‹[17] Da die Engländer Phrasen aus fremden Sprachen gewöhnlich falsch zitieren, so vermute ich, daß auch hier ein kleiner Irrtum obwaltet, und es ohne Zweifel hat heißen sollen: *un Prince russe me rossait tous les matins**.[18]

Was für eine burleske Wirkung aber ein solcher Moderoman sogleich auf die, über das *bel air*[19] stets im Blinden tappende, Mittelgesellschaft Londons hat, welche daher auch immer in Angst ist, Unbekanntschaft mit der großen Welt zu verraten, und hierdurch sich gewöhnlich erst recht lächerlich macht, davon hatte ich wenige Wochen nach Erscheinung dieses Buchs ein sehr belustigendes Beispiel.

Ich war bei einem reichen Direktor der Ostindischen Com-

* Natürlich ist es, daß es den Engländern schwer wird, da sie sich um Fremdes so wenig bekümmern, den gehörigen Unterschied zwischen deutschen, russischen und französischen Fürsten zu machen, und sie daher respektive bald zu hoch, bald zu niedrig anschlagen. In England und Frankreich gibt es eigentlich keine andern Fürsten *(princes)* als die des königlichen Hauses. Führen Engländer oder Franzosen solche Titel, so sind es fremde, und werden in den französischen alten Adelsfamilien den jüngern Söhnen beigelegt. Z. B. der Prince de Polignac hier, führt als zweiter Sohn den römischen Fürstentitel, der älteste ist Duc de Polignac.

Es gibt, nur einen sehr hochverdienten Mann ausgenommen, keinen Fürsten in Deutschland, der nicht von alter Familie und hohem Stande mit angemessenen Rechten wäre, daher die Fürsten daselbst auch den ersten Rang nach den regierenden Häusern einnehmen. In Rußland dagegen ist allerdings der Titel ›*Prince*‹ in der Regel, so viel wie nichts, indem dort nur der Dienst Rang, Rechte und Ansehen gibt, und in Italien hat dieser Titel nicht viel mehr Wert. Dies vermischen nun die Engländer alles untereinander, und wissen selten, was sie einem Fremden in dieser Hinsicht wirklich schuldig sind.

pagnie, der früher Gouverneur von St. Mauritius (Isle de France) gewesen, mit mehreren andern Fremden, zu Tisch eingeladen. Unter diesen befand sich auch ein deutscher Fürst, der schon länger im Hause bekannt war, und glücklicherweise für die *farce*[20], auch ein deutscher Baron. Als man zu Tisch gehen wollte, näherte sich der Fürst, wie früher, der Dame vom Hause, um sie zu führen, war aber nicht wenig verwundert, als diese ihm mit einer leichten Verbeugung den Rücken kehrte, und sich an den Arm des höchst angenehm überraschten Barons hing. Ein nicht zu unterdrückendes Lachen von meiner Seite beleidigte fast den guten Fürsten, der sich ein so auffallendes Benehmen der Hausfrau nicht erklären konnte, dem ich aber, es sehr gut erratend, schnell aus dem Traume half. Er nahm nun unbekümmert um Rang, die hübscheste Dame aus der Gesellschaft, und ich drängte mich an die andere Seite der Lady F…, um mir eine amüsante Tischunterhaltung zu verschaffen. Die Suppe war auch kaum vorüber, als ich mit verbindlicher Miene gegen sie äußerte, wie sehr mich ihr Takt und ihre feine Kenntnis gesellschaftlicher und selbst fremder Verhältnisse überrascht hätten. »Ah«, erwiderte sie, »wenn man so lange Gouverneurin gewesen ist, lernt man wohl die große Welt kennen.« – »Gewiß«, fiel ich ein, »besonders in Mauritius, wo man's schwarz auf weiß hat.« – »Sie sehen«, fuhr sie fort, indem sie sich zu meinem Ohre beugte, »wir wissen recht gut, daß *a foreign ›prince‹* nicht viel sagen will, aber dem Baron alle Ehre, die ihm gebührt.« – »Vortrefflich distinguiert«, rief ich aus, »aber mit einem italienischen müßten sie sich doch wieder in acht nehmen, denn dort heißt *›barone‹: a rascal.*«[21] – »Ist es möglich«, sagte sie erschrekkend, »welcher sonderbare Titel!« – »Ja Madame, Titel sind auf dem Kontinent ein ominöses Ding, und wären Sie ein ägyptischer Sphinx (sie war wenigstens ebenso unbeholfen) so würden Sie diese Rätsel doch nie ergründen!« – *»May I* *help You to some fish«*[22], sagte sie verlegen, und ungewiß, was sie antworten sollte. *»With great pleasure«*[23], erwiderte ich, und fand den *turbot*[24], selbst ohne Titel, vortrefflich. Doch um auf den Almacks-Ball zurück zu kommen, so ist das seltsamste, daß man ein solches *billet* zu Almacks, um das mancher Engländer wie für Leben und Tod geworben, dennoch mit zehn Schilling bezahlen muß, da dieser Almack weiter nichts als ein Ball für Geld ist. *Quelle folie que la mode!*[25] Man muß in der Tat zuweilen glauben, daß die Erde das Tollhaus unsers Sonnensystems ist.

Hier in Brighton findet man nur die Nachahmung Londons im kleinen. Die ›Lady Patronesses‹ der hiesigen Almacks sind jetzt ....
....
....

Als ich eintrat, sah ich niemand von meiner Bekanntschaft, und ersuchte daher den ersten besten Herrn, mir die Marquise von... zu zeigen, von der ich, ohne sie zu kennen, durch *entremise*[26] der Gräfin F... mein *billet* bekommen hatte. Ich mußte mich ihr also selbst präsentieren, und fand eine sehr liebe, häusliche Frau an ihr, die nie England verlassen hat. Sie stellte mich ihren Töchtern, drei echten englischen Aalheiten vor*, und einer Lady M..., die recht gut deutsch sprach, denn das ist jetzt ebenfalls Mode, und die jungen Damen quälen sich gewaltig damit. Später fand ich endlich einen Bekannten, der mich mit mehreren sehr hübschen jungen Mädchen bekannt machte, unter denen sich ganz besonders Miss W..., eine *nièce* des Lord E... auszeichnete, die in Deutschland erzogen, und mehr Deutsche als Engländerin ist, was ihr in meinen Augen nur vorteilhaft sein konnte. Sie war bei weitem die hübscheste und grazieuseste

* s. ›Reineke Fuchs‹, kann auch durch *›Ladyships‹* übersetzt werden. *A. d. H.*

auf dem Balle, so daß ich mich beinahe wieder zum Tanzen verstanden hätte, obgleich ich aus Eitelkeit (denn ich tanzte immer schlecht) seit vielen Jahren diesem sogenannten Vergnügen entfremdet war. Hier hätte ich es nun wohl wagen können, da man, Gott weiß es, nirgends ungeschickter herumspringt, und namentlich ein Walzender im Takt zu den wahren Seltenheiten gehört, aber es kam mir doch zu komisch vor, mich an der Grenze des Schwabenalters von neuem den Anbetern der Tarantella[27] zuzugesellen. *Il est vrai que la fortune m'a souvent envoyé promener, mais danser – c'est grop fort!*[28]

Die Marquise erzählte mir hierauf von einem ihrer anwesenden Verwandten, dem Chef eines *highlander-clan,* mit einem Namen, so lang als ein spanischer Nachkommen der Könige der Inseln, und stolz wie Holofernes[29] auf tausendjährigen Adel, der meine Bekanntschaft zu machen wünsche. Ich konnte mir nur zu der seinigen gratulieren, da ich den Mann ganz so fand, wie Walter Scott seine hochländischen Romanen-Figuren schildert. Ein echter Schotte, mit Leib und Seele an Vorfahren und alten Gebräuchen hängend, mit großer Geringschätzung für die Engländer, dabei voll Feuer, gutmütig, bieder und brav, aber kindisch eitel, und von dieser Seite ebenso verwundbar, als leicht zu gewinnen. Es ward mir daher nicht schwer, seine Gewogenheit zu erlangen, und da ich mich ohnehin ziemlich langweilte, setzte ich mich mit ihm allein in dem Teesaal auf eine der hölzernen mit schlechtem Tuch beschlagenen Bänke nieder, und ließ mir von seiner Güter Herrlichkeiten, allen Schlachten seiner Vorfahren und seinen eigenen Reisen und Taten eine Stunde lang vorerzählen. Die Hauptsache, auf die der liebe Mann, der gut seine 50 Jahre und darüber zählte, immerwährend zurückkam, war seine schottische Tracht, die er mir sehr ausführlich beschrieb, und daher mit Wohlgefallen seines Aufenthalts in Berlin erwähnte, wo er Anno 1800 gewesen und, wie er berichtete, seine Tracht bei der Revue allen so aufgefallen sei, daß der König ihn, ohne daß er Seiner Majestät noch präsentiert gewesen sei, schon in Potsdam zur Tafel eingeladen, eine Ehre, die, seiner Versicherung nach, nur den Pairs des Landes und den ausgezeichnetsten Fremden zuteil würde. Ich wollte hier etwas erwidern, er unterbrach mich aber schnell und versicherte, das sei noch nicht alles. Er habe an jenem Tage nur die halbe schottische Tracht getragen, und englische *pantalon*[30] dazu angehabt, den andern sei er aber mit bloßen Schenkeln und einem *suit*[31] mit Silber beschlagen, beim *manœuvre* erschienen. Der König und der ganze Hof habe ihn angestaunt, und eine Viertelstunde später sei abermals eine Einladung zur Tafel gekommen, worüber alle anwesenden Engländer sich sehr verwundert hätten. Die Königin selbst habe sich viel mit ihm unterhalten, und gleich darauf sei ein Adjutant gekommen, um ihn auf den nächsten Tag nach Berlin zu einer *soirée* und zur italienischen Oper einzuladen. »Ich frug«, setzte er hinzu, »ob ich mit nackten Schenkeln kommen könne?« »Ohne Bedenken«, erwiderte lachend der Offizier – »und dieser Abend«, sagte mein ehrlicher Schotte mit sichtlichem Stolz, »war mein Triumph, denn nun kam ich in der roten Gala-Kleidung mit Gold beschlagen. – So war ich dreimal nacheinander eingeladen worden, was keinem Pair des Landes geschieht«, wiederholte er, »und dreimal nacheinander auch immer *more splendid* (glänzender) erschienen. Jetzt war ich aber«, fuhr er fort, »in großen Sorgen einer vierten Einladung, weil ich nun keinen noch prächtigeren Anzug mehr hatte; glücklicherweise blieb sie aber aus.« Das Feuer und die Kindlichkeit, mit der diese lächerliche Geschichte erzählt wurde, machte sie bei alledem gewissermaßen rührend. Ich war natürlich ganz Bewunderung und Aufmerksamkeit gewesen, und sagte nun: es wäre sonderbar, gerade 1800 hätte ich mich als Kind mit meinem Vater in der Berliner Oper neben der königlichen Loge befunden, und erinnere mich noch heute, daß ich darin zum erstenmal in meinem Leben einen Schotten ohne Hosen gesehen, und wie ein Wunder von Pracht und Schönheit angestaunt habe.

»*Than I was the man, I was the man!*« (dann bin ich der Mann gewesen, ich bin's gewesen) schrie mein alter Schotte ganz außer sich, und von diesem Augenblick hatte ich sein Herz gänzlich erobert, er lud mich dringend nach Schottland ein, bat um meine Karte, und zugleich ihm die Ehre zu gönnen, mich den Herzögen von Athole und von Hamilton in London vorzustellen. Er werde mir die *honneurs* von Schottland machen und – »warten Sie einen Augenblick, den... hm... ja richtig, den 26sten werde ich hier einen Ball geben, und Ihnen zu Ehren werde ich die schottische Tracht anziehen, die mit Gold beschlagen, nein... ich glaube doch die mit Silber, sie ist nicht so reich, aber eleganter«*. Ich ermangelte nicht, die lebhafteste Teilnahme zu zeigen, bedauerte, daß ich zwar nicht so lange hier bleiben könnte, wegen dringender Geschäfte in London, aber mein Möglichstes tun würde, diesen Tag wieder herzukommen, um ein so interessantes Schauspiel nicht zu versäumen; in dem Augenblick kam Lady... mit ihren Töchtern an, und da ich vorderhand genug gehört hatte, rief ich ihr zu, daß Mr. M... Duc of C... and G... keine ganz neue Bekanntschaft für mich sei, sondern ich ihn schon vor mehreren zwanzig Jahren als Knabe gese-

* Auch in neuerer Zeit hatten wir in Berlin das Glück, einen jungen Schotten, und sogar den Sohn Walter Scotts, in seiner Nationaltracht zu bewundern. Er erschien auf einem Feste mit noch einem andern Landsmanne, der in gewöhnlich schwarzer Kleidung, höchst mager und blaß, dem Vampyr, Lord Ruthwen, nicht unähnlich sah. Eine *mordante chanson*[32], die am andern Morgen die *fête* beschrieb, endigte mit folgenden Worten:
...enfin parut/Lord Ruthwen et jeune Scott,/L'un sans cul, et l'autre sans culottes.[33]

hen habe. Auf ihr: Wieso? begann mein unermüdlicher Freund die Geschichte der dreifachen Steigerung von neuem, und ich schlich mich unterdessen leise davon und zu Hause.

Den 11ten

Diesen Morgen ging ich in die Kirche, um fromm zu sein, es gelang mir aber nicht. Es war alles darin gar zu nüchtern, und unästhetisch. Ich lobe mir denn doch einen künstlerischen, wenn auch etwas sinnlichen Gottesdienst. Folgten wir nur der Natur, die für Religion wie Regierungsverfassung (denn sie regiert ganz konstitutionell) die beste Lehrmeisterin bleibt! Flößt sie uns nicht die frömmsten Gefühle gerade durch ihre prächtigsten wie erhabensten Schauspiele ein: durch die Malerei des Sonnenauf- und -unterganges, die Musik des tobenden Gewitters und des brausenden Meeres, die Plastik der Felsen und der Gebirge? Seid also nicht klüger, liebe Leute, als der liebe Gott, und macht's ihm nach, so gut ihr könnt.

Ich würde aber damit wohl tauben Ohren predigen, außer den Deinen, liebe Julie, und die hören längst schon mit mir den himmlischen Sphärengesang, der in des Ewigen herrlicher Schöpfung immerdar tönt, wenn man sich nur nicht positive Baumwolle hereinsteckt, um ihn nicht zu vernehmen*.

* Mein seliger Freund war immer von einer Art fixen Idee eingenommen, daß eine neue Kirche im Anzuge sei. Wie schade, daß er nicht erlebt hat, was sich jetzt gestaltet, denn eben lese ich in der ›Allgemeinen Zeitung‹ folgende tröstliche Annonce:

An die Unbekannten

»In diesen Blättern, höre ich, haben harte Reden wider mich und die Neue Kirche gestanden. Schlaget mich, meine Lieben, aber hört; hier nur ein Wort, um vor der Sünde zu warnen! Noch einmal, es naht uns, mehr und mehr die Hülle lüftend, eine Herrlichkeit, welche Menschenzunge nicht ausspricht, und Menschengeist nur allmählich ahnt. Fassen wir

Auch die Predigt, welche ich vernahm, war, obgleich vorher ausgearbeitet, und abgelesen, doch ganz versteinert und gehaltlos. Prediger könnten wohl im allgemeinen viel wohltuender wirken, wenn sie den Schlendrian verließen, immer nur Themata aus der Bibel zu wählen, und diese lieber aus dem lokalen Leben und der menschlichen Gesellschaft entnähmen, überhaupt statt Dogmatik, bei jedem Menschen innewohnende poetische Religion mehr ansprächen, und die Moral nicht bloß als Gebotnes, sondern als Schönes und Nützliches, ja zum Glück des einzelnen und aller Notwendiges lehrten und erklärten. Würde man von der Kanzel aus den gemeinen Mann nur besser zu unterrichten, ihn zum Denken statt Glauben heranzubilden suchen, so würden die Laster bei ihm bald seltner werden. Er würde anfangen, ein wahres Interesse, ein Bedürfnis nach der Kirche und Predigt zu seiner Bildung zu fühlen, während er jetzt sie gewöhnlich aus nichts weniger als erbaulichen Gründen, oder ohne alles Nachdenken besucht. Auch die Gesetze des Landes, nicht bloß die zehn Gebote, sollten der Gemeinde von der Kanzel erläutert, und ihnen mit den Gründen derselben zugleich geläufig gemacht werden, denn wie viele sündigen in dieser Hinsicht, ohne, wie Christus sagt, zu wissen, was sie tun**. Die beste praktische Vorschrift der allgemeinen Moral

doch kaum, daß alles neu werden mag: wie faßten wir so jählings ein neues All? Hitzig aber auf die Vorhut fallen, und gar das Banner beschimpfen, ist nicht ratsam, bevor wir die Scharen kennen, welche nahen, und die Mächtigen, welchen sie vorausziehen: lieber Bruder, wie wäre Dir, wenn Du, Schmähung noch im Munde, ihn erkenntest? Er kommt zu einer Stunde, da ihr nicht meinet.«

Das ist viel – nicht nur alles Alte neu, sondern selbst ein neues alt! Wahrlich, mehr kann kein Billiger verlangen. Nur ein Schelm gibt mehr, als er hat. *A. d. H.*

** Freilich wäre es dann auch wünschenswert, daß unsere Gesetze der Faßlichkeit des Volkes näher gerückt würden, daß wir, statt Hunderter verschiedener Provinzial- und Lokalrechte, ein Gesetzbuch für die ganze ist ohne Zweifel, sich zu fragen, ob eine Handlung, wenn sie jeder beginge, der menschlichen Gesellschaft schädlich oder nützlich sei? Im ersten Fall ist sie natürlich schlecht, im zweiten gut. Hat man die Leute nun an die Anlegung dieses Maßstabes gewöhnt, und ihnen dann recht *ad oculos*[34] die ohnfehlbar aus ihren Handlungen entspringende, endliche Rückwirkung a u f s i e s e l b s t demonstriert, so wird man in wenigen Jahrzehnten nicht nur Moralität, sondern auch Kultur und Industrie verbessert haben, während die gewöhnliche Priesterweisheit, die den Glauben, die Autorität und das Dogma über alles setzt, jahrhundertelang es beim alten lassen, und nicht selten verschlimmert.

Dabei würde es vielleicht nichts schaden, wenn man, wie man in Frankreich berühmte Spitzbuben begnadigt, um sie bei der Polizei anzustellen, auch hier manchmal solche Lehrer auswählte, die sich aus eigner Erfahrung der üblen Folgen der Sünde bekehrt haben (wie z.B. der selige Werner), und daher am besten über sie unterrichtet sind. Es ist mehr Freude im Himmel über einen Sünder, der zurückkehrt, als über zehn Gerechte, und ein solcher ist auch in der Überzeugung und Einsicht fester, hat auch in der Regel mehr Bekehrungseifer, wie das Beispiel vieler Heiliger beweiset.

Vor allen aber müßten, meines Erachtens, in einer wohl organisierten Gesellschaft alle Prediger, sie kämen nun her, von wo sie wollten, auf fixierten Gehalt gesetzt sein (dieses werde nun vom Staate oder von den Gläubigen bestritten), und nicht für die Segnungen echter Religion, sowie für die Zeremonien der konventionellen, einzeln bar bezahlt werden; eine Gemeinheit, die jede Illusion und jede wahre Achtung für den Geistlichen notwendig untergraben, sowie ihn, hat er noch Delikatesse, in seinen eignen Augen herabwürdi-

Monarchie hätten, so daß nicht in einem Dorfe Recht sei, was zehn Meilen davon Unrecht werde, und die P... Juristen endlich Arbeiter in Bronze, statt Kesselflicker werden könnten. *A. d. H.*

gen muß. Es ist wirklich schrecklich anzusehen, wenn der Arme auf dem Lande für den eben genossenen Leib Christi zwei Groschen hinter den Altar steckt, und bei der Taufe es gar dem Herrn Geistlichen, wie ein Biergeld, in die Hand gedrückt wird. Hört man aber gar den Prediger von der Kanzel wüten und schelten, daß das Opfer immer geringer werde, drohend darum mahnen, und solches Entziehen seiner Einkünfte als ein Zeichen verringerter Religiosität verdammen – dann fühlt man lebhaft, wozu so viele Priester da sind, und was sie für ihren eigentlichen Beruf halten. Soldaten lieben ganz natürlich den Krieg, Priester eben so die Religion, beide wegen ihres Vorteils. Patrioten lieben den Krieg nur, um Freiheit dadurch zu erringen, Philosophen die Religion nur um ihrer Schönheit und Wahrheit willen.

Das ist der Unterschied.

Wie aber der Autor der ›Zillah‹[35] so richtig sagt: ›*Etablissements*[36] dauern länger als Meinungen. Die Kirche dauert länger als der Glaube, der sie gründete, und wenn es einer Priesterschaft einmal gelungen ist, mit den Institutionen ihres Landes sich zu verweben, so mag sie noch blühen und bestehen, wenn auch ihr Kultus schon längst zum Gespött geworden ist.‹

Der Nachmittag war befriedigender. Ich stieg auf den Hügeln über der Stadt umher, und kroch zuletzt auf den Boden einer Windmühle, um von dort aus das ganze Panorama Brightons zu übersehen. Der Sturm schleuderte die Flügel der Mühle mit solcher Gewalt um ihre *axe*[37], daß das ganze Gebäude schwankte wie ein Schiff. Der Müllerbursche, welcher mir den Weg hinaufgezeigt, brachte nun aus einem Mehlkasten ein Perspektiv hervor, das aber leider, ohngeachtet seines weichen Lagers, zerbrochen war. Ich begnügte mich indes schon gern mit der schönen Totalaussicht, die durch viele Hunderte von Fischerbarken, welche mit dem Winde kämpften, sehr belebt wurde, und eilte dann mit der sinkenden Sonne den gesellschaftlichen Pflichten wieder zu.

Die Anzahl der Gäste beim Grafen F... war nur klein, aber interessant, einmal durch die Wirte selbst, dann durch eine ihrer Schönheit wegen berühmte Dame, und endlich durch einen sehr bekannten ehemaligen Pariser Tonangeber, M..., der in seiner Jugend dort lange eine Rolle gespielt, immer zugleich auch in politische Verhältnisse verwickelt war, und jetzt einen großen Teil des Jahres in England lebt, wahrscheinlich auch nicht ohne politische Absichten, einer von den heutzutage ziemlich selten werdenden Menschen, die stets auf großem Fuß leben, ohne daß man recht weiß, wovon; die sich überall eine gewisse Autorität zu verschaffen wissen, ohne daß man weiß, woher, und hinter denen man immer etwas Besonderes, ja Geheimnisvolles sucht, ohne daß man weiß, warum. Dieser ist wenigstens sehr liebenswürdig, wenn er will. Er erzählt vortrefflich, und hat aus einem vielfach bewegten Leben nichts vergessen, was seiner Unterhaltung Würze geben kann. Zu solchen großartigen *avanturiers*, deren konsommierte[38] Menschenkenntnis stets sehr zu bewundern ist, obgleich sie sie in der Regel nur zum Düpieren[39] anderer anwenden, passen die Franzosen am besten. Ihre gesellschaftliche Liebenswürdigkeit bricht die Bahn, und ihr nicht zu warmes Herz, ihr, wenn ich mich so ausdrücken darf, ökonomischer Verstand, weiß mit dem Gewonnenen vortrefflich Haus zu halten, und für immer darin festen Fuß zu fassen.

Der gewandte Mann, von dem ich hier spreche, weiß auch das Spiel auf eine anmutige Art zu handhaben, und behauptet im Scherz, wie Fox, daß er, nach dem Vergnügen, im Spiel zu gewinnen, kein größeres kenne, als darin zu verlieren.

Man sprach viel von Napoleon, dessen unser Wirt, wie alle, die lange in seiner Nähe lebten, nur mit Ehrfurcht gedachte. Er erwähnte eines Umstandes, der mich frappierte. Der Kaiser, sagte er, sei von der ungeheuren Anstrengung während der Hundert Tage und den folgenden Ereignissen so unglaublich abgespannt gewesen, daß er bei seiner *retraite*[40] von Waterloo, welche (ganz gegen die bei uns übliche Version) in der ersten Stunde, von einem Bataillon seiner Garde geschützt, nur langsam und ohne alle Übereilung vonstatten ging – zwei- bis dreimal auf dem Pferde eingeschlafen sei, so daß er ohne Zweifel heruntergefallen wäre, wenn ihn Graf F... selbst nicht mehrmals gehalten hätte. Außer dieser körperlichen Abspannung habe er aber, wie der Graf versicherte, auch nicht das mindeste Anzeichen von innerer Agitation gegeben.

Den 14ten

Mein origineller Schotte, von dem ich seitdem gehört, daß er ein wahrer Tollkopf sei, und bereits zwei oder drei Menschen im Duell getötet, besuchte mich diesen Morgen, und brachte mir seine gedruckte Genealogie, mit der ganzen Geschichte seines Stammes oder ›*clans*‹. Er klagte sehr, daß ein anderer seines Namens ihm den Rang des *chieftains* streitig machen wolle, und bemühte sich, mir aus dem mitgebrachten Werke zu beweisen, daß er der echte sei, meinte auch: ein Gottesurteil zwischen beiden würde es bald am besten entscheiden. Dann machte er mich auf sein Wappen, eine blutige Hand im blauen Felde, aufmerksam, und gab folgendes als den Ursprung desselben an.

Zwei Brüder, die in einem Kriegszuge gegen eine der schottländischen Inseln begriffen waren, hatten unter sich ausgemacht, daß der, dessen Fleisch und Blut (ein schottischer Ausdruck) zuerst das feste Land berühre, Herr desselben bleiben solle. Mit aller Kraft der Ruder sich nähernd, konnten die Schiffe wegen einzelner Felsen im Meere nicht weiter, und beide Brüder mit ihren Kriegern stürzten sich in das Wasser, um schwimmend die Insel zu erreichen. Da nun der Älteste sah, daß ihm sein jüngerer Bruder zuvorkam, zog er sein kurzes Schwert, legte die linke Hand auf eine hervorragende Klippe, hieb sie mit einem Hieb ab, ergriff sie bei den Fingern, und warf sie, bei seinem Bruder vorbei, blutend ans Ufer, indem er ausrief: »Gott ist mein Zeuge, daß mein Fleisch und Blut zuerst das Land berührt hat.« Und so ward er König der Insel, die seine Nachkommen durch zehn Generationen unumschränkt beherrschten.

Die Geschichte der blutigen Hand schien mir nicht unpoetisch, und ein treffendes Bild jener rohen, aber kräftigen Zeiten. Ich ermangelte nicht, ihm einen *pendant* aus dem Nibelungenliede von meinem (wahrscheinlich ebenso fabelhaften) Ahnherrn[41] zu erzählen, und wir trennten uns über den Geistern unserer Manen als die besten Freunde.

Es gibt jetzt täglich hier mehrere Privatbälle, und das in so kleinen Quartieren, daß ein ehrlicher deutscher Bürger nicht wagen würde, zwölf Personen dahin einzuladen, wo man hier einige hundert, wie Negersklaven, zusammendrängt. Es ist noch ärger wie in London, und der Raum für die *contre-danse* gewährt nur eben die mathematische Möglichkeit, tanzähnliche Demonstrationen anzudeuten. Ein Ball ohne dieses Gedränge würde indes ganz gering geschätzt werden, und ein Gast, der die Treppe leer fände, wahrscheinlich wieder wegfahren. Mir fiel bei diesem seltsamen Geschmack lebhaft Potiers *ci-devant jeune homme*[42] ein, wenn er bei seinem Schneider eine *pantalon* bestellt, die *extraordinairement collant*[43] sein soll, und als der Schneiderkünstler schon geht, ihn noch einmal mit den Worten zurückruft: *»Entendez-vous, extraordinairement collant, si j'y entre je ne le prends pas.«*[44] Dasselbe könnte ein *dandy* von einem hiesigen *rout*[45] sagen: *»Si j'y entre je n'y vais pas.«*[46]

Ist man aber nun einmal herein, so muß man gestehen, daß man nirgends eine größere Menge hübscher Mädchen sieht, und *mal gré bon gré*[47] an sie gedrückt wird, als hier. Sie werden jetzt meistens einige Jahre in Frankreich erzogen, und zeichnen sich dann durch bessere Toilette und *tournure*[48] aus. Sehr viele davon sprechen deutsch. Man bekommt so viel Einladungen zu dergleichen *soirées*, als man will; aber man könnte auch, als ganz Fremder und Uneingeladener ebensogut hingehen, denn wer nicht lange bleibt, bekommt ohnedies die Wirte nicht zu sehen, und gewiß kennen diese nicht die Hälfte der Anwesenden. Um 1 Uhr wird immer ein sehr recherchiertes kaltes *souper* mit *force champagne*[49] serviert. Das Lokal dazu ist in der Regel die Bedientenstube unten, und der Tisch faßt natürlich kaum zwanzig Personen auf einmal, die sich dann truppweise nacheinander die schmale Treppe hinunterwinden und stoßen. Sitzt man endlich, so kann man sich ausruhen, und manche benutzen dies mit sehr wenig Diskretion für die Nachkommenden, auch wird den Damen wenig Platz gemacht, desto sorgsamer ist aber die Dienerschaft beflissen, von einer den Gästen unzugänglichen Seite den Tisch immer wieder frisch zu besetzen, wenn Schüsseln und Flaschen leer werden.

Um alles gehörig zu betrachten, blieb ich in einem der bessern Häuser das erstemal bis 4 Uhr morgens, und fand des Ende der *fête*, wo ¾ der Gäste weg waren, am angenehmsten, um so mehr, da die Töchter vom Hause wirklich ausnehmend hübsch und liebenswürdig waren. Dagegen gab es aber auch ganz famöse Originale auf diesem Balle, unter andern eine dicke Dame von wenigstens 55 Jahren, welche in einem schwarz-samtnen Pelz mit weiß verbrämt, und einen Turban mit schwankenden Straußenfedern auf dem Haupte, gleich einer Bacchantin[50], wie rasend umherwalzte, so oft sie nur Platz dazu finden konnte. Ihre drei recht hübschen Töchter versuchten vergebens, es der Mama gleich zu tun; ich erklärte mir aber diese herkulische Ausdauer, als ich erfuhr, die jetzt sehr reich gewordene Dame habe ihr Vermögen früher durch glücklichen Viehhandel erworben.

Die Musik bei allen diesen Bällen besteht bloß aus einem Piano und einem Blasinstrument. Die Musiker wissen beiden aber einen solchen Lärm abzulocken, daß man in der Nähe aller Konversation entsagen muß.

Den 16ten

Ich las gestern, ›daß starke Leidenschaften durch die Entfernung wachsen‹. Die meinige für Dich muß also eine starke sein, was zärtliche Freundschaft ohnedem immer am sichersten ist – denn ich habe Dich lieber als je. Übrigens ist die Sache sehr erklärlich. Liebt man jemanden wahrhaft, so hat man in der Abwesenheit nur immer seine guten und liebenswürdigen Eigenschaften vor Augen, das Unangenehme kleiner Fehler, die jeder Mensch hat, und die doch zuweilen in der Gegenwart verletzen, fällt ganz aus dem Gedächtnis, und die Liebe vermehrt sich also ganz natürlich in der Entfernung. Und Du – wie denkst Du darüber? Um wie viel mehr Fehler hast Du bei mir mit dem Mantel der christlichen Liebe zu bedecken! Ich reise indes morgen expreß nach London, um unserm Gesandten diesen Brief für Dich selbst zu übergeben, da die letzten so lange unterwegs geblieben sind. Wahrscheinlich sind Neugierige darüber gekommen, denn die Infamie des Brieföffnens werden wir wohl sobald nicht loswerden. In zwei Tagen bin ich wieder hier, und so glücklich, 3-4 Bälle in dieser Zeit zu versäumen. Vor der Abreise machte ich heut früh noch eine lange einsame Promenade, und diesmal doch nicht ganz allein, sondern mit einer jener vielen artigen jungen Damen, die ich hier kennengelernt. In dieser Hinsicht gewährt man den Unverheirateten in England, wenn sie einmal in die Welt lanciert sind, ungemein viel Freiheit. Das junge Mädchen *quaestionis*[51] war erst 17 Jahre alt, aber schon in Paris poliert.

Als ich zu Haus kam, fand ich zu meiner nicht geringen

Überraschung einen Brief von dem unglückseligen R…, der abermals nach Harwich zurückverschlagen worden, und in Verzweiflung um Geld und Hilfe fleht, denn wider meinen Willen hat er, was ich erst jetzt erfahre, den ihm vorgeschlagenen Weg über Calais doch nicht eingeschlagen. Diese Irrfahrten des Garten-Odysseus sind ebenso lächerlich als unangenehm, und Du wirst gewiß längst glauben, daß der Abenteurer *malgré lui*[52] von den Fischen verspeist worden ist. Ich erinnere mich immer noch lebhaft, daß ich vor 12 Jahren, auch um diese Zeit mich nach Hamburg einschiffen wollte, mein alter französischer Kammerdiener riet mir aber glücklich davon ab, denn wie er sich seltsam ausdrückte: *»dans ces temps-ci il y a toujours quelques équinoxes dangereuses, qui peuvent devenir funestes!«*[53] und richtig, das Fahrzeug litt Schiffbruch, und mehrere verloren ihr Leben dabei.

London den 17ten

Honneur à Sir Temple![54] Dein von ihm besorgter Brief ist in 10 Tagen hergekommen, während die durch unsre Diplomatie gegangenen drei Wochen unterwegs blieben. Sage ihm meinen besten Dank. Herzlich habe ich über alle Nachrichten gelacht, die mir H… so launig meldet. Der kleine Kriminalrat, den die Spötter *le rat criminel*[55] nennen, der *renvoyé extraordinaire und der diplomate à la fourchette*[56] sind vortrefflich geschildert, ebenso wie der glückliche Haus-, Hof-, Staats- und Leibdiener bei Tag und bei Nacht. Wundre Dich nicht über des letzteren *success*. Es ist gewiß, daß es eine Art Beschränktheit gibt, die fast immer in der Welt reüssiert[57], und eine Art Verstand, die nie reüssiert. Dieser letzte ist unter andern auch der meinige, ein phantastischer, Bilder machender, der sich seine Traumwelt alle Tage selbst neu gestaltet, und daher in der wirklichen stets ein Fremder bleibt. Du meinst, wenn das Glück sich mir dargeboten, hätte ich es stets gering geachtet, und höchstens spielend bei den Fingern genommen statt es ernstlich festzuhalten. Nie hätte ich die Gegenwart eher geschätzt, bis sie in ferner Weite als Bild wieder dastehe – dann würde es oft ein Bild der Reue, die Zukunft ein Bild der Sehnsucht und die Gegenwart nie etwas anders als ein Nebelflecken! *À merveille.*[58] Du führst das allerliebst aus, und niemand, ich muß es gestehen, versteht besser, eindringlich zu moralisieren, als Du. Wenn es mir nur etwas helfen könnte! Aber sage, wenn Du nun auch den Lahmen felsenfest überzeugtest, daß es weit besser für ihn sei, nicht lahm zu gehen, – sowie er ein Bein vor das andere setzt, hinkt der Ärmste doch nach wie vor! *Naturam expellas furca etc.*[59] Umsonst gebietest Du Deinem Magen, besser zu verdauen, Deinem Witze, schärfer zu sein, Deiner Vernunft, sich geltender zu machen. Es bleibt beim alten mit wenigen Modifikationen bis zum Tode.

Die Bescheide der Ministerien, die Du mir über die … Sache mitteilst, bleiben auch beim alten, obgleich sie äußerst verbindlich sind. Ist es aber nicht sonderbar, daß bei uns die niedern Behörden sich ebensosehr durch *tracasseries*[60] und unhöflichen, ich möchte sagen, oft höhnischen Stil auszeichnen, als die höheren (mit einer einzigen Ausnahme) sich nur in raffiniert artigen Formen bewegen. Erhalten diese letztern dadurch nicht ganz das Ansehn der bittersten Ironie? Du kannst das unsrer G…schen Dilettanten-Akademie als Preisfrage für's nächste Jahr aufstellen.

A propos, wer ist der sehr kluge Minister, von dem H… spricht? Aha, ich errate – aber die Minister sind ja schon *ex officio*[61] so klug, daß man schwer wissen kann, welchen sie meint, den überständigen dagegen erriet ich auf der Stelle, so wie den armen, dermalen horizontalen, dessen Krankheit mich herzlich betrübt, denn gesund steht er, meiner Meinung nach, gar sehr *perpendiculaire*[62], hoch über Mißgunst und Neid, durch Würde des Charakters, wie Geschäftserfahrung und Fähigkeit. Es gibt dagegen in der Tat einige Staatsbeamten bei uns, denen man jeder Zeit versucht wäre, mit Bürgers ›Leonore‹ zuzurufen: Bist lebend, Liebster, oder tot?

Der Himmel erhalte uns beiden geistig und körperlich bessere Gesundheit, und mir vor allem Deine zärliche Freundschaft, das nötigste Element zu meinem Wohlsein.

Dein treuer L.

Dreizehnter Brief

Brighton, den 19. Februar 1827

Teure Julie!

To make the best of my time[1], wie die Engländer praktisch sagen, besuchte ich gestern, ehe ich die Stadt verließ, drei Theater nacheinander. Ein irländischer Bedienter war im ersten Stück die Hauptperson. Als ihn sein Herr engagiert (der eben eine Entführung seiner Schönen beabsichtigt), fragt er ihn vorher, ob er auch entschlossen sei, alles zu tun was er von ihm verlange. »O, alles!« ruft der entzückte O'Higgy, »alles, was Ihr wollt; ich stehle Euch früh eine Kuh, und mache Euch mittags schon *beefsteakes* davon.« Später meint er: »Zwei Köpfe sind immer besser, wie einer, wäre der zweite auch nur ein Kalbskopf, denn seid Ihr hungrig, könnt Ihr ihn verspeisen.«

Diese Irländer müssen, soweit ich sie bisher aus Komödien und Romanen kennengelernt, ein seltsames Völkchen sein, von einer ganz anders frischen Originalität als die Engländer. Als Bettler begegnet man ihnen manchmal auf den Londner Straßen, und erkennt sie gleich an ihrem, ich möchte sagen, gascognischem Wesen und Dialekt. Sehr drollig und wahr sagt darüber ein moderner Autor: »Der englische Bettler schreit mit schleppendem Tone nur immer dieselben Worte: gebt einem armen Mann einen halben Penny, einem armen Mann einen halben Penny!« Was für ein Redner ist dagegen sein irländischer Kollege! »O Euer Gnaden, gebt uns einen Penny, nur einen kleinen, lieben Penny, Euer Ehrens Herrlichkeit und Gottes Segen für Euer Kind und Kindeskind! Gebt uns den kleinen Penny, und möge Euch der Himmel dafür langes Leben schenken, einen sanften Tod und ein gnädiges Gericht!« Wer kann solchen rührend komischen Bitten widerstehen!

Im andern Theater erfreute uns die Pantomime mit einer Vogel-, und sogar einer Teezeug-Quadrille, bei welcher letztern der Teekessel, Milchtopf und Tasse ein *pas de trois*[2] exekutierten, während Löffel, Messer und Gabeln als Figuranten um sie her tanzten. Die Vögel der ersten waren *à s'y méprendre*[3], und ich rate etwas Ähnliches, etwa von Papageien, die auch noch dazu sprechen könnten, beim S... schen Hoftheater von Mephistopheles arrangieren zu lassen. Es würde der geistreichen *relation*[4] davon noch etwas mehr Abwechslung geben, und ein Teekessel nebst Zubehör fände sich wohl auch in der Gesellschaft.

Von den indischen *jongleurs*, die ich auf der dritten Bühne ihre Künste machen sah, wurde diesmal etwas ganz Neues aufgeführt, nämlich das sonstige Kugelspiel mit kurzen brennenden Fackeln statt der Kugeln. Dies gibt ein höchst seltsames Feuerwerk, ein fortwährendes Entwickeln mathematischer brennender Figuren, bald Räder, Schlangen, Dreiecke, Sterne, Blumen etc. wie im Kaleidoskop, ohne daß der unerschütterlichen Sicherheit dieser Leute je etwas mißlänge.

Der viele phantastische Unsinn dieser Pantomimen wirkte wahrscheinlich noch in der Nacht auf mich fort, die ich zwischen London und Brighton verschlief, denn ich hatte auch in meinem Wagen die wunderlichsten Erscheinungen. Zuerst setzte mich der Traum auf meinen schönen Schimmel, dessen ich aber diesmal kaum Herr werden konnte. Er widerstrebte fortwährend meinem Willen, und als ich ihn endlich bezwang, schüttelte er vor Wut so gewaltig mit dem Kopfe, daß dieser mitsamt dem Halse abbrach, und zwanzig Schritt davon hinflog, während ich mit dem Rumpf in einen tiefen Abgrund hinabstürzte. – Dann saß ich auf einer Bank in meinem Park, und sah einem furchtbaren Orkane zu, der bald alle alten Bäume fern und nah entwurzelte, und sie wie Reisigbündel übereinandertürmte. – Zuletzt entzweite ich mich sogar mit Dir, geliebte Julie, und ging aus Verzweiflung unter die Soldaten. Ich vergaß Dich (was nur im Schlafe möglich ist) und fand mich bald in der neuen Sphäre jung und glänzend wieder, voll frischen Muts, und nicht weniger Übermuts. Es war ein Schlachttag – der Kanonendonner rollte prachtvoll, eine herrliche Feldmusik akkompagnierte[5] ihn, und begeisterte uns, während wir, mit der Prärogative[6] des Traums, im Kartätschenfeuer ganz ruhig eine Trüffelpastete mit Champagner frühstückten. Da rikoschettierte[7] langsam eine matte Kanonenkugel uns entgegen, und ehe ich noch auf die Seite springen konnte, riß sie meinem auf der Erde sitzenden Nachbarn den Kopf, und mir die beiden Beine ab, daß ich stöhnend in Blut und Graus daniedersank ... Als ich aber wieder zur Besinnung kam, da tobte wirklich der Sturm um mich her, und das Meer heulte mir in die Ohren; schon glaubte ich mich auf einer Seefahrt begriffen, der Wagen hielt aber nur vor dem Gasthofe an der Marineparade in Brighton. Morgen träume ich vielleicht die Fortsetzung. Geht's aber in den Phantasien des Lebens selbst nicht beinahe ebenso konfus her? Luftschlösser im Guten und Bösen, nichts als Luftschlösser – einige stehen nur Minuten, andre Jahre, andre Jahrzehnte, aber am Ende fallen sie doch alle ein, und s c h i e n e n nur Wirklichkeit! Niemand hat mehr Anlage zum Architekten solcher Schlösser als ich. Bei der leisesten Anregung fabriziere ich ebenso schnell einen glänzenden Feenpalast, als eine elende Hütte, Grab oder Kerker. Doch immer bist Du dabei, liebe Julie, entweder das Glück mit mir teilend, die Hütte schmückend, über dem Grabe weinend, oder in Banden tröstend. In diesem Augenblick schwebe ich eben in der Mitte, ohne bestimmte Wohnung, bin dabei auch ebenso ätherischer und munterer Geistesstimmung, aber, ich muß es gestehen, mit schläfrigem Körper, denn es ist 3 Uhr nach Mitternacht. Also küsse ich Dir die Hände zur guten Nacht. Übrigens bitte ich doch im Traumbuch nachzusehen, was jene Geschichte bedeuten mögen. – Du kennst einmal meinen lieben Aberglauben, der mir viel zu wert ist, um mich durch schale *raisonnements* davon abwendig machen zu lassen – z.b. wenn ein starker Geist über alles die Achseln zuckt, woran er nicht unmittelbar selbst mit der Nase stößt, oder ein salbungsreicher Priester sagt: »Es ist doch merkwürdig inkonsequent, wie mancher Mensch an die Religion (d.h. dann immer Kirche und ihre Satzung) nicht glauben will, und doch in andern Dingen der unvernünftigsten Leichtgläubigkeit Raum gibt!« – »O lieber Herr Pastor«, frage ich dann, »worin bestehen denn diese unvernünftigen Dinge?« – »Nun, der Glaube an Sympathie, z.B. an Träume, an den Einfluß der Sterne.« – »Aber verehrtester Herr Pastor, darin finde ich ganz und gar keine Inkonsequenz! Jeder denkende Mensch muß eingestehen, daß es eine Menge geheimnisvoller Kräfte in der Natur, tellurische[8] und kosmische Einflüsse und Beziehungen gibt, von denen wir selbst bereits schon manche entdeckt, die früher für ›Fabel‹ passierten, andere aber bis jetzt vielleicht nur ahnen, noch nicht erkennen können. Es ist also keineswegs gegen die Vernunft, sich darüber seine Hypothesen zu machen, und mehr oder weniger an diese zu glauben. So bestreite ich auch Ihnen weder Ihre Wunder, noch Ihre Symbole, aber der Vernunft, dem Verstande und Herzen, allen zusammen gleich unfaßbar, bleiben gewisse andere Dinge, die viele von Ihnen lehren, z.B. ein Gott, der leidenschaftlicher und parteilicher ist als der gebrechlichste Mensch; von der ewigen Liebe verhangene, unendliche Martern für zeitliche Sünden, willkürliche Vergebung und Verdammung nach Prädestination u.s.w. Diese Dinge werden nur dann möglich sein, wenn zwei mal zwei fünf geworden ist, und kein Aberglaube reicht an den Wahnsinn dieses Glaubens.«

Apropos, noch eins. Es fällt mir eben auf's Herz, daß

ich ganz vergessen, Dir für den schönen Neujahrswunsch zu danken, jenen Schwan, der zwischen Rosenhecken, dahinschwimmt, und Dir so ähnlich erscheint, ebenso vortreffliche, frische, weiße Toilette gemacht hat, ebenso behaglich und zierlich aussieht. Weißt Du, wie ich den Neujahrswunsch übersetze? Er spricht so zu mir: Julie ist Deine Fortuna, und wird dich einst noch unter Rosen betten, nachdem wir beide uns jedoch vorher noch oft an den Dornen blutig geritzt haben werden. Singt sie endlich ihren Schwanengesang, so soll dieser auch ihren Freund mit zur Ruhe singen.

Den 22sten

Ich komme eben von einem großen Almacks-*fancyball* zu Hause, wo alles in fremder, phantastischer Tracht, oder in Uniform erscheinen muß, eine *mélange*[9], die nicht die schicklichste ist. Du kannst denken, daß mein Freund aus G... in seinem schottischen Prachtanzug nicht fehlte. In der Tat ist dieses *costume* sehr schön, in hohem Grade reich, pittoresk und männlich. Nur die Schuhe mit den großen Schnallen gefallen mir nicht. Das Schwert hat ganz die Form unserer Studenten-*rapières*[10], und außerdem gehört noch dazu ein Dolch, Pistolen und *cartouchières*[11], die Waffen mit Edelsteinen besetzt, und eine Adlerfeder, das Zeichen der *chieftains*, an der bunten Mütze.

Ich führte zwei Damen auf den Ball, die erste, Mrs. C..., eine heitre und kluge, noch recht hübsche Frau von ungefähr 35 Jahren, die die Welt liebt, selbst in ihr beliebt ist, und einen invaliden Mann auf die sorgsamste Weise pflegt – die beste Art Treue. Ihre *tournure*[12] ist angenehm, ihr Charakter gut, also sehr passend *pour en faire une amie dans le monde.*[13] Die andere Dame, ihre Busenfreundin, ist eine junge, sehr reizende Witwe, unbedeutender zwar, aber ein liebliches, freundliches Weibchen, die vollkommen zufriedengestellt war, wenn man ihre Zähne mit Perlen, und ihre blauen Augen mit Veilchen verglichen hat.

Ich hatte mich im ganzen der Toiletten wie des Aussehens meiner Damen gar nicht zu schämen, aber sie und alle wurden verdunkelt durch die junge Miss F..., die *beauty* von Brighton, und wirklich eins der schönsten Mädchen, die es gibt, eine kleine Sylphide[14], die ihren wundervollen Fuß und ihre Grazie aus einem andern Lande eingeschwärzt[15] haben muß. Sie ist dabei erst 16 Jahre alt, und so wild und beweglich als Quecksilber, unermüdlich im Tanzen, wie in Possen. Ich war so glücklich, mich heute sehr bei ihr durch ein unerwartetes Geschenk zu insinuieren. Dieses bestand in einem *cornet*[16] besonders gut fabrizierter Knallbonbons, mit deren Austeilung sie sich schon auf frühern Bällen unendlich amüsiert hatte, wegen welcher von ihr verübten Exzesse aber, selbige auch streng von den Mamas verpönt worden, und nicht mehr, wie sonst gewöhnlich, beim *souper* zu haben waren. Ich hatte mich daher weislich schon vorher damit beim Konditor versehen, überreichte sie nun sehr unerwartet, und bezweifle, daß mir Ärmsten eine geschenkte Million noch so viel Vergnügen machen könnte, als ich hier durch das Unbedeutendste erregte. Die Kleine jubelte, und errichtete sogleich ihre Batterien, welche desto bessern Erfolg hatten, da sich der Feind ganz sicher glaubte. Bei jeder Explosion wollte sie sich fast totlachen, und so oft ich ihr heute nahe kam, lächelte sie mich aus ihren Feueraugen immer so hold und freundlich, wie ein kleiner Engel, an. Das arme Kind! diese vollkommene Unschuld, dieser Ausdruck des höchsten Glücks rührten mich tief – denn ach! sie wird ja auch bald, gleich allen andern, enttäuscht werden. –

Viele der übrigen Mädchen waren gleichfalls sehr schön, aber zu viel Dressur dabei; einige strotzten vor Juwelen und Kostbarkeiten, aber keine kam der kleinen F... gleich, deren A n m u t in den Augen der häßlichen, egoistischen Männer vollständig sein würde, wenn sie nicht leider auch mit Armut gepaart wäre. [s. a. Nachlaß-Briefe; S. 405]

Den 24sten

Bei Mistress F..., einer sehr würdigen und liebenswürdigen Frau, früher, wie man versichert, dem Könige angetraut, jetzt ohne Einfluß in jener Region, aber immer gleich allgemein geliebt und geachtet, *d'un excellent ton et sans prétention*[17] – hörte ich gestern abend einige interessante Details über Lord Liverpools Katastrophe. Ein Mann, der eine Stunde vorher noch mit Kraft und Weisheit die halbe Welt regierte, wird ein *imbécile*[18], weil man einen Aderlaß versäumt! Sein Vorgänger aber (Lord Castlereagh) aus demselben Grunde ein Selbstmörder! – Es ist doch gar etwas zu Gebrechliches um den menschlichen Geist!

Ich fand hier auch die zwei Töchter des berühmten Sher...; beide geistreich und ausgezeichnet hübsch, die älteste *bold* wie ihr Vater, welches allerdings für eine Dame weniger paßt, die zweite von einer Sanftmut, die zuflüstert: Stille Wasser sind tief!

In diesem Hause sieht man nur *beau monde.*[19] Sonst gibt es eigentlich von der allerersten, exklusiven Gesellschaft nicht zu viel hier, oder sie leben ganz zurückgezogen, um nicht mit der alltäglichen, die sie ›*nobodies*‹ nennen und mehr als die Brahminen die Parias[20], scheuen, in Kollision zu kommen. Ich, dem meine Verhältnisse erlauben, in dieses Heiligtum zu dringen, verschmähe auch die andern nicht. Als Fremder, und noch mehr als Selbständiger, erlaube ich mir ganz harmlos überall mein Vergnügen zu suchen, und es ist nicht immer der erhabenste Ort, wo ich das meiste finde. Ja selbst die Gemeinheit und lächerliche *singerie*[21] der schnell Reichgewordenen ist zuweilen recht sehr ergötzlich, und hat in England noch einen viel burleskern Charakter als irgendwo anders, weil Reichtum, Haus und Luxus, mit einem Wort, alles sie Umgebende, wirklich ganz dasselbe ist, wie bei den Großen und Hohen, und nur die Personen darin gleichsam wie nackt umhergehen.

Hier trat in meiner Korrespondenz eine lange Pause ein. – Verzeih, ich nahm mein einsames Mittagsmahl ein – eine Schnepfe stand vor mir, und ein *mouton qui rêve*[22] neben mir. Du errätst wer dies letzte ist. Ärgere Dich nicht über den Platz zur Linken, denn rechts flackert das Feuer, und ich weiß zu gut, wie sehr Du es fürchtest.

Den Abend werde ich wieder bei Graf F... zubringen, der zu den Brahminen gehört. Habe ich Dir ihn schon beschrieben? Er ist keine unbedeutende Person. Die französische Liebenswürdigkeit mit englischer Solidität vereinigend, spricht er auch beide Sprachen fast gleich geläufig. Obgleich nicht mehr jung, ist er doch immer noch ein schöner Mann, und sein Äußeres wird durch einen sehr edlen Anstand gehoben. Einfach und zuvorkommend, heiter ohne Bosheit, gefällt und befriedigt seine Unterhaltung, auch wenn sie in dem Augenblick nicht brillant ist. Seine Frau, Lady K..., ist weder schön noch häßlich. Sie hat Geist, *l'usage du grand monde, et quelquefois de la politesse.*[23] Dazu kein geringes Talent zur Musik, und 10 000 L. St. Revenuen. Mit alledem brauche ich nicht erst hinzuzufügen, daß dies Haus angenehm ist.

Den 25sten

Auf den hiesigen Bällen herrscht eine vorteilhafte Sitte für die Herren, nämlich nach vollendetem Tanze ihre Tänzerin an den Arm zu nehmen, und mit ihr bis zum nächsten herumzuwandeln. Dabei hat mancher Zeit seine Timidität zu besiegen, und es fehlte nichts als unsre großen Lokale und einsam bleibenden Stuben dazu, um es noch anmutiger zu machen! Hier geht es denn nicht, weiter auszudehnen, als die

Treppe hinab nach dem Eßsaal, und wieder herauf, aber auch das Gedränge gewährt große Heimlichkeit, denn keiner gibt auf den andern acht. – Da man mich von allen Seiten quält zu tanzen (ein Deutscher, der nicht walzt, scheint ihnen unbegreiflich), ich aber nicht mag, so habe ich vorgegeben, ein Gelübde binde mich, und zugleich erraten lassen, daß es ein zärtliches sei. Dieses Vorgeben können nun die Damen schwer mit der Überzeugung zusammenreimen, daß ich doch nur hier sei, um eine Frau zu suchen, wie sie sich steif und fest einbilden. Es geht bei alledem nicht ohne einige Huldigung ab, um das tägliche Einerlei zu würzen, aber Gottlob ist nichts hier vorhanden, was mich im geringsten aus meiner Ruhe bringen könnte, ein sehr behaglicher Zustand! Viel schlimmer ist es einem armen Engländer gegangen, der sich heute, aus unglücklicher Liebe, von der *jetée* ins Meer geworfen hat, und gestern noch, wie von der Tarantel gestochen, tanzte. Dem Ärmsten mag es dabei zumute gewesen sein, wie den *dindons*[24], die man in Paris Ballett tanzen läßt, indem man sie auf einen metallnen Boden stellt, unter dem Feuer angemacht wird. Die Zuschauer, die ihre verzweifelten Sprünge sehen, glauben sie wären sehr lustig, während die armen Geschöpfe langsam verbrennen.

Mehrmals habe ich mich beklagt, daß Brighton keine Vegetation hat, aber die Sonnenuntergänge im Meer, und die sie begleitenden Wolkenbilder habe ich fast nirgends so mannigfaltig gesehen.

So hatte es heute den ganzen Tag geregnet, und als es sich abends aufklärte, baute sich am Horizont ein dunkles Gebürge über dem Wasserspiegel auf, das nach und nach immer festere Konsistenz gewann. Als nun die Sonne den höchsten *peak* desselben erreichte und die schwarzen Massen, wie mit Rissen flammenden Goldes durchbrach, glaubte ich den Vesuv wieder zu sehen, von Lava überströmt.

Nachdem ich diesem festlichen Nachtlager der Himmels-

königin bis auf seinen letzten Moment beigewohnt, irrte ich noch bis zur völligen Dunkelheit in den kahlen Dünen umher, wie ein Schatten über Berg und Tal auf meinem schnellen Rosse dahingleitend, das auch seine Phantasien haben mochte, die es zu immer größerer Eile antrieben, ohne Zweifel die lockende Vorstellung – von Hafer und Heu.
[s. a. Nachlaß-Briefe; S. 406]

Den 14ten März*

Diese ewigen Bälle, *concerts, dinners* und Promenaden kann ich für mich, eben nicht langweilig, aber wohl zeittötend nennen. Überdem hat sich ein armer Sterbender unter mir einquartiert, und macht mich durch sein Stöhnen und Jammern, das durch den dünnen Boden allnächtlich zu mir heraufdringt, und dessen Kontrast so grell mit diesem Orte der Frivolität und Zerstreuung absticht, zu melancholisch. Helfen kann ich ihm nicht, also werde ich morgen nach London zurückkehren.

Deine beiden Briefe habe ich erhalten, und bedaure herzlich, zu vernehmen, daß Dir für Dein Bad[25] bis jetzt noch Koch und Doktor fehlen. Du mußt allerdings alles tun, um diese beiden wichtigen Chemiker, die von der Natur bestimmt sind, sich gegenseitig in die Hände zu arbeiten, sobald als möglich von bester Qualität zu erlangen.

Du weißt, daß ein berühmter französischer Arzt, wenn er in ein Haus zum erstenmal gerufen wurde, stets damit anfing, in die Küche zu gehen und den Koch zu umarmen, um ihm für die neue Kundschaft zu danken.

Als Ludwig der Vierzehnte immer kränklicher wurde, und, seinen eigenen Ärzten mißtrauend, unsern Äskulap

* Die *relation* der vorhergehenden Tage ist unterdrückt worden. *A. d. H.*

konsultierte, machte dieser dem ersten *homme de boucher*[26] Vorstellungen, dem Könige doch wenigere und einfachere Speisen bereiten zu lassen. *»Allons donc, Monsieur«*, erwiderte der heroische Küchling, den Arzt *à son tour* umarmend, *»mon métier est de faire manger le Roi – le votre de le purger. Faisons chacun le nôtre!«*[27]

Ehe ich Brighton verließ, mußte ich noch einer musikalischen *soirée* beiwohnen, eine der härtesten Prüfungen, denen Fremde in England ausgesetzt sind. Jede Mutter, die eine erwachsene Tochter besitzt, für welche sie schweres Geld an den Musikmeister hat zahlen müssen, will auch die Satisfaktion genießen, dies junge Talent bewundern zu lassen. Das quäkt und trommelt nun rechts und links, daß einem weh und weichlich zumute wird, und, selbst wenn eine Engländerin singen kann, so hat sie doch fast nie weder Methode noch Stimme. Die Herren sind weit angenehmere Dilettanten, denn bei ihrem Gesang hat man wenigstens das Vergnügen einer possierlichen *farce*. Der Matador unter allen solchen hiesigen Gesellschafts-Sängern ist ein gewisser Kapitän H... Dieser Mann hat keine andere Stimme als die eines heisern Bullenbeißers, keine andere Idee vom Singen als ein Bauer in der Kirche, und nicht mehr Gehör als ein Maulwurf.

So ausgestattet, schien er doch keinen größern Genuß zu kennen, als sich hören zu lassen, und der berühmte David tritt timider auf als er. Das Originellste war jedoch die Art seines Vortrags. Sobald er sich ans Klavier gesetzt hatte, schlug er mit dem Zeigefinger nur einen Ton auf dem Instrumente an, mit welchem, seiner Meinung nach, die Arie anfangen sollte, und intonierte dann wie ein Gewitter, jedesmal aber ein oder zwei Töne tiefer als der angeschlagene Ton, worauf er ohne Rast noch Pause, und ohne alles weitere *accompagnement*[28], die ganze Arie mit den seltsamsten Gesichtsverdrehungen durcharbeitete. Man muß so etwas selbst gesehen haben, um es für möglich zu halten, und das

Das Bad im Muskauer Park

in einer Gesellschaft von wenigstens 50 Personen. Dabei wählte er gewöhnlich italienische Texte, obwohl ihm die Kenntnis dieser Sprache gänzlich abging, und brüllte daher oft mit seiner Stentorstimme Worte heraus, welche alle Damen zum Weglaufen gezwungen haben müßten, wenn sie ihre Bedeutung verstanden hätten.

Man genierte sich übrigens gar nicht, ihn auszulachen (was n i c h t zu tun auch beinahe unmöglich war); ich habe aber nie bemerkt, daß dies seiner Ekstase und glücklichen Selbstzufriedenheit im geringsten Eintrag getan hätte. Ja, einmal losgelassen, war es sogar schwer, ihn wieder zu zähmen, und vom Piano wegzubringen, um andern, weniger belustigenden Talenten Platz zu machen.

In diesem letzten *concert* sah ich außerdem noch zwei merkwürdige Personen anderer Art, ein schon bejahrtes Paar, das *un beau matin*[29] – schwarz geworden war, aber schwarz, sage ich, wie Tinte. Es ist sonderbar, daß ein schwarz gewordener Weißer fast Grauen erregt, während dies bei einem Neger gar nicht stattfindet. Noch sonderbarer ist der Grund dieses Schwarzwerdens. Man hat nämlich eine neue, wie man behauptet, spezifische Medizin gegen die Epilepsie und Krämpfe erfunden, deren Hauptbestandteil ein Präparat von Zink und Silber. Setzt man sich jedoch während dem Gebrauch derselben im geringsten dem Sonnenlichte aus, so wird man schwarz, und zwar für immer.

Dieses Unglück war denn auch den armen Leuten begegnet, die ich erwähnt, und hier heißt es freilich mehr als je: *Le remède est pire que le mal!*[30]

London den 17ten

Ich bin wieder in Albemarle Street angelangt, und machte gestern früh, nach der langen Abwesenheit nicht weniger als 22 Visiten, wohnte dann einem *club-dinner* bei*, später einem Ball bei der früher schon erwähnten Napoleonistin, und schloß den Tag auf einer *soirée* bei Mistress Hope, einer sehr fashionablen und hübschen Frau, die sich unter ihren antiken *meubles* bei weitem weniger eckig als diese und ihr ›Anastasius‹ ausnimmt.

Heute aber besuchte ich, *in another quarter*[31], zwei Chinesinnen, die auch ein Haus machen, und ein sehr originelles noch dazu, wo man die *entrée* jedoch bezahlen muß.

Schon von der Treppe an ist alles wie in China selbst eingerichtet, und man kann sich, wenn man endlich eintritt und unter der Papierlampenillumination die Damen mit ihren nur 5 Zoll langen, weit vorgestreckten Füßen ruhen sieht, wirklich die Illusion machen, schon in Canton zu sein. Die Damen prätendieren eine vornehme Abkunft, welches ihre kleinen Füße beweisen sollen, da die geringern Klassen dergleichen nicht führen – denn wie sollten sie sonst arbeiten können, da die Kleinfüßigen, so wenig Zentripedalkraft haben, daß sie ohne Stock kaum von einer Ottomane[32] zur andern humpeln können.

Ich bin sonst ein leidenschaftlicher Liebhaber von einem kleinen Weiberfuße, aber diese waren mir doch zu klein,

* Im Eßsaal der *clubs*, wo nur nach der Karte gegessen wird, hängt immer eine Tafel, wo sich jeder aufschreiben kann, der wünscht an einem Extra-*dinner*, für welches ein fixierter Preis bezahlt wird, und was man ›*house-dinner*‹ nennt, in Gesellschaft teilzunehmen, wozu er dann zugleich den Tag bestimmt. Sobald 12 Personen aufgeschrieben sind, wird die Subscription geschlossen.

Diese *dinner* finden in einem besondern Lokal statt, sind sehr recherchiert und geben eine angenehme Gelegenheit, nähere Bekanntschaften zu machen.

und nackt abscheulich anzusehen, da ihre Kleinheit durch gewaltsames Unterbiegen der Zehen in der Kindheit erlangt wird, die nun in die Sohle mit einwachsen, eine Mode, die beinahe ebenso unvernünftig ist, als unsre Schnürbrüste, obgleich sie der Gesundheit doch noch weniger schaden mag.

Ich kaufte den chinesischen Prinzessinnen ein Paar neue Schuhe ab, die sie vorher vor meinen Augen anprobieren mußten, und sende sie Dir mit diesem Briefe, so wie mehrere andere Chinesiana, schöne seidene Tapeten, Gemälde, worunter ein Portrait des Kaisers und Kaiserin etc. Die guten Geschöpfe verkaufen alles was man verlangt, und scheinen, ihrer Vornehmheit unbeschadet, ein förmliches Warenlager mitgebracht zu haben, denn kaum ist etwas abgegangen, so wird es schon wieder ersetzt. Obgleich bereits lange in London, haben sie doch noch kein Wort englisch erlernen können; ihre eigne Sprache erschien mir als sehr schleppend und schwerfällig, und ihre Gesichtszüge waren für europäischen Geschmack mehr als häßlich.

Den 18ten

Die italienische Oper hat nun auch begonnen, mit der französischen Komödie, das einzige Schauspiel *du bel air.*[33] Da alles nur in Toilette dort erscheinen darf, selbst im Parterre, so ist der Anblick glänzend, die Oper selbst aber war schlecht, Orchester wie Sänger, das Ballett ebenfalls. Die Beleuchtung in diesem Theater ist auch schon darauf eingerichtet, um mehr gesehen zu werden, als selbst zu sehen, denn vor jeder Loge hängt ein Kronleuchter herab, der sehr unangenehm blendet, und die Schauspieler verdunkelt. Die Oper dauert bis nach 1 Uhr, so daß man hinlänglich Zeit hat, sie zu besuchen, ohne sich andere Gesellschaften dadurch zu verschlagen, denn nun hat der *trouble*[34] schon begonnen, man kommt selten vor 3 oder 4 Uhr zu Hause, und wer sich recht repandieren[35] will, was jedoch die *exclusives* nicht tun, einen Fremden aber amüsiert, der kann bequem ein Dutzend Einladungen für jeden Abend erlangen.

Vor zwei Uhr nachmittags wird dafür auch die große Welt nicht lebendig. Zwischen 4 und 6 sind die Stunden des Parks, wo sich die Damen in ihren eleganten Equipagen und Morgenanzügen zu Tausenden langsam umherfahren lassen, die Herren aber auf ihren schönen Pferden dazwischen umhervoltigieren, von Blume zu Blume flatternd, und so viele Grazie etalierend[36], als ihnen der liebe Gott verliehen hat. Zu Pferde nehmen sich aber fast alle Engländer gut aus, und reiten dabei viel besser und naturgemäßer als alle unsere Stallmeister, die, sich sehr viel darauf wissen, wenn sie auf einem Pferde, das künstlich[37] dahin gebracht wurde in jeder Gangart an Schnelligkeit zu verlieren, wie die Klammer auf einer Wäschleine sitzen.

Auf der weiten Rasenfläche des Parks wimmelt es ebenfalls von Reitern, die sich dort in schnelleren Bewegungen, als auf dem Corso, durchkreuzen, und mit vielen Damen gemischt sind, die ihre Pferde ebenso gewandt und sicher führen als die Männer.

Aber eben wird mir selbst Miss Sally vorgeführt, und scharrt schon ungeduldig das Macadamsche Pflaster. Der Brief ist ohnehin lang genug, also tausend Grüße an alles, was sich meiner erinnern will, und das freundlichste Lebewohl für Dich.

Dein Freund L.

Vierzehnter Brief

London, den 25sten März 1827

Geliebteste Beste!

Es würde zu langweilig für Dich sein, liebe Julie, wenn ich Dir täglich eine Liste der Gesellschaften schickte, die ich besuche, nur wenn mir eben Bemerkenswertes auffällt, werde ich es erwähnen, und vielleicht später, wenn ich Lust und Geschick dazu in mir fühle, noch mit einem etwas allgemeinern *aperçu*[1] schließen.

Im ganzen ist das Technische der Gesellschaft hier sehr zweckmäßig. Ich verstehe darunter die Einrichtungen zu ihrem *comfort* und ihrer Bewirtung. Besonders zeichnet sich hierin das Haus des Herzogs v. D... aus, eines Königs der Mode und Eleganz.

Nur wenig Vornehme haben in London, was wir auf dem Kontinent einen ›Palast‹ nennen, ihre Schlösser, ihr Luxus und ihre Größe entfalten sich nur auf dem Lande. Der Herzog von D... macht eine dieser Ausnahmen, und sein *palais* in der Stadt bietet mit vielem Geschmack und Reichtum, zugleich eine große Anzahl bedeutender Kunstschätze dar. Die Gesellschaft ist immer die gewählteste, aber wie überall auch hier zu zahlreich, obgleich sie bei der Menge der Zimmer nicht ganz so lästig, und der *foule*[2] eines Markttages gleich wird. Namentlich sind die Konzerte in D... House sehr hübsche Feste, wo immer nur die ersten Talente, welche eben in der Hauptstadt anwesend sind, employiert werden, und außerdem musterhafte Ordnung und Profusion[3] in allem herrscht. Unter andern ist die, auch in andern Häusern fast durchgängig stattfindende Einrichtung der *buffets* und *soupers* (vorzüglich bei so zahlreichem Zufluß von Menschen) sehr zu empfehlen. In einer besondern Stube befindet sich nämlich eine lange Tafel mit den ausgesuchtesten Erfrischungen aller Art reichlich besetzt, die so gestellt ist, daß sie den Gästen nur von einer Seite *accessible*[4] bleibt. Hinter derselben stehen uniformierte Mädchen (aber doch in weiblichen Uniformen, weißem Kleide und schwarzer Schürze), die jedem reichen, was er verlangt, und dabei noch hinlänglichen Raum haben, um ihr Geschäft bequem zu besorgen, während hinter ihnen, durch eine Tür, die mit den *offices* in Verbindung steht, alles Nötige, ungestört durch das Gewirre der Gesellschaft hereingebracht werden kann. Dadurch vermeidet man die so unangenehmen Prozessionen zahlreicher Bedienten, die, große Präsentierbretter in der Luft balancierend, sich mit diesen in den Salons umherdrängen, und immer in Gefahr schweben, den kalten und warmen Inhalt ihrer Last, auf drei oder vier Gäste auszuschütten.

Das *souper* wird später in einem andern Zimmer, welches mit der Küche kommuniziert, auf dieselbe Art durch das männliche Personal serviert, und solchergestalt die beste und prompteste Bedienung, mit verhältnismäßig weit weniger Leuten, und ohne alle Konfusion bewerkstelligt.

Beiläufig muß ich hierbei rühmen, daß hinsichtlich der *bonne chère*[5], in den großen Privathäusern Londons wirklich das Vorzüglichste in der Welt gefunden wird, da die besten französischen Köche und die besten italienischen *offices*[6] sich hier zusammenfinden, aus dem sehr einfachen Grunde, weil sie hier am besten bezahlt werden. Es gibt Köche, die ein Gehalt von 1200 L. St. jährlich beziehen. Dem Verdienste seine Kronen!

Zuweilen geht nach *concert* und *souper*, um 2 Uhr erst der Ball noch an, und man fährt bei Sonnenschein zu Hause, eine Lebensart, die mir sehr wohl behagt, denn Du weißt, ich hatte von jeher mit Minervas' Vogel[7] gleichen Geschmack. Ich benutze sogar manchmal einen solchen Nachtmorgen,

THE NORTHERN EXPEDITION.

On Sunrday morning, at about 10 o'clock, the *Heela* discovery ship took her departure from the Dock-yard, Deptford, on her voyage to the Northern regions. At an early hour every thing was ready, and at the time above-mentioned the *Hecla*, having on board all her officers and men, was towed out of the dock by the steam-boat *Lightning*, amidst the cheers of a vast number of persons who had arrived to witness her departure. The crew appeared in high spirits, who, with their gallant and enterprising commander, returned the compliment paid them. The *Hecla* was towed down to Northfleet, where it is expected she will remain a few days.

Among the numbers of persons who visited the *Hecla* on Saturday and Sunday, were the Earl of Harrowby, the Marquis of Exeter, the Duke of Norfolk, Lord Valletort, the Bishop of Lichfield and Coventry, Admiral Digby, Sir R. King, Lord Hardwicke, Sir R. Seppings, and many others.

The Lords of the Admiralty on Friday paid a visit to the gallant Commander on board, and after inspecting all parts of the vessel, provisions, &c., expressed themselves in high terms of praise as regarded the arrangements.

In the course of Sunday a great number of persons arrived from London under the expectation of seeing the *Hecla* depart, presuming that she would not set off before high water (about one o'clock); and their mortification was very great on finding that the *Hecla* had got the start of them by three or four hours.

(The Times; March 29, 1827)

gleich vom Ball zu einer Spazierfahrt im Park überzugehen, denn Gottlob! es wird schon sichtlich Frühling, und über die hohen Gartenmauern blinken bereits grüne Fliederblätter, und einzelne Mandelblüten durch das dunkle Gewebe der schwellenden Zweige.

Den 26ten

Diesen Vormittag bestimmte ich zu einer Exkursion nach Deptford, um Captain Parrys Schiff ›Hecla‹ zu besehen, das in wenigen Tagen nach dem Nordpol absegeln soll. Ob es ihn aber erreichen wird, ist eine andere Frage. Wenn es Parry nur nicht wie dem armen Grafen Zambeccari geht[8], der von seiner letzten Luftfahrt noch bis zu dieser Stunde nicht zurückgekehrt ist.

Captain Parry machte die *honneurs* seines eigentümlichen Fahrzeugs mit sehr viel Artigkeit, und sein Benehmen entspricht ganz dem eines freimütigen, besonnenen und kühnen Seemanns, als welcher er bekannt ist. Ein paar seltsam geformte Boote lagen auf dem Verdeck des Schiffes, die zugleich als Eisschlitten dienen sollen. Das Schiff selbst hat doppelte Wände, die mit Kork ausgefüllt sind, um die Wärme besser zusammenzuhalten, und außerdem wird es mit *conduits de chaleur*[9] geheizt. Alle Provisionen bestehen aus den stärksten Extrakten, so daß ein ganzer Ochse in seiner Quintessenz in die Rocktasche gesteckt werden kann, gleich den Stereotypen der *chefs d'œuvres*[10] der ganzen englischen Literatur in einem Bande. Alle Offiziere schienen Männer von großer Auswahl, besonders fand ich an dem Lieutenant Ross, der Parry auf allen seinen Fahrten begleitet hat, einen sehr feinen und liebenswürdigen Mann. Das Schiff wimmelte von Besuchern, die fortwährend die Strickleitern hinanklimmten, und man konnte nicht ohne das lebhafteste Interesse diese Schiffmannschaft betrachten, die so heiter den größten Gefahren und Mühseligkeiten entgegen ging, nur der Wissenschaft zuliebe, und um eine erhabene Neugierde zu befriedigen.

Zum Mittagsessen war ich bei einem Major der *horseguards* eingeladen, welches in ihren Baracken stattfand. Es herrscht eine, viele Vorteile gewährende, Sitte bei dem englischen Militär, ich meine die sogenannte ›*mess*‹. Sie besteht darin, daß jedes Regiment seinen gemeinschaftlichen Tisch hat, zu dem jeder Offizier verpflichtet ist, ein Gewisses beizutragen, er mag nun davon profitieren oder nicht. Er hat aber das Recht dafür, täglich daselbst zu essen, und nach dem bestimmten Satz auch einen Gast mitzubringen. Ein *comité* besorgt die Ökonomie, und schafft das Nötige an. Am Tische selbst präsidiert ein Offizier nach dem andern, vom Obristen bis zum jüngsten Lieutenant herab, und bleibt, so lange er in Funktion ist, mit der nötigen Autorität dazu bekleidet. Der Ton der Offiziere ist vortrefflich, und weit mehr *gentlemanlike* als in der Regel auf dem Kontinent, wenigstens was ich davon hier bei den Garden gesehen habe. Obgleich im Dienst die strengste Subordination herrscht, so sind sich doch außer dem Dienst die Herren so vollkommen gleich, daß es dem Fremden durchaus unmöglich wäre, aus ihrem Benehmen die obern und untern Offiziere herauszufinden. Der Tisch selbst ist vortrefflich serviert. Es fehlte weder an einer eleganten silbernen *vaisselle*[11], noch Champagner, Claret und allen Erfordernissen des Luxus. Auch wurde kein Gelage daraus, und die Unterhaltung blieb, bei aller Heiterkeit, in den Schranken des Anstandes. Das Ganze dauerte auch nicht zu lange, so daß ich noch Zeit übrig behielt, um einige Visiten in der Oper zu machen, wozu diese so bequem ist.

Offiziere der Garde

Den 28sten

In den meisten Abendgesellschaften findet man ziemlich hohes Spiel sehr an der Tagesordnung, und die Damen sind dabei die leidenschaftlichsten. Das Gedränge um den Ecarté-Tisch, der in Paris schon halb aus der Mode gekommen ist, nimmt hier nie ab, und auf den mit schwarzem Samt und goldner Stickerei bezognen Tischen präsentieren sich die weißen Arme der englischen Schönen sehr gut. Vor ihren Händen muß man sich aber manchmal in acht nehmen, *car les vieilles surtout trichent impitoyablement.*[12] Es gibt einige alte Jungfern hier, die man in den allerersten Zirkeln antrifft, und die förmlich *métier*[13] vom Spiel machen, so daß sie ihre 50 Pfund auf einem *coup*[14] halten, ohne eine Miene dabei zu verziehen. Sie geben auch bei sich ganz eigentliche Spielgesellschaften, die einem *tripot*[15] so ähnlich wie möglich sehen.

Nirgends begegnet der Liebhaber des ›Mittelalters‹ mehr konservierten Frauen ›*fat, fair and forty*‹[16] als in der englischen Gesellschaft. Auch noch reifere Jahre machen sich geltend. Die Marquise S..., welche beinahe 80 Jahre alt ist, kann man beinahe immer noch als die repandierteste[17] Dame in London ansehen. Man ist sicher, ihr jeden Abend zu begegnen, und früh reitet sie dessen ungeachtet noch Tag für Tag in der *manège.*[18] Ja auf dem Lande nimmt sie sogar noch zuweilen an den Fuchsjagden teil, wo sie sich auf dem Pferde anbinden läßt, und da sie fast blind ist, einen Opergucker an der Reitpeitsche befestigt hat. Ein *piqueur*[19] reitet ihr vor und sie ihm getrost nach, über Zäune und Gräben. Neulich fiel sie eine hohe Treppe hinunter, erschien aber nichtsdestoweniger am dritten Tage darauf schon wieder auf dem Balle, wo man außer einigen großen Schönpflästerchen auf der hochroten Schminke nichts Außergewöhnliches an ihr bemerkte. Früh nimmt sie gern Visiten an, wo man sie von einigen Papageien und vier Hunden umgeben, mit einem kleinen Kantschu[20] in der Hand, um die Tiere in Ordnung zu halten, auf ihrem Sofa sitzen, und so munter wie die Jüngste, an der Unterhaltung teilnehmen sieht. Ihre eigenen *assemblées*[21] sind immer sehr besucht, obgleich die Gesellschaft daselbst etwas bunt meliert ist.

Die Marquise H... nicht viel jünger, muß sogar noch eine schöne Frau genannt werden, mit dem *port*[22] einer Monarchin, bei jeder passenden Gelegenheit mit Diamanten bedeckt, und die *honneurs* ihres Hauses besser machend, als die meisten der exklusiven jüngern Schönheiten.

In dieselbe Kategorie gehört auch die alte Lady L..., die noch immer den sentimentalen Namen Lady Emilie L... führt, und auf dem Kontinent, besonders vom Kongreß zu Aachen her, sehr bekannt ist, wo sie mit dem diamantnen Hosenbande ihres Mannes auf der Stirne erschien, während er einen mit Rubinen besetzten Haarbeutel trug.

Auch noch burleskere dieser Klasse gibt es. Den ersten Rang darunter behauptet eine gewisse Gräfin, früher der Kaufmannswelt entsprossen, und eine große *pazza per la musica*[23], die sich jedesmal regelmäßig in die zuletzt angekommene große Sängerin verliebt, und ihr dann, gleich einer Busenfreundin, alle Vergnügungen der Hauptstadt verschafft. In einem sehr guten englischen Roman ward sie neulich unter dem deutschen Namen ›Geigenklang‹ aufgeführt, und äußerst treu geschildert. Sie ist sehr reich, gibt gute Konzerte und hat durch unerschütterliche Beharrlichkeit und Gefälligkeiten mancher Art, sich leidlich *fashionable* gemacht, es ist aber nicht möglich, in die große Welt eine weniger dahin passende *tournure* zu bringen, *qui sent la bourgeoisie à trente pas*[24], wie ein Ultra sagen würde.

Warum ihr übrigens der englische Satiriker den Namen ›Geigenklang‹ gegeben, begreife ich nicht recht, da sie von allen Instrumenten, die sie so sehr anbetet, vermöge der Beschaffenheit ihres Teints, ihrer Taille und ihres Organs unbezweifelt nur mit der Trommel einige Ähnlichkeit hat.

Ich schloß meinen Tag mit Lektüre und Whist im Club, wo sich meine Partie sonderbar genug gestaltete: der portugiesische Gesandte, der Napoleon auffallend gleicht, ein neapolitanischer Exminister, den das verfehlte Revolutionieren hierher gebracht, der französische Herr, den ich Dir in Brighton schilderte, und meine deutsche Wenigkeit, welche jedoch diesmal den Sieg davon trug, denn ich gewann 8 *rubber*[25] und zwei Affen *(monkeys)*.

›Was ist ein *monkey?*‹ rufst Du.

Den verschiedenen Spielmarken hat die Mode solche eigentümlichen Namen gegeben: eine 25 L. St.-Marke heißt ein *pony* (kleines Pferd) und eine von 50 Pfund ein *monkey* (Affe).

Den 3ten April

Du bist schon gewohnt, daß ich Dich oft vom Palaste in die Hütte, und aus dem geschmückten Saal in die schönere Natur führe. Heute folge mir einmal zu meinem Zahnarzt, dem berühmten Herrn Cartright.

Dieser Mann gewinnt durch seine Kunst jährlich 10000 L. St., und behandelt sie im grandiosesten Stil. Fürs erste geht er selbst zu niemand in seinem Geschäft, außer zum König. Jeder andre, Herr oder Dame, muß zu ihm kommen. Aber auch das ist noch nicht hinlänglich. Man muß sich auch 8-14 Tage vorher anmelden, und um Audienz bitten. Dann erhält man eine Karte folgenden Inhalts:

»Es wird H. Cartright zum Vergnügen gereichen, N. N. den und den Tag um ... Uhr bei sich zu sehen.«

Erscheint man nun zur bestimmten Stunde, so wird man in ein elegantes Zimmer geführt, wo ein Fortepiano, Kupferstiche, verschiedene Bücher und andere Unterhaltungsmittel aufgestellt sind, um sich damit die Zeit zu vertreiben, eine ganz notwendige Attention, da man gewöhnlich noch ein bis zwei Stunden hier warten muß.

Als ich kam, fand ich das Zimmer schon mit der Herzogin von Montrose und der Lady Melville mit ihren Töchtern besetzt, die gradatim abgerufen wurden, so daß schon nach einer Stunde die Reihe an mich kam.

Ist man einmal so weit, so kann man aber gewiß auch höchst zufrieden sein, denn Herr Cartright ist der geschickteste und wissenschaftlichste Mann seines Metiers, den ich kenne, von aller Charlatanerie gänzlich entfernt, was die diffizilen Approchen[26] kaum vermuten lassen. Auch hat er seine festen Preise und überteuert gar nicht, *mais c'est un grand seigneur dentiste.*[27]

Nachdem ich abends an vier bis fünf Orten vergebens etwas Interessantes aufgesucht hatte, fixierte ich mich endlich bei Lady C..., durch die Bekanntschaft eines Capitain P... gefesselt, ein halber Deutscher, der eben aus dem Morgenlande zurückkam, und eine sehr anziehende Beschreibung seiner dortigen Reisen machte. Er erzählte mir unter andern folgendes von Lady Stanhope, einer Nichte Pitts, die vor zehn Jahren England verlassen, eine Türkin geworden, und sich in Syrien etabliert hat.

Sie wird jetzt von den Arabern wie eine Prophetin verehrt, und lebt mit allem Ansehen und der Pracht einer eingebornen Fürstin, erlaubt aber Europäern nur sehr selten den Zutritt.

Mit vieler Mühe und durch besondere Intrigen, gelang es endlich Capt. P... vor sie zu kommen. Das erste was sie mit ihm sprach, war die Aufforderung: sein Ehrenwort zu geben, daß er nie etwas über sie schreiben wolle. Sobald dieser Eid geleistet war (zu dem ich gottlob nicht verpflichtet wurde), ward sie sehr heiter und gesprächig, und zeigte sich ebenso unbefangen als geistreich. Sie machte kein Geheimnis daraus, daß sie dem christlichen Glauben entsagt habe, vertraute ihm aber zugleich, daß sie den wahren Sohn Gottes erst erwarte, dem s i e s e l b s t den Weg zu bahnen bestimmt sei. Hierauf zeigte sie dem Capitain eine prachtvolle arabische Stute vom edelsten Blut, die einen so seltsamen Knochenauswuchs auf dem Rücken hatte, daß dadurch die ganz ähnliche Figur eines Sattels gebildet wurde. »Dieses Pferd«, sagte sie, mit einer Miene, von der Capt. P... behauptete, noch jetzt nicht zu wissen, ob sie Tollheit oder die Lust ihn zum besten zu haben verraten, »dieses Pferd hat Gott selbst für seinen Sohn gesattelt, und wehe dem Menschen, dessen Fuß es zu besteigen wagte! Unter meiner Obhut aber erwartet es seinen echten Herrn.«

Im Verlaufe des Gesprächs versicherte sie ihm noch *en passant*, daß Adam noch immer lebe, sie wisse auch recht gut wo er sich aufhalte, könne sich aber darüber nicht deutlicher erklären.

P... erwiderte, er zweifle daran nicht, der alte Adam sei auch ihm sehr wohl bekannt. (Ich bemerke, daß Capt. P... auf einer deutschen Universität studiert hat, woher er wahrscheinlich den alten Adam kennt.)

Die Frau vom Hause, Lady Ch..., dieselbe, deren grenzenlose Verehrung Napoleons ich schon erwähnte, hörte uns zu, und versicherte dem Capitain, er könne sich darauf verlassen, daß Lady Esther ihn wirklich bloß gefoppt habe, denn sie kenne sie genau, da sie mit ihr lange sehr intim gelebt, und nie habe es einen klareren, determinierteren und zugleich schlaueren weiblichen Geist gegeben.

Auf jeden Fall hat sie für eine solche Persönlichkeit zwischen Abend- und Morgenland einen guten Tausch gemacht. Sie herrscht, ist selbst unabhängig wie der Vogel in der Luft, und hätte inmitten der Zivilisation sich der Sklaverei nie entreißen können, die vielleicht immer und ewig eben die Schattenseite aller Zivilisation bleiben muß.

Den 4ten

Sir Alex. Johnston, auch ein großer Orientalist doch in anderem Sinne, hatte mich zu Tisch geladen, und würzte das Mahl durch seine geistreiche und gelehrte Unterhaltung. Er hat in seinem Fach schon viel höchst Wichtiges zutage gefördert, doch sind wir beide, gute Julie, zu unwissend in demselben, um daß ich Dich mit weitern Details darüber langweilen sollte. Doch eins interessiert Dich vielleicht. Er erzählte von einem *cashmere-shawl* Tippu Sahibs[28], in Gold und allen Farben gewirkt, der 1000 L. St. wert, und zehn Ellen lang gewesen sei, ein Gegenstand, der allerdings eine weibliche Phantasie in Feuer setzen kann.

Abends sah ich noch ein wunderschönes Gemälde. Eine Venus von Titian, nur mit ihren Reizen bekleidet, wollüstig auf weiche Kissen hingegossen. Ein süßer Traum schien sie krampfhaft zu durchzucken, und mit den kleinen Händen bewahrte sie sich gleich der im Bade überraschten Venus.

Ich habe in meinem Leben nichts Schöneres gesehen, als dieses himmlische Wesen, höchst vorteilhaft von einem auflodernden Kaminfeuer beleuchtet, und das grelle Licht sanft durch den halb herabgezogenen Vorhang gedämpft. So weiß wie Schnee erschienen dahinter die schönen Glieder, auch nicht der leiseste Fehler war an dem üppigen, elastischen Körper zu entdecken, den eine Fülle brauner Locken umfloß, welche die Rosenknospen des jungfräulichen Busens nur wie verstohlen durchschimmern ließen. Die zarteste Hand, ein allerliebster Fuß, den kein zu enger Schuh verunstaltet hatte, Lippen zum Kusse geschaffen, und ein schmachtendes blasses Gesicht mit griechischen Zügen, das, waren auch die Augen geschlossen, doch durch ein schmerzlich süßes Lächeln hinreißend belebt wurde – so erschien sie als das erregendste Ideal weiblicher Schönheit.

Ich war im Anschauen verloren – da, o Himmel! glaubte ich die dunkeln Augen sich öffnen, und mich freundlich anblicken sehen – die Sinne vergingen mir, und um vier Uhr nachmittags erwachte ich erst.

Guten Morgen oder guten Abend also, *comme il vous plaira.*[29]

Den 6ten

Du bist wohl aus meinem letzten Gemälde nicht recht klug geworden. Es ist ein Rätsel, und bis du es errätst, laß uns von etwas anderm sprechen.

Sage mir, warum erweckt alles durch die Kunst abgespiegelte allein reines Wohlgefallen, während alles Wirkliche immer wenigstens eine mangelhafte Seite hat? Wir sehen die Qual des Laokoon in Marmor mit ungestörtem Genuß, während die Szene in der Natur uns nur Grausen erregen würde. Ein Fischmarkt in Holland vom launigen Künstler mit täuschender Treue wiedergegeben, ergötzt uns und unser Vergnügen vermehrt sich, je mehr wir das Detail verfolgen – am Wirklichen aber gehen wir schleunig mit abgewandten Augen und Nase vorüber. Leiden und Freuden des Helden, den der Dichter schildert, berühren uns mit gleichem innern Wohlgefallen, während an uns und andern die wahren Leiden schmerzen, die wahren Freuden immer noch viel zu wünschen übrig lassen, und selbst das erreichte Glück, wäre es überhaupt möglich, doch immer noch den derben Gedanken mit sich führen müßte: Wie lange wird es dauern? Drum sagt wohl Schiller: »Ernst ist das Leben, heiter ist die Kunst.« Also die Kunst allein, die Gebilde der Phantasie gewähren eigentlich das wahre Glück – und darum laß uns, gute Julie, immer ein wenig frohlocken, daß auch in uns eine rege bildende Phantasie lebt, die uns zuweilen Genüsse schenkt, welche die Wirklichkeit nicht hat.

Soll ich mir gleich ein solches harmloses Fest bereiten, und über das Meer zu Dir hinüberfliegen? – Denn gar zu lange schon waren wir getrennt!

Ach wie schön finde ich alles! Es ist Frühling, die Veilchen duften nach dem Gewitter bezaubernd süß, Schwalben schwirren durch die Lüfte und gute kleine Bachstelzen schwänzeln lustig am See. Hinter der letzten schwarzen Wolke tritt eben in aller ihrer Pracht die Sonne hervor, und zeichnet mit leuchtender Schrift seltsame Charaktere auf die entfernten Berge. Die alten Linden um uns glänzen wie Smaragde, bunte Schmetterlinge versuchen zum erstenmal ihre leichten Schwingen, und gaukeln wie trunken über den Rasenteppich hin, Bienen summen emsig um tausendfache Blüten, und grüne Käfer glitzern im Sonnenlicht. Aus dem Abend aber erhebt sich ein prachtvoller Bogen, spannt sich am blauen Himmel über das Schloß hin, und versinkt jenseits im schwarzen Föhrenwald. Da wird das freundliche, weiß gedeckte Tischchen mit hellpoliertem Silber besetzt, herbeigebracht, und mitten unter die Blumen hingestellt. Die saftigen Früchte des Treibhauses, hyacinthfarbner Xeres[30] in kristallner Flasche und vom Eise mit mattem Dunst umzogner Champagner erwarten die Gäste. – Und siehe! wer kommt da gravitätisch und langsam durch die blauroten Fliederbüsche mit vieler Dignität herangewandelt? »Ah Du bist es, gute Julie«, rufe ich entzückt, stürze auf Dich zu, und ....

....

....

Hélas, mon chancelier vous dira le reste![31]

So malt die Phantasie – was mich aber in der Realität leider verstimmt, ist, daß ich wieder recht lange ohne einen Brief von Dir bin, den ich doch notwendig brauche, um meine Nerven wieder zu stärken. Da sitze ich nun ganz traurig, nur mir selbst gegenüber? Doch glaube deshalb nicht, daß ich ein Doppelgänger sei – es ist diesmal bloß der Spiegel, der mein Bild zurückwirft, denn ich mache eben Toilette für ein paar ›russische Dampfbälle‹ wie man die hiesigen nennen sollte.

Den 7ten

Da ich zu dem großen *dinner* des Major eingeladen worden bin, ritt ich heute nach der *City*, um ihm vorher einen Besuch zu machen. Dies ist mit einem unruhigen Pferde eine fast bedenkliche Sache. Auch kam ich einmal so ins Gedränge, daß ich notgedrungen auf die Trottoirs ausweichen mußte. Hier fand nun sogleich der englische Pöbel sein Recht verletzt, ohne darauf Rücksicht zu nehmen, daß die Not nur mich dazu zwang, fing an zu schimpfen, und einige mein Pferd zu schlagen, ja ein ungeheurer Koloß von Karrenschieber proponierte mir sogar, die geballte Faust emporhebend, mit mir zu boxen, worauf mich einzulassen ich jedoch gar keine Lust verspürte, obgleich ich schon einige Boxstunden genommen habe, sondern eiligst eine, sich zu meinem Heil öffnende, Lücke benutzte, um mich davon zu machen. Das tägliche Gewühl in dieser *City*, und die Teilnahmlosigkeit der finstern, rastlos an einem vorüberstreifenden Gesichter hat etwas höchst Lugubres[32], und jede Distraktion kann dem Reitenden oder Fahrenden Gefahr bringen, sich oder sein Vehikel beschädigt zu sehen.

Als ich bei dem Assekuranzhause vorbeikam, imponierte mir auf den drei verschiedenen *bureaux* die riesengroßen Inschriften:

›Meer, Feuer, Leben.‹

Einem Wilden würde man schwerlich begreiflich machen, wie man auch das Leben versichern könne. Ich wollte mich schon erkundigen, ob ich hier vielleicht auch Deine Briefe verassekurieren könnte, die wahrscheinlich im Meere liegen, weil sie so lange ausbleiben. Da ihr Wert jedoch unschätzbar ist – so ging es nicht.

Ich aß beim Grafen Münster zu Mittag, einem herrlichen Repräsentanten Deutschlands auf dieser Insel, der auch in seinem Hause die deutsche Sitteneinfalt möglichst beibehalten hat. Jeder kennt ihn als ausgezeichneten Staatsmann, aber auch seine häuslichen Talente sind sehr liebenswürdig. So malt und komponiert er selbst geistvoll hier in England die Verzierungen seiner Stammburg am Harze, und seine Gemahlin führt seine Zeichnungen auf Glas mit ungemeiner Kunstfertigkeit aus; so daß in wenig Jahren die Schloßkapelle ganz mit ihren eigenen Arbeiten auf den bunten Fenstern prangen wird. Die deutsche Hausfrau ist dabei keine moderne, bloße schöngeistige Künstlerin, sondern versteht ebenso gut, wie eine der alten Ritterdamen, die ihr Pinsel darstellt, vortreffliches Bier im eignen Hause zu brauen, von dem sie mir neulich eine Probe verehrte, die ich mit der Dankbarkeit eines Gastes aus Walhalla austrank.

Ein großes Fest bei Lord Hertford mit *concert*, Ball, französischer Komödie etc. versammelte abends die *fashionable* und auch halb *fashionable* Welt*, in einem prächtigen und sehr geschmackvoll meublierten Hause. Das Eigentümliche desselben ist, daß alle Zimmer in fleischfarbnen Stuck und Gold, mit schwarzen Bronzen, sehr großen Spiegeln, und seidnen Vorhängen in Cramoist, eins wie das andere ausgeziert sind, und eben durch diese Einfachheit grandiosen Effekt hervorbringen. Nur der Saal (für London von ungewöhnlichem Umfang) ist weiß und gold, der Boden mit Scharlachtuch belegt, und *meubles* und Vorhänge von derselben Farbe. Die Gesellschaft, *c'est-à-dire* die *foule*[33], war übrigens nicht belebter als gewöhnlich, das Ganze *magnifiquement ennuyeux.*[34]

Ein andres sehenswertes Haus ist das des großen Banquier..., vorzüglich wegen seiner schönen Gemäldesammlung. Auch bewundert man hier den Triumph neuerer Skulp-

* Wie es in England viertel, halbe, dreiviertel und ganze Blutpferde gibt, so werden auch *fashionables* ebenso und noch subtiler gevierteilt.

tur, Thorvaldsons ›Jason‹, und mehrere wertvolle Antiken. Auf einem Absatz des Hauses sind hängende Gärten angebracht, und obgleich die Pflanzen nur 3 Fuß Erde haben, wachsen sie doch sehr üppig. Ihre Besitzerin ist aber keine Semiramis, *il s'en faut*[35], obgleich sie nicht mindere Schätze, und vielleicht noch etwas mehr Stolz besitzt, *sc.* Geldstolz[36], denn für eine andere Art Stolz fehlt wohl die Gelegenheit.

Ich konnte manchmal nicht umhin, sie deshalb in Gedanken mit ihrer noch weit reicheren Nebenbuhlerin Madame R... zu vergleichen, und mich zu verwundern, daß die jüdische Geldkönigin weit über der christlichen an herzlicher Liebenswürdigkeit und äußerem Anstande stehe.

Den 8ten

Was zu der *dullness* der englischen Gesellschaften viel beiträgt, ist die hochmütige Weise, nach welcher Engländer (wohl zu merken in ihrem eignen Lande, denn *abroad* sind sie zuvorkommend genug) nie einen Unbekannten anreden, und wenn man sie auf diese Weise anspricht, sie es fast wie eine Beleidigung markieren. Sie machen sich zuweilen selbst darüber lustig, ohne doch jemals anders zu handeln, wenn sich die Gelegenheit dazu darbietet. Man erzählt: eine Dame habe einen Menschen ins Wasser fallen sehen, und den sie begleitenden *dandy*, einen bekannten guten Schwimmer, inständig gebeten, dem Unglücklichen doch zu Hilfe zu kommen. Ihr Freund ergriff, mit dem Phlegma, welches ein Haupterfordernis der heutigen Mode ist, seine Lorgnette, schaute ernsthaft auf den Ertrinkenden, dessen Haupt gerade zum letztenmal auftauchte, und erwiderte dann, sich ruhig zu seiner Gefährtin wendend: *»It's impossible Mad'm, I was never introduced to this gentleman.«*[37]

Einen Mann von ganz verschiedenen Sitten lernte ich heut abend kennen, den persischen *Chargé d'affaires*[38], ein Asiate von sehr gefälligen Manieren, und dessen prächtige Kleidung und schwarzer Bart nur durch die persische spitze Mütze aus Schaffellen in meinen Augen entstellt wurde.

Er spricht schon ganz gut Englisch, und machte recht feine Bemerkungen über Europa. Unter andern sagte er, daß wir zwar in sehr vielen Dingen weiter wären als sie, dagegen stünden bei ihnen alle Ansichten fester, und jeder begnüge sich daher mit seinem Schicksal, während er hier eine beständige Gärung, eine ewige Unzufriedenheit der Massen wie der einzelnen bemerke, ja er müsse gestehen, er selbst fühle sich schon davon angesteckt, und werde rechte Mühe haben, in Persien wieder ins alte glückliche Geleis hinein zu kommen, wo einer, dem es nicht zu gut gehe, sich schon damit tröste, daß er ausrufe: Wessen Hund bin ich denn, um glücklich sein zu wollen!

Das gibt in der Tat den Verfolgern des Ideals, zu welcher geheimen Gesellschaft ich leider auch gehöre[39], viel zu bedenken!

Ein Ball bei Mrs. Hope war außerordentlich prächtig, *mais c'est toujours la même chose.*[40] In der Gesellschaft, welche ich vorher besuchte, ward ich dem Herzog von Gloucester vorgestellt, was ich bloß derwegen erwähne, um zu bemerken, daß die hiesigen königlichen Prinzen eine artigere Etikette beobachten, als an vielen Höfen auf dem Kontinent, denn der Prinz, welcher Whist spielte, stand von der Partie auf, und setzte sich erst nach der kurzen Unterhaltung mit mir wieder nieder.

Doch erlaube mir noch einen Augenblick, zum Anfang des Tages zurückzukehren.

Die Gärten der Umgegend stehen nun schon in voller Blüte, das Wetter ist schön, und mein heutiger Morgenritt führte mich daher wohl bis 20 Meilen weit von der Stadt. Die Mannigfaltigkeit und der Reichtum dieser Promenaden sind, selbst in den Vorstädten schon, den Umgebungen andrer

Hauptstädte sehr überlegen, welche wohl hie und da schöne Natur, aber nie diese reizende Mischung von Natur und höchster Kultur, wenigstens nicht in dem Maße darbieten.

Ich wäre gerne immer weiter und weiter geritten, und drehte nur endlich notgedrungen mit schwerem Herzen wieder um. Die Wiesen um mich her waren so üppig, daß sie nur in der Ferne grün erschienen, in der Nähe aber blau, gelb, rot und lila schillerten wie ein Teppich aus Turnai. Bis an den Bauch wateten die Kühe in den bunten Blumen, und ruhten im Schatten kolossaler Laubgewölbe, die keinem Sonnenstrahl den Durchgang verstatteten. Es war herrlich, und unsers lieben Gottes Hausmannskost hier reicher ausgeschmückt als es aller Luxus der Kunst nicht zu erreichen vermag. Nach einer Stunde gelangte ich auf einen Hügel, wo eine ansehnliche Kirchenruine in der Mitte eines kleinen Gärtchens stand. Die Sonne warf hinter einer deckenden Wolke Strahlen über den ganzen Himmel, gleich einem ungeheuren Fächer, dessen Knopf gerade auf der Weltstadt ruhte, dem unermeßlichen Babel, das sich mit seinen tausend Türmen und hunderttausend Sünden, seinen Nebeln und Rauch, seinen Schätzen und Elend, unabsehbar vor mir ausbreitete. Es half nichts! ich mußte hinein, aus dem Frühling der keimenden Knospen, aus den grünen Auen, wieder hinein in den macadamisierten Sumpf, in das ewige tote Einerlei zu *dinner* und *rout*!

Nimm Abschied von mir – der nächste Brief erst schildert weiter, was aus Daniel in der Löwengrube geworden.

Dein treuer Freund L.

* * *

Ende des dritten Teiles

Nachlaß-Briefe
Teil III

Die hier zur Ergänzung beigefügte Auswahl von Briefen stammt aus dem Nachlaß Pücklers. Sie wurden von Pückler selbst oder von Varnhagen von Ense 1830 nicht zur Publikation gegeben, sondern, nach dem Tod Pücklers, von Ludmilla Assing-Grimelli, einer Nichte Varnhagens, aufbewahrt. Die in dieser Ausgabe chronologisch den entsprechenden Teilen zugeordnete Auswahl der Nachlaß-Briefe verdeutlicht u.a. das inhaltliche Redigieren Pücklers und schließt Lükken in der Korrespondenz.

Zum besseren Verständnis der Vorbereitungen zu Pücklers Englandreise, sowie deren Ausgang in bezug auf erste Publikumsreaktionen, enthält die Auswahl zusätzlich Nachlaß-Briefe, die nicht in den Kontext der *Briefe eines Verstorbenen* gehören.

Wo nicht anders angemerkt, sind die Nachlaß-Briefe an Lucie von Hardenberg gerichtet. Französisch und englisch geschriebene Briefe sind vom Herausgeber ins Deutsche übersetzt, wobei französische Satzteile in englisch geschriebenen Briefen als solche übernommen wurden. (Anm.: engl. bzw. franz. über dem Datum.)

Briefe vor Antritt der Reise verfaßt

Berlin, den 6. Mai 1824

Heute habe ich nun auch mein letztes Pferd, mein so sehr geliebtes Stütchen, verkauft, und beinahe darüber geweint, als sie weggeführt wurde, um so mehr, da sie nach Frankreich geht, und ich sie schwerlich je wiedersehen werde. Da dieses Pferd so herrlich sprang, und überhaupt für einen jungen Mann, um sich brillant und kühn zu produzieren, geschaffen war, so ist es mir ordentlich, als wenn ich recht ausdrücklich mit ihm von Jugend und Glanz Abschied nähme, um den Rest meines Lebens niedrig und unbemerkt zu vertrauern, und die Trennung betrübt mich unter solchen Umständen auf eine seltsame Weise. 500 Taler habe ich dafür bekommen, ein elender Preis unter anderen Umständen, heute eine Sache von Wichtigkeit für mich. Könnte ich den Englischen Wagen loswerden, ich würde gern 1000 Taler daran verlieren, denn mit äußerster Sparsamkeit muß ich doch reisen, wenn es überhaupt möglich werden soll, obgleich meinem Zweck einiger Luxus angemessen wäre. Lebe wohl, mein Herz, Dein Lou geht nun zu Fuße.

Berlin, den 7. Mai 1824

Ach, Schnucke,

Deine Stimmung kann nicht schlimmer sein, als die meine. Wie ein gehetzter Hirsch flüchte ich vor meinen eignen Gedanken; und der Gedanke mich, wenn auch nur formell, von Dir, die mich so lieb hat, und die so willig ihr schweres Opfer bringt, loszureißen, ist immer dennoch vor meiner Seele mit brennender Pein! Und doch ist kein Ausweg, als Entsagung unsrer bisherigen Existenz, herabsteigen in eine ganz andere Sphäre, und dennoch auch dort nur eine Existenz, die nach Deinem Verlust mir nichts übrig läßt, als Dir freiwillig zu folgen oder zu betteln. Welch' verzweiflungsvolle Alternative!

Ich grüble bei Tag und Nacht, aber immer vergebens, die Antwort des unerbittlichen Schicksals ist immer dieselbe. Bei alledem sind doch eigentlich nur zwei Sachen, vor denen ich schaudere, nicht die Ehescheidung, nicht Armut, nicht Tod selbst – nur diese: Verringerung Deiner Liebe in einem neuen Verhältnis, oder ein ewiger, nagender Kummer in Deinem Herzen, der Dir nichteinmal so viel trauriges Glück mehr ließe, als Du an meiner Seite genossen hast. Wäre ich über diese beiden Sachen beruhigt, so wäre alles gut, ich könnte frisch von neuem in's Leben hineingehen mit dem Mute, der jetzt so gänzlich von mir gewichen ist.

Daß meine Gesinnungen für Dich dieselben nicht nur bleiben, sondern nach der Eigenheit meines Charakters sich noch steigern müssen, da Du ein unsicheres Gut für mich wirst, steht felsenfest, das fühle ich auf's tiefste in meinem Herzen; denn wer der guten Schnucke Liebe so wie ich empfunden und gekannt, der kann sie auch nicht entbehren, solange er lebt und denkt, und wer wird mich je wieder verstehen wie Du – meine einzige treue Schnuckenseele. Ach Schnucke, seit ich Dich, wenngleich nur dem Namen nach, verlieren soll, bin ich komplett verliebt in Dich. Übrigens wiederhole ich noch einmal: übereile nichts ohne Not. Laß mich es aussprechen, wenn es sein soll und muß. Besser scheint mir auf jeden Fall, daß wir beide in Muskau zusammen sind, wenn es publiziert wird, damit man gleich in Muskau sieht, daß unter uns nicht die mindeste Veränderung vorgegangen ist. Dies wird ungleich besser auf alle dort wirken, und ihnen gleich den Maßstab für ihr künftiges Betragen geben. Auch ist es für mich viel besser, als hier in Berlin zu sein, wo man es, wie die W... sehr gut sagt, erst niedersprechen muß. Die Briefe an W..., Deinen Bruder, etc., machen alle einen besseren Effekt in der Abwesenheit, und vor allen Dingen ist es für mich ein Trost unschätzbarer Art in diesem Augenblicke um Dich zu sein, wodurch der traurigen Begebenheit für mich der herbste Stachel benommen wird. Ich bitte Dich innig, gute Schnucke, sei mir hierin nicht entgegen, meine ganze Ruhe hängt davon ab. Zu lange will ich nicht bleiben, aber vierzehn Tage muß ich nachher noch mit Dir dort sein, und vierzehn vorher, dann wollen wir weitersehen, was zu tun ist.

Ach, warum gönnt uns der Himmel das harmlose Glück in Muskau nicht, wie gern wollte ich der Welt entsagen, wie gern und mit Dir für unser Muskau leben und sterben! – Ich habe noch auf keinen meiner Briefe Antwort von Dir. Mich hat gestern ein Pferd geschlagen, und ich bin ganz lahm, welches mich sehr zu der heutigen Hochzeit meiner Cousine Pückler geniert, die bei Hessenstein gefeiert wird. Es wird dort wieder alles lustig und froh sein bis auf mich Ärmsten.

Dein treuer, aber höchst bekümmerter und gebeugter

Lou.

Berlin, den 11. Mai 1824

Herzensliebe Schnucke,

Mich foltern die Gedanken an die Zukunft so sehr, und beschäftigen mich so unaufhörlich, daß ich davon gänzlich absorbiert werde. Ich mag es herumdrehen wie ich will, immer bleibt es feststehen, daß, um in meinem Plane zu reüssieren[1], ich, besonders in England, *fonds*[2] haben muß, um, wenn auch keineswegs mit verschwenderischem Luxus, doch mit Anstand aufzutreten, und der Anstand dort in der vornehmen Welt ist schon teurer, als hier die Verschwendung.

Diese Klippe weiß ich nicht zu umgehen; denn nur zu wahr

Muskau. Ansicht vom Bergpark aus.

ist es: wo etwas ist, da kommt etwas hinzu, und zu vielem noch leichter viel mehr, aber mit nichts erwirbt man selten etwas. Ach, jetzt wäre der Zeitpunkt 50000 Taler in der Lotterie zu gewinnen, um mit der einen Hälfte Dein Muskau sicherzustellen, mit der anderen mein Heil zu versuchen. Strenge Deinen Kopf an, meine Mammali, mein Schnückchen, einen Ausweg zu finden, und wenn ich nach Muskau komme, erleuchte durch einen Genieblitz das Chaos, welches uns umgibt. – Aber Du wirst, arme Schnucke, antworten müssen, wie Karl VII.: ›Kann ich Diamanten aus der Erde stampfen; wächst mir das Gold und Silber in der flachen Hand?‹ Vielleicht hilft der Himmel noch durch einen glücklichen Zufall; so mutlos ich eigentlich bin, so ist doch noch aus der kühnen Jugendzeit ein Teilchen Leichtsinn zurückgeblieben, das mich manchmal auf einen *deus ex machina*[3] hoffen läßt.

Nun laß uns von Muskau noch ein wenig plaudern. Da ich erst gegen Ende des Monats hinkomme, so kannst Du mich mit der Orangerie vor dem Schlosse empfangen.[4] Überhaupt, gute Schnucke, mache alles recht hübsch zu meinem Empfang. Laß die Türen weißen und die Vorhänge waschen; denn es mag nun gehen wie es will, ein paar Wochen möchte ich mich gern in Muskau vorher noch freuen, und von meinen sauer entbehrten Pferden und dem daraus gelösten Gelde einige hundert Taler zu guter Letzt dem Parke widmen, damit doch wenigstens die Wüste vor dem Schlosse umgeschaffen werden kann und der Grund zu der Rampe gemauert, damit man ausfüllen kann, weil diese Arbeiten miteinander Hand-in-Hand gehen müssen.

Du schreibst mir noch nicht einmal, ob der Frühling schön ist. Nimmt sich denn das Ganze nicht gut aus; sind vielleicht die letzten Veränderungen doch nicht gelungen und der Park durch das viele Hinwegnehmen von Bäumen zu kahl geworden? Dein gänzliches Schweigen läßt mich das beinahe fürchten, oder absorbiert Dich das Bad[5] so, oder interessiert Dich Muskau gar nicht mehr?

Berlin, den 24. Dezember 1825

Gestern war ich sehr fleißig. Du weißt, daß ich den Plan habe, über Landschaftsgärtnerei einen kleine Broschüre herauszugeben, mit einem Atlas verbunden, der den Plan des Muskauer Parks und die schönsten Ansichten enthält, in der Repton'schen Manier, wie es war und ist.[6] Da es nun gut ist, so etwas bei Zeiten aufzusetzen, um es ein oder zwei Jahre lang verbessern zu können, und ich eben nichts sehr Ernstes bei meinem Übelbefinden vornehmen mochte, so fing ich die kleine Schrift an, und fand mir den Text so geläufig, daß ich, fast ohne aufzustehen und am Schreibtisch essend, 31 Seiten Foliopapier vollschrieb, an denen ich beim ersten Durchlesen nur wenig zu ändern fand. Obgleich alles nur so kurz als möglich gefaßt und nichts gesagt ist, als was zur Sache gehört, und also das Ganze vielleicht nicht mehr als 50 bis 60 gedruckte Seiten enthalten wird, so bin ich doch überzeugt, daß es sehr großen Nutzen stiften wird und wesentlich beitragen kann, den reicheren Teil der Nation zu mehr Geschmack und Schönheitssinn zu erwecken, als sie bisher zeigte.

Krank und traurig sage ich Dir Gute Nacht; habe nur nie noch etwas anderes recht lieb neben mir, dies ist mein bester Trost, und solange verliere ich auch gewiß den Mut nicht. Merke Dir das.

Gute Nacht.

Ohne seine Schnucke ist der Lou dahin. Sein Leben würde sein wie eine Landschaft, aus der das Grün hinweggenommen ist, farblos und kalt, und ohne Hoffnung.

Berlin, den 19. Januar 1826

Gute Schnucke,

Hier erhältst Du nun die sämtlichen Papiere von Bennewitz und wirst finden, daß alle Deine Wünsche auf das vollständigste erfüllt worden sind.

Über diesen Kontrakt konnte sich übrigens Bennewitz nicht vor Verwunderung fassen. Ich sagte ihm, Du und ich wären eins, und diese Geschenke meines ganzen Eigentums wären nur, um Dich vor meiner Familie sicherzustellen.

»Ja aber«, sagte er, »mein Gott, Sie und ich sind alt genug um zu wissen, ob des Menschen Herz sich ändern kann. Heute denkt Ihre Gemahlin so, aber in zehn, in zwanzig Jahren können Sie behaupten, daß nicht alles anders ist?« – »Oh ja, denn meine Frau und unser Verhältnis machen eine Ausnahme von der Regel.«

Hier stand ihm immer der Verstand stille, und sein *refrain* war: »Wenn nun Ihre Frau Gemahlin wieder heiratet!?«

Da er dies so oft wiederholte und als unser beiderseitiger Rechtsgehilfe wohl auch wußte, indem, allerdings dem Anschein nach, durch die drei Kontrakte mir auch nicht die Disposition über das mindeste mehr verbleibt, so habe ich endlich die Klausel des Nichtwiederverheiratens für Dich, solange ich lebe, als Bedingung mit aufgenommen, welche auch dies Gute hat, daß die künftige Frau sieht, wie gut Du es mit mir meinst, und um so eher darein willigt, zu ihrem eignen Vorteil Dir Muskau ganz allein zu überlassen.

Endlich folgt ein neuer Erbvertrag, in dem Du bei meinem kinderlosen Tode alles erhältst und auch die Majoritätsfolge bestimmst, außerdem aber noch, auch nach Deinem Tode, über ein Kapital von 60000 Talern bestimmen kannst. Dieser Erbvertrag wird versiegelt in Muskau beim Hofgericht niedergelegt, und ist nur uns und Bennewitz bekannt. Alles übrige wird zurückgenommen.

Also Schnucke, wir haben nun gänzlich die Rollen getauscht. Anstatt, daß Du vorher ganz von mir abhingst, hänge ich jetzt von Deiner Gnade und Liebe ab, ein Gefühl, das mir wohltut. Du kannst acht Tage nach Unterschrift dieser Kontrakte mein ganzes disponibles Eigentum, ohne einen Pfennig auszunehmen, verschenken, an wen Du willst, und ich gebe es von Herzen in Deine Hände hin, mit einem Vertrauen, von welchem Bennewitz sagt, daß es seinesgleichen suche, das ich aber natürlich finde, denn ich traue Dir wahrlich mehr als mir selbst.

Das Einzige, wovor wir uns in acht zu nehmen hätten, wäre ein untergeschobenes Dokument, wodurch Du jemand diese Dinge schenktest; dann wären sie für mich unwiederbringlich verloren. Also müssen wir es so geheim wie möglich halten, daß außer dem ersten Rezeß noch zwei andere existieren.

Die Dir freigestellte Eintragung der Immobilien (ich meine die Badehäuser usw., Branitzer Güter) in's Hypothekenbuch, steht ganz in Deiner Willkür, wie mir Bennewitz sagt, Du kannst sie verlangen oder nicht. Dein Recht daran bleibt dasselbe, welches sehr gut ist, da diese Sachen einzutragen große Kosten machen würden und natürlich noch größeres Aufsehen; denn man würde entweder denken, ich habe Dir alles abtreten müssen, oder man würde merken, daß es auf die Gläubiger abgesehen wäre! Beides müßte höchst nachteilig und gefährlich auf den Kredit wirken.

In Muskau, denke ich nun, machen wir von unserer Auseinandersetzung gar nichts bekannt, außer, daß ich Dir das Bad geschenkt, was ich auch hier überall gesagt habe.

Aber unerläßlich ist es, daß Du an den König schreibst, wenn es soweit sein wird, und darüber sprechen wir mündlich. Ich weiß ganz gewiß, daß der König uns persönlich wohl will, und auch allein im Lande das Andenken Deines Vaters hoch ehrt, gegen dergleichen persönliche Attention aber sehr empfänglich ist. Doch davon mündlich mehr.

Berlin, den 29. Januar 1826
abends

Ich lese Deinen lieben Brief wieder durch, dessen Anfang so schön und gefühlvoll geschrieben ist! Gewiß, du kannst Dich nie gegen mich ändern, meine Schnucke. Für mich wäre es auch gar nicht zu ertragen; denn es ginge damit das einzige unter, was mich an der Menschheit halten läßt. Du alberne Trine denkst Dir die Möglichkeit wieder zu heiraten! Glaubst Du, daß ich das je zulassen würde? Im Kontrakt habe ich es zwar mehr der Form wegen, und als eine Art Liebesneckerei hineinsetzen lassen, aber im Ernste bin ich gar nicht deshalb besorgt gewesen, denn solange ich lebe, ist es unmöglich.

Daß Du aber, Schnucke, noch daran denkst, während meines Lebens noch einmal zu heiraten, ist eine etwas starke Knackmandel für Deinen Lou. Ich traute meinen Augen nicht wie ich las, wenn eine Schickung – die ich zwar keineswegs a u f s u c h e n werde (!!) – mir den Wunsch einer zweiten Heirat geben sollte!! ... Ei! Ei!

Berlin, den 30. Januar 1826
abends

NB. Dieser Brief enthält leider bedeutende Unglücksfälle für unser Vermögen; lies ihn also ruhig und mit Fassung. Es kostet den Hals nicht. Vielleicht hast Du es auch schon durch die *fama*[7] vernommen.

Gute Schnucke,

ich muß dir leider, da Du es doch erfahren wirst, eine unangenehme Nachricht sagen, und zwar leider mehr als eine. Du bist kein Kind, und wirst daher, schon aus Liebe zu mir, Dich über eine, freilich in diesem Augenblicke harte, Begebenheit zu trösten wissen. Es ist Dir bekannt, daß ich, um den Kreditbrief zur Reise zu erhalten, alle *fonds* vom Verkaufe von Gallinchen, die hier zahlbar waren, sowie Alaungelder an Beneke anweisen ließ, und dieser hat leider einen Banquerott von einer Million wenigstens gemacht, der heute plötzlich ausgebrochen ist. Wir verlieren, fürchte ich, 10-12000 Taler, welche erstens zu Zinszahlungen, zweitens zu einer Kapitalszahlung von 8000 Talern und drittens zu meinem Reisegeld bestimmt waren. – Was hilft das Klagen!

Manche mögen noch unglücklicher dadurch werden als wir, und wo es recht schlecht geht, kommt auch wieder vielleicht ein unerwarteter Glücksfall. Noch empfindlicher ist mir der Verlust des Branitzer Prozesses gegen Silvius, den ich immer ahnte, so ungerecht es mir scheint. Dieser triumphiert und behauptet er habe auch erstritten, daß ich keine Kapitalien auf Branitz aufnehmen dürfe! Da Du doch alle Sachen erfahren mußt, und als eine neu angehende Geschäftsführerin Mut, Entschlossenheit und Standhaftigkeit nötig hast, so machte ich weiter keine Umstände mit Vorbereitungen, die einen in der Regel nur noch mehr ängstigen. Gern hätte ich sie Dir erspart. Sonderbar war folgendes: Abends um fünf Uhr bekam ich eine Nachricht, die mich sehr freute und Dich auch freuen wird, nämlich eine Kabinetsordre des Königs, worin er mich mit Erteilung des erbetenen Urlaubes zum Oberst avanciert. Ich war sehr vergnügt hierüber und ging aus, um mit Silvius zu sprechen. Dort erfuhr ich den Verlust des Prozesses. – Im Nachhausegehen, um zu essen, sehe ich unten in Benekes Stube Licht, und da ich ihn lange nicht besucht, denke ich: Du willst ihm einen guten Abend sagen und für die Bilder von Gröditzberg danken. Dort erfuhr ich den Banquerott. *Tout cela n'était pas fait, pour me donner de l'appétit, mais dans les grandes occasions j'ai assez de calme.*[8]

Also, Herzensschnucke, *adieu. Soyez raisonnable et sage*[9] und geduldig, wie es einer Schnucke zukommt, wenn man ihr weh tut, wie uns das Schicksal. Ich küsse Dich zärtlich und denke, wieviel besser doch alle diese Unglücksfälle sind, als wenn ich hörte, meiner Schnucke wäre ein Unglück geschehen, sie wäre gefährlich krank oder so etwas, die teuersten Gefühle Ergreifendes.

später

Die Post war schon geschlossen und mein Brief konnte nicht mehr fort.

Berlin, den 31. Januar 1826

Ich habe mich früh beim König bedankt und beurlaubt, und bei den Prinzen, jedoch gleich gesagt, daß ich noch acht bis zehn Tage hier bliebe. Ich hielt es für gut dem König zu sagen, daß ich das Unglück gehabt hätte bei Benekes Banquerott 12000 Taler zu verlieren. Dies entschuldigt lebhaftere *démarches*[10] wegen des Vorschusses, der nun der letzte Anker werden möchte! Ich habe mich dabei weder außer mir noch leichtsinnig gezeigt. Der König war, wie immer, sehr gnädig. Der Kronprinz erlaubte mir sein Stammbuch mit zu Hause zu nehmen, um es mit Muße zu besehen. Der Herzog von Cumberland machte mir aber viel Vorwürfe, daß ich auf seine wiederholten Einladungen nicht geantwortet. Ich werde nun, gerade nach dem Unglücksfalle, damit man nicht glaube ich verstecke mich deshalb, an einige Orte gehen. Es ist eigen genug, wie alles ineinandergreift und vielfaches Unglück aus einer Quelle entspringt. Diese Quelle ist unsere unnatürliche, bedrängte Lage von Anfang an. Bedürften wir nicht Kredit und zuweilen Vorschuß, und wir können nicht leugnen, daß Benekes, die uns oft bis zu 8000 Taler vorgeschossen, uns großen Nutzen gebracht, so hätte niemand an ein solches immer kostbares Verhältnis gedacht, und der Verlust hätte uns nicht getroffen. Aber wir sind wie einer, der in den Sumpf geraten ist. Die Mittel sich augenblicklich herauszuhelfen, stoßen ihn immer tiefer gleich darauf hinein, bis er am Ende ganz darin verschwindet. Heute früh bekam ich ein *billet* von Hünerbein, die mich inständig bittet, ich möchte doch bei ihr singen! Du kannst Dir denken, wie singerich mir zumute ist. Ich werde aber hingehen.

abends

(...) Über die Art meiner Reise habe ich auch vielfach nachgedacht. Wenn ich bedenke, daß ich unumgänglich nötig eine Menge Uniformen und Sachen mitnehmen muß, um in der großen Welt zu figurieren, so ist es beinahe unmöglich ohne Bedienten und mit der Diligence[11] zu reisen, was ich sonst aus Mangel an Bequemlichkeit durchaus nicht fürchten würde, und zu meinem Vergnügen sogar vorziehen, wenn nicht die Erreichung eines ganz anderen Planes die Hauptsache wäre. Hätte ich eine Kalesche[12], so wäre es am besten. Da ich aber diese nicht habe und unter 3 bis 400 Talern auch nicht tauglich bekommen kann, so ist es am Ende doch am besten, ich nehme meinen Englischen Wagen, den ich in London, wenn es Not tut, immer ganz sicher für 1600 Taler verkaufen kann; und die zwei Postpferde mehr für Paris, werden kaum 400 Taler mehr ausmachen. Freilich hätte ich ihn Dir gern gelassen, gute Schnucke, aber Du mußt nun schon, bis Dein Lou wieder flott ist, für ihn alles entbehren. Der Lou wird es schon einmal wieder vergelten, und jetzt mußt Du, arme Schnucke, denken: Wenn mein Lou gegessen hat, bin ich satt geworden! Glaube mir dagegen, ich werde nicht länger so egoistisch sein, als ich muß; denn in meiner Hand ruht unser Schicksal, ich muß uns beide retten, ich allein kann es, und dazu muß alles angewendet werden, was noch zu erlangen ist. Ich fürchte auch nichts, wie schon gesagt, als ganz allein Deinen Verlust. Der aber wäre geradezu über meine Kräfte! Also gute, dicke, runde Schnucke, erhalte Dich mir, hungre ein wenig, aber sei weder melancholisch, noch ängstlich, finde Deine Zufriedenheit und Ruhe in Deiner Liebe zu mir, und Deinen Trost, wenn Du welchen bedarfst, darin, daß Du mein höchstes Gut auf dieser Welt bist.

Dresden, den 10. Juni 1826

Malzahn schickte mir heute, weil ich gestern sein englisches Halstuch hübsch gefunden hatte, drei solche sehr niedliche zum Geschenk, nebst einer Einladung heute zum Essen. Das Paket war mit seiner Devise gesiegelt: ›Nur nicht ängstlich‹. Eine sehr hübsche Devise, an die ich so oft als möglich denken will. Man ist wahrhaftig engouiert[13] von mir in diesem Hause, und von der liebeswürdigsten Artigkeit, was mich eigentlich wundert, da ich mich selbst recht *maussade*[14] finde.

Dresden, den 12. Juni 1826

Bei Luxburg gegessen, bei Jordan Abschied genommen und den Tag mit Packen zugebracht. Leider kann ich des Steinmetzes nicht habhaft werden, um Deine Befehle wegen des Gedächtnissteines zu besorgen. Die Sehnsucht treibt mich ohnedem nach Muskau, an das Herz meiner guten Schnucke.

*

Brighton, den 22. Februar 1827

Überhaupt leidet mein Stolz bei dieser Frausucherei gar sehr, und ich fürchte dies unüberwindliche Gefühl wird mir noch sehr hinderlich sein. – *C'est pour moi un bien triste et bien ennuyeux manège, par lequel je suis obligé de passer maintenant, s'il en vaut réellement la peine, de qui je ne puis encore suffisament juger.*[15]

Brighton, den 5. März 1827

Ach, meine Schnucke, hättest Du nur 150 000 Taler, ich heiratete Dich gleich wieder. *Cela suffirait pour nous maintenir, et je ne demanderais davantage.*[16] Ach, meine Wünsche werden alle Tage bescheidner – Sicherheit ist das einzige, was der Mensch nicht entbehren kann.

London, 14. März 1827

Gute Schnucke,

Du hast mich ganz behext. Muskau fängt an durch die lange Entfernung zu verbleichen, ich kann mir sogar den schlimmsten Fall, es zu verlieren, denken, ohne zu verzweifeln, aber Dich, meine Alte, Treue zu verlieren, kann ich mir nicht denken, ohne mir selbst aufrichtig und von Herzen den Tod zu wünschen. Arm gibt es noch viele Freuden – ohne ein Wesen, das man liebt, und von dem man geliebt wird, keine – und beide letzteren Dinge, nämlich zu lieben und geliebt zu werden, sind für mich sehr schwere und nur durch lange Jahre in dem Grade zu erreichen, der mir allein genügen kann. Meine Schnucke kann mir also in diesem Leben nicht wieder ersetzt werden. Gott segne und erhalte Dich daher für

Deinen Lou

* * *

Briefe eines Verstorbenen
Vierter Teil

Ein fragmentarisches Tagebuch
aus England und Wales
Geschrieben in den Jahren
1827 und 1828

S. 407 Scarborough

Inhaltsverzeichnis des vierten Teils

* * *

Fünfzehnter Brief

London, den 15ten April 1827

Liebste Freundin!

Endlich ist der langersehnte Brief erschienen, und sogar zwei auf einmal. Warum sie so lange unterwegs geblieben? *Quién sabe!*[1] – wie die Südamerikaner sagen. Wahrscheinlich ist der offizielle Leser faul gewesen, und hat sie zu lange liegen lassen, ehe er sie künstlich wieder zugesiegelt hat.

Aber wie zart und lieblich, teure Julie, ist Dein Gedicht – ein ganz neues Talent, das ich an Dir entdecke. Ja, gebe Gott doch, »daß alle deine Tränen zu Blumen werden, uns zu schmücken und uns durch ihren Duft zu erfreuen«, und daß diese schöne liebevolle Prophezeihung bald in Erfüllung gehe! Doch sind selbst die schönsten Blumen so zu teuer für mich erkauft. Deine Tränen wenigstens sollen nicht darum fließen!

Was du von H... sagst: *»qu'il se sent misérable, parce qu'il n'est fier que par orgeuil, et libéral que par bassesse«*[2], ist schlagend, und es wird leider auf gar zu viele Liberale passen!

Ich schrieb Dir in der bewußten Angelegenheit, Du möchtest dabei nur an Dich selbst denken, und Du erwiderst: Ich wäre ja Dein Selbst. Du Gute! ja ein Selbst werden wir bleiben, wo wir auch sind, und hätten die Menschen Schutzgeister, die unsern müßten gemeinschaftlich wirken – aber es gibt hier wohl keinen andern Schutzgeist, als die moralische Kraft, welche in uns selbst liegt!

Und in M... sieht es so traurig aus? Es stürmt, schreibst Du, und den Gewässern droht Verderben! Doch seitdem sind 14 Tage verflossen, und ehe dieser Brief bei Dir ankommt, schon 4 Wochen – ich darf also hoffen, Du liesest ihn im Grünen, wo alles um Dich blüht und der Zephyr[3] fächelt, statt dem Heulen des häßlichen Sturmes. Ich sagte meinem alten B...dt: in M... wären abscheuliche Stürme. »Ja, ja«, erwiderte er, »das sind die von Brighton.« Wenn Du das gewußt hättest, liebe Julie, so wären sie Dir gewiß angenehmer vorgekommen; sie brachten Dir ja die jüngsten Nachrichten von Deinem Freunde. Wer doch mit ihnen segeln könnte!

Unserm verehrten Premier bitte ich, meinen innigsten Dank zu Füßen zu legen. Wären doch alle unsers Standes ihm gleich, wieviel populairer würde dieser sein, wären doch alle Minister überall so edel, und gerecht, wieviel weniger Unzufriedenheit würde in allen Ländern herrschen, und wäre er selbst doch noch freier und unabhängiger von so manchen Gewichten, die schwer danieder ziehen, wo Aufschwung nötig ist.

Hier ist alles beim alten und eine prächtige Fete bei Lord H... beschloß an diesem Abend die Lustbarkeiten vor Ostern. Die meisten Weltleute machen jetzt von neuem einen kurzen Aufenthalt auf dem Lande, und beginnen dann erst in 14 Tagen die eigentliche *season*. Auch ich werde wieder auf einige Tage nach Brighton gehen, will aber vorher noch das große Lord-Mayor-*Dinner* abwarten.

Den 16ten

Heute fand dieses in Guildhall statt, und nach glücklich überstandner Mühseligkeit, freut es mich sehr, ihm beigewohnt zu haben.

Es dauerte volle 6 Stunden, und wurde 600 Personen gegeben. Die Tafeln waren sämtlich, der Länge des Saales nach, nebeneinander parallellaufend gestellt, bis auf eine, welche quervor auf einer erhöhten Estrade stand. An dieser saßen die Vornehmsten und der Lord Mayor selbst. Der *coup d'œil*+ von hier war imposant, auf den ungeheuern Saal und seine rundumlaufenden hohen Säulen, mit den unabsehba-

BALL at GUILDHALL.—The streets will be kept clear of hackney coaches and other carriages; the day and night patrol will be in attendance in every part of the city. Carriages must go up King-street to the Hall, and after setting down the company they will proceed through Guildhall-buildings to Basinghall-street; they will afterwards return by King-street to take the company up, and proceed through Guildhall-buildings in the same way as the empty carriages left the Guildhall-yard.

SUFFOLK-STREET GALLERY.—Society of British Artists.—The FIFTH EXHIBITION of the WORKS of ART of living British Artists is OPEN every day, from 9 till 6. Admittance 1s. Catalogue 1s. JOS. CARTWRIGHT, Sec.
Suffolk-street, Pall-mall East.

EXHIBITION of CAMELLIA JAPONICA, or Japan Roses.—A collection of these beautiful exotics is now in full bloom, at Chandler and Buckingham's Nursery, Vauxhall. Admittance gratis.

MR. HAYDON's PICTURE of the MOCK ELECTION, ALEXANDER and BUCEPHALUS (purchased by Lord Egremont), VENUS and ANCHISES (belonging to Lady de Tabley), several Historical Sketches, Chalk Drawings, and Studies

Das große Lord-Mayor-Dinner

ren Tischen und kolossalen Spiegeln hinter ihnen, die sie bis ins Unendliche zu verlängern schienen. Die Erleuchtung machte Nacht zu Tag, und zwei Musikchöre in der Höhe, auf einem Balkon am Ende des Saals uns gegenüber, spielten während den Gesundheiten[5], denen immer ein Tusch voranging, allerlei Nationelles.[6] Der Lord Mayor hielt, wohlgezählt, 26 längere und kürzere Reden. Auch einer der fremden Diplomaten wagte sich an eine solche, aber mit sehr schlechtem Erfolg, und ohne die Gutmütigkeit des Auditoriums, das jedesmal, wenn er nicht weiter konnte, so lange *»hear, hear«*[7] schrie, bis er sich wieder gesammelt, wäre er förmlich stecken geblieben.

Bei jeder Gesundheit, die der Lord Mayor ausbrachte, rief ein mit silbernen Ketten behangener Zeremonienmeister hinter seinem Stuhle: *»Mylords and Gentlemen, fill Your glasses!«*[8] Die Lady Mayoress und alle ihre Damen erschienen übrigens in abscheulichen Toiletten, und mit entsprechenden Tournüren.[9] Mir war der Platz neben einer Amerikanerin, der *nièce*[10] eines frühern Präsidenten der Vereinigten Staaten, wie sie mir sagte, aber ich erinnere mich nicht mehr, von welchem, angewiesen. Es ist zu vermuten, daß weder ihr rotes Haar, noch ihr *albinos teint*[11] bei ihren Landsmänninnen häufig vorkommt, sonst würde das schöne Geschlecht daselbst nicht so sehr gerühmt werden. Ihre Unterhaltung war aber recht geistreich, manchmal fast mit der Laune Washington Irwings.[12]

Um 12 Uhr begann der Ball, welcher sehr originell sein soll, da Creti und Pleti darauf erscheint, ich war aber von dem sechsstündigen *dinner*, in voller Uniform, so ermüdet, daß ich schnell meinen Wagen aufsuchte, und mich zu Hause begab, um einmal wenigstens vor Mitternacht zu Bett zu kommen.

Brighton, den 17ten

Diesen Morgen lasen wir schon die gestern erwähnte Rede des Diplomaten in der Zeitung. NB. so wie sie hatte gehalten werden sollen, aber nicht wie sie gehalten worden war, und dergleichen kommt wohl nicht selten vor.

Gleich nach dem Frühstück fuhr ich mit Graf D…, einem sehr lustigen Dänen, hierher, und brachte den Abend bei Lady K… zu, wo ich noch viele der frühern Badegäste antraf, auch Lady G…, deren Du Dich aus Paris erinnerst, wo der Herzog von Wellington ihr Anbeter war.

Apropos von diesem, liest Du die Zeitungen? In der politischen Welt ist hier eine gewaltige Krise eingetreten. Durch die Ernennung Cannings zum Premier haben sich die andern Minister so beleidigt gefühlt, daß, mit Ausnahme von dreien, die übrigen sieben den Abschied genommen haben, obgleich welche darunter sind, die, wenn ihre Partei nicht noch siegt, das Staatsgehalt schwer entbehren können, wie z. B. Lord Melville. Der Herzog von Wellington verliert auch sehr bedeutend dabei, und er, der alles war, ist, wie sich ein ministerielles Journal, mit der gewöhnlichen Übertreibung des hiesigen Parteigeistes heute ausdrückt, »nun politisch tot«. Es hat aber doch etwas Großartiges, so seiner Meinung alle persönlichen Rücksichten aufzuopfern. Die Karikaturen regnen auf die Geschlagenen herab, und sind mitunter recht witzig, besonders wird dem nicht sehr geliebten, alten Großkanzler Lord Eldon, übel mitgespielt, sowie dem Grafen W…, einem sonderbaren alten Manne, der einen ungeheuren aristokratischen Stolz besitzt, wie eine Mumie aussieht, und ohngeachtet seiner 80 Jahre, täglich auf einem Hardtraber[13] zu sehen ist, wie er durch St. James Park mit der Schnelligkeit eines Vogels hindurchfliegt. Diesen Moment hat man auch für die Karikatur gewählt, mit der boshaften Unterschrift:

›*The flying privy.*‹[14]

A Hardtraber

Er hatte nämlich früher das *Privy Seal*[15], welches, nebst den übrigen Insignien, aus der Luft auf das sich mit allen Zeichen des Abscheus wegwendende Publikum niederfällt – denn die zweite Bedeutung des Worts läßt sich leicht erraten.[16]

Brighton, den 20sten

Heute habe ich die Erfahrung gemacht, wie gefährlich die hiesigen Nebel werden können, was ich früher kaum glauben wollte, da sie in London gewöhnlich nur zu komischen Szenen Anlaß zu geben pflegen.

Ein Bekannter hatte mir eins seiner Jagdpferde geborgt, da die meinigen in London geblieben sind, und ich nahm mir vor, meine Direktion diesmal nach einer mir noch unbekannten Seite der Dünen zu nehmen, die man die Teufelsschlucht[17] nennt, war auch schon mehrere Meilen durch Berg und Tal über den glatten Rasen fortgeritten, als plötzlich die Luft sich zu verfinstern anfing, und in wenigen Minuten ich nicht mehr 10 Schritt weit vor mir sehen konnte. Dabei blieb es auch, und war fortan an keine Aufhellung des Wetters mehr zu denken. So verging wohl eine Stunde, während ich bald dort, bald dahin ritt, um einen gebahnten Weg aufzufinden. Meine leichte Kleidung war schon durchnäßt, die Luft eiskalt geworden, und hätte mich die Nacht übereilt, so wäre die Perspektive eine der unangenehmsten. In dieser Not, und ganz unbekannt mit der Gegend, fiel es mir glücklicherweise ein, meinem alten Pferde, das so oft hier den Fuchsjagden beigewohnt, völlig freien Willen zu lassen. Nach wenig Schritten, und sobald es sich frei fühlte, drehte es auch sogleich in einer kurzen Volte um, und setzte sich in einen ziemlich animierten Galopp, den Berg, wo ich mich eben befand, gerade hinunterlaufend. Ich nahm mich wohl in acht, es nicht mehr zu stören, ohngeachtet der halben Dunkelheit um mich her, selbst als es durch ein Feld hohen stachligen Ginsters in fortwährenden Sätzen, wie ein Hase, brach. Einige unbedeutende Gräben und niedrige Hecken hielten es natürlich noch weniger auf, und nach einer starken halben Stunde angestrengten Laufens brachte mich das gute Tier glücklich an die Tore Brightons, aber von einer ganz andern Seite, als von welcher ich ausgeritten war. Ich fühlte mich sehr froh, so wohlfeilen Kaufs davongekommen zu sein, und nahm mir ernstlich vor, in diesem Nebellande künftig vorsichtiger zu sein.

Meine Abende bringe ich jetzt gewöhnlich bei Lady K... oder Mrs. F... zu, und spiele Ecarté und Whist mit den Herren, oder Loo[18] mit den jungen Damen. Diese kleinen Kreise sind weit angenehmer als die großen Gesellschaften der Metropolis. Denn dort versteht man alles, nur eben die Geselligkeit nicht. So werden Künstler dort auch bloß als Modesache vorgeführt und bezahlt; mit ihnen zu leben, Genuß aus ihrer Unterhaltung zu ziehen, das kennt man nicht. Alle wahre Bildung ist meistens nur politischer Natur, und der politische Partei- wie der modische Kastengeist gehen auch auf die Gesellschaft mit über. Es entsteht daraus ebensowohl ein allgemeines *décousu*[19], als eine strenge Abscheidung der einzelnen Elemente, welches, verbunden mit dem an sich schon höchst unsozialen Wesen der Engländer, den Aufenthalt für den Fremden auf die Dauer unangenehm machen muß, wenn er sich nicht die intimsten Familienkreise öffnen, oder selbst ein lebhaftes politisches Interesse annehmen kann.

Am glücklichsten und achtungswürdigsten ist in dieser Hinsicht ohne Zweifel die wohlhabende mittlere Klasse in England, deren aktive Politik sich nur auf das Gedeihen ihrer Provinz beschränkt, und unter der überhaupt ziemlich gleiche Ansichten und Grundsätze herrschen. Diese unmodische Klasse allein ist auch wahrhaft gastfrei und kennt keinen Dünkel. Sie recherchiert den Fremden nicht, aber kommt er in ihren Weg, so behandelt sie ihn freundlich und mit Teilnahme. Ihr eignes Vaterland liebt sie leidenschaftlich, aber ohne zu persönliches Interesse, ohne Hoffnung auf Sinecuren[20], und ohne Intrige. Diese Art Leute sind zwar auch manchmal lächerlich, aber immer achtungswert, und ihr National-Egoismus in billigere Schranken gebannt.

Wie ehemals in Frankreich kann man daher mit vollkommenem Rechte auch in England sagen: *que les deux bouts du fruit sont gâtes*[21], die Aristokratie und der Pöbel. Die erste hat allerdings eine bewunderungswürdig herrliche Stellung – aber ohne große Mäßigung, ohne große, der Vernunft und der Zeit gebrachte Konzessionen, wird sie diese Stellung vielleicht kein halbes Jahrhundert mehr inne haben. Ich sagte dies einmal dem Fürsten E..., und er lachte mich aus, *mais nous verrons!*[22]

Schließlich exzerpiere ich Dir noch einige Stellen aus den hiesigen Journalen, um Dir einen Begriff von der Freiheit der Presse zu geben.

1) »Jedes Schiff in England sollte seine Freudenfahnen aufstecken, denn Lord Melville war ein *incubus*[23], auf den Dienst drückend. Verdienstvolle Offiziere mögen nun eine Chance finden, unter Lord Melville hatten sie keine.«

2) »Wir hören aus guter Quelle, daß der große Capitaine (Lord Wellington) sich außerordentliche Mühe gibt, wieder in das *cabinet* zu dringen, jedoch vergebens. Dieses verzogene Kind des Glücks hätte sich nicht einbilden sollen, daß sein Austritt einen Augenblick das Gouvernement in Verlegenheit setzen könnte. Wir glauben übrigens, daß er nicht der einzige Ex-Minister ist, der bereits seine Torheit und Arroganz bitter bereut.«

3) »Das Minister-Septemvirat (sieben sind, wie gesagt, ausgeschieden), welches erhöhte Stationen erzwingen wollte, ist Herrn Humes neuem Penalty-Gesetz viel Dank schuldig;

denn nach dem alten Gesetz wurden Bediente, die höheres Gehalt von ihren Herrschaften extorquieren[24] wollten, mit Recht in die Tretmühle geschickt.«

4) Man versichert, ein großer Septemviratist (Lord Wellington) habe sich erboten, in den Dienst zurückzukehren, jedoch nur unter der Bedingung, daß man ihn zum dirigierenden Minister, zum Groß-Connetable[25], und zum Erzbischof von Canterbury mache.«

Unsere Minister würden sich nicht wenig wundern, wenn eine der löschpapiernen Zeitungen so mit ihnen umspränge.

Morgen begebe ich mich nach der Stadt zurück, denn wie einst die Römer Rom, nennen auch die Engländer London nun »die Stadt.«

London, den 22sten

Ich kam grade noch zur rechten Zeit an, um einem großen *dinner* beim neuen Premier beizuwohnen, zu dem ich die Einladung schon in Brighton erhalten.

Dieser ausgezeichnete Mann macht die *honneurs* seines Hauses ebenso angenehm, als er die Herzen seiner Zuhörer im Parlament hinzureißen weiß. Schöngeist und Staatsmann *tour à tour*[26], fehlt ihm nichts als eine bessere Gesundheit, denn er schien mir sehr leidend. Mistress Canning ist ebenfalls eine geistreiche Frau. Man behauptet, daß sie das Departement der Zeitungen im Hause habe, d.h. diese lesen müsse, um ihrem Manne die nötigen Auszüge daraus mitzuteilen, und auch selbst manchmal einen Parteiartikel darin zu schreiben nicht verschmähe.

Ein *concert* bei Gräfin A... war sehr besucht, Galli und Madame Pasta, die vor kurzem angekommen sind, und die Oper sehr heben werden, sangen darin. Die Zimmer waren gepfropft voll, und mehrere junge Herren lagen auf dem Teppich zu den Füßen ihrer Damen, den Kopf bequem an die

THE TIMES

KING'S THEATRE.

THIS EVENING, April 24, will be performed Rossini's Opera seria, in 2 acts, entitled PIETRO L'EREMITA. The principal characters by Signora Giacinta Toso, Madame Cornega, and Madame Caradori; Signor Curioni, Signor Torri, and Signor Galli (primo basso cantante, from the Theatre Royal Italien, Paris, his 3d appearance in this country.) After the Opera, the Mythological Ballet of LE SIEGE DE CYTHERE, composed by M. D'Egville; the music by Mons. Bochsa. Boxes and tickets to be had at Mr. Ebers's, 27, Old Bond-street. No orders will be admitted. Madame Pasta is shortly expected, and will make her 1st appearance this season in Rossini's Opera, entitled "La Semiramide."

THEATRE ROYAL, DRURY-LANE.

THIS EVENING, THE SLAVE.

Gambia, Mr. Cooper; Captain Malcolm, Mr. Braham; Fogram, Mr. Liston; Zelinda, Miss Stephens.

After which THE TWO MAKE A PAIR.

To conclude with X. Y. Z.

THEATRE ROYAL, COVENT-GARDEN.

THIS EVENING, AS YOU LIKE IT.

Jaques, Mr. Warde; Orlando, Mr. C. Kemble; Rosalind, Miss Foote (her last appearance this season.)

After which (eighth time) a new melodramatic romantic spectacle, in 2 acts, founded on the fanciful popular Adventures of PETER WILKINS; or, The Flying Indians.

ROYAL AMPHITHEATRE (ASTLEY'S.)

THIS EVENING, the new grand national piece, called SPAIN AND PORTUGAL; or, Rebels and Guerillas. Equestrianism in the Circle. Mr. Ducrow will appear in his Equestrian Exercises in the Circle, and executa the most admired Scene of the Flight of Cupid and Zephyr. Mr. Ducrow will also manage the Two celebrated dwarf Lapon Horses. Horsemanship by Mr. Paddington and Mr. Wilkinson from America. To conclude with the laughable sketch of THE RENT-DAY. The box-office is open daily from 10 till 4.

ADELPHI THEATRE, STRAND.

THIS EVENING, and every Monday, Tuesday, Thursday, and Saturday, Mr. YATES will have the honour to present his Entertainment, called PORTRAITS and SKETCHES. In the course of the Entertainment, the Six following Songs:—Artists—Paddington Stages—Cross's Menagerie—Fly Duet—Astley's Amphitheatre—Mansion House Ball. To conclude with an entirely new Monopolylogue, with a new scene, dresses, &c. entitled STOP THIEF! in which Mr. Yates will sustain Nine different Characters.

☞ The publication of *The Times* commenced at 5 o'clock yesterday morning, and finished at 8.

LONDON, TUESDAY, APRIL 24, 1827.

Sofakissen gelehnt, die den Schönen zum Sitze dienten. Diese türkische Mode ist wirklich recht bequem, und es wundert mich ungemein, daß sie C... in Berlin noch nicht eingeführt, und sich einmal bei Hof zu den Füßen einer der Hofdamen hingelagert hat. Man würde vom englischen Gesandten dies gewiß sehr ›charmant‹ wie die Berliner sagen, gefunden haben.

Den 25sten

Nach langer Zeit besuchte ich heute wieder das Theater. Ich traf es glücklich, denn Liston spielte zum Kranklachen in einer kleinen *farce,* die zur Zeit Ludwig XV. in Paris vorgeht. Ein reicher englischer Kaufmann, den der *spleen* quält, reist nach jener Stadt, um sich zu zerstreuen. Kaum ist er im Gasthofe einige Tage etabliert, als man ihm den Besuch des Polizeiministers meldet, der (sehr gut im *costume* der Zeit gehalten) sofort eintritt, und dem erstaunten *citizen*[27] eröffnet, wie man einer berüchtigten Spitzbubenbande auf der Spur sei, welche diese Nacht noch hier einbrechen wolle, um ihn, bei dem man viel Geld vermute, zu berauben und zu ermorden. Alles hänge nun von seinem Benehmen ab, fügt der Minister hinzu, wenn er sich das Geringste merken lasse, weniger heiter scheine als sonst oder irgend etwas Besondres tue, was Besorgnis verrate, und dadurch vielleicht die Unternehmung der Räuber beschleunige, so könne man ihm für nichts stehen, und sein Leben sei in der höchsten Gefahr, denn noch wisse man selbst nicht, ob die Hausleute mit im Komplott wären. Er müsse sich daher auch wie gewöhnlich um 10 Uhr ins Bett legen, und es darauf ankommen lassen, was dann geschähe.

Mr. Jackson, mehr tot als lebendig über diese Nachricht, will sogleich das Haus verlassen, der Minister erwidert aber ernst, daß dies durchaus nicht zugelassen werden, ihm auch nichts helfen könne, da die Räuber bald seine neue Wohnung auffinden, und er dann um so sichrer ihre Beute werden müsse. »Beruhigen Sie sich«, schließt Herr v. Sartines, »es wird alles gut gehen, wenn Sie nur gute *contenance* halten.«

Du stellst Dir leicht vor, zu welchen lächerlichen Szenen die schreckliche Angst des alten Kaufmanns, die er fortwährend unter Lustigkeit zu verbergen suchen muß, Anlaß gibt. Sein Bedienter, ein echter Engländer, immer durstig, findet unterdessen in einem Schrank Wein, den er gierig austrinkt. Es ist aber Brechweinstein, und er bekommt nach wenigen Minuten die heftigsten Übelkeiten, wodurch sein Herr sich nun überzeugt, daß, anstatt ihn zu erstechen oder zu erschießen, man den Plan gemacht habe, ihn zu vergiften. In diesem Augenblick erscheint die Wirtin mit der *chocolate*. Außer sich, faßt sie Liston bei der Gurgel, und zwingt sie die Tasse selbst auszutrinken, welche diese, obgleich in großer Verwunderung über die seltsamen Sitten der Engländer, sich doch zuletzt ganz gern gefallen läßt. Das stumme Spiel Listons dabei und wie er, seines Versprechens sich plötzlich erinnernd, nachher, krampfhaft lachend, bloßen Spaß daraus machen will, ist höchst drollig. Endlich kommt 10 Uhr heran, und nach vielen burlesken Zwischenszenen legt Herr Jackson sich, mit Degen und Pistolen und in seinen Samthosen, ins Bett, dessen Vorhänge er dicht zuzieht. Unglücklicherweise hat die Tochter vom Hause eine Liebschaft, und bevor noch der Fremde das Logis bezogen, ihrem Liebhaber bereits in demselben Zimmer ein *rendez-vous* gegeben. Um die Entdeckung zu vermeiden, kommt sie jetzt leise hereingeschlichen, löscht das Licht behutsam aus, und geht ans Fenster, in welches ihr *amant*[28] schon hereinsteigt. Sowie dieser in die Mitte des Zimmers springt und zu sprechen anfängt, hört man seltsame Angsttöne im Bette, und eine Pistole fällt mit Geprassel heraus, bald nachher die andere, der Vorhang tut sich auf, Liston versucht einen schwachen

Stoß mit dem Degen, der aber seiner zitternden Hand selbst entfällt, worauf er sich ebenfalls herausstürzt und in seinem abenteuerlichen *costume* vor dem ebenso erschrockenen Mädchen auf die Knie fällt, und herzbrechend um sein Leben fleht, während sich der Liebhaber schleunig hinter dem Bette versteckt. Da öffnen sich die Türen, und der Polizeiminister tritt mit Fackeln ein, um dem zitternden Jackson anzukündigen, daß die Bande gefangen sei, »aber«, fügt er, die Gruppe vor sich betrachtend, lächelnd hinzu, »ich mache Ihnen mein Kompliment, daß Sie, wie ich sehe, Ihre Zeit auf eine so gute Art anzuwenden gewußt haben.«

Den 26sten

Einen recht wunderlichen Ort habe ich heute früh besucht, eine Kirche, ›Der Areopag‹ genannt, wo ein Geistlicher, *the* Reverend Mr. Taylor, gegen das Christentum predigt, aber auch jedem erlaubt, öffentlich zu opponieren. Er hat von den englisch-christlichen Kirchen nur das beibehalten, daß man auch hier für seinen Platz einen Schilling bezahlen muß. Hr. Taylor ist gelehrt, und kein übler Redner, aber ein ebenso leidenschaftlicher Schwärmer für die Zerstörung der christlichen Religion, als es so viele andre für ihre Begründung gegeben hat. Er sagte außerordentlich starke, zuweilen wahre, oft schiefe, manchmal witzige und auch ganz unanständige Dinge. Der Saal war übrigens gedrängt voll von Zuhörern aus allen Ständen. Hier, wo die Nation auf einer so geringen Stufe religiöser Bildung steht, begreift man wohl, daß ein solcher negativer Apostel viel Zulauf haben kann. Bei uns, wo man auf dem vernunftgemäßen Wege allmählicher Reform schon weit fortgeschritten ist, würde ein Unternehmen dieser Art die einen mit heiligem Abscheu erfüllen, den andern nicht nützen, und alle mit Recht schockieren, die Polizei es aber ohnedem unmöglich machen.

Der erste Almacks-Ball[29] fand diesen Abend statt, und nach allem, was ich von dieser berühmten *reunion*[30] gehört, war ich in der Tat begierig, sie zu sehen, aber nie ward meine Erwartung mehr getäuscht. Es war nicht viel besser wie in Brighton. Ein großer, leerer Saal mit schlechten Dielen, Stricke darum her, wie in einem arabischen Lager der Platz für die Pferde abgepfercht ist; ein paar kleine nackte Nebenstuben, in denen die elendesten Erfrischungen gereicht werden, und eine Gesellschaft, wo, ohngeachtet der großen Schwierigkeit, *entrée-billets* zu erhalten, doch recht viel *nobodies* sich eingeschwärzt[31] hatten, und die schlechten Tournüren und Toiletten vorherrschend waren, das war alles, mit einem Wort, ein völlig wirtshausmäßiges Fest, höchstens nur Musik und Beleuchtung gut – und dennoch ist Almacks der höchste Kulminationspunkt der englischen Modewelt.

Diese übertriebene Einfachheit war indes in ihrem Ursprung absichtlich, indem man grade der Pracht der reichen *parvenus*[32] etwas ganz Wohlfeiles entgegensetzen und es demohngeachtet, durch die Einrichtung der Lady Patronesses, ohne deren Genehmigung niemand Teil daran nehmen konnte, *inaccessible*[33] für sie machen wollte. Das Geld und die schlechte Gesellschaft (im Sinne der Aristokraten) hat sich aber dennoch Bahn hereingebrochen, und als einzig Charakteristisches ist bloß das unpassende Äußere geblieben, welches nicht übel dem Lokal eines Schützenballes in unsern großen Städten gleicht, und mit dem übrigen englischen Prunk und Luxus so lächerlich kontrastiert.

Den 1sten Mai

Bei Est... fand ich gestern Morgen den Fürsten S..., der erst vor wenigen Monaten, von der Krönung in Moskau[34] kommend, hierdurch nach Brasilien gegangen war, und jetzt bereits von dort zurückkam. Wie schnell man doch in unsern

Zeiten die größten Reisen mit Leichtigkeit zurücklegt! Von allem was er gesehen, gab er den Naturschönheiten der Insel Madeira den Vorzug. Er hatte von da kaum 8 Tage bis London gebraucht, was mir große Lust macht, die Exkursion auch zu versuchen, sobald die *season* vorüber ist.

Von 4 Uhr nachmittags bis 10 Uhr abends saß ich im ›Hause der Gemeinen‹[35], gedrängt, in fürchterlicher Hitze, höchst unbequem, und dennoch mit so angespannter Aufmerksamkeit, so hingerissen, daß die 6 Stunden mir wie ein Augenblick vergingen.

Es ist in der Tat etwas Großes um eine solche Landesrepräsentation! Diese Einfachheit in der Erscheinung, diese Würde und Erfahrung, diese ungeheure Macht nach außen, und dieses prunklose Familienverhältnis im Innern. –

Die heutige Debatte war überdies vom höchsten Interesse. Das vorige Ministerium hat, wie Du weißt, größtenteils resigniert, unter ihnen die wichtigsten Männer Englands, ja selbst der (nach Napoleons und Blüchers Tode) berühmteste Feldherr Europas, Canning, der Vorfechter der liberalen Partei, hat dieses Ministerium besiegt, und ist trotz aller ihrer Anstrengungen der Chef des neuen geworden, dessen Zusammensetzung ihm, wie es in England in solchem Falle üblich ist, allein überlassen wurde. Aber die ganze Gewalt der entrüsteten Ultra-Aristokratie und ihres Anhangs drückt noch immer schwer auf ihn, ja selbst einer seiner bedeutendsten Freunde, ein *commoner*[36] dazu wie er, ist gleichfalls einer der ausscheidenden Minister, und schließt sich der ihm feindlichen Partei an. Dieser (Mr. Peel) eröffnete heute den Kampf, in einer langen und geschickten, sich jedoch zu oft wiederholenden Rede. Es würde mich viel zu weit führen, und ganz über die Grenzen einer Korrespondenz wie die unsrige hinausgehen, wenn ich mich in das Detail der grade jetzt vorliegenden politischen Fragen einlassen wollte, meine Absicht ist nur, Dir die Taktik anzudeuten, mit der auf der einen

Seite gleich vom Anfang an der Gewandteste der neuen Opposition angriff, und dann erst noch mehrere gemeinere Streiter derselben losgelassen wurden, die regellos bald da bald dort anpackten; dagegen die alte Opposition der Whigs, die jetzt das liberale Ministerium aus allen Kräften unterstützt, umgekehrt und zweckmäßiger mit dem kleinen Gewehrfeuer anfing, und nachher erst, als schweres Geschütz, einen ihrer Hauptkämpfer, Brougham, sich erheben ließ, welcher in einer herrlichen Rede, die wie ein klarer Strom dahinströmte, seine Gegner zu entwaffnen suchte, sie bald mit Sarkasmen peinigte, bald einen höheren Schwung nehmend, alle Zuhörer tief ergriff und überzeugte. Z. B. wenn er sagte: »Nicht um Plätze zu erlangen, nicht um Reichtümer zu erwerben, ja nicht einmal um den Katholiken unsres Landes ihr natürliches und menschliches Recht wiedergegeben zu sehen, eine Wohltat, um die ich seit 25 Jahren Gott und die Nation vergebens anrufe, nicht für alles dieses habe ich mich dem neuen Ministerium angeschlossen, nein, sondern nur, weil, wohin ich mein Auge wende, nach Europas zivilisierten Staaten, oder nach Amerikas ungeheurem Kontinent, nach dem Orient oder Okzident, ich überall die Morgenröte der Freiheit tagen sehe, – ja, ihr allein habe ich mich angeschlossen, indem ich dem Manne folge, der ihr Vorfechter zu sein, ebenso würdig als willig ist!«

Hier schloß der Redner, nachdem er noch die feierliche Erklärung abgegeben, daß er um so unparteiischer hierin sei, und sein könne, da er nie, und unter keiner Bedingung je in ein Ministerium dieses Reichs treten werde*. –

Schon früher hatte ich Brougham gehört und bewundert. Niemand hat wohl je mit größerer Leichtigkeit gesprochen, stundenlang in einem nie unterbrochenen klaren Fluß der Rede, mit schönem und deutlichem Organ, die Aufmerksam-

* Man sieht jetzt, daß dies nur eine Redensart war. *A. d. H.*

keit fesselnd, ohne irgendwo anzustoßen, nachzusinnen, zu wiederholen, oder, sich versprechend, ein Wort für das andere zu gebrauchen, welche störenden Fehler z. B. die Reden Peels oft verunstalten. Brougham spricht, wie ein geübter Leser Gedrucktes vorliest – demohngeachtet sieht man darin nur außerordentliches Talent, beißenden, vernichtenden Witz und seltne Gegenwart des Geistes, doch die jedes Herz erwärmende Kraft des Genies, wie Canning sie ausströmt, besitzt er, meines Erachtens, nur in weit geringerem Grade.

Jetzt erst trat Canning, der Held des Tages, selbst auf. Wenn der vorige einem geschickten und eleganten geistigen Boxer zu vergleichen war, so gab Canning das Bild eines vollendeten antiken Gladiators. Alles war edel, fein, einfach, und dann plötzlich ein Glanzpunkt, wie ein Blitz hervorbrechend, groß und hinreißend. Eine Art Ermattung und Schwäche, die, als sei es die Folge der so kürzlich erlebten Kränkungen, sowie der überhäuften Arbeit, seiner Energie etwas zu entnehmen schien, gewann ihm vielleicht in anderer Rücksicht noch mehr von Seiten des Gefühls.

Seine Rede war in jeder Hinsicht das Gediegenste, auch den Unbefangensten Ergreifende, der Kulminationspunkt des heutigen Tages! Nie werde ich den Eindruck vergessen, den sie, und jene schon berühmt gewordene, die er vor mehreren Wochen über die portugiesischen Angelegenheiten hielt, auf mich machten.[37] Ich fühlte beidemal tief, daß die höchste Gewalt, die der Mensch auf seine Mitmenschen ausüben, der blendendste Glanz, mit dem er sich umgeben kann und vor dem selbst der des glücklichen Kriegers wie Phosphorschein vor der Sonne erbleicht – nur in dem göttlichen Geschenk der Rede liege! Dem großen Meister in dieser nur ist es gegeben, Herz und Gemüt einer ganzen Nation in jene Art von magnetischem Somnambulismus[38] zu versetzen, wo ihr nur blindes Hingeben übrig bleibt, und der Zauberstab des Magnetiseurs über Wut und Milde, über Kampf und Ruhe, über Tränen und Lachen mit gleicher Macht gebietet.

Am folgenden Tage wurde das Haus der Lords[39] eröffnet, unter gleich merkwürdigen Umständen als gestern das Haus der Gemeinen, jedoch zeigten sich darin keine so großen Talente, als Brougham und vor allen Canning.

Lord Ellenborough (der beiläufig gesagt, die schönste Frau in England besitzt*) erhob sich zuerst, und sagte in der Hauptsache: Man klage die ausscheidenden Minister an, infolge einer gemeinschaftlichen Vereinigung resigniert, und sich dadurch des hohen Unrechts schuldig gemacht zu haben, dem Könige seine konstitutionelle Prärogative[40]: ›ganz nach freier Willkür seine Minister zu erneuern‹, schmälern zu wollen. Zuvörderst müsse er daher verlangen, daß sie, um ihre Ehre zu retten, sich hierüber genügend rechtfertigten. Hier sah ich den großen Wellington in einer fatalen Klemme. Er ist kein Redner, und mußte nun *bon gré mal gré*[41] sich wie ein Angeklagter vor seinen Richtern verteidigen. Er war sehr agitiert, und dieser Senat seines Landes, obgleich aus lauter Leuten bestehend, die einzeln ihm vielleicht nichts sind, schien wirklich imposanter in seiner Masse für ihn, als weiland Napoleon und alle seine Hunderttausende. Daß so etwas aber nur möglich wird, ist die große Folge weiser Institutionen! Es war bei alle dem rührend, den Heros[42] des Jahrhunderts in einer so untergeordneten Lage zu sehen. Er stotterte viel, unterbrach und verwickelte sich, kam aber doch am Ende, mit Hilfe seiner Partei – die bei jedem Stein des Anstoßes (grade wie bei der Gesandtenrede am Lord Mayors-Tage) durch Beifall und Lärm eine Pause herbeiführte, in der er sich wieder zurechtfinden konnte – endlich

* Sie wurde später von demselben jungen Fürsten, der in diesem Briefe als schneller Reisender angeführt ist, mit gleicher Schnelligkeit nach dem Kontinent entführt. *A. d. H.*

so ziemlich damit zu Stande: zu beweisen, daß keine *conspiracy*[43] obgewaltet habe. Er sagte zuweilen starke Sachen, vielleicht mehr als er wollte, denn er war seines Stoffes nicht Meister, unter andern folgende Worte, die mir sehr auffielen: »Ich bin Soldat und kein Redner. Mir gehen alle Talente ab, in dieser hohen Versammlung eine Rolle zu spielen, ich müßte mehr als toll sein *(mad)*, wenn ich je, wie man mich beschuldigt, dem wahnsinnigen Gedanken Raum hätte geben können, Erster Minister werden zu wollen*.«

Alle ausgeschiedenen Lords, nach der Reihe, machten nun, so gut sie konnten, auch ihre Apologien. Der alte Lord Eldon versuchte es mit dem Weinen, was er bei großen Gelegenheiten immer bei der Hand hat, es wollte aber heute keine rechte Rührung hervorbringen. Dann antwortete der neue Lord und Minister (Lord Goderich, ehemals H. Robinson) für sich und den Premier, der im Hause der Lords nicht erscheinen kann, weil er nur ein *commoner* ist, als solcher aber dennoch jetzt England regiert, und zu berühmt als Mr. Canning geworden ist, um daß er diesen Namen gegen einen Lords-Titel vertauschen möchte.

Der Anfang der sonst guten Rede des neuen Pairs erregte ein allgemeines Gelächter, denn der langen alten Gewohnheit getreu, redete er die Lords, wie den Sprecher des Unter-

* Diese Äußerung des Herzogs ist seitdem, selbst im Unterhause, öfters zur Sprache gekommen; weniger bekannt aber möchte folgende ganz neuere sein, die ich der liebenswürdigen Dame verdanke, an die sie gerichtet war. Im Monat November dieses Jahres 1830 unterhielt sich der Premier mit der Fürstin C... und der Herzogin von D... über mehreres Charakteristische der englischen und französischen Nation, und ihre gegenseitigen Vorzüge. *»Ce qui est beau, en Angleterre«*, sagte der Herzog mit vielem Selbstgefühl, *»c'est que ni le rang, ni les richesses, ni la faveur sauraient élever un Anglais aux premières places. Le génie seul les obtient, et les conserve chez nous.«*[44] Die Damen schlugen die Augen nieder, und 8 Tage darauf war der Herzog von Wellington nicht mehr *en place*.[45] *A. d. H.*

hauses mit ›Sir‹ statt ›Mylords‹ an. Er war selbst so sehr dadurch decontenanciert[46], daß er sich vor die Stirne schlug, und eine ganze Weile sprachlos blieb, aber durch viele freundliche *»hear, hear«*, doch bald wieder seine Fassung gewann.

Lord Holland zeichnete sich, wie gewöhnlich, durch Schärfe und frappante Aufstellungen aus; Lord King durch vieles, zuweilen nicht sehr geschmackvolles Witzeln; Lord Lansdowne durch ruhigen, sachgemäßen, mehr verständigen als glänzenden Vortrag. Lord Grey sprach von allen mit dem meisten äußern Anstande, den die englischen Redner fast ohne Ausnahme entweder zu sehr verschmähen, oder seiner nicht mächtig werden können. Einen ähnlichen Mangel an Anstand bietet das Lokal des Unterhauses dar, das einem schmutzigen Kaffeehause gleicht, und auch das Benehmen vieler Volksrepräsentanten, die mit dem Hut auf dem Kopfe oft auf den Bänken ausgestreckt liegen und sich während der Reden ihrer Kollegen von Allotrien unterhalten, erscheint seltsam. Lokal und Verhandlung im Oberhause sind dagegen sehr schicklich.

Wenn ich von dem Totaleindruck dieser Tage auf mich Rechenschaft geben soll, so muß ich sagen, daß er erhebend und wehmütig zugleich war. Das erste, indem ich mich in die Seele eines Engländers versetzte, das zweite im Gefühl eines Deutschen!

Dieser doppelte Senat des englischen Volks, mit allen menschlichen Schwächen, die mit unterlaufen mögen, ist etwas höchst Großartiges – und indem man sein Walten von Nahem sieht, fängt man an zu verstehen, warum die englische Nation bis jetzt noch die erste auf der Erde ist.

Den 3ten

Aus dem ernsten Parlament folge mir, zur Veränderung, heute ins Theater.

Man führt ein Spektakelstück auf, dessen äußere Ausschmückungen hier täuschender bewerkstelligt werden als irgendwo. Nur die ›*scenery*‹ zweier Auftritte will ich beschreiben.

Zwischen Felsen, im wilden Gebürge Spaniens, erhebt sich ein maurisches Schloß in weiter Entfernung. Es ist Nacht, aber der Mond scheint hell am blauen Himmel und mischt sein blasses Licht mit den hellerleuchteten Fenstern des Schlosses und der Kapelle. Ein langer sich durch die Berge ziehender Weg wird an mehreren Stellen sichtbar und führt zuletzt, auf hohe Mauerbogen gestützt, bis in den Vordergrund.

Jetzt schleichen vorsichtig Räuber aus den Gebüschen herbei, verbergen sich lauernd an der Straße, und man hört aus ihrem Gespräch, daß sie eben einen Hauptfang zu machen gedenken.

Ihr schöner junger Hauptmann ist erkenntlich durch gebietenden Anstand und sein prächtiges *costume,* im Geschmack der italienischen Banditi. Nach kurzem Zwischenraum sieht man in der Ferne die Schloßtore sich öffnen, eine Zugbrücke wird heruntergelassen, und eine Staatskutsche mit sechs Maultieren bespannt rollt dem Gebürge zu. Einigemal verliert man sie hinter den Bergen, immer größer kommt sie wieder zum Vorschein (welches durch mechanische Figuren von verschiedener Dimension sehr artig und geschickt bewerkstelligt wird) und gelangt endlich im raschen Trabe auf die Szene, wo sogleich von den versteckten Räubern einige Schüsse fallen, deren einer den Kutscher tötet, worauf die Beraubung des Wagens unter Lärm und Getümmel vor sich geht. Während diesem Tumulte fällt der Vorhang.

Beim Anfang des zweiten Akts erblickt man zwar wieder

dieselbe Dekoration, aber sie erweckt ganz verschiedene Empfindungen. Die Lichter im Schloß sind verlöscht, der Mond ist hinter Wolken getreten. In der Dämmerung unterscheidet man nur undeutlich die Kutsche, mit aufgerißnen Türen, auf dem Bocke liegt der getötete Diener hingestreckt, aus einem steinigten Graben sieht man das blasse Haupt eines gefallenen Räubers hervorragen, und an einem Stamme lehnt der sterbende, schöne Hauptmann, dessen fliehende Lebensgeister der Knabe Gilblas vergebens bemüht ist, zurückzuhalten. Dies halb lebende, halb tote Gemälde ist wirklich von ergreifender Wirkung.

Meine heutigen Frühvisiten waren nützlich, denn sie verschafften mir 3 neue *billets* für die nächsten Almacks, und ich bewog sogar eine der gefürchteten, strengen Patronesses, mir ein *billet* für eine kleine obskure Miss meiner Bekanntschaft zu geben, eine große *faveur*! Ich mußte aber lange intriguieren und viel bitten, ehe ich es errang. Die Miss und ihre Gesellschaft küßten mir beinahe die Hände, und benahmen sich, als wenn sie sämtlich das große Los gewonnen hätten. *Je crois qu'après cela, il 'y a peu de choses qu'elle me refuserait.*[47]

Außer Almacks ist den englischen Damen am besten durch die Politik beizukommen. Diese letzte Zeit hörte man, weder bei Tisch noch in der Oper, ja selbst auf dem Ball nie etwas anders als von Canning und Wellington aus jedem schönen Munde, ja, Lord E... beklagte sich sogar, daß seine Frau selbst in der Nacht ihn damit behellige. Plötzlich im Schlafe habe sie ihn durch ihren Ausruf aufgeschreckt: »Wird der Premier stehen oder fallen?«

Wenn ich mich daher hier in nichts anderm vervollkommne, so geschieht es wenigstens in der Politik und auch im Cabrioletfahren, denn das letztere lernt man hier perfekt, und windet sich im schnellen Lauf durch Wagen und Karren, wo man früher minutenlang angehalten haben würde. Über-

Lady Godinas Abendgesellschaft; oder: Peeping-Tom späht die Karten aus. (Karikatur von James Gillray)

haupt wird man nach einem langen Aufenthalt in solcher Weltstadt in allen Dingen wirklich etwas weniger kleinlich. Man sieht die Dinge breiter und mehr *en bloc* an.

Den 10ten

Das ewige Einerlei der *season* geht noch immer so fort. Eine Soirée bei Lady Cooper, einer der sanftesten Lady Patronesses, eine andere bei Lady Jersey, einer der schönsten und ausgezeichnetsten Frauen Englands, vorher aber noch ein indisches Melodram, füllte den heutigen Abend recht angenehm. Das Melodram spielte auf einer Insel, deren Einwohner mit dem herrlichen Geschenk des Fliegens begabt waren. Die hübschesten Mädchen kamen, wie Kranichschwärme, in Masse angesegelt, und ließen nur, wenn man ihnen recht eindringlich die Cour machte, die Flügel sinken, aber zu viel durfte man auch nicht wagen, – ein Nu – und die graziösen bunten Falter breiteten sich schnell aus, und weg waren sie, ohne daß man sogar die dünnen Seile sehen konnte, an denen sie heraufgezogen wurden.

Auf einem *dinner* und der darauf folgenden Soirée beim Fürsten Polignac waren mehrere interessante Personen zugegen, unter andern der Gouverneur von Odessa, einer der liebenswürdigsten Russen, die ich kenne, und Sir Thomas Lawrence, der berühmte Maler, von dem man sagt, daß er alle die ungeheuren Summen, welche ihm seine Kunst einbringt, regelmäßig im Billardspiel verliert, weil er sich irrig darin ein Meister zu sein einbildet. Es ist ein Mann von interessantem Äußern, mit etwas Mittelaltrigem in seinen Zügen, was auffallend an Bilder aus der venetianischen Schule erinnert.

Noch mehr zogen mich indes die portugiesischen Augen der Marquise P... an, denn portugiesische und spanische Augen übertreffen alle andern.

Die *niece*[48] des Fürsten Polignac erzählte mir, daß ihr Onkel, der bei einem noch ganz jugendlichen und angenehmen Aussehen doch einen ganz weißen Kopf hat, diesen in den französischen Revolutions-Gefängnissen, noch nicht 25 Jahre alt, in wenigen Wochen vor Kummer und Angst ergrauen gesehen hätte. Er mag den jetzigen Kontrast mit damals gar wohltätig finden, aber die Haare kann ihm leider die Restauration doch nicht wieder schwarz machen!* Mich interessierte dieser Gegenstand, besonders deshalb, gute Julie, weil die meinigen leider auch, mit zu viel Patriotismus, hie und da unsre Nationalfarben, schwarz und weiß, anzunehmen anfangen.

Übrigens ist die hiesige *season,* wenn man, als lernbegieriger Fremder, alle Gradationen der hausmachenden Welt sehen will, kaum auszuhalten. Mehr wie 40 Einladungen liegen auf meinem Tische, fünf bis sechs zu einem Tage. Alle diese Gastgeber wollen nachher früh Visiten haben, und um höflich zu sein, muß man sie in Person machen. *C'est la mer à boire*[49], und dennoch sehe ich abends beim Vorbeifahren immer noch vor vielen Dutzenden mir unbekannter Häuser ebenfalls dichte Wagenburgen stehen, durch die man sich mühsam durchdrängen muß.

Ein Ball, dem ich neulich beiwohnte, war besonders prachtvoll, auch einige königliche Prinzen zugegen, und wenn dies der Fall ist, hat die Eitelkeit der Wirte die Mode eingeführt, dies immer schon auf den Einladungskarten anzuzeigen.

»To meet His Royal Highness«[50] etc. ist die lächerliche Phrase. Der ganze Garten des Hauses war überbaut und zu

* Wie wenig mochte mein verstorbener Freund damals vermuten, daß dieser schlecht organisierte Kopf noch solches Unheil über die Welt zu bringen bestimmt war! Auch aus ihm wird zwar, wie aus allem Übel einmal Gutes hervorgehen, aber schwerlich werden wir diese Früchte ernten. *A. d. H.*

großen Sälen umgeschaffen, die man in weißen und rosa *mousseline*[51] drapiert, mit enormen Spiegeln und 50 Kronleuchtern von Bronze ausgeschmückt, und durch die Blumen aller Zonen parfümiert hatte. Die Herzogin von Clarence beehrte das Fest mit ihrer Gegenwart, und alles drängte sich, sie zu sehen, denn sie ist eine jener seltnen Prinzessinnen, deren Persönlichkeit weit mehr Ehrfurcht als ihr Rang gebietet, und deren unendliche Güte und im höchsten Grade liebenswerter Charakter ihr eine Popularität in England gegeben haben, auf die wir Deutsche stolz sein können, um so mehr, da sie aller Wahrscheinlichkeit nach einst die Königin jenes Landes zu werden bestimmt ist.

Die Person, welche diesen glänzenden Ball gab, war demohngeachtet nichts weniger als modisch, eine Eigenschaft, die hier den seltsamsten Nuancen unterworfen ist. Indes raffiniert jeder, modisch oder nicht, wie er es dem andern bei seinen Festen zuvortun möge.

Die Gräfin L... gab den Tag nach dem erwähnten Ball einen andern, wo ich, gewiß tausend Schritt vom Hause schon, aussteigen mußte, da vor der Menge von Wagen gar nicht mehr heranzukommen war, und bereits verschiedene Equipagen, die sich gewaltsam Bahn brechen wollten, unter schrecklichem Fluchen der Kutscher unauflöslich zusammenhingen. Bei diesem Ball waren die Treibhäuser mit Moos aus verschiedenen Farben tapeziert, und der Boden mit abgehauenem Grase dicht belegt, aus dem hie und da Blumen frei hervorzuwachsen schienen, die vom Stiel aus erleuchtet waren, was ihre Farbenpracht verdoppelte. Die Gänge aber wurden durch bunte Lampen, die gleich Edelsteinen im Grase funkelten, markiert. Ebenso hatte man solche bunte Arabesken im Moose der Wände angebracht. Im Hintergrunde schloß eine schöne transparente Landschaft, mit Mondschein und Wasser die Aussicht.

Den 15ten

Mit mehreren Damen diesen Morgen spazieren reitend, erhob sich die Frage, welchen Weg man nehmen sollte, den herrlichen Frühlingstag am besten zu genießen. Da sahen wir am hohen Himmel einen Luftballon schweben, und die Frage war beantwortet. Mehr als 10 Meilen folgten die unermüdlichen Damen, gleich eines *steeple-chase*[52], dem lustigen Führer, der aber doch endlich unsern Blicken ganz entschwand.

Der Mittag war einem großen diplomatischen *dinner* gewidmet, wo mehrere der neuen Minister zugegen waren, und der Abend einem Ball in einem deutschen Hause, dessen solide und geschmackvolle Pracht den besten englischen gleichkommt, und durch die liebenswürdigen Eigenschaften der Wirte die meisten übertrifft, ich meine beim Fürsten Esterházy.

Bald aber wird mein Journal den Reiseberichten des weiland Bernoulli gleichen, die auch nur von Einladungen, Mittagsmahlen und Abendunterhaltungen handeln. Aber Du mußt es nun schon hinnehmen, wie es sich trifft. Vergleiche dies Tagebuch mit einem Gewande, auf dem sehr verschiedne, reichere und ärmlichere Stickereien vorkommen. Der feste dauerhafte Stoff repräsentiert meine immer gleiche Liebe zu Dir und den Wunsch, Dich, so gut es geht, mein ferneres Leben mitleben zu lassen; die Stickereien aber, die nur Kopien des Erlebten sind, müssen daher auch den Charakter desselben annehmen, bald glühender in Farben, bald blasser sein – und zu verwundern wäre es nicht, wenn sie in der dumpfen Stadt ganz verblaßten, die nimmer so liebliche Bilder bietet als die herrliche Natur!

Den 21sten

Ich muß vorderhand noch bei demselben Thema bleiben, und eines Frühstücks in Chiswick beim Herzog von Devonshire erwähnen, der hübschesten Art Feten, die man hier gibt, weil sie auf dem Lande, abwechselnd im Hause und in den schönsten Gärten stattfinden, *déjeuners*[53] heißen, aber erst um 3 Uhr anfangen und vor Mitternacht nicht aufhören. Der Fürst B..., weiland Schwager Napoleons, war zugegen, auch einer von denen, die ich früher in einem äußern Glanz gesehen, den ihnen nur die damalige Welt-Sonne verlieh, und der mit ihr so schnell überall verlöscht ist!

Die größte Zierde dieses Frühstücks war aber die schöne Lady Ellenborough. Sie kam in einem kleinen Wagen mit Ponys bespannt an, die sie selbst dirigierte, und die nicht größer als kamtschatkalische Hunde[54] waren. Man möchte versucht sein, von nun an dem Fuhrwerke der Venus die Tauben auszuspannen und Ponys statt ihrer vorzulegen.

Übler wird aber mit allen Sorten Equipagen hier umgegangen als irgendwo. Auf dem gestrigen Almacks-Ball entstand eine solche *bagarre*[55] unter ihnen, daß mehrere Damen stundenlang warten mußten, ehe sich das Chaos entwickelte. Die Kutscher benehmen sich bei solchen Gelegenheiten wie unsinnig, um vorzudringen, und die Polizei bekümmert sich nicht um dergleichen in England. So wie diese heroischen Wagenlenker die kleinste Öffnung vor sich sehen, peitschen sie ihre Pferde hinein, als wären Pferde und Wagen ein eiserner Keil. Beider Erhaltung wird für nichts geachtet. Auf diese Weise war eins der Pferde der liebenswürdigen Lady Sligo mit beiden Hinterbeinen in das Vorderrad des Nebenwagens so eingedrungen, daß es nicht mehr möglich war, es zu degagieren[56], und eine Umdrehung des Rades ihm ohnfehlbar beide Knochen zermalmt haben würde. Demohngeachtet war der fremde Kutscher kaum dahin zu bringen, stillzuhalten. Man mußte zuletzt, als sich die *foule* etwas geklärt, beide Pferde ausspannen, und dann gelang es nur schwer, sie voneinander zu lösen. Während dieser Zeit brüllte das arme Tier so laut, wie der Löwe Nero in Exeter Change. Ein Cabriolet wurde daneben ganz zertrümmert und fuhr seinerseits mit den Gabeln in die Fenster einer Kutsche, aus der das Zetergeschrei von mehreren Weiberstimmen anzeigte, daß sie schon besetzt war. Viele andere Wagen wurden noch beschädigt.

Nach dieser Schilderung würdest Du, Gute, mit deiner *poltronnerie*[57] Dich wohl hier nie mehr einem Wagen anvertrauen. Sicherer war es auch gewiß zu Zeiten der Königin Elisabeth, wo alles, auch die zarten Hoffräuleins, noch zu Pferde sich zu Balle begaben.

Den 27sten

Ich hatte die Ehre, beim Herzog von Clarence zu speisen, wo auch die Prinzessin Augusta, die Herzogin von Kent mit ihrer Tochter und die Herzogin von Gloucester gegenwärtig waren. Der Herzog macht einen sehr freundlichen Wirt, und erinnert sich immer gütig der verschiednen Epochen und Länder, wo er mich früher gesehen. Er hat sehr viel National-Englisches, im besten Sinne des Worts, auch die englische Liebe zur Häuslichkeit. Es war heute der Geburtstag der Prinzessin Carolath, den er feierte, und ihre Gesundheit dabei ausbrachte, welches die sanfte Emilie, ohngeachtet der Intimität, mit der sie hier als Verwandtin der liebenswürdigen Herzogin behandelt wird, doch vielfach erröten machte.

Unter den übrigen Gästen muß ich den Admiral Sir George Cockburn erwähnen, der Napoleon nach Helena führte, und mir nach Tisch viel von des Kaisers ungemeinem Talent erzählte, diejenigen zu gewinnen, welche er zu gewinnen die Absicht hatte. Der Admiral bewunderte auch die

Aufrichtigkeit, mit der Napoleon über sich selbst, wie über eine fremde historische Person, sprach und unter anderem offen äußerte: die Russen hätten ihn in Moskau so völlig überlistet, daß er jeden Tag bis zum letzten bestimmt auf den Frieden gehofft, bis es endlich zu spät gewesen sei. *»C'était sans doute une grande faute«*[58], setzte er nachher gleichgültig hinzu.

Die Töchter des Herzogs sind *d'un beau sang*[59], alle außerordentlich hübsch, wenngleich alle in einem ganz verschiednen Genre; und unter den Söhnen zeichnet sich in vieler Hinsicht der Obrist Fitzclarence aus*, dessen Landreise von Indien durch Ägypten nach England Du mit so viel Interesse gelesen hast. Er hat auch über die deutsche Landwehr geschrieben, deren *partisan*[60] er jedoch keineswegs ist. Selten findet man einen jungen Offizier von so vielseitiger Bildung. Ich kenne ihn schon von älteren Zeiten her, und habe mich schon oft vieler Freundlichkeit von seiner Seite zu rühmen gehabt.

Seine älteste Schwester ist an Sir Sidney verheiratet, und ich hörte von ihr, daß in dieser Familie, seit Lord Leicesters Zeit[61], die ununterbrochene Reihe der Ahnenbilder nicht nur, sondern sogar eine Haarlocke von jedem der Vorfahren aufbewahrt werde. Auch finde sich dort, unter alten Dokumenten, noch eine Liste sämtlicher Gäste bei dem Feste von Kenilworth und sehr merkwürdige Haushaltsrechnungen aus jener Zeit vor. Walter Scott hat, glaube ich, diese Papiere benützt.[62]

Abends flötete die Pasta herrlich bei Gräfin St. A…, und zwei bis drei Bälle schlossen den Tag.

* Jetzt Lord Munster.

Den 29sten

Herzlich mußte ich diesen Morgen über einen jungen Lord lachen, dem der Aufenthalt in Paris noch nicht viel genützt hat, und dessen schönes Pferd mehr als er selbst die Blicke im Park auf sich zog. »*Quel beau cheval vous avez là*«[63], sagte ich. »Ja«, erwiderte er mit seinem englischen *accent*: »*C'est une belle bête, je l'ai fait moi-même, et pour cela je lui suis beaucoup attaché.*«[64] Er wollte ohne Zweifel sagen, daß er es selbst bei sich aufgezogen habe. Ist das nicht ganz der *pendant* zu dem tauben russischen Offizier in B..., dem der König bei Gelegenheit eines auf den Tisch kommenden *esturgeon*[65] zurief: ›*Ce poisson est bien fréquent chez vous*‹[66], und der, aufstehend, mit einem tiefen Bückling, erwiderte: ›*Oui, Sire, je l'ai été pendant quinze ans.*‹[67]

Rex Judaeorum[68] gab ein prachtvolles *dinner*, dessen Dessert allein, wie er mir sagte, 100 L. St. kostete. Ich saß neben einer sehr geistreichen Dame, der Freundin des Herzogs von W..., Mrs. A... eine sehr charakteristische, feine, nicht-englische Physiognomie. Du kannst Dir denken, welche enragierte[69] Politikerin! Ich habe sie ohne Zweifel nicht wenig ennuyiert, denn erstens bin ich ein Canningianer, zweitens hasse ich die Politik bei Tische. Wir sahen hier viel Pracht. Das Tafelservice war *vermeil*[70] und Silber, das zum Dessert, glaube ich, ganz Gold. Auch in der Nebenstube, unter dem Portrait des Fürsten Metternich (Präsent des Originals) befand sich ein großer, *dito* goldner Kasten, wahrscheinlich eine Kopie der Bundeslade. Ein *concert* folgte der Mahlzeit, in welchem Herr Moscheles so hinreißend spielte, wie seine danebenstehende junge Frau aussah, und erst um 2 Uhr kam ich auf den *rout* des Herzogs von Northumberland, eine kleine Gesellschaft, zu der bloß 1000, sage tausend, Personen eingeladen worden waren. In einer ungeheuren Gemäldegalerie wurden bei 30 Grad Réaumur[71] große Musikstücke aufgeführt. Man hörte aber nicht viel davon wegen des Lärms und Drängens. Der Schweißgeruch war gleich der schwarzen Höhle in Indien, fast unerträglich. Sind es nun wirklich zivilisierte Nationen, die sich so amüsieren?

Den 31sten

Die an Kohlenbergwerken reiche Lady L..., deren *teint* zu der Farbe jener den angenehmsten Gegensatz bildet, und deren *air chiffoné*[72] ganz originell ist, zeigte mir diesen Morgen ihren Bazar. Es ist kein gewöhnlicher, denn es lagen wohl für 300 000 Rtlr. Edelsteine darauf. Das ganze *boudoir*, voller Wohlgerüche, Blumen und Seltenheiten, das *clair-obscur*[73] roter Vorhänge, und die Marquise selbst in einem gelben Gazekleide auf ihre *chaise-longue* hingestreckt, *plongée dans une douce langueur*[74], es war ein hübsches Bild ›*of refinement*‹.[75] Diamanten, Perlen, Feder und Tinte, Bücher, Briefe, Spielsachen und Petschafte[76] lagen vor ihr mit einer angefangenen Börse. Unter den Petschaften waren zwei Inschriften pikant durch ihren Kontrast; die eine, von Lord Byron, sagt in zwei schönen Strophen:

Love will find its way
Where wolf would fear to stray.
Liebe wird den Weg erspähn,
Wo der Wolf sich scheut zu gehn.

Die andere Inschrift sagt mit echt französischer Philosophie: *Tout lasse, tout casse, tout passe!*[77] Außerdem war nichts häufiger im Hause als Portraite des Kaisers Alexander in allen Größen, der in W... der Marquise die Cour gemacht, und dessen Konterfei die Dankbarkeit daher so sehr vervielfältigt. Ihr Mann war dort Gesandter, und gebrauchte seine englischen Prärogative im vollen Maße. Einmal boxte er mit einem Fiaker, ein andermal präsentierte er die Erzherzogin und wenn ich nicht irre, gar die Monarchin selbst seiner Frau, statt umgekehrt, dann lief er in die Küche, seinen Koch zu erstechen, weil dieser seine Frau beleidigt, *enfin il faisait la pluie et le beau temps à V..., ou plutôt l'orage et la grêle.*[78]

Denke nun, wie desappointiert[79] die arme Dame, welche so lange auf dem Kontinent regierte, jetzt sein muß, hier *malgré ses diamants, son rang et sa jolie mine*[80], nicht recht *fashionable* werden zu können! Aber dieser Mode-Aristokratie ist schwerer beizukommen, als dem obersten Grade der Freimaurer, und viel kapriziöser ist sie noch dazu, als diese ehrwürdigen Männer, obgleich beide, wie der liebe Gott, aus Nichts schaffen!

Ich speiste bei Lord Darnley, wo ich unter andern den Lord Bloomfield, sonst ein markanter Mann und *favorite* des Königs, *du temps de ses fredaines*[81], und den Erzbischof von York fand, ein majestätischer alter Herr, der als Hofmeister angefangen hat, und durch die Protektion seines *pupille*[82] zu dieser hohen Würde gelangt ist. Nichts ist häßlicher und zugleich komischer als die *demi-toilette*[83] der englischen Erzbischöfe. Eine kurze Schulmeisterperücke, schlecht gepudert, ein schwarzer französischer Rock und eine kleine schwarzseidne Damenschürze vorne über die *inexpressibles*[84], wie sie die Bergleute hinten zu tragen pflegen. Lord D... lachte sehr, als ich ihn verwundert fragte, *si ce tablier faisait allusion au vœu de chasteté.*[85] Ich besann mich in dem Augenblick nicht, daß die englischen Erzbischöfe, die sonst so echtkatholisch sind, sich das Heiraten reserviert haben. Doch ist es wahr, daß ihre Frauen eigentlich nur wie Maitressen behandelt werden, denn sie dürfen nicht den Namen ihres Mannes führen.

Wir wurden sehr gut bewirtet, mit zahmem Garten-Wildbret und herrlichen Früchten von Cobham, und fuhren nach Tisch in ein *concert*, was sich gar sehr von den hier gewöhnlichen unterschied. Es ist dies eine *entreprise* mehrerer vor-

THE TIMES

KING'S THEATRE.

The Nobility, Subscribers to the Opera, and the Public are respectfully informed, that Saturday next being Whitsun-eve, the Opera will take place TO-MORROW (Friday), when will be performed Rossini's Opera seria, in 2 acts, entitled SEMIRAMIDE. The principal characters by Madame Pasta, Miss Willis, and Signora Brambilla; Signor Curioni, Signor Deville, Signor Giubilei, Signor De Angel, and Signor Galli. Between the acts, a DIVERTISSEMENT. And after the Opera, a BALLET. Boxes and tickets to be had at Mr. Ebers's, 27, Old Bond-street. No orders will be admitted, and the free list is suspended.

THEATRE ROYAL, DRURY-LANE.

THIS EVENING, KING RICHARD THE THIRD.
Duke of Glocester, Mr. Kean; Lady Anne, Miss Smithson.
To conclude with THE MAGPIE.

THEATRE ROYAL, COVENT-GARDEN.

THIS EVENING (6th time), LOVE AND REASON.
General Dorlon, Mr. W. Farren; Captain Albert, Mr. Warde; Dingle, Mr. Keeley; Alice, Miss Jarman; Mrs. Dingle, Mrs. Glover.
After which, THE HUNDRED POUND NOTE.
To conclude with PETER WILKINS; or, The Flying Indians.

THEATRE ROYAL, HAYMARKET.

The PERFORMERS and all other persons engaged at this establishment are requested to take notice, that a MEETING of the COMPANY will take place at the Theatre on Friday, the 8th of June, at one o'clock, for the purpose of making arrangements preparatory to the commencement of the season on the 15th of next month.

May 29. P. FARREN, Stage-Manager.

ROYAL AMPHITHEATRE (ASTLEY'S.)

THIS EVENING, at a quarter-past 6 precisely, the entertainments to commence with the national panoramic spectacle of SPAIN AND PORTUGAL; or, Rebels and Guerillas. Scenes in the Circle. The Courier of St. Petersburgh, by Mr. Ducrow, riding at one time 4 and 5 horses. Horsemanship, by Mr. Avery, Mater Hiller, &c. The Hypogriffe or Pegasus, &c. To conclude with the melodramatic tale of THE ASSASSIN LABOURER; or, The White Farm.

ROYAL GARDENS, VAUXHALL.

Under the especial Patronage of His Most Gracious Majesty.

The Proprietors respectfully beg leave to inform the Nobility, Gentry, and the Public, that these GARDENS will OPEN for the Season on Monday next, June 4, with a splendid succession of AMUSEMENTS: particulars of which will be immediately announced.

☞ The publication of *The Times* commenced at 5 o'clock yesterday morning, and finished at 8.

LONDON, THURSDAY, MAY 31, 1827.

nehmen Edelleute, Freunde der alten Musik von Händel, Mozart und den alten Italienern, deren Kompositionen hier allein aufgeführt werden.

Ich habe lange keinen ähnlichen Genuß gehabt. Was ist doch das moderne Trillilieren gegen die Erhabenheit dieser alten Kirchenmusik! Ich fühlte mich ganz lebhaft in die Jahre meiner Kindheit zurückversetzt, ein Gefühl, das in der Tat die Seele auf viele Tage stärkt und ihr von neuem leichtere Schwingen gibt. Der Gesang war durchaus vorzüglich, und in seiner Einfachheit oft überirdisch schön, denn es ist unglaublich, welche Gewalt Gott in die menschliche Stimme gelegt hat, wenn sie recht angewandt wird, und einfach und sicher aus einem schönen Munde ertönt. Bei Händels Chören glaubte man entsetzt die Nacht zu fühlen, die sich über Ägypten ausbreitet, und den Tumult der Heere Pharaos mit dem Gebrause des Meeres zu hören, das sie unter seine Wogen begräbt.

Ich konnte mich nicht entschließen, nach so heiligen Tönen die Ball-Fiedeln zu hören, und begab mich daher um 12 Uhr zu Hause, Almacks und noch einen andern Ball der fashionablen Welt gern im Stich lassend. Ich will den Nachhall jener Sphärenmusik mit in meine Träume hinübernehmen, und auf ihren Fittichen mit Dir, meine Julie, eine verklärte Nachtreise antreten. *Are You ready? – Now we fly...*[86]

Den 1sten Juni

Sehr bei Zeiten weckte mich heute mein alter B..., welches er nur tut, wenn ein Brief von Dir da ist. Bei minder wichtigen Gelegenheiten läßt er mich immer ruhen, wenn ich ihm abends auch noch so sehr einschärfe, mich zu wecken. Die Entschuldigung ist dann stets: Sie schliefen so gut.

Es ist ein wahres Glück, daß ich nicht die Art Eitelkeit besitze, die durch Lob schwindlig wird – sonst müßtest Du einen rechten Toren aus mir machen. Ach, ich kenne mich selbst nur zu gut, und hundert Fehler, die Deine Liebe zur Hälfte übersieht! Das kleine Teufelchen aber, das Du attakkierst, spukt allerdings manchmal in mir. Es ist aber ein ziemlich unschuldiges, oft ein recht dummes, armes, ehrliches Teufelchen; eine Sorte die, hinsichtlich der Moralität, im Grunde zwischen Engel und Teufel in der Mitte steht, mit einem Wort: ein echtes, schwaches Menschenkind! Da es Dir aber mißfällt, das kleine Teufelchen, so stecke ich es in die *bouteille* wie Hoffmann[87], und pfropfe sie mit Salamonis Siegel zu. Von nun an produziere ich Dir nur den Herrnhuter[88]; denn Du weißt, unter ihnen verlebte ich meine Jugend, *et si je m'en ressens, je ne m'en ressens guères.*[89]

Auf dem *fancy ball*, den Du denen in Brighton nachahmen willst, erscheine ich gewiß, und es wird mich dennoch sicher niemand erkennen, da ich nur unsichtbar zugegen sein kann. Ich werde bloß einen Kuß auf Deine Stirn drücken, und dann wieder verschwinden wie eine Ahnung. Gib also acht!

Den 3ten Juni

Aus der großen Welt wandelte ich gestern wieder einmal in die City und beobachtete die mühsame *industry*[90], welche jener immer die frivolen Luxus-Artikel liefert. Täglich erfindet man hier etwas Neues. Dahin gehören auch die unzähligen Annoncen, und wie sie *en evidence*[91] gesetzt werden. Früher begnügte man sich, sie anzuschlagen. Jetzt sind sie ambulant. Einer hat einen Hut von Pappe aufgesetzt, dreimal höher als andre Hüte sind, auf welchem in großen Buchstaben: ›Stiefel zu 12 Schilling das Paar‹ rekommandiert werden. Ein andrer trägt eine Art Fahne, auf der ein Waschweib abgebildet ist, und darunter steht: *›Only one sixpence a shirt.‹* (Nur einen *sixpence*[92] das Hemde.) Kasten, wie die Arche Noah, ganz mit Annoncen überklebt und von der

Herrnhut

Größe eines kleinen Hauses, mit Menschen oder einem Pferde bespannt, durchziehen langsam die Straßen, und tragen mehr Lügen auf ihren Rücken als Münchhausen je erfinden konnte.

Als ich bei Hrn. R... anlangte, war ich sehr müde, und akzeptierte eine Einladung, bei ihm auf dem *comptoir*[93] zu essen. Während dem Essen philosophierten wir über Religion. R... *est vraiment un très bon enfant*[94], und gefällig, mehr wie andere seines Standes, sobald er nur nicht selbst etwas dabei zu riskieren glaubt, was man ihm auch keineswegs verdenken kann. Bei dem Religionsgespräch war er übrigens gewissermaßen im Vorteil, da seine Glaubensgenossen von älterem Religionsadel sind, als wir Christen. Sie sind die wahren Aristokraten in diesem Fach, die durchaus noch nie eine Neuerung passieren lassen wollten. Ich sagte endlich mit Goethe: ›Alle Ansichten sind zu loben‹, und fuhr in einem höchst zerbrechlichen Fiaker wieder nach dem *West End of the town* zurück, wo es weder Christen noch Juden, sondern nur *fashionables* und *nobodies* gibt, um bei Mistress P... die Pasta wieder singen zu hören, und mit der Freundin des Lords H... *de moitié Ecarté*[95] zu spielen.

Als ich endlich um 4 Uhr zu Haus kam und beim rosigen Tageslicht eingeschlafen war, bildete ich mir ein, mein Lager sei das Moos eines Waldes. Da weckte mich ein klägliches Geschrei. Ich sah mich um und erblickte einen armen Teufel, der eben von der Spitze eines hohen Baumes schräg durch die Luft fuhr, und neben mir zur Erde stürzte. Stöhnend und leichenblaß raffte er sich auf und jammerte schmerzlich: nun sei es aus mit ihm! Ich wollte ihm zu Hilfe eilen, als ein Wesen, das einem zugestöpselten Tintenfaß glich, herbeikam und dem halbtoten Menschen unter Flüchen noch mehrere Stöße mit dem Stöpsel gab. Ich packte es aber, zog den Stöpsel heraus, und wie die Tinte nachströmte, verwandelte es sich in einen Mohren in glänzend silberner Jacke und prächtigem *costume,* der lachend rief: ich sollte ihn nur in Frieden lassen, er wolle mir Sachen zeigen, wie ich noch nie gesehen. Jetzt fingen auch sogleich Zaubereien an, die alle Pinettis und Philadelphias der Welt weit hinter sich zurückließen. Ein großer Schrank, unter andern, veränderte seinen Inhalt jeden Augenblick und alle Schätze Golkondas mit den unerhörtesten Seltenheiten kamen nacheinander zum Vorschein. Ein dicker Mann mit vier hübschen Töchtern, welcher eifrig zusah, und den ich sogleich als einen Herrn erkannte, der früher in Brighton Bälle gab, und Rolls hieß, weshalb man ihn (seiner Korpulenz wegen) ›*double-rolls*‹, seine Töchter aber ›*hot-rolls*‹ nannte[96], äußerte indes, das Ding daure ihm zu lange, er sei hungrig. Sogleich rief der beleidigte Zauberer mit zorniger Miene, indem sein Anzug sich vor unsern Augen scharlachrot färbte:

Zwei wird fünf und sieben zehn.
Augen eßt! Der Mund soll seh'n,
Vorn und hinten wechselt schnell.
Fitzli butzli very well.

Kaum war diese Verschwörung ausgesprochen, als ein prächtiges Mahl erschien, und der arme Rolls sich eifrig frische grüne Erbsen in die Augen steckte, die auch ohne alle Umstände heruntergingen, während er, mit dem *lorgnon*[97] vor dem Munde, alle die übrigen Wunderdinge, die sich auf der Tafel ausbreiteten, betrachtete und in Gedanken verschlang. Jetzt wollte er Frau und Töchter auch dazu einladen, konnte aber über kein anderes Sprechorgan als dasjenige disponieren, dem gewöhnlich das Lautwerden untersagt ist, so daß alle ›*hot-rolls*‹ sich über Papas sonderbare ›*propos*‹ fast totlachen wollten. Zu guter Letzt ging er noch, in der groteskesten Verdrehung, auf den Händen zum Zauberer hin, um sich zu bedanken, und langte *en passant*[98] mit den Füßen in eine

Schüssel *tutti frutti*[99], die sein neues Sprachorgan mit einem melodischen: »*Delicious!*«[100] begleitete.

Hat man je von so tollen Träumen gehört, als mich hier heimsuchen? Es sind die trüben Dünste, die Stickluft Londons, die meine Sinne umnebeln. Ich schicke sie daher fort, um sich im heimatlichen Sonnenschein wieder aufzulösen, und lege auf ihre schweren Fittiche tausend liebevolle Grüße.

Deines treuen Freundes L.

Sechzehnter Brief

London, den 5. Juni 1827

Bei Gelegenheit einer Visite, die ich Mistress Hope machte, besah ich ihres Mannes Kunstsammlung heute etwas mehr *en détail.* Eine sehr schöne Venus von Canova war für mich besonders deswegen sehr anziehend, weil ich sie, noch nicht völlig vollendet, im Atelier des liebenswürdigen Künstlers in Rom vor ziemlich vielen Jahren gesehen, wo sie schon damals von allen seinen Werken den angenehmsten Eindruck bei mir zurückließ.[1]

Unter den Gemälden frappierte mich das des berüchtigten Cäsar Borgia, von Correggio.[2] Ein erhabener Sünder! In der kühnsten, männlichen Schönheit steht er da, Geist und Größe blitzt aus allen Zügen, nur in den Augen lauert ein häßlicher Tiger.

Ganz besonders reich ist die Sammlung an Bildern der niederländischen Schule. Viele sind von der unübertreffbarsten Wahrheit, welche, ich gestehe es gern, für mich oft einen größern Reiz hat, als selbst das erreichte Ideal, wo dieses keinen verwandten Punkt in meiner Seele anspricht.

So war eine alte sehr anständige holländische Bürgersfrau, die mit großer *délice*[3] ein Glas Wein in sich sog, während ihr in einem Mantel danebenstehender Mann, die *bouteille,* aus der er ihr eingeschenkt, noch in der Hand, mit gutmütigem Vergnügen auf sie herabsieht, ein höchst anziehender Gegenstand. Ebenso einige Offiziere aus dem 16ten Jahrhundert in ihrer schönen und zweckmäßigen Tracht, die sich's nach harter und blutiger Arbeit beim frohen Mahle wohl sein lassen, und andre mehr. Unter den Landschaftsmalern machte ich die neue Bekanntschaft eines Hobbema[4], der die größte Ähnlichkeit mit der Manier Ruysdaels[5] hat. Täuschende

Früchte von van Huysum[6] und van Os[7], Häuser von van der Meer[8], auf denen bekanntlich jeder Ziegel ausgeführt ist, mehrere Wouwermans[9], Paul Potters[10] etc. etc., nichts fehlte in dieser reichen Sammlung. Nur die neueren englischen Gemälde waren schlecht.

Später ging ich nicht mehr aus, um im Stillen den Geburtstag meiner guten Mutter zu feiern.[11]

Den 7ten

Als ein Beispiel, was ein *dandy* hier alles bedarf, teile ich Dir folgende Auskunft meiner fashionablen Wäscherin mit, die von einigen der ausgezeichnetsten *elegants* employiert[12] wird und allein Halstüchern die rechte Steife, und Busenstreifen die rechten Falten zu geben weiß. Also in der Regel braucht ein solcher *elegant* wöchentlich 20 Hemden, 24 Schnupftücher, 9-10 Sommer-*trousers*, 30 Halstücher, wenn er nicht schwarze trägt, ein Dutzend Westen, und Strümpfe *à discrétion*.[13] Ich sehe Deine hausfrauliche Seele von hier versteinert. Da aber ein *dandy* ohne drei bis vier Toiletten täglich nicht füglich auskommen kann, so ist die Sache sehr natürlich, denn

1) erscheint er in der Frühstücks-Toilette im chinesischen Schlafrock und indischen Pantoffeln.
2) Morgentoilette zum Reiten im *frock-coat*, Stiefeln und Sporen.
3) Toilette zum *dinner*, in Frack und Schuhen.
4) Balltoilette in *pumps*[14], ein Wort, das Schuhe, so leicht wie Papier, bedeutet, welche täglich frisch lackiert werden.

*

Der Park war um 6 Uhr so voll, daß er einem *rout* zu Pferde glich, jedoch weit anmutiger, da die Stelle der Bretter eine grüne Wiese einnahm, statt der Dampfhitze frische Kühle herrschte, und statt die eignen Beine zu ermüden, die der Pferde die Arbeit tun mußten.

Als ich vorher die Fürstin E... besuchte, fand ich dort drei junge und schöne *ambassadrices en conférence, toutes les trois profondèment occupées d'une queue*[15], nämlich ob eine solche bei der Königin von Württemberg getragen werden müsse oder nicht.

Auf dem Ball, dem ich abends beiwohnte, bei der neulich erwähnten Marquise L... sah ich zum erstenmal hier Polonaisen und auch Masurka tanzen, aber sehr schlecht. Man aß im Saal der Statuen, denen verschiedene Damen ihre Hüte aufgesetzt und ihre *shawls* umgehangen hatten, was dem Kunstsinne sehr wohltat. Um 6 Uhr kam ich zu Hause und schreibe Dir noch, während man schon meine Laden schließt, um mir eine künstliche Nacht zu bereiten. Die Kammerdiener haben es hier schlimm, und können nur, sozusagen: aus der Hand schlafen, oder, wie die Nachtwächter, am Tage.

Den 13ten

Ich habe Dir schon erzählt, daß man hier auf die königlichen Prinzen eingeladen wird, wie an andern Orten im vertrauten Zirkel auf irgendeine Delikatesse. So war ich gestern auf die Herzogin von Gloucester, und heute auch auf den Herzog von Sussex zu Tisch eingeladen. Dieser Prinz, der mit dem König ganz brouilliert[16] ist*, sich aber durch sehr liberale Gesinnungen bei der Nation beliebt gemacht hat und dies in jeder Hinsicht verdient, war viel auf dem Kontinent und liebt die deutsche Lebensart. Unsere Sprache ist ihm, wie den meisten seiner Brüder, völlig geläufig. Seinetwegen wurden nach Tisch, sobald die Damen uns verlassen hatten, Zigarren gebracht und mehr als eine geraucht, was ich in England

* Man vergesse nicht, daß hier vom vorigen die Rede ist.[17] *A. d. H.*

London

bisher noch nicht gesehen habe. M. de Montron erzählte mit französischer Kunst sehr lustige Anekdoten; am unterhaltendsten war aber Major Keppel, der Reisende in Persien, der heute manche skabröse, aber höchst pikante Geschichte aus jenen Ländern zum besten gab, die er dem Druck nicht übergeben konnte, und die ich daher auch Dir nicht mitteilen darf, was mir jedoch sehr leid tut.

Morgen werde ich mit dem jungen Capt. R... nach Ascot fahren und Windsor besehen, um wieder einige Varietät in mein einförmiges Leben zu bringen. Man vermutet, daß die Wettrennen ungewöhnlich brillant sein werden, da sie der König diesmal besucht, und Pferde von ihm teil daran nehmen.

Windsor, den 14ten

Nach einer raschen Fahrt von 25 englischen Meilen, zum Teil durch den Park von Windsor, hinter dem sich das Schloß, die alte Residenz so vieler Könige, erhebt – erreichten wir die weite und dürre Heide von Ascot, wo die Wettrennen stattfinden. Der Platz bot ganz das Bild eines Lustlagers dar. Unabsehbare Reihen von Zelten für Pferde und Menschen, Wagenburgen längs der Rennbahn, größtenteils mit schönen Damen besetzt, häuserhohe Gerüste in drei, vier Etagen übereinander, mit der Loge des Königs am Ziele – alles dies durch 20 bis 30000 Menschen belebt, von denen viele schon seit sechs Tagen hier stationieren. – Dies sind ungefähr die Hauptzüge des Gemäldes. Das eine Quartier bildet den Markt, wo sich unter den übrigen Buden und Zelten, gemäß einer alten Freiheit, auch vielfache Arten von Hazardspielen befinden, welche sonst streng verboten sind. Doch mehr als Pluto[18] wird noch der holden Venus geopfert, und nirgend sind Intrigen unbemerkter anzuspinnen. Die Damen in den Wägen sind dabei täglich mit Champagner und vortrefflichem Frühstück reichlich versehen, was sie sehr gastfreundlich austeilen. Ich fand viele alte Freunde, und machte auch einige neue Bekanntschaften, unter andern die einer höchst liebenswürdigen Frau, Lady G..., die mich nach ihrer *cottage* mit R... zum Essen einlud. Als daher um 6 Uhr die *races* für heute beendigt waren, fuhren wir durch eine wunderschöne Gegend, deren Baum-Reichtum ihr, ohngeachtet der bebauten Fluren, das Ansehen eines kultivierten Waldes gibt, nach T... Park. Wir kamen früher an, als die Familie selbst, und fanden das Haus zwar offen, doch ohne einen Diener oder ein anderes lebendiges Wesen darin. Es war wie die bezauberte Wohnung einer Fee, denn einen reizenderen Aufenthalt kann es nicht geben! Hättest Du es nur sehen können. Auf einem Hügel, unter den prachtvollsten uralten Bäumen halb verborgen, lag ein Haus, dessen vielfache Vorsprünge, zu verschiedenen Zeiten gebaut, und da und dort durch Gebüsch versteckt, nirgends erlaubten, seine ganze Form auf einmal ins Auge zu fassen. Eine galerieartige Rosenlaube, von hundert Blumen strotzend, führte direkt in das Vorzimmer, und durch einige andere *pièces* und einen Korridor gelangten wir dann in den Eßsaal, wo schon eine reiche Tafel gedeckt stand, aber immer noch kein Mensch zu erblicken war. Hier lag die Gartenseite vor uns, ein wahres Paradies, von der Abendsonne reich beleuchtet. Am ganzen Hause entlang, bald vorspringend, bald zurücktretend, wechselten Verandas von verschiedenen Formen und mit verschiedenen blühenden Gewächsen berankt, miteinander ab und dienten dem buntesten Blumengarten zur *bordure*, der den Abhang des Hügels durchaus bedeckte. An ihn schloß sich ein tiefes und schmales Wiesental, hinter dem sich das Terrain wieder zu einem höheren Bergrücken erhob, dessen Abhang mit uralten Buchen besetzt war. Am Ende des Tales links, schloß Wasser die nächste Aussicht. In der Ferne sahen wir über den Baumkronen den *round tower* (runden Turm) von Windsor Castle mit der darauf gepflanzten kolossalen königlichen Fahne, in die blaue Luft emporsteigen. Er allein erinnerte in dieser Einsamkeit daran, daß hier nicht bloß die Natur und eine wohltätige Fee walte, sondern auch Menschen mit ihrer Freude, ihrer Not und ihrem Glanz sich hier angesiedelt! Wie ein Leuchtturm des Ehrgeizes schaute er auf die friedliche *cottage* herab, verlockend zu einem höheren trügerischen Genuß – doch wer diesen erreicht, erkauft ihn nur mit schwerem Verlust! Friede und Ruhe bleiben zurück in des Tales trauter Stille. –

Ich wurde bald in meiner poetischen Ekstase durch die schöne Wirtin unterbrochen, die sich an unserer Schilderung des verzauberten Schlosses sehr ergötzte, und nun sogleich selbst dafür sorgte, daß uns Stuben angewiesen wurden, um unserer Toilette obzuliegen, die der Staub und die Hitze des Tages sehr nötig machten. Ein exzellentes *dinner* mit geeistem *champagne* und vortrefflichen Früchten wurde mit Vergnügen angenommen, und hielt uns bis um Mitternacht bei Tisch. Kaffee und Tee mit Musik nahmen noch ein paar andere Stunden hinweg, und, aufrichtig gesagt, die letzte, ich meine die Musik, hätten wir der Familie gern erlassen. Meine Verdauung wurde wesentlich durch die ungeheure Anstrengung gestört, mit der ich das Lachen, in einer wahren Agonie, unterdrücken mußte, als die alte Mutter der Hausfrau sich zuletzt ans Klavier setzte und uns eine Arie aus ihrer Jugend, von Rousseaus Komposition, zum besten gab, an deren Refrain: ›*Je t'aimerai toujours*‹[19] ich ebenfalls Zeit meines Lebens denken werde. Sie benutzte nämlich das ›*ai*‹ jedesmal zu einem Trillo, der im Anfang dem Meckern eines Lammes glich, dann eine Zeitlang der Lachtaube nachahmte, und mit der *cadence*[20] eines balzenden Auerhahns endete. Das Lied schien unendlich, der junge R..., der leider ebenso leicht als ich zum Lachen zu bringen ist, hörte bereits in der Stellung eines Fiedelbogens, mit gewaltsam zusammengedrücktem Leibe, zu und schnitt hinter seinem großen

Schnurrbarte die seltsamsten Grimassen. Was mich betrifft, so suchte ich meiner moralischen Kraft hauptsächlich dadurch zu Hilfe zu kommen, daß ich unaufhörlich an Dich, gute Julie, und Deine so musterhafte *contenance* bei ähnlichen Gelegenheiten dachte. Die Leute waren dabei so außerordentlich gütig und freundschaftlich gewesen, daß ich wahrhaftig lieber hätte Blut weinen, als über sie lachen mögen; aber was soll man anfangen, wenn der Sinnenreiz unwiderstehlich wird! Die Annäherung der ominösen Stelle war immer eine furchtbare Epoche für mich. Ich betete förmlich zu Gott, er möge die gute Alte doch regieren, nur diesmal ›*Je t'aimerai toujours*‹ ohne Verzierung abzukrähen. Aber vergeblich; kaum war das verhängnisvolle ›*ai*‹ angeschlagen, so folgte auch *immanquablement*[21] der unbarmherzige Trillo. Beim 7ten Verse konnte ich es nicht mehr aushalten, Rousseau schien mir zum erstenmal wahrhaft unsterblich – ich fuhr der Alten, wie die Studenten sagen, in die Parade, ergriff ihre Hand, ehe sie die Tasten von neuem anschlagen konnte, schüttelte sie herzlich, dankte für ihre Güte, versicherte, ich fühle die Indiskretion, sie so lange zu belästigen, drückte gleichfalls die Hand der schönen Tochter, *(car c'est l'usage ici)*[22] wie der übrigen Familienmitglieder, und fand mich in einem *clin d'œil*[23] mit R... im Wagen, der schon seit einer Stunde angespannt auf uns gewartet hatte. Du kannst Dir denken, daß wir unsere Lachmuskeln mit Bequemlichkeit entschädigten. Bis Windsor ergötzte uns noch der Nachhall des unnachahmlichen Trillos – mich aber erwartete hier, nach ausgelassener Lustigkeit, ein ziemlich unangenehmes Abkühlungsmittel. Wie ich mich nämlich zu Bett legen wollte, fing B... zu jammern an, daß i h n doch das Unglück überall verfolgen müsse!

»Nun, was ist Dir denn geschehen?«

»Ach Gott, wenn ich könnte, ich sagte es gar nicht, aber es muß nun doch heraus.«

»Nun zum T...l, mach' ein Ende, was ist es?«

Was kam nun zum Vorschein? Der konfuse Alte hatte mein Geld, 25 L. St., ihm in einem Beutel von mir übergeben, um es in das Wagenkästchen zu tun, anstatt dessen in die Tasche gesteckt, und wie der dumme Landjunker von Kotzebue[24], um ein Glas Bier zu bezahlen, im Gedränge der Buden den Beutel herausgenommen, einen Souverain gewechselt, wie er sagte, weil er kein kleines Geld mehr hatte, wahrscheinlich aber um mit der Goldbörse groß zu tun, und dann den Beutel sorgfältig wieder eingesteckt. Es war sehr natürlich hier in England, daß er ihn, als er zum Wagen zurückkam, nicht mehr fand. Ein wahres Glück im Unglück ist es, daß ich noch einiges Geld selbst bei mir trug, und also wenigstens in keine augenblickliche Verlegenheit gesetzt wurde.

Richmond, den 15ten

Wir besahen heute früh das Schloß, welches jetzt erst nach den alten Plänen völlig ausgebaut wird, und bereits die größte und prachtvollste Residenz ist, die irgend ein europäischer Fürst besitzt. Die Zeit war zu kurz, das Innere zu besehen, was ich daher auf ein anderesmal aufschob. Ich besuchte bloß die Herzogin von C..., die hier im großen Turme wohnt, und eine himmlische Aussicht von ihrem hohen Söller genießt. Unter ihrer Dienerschaft war ein schöner griechischer Knabe in seiner Nationaltracht, Scharlach, Blau und Gold mit bloßen Schenkeln und Füßen. Er war bei dem *massacre* von Scio[25] in einen Backofen versteckt und so gerettet worden. Er ist jetzt bereits ein vollkommner Engländer geworden, hat aber in der *tournure* etwas ungemein Nobles und Ausländisches beibehalten. Um 1 Uhr begaben wir uns wieder auf den *race-ground*, und ich erhielt diesmal mein Frühstück von einer andern Schönheit. Nach dem beendigten Rennfeste fuhren wir nach Richmond, wo R...s

Regiment garnisoniert, und verlebten dort mit dem Offizier-Corps einen sehr lustigen und geräuschvollen Abend. Die allgemeine Wohlhabenheit erlaubt hier ein weit luxurieuseres Leben, denn die Herren versagen sich nichts, und ihre *mess* ist überall serviert, wie bei uns gar oft nicht eine fürstliche Tafel.

Morgen wird das Husaren-Regiment nebst einem Regiment Ulanen vom General-Inspekteur gemustert werden, was ich noch abwarten will, bevor ich nach London zurückkehre.

Den 16ten

Das Regiment machte seine Sachen sehr gut, mit weniger Affektation, und auch Präzision vielleicht, als unsere wunderbar dressierten dreijährigen Reiter, aber mit mehr echt militärischer Ruhe und langgewohnter Sicherheit, auch alle Evolutionen schneller, wegen der vortrefflichen Pferde, mit denen die des Kontinents doch nicht zu vergleichen sind. Dabei hat die englische Kavallerie an Zäumung und militärischem Reiten seit dem letzten Kriege durch die darauf gewandte Sorgfalt des Herzogs von Wellington ganz ungemein gewonnen. Die Leute hatten ihre Pferde so gut in der Gewalt als die besten der unsrigen. Merkwürdig nach unsern Begriffen war es, die Ungeniertheit zu sehen, mit der wohl 50-60 Offiziere in Zivil-Kleidern, darunter mehrere Generäle, einige in Stulpenstiefeln und Morgenjacken, die andern im *frock-coat* und bunten Halstüchern die Revue mitmachten und den inspizierenden General umschwärmten, der, außer dem Regiment selbst, welches inspiziert wurde, allein mit seinen beiden Adjutanten in Uniform erschienen war. Ja, sogar einige überkomplette Offiziere desselben Regiments, die gerade nicht im aktiven Dienst waren, ritten in Zivilkleidern und Schuhen mit herum, ein Anblick, der einem ... schen[26] General vor Erstaunen den Verstand kosten könnte. Mit einem Wort, man sieht hier mehr auf das Reelle, anderwärts mehr auf die Form. Hier machen in der Tat die Kleider den Mann nicht, und diese Simplizität ist zuweilen sehr imposant.

R... sagte mir, daß dieses Regiment ursprünglich, als die Franzosen mit Invasion drohten, von der Londner Schneidergilde errichtet wurde und im Anfang aus lauter Schneidern bestand, die sich jetzt in sehr tüchtige und martialische Husaren verwandelt und mit großer Auszeichnung, namentlich bei Belle-Alliance[27], gefochten haben.

Den 18ten

Seit vorgestern bin ich denn wieder im alten Geleise und debütierte mit vier Bällen und einem *dinner* bei Lord Caernarvon, wo ich den berühmten Griechenprotektor, Herrn Eynard[28], fand, dessen hübsche Frau einen gleichen Enthusiasmus für die Hellenen an den Tag legte. Gestern aß ich bei Esterházy, und fand einen jungen Spanier dort, von dem ich gewünscht hätte, er sei ein Schauspieler, um den Don Juan darstellen zu können, denn er schien mir das Ideal dafür zu sein. Mit den Tönen der dramatischen Pasta im Ohr, die man jetzt alle Abende irgendwo hört, ging ich zu Bett.

*

Heute war *concert* beim großen Herzog, in dem der alte Velluti wie ein Capaun krähte, worüber dennoch alles in Entzükken geriet, weil er einst gut sang, hier aber noch immer den alten Ruhm usurpiert. Dann ging ich auf einen der hübschesten Bälle, den ich noch in London gesehen, bei einer vornehmen schottischen Dame. Der große Saal war unter andern ganz mit Papierlampen dekoriert, die sämtlich Formen der verschiedensten Blumen nachahmten, und sehr geschmackvoll gruppiert waren.

Als wir um 6 Uhr bei Sonnenschein in die Wagen stiegen, nahmen sich die Damen höchst sonderbar aus. Keine *fraîcheur*[29] konnte diese Probe bestehen. Sie changierten[30] Farben wie das Chamäleon. Einige sahen ganz blau, andere scheckig, die meisten leichenartig aus; die Locken herabhängend, die Augen gläsern. Es war ganz abscheulich anzusehen, wie die beim Lampenschein blühenden Knospen vor den Strahlen der Sonne plötzlich zu entblätterten Rosen verblichen. Das Los des Schönen auf der Erde!

Den 23sten

Was sagst Du, gute Julie, zu einem Frühstück, zu dem 2000 Menschen eingeladen sind? Ein solches fand heute statt in den *Horticultural Gardens*[31], die groß genug sind, um so viel Menschen bequem zu fassen. Indes ging es doch nicht ohne fürchterliches Gedränge bei den Eßzelten ab, besonders da, wo die Ausstellung der Früchte stattfand, die zu einer bestimmten Stunde preisgegeben und dann auch im Nu höchst unanständig verschlungen wurden. Man sah dort eine Providence-Ananas, die 11 Pfund wog, hochrote und grüne, von nicht viel geringern Dimensionen, Erdbeeren von der Größe kleiner Äpfel, überhaupt die seltenste Auswahl der kostbarsten Früchte. Auch war im ganzen das Fest heiter und in angenehmem ländlichem Charakter.

Der glatte Rasen und die Menge geputzter Menschen darauf, die Zelte und Gruppen in den Büschen, eine ungeheure Masse von Rosen und Blumen aller Art, gaben den freundlichsten Anblick. Ich war mit unserm Gesandten hingefahren, mit dem ich auch um 7 Uhr abends wieder zurückkehrte. Wir mußten über die *industry*[32] eines Irländers lachen, der sich das *air*[33] gab, uns mit einer Laterne, in der natürlich kein Licht brannte, da es heller Tag war, zum Wagen zu leuchten, und sich durch diesen Spaß bei den Frohgesinnten und Gutmütigen einige Schillinge erwarb. Unterwegs rief ihm einer seiner englischen Kameraden zu: »Du führst wahrlich großmütige Leute!« – »O«, sagte er, »wenn ich sie dafür nicht kennte, ginge ich auch nicht mit ihnen.«[34] Originell waren auch die Tiroler Sänger, die hier sehr Mode geworden sind, alle, selbst den König, der mit ihnen deutsch spricht, ›Du‹ nennen, und keine falsche Menschenfurcht kennen. Es sieht komisch genug aus, wenn einer von ihnen auf den Fürsten Esterházy losgeht, dessen patriotischer Protektion sie ihre große *vogue*[35] hauptsächlich verdanken, ihm die Hand reicht, und ihm zuruft: »Nun, was machst Du Esterházy?« Das Weibchen, welches sich unter diesen Tiroler Wundertieren befindet, kam heute auch auf mich zu und sagte: »Dich habe ich mir schon lange angesehen, denn Du siehst meinem lieben John so ähnlich, daß ich Dir einen Kuß geben will.« Die Offerte war eben nicht sehr einladend, denn das Mädchen ist häßlich; da sie aber auch Se. Majestät geküßt hat, auf welche Szene eine gute Karikatur in den Handel gekommen ist, so findet man jetzt die Zumutung schmeichelhaft.

Den 26sten

Der Herzog von Northumberland hatte die Güte, mir diesen Morgen seinen sehenswerten Palast *en detail* zu zeigen. Ich fand hier etwas, was ich lange vergebens zu sehen gewünscht, nämlich ein Haus, in dem, bei hoher Pracht und Eleganz, das Größte wie das Kleinste mit völlig gleicher Sorgfalt und Vollkommenheit ausgeführt ist – *où rien ne cloche.*[36]

Ein solches Ideal ist wirklich hier erreicht. Man findet auch nicht die geringste Kleinigkeit vernachlässigt, keine schiefe Linie, keinen Schmutzfleck, nichts Faniertes[37], nichts aus der *façon* Gekommenes, nichts Abgenutztes, nichts Unechtes, kein *meuble*, keine Türe, kein Fenster, das nicht in seiner Art ein wahres Meisterstück der Arbeit darböte.

Diese außerordentliche Gediegenheit hat freilich mehrere hunderttausend L. St. und gewiß nicht geringe Mühe gekostet, aber sie ist auch vielleicht einzig in ihrer Art. Die reichste Ausschmückung von Kunstschätzen und Kuriositäten aller Art fehlt ebenfalls nicht. Die Aufstellung der letzteren in, mit violettem Samt ausgeschlagenen, Terrassenschränken, hinter Spiegelgläsern aus einem Stück, war sehr geschmackvoll. Besonders auffallend ist die große Marmortreppe, mit einem Geländer aus vergoldeter Bronze. Die Wange von poliertem Mahagoniholz, welche das Geländer deckt, bildet eine ganz eigentümliche Merkwürdigkeit dar. Es ist nämlich durch eine Vorrichtung, die noch ein Geheimnis ist, das Holz so behandelt, daß es durchaus unmöglich ist, auf der ganzen Länge der mehrmals gewundenen Treppe irgendwo auch nur die mindeste Spur einer Fuge zu entdekken. Das Ganze scheint aus einem Stück zu sein, oder ist es wirklich.

Eine andere Sonderbarkeit ist eine falsche *porte cochère*[38] in der äußern Hausmauer, die nur bei Festen für den größeren Andrang der Wagen geöffnet wird, und wenn sie zu ist, in der *façade* nicht mehr aufgefunden wird. Sie ist von Eisen, und durch den Anwurf einer Steinkomposition und ein falsches Fenster so vollständig maskiert, daß man sie von dem übrigen Hause nicht unterscheiden kann. Über die Gemälde ein andermal mehr.

Beim Herzog von Clarence lernte ich abends einen interessanten Mann kennen, Sir Gore Ousely, den letzten Ambassadeur in Persien, den der Verfasser des ›Hadjji Baba‹, Herr Morier, als Legations-Sekretär begleitete.

Ich muß Dir ein paar jenes Land charakterisierende Anekdoten mitteilen, die ich von ihm erzählen hörte.

Der jetzige Schah wurde von seinem ersten Minister Ibrahim Chan, der ihn früher auf den Thron gesetzt, als er noch ein Kind war, lange in solcher Abhängigkeit erhalten, daß er nur dem Namen nach regierte. Es war ihm um so unmöglicher, Widerstand zu leisten, da jede Gouverneurstelle der Provinzen und ersten Städte des Reichs ohne Ausnahme durch Verwandte und Kreaturen des Ministers besetzt worden war. Endlich beschloß der König, um jeden Preis sich einer solchen Sklaverei zu entziehen, und wählte folgendes energische Mittel dazu, welches den echten orientalischen Charakter an sich trägt. Es existiert nämlich, nach den alten Gesetzen des Reichs, eine Klasse Soldaten in Persien, die in allen Hauptstädten nur sparsam verteilt ist, und des ›Königs Garde‹ heißt. Diese befolgen keine andern Befehle als solche, welche unmittelbar vom König selbst gegeben werden, und mit seinem Handsiegel unterzeichnet sind, daher auch diese Garden allein vom alles beherrschenden Minister unabhängig geblieben waren, und die einzige sichere Stütze des Throns bildeten. An die Chefs dieser Vertrauten erließ der König nun im Geheimen selbstgeschriebene Befehle, die dahin lauteten, an einem gewissen Tage und Stunde alle Verwandten Ibrahims im ganzen Reiche zu ermorden. Als die bezeichnete Stunde herannahte, hielt der Schah einen Divan[39], suchte während desselben Streit mit Ibrahim herbeizuführen und als dieser, wie gewöhnlich, einen hohen Ton annahm, befahl er ihm, sich sofort in das Staatsgefängnis zu begeben. Der Minister lächelte, indem er erwiderte: Er werde gehen, der König möge jedoch bedenken, daß jeder Gouverneur seiner Provinzen deshalb Rechenschaft von ihm fordern werde. »Nicht mehr, Freund Ibrahim«, rief der König heiter; »– nicht mehr –« und indem er seine englische Uhr hervorzog und dem betretenen Minister einen verderbenden Blick zuwarf, setzte er kaltblütig hinzu: »In dieser Minute hat der letzte Deines Blutes zu atmen aufgehört, und Du wirst ihm folgen.« – Und so geschah es.

Die zweite Anekdote zeigt, daß der König zugleich nach dem Prinzip der französischen *chanson* handelte, welche sagt: ›*quand on a dépeuplé la terre, il faut la répeupler après*‹.[40]

Sir Gore bat bei seiner Abschieds-Audienz den König, ihm gnädigst zu sagen, wie viel Kinder er habe, um über einen so interessanten Umstand seinem eignen Monarchen Rechenschaft geben zu können, wenn dieser sich darnach, wie zu vermuten stehe, erkundigen sollte. »Hundertvierundfünfzig Söhne«, erwiderte der Schah. »Darf ich nochmals Ew. Majestät zu fragen wagen, wie viel Kinder?« – Das Wort Mädchen durfte er nach der orientalischen Etikette nicht aussprechen, und die Frage überhaupt war schon nach dortigen Ansichten fast eine Beleidigung. Der König indes, der Sir Gore sehr wohl wollte, nahm es nicht übel auf. »Aha ich verstehe«, lachte er ihm zu und rief nun seinen obersten Verschnittenen herbei: »Musa! wie viel Töchter habe ich?« – »König der Könige«, antwortete Musa, sich auf sein Angesicht niederwerfend: »Fünfhundert und Sechzig.« – Als Sir Gore Ousely diese Unterredung in Petersburg der Kaiserin Mutter erzählte, rief sie bloß aus: ›*Ah, le monstre!*‹

Den 29sten

Da die *season* sich nun (gottlob!) ihrem Ende naht, so gedenke ich in kurzem eine Reise nach dem Norden von England und Schottland anzutreten, wohin ich auch mehrere Einladungen erhalten habe, mich aber lieber in Freiheit erhalten will, um das Land *à ma guise*[41] zu durchstreifen, wenn es Zeit und Umstände erlauben.

Wir hatten heute einen der schönsten Tage, seit ich in England bin, und als ich abends vom Lande zurückkehrte, wo ich zeitig beim Grafen Münster gespeist, sah ich zum erstenmal hier eine italienische Beleuchtung der Ferne mit Blau und Lila so reich geschmückt, wie ein Gemälde Claudes.[42]

Apropos, als Notiz zur Nachahmung muß ich Dir noch einen sehr hübschen Blumentisch der Gräfin beschreiben. Die Platte ist kristallhelles Glas, darunter ein tiefer Tischkasten, in welchen feuchter Sand getan wird, und ein feines Drahtnetz darübergelegt, in dessen Zwischenräume man dicht, eine neben der andern, frische Blumen steckt. So schiebt man den Kasten wieder ein, und hat nun zum Schreiben und Arbeiten das schönste Blumengemälde vor sich. Will man sich aber am Dufte erlaben, so schlägt man den Glasdeckel auf, oder nimmt ihn ganz weg, wozu er eingerichtet ist.

Die Kinderbälle sind in dieser *season* sehr an der Tagesordnung, und ich besuchte abends einen der hübschesten dieser Art bei Lady Jersey. Diese vornehmen nordischen Kinder waren alle möglichst aufgeputzt; und viele nicht ohne Grazie, aber es tat mir ordentlich weh, zu bemerken, wie sehr sie schon aufgehört hatten, Kinder zu sein, denn die armen Dinger waren größtenteils schon ebenso unnatürlich, so unlustig, und so mit sich selbst beschäftigt, als wir größern Figuren um sie her. Italienische Bauernkinder würden hundertmal liebenswürdiger gewesen sein. Nur beim Essen erschien der angeborene Trieb wieder offner und ungenierter, und die durchbrechende Sinnlichkeit setzte die Natur wieder in ihre Rechte ein. Das hübscheste und reinste dieser Naturgefühle war die Zärtlichkeit der Mütter, die sich ohne Affektation in ihren glänzenden Blicken verriet, und manche Häßliche sehr leidlich erscheinen machte, die Schönen aber zu höherer Schönheit verklärte.

Ein zweiter Ball bei Lady R... bot nur die hundertste Wiederholung des gewöhnlichen stupiden Gedränges dar, in dem der arme Prinz B..., für dessen Korpulenz diese Presse nicht geeignet ist, ohnmächtig geworden war, und auf das Treppengeländer gelehnt, wie ein abstehender Karpfen nach Luft schnappte. Vergnügen und Glück werden doch auf sehr seltsame Weise in der Welt gesucht.

Den 3ten Juli

Um eine einsame Fischmahlzeit zu machen, ritt ich nachmittags, nach einem großen Umweg, gen Greenwich. Die Aussicht von der dortigen Sternwarte ist besonders dadurch merkwürdig, daß das ganze Stück Erde, welches man übersieht, fast nur von der Stadt London eingenommen wird, denn immer weiter und weiter breitet sie seit Jahren ihre Polypenarme aus und verschlingt einen der kleinen Örter, die sie umgeben, nach dem andern. Freilich, für eine Population, die bald der des Königreichs Sachsen (seit dieses jüdisch behandelt, nämlich beschnitten wurde) gleichkommt, bedarf es Platz.

Ich kehrte in der Ship-Taverne ein, übergab mein Pferd dem Hausknecht (denn ich war ganz allein, und die Wartung der Pferde ist hier so allgemein vortrefflich, daß man das beste Pferd unbedingt der Sorge des *hostler*[43] in jedem Gasthofe überlassen kann) und erhielt ein sehr nettes Zimmer, mit einem über die Themse hervorspringenden Erker, unter dem die Fische noch herumschwammen, die ich, menschliches Raubtier, bald unbarmherzig verzehren sollte. Der Fluß war durch hundert Barken belebt, Gesang und Musik tönte freundlich von den vorbeisegelnden Dampfschiffen herüber, und die Sonne senkte sich über der bunten Szene, blutrot im leichten Nebelschleier, dem Horizonte zu. Ich gab, am Fenster sitzend, meinen Gedanken vielfache Audienz, bis die hereinkommenden Seeaale, *flounders* und *sole*, alle auf verschiedene Art zubereitet, mich zu materiellerem Genusse aufforderten. Champagner in Eis und Lord Chesterfields Briefe[44], die ich zu mir gesteckt, würzten das Mahl, und nach einer kleinen Siesta, während der die Nacht eingebrochen war, bestieg ich wieder mein Roß und ritt die anderthalb deutschen Meilen bis zu meiner Wohnung in einer ununterbrochenen Allee von hellschimmernden Gaslaternen, auf der wohlarrosierten[45] Straße langsam nach Hause. Es summte gerade Mitternacht, als ich dort ankam, und ein schwarzbehangener Sarg fuhr, wie eine Geistererscheinung, links an mir vorüber.

Den 5ten

Auf Almacks gab mir B... Deinen Brief, und ich eilte sogleich damit *home*. Wie sehr haben mich Deine Schilderungen gefreut, und fast hätte ich über die ehrlichen alten Parkbäume geweint, die mir durch Dich zuriefen: O Herr, hörst Du nicht, von tausend Vögelchen belebt, unsrer Wipfel Rauschen? ... Ach ja! ich höre es im Geiste, und werde auch nicht eher wieder wahre Freude empfinden, bis ich dort angelangt bin, wo meine treueste Freundin weilt und wo meine Pflanzenkinder mir entgegenwachsen. Für das fünfblättrige Kleeblatt danke ich vielmals, und da das Pferd des beigefügten, tausend Glück bringenden, Wiener Postillons unterwegs seinen Schweif verloren hat, so habe ich diesen durch das Kleeblatt ersetzt, welche Vegetabilie ihm ein wahres heiliges Allianz-Ansehen gibt.

Hier unterbrach mich der alte B...dt mit der Frage, ob er den Rest der Nacht wohl ausgehen dürfe, früh um 8 Uhr sei er wieder da. Ich gab lächelnd meine Erlaubnis und frug, welche Abenteuer er sich denn vorgenommen? »Ach«, war die Antwort, »ich will bloß einmal Hängen sehen und wie sie das hier machen, denn um 5 Uhr sollen fünf auf einmal gehenkt werden.«

Welcher Mißton klang mit diesen Worten in mein Leben voll Saus und Braus! Welcher Kontrast mit den Tausenden, von Tanz und Lust Ermüdeten und Übersättigten, die um jene Stunde zu behaglicher Ruhe zurückkehren, und jenen Unseligen, die unter Todesangst und Schmerzen zur ewigen eingehen müssen. Ich rief wieder mit Napoleon: *»O monde, o monde!«* und konnte lange nach dem in Frivolität vergeudeten Tage nicht einschlafen, verfolgt von dem Gedanken, daß eben jetzt die armen Unglücklichen geweckt würden, um von der Welt und ihren Freuden einen so schaudervollen Abschied zu nehmen, nicht gehoben und gen Himmel getragen durch das Gefühl, Märtyrer des Guten und Großen zu sein, sondern sich der gemeinen, der erniedrigenden Schuld bewußt. Man bemitleidet den, der unschuldig leidet, weit bemitleidungswerter scheint mir der Schuldige!

Meine Einbildungskraft geht, einmal angeregt, immer etwas weiter als rätlich, und so erschien mir auch jetzt aller eitle Genuß, alle jene die Armut und das Elend höhnenden *raffinements* des Luxus eine wahre Sünde, und recht oft fühle ich mich in dieser Stimmung. – Nicht selten hat es mir die beste Mahlzeit verbittert, wenn ich die armen Diener betrachtete, die zwar gegenwärtig sein dürfen, aber nur als zureichende Sklaven, und doch von derselben Mutter Natur geboren sind – oder an den Dürftigen dachte, der nach des langen Tages angestrengter Arbeit die karge ärmliche Nahrung am Abend kaum erschwingen kann, während wir, wie auf jener englischen Karikatur, überfüllt von Genuß, den Bettler um seinen Hunger beneiden! Darin eben liegt aber vielleicht die Kompensation und unsere Entschuldigung, daß wir aller dieser guten und gerechten Gefühle ungeachtet (ich schließe von mir auf andere) uns dennoch sehr entrüsten würden, wenn der erwähnte Diener Tantalus einmal mit uns von der wohlbesetzten Tafel zulangen, oder der Arme im unhochzeitlichen Kleide sich selbst bei uns zu Tische bitten wollte. Gott hat es selbst so angeordnet, daß die einen genießen, die andern entbehren sollen, und es bleibt so in der Welt! Jedem Ruf der Freude ertönt am andern Ort ein Echoschrei der Angst und Verzweiflung, und wo Raserei sich hier den Kopf zerschmettert, fühlt ein andrer in demselben Augenblick das höchste Entzücken der Lust!

Also gräme sich niemand unnütz darüber, wenn er auch

weder verdient noch begreift, warum es ihm besser oder schlechter als andern geht. Das Schicksal liebt einmal diese bittere Ironie – drum pflückt, o Menschen, die Blumen kindlich so lange sie blühn, teilt ihren Duft, wo ihr könnt, auch andern mit, und bietet männlich dem eignen Schmerz eine eherne Brust.

Den 7ten

Ich kehre wieder zur Tages-Chronik zurück

Nachdem ich bei Sir L... dem Epikureer[46], gegessen, brachte ich den Abend in einer kleinen Gesellschaft bei der Herzogin von Kent sehr angenehm zu; denn die hiesigen Hofzirkel, wenn man sie so nennen will, haben gar nichts Ähnliches mit denen des Kontinents, welche den distraiten[47] Grafen R... einst verführten, dem Könige von B..., der ihn frug, wie er sich auf dem heutigen Balle amüsiere, zu antworten: »O, sobald der Hof weg ist, denke ich sehr lustig zu sein.«

Ganz spät fuhr ich von hier noch zu einem Ball bei der Fürstin L..., eine Dame, deren Feste ihrer Vornehmheit *par excellence* stets völlig angemessen sind. Das hier zufällig angesponnene Gespräch mit einem andern Diplomaten verschaffte mir einige nicht uninteressante Notizen. Er erzählte von jener diffizilen Mission, deren Aufgabe war, die Kaiserin der Franzosen mitten aus einer, Napoleon noch ganz ergebenen Armee, die aus wenigstens 12000 Mann auserlesener Truppen bestand, gutwillig zu entführen. Wider alles Vermuten fand er aber bei Marie Luise fast gar keinen Widerstand und sehr wenig Liebe zum Kaiser (was auch wohl die Folge bestätigt hat). Der kleine fünfjährige König von Rom allein weigerte sich standhaft zu folgen und konnte nur mit Gewalt dazu gezwungen werden, so wie er sich auch, wie durch einen heldenmäßigen Instinkt geleitet, schon in Paris ebenso bestimmt der püsillanimen[48] Abreise der Regentschaft nicht anschließen wollte. Die Rolle, welche manche andere bekannte Männer dabei spielten, übergehe ich, aber sie bestärkte mich in der Überzeugung, daß die französische Nation sich nie so tief unter ihrer Würde gezeigt, als zu der Zeit der Abdikation[49] Napoleons.

Den 10ten

Es wird nun so drückend heiß, wie ich es in diesem Nebellande kaum für möglich gehalten hätte. Der Rasen in Hyde Park gleicht der Farbe des Sandes, und die Bäume sind fahl und vertrocknet, auch die *squares* in der Stadt sehen ungeachtet alles Begießens, nicht viel besser aus. Demungeachtet werden die Grasplätze fortwährend so sorgfältig geschoren und gewalzt, als ob wirklich noch Gras darauf vorhanden wäre. Gewiß könnte man mit gleicher Pflege und Sorgfalt im südlichen Deutschland schöneren Rasen als hier erzielen, aber man wird es doch nie dahin bringen, denn wir sind zu bequem dazu.

Mit der Hitze leert sich auch London täglich mehr, und die *season* ist so gut wie vorbei. Zum erstenmal befand ich mich heute ohne irgend eine Einladung und benutzte die Freiheit sogleich zu verschiedenen Exkursionen. Unter andern besah ich die Gefängnisse von King's Bench und Newgate. Das erste, welches hauptsächlich für Schuldner bestimmt ist, bildet eine völlig isolierte Welt im kleinen, einer nicht unbedeutenden Stadt ähnlich, welche jedoch von ungewöhnlichen, nämlich dreißig Fuß hohen, Mauern umgeben ist. Garküchen, Leihbibliotheken, Kaffeehäuser, Buden und Handwerker aller Art, schönere und ärmlichere Wohnungen, selbst öffentliche Plätze und Mädchen, auch ein Markt, fehlen nicht. Auf dem letztern wurde bei meiner Ankunft eben sehr geräuschvoll Ball gespielt. Wer Geld mitbringt, lebt, bis auf die Freiheit, im Bezirk des Orts so gut und angenehm als möglich. Selbst an sehr anständiger Gesellschaft von Damen und Herren ist in der kleinen *commune* von tausend Menschen nicht immer Mangel, nur wer nichts hat, ist übel dran. Für einen solchen aber ist ja jeder Fleck der Erde ein Gefängnis! Lord Cochrane hat eine Zeit in King's Bench zugebracht, als er, um die *fonds* fallen zu machen, eine falsche Nachricht hatte verbreiten lassen, und der reiche und angesehene Sir Francis Burdett saß ebenfalls hier geraume Zeit wegen eines Libells[50], das er verfaßt. Der Gefangene, welcher mich herumführte, war bereits zwölf Jahre ein Bewohner dieses Orts, und äußerte mit dem besten Humor, daß er wohl nie mehr herauszukommen Hoffnung habe. Ähnlich sprach sich eine alte, sehr anständige Französin aus, die gar nicht einmal ihre Verwandten von ihrer Lage unterrichten wollte, indem sie hier zufrieden lebe, und nicht wisse, wie es ihr in Frankreich ergehen möchte, wohl eingedenk, *que le mieux est l'ennemi du bien.*[51]

Schlimmer sieht es in Newgate, dem Gefängnisse für Verbrecher, aus. Aber auch hier herrschte viel Milde in der Behandlung, und dabei eine musterhafte Reinlichkeit. Das Gouvernement gibt jedem Verbrecher früh eine halbe Kanne dicke Gerstenschleim-Suppe, mittags den einen Tag ein halbes Pfund Fleisch, den andern Fleischbrüh-Suppe, und täglich ein Pfund gutes Brot. Außerdem ist ihnen auch noch anderes Essen und eine halbe Flasche Wein täglich zu kaufen erlaubt. Sie beschäftigen sich den Tag über, wo sie sich in besondern Höfen, die zu einer gewissen Anzahl Stuben gehören, aufhalten können, wie und womit sie wollen. Für diejenigen welche arbeiten wollen, gibt es Werkstätten; viele aber rauchen und spielen nur von früh bis abends im Hofe. Um 9 Uhr morgens müssen sich alle zum Gottesdienst versammeln. Gewöhnlich wohnen 7-8 in einer Stube. Zum Schlafen erhalten sie jeder eine Matratze und zwei Decken, auch Kohlen zum Kochen, und im Winter zum Heizen, so viel nötig ist. Die zum Tode Verurteilten kommen in besondere, etwas weniger kommode Zellen, wo zwei bis drei in einer schlafen. Am Tage haben indes auch diese ihren Hof zur *recreation* und zum Essen eine besondere Stube. Ich sah sechs Knaben, wovon der älteste kaum vierzehn Jahre zählte, und die alle unter Todesurteil schwebten, sehr lustig hier rauchen und spielen. Das Urteil war indessen noch nicht bestätigt und sie daher noch mit den übrigen Gefangenen zusammen. Man glaubte, sie würden begnadigt und nur zeitlebens nach Botany Bay[52] geschickt werden.

Vier Ältere, die sich in derselben Lage befanden, nur mit dem Unterschied, daß sie, wegen zu schwerer Verbrechen, auf keine Begnadigung rechnen durften und ihr Lebensende in wenig Wochen erwarten mußten, nahmen demohngeachtet ihr Schicksal noch humoristischer auf als jene, denn drei davon spielten sehr geräuschvoll, unter Späßen und Gelächter ›Whist mit dem toten Mann‹, der vierte aber saß auf dem Fensterbrett, wo er eifrig in einer Grammatik studierte, um – französisch zu lernen! *C'était bien un philosophe sans le savoir.*[53]

Den 12ten

Gestern abend besah ich mir zum erstenmal Vauxhall, ein öffentlicher Garten, in dem Geschmack von Tivoli in Paris[54], aber weit glänzender und grandioser. Die Illumination mit tausenden von Lampen in den brennendsten Farben ist ungemein prachtvoll. Besonders schön nahmen sich kolossale, unter den Bäumen aufgehangene, Blumen-Bouquets aus, wo die Blumen von roten, blauen, violetten und gelben Lampen, die Blätter und Stiele von grünen gebildet wurden; dann Kronleuchter von einem bunten türkischen Muster aller Nuancen, und ein Tempel für die Musik, von dem königl. Wappen nebst dem *crest*[55] darüber gekrönt. Mehrere Triumphbögen waren nicht wie sonst gewöhnlich von Brettern aufgeführt, sondern transparent von Eisen gegossen, welches sie unendlich eleganter und dennoch ebenso reich erscheinen ließ.

Weiterhin breitet sich der Garten noch mit verschiedenen Abwechslungen und Darstellungen aus, wovon heute die merkwürdigste die der Schlacht von Waterloo war. Um 7 Uhr wird der Garten geöffnet. Aller Orten gibt es verschiedene Darstellungen. Um 8 Uhr beginnt die Oper. Dieser folgen anderswo Seiltänzer, um 10 Uhr zum Schluß die erwähnte Schlacht von Waterloo. Dies Schauspiel ist sonderbar genug, und die Täuschung wirklich in manchen Szenen sehr groß. Zum Schauplatz dient ein Teil des freien Gartens selbst, der mit uralten Kastanienbäumen, mit Gebüsch untermengt, besetzt ist. Zwischen vier der ersten, deren Laub so dicht ist, daß kaum der Himmel durchschimmern kann, war eine *tribune* mit *gradins*[56] für ungefähr 1200 Menschen errichtet, die wohl bis 40 Fuß Höhe hinanstieg. In einem furchtbaren Gedränge, nicht ohne einige empfindliche Stöße zu erhalten und auszuteilen, erreichten wir unsern Sitz. Es war eine warme, wunderliebliche Nacht. Der Mond schien äußerst hell und zeigte in einer Entfernung von ungefähr 50 Schritt zwischen zwei Riesenbäumen einen kolossalen Vorhang von rotem Zeuge, mit den vereinigten Wappen Großbritanniens bemalt. Hinter dem Vorhang ragten viele andere Baum-Gipfel, so weit man sehen konnte, hervor.

Nach einer minutenlangen Stille donnerte ein Kanonenschuß durch den Wald und die militärische Musik von 2 Garde-Regimentern ertönte zugleich in grandioser Harmonie aus der Ferne. Der Vorhang öffnete sich in der Mitte, rauschte voneinander, und wir erblickten, wie im Tageslicht auf einem Boden der sich sanft erhebt, unter hohen Bäumen hervorschimmernd, das Vorwerk Houguemont (nicht eine Dekoration, sondern aus Holz aufgebaute Fassaden mit gemalter Leinwand bekleidet, die wirkliche Häuser vollkommen nachahmten) und aus dem Walde anvancierten unter militärischer Musik die französischen Garden, treu uniformiert, mit ihren bärtigen *sapeurs*[57] voran. – Sie formieren sich in Parade und Napoleon auf seinem Schimmel, im grauen Überrock, von mehreren Marschällen begleitet, passiert sie *en revue*.[58] Ein tausendstimmiges ›*vive l'Empereur*‹ erschallt, der Kaiser berührt seinen Hut, eilt im Galopp weiter, und die Truppen in gedrängten Massen biwakieren. Nach einiger Zeit beginnt ein fernes Schießen, es wird immer tumultuarischer auf der Szene, und die Franzosen marschieren ab. Kurz darauf erscheint Wellington mit seinem Generalstab, alle in recht guter Kopie der Personalitäten, haranguiert[59] seine Truppen und reitet langsam ab. Das große Original befand sich selbst unter den Zuschauern, und lachte herzlich über sein Konterfei. Jetzt beginnt das Gefecht durch *tirailleurs*[60], ganze Kolonnen rücken dann gegeneinander an, machen Attacken mit dem Bajonett, die französischen Kürassiere chargieren die schottischen Quarres[61], und da gegen 1000 Menschen und 2000 Pferde in der Aktion sind, auch das Pulver nicht gespart wird, so waren manche Momente in der Tat auffallend einem wirklichen Gefechte ähnlich. Besonders gut geriet der Sturm auf Houguemont, das in derselben Zeit durch einschlagende Bomben in Feuer aufgeht. Der dichteste Rauch eines wirklichen Feuers verhüllte eine Zeitlang die Streitenden, die im allgemeinen Tumult nur durch die Blitze des kleinen Gewehrfeuers teilweise sichtbar wurden, während mehrere Sterbende und Tote den Vordergrund einnahmen. Als der Rauch sich verzog, stand Houguemont noch in Flammen, die Engländer als Sieger, die Franzosen als Gefangene umher, und von weitem sah man Napoleon zu Pferde, und hinter ihm seinen vierspännigen Wagen über die Szene fliehen. Wellington aber als Sieger, wurde unter dem fernen Kanonendonner mit Hurrah-Geschrei begrüßt. Die lächerliche Seite der Vorstellung war Napoleon, welcher der Eitelkeit der Engländer zuliebe, mehreremal flüchtend und verfolgt über die Szene jagen und dem Plebs in gutem und schlechtem Anzug zum Jubel dienen mußte. Das ist das Los des Großen auf der Erde! Der Welteroberer, vor dem einst die Erde zitterte, dem das Blut von Millionen bereitwillig floß, und auf dessen Wink die Könige lauschten – ist jetzt ein Kinderspiel, die Märchen seiner Zeit verschwunden wie ein Traum, der Jupiter dahin und Scapin[62], wie es scheint, allein noch übrig. Obgleich nach Mitternacht, war es doch noch Zeit genug, mich aus der seltsamen Licht- und Mondscheinszene auf einen glänzenden Ball bei Lady L... zu begeben, mit vielen Diamanten, schönen Weibern, kostbaren Erfrischungen, schwelgerischem *souper*, und kolossalem *ennui.*[63] Schon um 5 Uhr früh ging ich daher zu Bett.

Den 13ten

Oft hatte ich von einem gewissen Herrn Deville in der City gehört, einem Schüler Galls, passionierter Kraniologe[64], der unentgeltlich, um seine eignen Kenntnisse zu bereichern, alle Tage der Woche zu gewissen Stunden Audienz erteilt, und jedem die gewünschte Auskunft gibt. Er untersucht den Schädel sorgfältig und macht gefällig mit dem Resultat bekannt.

Voller Neugierde besuchte ich ihn diesen Morgen, und fand sein Empfangszimmer, in welchem eine merkwürdige Sammlung aller Arten von Schädeln aufgestellt war, mit mehrern Damen und Herren angefüllt, die teils ihre Kinder zum Behufe fernerer Erziehung untersuchen ließen, teils, vielleicht Ämter, suchend, oder schon im Besitze derselben, sich erkundigten, ob sie sie wohl auch verwalten könnten? Ein einfacher, ernster und blasser Mann verrichtete dies Geschäft mit sichtlichem Wohlwollen und Vergnügen. Ich wartete, bis alle übrigen weg waren, und bat nun Herrn Deville, mir eine besondere gütige Berücksichtigung zu schenken, da es zwar zur Erziehung leider zu spät bei mir sei, ich auch kein Amt habe, aber sehr wünsche, eine solche Charakteristik von ihm zu vernehmen, die ich mir, zu noch tunlicher Vervollkommnung, gleich einem Spiegel vorhalten könne. Er sah mich sehr aufmerksam an, vielleicht um zuerst auf Lavater'schem Wege zu erspähen, ob ich *de bonne foi*[65] oder als Schalk hier aufträte, und bat mich dann höflich, Platz zu nehmen. Er befühlte hierauf meinen Kopf wohl eine gute Viertelstunde lang, wonach er in abgebrochenen Sätzen folgendes Portrait von mir entwarf, das Dich, die mich so genau kennt, gewiß eben so sehr überraschen wird, als es mich, ich gestehe es, in keine geringe Verwunderung setzte, denn es war ganz unmöglich, daß er je früher irgend etwas von mir erfahren haben, noch mich kennen konnte.

Da ich alles sogleich aufschrieb und die Sache, wie Du denken kannst, mich nicht wenig interessierte, so glaube ich nicht, daß ich mich bei der Wiederholung in einem irgend wesentlichen Punkte irren kann*.

»Ihre Freundschaft«, fing er zuerst an, »ist sehr schwer zu gewinnen, und nur durch solche, die sich Ihnen ganz und mit der größten Treue widmen. In diesem Falle werden sie aber Gleiches mit Gleichen mit unwandelbarer Beständigkeit vergelten.«

* Ich war im Begriff, diese Stelle wegzulassen, die allerdings zu sehr der vertrauten Korrespondenz angehört, um viele Leser interessieren zu können. Da sie aber den seligen Verfasser wirklich ungemein treu schildert, und später derselbe manchmal darauf bezug nimmt, so hoffe ich, wird man mir die Beibehaltung derselben verzeihen.

»Sie sind leicht zu reizen in jeder Hinsicht und dann großer Extreme fähig, geben aber weder der leidenschaftlichen Liebe, noch dem Haß, noch andern Leidenschaften eine lange Folge.«

»Sie lieben die Kunst und werden, wenn Sie ausübend darin sind oder werden wollen, sich ohne Schwierigkeit darin ausbilden können, und ich finde die Kraft der Komposition auf Ihrem Schädel stark ausgedrückt. Sie sind kein Nachahmer, sondern wollen selbst schaffen, ja es muß sie das Gefühl oft drängen, Neues hervorzubringen.«

»Sie haben auch einen starken Sinn für Harmonie, Ordnung und Symmetrie. Wenn Sie Diener haben, oder Handwerker beschäftigen, werden diese viel Mühe finden, Sie zu befriedigen, weil Ihnen nichts genau und akkurat genug sein kann.«

»Sie haben sonderbarer Weise die Liebe zum Häuslichen und die des Umherschwärmens in der Welt, welche sich gegenseitig opponieren, gleich stark.«

»Gewiß werden Sie daher auf Reisen, so weit es Ihre Mittel erlauben, gern recht viel Dinge mit sich führen, und überall sich so schnell, als möglich, das häusliche, gewohnte Bild wieder herzustellen suchen.«

(Dies so treffende und so sehr in's Detail gehende frappierte mich besonders.)

»Ein ähnlicher Widerspruch findet sich bei Ihnen, in einem scharfen Verstande (verzeihe, aber ich muß seine Worte treu wiederholen) und einer bedeutenden Anlage zur Schwärmerei. Sie müssen innig religiös sein, und werden doch wahrscheinlich keiner positiven Form der Religion sonderlich anhängen, vielmehr (ebenfalls seine eignen Worte) eine erste Ursache aller Dinge unter einem moralischen Gesichtspunkte verehren mögen.«

»Sie sind sehr eitel, doch nicht von der Art, die viel zu sein glaubt, sondern viel sein möchte. Daber wird Ihnen auf die Länge die Gesellschaft Überlegener, Höherer in irgend einer Art, ja selbst Ihresgleichen nicht ganz wohl tun. Recht behaglich *(easy)* finden Sie sich nur da, wo Sie auf eine Weise wenigstens entweder durch ihre Stellung, oder in irgend einer andern Beziehung anerkannt präponderieren.[66] Das Gegenteil, versteckte Satire, scheinbare Kälte, besonders wo sie sich nicht bestimmt feindlich, nur ungewiß ausspricht, paralysieren ihre Fähigkeiten leicht, und Sie werden sich, wie gesagt, ganz ungezwungen und heiter *(cheerful)* nur da bewegen können, wo Ihre Eitelkeit durch nichts niedergedrückt *(hurt)* wird; die Menschen, mit denen sie umgeben sind, Ihnen aber zugleich wohlwollen, wofür Ihre Gutmütigkeit eines Ihrer starken Organe Sie sehr empfänglich macht.«

»Diese letztere, mit einem scharfen Urteil gepaart, macht Sie auch zu einem großen Verehrer der Wahrheit und Gerechtigkeit. Das Gegenteil empört Sie, und Sie werden ohne alles persönliche Interesse immer die Partei eines Unterdrückten lebhaft zu nehmen imstande sein. Auch Ihr eignes Unrecht gestehen Sie gerne ein, und verbessern es bereitwillig. Unangenehme Wahrheit, die Sie betrifft, kann Sie wohl verdrießen, Sie werden aber dem, der sie aus keiner feindlichen Absicht Ihnen sagt, doch eher geneigt sein, und jedenfalls deshalb wahre Achtung für ihn fühlen. Aus demselben Grunde werden Sie Geburtsdistinktionen[67] eigentlich nicht zu hoch anschlagen, wenn Ihre Eitelkeit auch nicht ganz unempfindlich dagegen ist.«

»Sie lassen sich leicht hinreißen, es fehlt Ihnen aber dennoch an leichtem Sinn. Im Gegenteile haben Sie *cautiousness** in zu hohem Grade, welche Ihrem Leben als Wermut beigemischt ist, den Sie werden über alles viel zu viel reflektieren, sich abwechselnd die seltsamsten Grillen machen, und gerade bei Kleinigkeiten, ohne Not in Kummer und Sorge, Mißtrauen in sich selbst und Argwohn gegen andere, oder auch in Apathie verfallen, sich im Ganzen fast immer mit der Zukunft, wenig mit der Vergangenheit und noch weniger mit der Gegenwart beschäftigen.«

»Sie streben beständig, sind begierig nach Auszeichnungen, und sehr empfindlich für Vernachlässigung, haben überhaupt sehr viele Ambition und von allen Arten, die Sie zugleich schnell wechseln, auch gleich damit am Ziele sein wollen, da Ihre Imagination stärker ist, als Ihre Geduld, weshalb Sie besonders günstige Umstände finden müssen, um zu reüssieren.«

»Sie haben jedoch Eigenschaften, die Sie fähig machen, nicht Gemeines zu leisten, und selbst das Organ der Ausdauer und Festigkeit ist stark bei Ihnen ausgedrückt, aber von so vielen widerstrebenden Organen gehindert, daß Sie einer großen Aufregung *(excitement)* bedürfen, um Spielraum dafür zu gewinnen. Dann treten die edlern Kräfte hervor, und die geringern sinken.«

»Sie schätzen Geld und Vermögen sehr hoch, wie alle, die viel tun wollen, aber nur als Mittel, nicht als Zweck. Geld an sich

* Ist schwer zu übersetzen, denn ›Vorsichtssinn‹ drückt es nicht hinlänglich aus, vielmehr ist es das Vermögen, sich augenblicklich alles zu denken, was infolge einer Handlung geschehen könnte, und sie so, fast unwillkürlich, von allen Seiten beleuchten und sich ausmalen zu müssen, welches oft die Tatkraft lähmt.

ist Ihnen gleichgültig, und es ist wohl möglich, daß Sie nicht immer sehr haushälterisch damit umgehen.«

»Sie wollen in allen Dingen schnell und augenblicklich befriedigt sein, wie mit dem Zauberstab; oft stirbt der Wunsch eher, als die Erfüllung möglich ist. Die Sinnlichkeit und das Wohlgefallen am Schönen hat einen zu mächtigen Einfluß auf Sie, und da Sie sich zum Gebieterischen, Herrschsüchtigen und Eitlen allerdings neigen, so findet sich hier ein *foyer* von Eigenschaften, die Sie sehr zu hüten haben, um nicht in große Fehler zu verfallen, denn alle Eigenschaften an sich sind gut, nur ihr Mißbrauch bringt Unheil hervor. Selbst die so unrichtig von dem Vater unserer Wissenschaft bezeichneten Organe des Mord- und Diebssinnes (jetzt richtiger Destruktionssinn und Erlangungssinn benannt) sind nur Anzeichen von Tatkraft und Begehrlichkeit, die, mit Gutmütigkeit, Gewissens- und Vorsichtssinn verbunden, einen wohlbegabten Schädel formieren, ohne diese intellektuellen Eigenschaften aber leicht zu Verbrechen führen mögen.«

Er sagte daher auch, daß bei Beurteilung eines Schädels es gar nicht auf die einzelnen Organe, sondern auf ihren Komplex ankomme, indem sie sich gar mannigfaltig gegenseitig modifizierten, ja zum Teil völlig neutralisierten, also nur die Proportion des Ganzen den eigentlichen Schlüssel zu dem Charakter des Menschen geben könne.

Als allgemeine Regel stellte er auf: daß Menschen, bei deren Schädel – wenn man sich eine gerade Linie von oben bis unten, durch die Mitte des Ohres gezogen denkt – der vordere Teil eine größere Masse, als der hintere darbiete, empfehlenswerter seien, weil der vordere Teil mehr die intellektuellen Eigenschaften, der hintere die tierischen enthalte.

Alle Schädel der Hingerichteten z. B., die er besaß, zeugten für diese Lehre, und bei einem der Grausamsten nahm der

Hinterkopf ⅔ des ganzen Schädels ein. Auch bei den Büsten von Nero und Caracalla bemerkt man ein ähnliches Verhältnis.

Ist dieses jedoch im entgegengesetzten Extrem vorhanden, so fehlt es den zu intellektuellen Individuen wiederum an Tatkraft, und auch hier, wie in allen Dingen, ist ein billiges Gleichgewicht das Wünschenswerteste.

Herr Deville behauptet, daß man nicht nur hervorstechende günstige Organe durch Übung der von ihnen bedingten Eigenschaften sehr vergrößern könne, sondern auch dadurch andere nachteilige vermindern, und versichert, daß kein Lebensalter hiervon ganz ausgeschlossen sei. Er zeigte mir den Schädel eines Freundes, der sich noch im sechzigsten Jahre einem sehr anhaltenden Studium der Mathematik widmete, und in wenigen Jahren dadurch die betreffende *bosse*[68] so merklich hervortreten machte, daß sie alle übrigen überragte.

Zuletzt gab er mir noch, gleichsam als Beleg zu seiner Charakterschilderung, eine Liste der bei mir hauptsächlich hervorstehenden und gemeinschaftlich wirkenden Organe meines Schädels, die mir sein Urteil sehr wohl erklärten, die ich aber nicht ganz mitteilen mag, da man über sich selbst immer weislich noch etwas zurückbehalten muß, wie die vertrauteste Dame doch auch nicht alle Toilettengeheimnisse enthüllt. Ohnedies kennst Du mich in mancher Hinsicht wahrscheinlich noch besser als Deville, da Dir ein mächtigerer Talisman dazu zu Gebote steht, als die Kraniologie – echte und wahre Liebe. Nur so viel muß ich des Scherzes wegen anführen.

Organ des Wunderbaren, schwach – weshalb ein Gläubiger an mir verdorben ist, ohne deshalb ein Schuldner werden zu müssen.

Idealität, sehr stark – weshalb ich nie mit der Gegenwart zufrieden bin.

Zahlensinn, schwach – weshalb ich sehr viel Mühe habe, Einnahme und Ausgabe stets im richtigen Verhältnis zu erhalten, und überhaupt Adam Rieses Rechenbuch nie geschrieben haben würde.

Zeitsinn ist auch schwach – weswegen ich gewöhnlich überall zu spät komme, als eine personifizierte *moutarde après dinner.*

Eminentes Vergleichungsorgan – wieder unglücklich für gläubigen und blinden Gehorsam.

Über so viele Fehler tröstet mich schlecht die große *bosse* des Kausalitäts-Organs, welches uns unter andern zwingt, die Unzulänglichkeit der menschlichen Existenz immer recht bitter vor Augen zu behalten, indem es das Vermögen ausübt, sich selbst und den eignen Geist als ein Fremdes zu betrachten und zu analysieren, sich zugleich mit den andern Menschen als ein Objekt zu beurteilen, und dabei willkürlich von allem zu abstrahieren, was durch Erziehung, Schicksal u.s.w. auf diese Wesen Einfluß gehabt hat und noch hat – oder um schulgerechter zu sprechen: welches von allem die Ursache ergründen will, die Verbindung zwischen Ursache und Wirkung genau erforscht, und bei allem den Menschen zu fragen zwingt: Warum? Eine ... lästige Eigenschaft, die man auch im gewöhnlichen Leben ›Vernunft‹ zu nennen pflegt.

Leider ist Eventualität bei mir weit schwächer, als jenes Organ. Dieses, welches man das Realitätsvermögen nennen könnte, ist ebenfalls ziemlich schwer zu definieren, und sein geringes Volumen bei mir verurteilt mich, wie ich fürchte, zu einer Art Poeten, der nur im Traume sehen und leben darf, was er in der Welt selbst nicht erreichen kann.

Eventualität ist nicht Tatkraft, obgleich ihr Mangel eine auf denselben Zweck fortwährend gerichtete Tatkraft verhindert, denn wo sie nicht ist, entsteht eine Abwesenheit des Interesses und der Aufmerksamkeit auf das was geschieht, ein Mangel des praktischen Gesellschaftssinnes. Man hat bemerkt, daß alle großen Staatsmänner das Organ der Eventualität im hohen Grade besitzen, welches zugleich eine große Begierde in sich begreift, alles zu wissen, was im Getreibe der Welt vorgeht, sich nur wohl im Geschäftsstrudel zu befinden, der daraus hervorgeht, stets bereit zu sein, darin handelnd einzugreifen, keine Mühe dabei scheuend und alle ihre Impulse nur von der äußern Wirklichkeit, nie von der innern Phantasie, zu erhalten. An Cannings und noch mehr an Napoleons Gips-Schädel zeigte Herr Deville Eventualität gigantisch vorherrschend, bei beiden waren aber auch die andern intellektuellen Eigenschaften sehr ausgebildet, bei Napoleon die animalischen ebenso kräftig, bei Canning mehr Phantasie und Kausalität*.

Den 14ten

Schon mehreremal habe ich den Architekten Herrn Nash[69] besucht, dem ich viel Lehrreiches in meiner Kunst verdanke. Man sagt, daß er sich ein Vermögen von 500 000 L. St. im speziellen Sinne des Wortes ›aufgebaut‹ habe. Er besitzt einige herrliche Landsitze, und kein Künstler in der Stadt wohnt auch in dieser anmutiger. Vor allen gefiel mir seine Bibliothek.

Sie bildet eine lange, breite Galerie mit zwölf tiefen Nischen auf jeder Seite und zwei großen Portalen an den Enden, die in zwei andere geräumige Zimmer führen. Die Galerie ist flach gewölbt, und erhält einen Teil ihres Lichts von oben durch eine zusammenhängende Reihe eleganter Rosetten, deren mattes Glas verschiedene grau in grau gemalte Figuren schmücken. In jeder Nische befindet sich in der Decke ebenfalls ein halbrundes Fenster von lichtem

* Darum starb auch der eine als Gefangener Europas in Helena, der andere vor Kummer über die Intriguen seiner Feinde im trauernden Vaterlande. *A. d. H.*

Glase, an der Rückwand oben ein *a fresco*-Gemälde[70] aus den Logen Raphaels, und unter diesem auf Postamenten aus Gips-Marmor: Abgüsse der besten Antiken. Den übrigen Raum der Nische nehmen Schränke mit Büchern ein, welche jedoch nicht höher, als das Postament der Statue ist, emporsteigen. Auf den breiten Pfeilern zwischen den Nischen sind ebenfalls Arabesken nach Raphael aus dem Vatikan, vortrefflich *a fresco* ausgeführt.

Vor jeder Nische, und etwas entfernt davon, steht in der mittleren Galerie ein Tisch von Bronze mit offenen Fächern, welche Mappen mit Zeichnungen enthalten, und auf den Tischen Gipsabgüsse irgend eines berühmten architektonischen Monuments des Altertums. Ein breiter Gang bleibt noch in der Mitte frei.

Aller Raum an Wänden und Pfeilern, der keine Malereien enthält, ist mit mattem Stuck belegt, der in einem blaßrötlichen Tone gehalten und mit goldnen schmalen Leisten eingefaßt ist. Die Ausführung erscheint durchgängig gediegen und vortrefflich.

Als ich von hier zum *dinner* fuhr, sah ich in der Themse ein Boot, mit ganz nackten Menschen, gleich Wilden, darin, von denen zu Zeiten einer hinaussprang, um zu schwimmen, eine Indezenz[71], die mich mitten in London verwunderte, um so mehr, da ich erst gestern in der Zeitung las, daß vor einiger Zeit ein Offizier einen Mann, der sich auf ähnliche Art mit seinem Sohne nackt unter den Fenstern seines Hauses badete, und der auf seinen Zuruf sich nicht entfernen wollte, ohne Umstände mitten durch den Leib geschossen habe. Vor Gericht sagte er aus, daß der Badende sich vor den Augen seiner Frau schamlos entblößt, was er nicht habe dulden können, und im ähnlichen Falle daher eben wieder so handeln würde. Es ist charakteristisch, daß er von der Jury freigesprochen wurde. Das Mittagsmahl bei dem portugiesischen Gesandten hätte bald wie das berühmte Fest des

Fürsten Schwarzenberg in Paris geendet. Eine der schönen silbernen Girandolen[72], von Rundel and Bridge, die wie Diamanten glänzte, kam dem Vorhange zu nahe, welche sogleich lichterloh aufloderte. Das Feuer wurde jedoch schnell gelöscht, und zwar vom spanischen Gesandten, was bei den jetzigen politischen Konjunkturen den Zeitungen zu Witzeleien hätte Anlaß geben können.

Spät in der Nacht fuhr ich noch eine halbe Post weit in die Stadt hinein, um mir den Kirchturm von St. Giles zu besehen, dessen neues, kolossales rosenrotes Ziffernblatt mit vielen Lampen erleuchtet, wie ein herrlicher Stern in der Nacht strahlt.

Zu Hause fand ich Deinen Brief mit allerlei liebevollen Vorwürfen, unter andern das Persönliche zu sehr über äußere Dinge zu vernachlässigen. Wäre dieses auch zuweilen der Fall, so denke darum doch nicht, daß mein Herz je weniger von Dir erfüllt sei. Auch die Blume duftet ja zu Zeiten schwächer, zu andern stärker, ja manchmal gibt es wohl gar keine Blume am Rosenstrauch, zu seiner Zeit dringen und blühen sie dann alle wieder hervor – aber die Natur der Pflanze bleibt immer dieselbe.

Herders Gebet ist schön, doch hier auf Erden bewährt es sich nicht, denn hier scheint zwar Gottes Sonne über Gute und Böse, aber auch Gottes Gewitter trifft Gute und Böse. Jeder muß sich selbst wahren so gut er kann!

Die Menschen sind Dir lästig, sagst Du – ach Gott, und wie lästig sind sie mir! Wenn man so lange in größter Intimität der Austauschung aller Gefühle und Aufrichtigkeit aller Gedanken miteinander gelebt hat, wird der Umgang mit der banalen teilnahmlosen Welt oft mehr als leer und geschmacklos.

Deine Hypothese, daß hier verwandte Seelen einst in einer andern Welt zu e i n e m Wesen sich verschmelzen, ist wohl lieblich, aber mit Dir möchte ich doch nicht auf diese Weise verbunden werden, denn ein Wesen muß sich freilich selbst lieben, zwei aber lieben sich freiwillig, und nur das hat Wert! Wir wollen uns also zwar immer wieder begegnen, aber auch immer nur durch gegenseitige Liebe und Treue Eins werden, wie wir es jetzt sind, und vorderhand auf dieser Welt auch so lange als möglich noch bleiben mögen.

Diese Betrachtung bringt mich ganz natürlich zum Gegenwärtigen wieder zurück, in dessen vielfachem Treiben der Strom mich gestern auf die hiesige Kunstausstellung führte. Von historischen Gemälden war wenig Erfreuliches zu sehen. Einige Portraits von Thomas Lawrence zeigten, wie immer, eben so sehr sein Genie wie seinen Übermut, mit dem er nur einzelne Teile ausmalt, und alles übrige so hinkleckst, daß man es nur von weitem, wie eine Theater-Dekoration, betrachten muß, um es einigermaßen den darzustellenden Gegenständen ähnlich zu finden. So malten Raphael und die Heroen der Kunst nicht, wenn sie sich einmal zur Portraitmalerei verstanden. Unter den Genre-Bildern fand sich dagegen manches sehr Anziehende.

Zuerst: Der tote Elephant. Man erblickt eine wilde Berggegend im Innern Indiens; seltsame Riesenbäume und üppig verworrenes Gestrüpp, tiefer Wald im Hintergrunde, umgeben einen dunkeln See. Ein toter Elephant liegt vorn am Ufer ausgestreckt, und ein, seinen Rachen weit aufsperrendes, und die furchtbaren Zähne fletschendes, Krokodil klettert eben an ihm herauf, einen ungeheuren Raubvogel verjagend und den andern Krokodilen drohend, die aus dem See eilig zum Fraße herbeischwimmen. Auf den Ästen der Bäume wiegen sich Geier, und in den Büschen zeigt sich eben der Kopf eines Tigers. Auf der andern Seite erblickt man aber schon mächtigere Raubtiere, nämlich drei englische Jäger, deren Büchsen bereits auf das große Krokodil angelegt sind, und bald unter der gräulichen Versammlung noch gräulichere Verwirrung erregen werden.

Ein anderes Stück spielt in Afrika. Das Ufer des Meeres ist die Szene. Man entdeckt Schiffe in weiter Ferne. In der Nähe senkt sich ein Palmenwald, von Lianen durchzogen, bis in die klare Flut ab, wo ein Boot am Anker liegt, in dem ein Neger schläft – aber in welcher schauderhaften Umgebung! Eine der riesenhaften Boa-Schlangen ist aus dem Walde hervorgesprungen und während ihr Schweif noch dort ruht, hat sie vorn schon einen losen Ring um den Schläfer geschlagen und streckt nun ihren Hals hoch empor, zischend den Rachen gegen die Gefährten des Negers öffnend, die mit Beilen zu Hilfe eilen. Eben hat der eine glücklich einen Teil ihres Körpers zerschnitten und so den nun erwachten, mit den Zügen des gräßlichsten Entsetzens auf die Schlange starrenden, Sklaven gerettet; denn sobald die Rückenmuskeln der Boa irgendwo durchschnitten sind, verliert ihr ganzer Körper augenblicklich alle Kraft. Die Szene ist einer wahren Begebenheit treu nachgebildet, die sich 1792 zutrug.

Wir bleiben noch in den fernen Weltteilen, gehen aber zugleich in ferne Zeiten zurück.

Eine wunderherrliche silberne Mondnacht glänzt und glittert über Alexandriens Meerbusen. Die Pracht ägyptischer Denkmäler und Tempel zieht sich am Seegestade in vielfacher Erleuchtung hin, und unter einer Halle von edler Architektur im Vorgrunde, besteigt Cleopatra, von allem Luxus Asiens umgeben, die goldne Barke, ihrem Antonius entgegen zu eilen. Die schönsten Mädchen und Knaben streuen Blumen unter ihre Füße, und ein Chor weißbärtiger Greise in Purpur gekleidet, spielt auf einem Felsen am Meeresstrande sitzend, auf goldnen Harfen das Abschiedslied.

Hast Du noch nicht genug, gute Julie? Nun wohlan, so sieh noch den gereisten Affen, der als *exclusive* gekleidet zu seinen Brüdern und Schwestern in die Einsamkeit der Wälder zurückkehrt. Alles umgibt ihn staunend, hier zupft einer an der Uhrkette, dort ein anderer am gesteiften Halstuch.

Zuletzt gibt ihm, eifersüchtig auf solche Pracht, *cocotte* eine Ohrfeige, die das Signal zum allgemeinen Ausplündern wird – und, geht das nur noch eine Minute so fort, so steht Balzer bald *in naturalibus* da, wie meine antiken Statuen, die Dich so sehr skandalisieren.

Hiermit beschließe ich die Kunstausstellung. Gute Julie, gestehe, wenn Du selbst Redakteur des Morgenblattes wärest, Du könntest keinen fleißigern Referenten haben als mich, und es mag mir schlecht oder gut gehen, ich mag traurig oder heiter sein, dennoch tue ich immer meine Pflicht. Grade jetzt geht es mir nicht zum besten. Ich bin unwohl, und habe viel Geld im Whist verloren. Übrigens ist es merkwürdig, wie schnell man sich hier in England gewöhnt, ein Pfund wie einen Taler zu betrachten. Obgleich ich den Unterschied wohl kenne, und oft nicht ganz angenehm empfinde, so bleibt doch der sinnliche Eindruck des Pfundes hier gerade derselbe, wie der eines Talers bei uns, worüber ich oft selbst lachen muß. Ich wünschte, das Schicksal machte auch einmal einen ähnliche Verwechselung, und unsere Taler zu Pfunden, gewiß vergrübe ich das meinige nicht. Doch wucherten wir immer gut mit dem uns Verliehenen, denn wenn man eine verschönerte Gottes-Natur aus totem Gelde zu machen sucht wie ich, so hat man gut gewuchert, auch wenn man glückliche und zufriedene Menschen damit macht, und auch das tat ich durch gegebene Arbeit, Du auf direkterem Wege reichlich durch Wohltaten an die Bedürftigen.

Klugheit war weniger unsre Stärke, und wenn Du etwas mehr als ich davon aufzuweisen hast, so kommt das bloß daher, weil Du ein Weib bist, welche sich immer auf der Defensive halten müssen. Klugheit ist aber weit mehr eine Verteidigungs- als eine Angriffskunst.

Du kannst sie jetzt grade in der S... schen Angelegenheit üben, und ich sehe Dich schon in Gedanken die Widerspenstigen bezähmen, und würdevolle Worte des Friedens über sie aussprechen. Erblicke hier am Rande Dein Portrait *à la Thomas Lawrence* – Du wirst ohne Zweifel viel von der Anlage zur Kunst darin wahrnehmen, welche der Gallianer auf meinem Schädel gelesen hat, die umstehenden Karikaturen aber rechne meiner etwas mürrischen Laune zu.

Da eine solche plattgedrückte Stimmung aber wenig Gedanken liefert, so erlaube mir, Dir aus einem seltsamen Buche einige Stellen mitzuteilen, von denen Du glauben wirst, daß sie nicht nur aus meiner Feder, sondern auch aus meinem Innersten geflossen sind.

»Es ist nicht zu berechnen«, sagt der Autor, »welche Wichtigkeit die Umgebungen unsrer Jugend auf spätere Charakterausbildung haben. Die düstern Wälder meines Geburtslandes, meine vielfachen einsamen Wanderungen in jener Natur waren es, wo meine frühe Liebe zu meinen eigenen Gedanken entstand, und in dem Maße wie ich auf der Schule mit meinesgleichen bekannter wurde, machte es mir schon der Zustand meines Gemüts ohnmöglich, irgend eine intime Kameradschaft anzuknüpfen, ausgenommen die, welche ich bereits in mir selbst zu entdecken anfing.

Am Tage war einsames Wandern in der Natur meine Freude, abends das Lesen romantischer Fiktionen, die ich mit jenen gesehenen Szenen verband, und ich mochte nun im Winter am Kamin über meinem Buche sitzen oder in wollüstigem Nichtstun im Sommer unter einem Baum ausgestreckt liegen, meine Stunden waren immer angefüllt mit allen den nebelhaften und üppigen Träumen, welche vielleicht die Essenz jener Poesie waren, welche zu verkörpern ich nicht das Genie besaß. Diese Stimmung ist nicht nur für das Leben mit Menschen gemacht. Bald verfolgte ich etwas mit rastloser Tätigkeit, bald lebte ich bloß in tatenloser Reflexion. Nichts gelang meinen Wünschen gemäß, und mein Wesen wurde endlich tief von jener bittern melancholischen Philosophie durchdrungen, die mir, gleich

Faust, lehrte, daß Wissen nichts sei als unnützer Stoff, daß in Hoffnung nichts als Trug liege – und die den Fluch auf mich legte, gleich ihm, durch die Genüsse der Jugend, wie alle Lockungen des Vergnügens, immer die Gegenwart eines feindlichen Geistes der Finsternis zu fühlen.

Die Erfahrung langer und bitterer Jahre läßt mich jetzt zweifeln, ob diese Erde je eine lebende Form hervorbringen kann, die den Visionen desjenigen genügen möchte, welcher zu lange nur in den Schöpfungen seiner Phantasie verloren lebte.«

Ein andermal heißt es von einem gepriesenen Manne:

»Er war eine von den macadamisierten Vollkommenheiten der Gesellschaft. Sein größter Fehler war seine vollkommene Ebenheit und Gleichheit, und man schmachtete nach einem Hügel, den man ersteigen könnte oder nach einem Stein, wenn er auch im Wege läge. Liebe hängt sich nur an etwas Hervorstehendes, wäre es auch etwas, das andere hassen würden. Schwer kann man Extreme für Mittelmäßiges fühlen.« *C'est vraiment une consolation!*[73]

Weiter:

»Unsre Sinne mögen durch Schönheit gefesselt werden, aber Abwesenheit verwischt den Eindruck, Vernunft kann ihn besiegen. Unsre Eitelkeit kann uns Rang und Auszeichnung mit Leidenschaft verehren lassen, aber das Reich der Eitelkeit ist auf Sand gebaut. Doch wer kann den Genius lieben, und nicht inne werden, daß die Gefühle, die er einflößt, ein Teil unsres eignen Wesens und unsrer Unsterblichkeit sind!«

Den 18ten

Glaubst Du wohl, beste Julie, daß ich, obgleich von verschiedenem Unangenehmen berührt, und fast krank, dennoch diese Tage der Einsamkeit, wo ich nur mit Dir, meinen Büchern und Gedanken beschäftigt war, weit genügender, wie soll ich sagen, weit voller ausgefüllt finde, als die trostlose Existenz, welche man große Welt und Gesellschaft nennt. Das Spiel gehört auch dahin, denn es ist eine bloße Zeittötung ohne Resultat, jedoch hat es wenigstens den Vorteil, daß man die Zeit, die man verschwendet, nicht während dem gewahr wird, wie in dem andern Falle. Wie wenig Menschen mögen solche Stimmungen recht verstehen, und wie glücklich kann ich mich schätzen, daß Du es tust. Nur bist Du zu nachsichtig gegen mich, und diese Überzeugung läßt mich Deinen Urteilen keinen vollen Glauben beimessen. Wische also die Rosenfarbe, die Deine Liebe auf das Glas haucht, durch das Du mich beschaust, mit dem Schwamme des kalten Verstandes ein wenig ab (ganz eben nicht) und wage es dann immer keck, auf meine Dir annoncierte Eitelkeit hin, mir ganz unumwunden die Wahrheit zu sagen.

Nun noch die Entdeckung eines Geheimnisses. Wenn ich Dir Exzerpte schicke, kannst Du nie darauf schwören, von wem sie sind, denn vermöge meines gerühmten Kompositions-Vermögens (Du siehst selbst, daß Deville mich noch fortwährend beschäftigt), ist mir das reine Abschreiben fast unmöglich. Es wird selbst ein fremder Stoff immer etwas anders, wenn auch nichts besseres, unter meinen Händen. Weil ich aber so beweglich bin, erscheine ich gewiß oft inkonsequent, und meine Briefe mögen daher manche Widersprüche enthalten. Dennoch, hoffe ich, tritt immer ein rein menschlicher Sinn daraus hervor, und hie und da wohl auch ein ritterlicher, denn jeder zahlt den Umständen, die Geburt und Leben umschließen, seinen schuldigen Tribut.

Lebten wir wohl schon zusammen in jenen w a h r e n Ritterzeiten? Gewiß, denn gar lieblich erhob sich schon oft vor meiner Phantasie wie eine dunkle Erinnerung das reizende Bild der Burg unsrer Väter, die wir damals bewohnten, im wilden Spessart vom Felsen herabdrohend, rund umher alte Eichen und Tannen, und durch den Hohlweg im Tal sehe ich den Besitzer mit seinen Reisigen der Morgensonne entgegen ziehen (denn als Ritter stand er früher auf). Du, gute Julie, lugst vom Söller und winkst und wehst mit dem weißen Tuche, bis kein Stahlpanzer mehr in den Sonnenstrahlen blinkt und nichts Lebendes mehr sichtbar bleibt, als ein scheues Reh, das aus dem Laube schielt, oder ein hochgeweihter – Hirsch, der auf der Bergspitze sich ernsthaft die Gegend beschaut.

Ein andresmal sitzen wir, nach glücklich geendeter Fehde, beim Humpen, wie in Paris einmal beim Champagner. Du kredenzest, ich trinke ritterlich, und der gute Hauspfaff liest die Wunder einer Legende. Da schallt des Zwerges Horn vom Turme, und zeigt ein Fähnlein an, das sich dem Burgtor nähert. Dein ehemaliger Geliebter ist's, der aus dem gelobten Lande zurückkehrt. – *Gare à toi!** [74]

Den 19ten

Ein freundlicher Sonnenblick lockte mich ins Freie, das ich jedoch bald wieder mit dem Unterirdischen vertauschte. Ich besah nämlich den berüchtigten Tunnel, die wunderbare, 1200 Fuß lange *communication* unter der Themse. Du hast wohl in den Zeitungen gelesen, daß vor einigen Wochen das Wasser des Flusses einbrach, und sowohl den über 100 Fuß tiefen und 30 Fuß breiten Turm am Eingang, als auch den schon 540 Fuß langen, fertigen doppelten Weg gänzlich anfüllte.[75] Auf glückliche und unglückliche Begebenheiten ist hier immer ein paar Tage darauf die Karikatur fertig. So sieht man bei der Katastrophe des Tunnels, als das Wasser einbricht, einen dicken Mann, der wie eine Kröte auf allen Vieren sich zu retten sucht, in der Angst mit weit aufgerisse-

* Es ist historisch erwiesen, daß selbst die alten deutschen Ritter schon die Unart hatten, sich zuweilen französischer Floskeln zu bedienen. *A. d. H.*

nem Munde »Feuer« schreien. Durch Hilfe der Taucherglocke hat man das Loch im Grunde des Flusses, wo die Erde nachgegeben, durch Säcke voll Lehm nicht nur wieder zugefüllt, sondern jetzt, soweit der Tunnel noch fortzusetzen ist, den Erdboden unter dem Wasser überall 15 Fuß hoch durch Vermischung mit Lehm so befestigt, daß, wie man sagt, keine ähnliche Gefahr mehr zu befürchten ist. Eine Dampfmaschine der stärksten Art, die in der Höhe des Turms plaziert ist, hat gleichzeitig das eingedrungene Wasser fast ganz wieder ausgepumpt, so daß man schon wieder das Ganze bequem besehen kann. Es ist ein gigantisches Werk, nur hier ausführbar, wo die Leute nicht wissen, was sie mit ihrem Gelde anfangen sollen.

Aus dem Tunnel fuhr ich nach Astley's Theater, dem hiesigen ›Franconi‹, und diesem überlegen. Ein Pferd mit angeschnallten Flügeln, Pegasus genannt, macht wunderbare Kunststücke, und der russische betrunkene *courrier*, der auf 6-8 Pferden auf einmal reitet, kann in Geschicklichkeit und Kühnheit nicht übertroffen werden. Die theatralische Vorstellung bestand in einer sehr ergötzlichen Parodie des ›Freischützen‹. Statt des Kugelgießens wird durch Pierrot und Pantalon ein Eierkuchen gebacken, wozu sich die beibehaltene Weber'sche Musik höchst komisch ausnimmt. Die Geister, welche erscheinen, sind sämtlich Küchengeister, Satanas selbst ein bloßer *chef de cuisine.*[76] Bei dem letzten Graus bläst ein gespenstischer Blasebalg alle Lichter aus, bis auf eine große Kerze, die immer wieder von neuem Feuer fängt. Da ergreift eine Riesenfaust den armen Pierrot, legt ihn über die Flamme, und eine Köchin, so groß wie das Theater, in schwarz und rotem Teufels-*costume*, deckt beide mit einem *extinguisher*[77] vom Umfange eines Hauses zu. Währenddem fliegt Pantalon, mit einer Rakete an einer gewissen Stelle, die sich unter seinem Wehgeschrei nach unten entladet, durch die Lüfte davon.

Aller dieser Unsinn macht allerdings im Augenblick lachen, ein trauriges Gemüt macht er aber doch nicht heiterer, und Du weißt, ich habe so manche Ursache zu Kummer, die ich nicht immer vergessen kann ....

....

....

Es muß eine schlechte Konstellation jetzt für uns am Himmel stehen – denn gewiß gibt es glückliche und unglückliche Strömungen in der Lebensperiode und sie zu wissen würde dem Steuermann gar sehr zu Hilfe kommen.

Der Stern, der, wie Du schreibst, über Deinem Schloß so brennend funkelte, muß ein feindlicher gewesen sein. Mir funkelt nur noch ein Stern günstig, und das ist der Stern Deiner Liebe. Mit ihm würde mein Leben verlöschen!

Veränderung der Umgebung für mich scheint mir immer nötiger, besonders da ich mich aus der wenigen Gesellschaft, die noch hier ist, fast ganz zurückgezogen habe. Till sagt sehr weise: Nach Regen folgt Sonnenschein – dem also entgegen! und richte auch mich durch Deine Briefe auf. Laß sie heiter und stärkend sein durch eigne Heiterkeit, denn diese ist wichtiger für mich als alle Nachrichten, böse oder gute, die sie enthalten. Nichts ist mir schrecklicher als der Gedanke, Dich in der weiten Entfernung bekümmert zu wissen, denn es ist eine so große Kunst, freudig zu leiden, wie ein Märtyrer! Man kann es auch nur, wo man unschuldig, oder aus Liebe zu einem andern leidet. Du, meine teure Julie, hast kaum andere Leiden gekannt, ich aber darf nicht so stolz von mir sprechen.

Den 23sten

Haymarket-Theater ist jetzt mit sehr guten Schauspielern besetzt, und das *rendez-vous* aller, nach beendigter *season* vakant gewordener *gay-ladies*. Ich saß gestern in meiner Loge, ganz aufmerksam auf das Stück, als sich plötzlich der allerniedlichste Fuß, in einen netten Schuh und perlfarbnen seidnen Strumpf gehüllt, auf den Stuhl neben mir aufstützte. Ich sah mich um, und ein paar prächtige braune Augen lächelten mich schalkhaft aus einem Philinen-Gesichte[78] an, das ein großer italienischer Strohhut halb verdeckte, während ein ganz einfaches, sehr weißes Kleid, von einem ponceau-roten[79] Bande unter der züchtig verdeckten Brust zusammengehalten, den ganzen Putz der kleinen Person ausmachte, welche kaum 18 Sommer zu zählen schien.

Alle *dandies*, und auch viele junge Leute in der großen Welt, die dies eben nicht sind, pflegen hier Maitressen zu halten, denen sie ein eignes Haus mieten, sie darin einrichten, und ihre müßigen Augenblicke dort zubringen, ganz wie ehemals die *petites maisons* in Frankreich. Sie kommen bald auf einen förmlich-häuslichen Fuß mit ihnen, und sind auch in diesem Verhältnis so systematisch als in allen übrigen. Treu sind diese Art ›Weiber auf Zeit‹ selten, aber oft weit gebildeter an Geist und Sitte als ihresgleichen in andern Ländern.

Die Kleine hinter mir schien die Absicht zu haben, ein solches Verhältnis anzuknüpfen, denn sie benahm sich nicht ohne Feinheit, und wußte ebensosehr durch eine artige Koketterie gegen mich, als durch ein äußerst gemessenes Benehmen gegen andere, die sich ihr zu nähern suchten, bald eine Art Einverständnis zwischen uns hervorzubringen, ohne daß wir noch ein Wort gewechselt hatten. Auch fehlte des Anstandes halber eine Mutter neben ihr nicht, die sie chaperonierte[80], aber sei es nun eine gemietete oder eine wahre, nirgends sind diese Mütter bequemer als in London. –

Es ist sonderbar, daß die meisten jungen Mädchen die hier einem langen Elend so lustig entgegengehen, nicht von Männern und durch Liebe, sondern, wie mir ein sehr Kundiger versicherte, fast immer von ihrem eignen Geschlecht zu solcher Lebensart verführt werden, wozu der übertriebene Luxus aller Stände so sehr die Hände bietet. Dennoch bleiben viele von ihnen weniger interessiert und weit gefühlvoller, als ihre Nachbarinnen über dem Kanal, ja das Romantische selbst verläßt sie nicht immer bei ihrem jammervollen Beruf! Die Nuancen unter diesen Damen sind übrigens ebenso verschieden, als die der verschiedenen Stände in der Gesellschaft, und ihre Zahl in London bekanntlich ebenso groß, als die der sämtlichen Einwohner Berlins.

Es ist kein zu großer Sprung, wenn ich Dich von hier nach Bedlam, eigentlicher nach Bethlem, führe, das ich diesen Morgen besuchte. Nirgends logieren die Narren besser, das heißt, die eingesperrten. Ein *pleasure-ground* befindet sich vor dem Tore des Palastes, und nichts kann reinlicher und zweckmäßiger eingerichtet sein als das Innere. Als ich in die erste Weiber-Galerie, von einer sehr hübschen jungen Schließerin geführt, eintrat, betrachtete mich eines der tollen Mädchen, ohngefähr einige 30 Jahre alt, lange aufmerksam, und kam dann plötzlich auf mich zu, indem sie sagte: »*You are a foreigner – I know You, Prince!*[81] – Warum haben Sie Ihre Uniform nicht angezogen, um mich zu besuchen«, fuhr sie fort, »das hätte sich besser geschickt. Ach, wie schön sah Charles in der seinen aus!«

»Die arme Seele«, sagte die Schließerin, welche mein Befremden gewahr ward, »ist von einem fremden Prinzen verführt worden, und glaubt nun in jedem Ausländer einen solchen zu sehen. Manchmal weint sie tagelang und läßt dann niemanden sich nahe kommen. Nachher ist sie wieder wochenlang ganz vernünftig. Einst war sie sehr schön, aber der Kummer hat jeden Reiz von ihr abgestreift.«

Merkwürdig war ein reicher und sehr gebildeter junger Mann, der nur die einzige fixe Idee hat, er sei ein Stuart, und habe daher das legitime Recht zum Throne. Ich unterhielt mich eine halbe Stunde mit ihm, ohne ihn auf dieses Thema bringen zu können. Er brach immer vorsichtig, ja schlau, ab, und sprach dabei höchst interessant über verschiedene Dinge, unter andern über Amerika, das er lange bereist, zeigte auch in seinem Benehmen und Äußern nicht die mindeste Spur von Wahnsinn. Endlich gelang es mir, indem ich bei Gelegenheit von Walter Scotts Romanen des Prätendenten[82] vielfach erwähnte, ihn wärmer zu machen, und als ich endlich vertraulich sagte: »Ich weiß, Sie selbst sind ein Stuart«, schien er zu erschrecken, und den Finger auf den Mund legend, flüsterte er: »Davon dürfen wir hier nicht sprechen. Ich bin es – aber nur von der Zeit kann ich den Sieg der Gerechtigkeit erwarten. Das Licht wird aber bald hell leuchten!« – »Ich gehe nach Wales«, erwiderte ich (dort ist er her, und sein Vater ein reicher Gutsbesitzer) »wollen Sie mir die Adresse Ihres Vaters mitteilen, damit ich Ihre Grüße an ihn ausrichten kann?« – »Mit großem Vergnügen«, erwiderte er, »geben Sie mir Ihr Taschenbuch, ich werde die Adresse hineinschreiben.« Ich gab es ihm, und er schrieb nun seinen wirklichen Namen B... G... hinein, und indem er lächelnd darauf hinwies, sagte er mir ins Ohr: »Unter diesem Namen passiert mein Vater dort. Leben Sie wohl« – und mit gnädigem Winke der Hand entließ er mich.

So etwas ist doch recht schrecklich! Eine einzige fixe Idee macht den liebenswürdigsten Menschen zum incurablen Narren, kostet ihm seine Freiheit, und verdammt ihn für sein Leben zur Gesellschaft der gemeinsten Wahnsinnigen! Was ist doch der unglückliche Mensch im Konflikt mit physischen Übeln, und wo ist dann die Freiheit des Willens!

Spaßhafter war ein fremder Narr, ein deutscher Pedant und Reisebeschreiber, der sich mit anschloß, um das Haus zu besehen, wo er eigentlich hinein gehörte. Er konnte mit seinen Noten kaum fertig werden. Jeden der Eingesperrten redete er weitschweifig an und brachte sogleich seine Antwort sorgfältig zu Papier, ohngeachtet sie manchmal nicht die artigste für ihn war. Kaum hatte er meine Unterredung mit B… G… bemerkt, als er auf mich zustürzte, und dringend bat, ihm doch mitzuteilen, was der Herr, wie er bemerkt, in mein Taschenbuch geschrieben. Ich erzählte ihm kurz die Geschichte. »O vortrefflich, höchst merkwürdig«, rief er, »vielleicht dennoch wirklich ein Verwandter der Stuarts. B… G… – ich muß deshalb gleich nachschlagen, vielleicht ein Staatsgeheimnis, wer kann's wissen? Ist er in der Tat ein Verwandter, wie sehr ist seine Narrheit zu entschuldigen! Sehr merkwürdig, ein reicher Stoff, ich empfehle mich untertänigst«, – und damit stolperte er so tölpisch, so unbeholfen, albern, und doch so mit sich selbst zufrieden von dannen, daß man sich fast verwunderte, ihn nicht gleich wieder einfangen zu sehen. Beim Zuhausefahren begegneten mir abermals eine Menge Leichenzüge, was freilich in einem *gouffre*[83] wie London, wo der Tod immerwährend hart arbeiten muß, kein Wunder ist, aber doch ein übles Omen bleibt, wenn auch der Aberglaube, der solches glaubt, gleichfalls mehr nach Bedlam als in einen vernünftigen Kopf gehört; bei mir hat er indes einigen Grund.

Ich fuhr einst, als ich noch sehr jung war, in einem eleganten Curricle[84] durch die Stadt J…, wo ich mich damals aufhielt. Ein langer Begräbniszug kam mir entgegen, ich mußte halten, und da meine Pferde scheu und unruhig wurden, so daß ich Mühe hatte, sie zu regieren, teilte sich endlich ihre Ungeduld mir selbst mit. Ich brach mit Gewalt durch den Zug, und rief die unbesonnenen Worte: »Hole der T… den alten Leichenprunk, ich werde mich nicht länger von ihm aufhalten lassen.« So stürmte ich dahin, und war kaum 50 Schritte weiter gefahren, als ein kleiner Knabe aus einem nahestehenden Laden heraussprang, und wie eine Fliege ins Licht, mit solcher Schnelligkeit zwischen die Pferde und den Wagen lief, daß es unmöglich war, sie eher anzuhalten, bis schon das Rad der Länge nach über den armen Knaben gegangen war, und er leblos, wie ein aus dem Wagen verlornes Bündel auf dem Pflaster lag. Du kannst Dir meinen tödlichen Schreck denken! Ich sprang hinaus, hob den Kleinen auf, und schon attroupierten[85] sich viele Menschen um uns, als die jammernde Mutter herzustürzte, mit ihren Wehklagen mein Herz zerriß, und zugleich den Pöbel dadurch aufregte, sogleich ihre Rache zu übernehmen. Ich mußte das Volk schnell haranguieren[86], um den beginnenden Tumult zu beschwichtigen, und indem ich den Hergang der Sache kurz erzählte, meinen Namen nannte und der Mutter Geld zurückließ, gelang es mir endlich, wiewohl nicht ohne Mühe, meinen Wagen wieder zu besteigen und mich aus der *bagarre*[87] ziehen zu können. Ich befand mich nahe am Tore, vor welchem sich ein ziemlich steiler Berg hinabsenkt. In der Zerstreuung mochte ich auf die Zügel nicht gehörig achten, kurz, einer entglitt meiner Hand, die wilden Pferde gingen durch und trafen in einem Querwege mit dem Karren eines Frachtfuhrmanns dermaßen zusammen, daß eins davon auf der Stelle tot blieb und mein Wagen ganz zerschmettert wurde. Ich selbst ward mit unwiderstehlicher Gewalt hinausgeschleudert und einen Augenblick durch den ungeheuren Schock betäubt. Im zweiten fand ich mich mit dem Gesicht in den Boden eingedrückt, so daß ich fast erstickte. Über mir aber fühlte ich das Toben eines rasenden Tieres und hörte das Donnern von Schlägen, die meinen Kopf zu treffen schienen, und dennoch mir nur wenig Schmerz verursachten. Dazwischen vernahm ich noch deutlich das Wehklagen vieler Umstehenden und den Ausruf: »der ist eine Leiche, schießt doch das Tier tot...«. Bei diesen Worten erhielt ich eine Verwundung am Schlaf[88], nach welcher ich die Besinnung gänzlich verlor.

Als ich die Augen wieder aufschlug, lag ich mitten in einer ärmlichen Stube auf einer Matratze, eine alte Frau wusch mir das herabrinnende Blut vom Kopf und Antlitz, und ein Chirurgus, mit seinen Instrumenten beschäftigt, schickte sich eben an, mich zu trepanieren.[89] »O, laßt doch den armen Herrn ruhig sterben«, rief mitleidig die Frau, und da ich selbst, einigen Schmerz meiner äußern Wunden ausgenommen, mit Gewißheit zu fühlen glaubte, daß keine innere wesentliche Verletzung stattgefunden habe, so widersetzte ich mich noch glücklich der Operation, die auch ganz unnütz gewesen wäre, obgleich der junge Mann, ein *élève*[90] der klinischen Anstalt, sehr begierig war, seine Geschicklichkeit an einer Operation zu erproben, die er bis jetzt, wie er sehr encouragierend versicherte, noch nicht selbst zu machen Gelegenheit gehabt hätte.

Ich raffte mich sogleich auf, um meine rückkehrenden Kräfte zu beweisen, verlangte einen Wagen und ließ, um mich zu reinigen, mir einen Spiegel geben, in dem ich jedoch mein Gesicht durchaus nicht wieder erkennen konnte, weil der größte Teil der Haut davon in der Chaussee geblieben war. Erst später, als sie die Natur durch eine neue wieder ersetzt hatte, erklärte mir mein Kutscher, der während des *accident* neben mir saß, und seitwärts ins Feld geschleudert, weniger beschädigt worden war, welche wirklich seltsamen Umstände die Begebenheit begleitet hatten. An dem Frachtwagen war nämlich die Deichsel des zweirädrigen Curricle wie eine Lanze am Harnisch zersplittert, das leichte Fuhrwerk vorwärts gestürzt und ich mit ihm. Der übriggebliebene Rumpf der Deichsel hatte sich in die Erde gebohrt und meinen Kopf mit eingeklemmt. Über mir lag, vom Geschirr gefesselt, das eine Pferd, welches die wütendsten Versuche machte aufzukommen und fortwährend mit den Hinterfüßen gegen den zerbrochenen Deichselschaft schlug, welcher auf diese Art mein alleiniger Retter wurde, indem er die Schläge auffing, welche sonst meinen Kopf zehnmal zerschmettert hätten. Fast eine Viertelstunde hatte es gedauert, ehe man imstande war, mich und das Pferd loszumachen.

Sei dieser Zeit begegne ich nicht gern Leichenzügen.

Als Nachschrift zu dieser Erinnerung aus meinem vergangenen Leben muß ich noch ein komisches Element hinzufügen. Der überfahrne Knabe genas völlig, und sechs Wochen nach seiner und meiner Katastrophe brachte mir ihn die Mutter rosig und im Sonntagsstaat ins Haus. Während ich ihn küßte und der Mutter ein letztes Geschenk einhändigte, rief diese arme Frau unter Tränen der Freude: »Ach Gott, wenn mein Sohn doch täglich so überfahren würde!«

Den 28sten

Lange hatte ich die City, in der ich, wie Du weißt, manchmal einen Tag zubringe, wie der *gourmand* zuweilen den Appetit mit einfacher Hausmannskost erfrischt, nicht besucht, und widmete ihr daher den gestrigen Tag.

Da ich (als deutscher Ritter) auch ein Bierbrauer bin, so lenkte ich mein Cabriolet zuerst nach jener durch ihre ungeheuren Dimensionen fast phantastisch gewordnen, Barcley'schen Brauerei, eine der sehenswertesten Merkwürdigkeiten Londons. Hier werden täglich 12-1500 Fässer, d.h. gegen 20000 große Quart Bier, gebraut. Alles wird durch Maschinen bewegt, aber eine einzige Dampfmaschine treibt diese, und zugleich die Flüssigkeit durch alle Instanzen in kupfernen Röhren hin, die, beiläufig gesagt, das Bier eben nicht zum gesündesten machen mögen. In vier Kesseln wird es gekocht, deren jeder 300 Fässer und darüber faßt. Beim Kochen wird der Hopfen zuerst trocken in die Kessel getan, und eine Maschine rührt ihn beständig um, damit er nicht anbrennt. Die süße Masse fließt während dem Rühren fortwährend zu. Eine besondere Vorrichtung findet statt, das Bier in der heißen Jahreszeit zu kühlen. Es wird nämlich zu diesem Endzweck durch eine Menge Röhren, die einer Orgel mit ihren Pfeifen gleichen, getrieben, worauf frisches Wasser denselben Weg nachgeht, und so fort, immer mit dem Biere abwechselnd. Zuletzt fließt das fertige Getränk in haushohe Faßbehälter, deren es unter gigantischen Schuppen 99 gibt. Nichts ist sonderbarer, als sich ein solches Haus, das 600 000 Quart enthält, anzapfen zu lassen, um ein kleines Glas vortrefflichen Porters zu schöpfen, der sich so kalt wie Eis darin erhält. Diese Fässer sind oben mit einem kleinen Hügel frischen Sandes belegt, und konservieren das Bier ein Jahr lang frisch und gut. Dann erst wird es auf kleine Fässer gezogen und an die Käufer versendet. Das Abziehen geschieht durch Schläuche, wie das Begießen aus einer großen Spritze, sehr schnell, indem die kleinen Fässer schon in Gewölben unter dem Boden des Raumes, wo die großen aufbewahrt werden, bereitstehen.

Hundertundfünfzig elephantenartige Karrenpferde sind täglich mit dem Verfahren des Biers in der Stadt beschäftigt, von denen zwei: 100 Zentner ziehen.

Eine einzige turmhohe Feueresse absorbiert den Rauch der ganzen Anstalt, und auf der mit Zink gedeckten eleganten Plattform des Hauptgebäudes hat man die Aussicht auf ein sehr schönes Panorama Londons. Nachher besah ich die Westindia Docks und *warehouses*, ein unermeßliches Werk, eines von denen, bei deren Anblick auch der Kaltblütigste Ehrfurcht und Staunen für Englands Größe und Macht empfinden muß. Welches Kapital liegt hier in Gebäuden, Waren und Schiffen aufgehäuft! Das künstlich ausgegrabene Bassin, welches zu umgehen ich eine halbe Stunde brauchte, ist 36 Fuß tief und rund umher befinden sich die Warenhäuser und Schuppen, zum Teil 5-6 Stock hoch. Einige Magazine sind ganz aus Eisen aufgebaut, nur der Grund in der Erde ist Stein. Man hat jedoch diese Bauart gefährlich gefunden, da das Eisen durch den Einfluß der Witterung sich auf unegale Weise bald ausdehnt, bald zusammenzieht. In diesen unermeßlichen Warenlagern war Zucker genug vorhanden, um das nebenliegende Bassin zu versüßen, und Rum genug, um halb England trunken zu machen. 2500 Aufseher und Arbeiter pflegen hier täglich beschäftigt zu sein, und der Wert der aufgespeicherten Güter wird auf 20 Millionen L. St. geschätzt, außer den *stores**, welche in großer Menge im Vorratshause aufbewahrt werden, so daß das Verderben oder Brechen irgend eines Gerätes die Arbeit nur wenige Minuten aufhalten kann.

Die Menge der angewandten Maschinen und zweckmäßigen Utensilien ist bewundernswürdig. Ich sah mit großem Vergnügen zu, wie Blöcke von Mahagoni- und andern ausländischen Hölzern, manche größer als die stärksten Eichen, durch Maschinen gleich Flaumfedern aufgehoben und so behutsam, wie die zerbrechlichste Ware auf die Transportwagen wieder niedergelegt wurden. Alles erscheint hier im kolossalsten Stil. Im Bassin selbst stand auf beiden Seiten Schiff an Schiff gereiht, deren größter Teil eben jetzt neu angestrichen wurde. Solcher Bassins sind zwei, eins für den Import, das andere für den Export. Ich mußte sie früher, als ich wünschte, verlassen, da um 4 Uhr das Eingangstor wie alle Magazine geschlossen werden und man dabei nicht die mindeste Rücksicht nimmt, ob noch jemand darin ist, welcher, wenn er die Stunde versäumt, bis zum nächsten Morgen ohnfehlbar biwakieren muß. Der Mann am Tore versicherte mir ganz kaltblütig, und wenn der König darin wäre, so würde nicht eine Minute gewartet werden. Ich eilte also schleunigst von dannen, um in keine ähnliche Verlegenheit zu geraten.

Auf dem Rückweg kam ich bei einer Bude vorbei, wo man ausschrie, daß hier gezeigt werde: der berühmte deutsche Zwerg mit drei Zwergkindern, ferner das lebende Skelett, und endlich das dickste Mädchen, das je gesehen worden sei.

* *Stores* heißt alles, was zum Betriebe des Ganzen nötig ist.

Ich bezahlte der Kuriosität wegen meinen Schilling, ging hinein, und nachdem ich ¼tel Stunde hatte warten müssen, bis noch fünf andere Angeführte sich zu mir gesellten, wurde der Vorhang weggezogen, um die impertinenteste Charlatanerie zu produzieren, die mir je vorgekommen ist. Als lebendes Skelett erschien ein ganz gewöhnlicher Mensch, nicht viel magrer als ich selbst bin, und zur Erklärung dieser Überraschung wurde entschuldigend angeführt, er sei als Skelett aus Frankreich angekommen, aber hier durch die englischen guten Beefsteaks unaufhaltsam korpulenter geworden. Darauf kam ›die fetteste Frau in der Christenheit‹ das vortrefflichste Pendant zum Skelett, denn sie war nicht dicker als die Königin von Virginia Water.

Zuletzt zeigten sich die sogenannten Zwerge, welche nichts anders als – kleine Kinder des Unternehmers waren, die man in eine Art Vogelbauer gesteckt hatte, der ihr Gesicht verhüllte, und nur Beine und Hände frei sehen ließ, mit welchen letzteren die kleinen Dinger mit großen Klingeln einen furchtbaren Lärm machen mußten. Damit schloß die Vorstellung, eine englische Prellerei, die kein Franzose burlesker und mit mehr *effronterie*[91] hätte ausführen können.

Den 29sten

Seit ich Devilles Schüler geworden bin, kann ich nicht umhin, immer den Schädel meiner neuen Bekannten mit den Augen zu messen, ehe ich mich weiter mit ihnen einlasse, und heute habe ich, wie in der Kotzebueschen Komödie, einen englischen Bedienten, den ich annahm, vorher *in optima forma*[92] untersucht. Hoffentlich wird das Resultat nicht das nämliche sein, denn die durch's Ohr gezogene Linie gab guten Ausweis, wobei es mir lebhaft auffiel, daß das gemeine Sprüchwort (und wie viel populäre Wahrheit enthalten oft diese) mit Devilles Prinzip ganz einverstanden sei, indem es sagt: ›Er hat es hinter den Ohren, hütet Euch vor ihm.‹ Allen Scherz beiseite, bin ich ganz überzeugt, daß man, wie mit dem Magnetismus, auch bei der Kranologie das Kind mit dem Bade verschüttet, wenn man sie selbst nur für ein Hirngespinst ansieht. Es mögen noch manche Modifikationen nicht aufgefunden sein, aber ich habe die Richtigkeit des bestehenden Prinzips an meinem eignen Schädel so sehr erprobt, daß ich es durchaus nicht mehr lächerlich finden kann, wenn Eltern bei der Erziehung ihrer Kinder darauf Rücksicht nehmen, und auch Erwachsene zu Erleichterung der Selbstkenntnis es zu benutzen suchen. Wenigstens habe ich auf diesem Wege mehr Klarheit über mich selbst erlangt, als mir sonst vielleicht möglich gewesen wäre.

Da ich den ganzen Tag mit einigen schriftlichen Arbeiten beschäftigt war, so benutzte ich die milde und helle Mondnach zu meinem Spazierritt, denn, gottlob, ich brauche mich nicht sklavisch an die Zeit zu binden!

Die Nacht war ganz italienisch und außerdem hinlänglich mit Lampen erleuchtet, in deren Bereich ich mich stets hielt, und so mehrere Stunden lang in Stadt und Vorstädten umherritt. Von Westminster Bridge aus entfaltete sich eine wunderbare Aussicht. Die vielen Barkenlichter tanzten wie Irrwische auf der Themse, und die vielen Brücken spannten sich wie weite, illuminierte Bogen-Festons[93] von einer Häusermasse zur andern über den Fluß. Nur Westminster-Abbey lag ohne Lampenschein da, und die sehnsüchtige Luna allein, altvertraut mit Ruinen und gotischen Denkmälern, buhlte mit ihrem blassen Scheine mystisch um die steinernen Spitzen und Blumen, senkte sich inbrünstig in die dunklen Tiefen und versilberte emsig die langgestreckten, glitternden Fenster, während Dach und Turm des hohen Baues, in schwarzer farbloser Majestät, über den Lichtern und dem Gewimmel der Stadt zum blauen Sternenhimmel still und starr emporstrebten.

Die Straßen blieben bis Mitternacht ziemlich belebt, ja ich sah sogar einen Knaben von höchstens acht Jahren, der ganz allein in einem kleinen Kinderwagen, mit einem großen Hunde bespannt, im vollen Trabe neben den letzten Diligencen und Equipagen furchtlos vorbeifuhr. Dergleichen findet man gewiß nur in England, wo Kinder schon im achten Jahre selbstständig, und im zwölften gehangen werden.

Doch guten Morgen, liebe Julie, es ist Zeit, das Bett zu suchen.

Den 1sten August

Die Hitze bleibt noch immer drückend, der Boden wird ganz zu Asche, und wenn nicht in den macadamisierten Straßen überall fortwährend, mit großen, sich immer abwechselnden, Maschinen gegossen würde, so wäre es gewiß vor Staub in der Stadt nicht auszuhalten. So aber bleibt Fahren und Reiten immer angenehm, und obgleich die elegante Zeit vorbei ist, auch *shopping* noch sehr unterhaltend. Es ist eine der größten Versuchungen hierbei, mehr zu kaufen als man braucht, und da ich grade jetzt wenig Geld habe, so helfe ich mir bei Dingen, die ich sonst wohl für Dich und mich zu acquirieren wünschte, mit der Phantasie, wie jener vortreffliche persische Geizhals, von dem uns Malcolm[94] folgendes erzählt:

Ein Harpagon in Ispahan, der lange Zeit mit seinem jungen Sohne nur von trockenem Brot und Wasser gelebt hatte, wurde eines Tages doch durch die zu einladende Beschreibung eines Freundes verlockt, ein schmales Stück von einem besonders vortrefflichen und wohlfeilen Käse zu kaufen. Doch ehe er noch damit zu Haus kam, überfielen ihn schon Gewissensbisse und Reue. Er verwünschte seine törichte Extravaganz, und statt den Käse, wie er früher beabsichtigte, zu essen, verschloß er ihn in eine Flasche, und begnügte sich in Gesellschaft des Knaben bei jedem Mahle ihre Brotrinden im

Angesicht des Käses zu genießen; dieselbe aber vor jedem Bissen gegen die *bouteille* zu reiben, und so den Käse einstweilen nur mit der Einbildungskraft zu schmecken. Einmal, berichtet die Geschichte weiter, verspätete Harpagon sich auswärts, und fand, als er eine Stunde nach der Essenszeit zu Haus kam, seinen Sohn bereits mit der täglichen Brotrinde beschäftigt, und diese emsig gegen die Schranktüre reibend. »Was treibt der Bengel?« rief er verwundert aus. – »O Vater! es ist Essenszeit, Ihr habt den Schlüssel zum Schranke mitgenommen, und da habe ich denn mein Brot ein bißchen gegen die Türe gerieben, weil ich nicht zur Flasche kommen konnte.« – »Infame Range«, schrie der Vater im höchsten Zorne, »kannst Du nicht einen einzigen Tag ohne Käse leben? Geh mir aus den Augen, verschwenderische Brut, Du wirst nimmer ein reicher Mann werden.«

So reibe auch ich zuweilen meine Brotrinde gegen die Schranktüre, denn das Reichwerden habe ich ebenfalls längst aufgegeben.

Ich schilderte Dir einmal einen gewissen Sir L... M... als ein besonderes Original.

Bei diesem war ich heute zu einem luxuriösen Mahle eingeladen, welches seit so lange vorbereitet wurde, daß sogar einer der diplomatischen Gäste, vor vier Wochen schon, durch einen Courier von Baden über das Meer herüber dazu zitiert worden war, auch pünktlich am selben Morgen eintraf, und ausländischen mit inländischem Appetit vereinigt, mitgebracht zu haben schien. Er hatte nicht vergessen, sich mit verschiedenen kontinentalen Delikatessen zu befrachten, denen man, nebst einer Anzahl der ausgesuchtesten Weine, die größte Gerechtigkeit widerfahren ließ. Es gehört ein starker Kopf dazu, um solchen Gelagen hier zu widerstehen, aber die Luft macht wirklich viel Essen und starke Getränke nötiger als bei uns, und wer im Anfang kaum einigen englischen (d.h. mit Branntwein versetzten) Claret trinkt, findet später eine ganze Flasche Portwein recht verträglich mit seiner Gesundheit und den englischen Nebeln.

Wenn aber auch dem sinnlichen Genuß hier hauptsächlich geopfert ward, so blieb die Unterhaltung doch auch nicht ohne Salz. Ein Offizier unter andern, der den Krieg gegen die Birmanen mitgemacht, erzählte uns sehr interessante Details aus jenen Gegenden, z. B. daß die dortigen Kinder, nach unsrer Theorie Kälber fett zu machen, oft drei Jahre lang gesäugt werden. Da nun auch das Tabakrauchen in frühester Jugend anfängt, so daß der Kapitän öfters Jungen, die, indem sie die Brust der Mutter verließen, zum Nachtische die brennende Zigarre in den Mund steckten. Am ergötzlichsten erschien mir aber folgende Geschichte eines irländischen *bull.*[95] Es ist gewiß der stärkste, der je stattgefunden hat, indem es sich um nichts weniger handelt, als um einen Bauer, der sich aus Distraktion[96] selbst den Kopf abschneidet. Dabei ist dennoch das Factum authentisch, und folgendermaßen trug sich die unerhörte Begebenheit zu.

Die Bauern in Ulster haben die Gewohnheit, wenn sie vom Wiesenmähen zu Hause gehen, ihre kolossalen Sensen, welche eine Spitze am Griff haben, um sie in die Erde zu stekken, gleich einem Gewehre in die Höhe stehend, auf der Schulter zu tragen, so daß die Schärfe der Sense ganz über ihrem Halse schwebt. Zwei Kameraden schlenderten auf diese Weise den Fluß entlang nach Hause, als sie einen großen Lachs gewahrten, der, mit dem Kopf unter einem Baumstamm verborgen, den Schwanz im Wasser emporstreckte.

›Sieh Paddy‹, ruft der eine, ›den dummen Lachs, der glaubt, daß wir ihn nicht sehen, weil er uns selbst nicht sieht. Hätt' ich doch meinen Speer, dem wollte ich einen guten Stoß geben.‹ – ›O‹, sagt der andere, an den Lachs heranschleichend, ›das muß auch mit dem Sensenstiel gehen. Gib acht!‹ und zu stößt er, und trifft den Lachs richtig, leider aber auch zugleich seinen Kopf mit der Sense, der vor den Augen des erstaunten Kameraden schallend in's Wasser plumpst. Lange konnte dieser nicht begreifen, wie Paddys Kopf so schnell herunterkam, und noch heute gibt er nicht zu, daß die Sache mit rechten Dingen zugegangen sei. Ein böser Kobold, meint er, habe sicher die Sense geführt.

Mit der englischen Oper beschloß ich den Tag, wo am Ende des ersten Akts ein Bergwerk einstürzt, und die Hauptshelden des Stücks begräbt. In der letzten Szene des zweiten Aktes erscheinen sie aber im Bauche der Erde wieder, in der Tat schon dreiviertel verhungert, wie sie selbst erzählen, da sie nun bereits 3 Tage hier verschmachtet lägen und jetzt ihre letzten Kräfte dahinschwänden. Das verhindert die *prima donna* jedoch keineswegs, eine lange Arie mit Polonaisenmusik zu singen, worauf der Chor mit Trompeten einfällt: »Ha wir sind verloren, alle Hoffnung ist dahin« – doch, o Wunder, die Felsen fallen von neuem ein und eröffnen eine weite Pforte dem hereinbrechenden Tageslichte. Aller Jammer und mit ihm aller jammervolle Unsinn des Stücks haben ein Ende.

Den 2ten

Die gestrige Schwelgerei hat mich auf ein Organ aufmerksam gemacht, das Herr Deville noch unter seiner Liste nicht aufgenommen hat. Es ist der *gourmandise*[97], und befindet sich unmittelbar neben dem ehemaligen Mordsinn, denn es findet, gleich ihm, im Zerstören sein höchstes Vergnügen. Ich besitze es in bedeutendem Maße und wünschte, alle übrigen Buckel und Beulen meines Schädels gäben so unschuldige und angenehme Resultate. Es verleiht dieses Organ nicht bloß die gemeine Lust am Essen und Trinken, sondern befähigt seine Inhaber auch, die wahre Qualität der Weine und ihr *bouquet* zu würdigen, so wie jeden Fehler und jede

Genialität des Kochs augenblicklich gewahr zu werden. Dieses genußreiche Organ wird nur dann der menschlichen Zufriedenheit nachteilig, wenn es mit einem sentimentalen Magen verbunden ist, was glücklicher Weise bei mir nicht der Fall zu sein scheint.

Ich besah heute die Ausstellung einer mit der Nadel genähten und von einer Person allein angefertigten ganzen Gemäldegalerie, deren Vortrefflichkeit wirklich in Erstaunen setzt. Miss Linwood heißt die Künstlerin, diese geduldigste aller Frauen. In geringer Entfernung scheinen die Kopien den Originalen gleich, und wie sehr sie Anerkennung finden, kann man aus den ungeheuren Preisen beurteilen. Eine solche Tapete nach Carlo Dolci war eben für 3000 Guineen verkauft worden.

Ein Porträt Napoleons als Konsul soll, so sehr es von seiner spätern Persönlichkeit abweicht, dennoch eine seltene Ähnlichkeit aus jener Zeit darbieten, und wurde von den anwesenden Franzosen mit großer Ehrfurcht betrachtet.

Einige Häuser weiter waren Mikroskope von millionenfacher Vergrößerungskraft aufgestellt. Was sie zeigen, könnte einen Menschen von lebhafter Einbildungskraft verrückt machen. Es kann gar nichts Schauerlicheres geben, keine furchtbareren Teufelsfratzen können je erfunden worden sein, als jene gräßlich scheußlichen Wasserinsekten, die wir täglich (mit bloßen Augen und selbst geringern Vergrößerungsgläsern unbemerkbar) hinunterschlucken – wie sie gleich Verdammten in dem sumpfig erscheinenden Kloak mit der Schnelle des Blitzes umherschießen, und deren wahrscheinliche Begattung wie Kampf und Schmerz auf Tod und Leben aussieht.

Da ich einmal im Sehen begriffen war, und den entsetzlichen Eindruck dieser Unterwelt durch lieblichere Bilder tilgen wollte, so wurden noch drei verschiedene Panoramen mit Muse genossen: Rio Janeiro, Madrid, Genf.

Das erste ist eine, aus unsern Naturformen ganz heraustretende, originelle und zugleich paradiesisch üppige Natur. Das zweite sieht in der baumlosen, sandigen Ebene wie Stillstand und Inquisition aus. Glühende Hitze brütet über dem Ganzen, wie ein *auto da fé.*[98] Das dritte dagegen erschien mir wie ein lieber alter Bekannter, und herzerhoben blickte ich lange auf den unerschütterlichen, sich allein stets gleichbleibenden vaterländischen Freund hin, den majestätischen Montblanc.

Den 8ten

Canning ist tot! Ein Mann in der Fülle der geistigen Kraft, seit wenigen Wochen erst am Ziel seines tätigen Lebens angelangt, endlich der Regierer Englands und dadurch ohne Zweifel der einflußreichste Mann in Europa, mit einem Feuergeiste begabt, der diese Zügel mit mächtiger Hand zu führen wußte, und einer Seele, die das Wohl der Menschheit von einem noch höhern Standpunkte zu umfassen fähig war. – Ein Schlag hat dieses stolze Gebäude vieler Jahre zertrümmert, und enden mußte der kühne Mann, wie ein Verbrecher – plötzlich, tragisch, unter den fürchterlichsten Leiden, das Opfer einer unbarmherzigen Natur, die mit eisernem Fuße fort und fort niedertritt, was in ihren Weg kommt, unbekümmert, ob sie die junge Saat, die schwellende Blüte, den königlichen Baum, oder die schon hinsterbende Pflanze zerknickt.

Was werden die Folgen dieses Todes sein? In Jahren werden sie erst klar werden und vielleicht eine Auflösung beschleunigen, die uns in vielen Dingen droht, und der nur ein großartiger, aufgeklärter Staatsmann, wie Canning es war, Einheit und günstige Richtung zu geben imstande sein möchte. Vielleicht wird grade die Partei, die jetzt so unanständig und gefühllos über seinen frühen Tod triumphiert, durch diesen Tod die erste ernstlich gefährdete werden, denn nicht mit Unrecht hat Lord Chesterfield vor langer Zeit mit prophetischem Sinne gesagt: »*Je prévois que dans cent ans d'ici les métiers de gentilhomme et de moine ne seront plus de la moitié aussi lucratifs qu'ils sont aujourd'hui.*«[99]

Doch was kümmert mich die Politik! Könnte ich nur immer in mir selbst das gehörige Gleichgewicht erhalten, wäre ich zufrieden. Das von Europa wird sich schon von selbst herstellen. Klugheit und Dummheit führen am Ende alle zu demselben Ziel – der Notwendigkeit.

Indessen ist Cannings Tod natürlich jetzt das Stadtgespräch, und die Details seiner Leiden empörend. Die Frömmler, denen er wegen seiner freisinnigen Meinungen sehr zuwider war, suchen auszubreiten, er habe sich während dieser Schmerzen bekehrt – was sie nämlich Bekehrung nennen – einer seiner Freunde dagegen, der lange an seinem Todes-Bette zugebracht, konnte nicht genug den stoischen Mut und die Sanftmut rühmen, mit der er sein herbes Geschick getragen, bis zum letzten Augenblicke der Besinnung nur von seinen Plänen zum Wohle Englands und der Menschheit erfüllt, und ängstlich sorgend: sie dem Könige noch einmal an's Herz zu legen.

Wie sich nun Frivoles und Ernstes hienieden stets die Hand reicht, so erregt nebst diesem tragischen Tode zugleich ein höchst seltsamer Roman: ›Vivian Grey‹[100], durch seine oft barocken, oft aber auch sehr witzigen und wahren Schilderungen der Sitten des Kontinents hier viele Aufmerksamkeit. Die Beschreibung des Anfangs eines Balles in Ems möge hier Platz finden, als eine Probe, wie Engländer das Eigentümliche unserer Gebräuche beobachten:

»Des Prinzen *fête* war äußerst ausgesucht, d.h. sie bestand aus allen, die eine Invitations-Karte entweder durch Protektion hatten erhalten können, oder dieselbe von des Fürsten Haushofmeister Crakofsky mit schwerem Gelde erkauft hatten. Alles war höchst königlich, keine Kosten und Mühe waren gespart, das gemietete Haus in eine fürstliche Residenz umzuschaffen, und seit einer Woche war das ganze kleine Herzogtum Nassau dafür in Kontribution gesetzt worden. Am Eingange der Salons, gefüllt mit gemieteten Spiegeln und provisorischen Draperien, stand der Prinz voller Orden, empfing all mit der ausgezeichnetsten Herablassung und versäumte nicht, jeden der angesehenen Gäste mit der schmeichelhaftesten Anrede zu beehren. Seine *suite*, hinter ihm aufgestellt, bückte sich jedesmal gleichzeitig, sobald die schmeichelhafte Anrede beendigt war.

Nacheinander hörte ich, seitwärts stehend, folgende Unterhaltung. ›Frau von Fürstenberg‹, sagte der Prinz, sich verbeugend, ›ich fühle das größte Vergnügen, Sie zu sehen. Mein größtes Vergnügen ist, von meinen Freunden umgeben zu sein. Frau von Fürstenberg, ich hoffe, daß Ihre liebenswürdige Familie sich wohl befindet.‹ (Die Familie passiert vorbei.) ›Cravaticheff!‹ fuhr seine Hoheit fort, den Kopf halb zu einem seiner Adjutanten gewandt, ›Cravaticheff, eine charmante Frau, Frau von Fürstenberg, es gibt wenig Frauen, die ich mehr bewundere, als Frau von Fürstenberg.‹ – ›Prinz Salvinsky, ich fühle das größte Vergnügen, Sie zu sehen. Mein größtes Vergnügen ist, von meinen Freunden umgeben zu sein. Niemand macht Polen mehr Ehre, als Prinz Salvinsky.‹ – ›Cravaticheff! ein merkwürdig langweiliger Kerl der Prinz Salvinsky. Es gibt wenig Menschen, die ich mehr *en horreur*[101] habe, als Prinz Salvinsky.‹ – ›Baron von Königstein, ich fühle das größte Vergnügen, Sie zu sehen. Mein größtes Vergnügen ist, von meinen Freunden umgeben zu sein. Baron von Königstein, ich habe die exzellente Geschichte von der schönen Venetianerin noch nicht vergessen.‹ – ›Cravaticheff! ein höchst amüsanter Kerl, der Königstein. Es gibt wenig Menschen, deren Gesellschaft mich mehr amüsiert, als die des Baron Königsteins.‹ – ›General Altenburg, ich fühle das größte Vergnügen, Sie zu sehen.

Mein größtes Vergnügen ist, von meinen Freunden umgeben zu sein. Vergessen Sie nicht, mir nachher Ihre Meinung über das österreichische Manouvre zu geben.‹ – ›Cravaticheff! ein exzellenter Billardspieler ist General Altenburg. Es gibt wenig Menschen, mit denen ich lieber Billard spiele, als mit Graf Altenburg.‹ – ›O Lady Madeline Trevor, ich fühle das größte Vergnügen, Sie zu sehen. Mein größtes Vergnügen ist, von meinen Freunden umgeben zu sein, Miss Jane, Ihr Sklave.‹ – ›Cravaticheff! eine *magnifique* Frau, Lady Trevor. Es gibt wenig Frauen, die ich mehr bewundere, als Lady Trevor, und, Cravaticheff! Miss Jane ein herrliches Mädchen! es gibt wenig Mädchen, die ich lieber ...‹

Hier raubte mir das Geräusch der einfallenden Polonaisenmusik den Rest der Phrase, und ich ging zu einer andern Szene über«.

Nicht wahr, Julie, beißend genug! Es gibt wenig Schilderungen, die mich mehr amüsiert hätten, und meine Übersetzung, nicht wahr? sehr gelungen. Es gibt wenig Übersetzungen, die mir besser gefielen, als meine eignen.

Auch im Ernsten ist der Verfasser nicht übel. »Wie furchtbar«, sagt er, »ist das Leben, welches doch unser höchstes Gut ist! Unser Wesen atmet unter Wolken und ist in Wolken gehüllt, ein unbegreifliches Wunder für uns selbst. Es gibt nicht einen einzigen Gedanken, der seine bestimmte Grenze hätte. Sie sind wie die Zirkel, die das Wasser bildet, wenn man einen Stein hineinwirft, immer weiter sich ausdehnend und immer schwächer sich zeichnend, bis sie sich zuletzt ganz verlieren in dem unermeßlichen Raume, den der Gesichtskreis nicht mehr fassen kann. Wir sind gleich Kindern im Dunkeln, wir zittern in einer düster beschatteten und schrecklichen Leere, die nur durch die Bilder unserer Phantasie bevölkert ist. Leben ist unsere wahre Nacht, und vielleicht der erste Strahl der Morgenröte der Tod.« –

Praktischer noch schrieb der berühmte Smollet an einen Freund: »Ich bin alt genug geworden, um gesehen und mich überzeugt zu haben, daß wir alle ein Spielzeug des Schicksals sind, und daß es auf eine Kleinigkeit, so unbedeutend, als das in die Höhewerfen eines Pfennigs, ankommt, ob ein Mensch zu Ehren und Reichtum sich emporschwingen, oder bis zu seinem Tode in Elend und Not vergehen soll.«

Den 15ten

Täglich besehe ich mir die Arbeiten in den sogenannten Parks von St. James und Greenpark, die früher bloße Viehweiden waren, und nun nach den Plänen des Herrn Nash in reizende Gärten und Wasserpartien umgeschaffen werden. Ich lerne hier viel Technisches, und bewundere die zweckmäßige Verteilung und Folge der Arbeit, die ingenieusen Transportmittel, die beweglichen Eisenbahnen u.s.w.

Charakteristisch ist es, daß, während die Gesetze, welche das Eigentum schützen, so streng sind, ein Mensch, der über die Mauer steigt, um in einen Privatgarten zu gelangen, riskiert gehangen zu werden, und jedenfalls grausam bestraft wird, auch der Besitzer, wenn es des Nachts geschieht, ihn ohne Umstände totschießen darf – man auf der andern Seite mit dem Publikum, wo es nur einen Schein von Anspruch hat, so subtil umgehen muß, wie mit einem rohen Ei. In den beiden genannten Parks, die königliches Eigentum sind, aber seit ewigen Zeiten dem Publikum sonntags offen gegeben wurden, wagt man jetzt, ohngeachtet der Umwälzungen und Arbeiten, die der König (freilich wohl auf Kosten der Nation) machen läßt, nicht dem Plebs den Eingang temporär zu verbieten, sondern hat nur Tafeln anschlagen lassen, auf denen wörtlich folgendes steht:

›Das Publikum wird respektueusest ersucht, während der Arbeiten, die nur die Vergrößerung seines eigenen Vergnügens bezwecken, die Karren und Utensilien der Arbeiter nicht zu beschädigen, und überhaupt den Distrikt, worin die Arbeiten stattfinden, möglichst zu schonen.‹

Demungeachtet wird sehr wenig Rücksicht auf diese respektueuse Bitte genommen, und die Karren, die nach der Arbeit aufgeschichtet liegen, werden häufig gebraucht, um Jungen darin herumzufahren, und allerhand andern Unfug damit zu treiben. Auf den langen Brettern schaukeln sich die Mädchen, und viele unnütze Brut wirft Steine gerade da in's Wasser, wo Damen davor stehen, die natürlich so davon bespritzt werden, daß sie, unwillkührlich gebadet, zu Hause eilen müssen. Diese Rohheit des englischen Publikums ist in der Tat sehr eigentümlich, und die einzige Entschuldigung für die Inhumanität aller Wohlhabenden, mit der sie ihre reizenden Besitzungen so neidisch verschließen. Es ist aber auch möglich, daß diese Inhumanität der Reichen die Rohheit und Bosheit der Armen erst hervorgerufen hat.

Die Spaziergänge und Ritte in der Umgegend werden jetzt ebenfalls wieder sehr einladend, da der Herbst schon früh beginnt. Das verbrannte Gras prangt von neuem in hellem Grün, und die Bäume erhalten ihr Laub fester und frischer als bei uns, obgleich sie sich auch zeitiger zu färben anfangen. Der Winter aber kommt sehr spät, oft gar nicht, um sein weißes Totengewand über sie zu breiten. Dabei hört das Mähen des Rasens und das Reinhalten der Plätze und Gärten nie auf; ja auf dem Lande, wo der Herbst und Winter die *season* ist, wird in dieser Zeit grade die meiste Sorgfalt darauf verwendet.

London wird aber dann von den Fashionablen geflohen, und das mit solcher Affektation, daß viele sich, bei etwanigem nötigen Aufenthalt daselbst, förmlich zu verstecken suchen. Die Straßen sind im *West End of the town* so leer wie in einer verlassenen Stadt; nur die gemeinen Mädchen verfolgen abends auf die unanständigste Weise und mit den handgreiflichsten gewaltsamsten Liebkosungen jeden Vorüberziehenden. Nicht nur Engländerinnen, sondern auch Fremde, nehmen schnell diese abscheuliche Sitte an. So desesperierte[102] mich neulich eine alte Französin mit bleichen Lippen und geschminkten Wangen, die mir angemerkt, daß ich ein Fremder sei, mit solcher Beharrlichkeit, daß selbst die Gabe des geforderten Schillings mich noch nicht von ihr befreite. *»Encore un moment«*, rief sie immer, *»je ne demande rien, c'est seulement pour parler français, pour avoir une conversation raisonnable, dont les Anglais ne sont pas capables.«*[103] Diese Geschöpfe werden hier zu einer wahren Landplage.

Bei der jetzigen Einsamkeit hat man nun wenigstens so viel Zeit für sich als man will, kann arbeiten und die Legion der Zeitungen mit Muße lesen. Die Albernheiten, welche täglich in diesen über fremde Angelegenheiten stehen, sind unglaublich. Heute fand ich folgenden Artikel:

»Des seligen Kaiser Alexanders Bewunderung Napoleons war eine Zeitlang ohne Grenzen. Man weiß, daß in Erfurt, als Talma auf dem Theater die Worte sprach: *›L'amitié d'un grand homme est un bienfait des dieux‹*[104], Alexander sich gegen Napoleon verbeugte und ausrief: *›Ces paroles ont été ecrites pour moi.‹*[105] – Weniger bekannt ist vielleicht folgende Anekdote, deren Wahrheit wir verbürgen können. Eines Tages äußerte Alexander gegen Duroc den lebhaften Wunsch, ein ›Paar Hosen‹ seines großen Verbündeten, des Kaisers Napoleon zu besitzen. Duroc sondierte seinen Herren über die allerdings ungewöhnliche Angelegenheit. Napoleon lachte herzlich: ›O, auf jeden Fall‹, rief er, *›donnez-lui tout ce qu'il veut, pourvu qu'il me reste une paire pour changer.‹*[106] Dies ist authentisch, man versicherte uns indessen noch, daß Alexander, der sehr abergläubig war, in den Campagnen 1812 und 13 im Felde nie andere als ›Napoleons-Hosen‹ trug!!!«

Solchen Unsinn glaubt jedoch ein Engländer unbedenklich.

Der Tag endete sehr angenehm für mich mit der Ankunft meines Freundes L..., für den ich Dich jetzt auch verlasse, und den entsetzlich langen, leider nichts weniger als im Verhältnis inhaltsreichen Brief, mit der eben so alten, aber für Dich, wie ich weiß, doch stets den Reiz der Neuheit behaltenden Versicherung schließe, daß Du, fern oder nah, meinem Herzen immer die Nächste bist und bleibst.

Dein treuer L...

Siebzehnter Brief

London, den 20sten August 1827

Liebe Getreue!

Die Neugierde führte mich heute nochmals zu den Arbeiten am Tunnel, wo ich in der Taucherglocke mit auf den Grund des Wassers hinabfuhr, und wohl eine halbe Stunde dem Stopfen der Lehmsäcke, um den Bruch wieder mit festem Boden zu füllen, zusah. Einen ziemlich starken Schmerz in den Ohren abgerechnet, aus denen sogar bei manchen Menschen Blut fließt, ohne jedoch nachher der Gesundheit zu schaden, fand ich es, je tiefer wir sanken, desto behaglicher in dem metallenen Kasten, der oben dicke Glasfenster hat, neben welchen zwei Schläuche ausgehen, die frische Luft ein- und die verdorbene auslassen. Dieses Behältnis hat keinen Boden, sondern nur ein schmales Brett, um die Beine darauf zu stellen, nebst zwei festen Bänken an den Seiten. Einige Grubenlichter geben die nötige Helle. Die Arbeiter hatten herrliche Wasserstiefel, welche 24 Stunden lang der Nässe widerstehen, und es belustigte mich, die Adresse des Verfertigers derselben hier bei den Fischen, ›auf des Stromes tiefunterstem Grunde‹ in mein Portefeuille zu schreiben.

Nachdem ich glücklich dem Wasser widerstanden, hätte mir am Abend bald das Feuer einen üblen Streich gespielt. Ein herabgebranntes *bougeoir*[1] zündete, als ich auf einen Augenblick in eine andere Stube gegangen war, die Papiere meines Schreibtisches an, und ehe ich löschen konnte, wurden viele mir sehr interessante Sachen vernichtet. Brief-Kopien, Kupfer und Zeichnungen, ein angefangener Roman, (wie schade!) eine Unzahl gesammelter Adressen, ein Teil meines Tagebuchs – alles wurde ein Raub der Flammen. Lächeln mußte ich als ich sah, daß die Quittungen unberührt geblieben, die unbezahlten Rechnungen aber alle bis auf die letzte Spur konsumiert waren. Das nenne ich ein verbindliches Feuer! Der große Pack Deiner Briefe ist nur rundum angebrannt, so daß sie jetzt wie auf Trauerpapier geschrieben, aussehen. Auch ganz richtig – denn Briefe unter Lieben trauern immer, da man sie überhaupt zu schreiben genötigt ist. Den Dir bekannten Wiener Courier mit 100 000 Glück, der zum Neger geworden, aber glücklich das Leben gerettet und sein Kleeblatt konserviert hat, sende ich als Zeugen und Boten des Brandes jetzt wieder zurück.

Den 21sten

Es gibt in dem unermeßlichen London so viel *terra incognita*[2], daß man, auch nur vom Zufall geführt, stets etwas Neues und Interessantes darin antrifft. So kam ich diesen Morgen nach Lincoln's Inn Fields, einem herrlichen *square*, wohl eine deutsche Meile von meiner Wohnung entfernt, mit schönen Gebäuden, hohen Bäumen und dem wohlunterhaltensten Rasenplatz versehen. Der ansehnlichste Palast enthält das Collegium der Wundärzte, mit einem sehr interessanten Museum. Einer der Herren zeigte mir die Anstalt mit vieler Gefälligkeit.

Das erste, was meine Aufmerksamkeit in Anspruch nahm, war eine allerliebste kleine Seejungfer, die vor einigen Jahren in der Stadt für Geld gezeigt, und dann für tausend Pfd. Sterl. verkauft wurde, worauf man erst entdeckte, daß sie nur ein chinesisches betrügliches Kunstprodukt sei, aus einem kleinen Orang-Utan und einem Lachs auf das künstlichste[3] verfertigt. Die wirkliche Existenz solcher Geschöpfe bleibt also nach wie vor ein Problem.

Daneben stand ein veritabler großer Orang-Utan, der lange hier lebte und sogar mehrere häusliche Dienste im

Hause verrichtete. Herr Clist, so hieß mein Führer, versicherte, daß er diese Affenart für ein eigenes Geschlecht halten müsse, das dem Menschen näher stehe als dem Affen. Er habe das erwähnte Individuum lange aufmerksam beobachtet, und die sichersten Anzeichen von Nachdenken und Überlegung bei ihm gefunden, die offenbar über den bloßen Instinkt hinausgingen. So habe z.B. Mr. Dyk, wie er ihn nannte, gleich andern Affen, nach erhaltener Erlaubnis die Taschen der Menschen untersucht, ob Eßwaren darin seien, aber stets das, was er darin fand, wenn es seinem Zweck nicht entsprach, sorgfältig wieder hineingesteckt, statt es, wie seine Kameraden, wegzuwerfen oder hinfallen zu lassen. Auch sei er gegen das geringste Zeichen von Mißfallen so empfindlich gewesen, daß er tagelang darüber habe schwermütig bleiben können, und oft habe man ihn den Hausdienern, wenn ihnen die Arbeit sauer zu werden schien, freiwillig Hilfe leisten sehen.

Zu den fast unglaublichen Verwundungen gehört folgende: Herr Clist zeigte mir den Vorderteil der Brust eines Menschen in Spiritus, den eine Deichsel bei durchgehenden Pferden so mitten durchgerannt und angespießt hatte, daß er nachher nur mit großer Kraftanstrengung mehrerer Leute von ihr wieder abgezogen werden konnte. Der Schaft war immediat bei Herz und Lungen vorbeigegangen, die er jedoch nur sanft zur Seite gedrückt, ohne sie im geringsten zu verletzen, wohl aber vorn und hinten die Rippen zerbrochen hatte. Nachdem der Mann von der Deichsel abgezogen worden war, blieb ihm noch so viel Kraft, daß er zwei Treppen hoch steigen und sich zu Bette legen konnte. Er lebte seitdem vierzehn Jahre gesund und wohl, die Herren Chirurgen hatten ihn aber nicht aus den Augen gelassen und bemächtigten sich seines Körpers, sobald er tot war, um ihn, nebst der Deichsel, die als eine Reliquie in der Familie aufbewahrt wurde, ihrem Museo einzuverleiben.

Merkwürdig war mir noch ein kleines, schöngeformtes Windspiel[4], welches in einem Keller vermauert und nach vielen Jahren im Zustand völliger Vertrocknung gefunden wurde. Es erschien wie von grauem Sandstein ausgehauen und bot ein rührendes Bild der Resignation, wie zum Schlaf zusammengerollt, und mit einem so wehmütigen Ausdruck des Köpfchens dar, daß man es nicht ohne Mitleid ansehen konnte. Eine ebenso verhungerte und vertrocknete Katze sah dagegen wild und teuflisch aus. So, dachte ich mir, bleibt Sanftmut selbst im Leiden schön! Es war wie ein Bild des Guten und Bösen in gleicher Lage und doch mit so verschiedener Wirkung.

Endlich muß ich noch des Skeletts des berühmten Franzosen erwähnen, der sich noch lebend, doch schon als Skelett, hier sehen ließ, da wirklich seine Knochen fast ganz ohne Fleisch und nur von Haut bedeckt waren. Sein Magen war kleiner wie bei einem neugeborenen Kinde, und der Ärmste zu einer fortwährenden Hungerkur verdammt, da er nicht mehr als eine halbe Tasse Bouillon täglich verzehren konnte. Er ward zwanzig Jahre alt, starb hier in London, und verkaufte sich noch lebendig dem Museo.

Während dem Zuhausefahren hatte ich beim Wechseln am *turn-pike*[5] eine Menge kleines Geld bekommen, und amüsierte mich, in einer seltsamen Laune, jedesmal wenn ich einem arm aussehenden zerlumpten Menschen begegnete, ein Stück dieses Geldes stillschweigend aus dem Wagen fallen zu lassen. Auch nicht einer ward es gewahr, sie gingen alle ruhig vorüber. Und gerade so macht es Fortuna! Sie fährt auf ihrem Glückswagen fortwährend durch die Welt, und wirft mit verbundenen Augen ihre Gaben aus. Wie selten wird sie aber einer von uns gewahr, und bückt sich darnach, sie aufzuheben. Ja meistens sucht er eben im günstigen Moment woanders.

Als ich indes zu Hause kam, fand ich diesmal wirklich eine

Gabe des Schicksals, und eine sehr teure – einen langen Brief von Dir ....

....

....

Der Herr von S..., dessen Du als späten Badegast erwähnst, ist ein alter Bekannter von mir, ein seltsames Original, dem wir alle gut waren, und dennoch alle unwiderstehlich zum besten haben mußten, und dem fortwährend die ernstesten und lächerlichsten Dinge zugleich begegneten. Du hast Dich selbst überzeugen können, daß er wie eine Karikatur aussieht, und von allen am wenigsten zum Liebesglück geschaffen schien. Nichtsdestoweniger war er als junger Lieutenant wie ein Wahnsinniger in eine der schönsten Frauen seiner Zeit, die Baronin B..., verliebt, und als diese eines Abends ihn durch ihren beißenden Spott auf das Äußerste gebracht, stach er sich vor ihren Augen den Degen durch den Leib. Das Eisen war mitten durch die Lunge gegangen, so daß ein Licht, welches man an die Wunde hielt, vom Atemholen verlöschte. Dem ungeachtet wurde unser tragischer Narr geheilt, und Frau von B..., die ohnedem ziemlich galant war, von der bewiesenen Liebe so gerührt, daß sie nach der völligen Herstellung ihres desperaten Liebhabers, nicht länger grausam zu bleiben vermochte, und ihm endlich ein belohnendes *rendez-vous* verhieß. Ich weiß nicht wie ein teuflischer Schadenfroh unter seinen Kameraden davon Kunde bekam und dem armen S..., über dessen Totstechen, so ernstlich es war, man doch nur gelacht hatte, den abscheulichen Streich spielte, ihm einige Stunden vor der bestimmten Zeit eine starkwirkende Medizin beizubringen. Man kann sich den burlesken Erfolg denken; indessen bekam es dem Spaßmacher doch übel. S... tötete ihn im Duell zwei Tage darauf, mußte den S...schen Dienst verlassen, und hat nun, wie ich höre, unter Alexanders Fahnen sich ein besseres Los erkämpft. Gern hätte ich den drolligen Kauz wiedergesehen, dessen Leidenschaften nun wohl auch gleich seiner angebornen Possierlichkeit minder hervorstechend geworden sein mögen!

Salthill, den 25ten

Ich habe mich endlich aufgemacht, und die Stadt mit L... verlassen, der mich einige Tage begleiten will, worauf ich allein weiter in's Land hineinreisen werde. Der erste Ruhepunkt ist ein reizender Gasthof in der Nähe von Windsor, der der Villa eines Vornehmen gleicht. Die lieblichste Veranda mit Rosen und allen möglichen rankenden Pflanzen, so wie mit Hunderten von Blumentöpfen geschmückt, nimmt die ganze Front ein, und ein auf das sorgfältigste gehaltner *pleasure-ground* und Blumengarten dehnt sich weit vor meinen Fenstern aus, von denen ich eine herrliche Aussicht auf das gigantische Schloß von Windsor habe, das in der Ferne, in den Rahmen zweier Kastanienbäume eingefaßt, wie ein Feenschloß in der Abendsonne glänzt. Der lange Regen hat alles smaragdgrün gefärbt, und das liebe frische Land hat den wohltätigsten Einfluß auf meine Stimmung. Ich spreche dabei viel von Dir; gute Julie, mit L..., dessen Gesellschaft mir sehr angenehm ist. Morgen gedenken wir eine Menge Dinge zu sehen, heute abend mußten wir uns, da es schon zu spät war, mit einem Spaziergang im Felde begnügen, und machten dann ein gutes *dinner* mit *champagne*, der auf Deine Gesundheit, wie sich von selbst versteht, getrunken wurde.

Den 26sten

Früh am Morgen fuhren wir nach Stoke Park, der Besitzung des Enkels des berühmten Quäkers Penn, wo im Schlosse noch ein Teil des Baumes aufbewahrt wird, unter dem er den Vertrag mit den *chiefs* der Wilden schloß, von dem Pennsylvanien[6] seinen Namen hat. Wir sahen hier in einem schönen

Park die größte Varietät von Dam-Hirschen, wie sie sowohl L... als mir noch nicht vorgekommen waren, schwarze, weiße, getigerte, scheckige, schwarze mit weißer Blässe, und braune mit weißen Füßen. Park und Garten, obgleich recht schön, boten doch nichts Außerordentliches dar. Dies war dagegen der Fall in Dropmore, dem Lord Grenville gehörig, wo die wundervollsten Bäume, und einer der reizendsten Blumengärten unsere ganze Aufmerksamkeit erregten. Es waren eigentlich drei oder vier Gärten an verschiedenen Orten verteilt, im Reichtum der Blumen wirklich einzig – teils Partien mit Beeten auf dem Rasen, teils auf Kies. Die letzteren nehmen sich in der Regel weit schöner aus. Besonders originell und vom ausgezeichnetsten Effekt war es, daß jedes Beet immer nur e i n e Art Blumen enthielt, welches über das ganze Bild einen unbeschreiblichen Reichtum gesättigter Farbenpracht verbreitete. Eine Unzahl von Geranien aller Art und Färbung, nebst vielen andern Blumen, die wir kaum kennen, oder höchstens nur einzeln besitzen, bildeten große und imposante Massen. Eben so viele hundert Arten Malven und Georginen. Dabei waren die Farben im großen so sinnig zusammengestellt, daß das Auge überall mit wahrem Genuß darauf ruhte.

Ein großer Teil des Parks bestand dennoch nur aus dürrem Boden mit Kiefernheide und Heidekraut, völlig wie in unsern Wäldern. Der Rasen zeigte sich noch verbrannt, demungeachtet gab die große Kultur dem Ganzen ein durchaus liebliches Ansehen, und bestärkte mich wieder in meiner Überzeugung, daß mit Geld und Sorgfalt in dieser Hinsicht jeder Boden, nur das Klima nicht, bezwungen werden kann.

Nachdem wir noch einen andern Park besehen hatten, der einige ausgezeichnet schöne Aussichten darbot, fuhren wir nach Windsor, um das neue Schloß (welches ich, wie Du Dich erinnerst, nur von außen bei meinem letzten Dortsein gesehen) *en detail* zu betrachten. Unglücklicherweise kam mit uns beinahe zugleich der König mit seinem Gefolge in fünf Phaetons[7], mit *ponies* (kleinen Pferdchen) bespannt, dort an, so daß wir über eine Stunde warten mußten, ehe er wieder fortfuhr und uns der Eingang gestattet werden konnte.

Wir besuchten unterdessen Eton College, eine alte, von Heinrich VI. gestiftete Erziehungsanstalt, äußerlich ein weitläufiges und schönes gotisches Gebäude mit einer dazu gehörigen Kirche, innerlich von einer Simplizität, die kaum von unsern Dorfschulen übertroffen werden kann. Weiße, kahle Wände, hölzerne Bänke, und die darin eingegrabenen Namen der Schüler, die hier studierten, (mitunter berühmte Männer, wie Fox, Canning und andere) sind alles, was man in den Sälen sieht, wo die vornehmste Jugend Englands erzogen wird. König Heinrichs Stiftung gemäß bekommen die Freischüler Tag für Tag kein andres als Schöpsenfleisch. Was muß sich der Stifter hierbei nur gedacht haben!

Die Bibliothek ist recht schön dekoriert und hat interessante Manuskripte.

Als wir von Eton zurückkamen, war der König wieder abgefahren, und Herr Wyattville, sein Architekt, welcher den neuen Schloßbau leitet, hatte die Güte, uns mit größter Gefälligkeit von allem genau zu unterrichten. Dieser Bau ist ein ungeheures Werk, und der einzige dieser Art in England, welcher nicht allein mit vielem Gelde und technischer Fertigkeit, sondern auch mit ungemeinem Geschmack, ja Genie, ausgeführt wird. Die Größe und Pracht des Schlosses, welches, noch nicht halb fertig, schon an drei Millionen unsers Geldes gekostet hat, ist in der Tat eines Königs von England würdig. Auf einem Berge, gerade über der Stadt sich erhebend, und auf allen Seiten eine herrliche Aussicht und Ansicht gewährend, bietet seine Lage schon einen großen Vorteil dar. Sein historisches Interesse, sein hohes Alter, und die erstaunliche Größe und Ausdehnung, die es jetzt erhält, vereinigen sich, es einzig in der Welt zu machen.

Die Pracht des Innern entspricht dem Äußern. In den ungeheuren gotischen Fenstern kostet z. B. jede der einzelnen Spiegelscheiben zwölf L. St., und Samt, Seide und Vergoldung blenden im Innern das Auge. Eine hohe Terrasse auf der Seite der Zimmer des Königs, die die Treibhäuser nach innen bildet, und nach außen nur eine hohe schroffe Mauer im ernsten Charakter des Ganzen zeigt, umschließt den reizendsten Blumengarten und *pleasure-ground*. Die vier großen Eingangstore im Schloßhofe sind so sinnig angebracht, daß jedes einen der interessantesten Teile der Landschaft wie im Rahmen faßt.

Alle Zusätze sind, wie ich wohl schon erwähnt, so vortrefflich ausgeführt, daß sie vom Alten nicht zu unterscheiden sind, und ich mag es nicht tadeln, daß man dabei, auch im weniger Geschmackvollen, sich dennoch ganz treu an den frühern Stil gehalten hat. Dagegen gestehe ich, daß die Verzierungen des Innern, ungeachtet ihres Reichtums, mir vieles zu wünschen übrig ließen. Sie sind zum Teil höchst überladen und nicht immer weder dem Charakter des Ganzen analog, noch von angenehmer Wirkung.

Den 28sten

L... verließ mich gestern schon, früher als er erst gewollt, was mir sehr leid tat, da ein so anmutiger und freundlich gesinnter Gesellschafter jeden Genuß verdoppelt. Ich fuhr daher noch an demselben Tage mit einem Bekannten von den Horseguards, der hier stationiert ist, nach St. Leonard's Hill, dem Feldmarschall Lord H... gehörig, an den mir E... einen Brief mitgegeben hatte.

Das Wetter, welches früher bezogen und von Zeit zu Zeit regnerisch gewesen, war heute prächtig; kaum eine Wolke am Himmel. An keinem schöneren Tage konnte ich einen schöneren Ort sehen als St. Leonard's Hill. Diese Riesenbäume, dieser frische Wald voller Abwechselung, diese bezaubernden Aussichten in der Nähe und Ferne, dies liebliche Haus mit dem heimlichsten und entzückendsten aller Blumengärten, diese üppige Vegetation, und diese reizende Einsamkeit, aus der man, wie hinter dem Vorhang lauschend, eine Welt voll Mannigfaltigkeit meilenweit im Tale unter sich erblickt, hat ihresgleichen nicht in England. Die Besitzer sind zwei sehr liebenswürdige alte Leute, der eine von fünfundachtzig, die andere von zweiundsiebenzig Jahren, leider ohne Kinder und fast ohne nahe Verwandte, so daß alle ihre Herrlichkeit an entfernte teilnahmlose Menschen fällt. Der alte Herr fand sehr viel Wohlgefallen an meinem Enthusiasmus für die Gegend und lud mich auf den folgenden Tag bei sich ein, was ich auch mit Vergnügen annahm. Zu Heute war ich schon von meinem Bekannten, Capt. B... zur *mess* der Garde in Windsor eingeladen, wo ich mich um 6 Uhr hinbegab, und erst um Mitternacht wieder weg kam.

Bei guter Zeit am andern Morgen zitierte mich Lord H..., welcher ›Ranger of the Park‹ in Windsor ist, und mir diesen zeigen wollte, ehe der König darin erscheint. Denn dann sind die Privatanlagen desselben für jedermann ohne Ausnahme, der nicht zu der eben eingeladenen immediaten Gesellschaft des Königs gehört, hermetisch verschlossen.

Ich kam etwas spät, der gute alte Herr schmälte ein wenig, und gleich mußte ich in den mit vier herrlichen Pferden bespannten Landau hinein, mit welchen wir eiligst durch den hohen Buchenwald dahinrollten. Der König hat in seinem immensen Park von Windsor, der 15000 Morgen groß ist, mehrere Fahrwege für sich allein anlegen lassen, die nach den interessantesten Punkten hingeleitet sind. Auf einem solchen fuhren wir und gelangten nach einer halben Stunde zu den königlichen Ställen, wo die viel besprochene Giraffe sich jetzt befindet. Wir erfuhren hier leider, daß der König eben auch seine Wagen hatte bestellen lassen, die schon angespannt auf dem Hofe standen. Es waren sieben, von allen Formen, aber alle mit ganz niedrigen Rädern, auf das leichteste gleich Kinderwagen gebaut, und mit kleinen *ponies* bespannt, der des Königs mit vieren; die er selbst fährt, die andern mit zweien, und die meisten Pferde von verschiedenen Farben. Lord H... sah diese Equipagen mit Schrecken, da sie ihn fürchten ließen, der König möchte uns begegnen und sich *mal à son aise*[8] fühlen, unerwartete Fremde zu sehen, denn der Monarch ist darin seltsam. Es ist ihm unangenehm, irgendein fremdes Gesicht, oder überhaupt Menschen in seiner Besitzung zu sehen, und der Park ist daher auch, die hindurchführenden Hauptstraßen ausgenommen, eine völlige Einsamkeit. Des Königs Lieblingspartien sind außerdem dicht umschlossen, und täglich werden noch große Pflanzungen angelegt, um alles mehr privatim und versteckt zu machen. An manchen Orten, deren Beschaffenheit so ist, daß man leicht einen lauschenden Blick hineinwerfen könnte, sind sogar drei Etagen Plankenzaun übereinander getürmt.

Wir eilten daher sehr, wenigstens die Giraffe zu sehen, die uns zwei Türken, die sie von Afrika herübergebracht, vorführten. Ein seltsames Tier in der Tat! Du kennst seine Gestalt, aber nichts kann eine Idee von der Schönheit seiner Augen geben. Denke Dir ein Mittelding zwischen den Augen des schönsten arabischen Pferdes und des reizendsten südlichen Mädchens mit langen rabenschwarzen Wimpern und dem innigsten Ausdruck von Güte, verbunden mit vulkanischem Feuer. Die Giraffe liebt die Menschen, und ist äußerst *gentle* und von gutem Humor, auch gutem Appetit, denn sie säuft täglich die Milch von drei Kühen, die neben ihr ruhen. Ihre lange, himmelblaue Zunge gebraucht sie wie einen Rüssel, und nahm damit unter andern meinen Regenschirm weg, der ihr so gefiel, daß sie ihn gar nicht wieder herausgeben wollte. Ihr Gang war noch ein wenig ungeschickt, da sie sich auf dem Schiff verlegen hatte, sie soll aber im ganz gesunden Zustande sehr rasch sein, wie die Afrikaner versicherten. Aus Furcht vor dem König trieb uns Lord H... zur Eile, und nachdem wir nur durch einen kleinen dichtverpflanzten Teil des *pleasure-grounds* der *cottage* gefahren waren, und diese selbst bloß von weitem erblickt, dirigierten wir uns nach Virginia Water, dem Lieblingsaufenthalte Sr. Majestät, wo er auf einem zwar künstlichen, aber sehr natürlich aussehenden großen See täglich zu fischen pflegt. Ich war nicht wenig verwundert, hier die ganze Gegend plötzlich einen ganz andern Charakter annehmen zu sehen, der in England sehr selten vorkommt, nämlich den des eigenen Vaterlandes. Kiefern und Fichtenwald, mit Eichen und Erlen gemischt, und darunter unser Heidekraut und auch unser Sand, auf dem die Pflanzungen dieses Frühjahrs sämtlich vertrocknet waren. Über das Pflanzen auf Sand hätte ich den königlichen Gärtnern guten Rat geben können, denn ich überzeugte mich, daß sie die Behandlung solchen Bodens gar nicht verstehen. Auf dem See schaukelte sich eine Fregatte, und an seinen Ufern waren viele angenehme Spielereien, chinesische und amerikanische Häuser etc. mit Geschmack und ohne Überladung angebracht. Die Eile, mit der uns der Lord trieb, ließ uns alles nur flüchtig und größtenteils nur in der Ferne betrachten; ich war jedoch sehr froh, durch diese Gelegenheit wenigstens eine allgemeine Idee des Ganzen bekommen zu haben.

Der alte Mann kletterte mit vieler Mühe auf den Sitz des Wagens und stand dort aufrecht, von mir und seiner Frau gehalten, um zu spähen, ob der König nicht etwa doch irgendwo hervorbrechen möchte, und beruhigte sich erst wieder ganz, als sich die Tore des Allerheiligsten hinter uns geschlossen hatten.

Auf dem Rückwege sahen wir auch die Jagdpferde des Königs, schöne Tiere, wie Du denken kannst, und eine eigne Art sehr zierlicher, ganz kleiner Parforce-Hunde, die man außerhalb Englands nicht findet.

Mit gutem Appetit kamen wir zum Essen zurück, wo ich noch einige andere Gäste antraf. Unsre Wirtin ist eine sehr liebenswürdige Dame, und ebenso Parkomane als ich. Alle die herrlichen großen Bäume vor dem Hause, unter und zwischen denen man, wie so viele einzelne *tableaux*, die verschiedenen Aussichten erblickt, sind von ihr selbst vor 40 Jahren gepflanzt worden, und nur zwei davon hat sie in dieser Zeit wieder weggenommen. Jeden Tag überzeuge ich mich mehr, daß die breiten, zu offenen Aussichten, welche hier fast ganz verbannt sind, alle Illusion zerstören. Einige ganz alte Anlagen abgerechnet, findest Du fast kein Haus oder Schloß in England, dessen An- und Aussicht nicht vielfach durch hohe Bäume unterbrochen wäre. In den Abbildungen davon wird man getäuscht, weil die Zeichner gewöhnlich, da ihre Hauptabsicht ist, die Architektur des Gebäudes und seinen Umfang zu zeigen, die davorstehenden Bäume weglassen.

Eine recht zweckmäßige Sache im hiesigen Garten war ein gigantischer *parapluie*, von der Größe eines kleinen Zeltes, unten mit einer eisernen Spitze versehen, um ihn in den Rasen zu stecken, so daß man an jedem beliebigen Orte sich vor der Sonne geschützt darunter hinsetzen konnte.

Es war mir sehr willkommen, als der freundliche Hauswirt mich auf morgen wieder einlud, an welchem Tage die Hofdamen der Königin von Württemberg dort essen sollten, was, wenn sie hübsch sind, unsre Partie nicht verderben wird. Nach Tisch machten wir noch einen Spaziergang und besahen eine *cottage* im Talgrund des Parks, die, überall von Berg und Wald umschlossen, einen reizenden Kontrast zu der reichen Villa in der Höhe bildet, und ritten dann in der Nacht (B... und ich) bei romantischem Sternenlicht zu Haus.

Den 29sten

Nachdem ich früh in Windsor einen Besuch bei Mistress C... abgestattet, deren hübsche Töchter Du aus früheren Briefen kennst, fuhr ich um 4 Uhr wieder zu Lord H..., immer mit neuem Entzücken den herrlichen Eichenwald seines Parks genießend, an dessen Eingang die niedlichste Gärtnerwohnung von rohen Stämmen und Ästen geschmackvoll aufgebaut und mit Rosen überwachsen, den lieblichen Charakter des Ganzen schon im voraus anzeigt. Ich fand eine große Gesellschaft, die Oberhofmeisterin, zwei Hofdamen und zwei Kavaliere der Königin von Württemberg, sämtlich Deutsche, le Marquis de H..., einen Franzosen mit seinen zwei Söhnen und seiner artigen Tochter, einer echten Pariserin, ferner einen englischen Geistlichen und noch einen andern fremden Edelmann.

Die französischen Herrn haben sehr gescheiterweise bei dem alten Lord ohne Verwandten die Cousinschaft geltend gemacht, sind sehr gut aufgenommen, wohnen in der *cottage* im Tale, die ich gestern beschrieb, und haben alle Anwartschaft, die Erben des ganzen kolossalen Vermögens zu werden. Auch sieht man die kleine Französin schon für eine große Partie an. Von allen interessierte mich indessen die Gräfin am meisten, weil sie eine höchst liebenswürdige alte Frau ist, voller Würde und Höflichkeit mit dem anmutigsten Geiste verbunden, die überdies viel gesehen und erlebt hat, und es auf interessante Weise wieder zu erzählen weiß. Sie sagte mir manches über Lord Byron, der als Knabe lange in ihrem Hause lebte, und schon damals so unbezähmbar war, daß sie, wie sie sagte, unsägliche Not mit dem trotzigen, gern Unheil anstiftenden Buben gehabt habe. Sie hielt ihn nicht für schlecht, aber doch für böse, weil er von jeher eine Art Vergnügen daran gefunden habe, wehe zu tun, besonders Weibern, obgleich, wenn er liebenswürdig sein wollte, ihm, wie sie selbst nicht leugnen konnte, kaum eine zu widerstehen vermochte. Seine Frau, fuhr sie fort, sei allerdings eine kalte, eitle, und dabei noch dazu gelehrte Närrin gewesen, aber Byron habe sie auch übel behandelt, und wirklich raffiniert gemartert, wahrscheinlich besonders deswegen, weil sie ihn zuerst ausgeschlagen, als er um sie anhielt, wofür er ihr gleich am Hochzeitstage eine nie endende Rache geschworen habe.

Ich traute diesen Erzählungen nicht sehr, so viel Respekt ich auch sonst für die alte Dame fühlte, denn eine Dichterseele, wie die Lord Byrons, ist schwer zu beurteilen! Der gewöhnliche Maßstab paßt nun und nimmermehr dafür, und ich bezweifle sehr, daß bei dem Geäußerten ein anderer angelegt war.

Wenn man sich irgendwo gut gefällt, gefällt man auch gewöhnlich selbst, und so bat man mich denn dringend, einige Tage in diesem kleinen Paradies wohnen zu bleiben. Meine Rastlosigkeit ist aber, Du weißt es zur Genüge, ebenso groß als meine Trägheit, und wie ich da, wo ich einmal festsitze, schwer zur Bewegung zu bringen bin (*témoin*[9]: mein unnützer langer Aufenthalt in London) so kann ich mich auch schwer zum Bleiben zwingen, wo das Interesse des Augenblicks bereits erschöpft ist. Ich lehnte also die Einladung dankbar ab, und kehrte nach Salthill zurück.

[s. a. Nachlaß-Briefe S. 770 ff.]

Den 30sten

Die Terrasse des Schlosses zu Windsor dient den Städtern zu einer sehr angenehmen Promenade, welche häufig durch die Musik der Garde belebt wird.

Ich besuchte sie diesen Morgen mit den liebenswürdigen Missis C..., und machte dann der Castellanin des Schlosses, einer alten unverheirateten Dame, mit ihnen eine Visite.

Man konnte nicht schöner wohnen. Jedes Fenster bot dem Blicke eine andre herrliche Landschaft dar. Die jungen Damen hatten sich unterdessen in den Nebenstuben verteilt, und ich erschrak fast, als die bejahrte Jungfer mich beim Arme nahm und mir zuflüsterte: sie fühle jetzt noch ein wahres Bedürfnis, mir eine zwar alte, aber doch sehr interessante Merkwürdigkeit in ihrem Schlafzimmer zu zeigen. – Das Schlafzimmer einer Engländerin pflegt sonst ein Heiligtum zu sein, das nur den Vertrautesten geöffnet wird. Ich war also nicht wenig über diese Offerte verwundert, um so mehr, da die alte Dame ohne weiteres gerade auf ihr Bett zusteuerte, die Vorhänge aufzog, und ... *que diable veut-elle faire?*[10] sagte ich zu mir selbst – als sie mich auf einen Stein in der Wand aufmerksam machte, auf dem ich eine verwitterte Inschrift erblickte. – »Dies hat ein junger reizender Ritter in seiner Todesstunde geschrieben, *my dear Sir*, der hier im Gefängnisse schmachtete, und unter dem Stein erdrosselt wurde.« – »Mein Gott fürchten Sie sich denn nicht, hier zu schlafen?« erwiderte ich; »wenn der junge Ritter nun als Geist wiederkehrte?« – *»Never fear«*, rief die joviale Alte, »in meinen Jahren ist man nicht mehr so furchtsam, und vor lebenden und toten jungen Rittern sicher.«

Wir wanderten nun nach der herrlichen Kapelle zum Gottesdienst. Die Banner, Schwerter und *coronets*[11] der Hosenbandritter, stolz rund umhergereiht, das trübe Licht der bunten Fenster, das künstliche Schnitzwerk in Stein und Holz, die andächtige Menge, gaben ein schönes Bild, nur durch Einzelnheiten entstellt, wie z. B. das ridicüle[12] Monument der Prinzessin Charlotte, wo die vier Nebenpersonen alle dem Beschauer den Rücken kehren, ohne irgend etwas anders von sich sehen zu lassen, wogegen aber die Prinzessin doppelt erscheint, zugleich als Leiche daliegt und als Engel in die Höhe fliegt.

Von dem Gesang und der Musik umwogt, überließ ich mich, still in eine Ecke gedrückt, meinen Phantasien, und vergaß, im Reich der Töne tief versunken, bald alles um mich her. Ich dachte mich endlich selbst tot, und als Besucher jener gotischen Kapelle, die wir, liebe Julie, bauen wollen[13], vor meinem eignen Grabe stehend. Auf einem weißen Marmor-Sarkophag, dem Chore gegenüber, in der Mitte der Kirche, lag vor mir eine in faltenreiche Gewänder gehüllte Gestalt, ein Lamm und einen Wolf zu ihren Füßen. Ein anderes gleiches Postament daneben war noch leer. Ich näherte mich, und las folgende Inschriften in den Marmor gegraben, und mit goldenen Metall-Buchstaben überkleidet. Auf der schmalen Vorderseite unter dem Haupte des Liegenden standen folgende Worte:

In Deinem Schoß, o Gott!
Ruht seines Geistes unvergänglich Teil –
Denn des ewigen Lebens Gesetz
Ist Sterben und Auferstehn!

Auf der anstoßenden Seite war geschrieben:

Seiner Kindheit fehlte ihr größter Segen –
Liebevolle Erziehung in der Eltern Haus!
Seine Jugend war stürmisch, und eitel und töricht –
Doch nie entfremdet von Natur und Gott.

Auf der andern Seite:

Ernst war des Mannes Alter und trübe,
Gehüllt in dunkle Nacht wär' es gewesen,
Hätte nicht eine liebende Frau,
Der Sonne gleich, mit hellen wohltuenden Strahlen
Gar oft die dunkle Nacht zum heitern Tag gemacht.

Auf der letzten Seite:

Des Greises Alter wurde ihm versagt. –
Was er gewirkt, und was er schuf?
Es blühet um Dich her –
Was sonst er Irdisches erstrebte und erwarb –
Den andern galt es viel, doch wenig ihm.

Nun dachte ich viel an Dich, und sie, und alle meine Lieben, und weinte im frommen Schmerze über mich selbst – und als ich mit dem raschen Aufhören der Musik im vollen Akkorde aus der Träumerei wieder wach wurde, liefen mir wahrhaftig die hellen Tränen über die Backen, so daß ich mich fast vor den Leuten schämte.

Den 31sten

Gut bedient wird man in England, das ist wahr!

Ich war um 6 Uhr bei den Gardeoffizieren eingeladen, wo sehr pünktlich gegessen wird, und hatte mich beim Schreiben verspätet. Die Kaserne ist eine Stunde von meinem Gasthof (der wie gewöhnlich zugleich Posthaus ist) entfernt. Ich jagte also meinen Diener die Treppe hinunter ›für Pferde‹. In weniger als einer Minute waren diese schon angespannt, und in 15 war ich, mit Windesschnelle fahrend, mit dem Schlage sechs am Tisch.

Das hiesige Militär ist im ganzen weit gesellschaftlicher gebildet, als das unsre, schon aus dem Grunde, weil es viel reicher ist. Obgleich der Dienst nichts weniger als vernachlässigt wird, so ist doch von unserer Pedanterie nicht eine Spur, und außer dem Dienst auch nicht der mindeste Unterschied zwischen dem Obristen und dem jüngsten Lieutenant. Jeder nimmt ebenso ungezwungen als in andern Gesellschaften Teil an der Konversation. Bei Tisch sind auf dem Lande alle Offiziere in Uniform, in London nur der, welcher

Die von Schinkel entworfene Begräbniskapelle
(nicht realisiert)

du jour[14] in den *barracks* ist – nach dem Essen aber macht sich's jeder bequem, und ich sah heute einen der jungen Lieutenants sich im Schlafrock und Pantoffeln mit dem Obristen, der in Uniform blieb, zu einer Partie Whist hinsetzen. Die Herren haben mich, wenn mich kein anderes Engagement hindert, so lange ich in der Gegend bleibe, für immer zu ihrer Tafel gebeten und sind außerordentlich freundschaftlich für mich.

Am Morgen hatte ich Frogmoor besehen, und noch einige Stunden mit Besichtigung der Gemälde in Windsor zugebracht. Im Thronsaal sind viele nicht üble Schlachtenbilder von West, die Taten Eduards III. und des Schwarzen Prinzen vorstellend, ein Gewühl von Rittern, schnaubenden Rossen, alten Trachten und Pferdeschmuck, Lanzen, Schwertern und Fahnen, das gut zur Dekoration eines Königssaales paßt. In einem andern Zimmer frappierte mich das höchst ausdrucksvolle Portrait eines Herzogs von Savoyen, ein wahres Herrscherideal. Luther und Erasmus, von Holbein, bilden ein paar gute Pendants, und zugleich Kontraste. Das feine und sarkastische Gesicht des letzteren scheint eben die Worte aussprechen zu wollen, die er dem Papste schrieb, als ihm dieser vorwarf, daß er die Fasten nicht halte: »Heiliger Vater, meine Seele ist katholisch, mein Magen aber protestantisch.«

Die Schönheiten am Hofe Carls des Zweiten, die eine ganze Wand daneben schmücken, könnten leicht Gefühle gleicher Unenthaltsamkeit in anderem Sinne erwecken.

Frogmoor bietet wenig Sehenswertes dar. Die große Wasserpartie ist noch jetzt nur ein Froschsumpf, obgleich von Taxus und Rosenhecken umgeben. Ein ganzes Lager beweglicher, leichter Zelte auf dem Rasen nahm sich gut aus.

Den 3ten

Ich habe mich überreden lassen, bei der schönen Lady G..., einer nahen Verwandtin Cannings, einige Tage dem speziellen Landleben zu widmen.

Beim Frühstück erzählte sie mir, daß sie vor drei Monaten noch gegenwärtig war, als Canning von seiner Mutter, beide in bester Gesundheit, mit den Worten Abschied nahm: »Adieu, liebe Mutter, im August sehen wir uns gewiß wieder.« Im Juli starb die Mutter sehr plötzlich, und Anfang August folgte ihr der Sohn. – Welch' seltsames Zusammentreffen, denn zur bestimmten Zeit waren sie ja, wie abgeredet, wieder vereint!

Gestern und vorgestern fuhren wir zu den *races* nach Egham, die auf einer von Hügeln umgebenen großen Wiese stattfanden. Ich traf viele Bekannte, ward vom Herzog von Clarence der Königin von Württemberg vorgestellt, wettete glücklich, und wohnte abends einem *pique-nique*-Ball in dem Städtchen bei, der, *tout comme chez nous*[15], gar viel Kleinstädtisches und sehr lächerliche *dandies* vom Lande produzierte.

Heute nahm eine andere Landpartie und ein Spaziergang mit den jungen Damen fast den ganzen Tag weg. Die jungen Engländerinnen sind unermüdliche Fußgängerinnen durch dick und dünn, über Berg und Tal, so daß etwas Ambition dazu gehört um immer mit ihnen gleichen Schritt zu halten.

In dem Park eines Nabobs[16] fanden wir eine interessante Merkwürdigkeit, nämlich zwei aus China hertransportierte Zwergbäume, hundertjährige Ulmen, ganz mit dem verkrüppelten, runzlichen Ansehen ihres Alters und doch kaum zwei Fuß hoch. Das Geheimnis, Bäume so zu ziehen, ist in Europa unbekannt.

Zuletzt stiegen die mutwilligen Mädchen sogar über eine Verzäunung des Windsor Parks, und störten die streng gehütete königliche Einsamkeit mit ihren Scherzen und Lachen. Ich sah bei dieser Gelegenheit noch mehrere verbotene Partien des reizendsten Aufenthalts von Virginia Water, wohin sich die Ängstlichkeit des Lord H... nicht gewagt hatte, und wären wir ertappt worden, in so guter Gesellschaft hätte man es ohne Zweifel gnädig mit uns gemacht.

Windsor, den 5ten

Wir hatten uns in den vier Tagen meines Aufenthaltes so herzlich alle genähert, daß der Abschied fast schwer wurde. Die Damen begleiteten mich wohl eine Stunde weit, ehe ich in den Wagen stieg. Ich pflückte einige Vergißmeinnicht am Bache, und übergab sie sentimental als stummen Abschied der schönen Rosabel zuerst, die gebietend unter ihnen stand, wie eine stolze Herrin unter lieblichen Sklavinnen. Sie löste sanft ein Blümchen aus dem Strauß und drückte mir es wieder in die Hand. – *Moquez-vous de moi, mais je le conserve encore.*[17] [s.a. Nachlaß-Briefe S. 772]

Endlich fuhr ich ganz niedergeschlagen davon, und dirigierte meinen *postboy* nach den *barracks* der Garde zu Pferd, wo ich noch gerade zur rechten Zeit zum *dinner* ankam. Mit vielem Champagner und Claret (denn ich war sehr durstig von den langen Promenaden, gute Julie), tröstete ich mich über die verlassenen Schönen, so gut sich's tun ließ, und fuhr dann mit Capt. B... zu einer Soirée bei Mistress C... Hier wurde nach dem Tee um 11 Uhr, da der Mond wundervoll schien, auf den Wunsch der Damen der Entschluß gefaßt noch einen Gang im Park zu machen, um das gigantische Schloß von einem besonders vorteilhaften Punkte bei Mondschein zu betrachten. Die Promenade war abermals ein wenig lang, aber höchst belohnend. Der Himmel hatte Herden von Schäfchen auf seine blauen Weiden geschickt, welches jedoch einer der Offiziere, nicht sehr poetisch, aber allerdings ziemlich wahr, mit einem zusammengelaufenen Milchbrei verglich – und die Beleuchtung des glänzenden Mondes darüber konnte nicht herrlicher sein. Wir wurden in unserer Freude aber bald ziemlich unsanft durch zwei Wildwächter mit Flinten unterbrochen, die uns als auf verbotenem Wege gehend und als Friedensstörer (eine Gesellschaft von 20 Personen, meistens Damen und wenigstens 7 Gardeoffiziere in Uniform dabei) arretieren wollten. Sie begnügten sich indes zuletzt mit zwei Offizieren, die sie sogleich mitnahmen. Welcher Unterschied der Sitten! Bei uns würden die Offiziere sich durch die ganz harten Worte, deren sich die Wächter bedienten, entehrt und vielleicht sie totzustechen verpflichtet gefühlt haben. Hier schien alles ganz in Ordnung, und nicht der mindeste Widerstand wurde geleistet. Wir Übrigen gingen zu Hause und nach einer Stunde erst kamen die beiden Arretierten nach, die viele Weitläufigkeiten gehabt hatten, ehe man sie entließ. Der Rittmeister T..., einer von ihnen, erzählte mit vielem Lachen, daß ihn der Förster sehr hart angelassen habe und gesagt: es sei eine Schande, daß Offiziere, die ihr Dienst verpflichte Unordnung zu verhüten, sich nicht scheuten, selbst welche zu verüben etc.

»Ganz Unrecht hatte der Mann nicht«, setzte er hinzu, »aber der Damen Wünsche müssen immer befriedigt werden, *quand même.*«[18] –«

Im Gasthof fand ich meinen alten B..., der vor seinem Abgange noch meine persönlichen Befehle entnehmen wollte. Ich bin mit dem kraniologisch untersuchten Engländer sehr zufrieden, und werde den Landsmann daher nicht so sehr entbehren. Er bringt Dir einen großen Gartenplan von mir, auf dem ich vor dem Zubettegehen noch eine Stunde in meiner Schlafstube ausgestreckt lag, ehe ich damit fertig wurde, wie Napoleon auf seinen Karten und Weltplänen. Er zeichnete aber mit seinen roten Nadeln Blut, ich nur Wasser und Wiesen, er Festungswerke, ich Lusthäuser, er endlich Soldaten, ich nur Bäume. Vor Gott mag es am Ende einerlei sein, wie seine Kinder spielen, ob mit Kanonenkugeln oder Nüssen, aber für die Menschen ist es ein bedeutender Unterschied, und größer offenbar der, nach ihrem eigenen Urteil, welche sie zu Tausenden totschießen läßt, als der, welcher bloß für ihr Vergnügen sorgt.

Eine lange Liste erklärt Dir den Plan, führe fleißig aus, was ich vorschreibe und erfreue mich bei meiner Rückkunft mit der Realisierung aller Gartenträume, die Deinen Beifall haben.

Meine Absicht ist jetzt, noch einmal nach London auf wenige Tage zurückzukehren, um meine Pferde selbst einschiffen zu sehen, und dann erst meine längere Tour ins Land anzutreten. Das Tagebuch wird also wohl eine geraume Zeit lang anschwellen, ehe ich es Dir wieder zuschicken kann: glaube deshalb nur nicht, daß ich in meinen Nachrichten saumseliger werde, denn, wie der geistreiche Prinz sagt: »ich kenne wenig Sachen, die ich lieber tue, als Dir zu schreiben.«

Dein L.

Achtzehnter Brief

London, den 7. Sept. 1827

Teure Freundin!

Ich bin zwar, wie Du weißt, nicht stark in Erinnerungen von *anniversaires* etc., weiß aber diesmal doch, daß morgen derjenige Tag wiederkehrt, an dem ich meine arme Julie in B... allein zurücklassen mußte! Ein Jahr rollte seitdem über die Welt, und wir Insekten kriechen noch in dem alten Geleise – wir haben uns aber auch noch ebenso lieb, und das ist die Hauptsache! Endlich werden wir doch durch den großen Haufen glücklich hindurchkommen, durch den wir uns jetzt so mühsam arbeiten müssen, und dann vielleicht frisches Gras mit schönen Blümchen erreichen, auf denen eben der Morgentau seine Diamanten abgesetzt hat, und bunte Sonnenstrahlen sich in dem feuchten Kristall blitzend umhertummeln. *Soyez tranquille, nous doublerons encore un jour le cap de bonne espérance!*[1]

Ich habe Dir die letzten Tage nichts über mein Tun und Treiben geschrieben, weil es sich bloß darauf reduzierte, daß ich täglich mit B... arbeitete und schrieb, mit L... im Traveller's Club aß, und endlich allein zu Bett ging. Gestern war jedoch bei unserm *dinner* noch ein anderer Deutscher, Graf... zugegen, der Pferde zu kaufen hierher gekommen ist. Er scheint reich und ist jung genug, um es lange zu genießen; übrigens das echte Bild eines gutartigen Landjunkers, gewiß eine höchst glückliche Art Menschen. Wünschte wohl, ich wäre ein solcher!

Dein Gutachten über den Park betreffend, bemerke ich, daß die Ausdehnung desselben, besonders mit gehöriger Arrondierung[2] verbunden, nie groß genug sein kann. Windsor Park ist der einzige, der mich hier, als ein Ganzes, völlig befriedigt hat, und der Grund liegt wesentlich in seiner Größe. Er idealisiert, was ich haben will. Eine anmutige Gegend, in deren Bezirke man ohne Entbehrung leben und weben kann, jagen, reiten, fahren, ohne sich je zu enge zu fühlen, und die, außer eben den Ausgangspforten, nirgends einen Punkt zeigt, wo man bemerkt: hier sei sie begrenzt; worin aber dennoch alles, was die Umgegend Gutes besitzt, ein feiner Sinn sich bis in die weiteste Ferne zu eigen zu machen wußte. Übrigens hast Du recht, man muß das Kind nicht mit dem Bade verschütten, und viele Mängel und Beschränkungen des Terrains lassen sich durch klug berechnete Wege und Pflanzungen lieber verbergen, als daß man unverhältnismäßige Opfer für ihre Hinwegschaffung oder neue Akquisitionen brächte.[3]

Meine Pferde sind heute glücklich abgesegelt, wiewohl sich der schöne Hyperion wie wahnsinnig dabei anstellte und den Kasten, in den er gesperrt war, nebst den eisernen Schienen, den Halftern und Riemen, alles wie Glas zersprengte. Er wäre bei einem Haar ins Meer gefallen, und wird unterwegs wahrscheinlich noch manche Not machen, obschon wir ihn wie ein wildes Tier gebunden haben. Man kann es übrigens den armen Geschöpfen nicht verdenken, daß ihnen angst wird, wenn der große Kran sie wie ein Riesenarm ergreift und im weiten Bogen in der Luft vom Quai über's Wasser in das Schiff versetzt. Manche leiden es indes mit der größten Ruhe, denn auch unter den Pferden gibt es Stoiker.[4]

Es hielte mich nun eigentlich nichts mehr in London auf, aber Lady R... ist hier, und allein, und so anziehend! Einer solchen Freundin aus dem Wege zu gehen, wäre Unrecht, um so mehr, da ich nicht daran denke, in sie verliebt zu sein. Aber ist nicht auch die wirkliche, bloße Freundschaft einer schönen Frau etwas sehr Süßes? Ich habe gefunden, daß sich viele Männer alle Verhältnisse verderben, weil sie sich im nähern Verkehr mit Weibern immer sogleich verbunden

glauben, die Verliebten spielen und dadurch die Frau, mit der sie zu tun haben, von Hause aus *sur le qui-vive*[5] setzen, und die allmähliche rücksichtslose Vertraulichkeit und Unbefangenheit verhindern, auf welchem Boden am besten später alles aufblüht, was man hinsäen will. Ich begnüge mich daher sehr gern ganz allein mit einer zärtlichen Freundschaft, besonders wenn ich sie, so wie hier, im Blicke sanfter, schmachtender, blauer Augen lesen kann, ein purpurroter Perlenmund sie ausspricht und eine samtne Hand vom schönsten Ebenmaß sie durch ihren warmen Druck bekräftigt. Zu diesem Portrait brauchst Du nur noch den Unschulds-Ausdruck einer Taube, langes, dunkelbraun gelocktes Haar, eine schlanke mittlere Taille, und den schönsten englischen Teint hinzuzufügen – so hast Du Lady R... vor Dir, ganz wie sie leibt und lebt.
[s. a. Nachlaß-Briefe S. 773-786]

Doncaster, den 16ten

Ich hätte bald von London datiert, so schnell habe ich die 180 Meilen bis hier in 20 Stunden zurückgelegt, und dennoch Zeit genug übrig behalten, um zwei berühmte Schlösser und Parks aus Elisabeths Zeit, wenn auch nur flüchtig, zu besehen.

Das eine, Hatfield, welches ihr selbst zugehörte, und was sie oft bewohnte, ist weniger prachtvoll, als das zweite, Burleigh House, welches ihr berühmter Minister Cecil sich erbaute. Hatfield ist von Ziegeln aufgeführt, nur die Fenstereinfassungen, Mauerkanten und *créneaux*[6] von Sandstein. Die Verhältnisse sind gut und großartig. Park und Gärten bieten nichts Interessantes dar, als sehr hohe Eichenalleen, die angeblich von der Königin selbst gepflanzt sein sollen.

Burleigh House konnte ich nur von außen sehen, da die alte Castellanin, obgleich die Herrschaft abwesend war, durch nichts sich bewegen ließ, den Sonntag durch Herumführen eines Fremden zu entheiligen, was ich um so mehr bedauerte, da sich hier eine sehr bedeutende Gemäldesammlung befindet. Im Hof des Schlosses, der mit vergoldeten Eisengittern eingefaßt ist, bewunderte ich einen ungeheuren Kastanienbaum, dessen Äste sich so weit ausdehnten, daß man unter ihnen Platz genug gehabt hätte, ein Pferd zuzureiten. Der altertümliche Park ist ebenfalls voll der schönsten Bäume, das Wasser aber auch hier, wie in Hatfield, nur stehend und sumpfig. Der Palast selbst ist in einem verwirrten Stil aus Quadern aufgeführt, unten gotisch, oben mit Feueressen, die korinthische Säulen-Capitäle darstellen. Der große Staatsmann muß einen korrupten Kunstgeschmack gehabt haben.

Den 17ten

Doncasters Pferderennen sind die besuchtesten in England, und der hiesige Rennplatz auch allen andern im Lande für Schmuck, Zweckmäßigkeit und leichter Übersicht vorzuziehen. Die Ansicht des Wettrennens gibt mehr Vergnügen und auch ein weniger k u r z e s Schauspiel, da man von den hohen turmartigen, höchst eleganten *stands* den ganzen Lauf von Anfang bis zu Ende deutlich überblickt. Die Pferde rennen in der Runde und derselbe Punkt dient zum Auslauf und Ziel. Die Menge des Volks, schöner Frauen und fashionabler Gesellschaft war außerordentlich. Alle benachbarte große Edelleute kamen in Gala hergefahren, was mich sehr interessierte, weil ich dadurch eine Art des hier üblichen Staates auf dem Lande kennenlernte, welcher von dem in der Stadt sehr verschieden ist. Die Equipage des Herzogs von Devonshire war die ausgezeichnetste, und als Notiz für M... beschreibe ich Dir den Zug:

Die Gesellschaft des Herzogs saß in einem viersitzigen

Glaswagen mit 6 Pferden bespannt, die Geschirre und Bockdecke nur mittelreich und der Kutscher in Interims-livrée[7], blonder Perücke und Stiefeln. 12 Reiter eskortierten den Wagen, nämlich 4 Reitknechte, welche verschiedenfarbige Reitpferde mit leichten Sätteln und Zäumen ritten, 4 *outriders*[8] auf Kutschpferden, denen gleich, die den Wagen zogen, mit Geschirrzäumen und Postillon-Sätteln, endlich 4 Bediente in Morgenjacken, ledernen Beinkleidern und Stolpenstiefeln, mit gestickten Schabracken und Pistolenhalftern, auf beiden das Wappen des Herzogs in Messing. Die Ordnung des Zugs war folgende. Vorn zwei Reitknechte, dann zwei *outriders*, hierauf der Wagen mit seinen schönen sechs Pferden, die der Kutscher vom Bock fuhr, auf dem vordern Sattelpferde ein Postillon. Links von diesem ritt ein Bedienter, ein anderer etwas weiter zurück rechts, hinter dem Wagen wieder 2 *outriders*, dann 2 Reitknechte, und am Schluß die letzten zwei Bedienten. Der kleine Vorreiter war allein in vollständiger Staats-livrée, gelb, blau, schwarz und silber, nebst gepuderter Perücke, etwas theatralisch gekleidet, mit dem buntgestickten Wappen auf dem linken Arm.

Das heute stattfindende St.-Leger-Rennen mag manchem eine schlaflose Nacht kosten, denn es sind ungeheure Summen verloren worden, da eine kleine Stute, der man so wenig zutraute, daß die Wetten gegen sie 15 gegen 1 standen, unter allen 26 Pferden, welche eingeschrieben waren, die erste blieb. Ein Bekannter von mir gewann 9000 L. St., und hätte im Fall des Verlustes kaum so viel hundert verloren. Ein andrer soll fast um sein ganzes Vermögen gekommen sein, und zwar, wie man allgemein sagt, durch die Betrügerei des Besitzers eines Hauptpferdes, auf das er selbst öffentlich sehr hoch, im geheimen aber noch weit höher d a g e g e n gewettet und es dann absichtlich habe verlieren lassen.

Gleich nach dem Rennen, das mit seinem *trouble* und Tausenden von Equipagen mir ein höchst auffallendes Bild englischen Reichtums zurückließ, fuhr ich weiter nach Norden, einem bis jetzt mir noch unbekanntem Ziele zu, und kam um 1 Uhr in der Nacht hier in York, der zweiten Hauptstadt Englands, an. Die ganze Tour über las ich bei meiner Laterne im Wagen in den Frau von Maintenon-Briefen an die Princesse des Ursins[9], ein Buch, das mich sehr unterhielt. Viele Stellen sind für die Schilderung jener Zeit und Sitten höchst merkwürdig. Übrigens versteht die Inkognito-Königin natürlich das Hofleben aus dem Grunde, und erinnert in ihrem Benehmen oft auffallend an einen Deiner guten Freunde, besonders in der Art, wie sie stets Unwissenheit alles dessen, was vorgeht, affektiert, und mit Geringschätzung von ihrem eignen Einfluß spricht. Dabei zeigt sie aber auch viel Milde und Klugheit, und so ungemeinen Anstand in allem, daß man sie lieber gewinnen muß, als die Geschichte sie uns eigentlich schildert. Es ist zwar immer schlimm, ein altes Weib regieren zu lassen, es mag nun einen *jupon*[10] oder Hosen anhaben, aber zu jener Zeit ging es doch noch eher wie heutzutage, denn im ganzen waren die Leute doch offenbar damals, weit mehr wie jetzt, naive große Kinder und führten sogar den Krieg auf diese Weise, ja selbst den lieben Gott sahen sie nur wie einen höher potenzierten Ludwig den Vierzehnten an, und, wie echte Höflinge, verließen sie *in articulo mortis*[11] augenblicklich den irdischen König, keine Notiz weiter von ihm nehmend, um sich von nun bis zum Ende nur reuig dem, als zu entfernt bis jetzt vernachlässigten, mächtigeren Herrscher allein zu weihen. Man kann auch in den alten Memoiren sehr wohl bemerken, daß diejenigen, welche bei Hofe immer gut oder leidlich durchzukommen wußten, gleichfalls mit mehr Vertrauen auf ihr *savoir-faire*[12], im Himmel sterben, diejenigen aber, welche sich zu der Zeit in völliger Ungnade befanden, einen weit schwerern Tod und größere Gewissensbisse erleiden mußten. Man kann sich eine solche Zeit, einen solchen Hof und solches Leben gewiß nicht mehr recht treu vorstellen, aber grade für unsern Stand mag es allerdings nicht so übel gewesen sein. Ich machte viele Betrachtungen über diesen ewigen Wechsel in der Welt und rief zuletzt, angeweht vom unsichtbaren Geisterhauch, der fortwährend durch das All strömt, Liebender Sehnsucht Gruß dem herrlich funkelnden Abendsterne zu, der seit äonen[13] Jahren sich all dies Treiben mit so vieler Toleranz und ungetrübter Ruhe ansieht.

Den 19ten

Es gibt wirklich einige Talente in mir, um die es Schade ist.

....

....

Alles das geht nun verloren, (denn sich selbst dient man immer schlecht) grade wie etwas noch viel Besseres, z. B. ein wunderherrlich schöner Baum in Amerikas Wildnissen sich vergebens jedes neue Frühjahr mit dem prächtigsten Laube, mit den süßduftendsten Blüten schmückt, ohne daß je auch nur e i n e arme Menschenseele ihre Augen und ihr Gemüt daran ergötzen mag. Eine solche Existenz nennen wir Menschen nun unnütz! Welcher *aimable*[14] Egoismus – dessen ungerechte Verdammung ich auch mit leiden muß, denn meine erwähnten schönen Tugenden bleiben ebenfalls unnütz, und meine ganze Person wäre es vielleicht, wenn ich nicht glücklicherweise wenigstens meinen Leuten, nebst verschiedenen Gastwirten und Posthaltern, indem ich sie täglich bezahle, noch immer von reellem Nutzen, und Dir, gute Julie *(je m'en flatte au moins*[15]*)* aus andern Gründen gar unentbehrlich wäre.

Also ganz um nichts und wieder nichts lebe ich nicht auf der Welt, und da ich auf der andern Seite niemanden schade, gleichsam Einnahme ohne Ausgabe, so stellt sich meine Rechnung noch immer leidlich genug.

Diesen ganzen Tag bin ich in der Stadt umhergewandert. Ich begann mit dem Dome, der rücksichtlich des Reichtums seiner Zieraten, wie auch seiner Größe, mit dem Mailänder einige Ähnlichkeit hat. Der Erbauer, d.h. der ihn zu bauen anfing, war Erzbischof Scroope, eine Shakespear'sche Person, den Heinrich IV. 1405 als Rebell köpfen ließ. Er liegt in der Kirche begraben, und im Kapitelhause daneben ist noch ein Tisch mit einem ihm früher zugehörigen, also vierhundert Jahre alten, Teppich bedeckt, auf dem sein Wappen vielfach eingewirkt ist. Der Teppich ist immer noch in leidlichen Umständen. Die Fenster im Dome sind größtenteils von altem, buntem Glase (eine große Seltenheit in England), nur hie und da durch neues ersetzt. Die Steinarbeit überall vortrefflich, auf das feinste und niedlichste wie geschnitztes Holz gearbeitet, alle Arten von Blättern, Tieren, Engeln und Potentaten[16] darstellend. Von den zwei Hauptfenstern an den beiden Enden der Kirche ist das eine nicht weniger als fünfundsiebenzig Fuß hoch und zweiunddreißig Fuß breit. Das entgegengesetzte stellt in seinen seltsamen Steinverzweigungen die Adern des menschlichen Herzens dar und gibt mit dem blutroten Glase einen wunderbaren Anblick. Ein andres großes Seitenfenster ist dadurch merkwürdig, daß das Glas in Nachahmung von Stickerei und Nadelarbeit gemalt ist, so daß es nur einer feinen bunten Tapete gleicht, ohne irgend ein andres Bild zu enthalten. Im Chor steht ein alter Stuhl, auf dem mehrere Könige Englands gekrönt worden sind. Ich setzte mich neugierig auch darauf und fand ihn für einen Steinstuhl sehr bequem. Noch angenehmer mag es sich allerdings darauf sitzen, wenn man im Begriff ist, die königliche Krone zu empfangen.

Neben der Kirche ist eine sehr hübsche, gotisch verzierte Bibliothek, deren Einrichtung mir sehr zweckmäßig schien. Die Schränke und Fächer sind numeriert, die ersten mit römischen Zahlen, die zweiten mit Buchstaben. Jedes Buch hat drei Nummern aufgeklebt, oben die des Schranks, dann des Fachs und unten seine eigne Zahl, so daß man es im Augenblick finden kann. Die Nummern verstellen auch die Bücher gar nicht, da es Papierchen in Form goldner Sonnen sind, in deren Mitte der Buchstabe oder die Nummer steht. In der Ecke des Saals ist eine äußerst leichte und bequeme Wendeltreppe angebracht, um zur Galerie zu gelangen, die etwas über der Mitte der Schränke umherläuft.

Über allen Büchern (ein exzellentes Mittel, um sie vor dem Staube zu bewahren) sind leichte Pappdeckel mit umgeschlagenen Enden an dem Repositorio[17] befestigt, die beim Herausnehmen der Bücher nur ein wenig aufgehoben zu werden brauchen. Sie sind mit violettem Papier überzogen und liegen nur ganz lose auf.

Der Buchstaben-Katalog ist folgendermaßen eingerichtet:

pagina 20

Format	Buchstabe C	Edition	Schrank	Fach	Nummer
8	Cosmus etc.	Verona 1591	II	7	189-192
4	Cavendish	London 1802	I	5	52-55
Folio	Colly	London 1760	XI	3	1080-1082
12	Corneille	Paris 1820	X	6	920-930

Dies wird genügen, ihn Dir deutlich zu machen, und da ich aus Erfahrung weiß, welch' schwieriges Geschäft das Ordnen einer Bibliothek ist, und wie viel verschiedene Manieren es dafür gibt, so habe ich diese, als sehr passend für eine kleinere Büchersammlung, aufzeichnen wollen.

Eine andere gute Einrichtung besteht in der Aufstellung von Bücherbehältnissen, um das einzelne Herumliegen derjenigen Bücher zu verhindern, die in öfterem oder gewöhnlichem Gebrauch sind. Sie haben die Form einer doppelten

Schaufel, mit einem Unterschied in der Mitte, und emporstehenden Seitenrändern. Auf beiden Seiten werden die Bücher hineingestellt. Die gotischen Fenster sind hier zwar modern, aber denen in der Kirche sehr gut nachgeahmt. Auch die Art, wie sie in Blei gefaßt, ist sehr gefällig, mit sich fortwährend durchschneidenden Zirkeln. Der Kamin war mit samt der Einfassung ebenfalls in der Form eines gotischen Fensters gehalten, eine originelle Idee aus alter Zeit. Von den seltnen Büchern und Manuskripten, die hier aufbewahrt werden, konnte ich nichts zu sehen bekommen, da der Bibliothekar abwesend war. In einem Winkel fand ich jedoch eine sehr kuriose Abbildung der großen Prozession bei des Herzogs von Marlboroughs Begräbnis. Es ist fast unglaublich, wie sich seitdem die Trachten und Gebräuche schon so vollständig verändert haben. Der steinalte Küster, welcher mich herumführte, wollte sich noch als Knabe erinnern, dergleichen Soldaten mit langen Haarbeuteln gesehen zu haben.

Eine Viertelstunde vom Dom liegen auf einem Hügel, angrenzend der Stadt, die romantischen, mit Bäumen reich überwachsenen und mit Efeu bedeckten Ruinen der Abtei von St. Mary. Man hat die nicht lobenswerte Absicht, auf demselben Hügel dicht daneben, ein öffentliches Gebäude aufzurichten, und ist eben jetzt beschäftigt, den Grund dazu zu graben, wobei man auf die schönsten verschütteten Überreste der alten Abtei gestoßen ist, die kunstreiche Arbeit noch so wohl erhalten, als wenn sie erst gestern fertig geworden wäre. Ich sah mehrere herrliche Capitäle noch in der Erde, und in einem Hause daneben vorzügliche Basreliefs, die man während der Arbeit dahin gebracht hatte. Wir passierten hierauf den Fluß (die Ouse) in einem Kahn, und setzten unsere Promenade auf der Höhe der alten Stadtmauer fort, ein pittoresker, aber fast unzugänglicher Weg. Die umliegende Gegend ist äußerst frisch und grün, und die vielen gotischen Türme und Kirchen geben ihr viel Abwechslung und bieten herrliche Prospekte dar. Nach einer Viertelstunde Wegs erreichten wir das sogenannte Mickle-Tor, von dem der alte Barbakane (Seitenwerk) soeben abgerissen worden ist, welches aber im übrigen noch seine ursprüngliche Form ganz beibehalten hat. Die bunten und vergoldeten Wappen von York und England glänzten ritterlich darüber in der Sonne. Auf einem nahe Felde hat man vor fünfzehn Jahren ein römisches Grab entdeckt, und der Hausbesitzer, der es gefunden hat, zeigt es jetzt Fremden für Geld in seinem Keller. Das Gewölbe, von römischen Ziegeln, ist so frisch wie möglich, und das Gerippe im Steinsarge darunter, welches die Zeit dunkelbraun gefärbt, ist nach Aussage der Anatomen eine junge Frau und, was nach zweitausend Jahren viel sagen will, sie hat noch einige *beaux restes* – nämlich herrliche Zähne, und dazu einen der schönsten phrenologischen Schädel. Ich untersuchte ihre Organe sorgfältig und fand die wünschenswertesten Eigenschaften, ja in solchem Maße, daß ich es sehr bedauerte, sie zweitausend Jahre zu spät kennengelernt zu haben, sonst hätte ich sie geheiratet. Einen besser organisierten Schädel finde ich gewiß nie. Reich scheint sie indessen nicht gewesen zu sein, denn es haben sich nur zwei Glas-Flacons in ihrem steinernen Sarge gefunden – an sich jedoch höchst merkwürdige Gegenstände, derengleichen man, so vollkommen erhalten und unserm Glase so ähnlich, so viel ich weiß, außer Pompeij noch nirgends angetroffen. Das Glas unterscheidet sich von unserm nur durch einen silberartigen Schein, und hat, was am meisten auffällt, nirgends eine Marke, die anzeigt, daß es geblasen sei, welche Marke man bei allen unsern ungeschliffenen Gläsern nicht verbergen kann. Die Direktion des Londoner Museums hat dem Besitzer schon große Summen für diese Gläser geboten. Er findet es aber vorteilhafter, für einen Taler unseres Geldes die Merkwürdigkeit Fremden zu zeigen.

Nachdem wir zum Mickle-Tor zurückgekehrt waren, ging es nun noch mühsamer auf der zerbröckelten Stadtmauer weiter, bis wir nach halbstündigem Klettern eine schöne Ruine, ›Clifford's Turm‹ genannt, erreichten. Dieser alte feste Turm spielt eine Rolle in der englischen Geschichte. Einmal unter andern wurden tausend Juden, bis auf einen, darin verbrannt, die heutzutage Rothschild wohl gerettet haben würde. Zuletzt flog Clifford's Tower als Pulverturm vor hundert Jahren in die Luft, und ist seitdem dem Saturn, der alten fressenden Zeit, gänzlich verfallen. Doch die Zeit reißt ein, baut aber auch auf, daher stürzten die Trümmer zwar zusammen, aber Efeu umschloß sie wieder wie dichter Haarwuchs, in dem Tausende von Sperlingen nisten, und in der Mitte des hohen Turmes ist sogar ein stolzer Nußbaum emporgewachsen, dessen Krone bereits viele Fuß über die dachlosen Mauern hervorragt. Der Hügel, auf dem die Ruine steht, soll von den Römern aufgefahren worden sein, und ein Mann, der kürzlich um Schätze zu suchen einen Schacht durcharbeitete, fand den Fuß des Berges fast ganz aus Menschen- und Pferde-Knochen bestehend. So ist die Erde, überall ein großes Grab und eine große Wiege!

Von Ruinen und Toten begab ich mich zu den lebendig Toten, die zu den Füßen des Turmes schmachten; den armen Gefangenen in den Grafschafts-Gefängnissen. Äußerlich scheint ihre Wohnung zwar ein Palast. Innerlich sieht es aber anders aus, und die armen Teufel dauerten mich herzlich, die in zwar reinlichen aber doch schauerlichen und naßkalten Zellen hier den ganzen Winter hindurch, bis Monat März, bloß Verdachts wegen, sitzen müssen, mit der angenehmen Perspektive, dann vielleicht gehangen zu werden. Keine Entschädigung erwartet sie, wenn sie freigesprochen werden sollten! Im Hofe, wo die Schuldner herumgehen dürfen, weideten zugleich in ihrer Gesellschaft zwei Jagdpferde, eine Hirschkuh und ein Esel. In allen Räumen und Zellen, die ich besuchte, fand ich Ordnung und Reinlichkeit gleich lobenswert. Die merkwürdigste Eigentümlichkeit dieser Gefängnisse aber ist eine Art Diebes-Garderobe, mit wahrer Eleganz, wie eine Theater-Garderobe aufgestellt. Ein stark mit Wein überladener Gefangenenwärter stammelte folgende Erklärungen her:

»Hier sehen Sie die Perücke des berühmten Granby, die ihn so verstellte, daß er zehn Jahre lang nicht attrapiert[18] werden konnte. Wurde hier gehangen 1786. – Hier der Zaunpfahl, mit dem Georg Nayler vor zwei Jahren auf dem Wege nach Doncaster erschlagen wurde. Deliquent wurde letztes Frühjahr hier gehangen. – Der *knockdown* (Schlagnieder) von Steffens, womit er sechs Leute auf einmal umgebracht. Wurde vor zwei Jahren ebenfalls hier gehangen. – Die ungeheuren eisernen Schienen, mit denen Kirkpatrick allein festgehalten werden konnte. Siebenmal entwischte er vorher aus den festesten Gefängnissen. Aber diese Schienen, die ich ihm selber noch angelegt, die waren ihm doch ein bißchen zu gewichtig. (Es waren komplette eiserne Balken, die ein Pferd kaum hätte fortschleppen können.) Er trug sie nicht lange, denn zwei Monate darauf wurde er, gerade am ersten Mai, an einem herrlichen Tage, gen Himmel expediert. – Hier die Maschine, mit der Cork falsche Guineen gestempelt. War ein sehr anständiger *gentleman*. Gehangen 1810.« – »Bitte«, unterbrach ich ihn hier, »was für eine Waffe war dieser riesengroße hölzerne Schlegel?« – »O«, schmunzelte der alte Kerl schwankend, »die ist unschuldig, he, he, das ist nur mein Zuckerschlegel, wenn ich *negus*[19] mache, he, he, den habe ich mir hier nur so parat gestellt.« Die Garderobe befand sich auch immediat neben seiner Wohnstube und schien eine Liebhabersammlung, die seinem eigenen Eifer allein ihr Entstehen verdankte. Wie verschieden sind doch die Steckenpferde der Menschen! Ich fürchte, Du bist bereits müde von der langen Promenade, liebe Julie, mußt mir aber doch noch ein wenig weiter folgen, ja aus der Tiefe geht es sogar wieder mühsam bis zur höchsten Höhe hinauf. Ich wünschte nämlich das ganze Amphitheater meiner bisherigen Tour, nebst dem prächtigen Münster, auf einen Blick zu übersehen, und wählte mir dazu einen gotischen Turm von den schönsten Proportionen aus. Er ist von oben bis unten von kunstreicher durchbrochener Arbeit, und hinter dem transparenten Gewebe hatte ich mit meinem Operngucker schon von fern Leitern bis oben hinauf entdeckt, die mich sehr reizten, sie zu besteigen. Nach einem derben Marsch, auf dem wir ein altes Stadttor berührten, das Adels-Tor genannt, welches seit fünfzig Jahren vermauert war, und nun wieder geöffnet worden ist, um zur Passage für den neuen – Viehmarkt zu dienen, der sehr elegant und zweckmäßig mit drei Reihen Bogen für Schafe, Rindvieh und Pferde versehen ist, gelangten wir endlich zu besagtem Turme, eine Zierde der ältesten Kirche in York. Es machte einige Mühe, den Küster zu finden, einen schwarzen Mann, der mehr einem schmutzigen Köhler, als einem geistlichen Offizianten ähnlich sah, sich aber dabei doch voller guten Willens zeigte. Ich frug, ob man auf die mit herrlichen Galerien gezierte Spitze des Turmes gelangen könne? »Das weiß ich nicht«, war die Antwort, »denn ich bin selbst nie oben gewesen, obgleich ich schon zehn Jahre Küster bin. Es sind bloß alte Leitern da, und oben fehlt ein Stück daran, es wird also wohl nicht gehen.« Dies befeuerte meinen abenteuerlichen Tick, und ich eilte ohne Zögern turmaufwärts auf der schlechtesten, dunkelsten, engsten und verwittertsten Wendeltreppe, die man sich denken kann. In kurzem erreichten wir die Leitern. Wir bestiegen sie ohne Aufenthalt, und kamen auf die erste Plattform. Hier aber bedankte sich schon Küster und Lohnbedienter weiter zu klettern. Eine hohe und allerdings sehr schwankende Leiter mit vielen fehlenden Sprossen führte zur Spitze, wo oben, ungefähr sechs Fuß weit, die Sprossen ganz fehlten, bis zu einem viereckigen Loch, durch welches man auf das platte Dach hinaus gelangte. Ich mochte nun nicht mehr unverrichteter Sache zurückgehen, kletterte fort, war bald oben, erreicht mit den Händen den Rand der obern Öffnung und schwang mich, mit einiger Mühe, glücklich hinauf. Die Aussicht war in der Tat prächtig, und ganz nach Wunsch erreichte ich besonders meinen Hauptzweck, den unten so sehr von Häusern encombrierten[20] Dom nun völlig frei, in aller seiner kolossalen Majestät gleich einem Kriegsschiff unter Kähnen vor mir zu sehen. Der Wind sauste aber fürchterlich in der Höhe, und alles war hier so sehr im Absterben begriffen, daß die steinernen Spitzen der *candelabres*[21] in den Ecken der Galerie, wie diese selbst, bereits zum Teil eingestürzt waren, die noch stehenden aber sich wie Schiefer abblätterten, auch die Eisen, welche sie zusammenhielten, so locker und verrostet waren, daß im Winde die ganze Plattform zu schwanken schien. Nach und nach wurde mir in dem fortwährenden Sturme unheimlich zumute. Ich begann also den Rückzug, fand aber das Hinunterkommen weit schwerer als das Heraufklimmen, wie es immer bei solchen Gelgenheiten der Fall ist. Nur muß man sich den entmutigenden Gedanken keinen Augenblick überlassen, das beste und einzige Mittel, wenn man, wie die Engländer sagen *›nervous‹* zu werden anfängt. Indem ich mich also rückwärts nach der Leiter gewendet, fest an die Balken anklammerte, ließ ich mich in die Tiefe unter mir hinab und suchte, an den Armen hängend und meine Beine wie Fühlhörner ausstreckend, emsig die oberste Stufe – sehr froh, als ich endlich festen Fuß faßte. Unten angekommen erschien ich ebenso schwarz als der Küster.

Unterdessen war es Zeit zum Abend-Gottesdienst im Dom geworden, wo die größte Orgel Englands und eine ausgewählte Musik mir in dem herrlichen Lokal einen schönen Ausruhepunkt verhieß. Ich eilte schnell dahin und verträumte bald eine süße halbe Stunde unter der Töne Gewalt und Zartheit, denn als ›Tyrann der Musik‹, wie Heinze sie nennt, rollte die Orgel dröhnend durch die unermeßlichen Hallen, und sanft wie Frühlingshauch beruhigten wieder die Stimmen lieblicher Kinder das aufgeschreckte Gemüt.

Halb schon in der Dämmerung besuchte ich nachher noch die goldne Stadthalle, das Rathaus, wo der Lord Mayor (nur London und York haben Lord Mayors[22]) dreimal die Woche Gericht hält, und auch die dreimonatlichen Assisen[23] stattfinden. Es ist ein altes und schönes gotisches Gebäude. Daneben sind, neu aufgeführt, zwei Säle für die obern und untern Advokaten. In dem der obern sind in modernem bunten Glas die Wappen aller Lord Mayors in den Fenstern angebracht, denn jeder Handwerksmann hat hier ein Wappen. Gewöhnlich sieht man auch schon aus dem Inhalt desselben, wes' Geistes Kind der Besitzer ist; der Kaufmann hat ein Schiff, der Holzhändler einen Balken, der Schuster einen Leisten etc. Die Devisen dazu fand ich aber zu vornehm gewählt. Am besten hätten sie für die drei angeführten ohne Zweifel gepaßt: für die ersten das Lieblingslied der Berliner Straßenjugend: ›O fliege mein Schifflein, o fliege!‹ beim Zweiten: ›Sieh nicht den Splitter in des Fremden Auge, indem Du den Balken in Deinem eignen übersiehst.‹ Beim Dritten endlich: ›Schuster bleib bei Deinem Leisten!‹ Das letzte aber wäre freilich zu schwierig für einen Lord Mayor!

Ich habe nun das gehörige Gleichgewicht hergestellt, d.h. meine Hände sind ebenso müde vom Schreiben, als meine Beine vom Gehen. Es ist Zeit, dem Magen auch einige Arbeit zu gönnen. Wäre ich Walter Scott, so gäbe ich Dir den Küchenzettel, so aber wage ich es nicht; statt dessen lieber noch ein Wort über die Nachtisch-Lektüre, zu der mir wiederum die berühmte Maintenon gedient.

Es rührte mich, wie die arme Frau das traurige Einerlei,

die bittere *gêne*[24] ihrer Lage so treu schildert, und sich so oft und herzlich, mit unverkennbarer Wahrheit, nach dem Abtreten von diesem Theater sehnt, das, wie sie sagt, schlimmer wie jedes andere, von Morgen bis Abend dauert! Unter aller Pracht und Macht scheint ihr doch der Tod das Wünschenswerteste, und man kann sich nach so unendlich langer Leere, nach dem Aufopfern aller Eigentümlichkeit so viele, viele Jahre hindurch, die tödliche Ermüdung des Geistes wohl denken, die nach Erlösung schmachtet. Der religiöse Wahn, dem sie sich hingegeben, ist auch daraus erklärlicher, und lag überdem in der Zeit, die in dieser Hinsicht völlig kindisch war. Hätte ein Geist wie Frau von Maintenon später gelebt, so würden Molinisten und Jansenisten[25] ihr kaum ein Lächeln der Verachtung abgewonnen haben, in der ihrigen war es anders. Sie bleibt in ihrer Art eine große Frau, wie Ludwig der IV. ein großer König, in einer kleinen Zeit, die eben, weil sie klein war, die kleinen Dinge, Hof, Gesellschaft etc., weit vollkommner ausbildete als die unsrige, und daher dem dichterischen Gemüt, das überall das Vollkommene, es sei klein oder groß, mit Vergnügen gewahr wird, ein immer neu anziehendes Bild darstellt.

Den 20sten

Ich hielt heute früh die Nachlese, und besah noch die uralte Kirche All-Saints, wo ich, leider in sehr schlechter Erhaltung, vortreffliche bunte Gläser antraf, besonders eine Jungfrau mit dem Christus-Kinde von einer Schönheit und Lieblichkeit des Ausdruckes, deren Raphael sich nicht zu schämen hätte. Ferner St. Mary's alte Kirche, die ein seltsames Tor hat, auf dem eine Menge Hieroglyphen und die Zeichen des Zodiaks[26] in Stein zierlich ausgehauen sind. Da ich den Erzbischof von York in London hatte kennengelernt, so schrieb ich ihm gestern ein *billet*, und bat ihn um die

Erlaubnis, seiner Villa, wo er jetzt residiert, und ihm selbst meinen Besuch zu machen. Er hat mir sehr artig geantwortet, und mich gebeten, einige Tage bei ihm zu bleiben. Da ich dazu keine Lust habe, so nahm ich bloß ein *dinner* auf heute an und fuhr um 5 Uhr hinaus.

Ich fand einen vortrefflich gehaltenen, üppig fruchtbaren *pleasure-ground* und ein stattliches altes gotisches Gebäude in einem ganz besondern Stile, der mir sehr wohl gefiel. Es war nicht sehr groß, aber äußerst elegant, und an den 4 Enden des platten Daches standen 4 kolossale Adler mit ausgebreiteten Flügeln. Statt der schweren *créneaux*, die nur auf ungeheuren Massen sich gut ausnehmen, lief eine durchbrochene Steinbroderie, als Galerie rund um das Dach, die sehr künstlich[27], leicht und reich zugleich aussah. Daß das Innere wie alles übrige prächtig war, kannst Du Dir bei einem Manne denken, der 40 000 L. St. geistliche Revenuen hat. Der alte Erzbischof, noch ein sehr rüstiger Mann, führte mich überall herum, und unter andern auch in seinen Küchengärten und Treibhäusern, die ausgezeichnet schön sind; besonders die Küchengärten, welche überall mit Blumen geschmückt waren, und in denen alle Arten von Gemüsen und Früchten in höchster Fülle wuchsen. Dabei waren sie so reinlich, wie das eleganteste Zimmer gehalten, eine Sache, die unsre Gärtner durchaus nicht begreifen wollen; ebenso die Treibhäuser. Keine Spur hier von Unordnung und Schmutz, von herumliegenden Brettern und Utensilien, Dünger an den Wegen usw. An den verschiedenen Mauern sah man auf beiden Seiten die auserlesensten Fruchtbäume in symmetrischen Linien gezogen, unter andern viele Johannisbeerstämme, die durch Wegnahme aller kleinen Äste ein solches Wachstum erlangt hatten, daß sie wohl 12 Fuß hoch an der Mauer in die Höhe gingen, und über und über mit Trauben behangen waren, welche kleinen Weinbeeren an Größe glichen. In den Treibhäusern, wo herrliche Ananas und Grenadillas (eine westindische Frucht in Form einer kleinen Melone und von Geschmack der Granate ähnlich), üppig wuchsen, war an jedem Fenster eine verschiedene Weinsorte gezogen. Alles hing voller Früchte. Die Bäume an den Mauern im Freien, deren ich vorhin erwähnte, waren mit Netzen verhangen, und werden später mit Matten zugedeckt, so daß man bis Ende Januar reife Früchte davon pflücken kann. So war auch noch jetzt eine Stelle im Garten voll reifer Erdbeeren von einer besondern Sorte, und der Erzbischof versicherte, er erhalte diese ebenfalls bis im Januar im Freien. Als ein neues Gemüse von besonders gutem Geschmack zeigte er mir normännische Kresse, die auf dem Schnee abgeschnitten wird.

Die Menge der noch blühenden Blumen, welche überall die Gänge und Gemüsebeete umgaben, war auffallend. Ich weiß zwar, daß das Klima die Gärtner hier sehr begünstigt, demohngeachtet müssen sie vor den unsrigen noch andere Vorteile in der Behandlung der Blumen voraus haben.

Im *pleasure-ground* fand ich Lärchenbäume, die nicht nur riesenmäßig groß waren, sondern auch so dunkel im Laub wie Fichten, und ihre herabhängenden Äste wohl 20 Fuß weit umher auf dem Rasen ausbreiteten. Wie ich hier zum erstenmal hörte, hält man es für die Nadelhölzer sehr heilsam, wenn ihre Äste die feuchte Erde berühren können, weil sie durch diese ungemein viel Nahrung einsaugen sollen.

Ein echt Erzbischöfliches *dinner* beschloß den angenehmen Abend. Dabei fiel mir das Verhältnis der vornehmen englischen Geistlichen zu ihren Weibern wieder recht sonderbar auf. Ich sagte Dir, glaub' ich, schon, daß diese weder den Titel noch Namen ihrer Männer tragen, sondern, wie bloße Freundinnen, nur den ihrigen behalten. Die hiesige Dame des Hauses war indes eine *Lady in her own right*[28] von angesehener Familie und dabei eine sehr artige Frau. Sie hat 10 Söhne und 3 Töchter. Von den letzten befand sich nur eine zugegen, ohngefähr 20 Jahre alt, die ein bei Weibern seltnes Unglück gehabt hat, nämlich ein Bein zu verlieren, das man ihr nach einem Falle vom Pferde abnehmen mußte. Die Kleidung versteckt aber bei einer Frau diesen Mangel weit besser als bei einem Manne, und ich bemerkte nicht einmal einen gehinderten Gang an ihr, ehe ich davon unterrichtet war.

Scarborough, den 21sten

Ich vergaß gestern einer drolligen Geschichte zu erwähnen, die bei Tische erzählt wurde und gewiß das stärkste Beispiel von Distraktion aufstellt, welches Du, den sich köpfenden Irländer abgerechnet, noch gehört haben wirst. Lord Seaford erzählte von seinem Onkel dem alten Grafen von Warwick, der schon früher wegen seiner Zerstreutheit berühmt war, daß er einst in einem wichtigen Geschäft von Warwick Castle abends nach London reiste, dieses dort den andern Tag zu seiner Zufriedenheit beendigte und in der Nacht wieder zurückfuhr. Als er in Warwick ankam, fiel er in Ohnmacht. Alles erschrak und frug den Kammerdiener, ob sein Herr schon in London krank gewesen sei. »Nein«, sagte dieser, »er ist ganz wohl, aber ich glaube, Gott verzeih mir, er hat, seit er weg ist, vergessen – zu essen.« Dies war auch wirklich der Fall und ein Teller Suppe, den man sofort Seiner Herrlichkeit applizierte, brachte schnell alles wieder in die gewohnte Ordnung.

Ich schreibe Dir aus einem Seebade, das sehr romantisch sein soll. Ich selbst weiß zwar nichts davon, denn es war stockfinster als ich ankam. Morgen früh habe ich dagegen alle Hoffnung auf die schönste Aussicht, da ich im 4ten Stock logiere, weil das ganze Haus schon besetzt ist.

Während der Reise hierher besah ich das Schloß Howard, dem Lord Carlisle gehörig. Es ist dies einer der englischen *show-places* (Schau- und Paradeplätze), gefällt mir aber nicht im geringsten. Schloß Howard stammt von Sir Vanbrugh her, demselben Baumeister, aus Ludwig XIVten Zeit, der in dem gleichen schlechten französischen Geschmack Blenheim gebaut hat. Dieses imponiert jedoch durch seine Masse, dagegen Schloß Howard weder imponiert noch anmutig erscheint. Dabei hat der ganze Park etwas höchst Trauriges, Steifes und Desolates. Auf einem Berge steht ein großer Tempel, das Erbbegräbnis der Familie. Die Särge sind in Zellen rundherum verteilt, die meisten noch leer, so daß das Ganze inwendig wie ein Bienenstock aussieht, nur freilich stiller! Im Schloß befinden sich schöne Gemälde und Antiken. Unter den ersten sind besonders die sogenannten ›Drei Marien‹ von Annibale Carracci berühmt. Es stellt dieses Gemälde den toten Christus dar, hinter welchem seine Mutter Marie in Ohnmacht gesunken ist. Die Großmutter Marie eilt klagend herbei, und Marie Magdalene stürzt sich verzweifelnd über den Leichnam. Die Abstufung zwischen dem wirklichen Tode, der bloßen Ohnmacht, dem matten Schmerz des Alters und der lebendigen Verzweiflung der Jugend, ist bewunderungswürdig wahr dargestellt. Jedes Glied an Christus' Körper erscheint wahrhaft tot; man sieht, diese Form hat für immer ausgedient, bewegungslos, kalt und starr. Alles dagegen ist Bewegung und Leben an der schönen Magdalene, bis auf die Haare selbst, möchte ich sagen, alles Lebenskraft und Fülle, aufgeregt im bittersten Jammer. Gegenüber hängt Annibales Bild, von ihm selbst gemalt. Es zeigt sehr auffallende Züge und sieht einem verwegnen *highwayman*[29] ähnlicher als einem Künstler. Dich, liebe Julie, würde eine Sammlung Handzeichnungen aus der Zeit Franz des I., die sämtlichen Herren und Damen seines Hofes in 50-60 Portraits, am meisten angezogen haben. Es waren gemalte *memoires*. Unter den Antiken amüsierte mich eine der Capitol-Gänse von Bronze, die man mit aufgehobenen Flügeln und aufgesperrten Schnabel schnattern zu hören glaubt. Ein vortrefflich erhaltenes Bild Heinrich VIII. von Holbein ist der Erwähnung wert, sonst fiel mir eben nichts besonders auf. Der bekannte heilige Johannes von Domenichino befindet sich auch hier, angeblich als Original. Wenn ich nicht irre, ist das echte jedoch in Deutschland. Der Park, in großen Massen steif gepflanzt, ist besonders reich an Torwegen. Ich kam durch 7, sage sieben, ehe ich das Schloß erreichte. Über eine schmutzige Wasserlache, ohnfern dem Schloß, führt eine große Steinbrücke mit fünf oder sechs Bögen, über die Brücke jedoch kein Weg! Sie dient bloß als Prospekt, und damit man dies recht genau gewahr werde, ist auch nicht ein Strauch daneben oder davor gepflanzt. Es scheint, daß die ganze Anlage völlig so geblieben ist, als sie vor 120 Jahren gestiftet wurde, mit allen ihren Alleen, Quinconcen[30] etc.; Obelisken und Pyramiden sind wie Pilze darin aufgewachsen, denn jede Aussicht bietet dergleichen als harten Endpunkt. Die eine Pyramide ist indessen wenigstens nützlich, denn sie ist zugleich ein Gasthof.

Den 22ten

Wenn die Leute in England so oft an Erkältungen und Schwindsucht sterben, so liegt es noch mehr an ihren Gewohnheiten als an dem Klima. Spaziergänge auf dem nassen Rasen sind die beliebtesten, und in jedem öffentlichen Zimmer sind beständig mehrere Fenster offen, so daß man es vor Zug kaum aushalten kann. Auch wenn sie zugemacht sind, pfeift der Wind doch hindurch, denn selten sind sie dicht und nie doppelt. Das Klima selbst ist aber auch, so gut es die Vegetation unterstützt, für Menschen abscheulich. Heute ritt ich bei dem schönsten Wetter und klarstem Himmel, auf einem Mietgaul um 9 Uhr früh aus, und war noch keine Stunde fort, als mich schon der schrecklichste Platzregen überfiel, und durch und durch badete. Endlich erreichte ich ein Dorf, wo ich in der Verzweiflung, nirgends einen Torweg zum Unterreiten zu finden, vom Pferde absprang und in eine Stube zu ebner Erde eindrang, deren Tür offenstand, und wo zwei uralte Weiber etwas am Kamin brauten. In England wird alles Häusliche so heilig gehalten, daß ein Mensch, der in eine fremde Stube tritt, ohne sorgfältig vorher sich annonciert und um Erlaubnis gebeten zu haben, stets Schrecken und Unwillen erregt. Auch ich wurde daher, ohngeachtet die Ursache meines Eindringens deutlich genug von meinem Hut und Kleidern rann, nicht zum besten von den alten Damen empfangen, deren Rang höchstens dem einer Schusters- oder Tischlers-Frau gleich sein mochte; nichts aber malt das Entsetzen und den ohnmächtigen Zorn meiner Wirtinnen *malgré elles*[31], als, kaum daß ich beim Feuer angelangt war, der Mietgaul, dessen Klugheit Nestor Ehre gemacht haben würde, sich ebenfalls durch die Türe drängte, und ehe man ihm wehren konnte, höchst ruhig und anständig beim Kamine stand, um mit einer schalkhaft dummen Miene seine triefenden Ohren am Feuer zu trocknen. Die beiden alten Hexen wollten vergehen vor Wut, ich vor Lachen. Mit Gewalt sollte ich nun das Tier wieder herausbringen – mir aber tat der arme Gefährte zu leid, selbst wagten sie nicht Hand an ihn zu legen, und unter Schelten und Schmähen, was ich, so gut ich konnte, durch süße Worte und einen Schilling zu besänftigen suchte, blieben wir so, halb bittend, halb gewaltsam, beide glücklich in der Stube, bis wir ein wenig trockener geworden waren, und die Bourraske[32] aufgehört hatte. Das Trockenwerden half indessen nicht viel, denn beim Eintritt in das romantische Forge-Valley fingen Sturm und Regen von neuem zu toben an. Ich ergab mich in mein Schicksal, obgleich ohne alle Schutzmittel, und tröstete mich mit den Schönheiten der Umgebung, ein enges hohes, mit üppigem Wald bewachsenes Tal, in dem ein reißender Waldbach sich schäumend seinen Weg bahnte. An dem Bache hin führte eine bequeme Straße.

Ich bemerkte unterwegs eine einfache und hübsche Art, einen Quell zu fassen, bloß durch zwei große gesprengte Steine mit einem noch größern quer darüber gelegt, unter welcher Pforte das Wasser sprudelnd hervorströmt.

Um einer Verkältung wo möglich zu begegnen, nahm ich bei meiner Zuhausekunft ein warmes Seebad, und begab mich dann auf den Sand, d. h. auf die Stelle, wo das Meer bei der Ebbe zurücktritt, eine sehr eigentümliche Promenade. Reitpferde und Wagen stehen darauf in Menge zum Mieten bereit, und man kann mehrere Meilen, hart am Saum der Wellen, auf einem Boden zart wie Samt dahinreiten. Das alte Schloß von Scarborough auf der einen Seite, und eine prächtige eiserne Brücke, die zwei Berge verbindet, auf der andern, erhöhen das Pittoreske des Anblicks. Ich ritt nachher bei der Abendsonne Schein auch noch auf das Schloß hinauf, von dem die Aussicht prächtig ist, und das eine imposante Ruine bildet. Hier wurde Gaveston der Günstling Eduard II., vom Grafen Warwick, dessen Grab ich Dir auf meiner ersten Landtour beschrieb, gefangen, und schnell zur Hinrichtung nach seinem Schlosse abgeführt.

Auf dem höchsten Punkte der Ruine steht ein eisernes Behältnis, wie ein Kienkorb konstruiert, das zu Signalen dient. Es wird eine große Tonne Teer hineingesetzt und angezündet. Sie brennt dann in hohen, lodernden Flammen die ganze Nacht. Das Schloß steht auf einem weit in die See hervortretenden Felsen, der zirka 150-200 Fuß senkrecht aus der See emporsteigt, und oben neben dem Schloß auf seiner Oberfläche noch eine schöne Wiese bildet.

Den 23ten

Meine heutige Exkursion führte mich an der Seeküste hin nach Filey, wo eine berühmte Felsenbrücke von der Natur selbst in das Meer hineingebaut worden ist. Derselbe Mietgaul, eine Stute ihres Geschlechts, den ich gestern ritt, zog mich heute in einem ziemlich gut konditionierten *gig.*[33] Das Meer war schön blau und voller Segel. In Filey, einem Fischerdorf, nahm ich einen Führer und eilte auf dem festen Meersande der Brücke zu. Wir kamen bei vielen seltsam gestalteten Felsen vorüber, hie und da lag auf einer Spitze ein Fisch in der Sonne, der bei der Ebbe sitzengeblieben und dort lebendig geröstet worden war; manche Hohlungen in Stein fand ich mit einer Unzahl kleiner Muscheln angefüllt, die von weitem Tonkugeln glichen. Die Brücke selbst ist eigentlich nur ein breites Felsenriff, welches eine halbe Viertelstunde in das Meer hinausgeht. Seltsam sind die einzelnen Blöcke in phantastischen Figuren durcheinander geworfen, und man muß sich sehr in acht nehmen, nicht von ihren schlüpfrigen Kanten hinabzugleiten. Die Flut kam bereits heran, und deckte schon einen Teil des Riffs. Nachdem ich alles hinlänglich betrachtet, kletterte ich an den Uferfelsen ziemlich beschwerlich hinan, um den Rückweg oben zu nehmen, wo ein angenehmer Wiesenweg mich bald zum nahen Gasthof brachte, in dem mein Fuhrwerk mich erwartete.

Flamborough Head den 24sten abends

Entfernungen werden hier ganz anders kalkuliert als bei uns. Meine ehrwürdige Matrone brachte mich heute, fünf deutsche Meilen weit, bequem in zwei Stunden hierher. Kaum angekommen, mietete ich ein anderes Pferd, um den noch 1½ deutsche Meile weiter entfernten Leuchtturm und die Felsenhöhlen zu erreichen, welche Flamborough Head merkwürdig machen. Es war das schönste Wetter geworden, und dabei sehr windig, so daß ich diesmal wenigstens gewiß hoffte, ungenäßt zu bleiben, – ich irrte mich aber sehr, denn kaum bei dem Meerfelsen angelangt, bekam ich nicht nur den obligaten Platzregen, sondern diesmal noch eine Zugabe, nämlich ein derbes Gewitter. Dies war jedoch eine angenehme Veränderung, denn Donner und Blitz nahmen sich auf der Spitze der Kalkfelsen, senkrecht über dem schäumenden Meer, vortrefflich aus. Der Douanier, welcher mich begleitete (es ist eine Station dieser Leute hier neben dem Leuchtturm), brachte mir, den nur ein leichter Frack schützte, zwar sehr gefällig einen Regenschirm, der Sturm erlaubte aber nicht, auf dem gefährlichen und schlüpfrigen Wege über den Abgrund sich desselben zu bedienen. Das Meer hat die Kalkfelsen hier so unter- und ausgewaschen, daß viele turmartige Pfeiler ganz einzeln im Wasser stehen, welche in ihrer blendenden Weiße, durch den schwarzen Himmel noch greller gemacht, riesenhaften Seegespenstern glichen, in weite Leichentücher gehüllt. Außerdem gibt es eine große Menge Höhlen von verschiedener Größe, zu denen man während der Ebbe trocknen Fußes gelangen kann. Jetzt war indes grade hohe Flut, und ich mußte ein Fischerboot benützen, was glücklicherweise sich dort eben aufhielt, um zu der größten der Höhlen zu fahren. Der frischen Luft wegen ruderte ich den ganzen Weg tapfer mit, und fand diese Bewegung, die ich heute zum erstenmal versuchte, so angenehm, daß ich sie künftig so oft als möglich wiederholen will. Die See ging so hoch, daß ich an Gefahr glaubte und dem Fischer dies äußerte. Er antwortete ganz poetisch: »O Herr! glaubt Ihr, daß mir das Leben nicht ebenso süß ist als Euch, weil ich nur ein armer Fischer bin? Bis an die Höhle ist keine Gefahr, aber hinein dürfen wir heute nicht.« Ich warf also nur einige Blicke in den ungeheuren Torweg, wo der Meeresschaum unter dem Heulen der Wellen, wie Rauch emporwirbelnd, umherspritzte. Da mich der Fischer versicherte, daß man sich vom Seewasser nie erkälte, so tauchte ich meine nassen Glieder nochmals in die grüne Salzflut und bestieg dann mein Roß, um dem Leuchtturm zuzureiten. Dieser war mir um so interessanter, da ich nur einen sehr unvollkommenen Begriff von der Konstruktion dieser Türme hatte. Er hat oben einen Aufsatz von Glas wie ein Treibhaus, in dessen Mitte an einer eisernen Stange 21 Lampen im Zirkel umher befestigt sind, die sich durch eine Art Uhrwerk immerwährend langsam drehen. Alle diese Lampen sind mit großen, inwendig stark mit Silber plattierten, stets mit höchster Reinlichkeit geputzten Reflektoren versehen, und sieben davon haben außerdem eine Scheibe rotes Glas vor sich, welches in Newcastle gemacht wird, und dem alten Rubinglas fast ganz gleich kommt. Dies hat den Zweck, das Licht des Leuchtturms so zu wechseln, daß es in der Ferne bald rot bald weiß erscheint, und dadurch, von den Schiffen aus, von jedem andern Licht ohne Mühe unterschieden wird. Die Lampen werden mit Öl gespeist, das so rein wie Wein ist, und von dem ein ganzer Keller voll Fässer stets im Vorrat bleibt. Ebenso ist der ganze Apparat doppelt vorhanden, um bei einem Zufall das Beschädigte auf der Stelle ersetzen zu können. Die Lampen bilden zwei Kreise übereinander, unten 12, oben 9.

Ich bemerkte einen Tisch zum Putzen der Lampen, der mir sehr zweckmäßig schien, um das Springen der Gläser zu verhindern. Die obere Platte ist von Eisenblech, mit mehreren Löchern nebeneinander, um die Gläser hineinzustellen. Auf einer Platte darunter steht ein Kohlenfeuer. Diese Vorrichtung hat den doppelten Nutzen, einmal, daß die Gläser gleich in eine sichere Lage kommen, zweitens, daß sie nicht leicht springen, da fortwährend das Blech in gelinder Wärme erhalten wird.

Eine Gelegenheit, die ich hier finde, diesen Brief sicher nach London an die Gesandtschaft zu spedieren, erlaubt mir meinen Reisebericht zu teilen. Ich schließe daher für diesmal, immer mit der Bedingung, wie Scheherazade[34] morgen wieder anzufangen. Also *sans adieu.*[35]

Dein L.

Neunzehnter Brief

Whitby, den 25sten Sept. 1827

Teure Julie!

Ich hatte etwas lange nach der gestrigen fatiguanten[1] Tour geschlafen und verließ daher Scarborough erst um 2 Uhr. Der Weg bis Whitby ist der vielen Berge wegen schwierig und der Anblick der Gegend sonderbar. So weit man umherblickt, kein Strauch, kein Haus, keine Mauer noch Zaun. Nichts als endlos wogende Hügel, oft von der seltsamen Form regelmäßig aufgestürzter Halden, dicht mit Heidekraut bedeckt, das in der Nähe die schönsten violetten und rosenroten Blüten darbietet, in der Ferne aber nur ein und dieselbe düstere, rotbraune Farbe über das ganze Land breitet, welches den Grouse-Jägern[2] eine reiche Ernte darbietet. Keine Abwechslung als eine Menge weißer Punkte, die sich langsam hin und her bewegen – und was sind diese? – Tausende von Heidschnucken, die sehr scheu sind, meistens schwarze Köpfe haben, und gegen deren Wolle Pudel und Schafspitze Seide aufweisen können. Eine Stunde vor Whitby, wenn man aus den kahlen Bergen wieder hinabsteigt, verändert sich die Gegend nach und nach, und wird bei der Stadt sehr romantisch. Die englische Reinlichkeit und Zierlichkeit verliert sich indes immer mehr und mehr. Whitby sieht einer alten deutschen Stadt vollkommen gleich. Ohne Trottoirs, ebenso schmutzig, mit engen Gassen, aber auch mit herzlichern, freundlichern Bewohnern.

In diesen ärmlichen Ort kommen wahrscheinlich selten Reisende von einiger *apparence*[3] an, oder man hielt mich für einen andern, kurz, man belagerte mich wie ein Wundertier und ließ mich nicht ohne eine Eskorte von wenigstens hundert Menschen ausgehen, die sich zwar sehr gutmütig, aber doch auch sehr zudringlich andrängten, um mich vom Kopf bis zum Fuß zu betrachten. Mir fiel dabei eine komische Anekdote ein, die ich neulich vom Herzog von Leeds hörte. Dieser Herr war sehr herablassend mit seinen Untergebenen und Pächtern, deren einer einmal, als der Herzog eben spazieren ging, an ihn herantrat und ihm eine Bitte vortragen zu dürfen bat. Als dies freundlich gewährt wurde, kam er damit heraus, daß sein 12jähriger Sohn ihn Tag und Nacht quäle, den Herrn Herzog zu sehen, und daß, da er grade jetzt nicht weit von seiner Hütte sei, er doch die hohe Gnade haben möge, sich von seinem Sohne beschauen zu lassen. Der Herzog gab lächelnd seine Einwilligung, ging nach der Hütte, und der erfreute Vater holte den neugierigen Sprößling. Kaum war dieser jedoch hereingestürzt, als er schon verwundert vor dem etwas ältlichen und unansehnlichen Herzog, von dessen Macht und Größe er so viel gehört hatte, stehen blieb, ihn lange ansah, dann befühlte, und nun plötzlich fragte: »Könnt Ihr schwimmen?« – »Nein, mein guter Knabe.« – »Könnt Ihr fliegen?« – »Nein, das kann ich auch nicht.« – »Nun dann, bei meiner Treu, da ist mir doch Vaters Enterich lieber, denn der kann beides.«

Whitby hat einen, von höchst malerischen Felsen eingefaßten Seehafen, mit einem schönen Molo von Granit, der sich weit ins Meer hinein erstreckt, und von dem man zugleich eine herrliche Aussicht auf die Stadt hat. Besonders schön nimmt sich auf dem einen schroffen Felsenufer die berühmte Ruine der Abtei aus, welche im sechsten Jahrhundert von einem König von Northumberland gegründet ward. Sie ist jetzt das Eigentum eines Privatmannes, der gar nichts für die Unterhaltung dieses erhabnen Denkmals alter Größe tut. Sein Vieh weidet in den Ruinen, die so voller Unflat liegen, daß man sie kaum näher besichtigen kann. Ich stieg beim Schein des jungen Mondes hinauf und war entzückt über den romantischen Effekt. Ungeheure Pfeiler, leicht wie schlanke Tannen in die Höhe steigend, mit langen Fensterreihen, sind noch wohl erhalten, und viele kunstreiche Verzierungen so unversehrt, als rauschte heute der erste Herbstwind durch ihre weiten Bogen. Andere waren dagegen durch die Zeit ganz umgewandelt, und manche scheußliche Larven grinsten mich im Mondlicht wie Totenschädel an. Daneben steht eine noch ältere Kirche, welche auch noch im Gebrauch, und von einem mit Tausenden von dicht bemoosten Leichensteinen bedeckten Kirchhof umgeben ist.

Ich wohne in einem ländlichen, aber ganz vortrefflichen Gasthof, der von zwei Schwestern gehalten wird, welche voller Bereitwilligkeit der Art sind, die nicht aus Interesse, sondern aus wahrer Gutmütigkeit entspringt. Da ich etwas zu lesen verlangte, brachten sie mir die Chronik von Whitby, in der ich blätterte; während es draußen heftig stürmte, und der Wind gerade so unheimlich pfiff als im guten Schloß zu M... In dieser Chronik ist einer Schätzung der Güter im siebenten Jahrhundert erwähnt, wo Whitby mit Pertinenzien[4] (jetzt vielleicht eine Million L. St. am Wert) zu 60 Schilling (3 L. St.) angeschlagen ist!

Ich lerne auch daraus, daß die große und prachtvolle Abtei weder durch Feuer noch Schwert, sondern im Wege stiller Gewalt, dem Zahne der Zeit überwiesen wurde. Heinrich VIII. konfiszierte dies Kloster mit den übrigen, als er vom Papste abfiel, und verkaufte alles bis auf die einzelnen Steine der Gebäude. Glücklicherweise erstand, nachdem mehrere Häuser der Stadt von dem Material der Abtei schon aufgebaut worden waren, noch der Ahnherr des jetzigen Besitzers den Rest, und ließ wenigstens die Kirche seitdem *in statu quo*.

Guisborough, abends

Ich hatte einen Brief an Lord Mulgrave, den Besitzer eines großen Alaunbergwerks, schönen Schlosses und Parks am Seeufer, geschrieben, und ihn gebeten, mich diese Dinge sehen zu lassen. Er schickte mir eine sehr artige Antwort und einen Reitknecht zu Pferde, mich überall hinzubegleiten. Dies machte das gestrige Übel in der kleinen Stadt noch ärger, und der Magistrat bekomplimentierte mich eine Stunde darauf durch Absendung zweier Mitglieder, die zugleich Sekretäre des Museums waren, welches sie mir zu zeigen sich anboten. Da dieses Museum in der Tat wegen der vielen hier gefundenen Fossilien sehr merkwürdig ist, so nahm ich es an. Die halbe Stadt war wieder versammelt, und folgte uns mit der *arrièr-garde*[5] einer sehr geräuschvollen Jugend. Im Museum waren eine große Menge Honoratioren zugegen, und ein Blumenflor neugieriger Damen, von deren anziehenden Blicken ich meine Augen jeden Augenblick auf ein Krokodil, einen alten Walfischzahn, oder einen versteinerten Fisch wenden mußte. Die beiden Sekretäre hatten sich in die Merkwürdigkeiten geteilt. Der eine machte die *honneurs* der Fische und Amphibien, der andere die der Quadrupeden[6], Vögel und Mineralien. Beide waren aber so eifrig, mir nichts entgehen zu lassen, daß in der Regel einer den andern unterbrach, wenn dieser eben seinen Spruch angefangen hatte, um mich mit etwas aus s e i n e m respektiven Reiche zu erfreuen. Dies war im Anfang lächerlich, wurde aber zuletzt beschwerlich, denn während mich A... beim linken Arme festhielt, und anhub: »dies ist das berühmte kleine Krokodil, das hier im Bauche einer Boa-Schlange versteinert gefunden wurde, und hier das noch berühmtere große, 6 Ellen und...« – ergriff B... mich beim rechten Arm, drehte mich herum, und machte mich auf Mäntel aus Papageienfedern und den tätowierten Kopf eines Neuseeländers aufmerksam, dem man im eigentlichen Verstande die Haut über die Ohren gezogen, und wie Leder gegerbt hatte. Einige Dilettanten empressierten sich noch dazwischen, mir andere Dinge vorzuzeigen, so daß ich Argus' hundert Augen hätte haben mögen, um alles auf einmal zu betrachten. Was mich am meisten interessierte, war ein von Parry geschenktes, vollständiges *canoe* mit Fischer-Apparat der Esquimaux. Es ist nur aus Fischknochen und Seehundsfell gemacht, und von einer solchen Leichtigkeit, daß man kaum begreift, wie es möglich ist, sich darauf dem Meere anzuvertrauen. Obgleich ziemlich lang, ist es in seiner größten Breite in der Mitte doch kaum einen Fuß breit, und überall, auch von oben, geschlossen wie ein Kasten, bis auf ein einziges rundes Loch in der Mitte, worin der Esquimaux sitzt und mit einem Doppelruder, das die Form einer Balancierstange hat, sich im Gleichgewicht erhält. Eine Art Spaten von den Südsee-Inseln war so schön geschnitzt, daß kein Londoner Künstler es besser machen könnte. Die Versteinerungen aller Art, sowohl von noch existierenden als antediluvianischen[7] Tieren und Pflanzen, sind außerordentlich zahlreich und schön, und das große, fast ganz erhaltene versteinerte Krokodil (das ich früher schon anführte), ist allerdings einzig in seiner Art. Etwas sehr Eigentümliches war auch eine *conglomération*[8] die sich durch den Ablauf der Kohlenwerke hier in der Nähe, in einer viereckigen hölzernen Rinne, vor vielen Jahren gebildet hatte.

Man sah nämlich darauf sechs schwarze und einen gelben Streifen, wie an einem angeschnittenen Baumkuchen, fortwährend abwechseln, welches daher entstanden ist, daß an den Wochentagen, wo im Werke gearbeitet wurde, der Abfluß von den Kohlen schwarz gefärbt war, am Sonntag aber, dem Ruhetag, das Wasser, welches viel Ocker[9] enthält, in seiner natürlichen gelblichen Farbe floß. Diese Abwechslung geht mit der größtmöglichsten Regelmäßigkeit sieben Wochen[10] hindurch fort und bildet jetzt geschliffen eine sehr nette Zeichnung. Die Herren ließen es sich nicht nehmen, mich mit dem gewöhnlichen Gefolge wieder nach meinem Gasthof zurückzubringen, wo, als ich fortfuhr, ein furchtbares ›Hurrah‹ erschallte, und mehrere der Jüngeren beiderlei Geschlechts mich nicht eher verließen, als bis es ihrer Lunge unmöglich wurde, es den Pferden länger gleich zu tun. Auf dem Meersande hin ging es nun langsam dem Alaunwerke zu, Lord Mulgraves Reitknecht voraus. Ich stieg aus, um eine Strecke zu Fuß zu gehen, und amüsierte mich dabei, kleine Steinchen zu sammeln, von denen die glänzendsten Exemplare aller Farben und Formen das Ufer bedeckten. Nach einer Stunde erreichten wir das Bergwerk, welches höchst romantisch zwischen den schroffen Felsen am Meere liegt. Ich besah alles sehr gründlich, wie Du aus meinem beiliegenden Schreiben an den A... D... ersehen wirst.[11] Um von da, wo ich mich befand, zu den Förderungen zu gelangen, mußte ich einen Weg zurücklegen, der nur für Ziegen gemacht zu sein schien, und von dessen Unannehmlichkeit mich der Steiger vorher schon avertiert hatte. Einigemal war er kaum einen Fuß breit, und die abhängige Seite ein glatt abgearbeiteter Alaunfelsen von 200 Fuß Höhe. Auf solchen Fußwegen, deren mehrere den Felsen durchscheiden, arbeiten die Leute, und bauen das zutage liegende Felsenerz neben sich ab, welches das seltsamste Schauspiel darbietet, das man sich denken kann, da die Menschen wie Schwalben an der Mauer zu hängen scheinen, und sich, um dahin zu gelangen, oft an Stricken hinaufwinden lassen müssen. Unten im Tal stehen große Karren, die auf Eisenbahnen das Erz fortfahren, welches immerwährend aus der Höhe herabprasselt. Ich brauchte drei Stunden, um alles zu besehen, und fuhr dann auf's Schloß, wo mich Lord Mulgraves Sohn (er selbst war krank am Podagra)[12] mit einem guten *luncheon* bewirteten, und darauf in dem schönen Park umherführten. Er hat seine Schönheit nur der Natur zu verdanken, zu deren Felsen, Waldbächen und baumreichen Schluchten sinnig gewählte

Postkutsche

Fahrwege führen, die einige deutsche Meilen lang sind. Aus dem Schloß sah man unter hohen Eichen und Buchen über einen sanften Rasenabhang nahe vor sich das Meer mit hundert Segeln bedeckt. Eine Hauptzierde des Parks ist die Ruine des ›Old Castle‹, von dem man glaubt, daß es früher ein römisches Fort, und dann die Burg des Sachsen-Fürsten Wanda gewesen sei. Später wurde es einem Vorfahren der Familie vom König Johann für den Mord des jungen Prinzen, den Shakespeare so rührend schildert, geschenkt, also ein blutig-romantischer Ursprung. Die Aussicht von den alten Zinnen ist wild und malerisch. Im neuen Schlosse, welches vor 50 Jahren im gotischen Stil erbaut wurde, fiel mir das Portrait einer Urgroßmutter des jetzigen Lords auf, die eine reizende und dabei originelle Frau gewesen sein muß, denn sie ist in tiefer Trauer gemalt, und sitzt dennoch lächelnd am Fenster mit der Überschrift in veraltetem Englisch: »Da meines Mannes Liebe nur Spaß war, so ist meine Trauer auch bloß Spaß.« Der jüngste Sohn des Hauses, dessen Familienname für uns nicht wohllautend klingt – nämlich »Phipps«[13], also der junge Mr. Phipps erzählte mir, daß vor 10 Jahren auf den nahen Schieferfelsen, die mit einer scharfen Kante ins Meer hineintreten, sich eine sonderbare Begebenheit zutrug. Zwei Mädchen saßen auf einem Abhang mit dem Rücken gegen die See gekehrt. Ein scharfer Felsenschiefer hoch über ihnen löste sich durch ein Ungefähr ab, und durch die zunehmende Schnelligkeit des Falls fast mit Blitzesschnelle ankommend, schnitt er dem einen Mädchen, das eben emsig mit dem andern schwatzte, den Kopf so rein ab, daß dieser weit auf den Meersand hinausrollte, und der Körper ruhig sitzen blieb. Die Eltern leben noch im Dorfe.

Ripon den 27sten

Ich schlief die Nacht sehr gut in meinem Wagen, frühstückte im Blumengarten eines netten Gasthofs, und eilte dann nach Studley Park, der die famosen Ruinen von Fountains Abbey enthält, welche für die größten und schönsten in England gehalten werden. Sie übertrafen bei weitem noch meine Erwartung, so wie auch der Park. Ich will Dir daher dies alles in der Ordnung beschreiben.

Durch einen majestätischen Wald führt der Weg zuerst an einem Abhange hin, bis man an einer jählingen Wendung desselben in ein langes Wiesental kommt, dessen Breite ungefähr 300-400 Fuß sein mag, und in dessen Mitte ein kleiner Fluß strömt, den verschiedene natürliche Wasserfälle unterbrechen. Die eine Seite des Tals bildet ein ansehnlicher Bergrücken mit alten Eschen, Buchen und Eichen bewachsen, die andere eine schroffe Felsenmauer mit Schlingpflanzen überhangen und ebenfalls mit uralten Bäumen gekrönt. Am Ende schließt sich das Tal in seiner ganzen Breite mit den Ruinen und dem hohen Turm der Abtei. Du wirst dir leicht einen Begriff von der Größe dieser Trümmer machen, wenn Du hörst, daß einst die Gebäude der Abtei 15 *acres* einnahmen, jetzt die Ruinen noch vier. Das Schiff der Kirche, deren Wände, größtenteils noch stehen, ist 351 Fuß lang, das große Fenster dem Altar gegenüber 50 Fuß, und der Turm, obgleich ein Teil einstürzte, noch jetzt 166 Fuß hoch. Die Architektur ist aus der besten Zeit, dem 12ten und 13ten Jahrhundert, ebenso einfach als grandios. Aus der Kirche führt ein Tor nach dem doppelten Klostergang, der 300 Fuß lang und 42 breit ist; ein zweites nach dem Klostergarten, der jetzt wieder von den Besitzern in einen Blumengarten umgeschaffen worden, und rund umher von andern pittoresken Ruinen umgeben ist, nämlich die der Bibliothek, des Justizgebäudes und des Kapitelhauses. Das Gewölbe dieses letztern wird, gleich dem Römer in Marienburg nur durch eine einzige Mittelsäule getragen. In der Küche bewundert man dagegen fast grade, höchst künstlich[14] konstruierte, Wölbungen ohne alle Stütze, und daneben den prachtvollen Eßsaal, der 108 Fuß lang und 45 breit ist. Dies war wie billig der Kulminationspunkt der Abtei, welche ihrer Schwelgerei und Sittenlosigkeit wegen sehr berüchtigt war. In der Kirche sieht man noch mehrere Grabmäler, eines Lord Mowbray in voller Kettenrüstung in Stein ausgehauen, ferner mehrere Äbte und zuletzt einen leeren Steinsarg, in dem Hotspur Percy[15] begraben gelegen haben soll. In der Höhe erblickt man einen wohlerhaltenen Engel mit der deutlichen Jahreszahl 1285 darunter. An der Spitze des Turms aber liest man noch in gotischen Riesenbuchstaben eine lateinische Inschrift, die schön und passend, da oben in den Lüften schwebend, folgende Worte herabruft: ›Ehre und Preis dem einzigen Gott durch alle Jahrhunderte!‹

Die ganze Ruine ist mit Efeu und Schlingpflanzen wie mit Vorhängen bedeckt, und majestätische Bäume wehen hie und da daraus hervor. Der Fluß schlängelt sich an ihr hin und treibt einige Schritte weiter die alte Klostermühle, welche immer noch im Gebrauch geblieben ist, fast als wollte sie die Lehre geben, daß, wenn Pracht und Hoheit untergehen, das Nützliche sich bescheiden erhält. Ohngefähr 200 Schritte hinter der Abtei steht das alte Wohnhaus der Familie der Besitzer, welches im 16ten Jahrhundert aus den abgefallenen Steinen der Ruine aufgebaut wurde. Auch dieses ist höchst malerisch, obgleich in einem bei weitem weniger edlen Stile gebaut. Seine mit Mauern umgebenen Gärten mit beschnittenen hohen Taxushecken und regelmäßigen Blumenbeeten und die Mischung des noch ganz Alten und schon werdenden Neuen, geben der Phantasie einen angenehmen und weiten Spielraum. Hier stehen vielleicht die ältesten Taxusbäume in England. Einer, den man 1000 Jahre alt schätzt, hat in der größten Dicke seines Stammes 30 Fuß im Umfang. Auf dem

Hause befindet sich, zwischen den Bildern zweier alten Ritter, aus der alten Abtei geraubt, die wahrscheinlich auf diese Figuren anspielende moderne Inschrift: ›*Sic transit gloria mundi.*‹[16] Auch Fountains Abbey dankt ihren Untergang der Einziehung der Klöster durch Heinrich VIII. Wenn man die Abtei verläßt, gelangt man nach einer halben Stunde Wegs in einen höchst prachtvollen und mit großem Aufwand unterhaltenen *pleasure-ground,* der durch viel Abwechselung von Berg und Tal, herrliche Bäume und wohlbenützte Gruppierungen sehr anzieht, im übrigen aber mit etwas altertümlichen Anlagen und einer Menge Lusthäusern, Tempeln und bleiernen Statuen ohne Wert zu sehr überladen ist. In einem dieser Tempel, den alten Göttern gewidmet, stand die Büste des – Nero. Doch diesen kleinen Mängeln wäre leicht abzuhelfen, das viele Schöne der Natur und Anlage wird man aber selten so reich vereinigt antreffen. Am Ende des Wildparks liegt das Wohnhaus der Besitzerin, welche mit 40000 L. St. Einkünften doch eine alte Jungfer von 67 Jahren geblieben ist. Ich begegnete ihr im Garten und wurde von ihr zum *luncheon* eingeladen, was ich mit Vergnügen annahm, da die Promenade mich ziemlich hungrig gemacht hatte. Ich fand dort noch sechs andere alte Jungfern, einen Advokaten und einen jungen Husaren-Offizier, der *coq en pâte*[17] zu sein schien.

Um jedoch noch einmal auf die Ruine zurückzukommen (ich meine die Abtei, nicht die alte Jungfer), so würde ich, wenn ich meiner kritischen Ader Raum geben wollte, nur eins an ihr aussetzen, nämlich: daß sie, im Kontrast mit der von Whitby, die es zu wenig ist, hier z u g u t erhalten wurde. Kein loser Stein liegt auf dem Boden, welcher so eben wie ein Teppich sorgfältig geschoren ist. Das Blumenparterre im alten Klostergarten war auch zu modern gehalten, und wäre das poetische Gebäude mein, ich würde es schnell wieder ein wenig künstlich zu verwildern suchen, denn in der halbverfallenen Größe eben liegt ja ihr ganzer Zauber für das Gemüt.

Nach meiner Rückkunft in Ripon besah ich den alten dortigen Dom, auch ein schönes Überbleibsel des Altertums mit einem überaus kunstreich geschnitzten Chor. In einem unterirdischen Gewölbe befinden sich eine Art, mit Knochen und Totenköpfen ausgeschmückte, Katakomben, wo ich mich meinem Steckenpferde gemäß, lange mit kraniologischen Untersuchungen beschäftigte. Unter diesen menschlichen Ruinen war ein Schädel dem meinigen so frappant ähnlich, daß es selbst dem alten Küster auffiel. Wer mag der alte Knabe gewesen sein? Vielleicht ich selbst unter anderm Gewande? Über den eigentlichen Ursprung dieser Knochengebäude konnte mir niemand rechte Auskunft geben, nur über den echt französisch aussehenden Schädel eines emigrierten Priesters, den der Küster selbst eingeschwärzt[18] hatte. Er sah noch immer so gesprächig und artig aus, als ob er eben sagen wolle: *Monsieur, j'ai l'honneur de vous présenter mes respects, vous êtes trop poli de venir nous rendre visite – Nous avons si rarement l'occasion de causer ici!*[19] Es war ein wohlerzogner Schädel, das zeigte er auf den ersten Blick, sehr tiefsinnig und still dagegen schien der meines Ebenbildes. Es wäre doch sonderbar, wenn man so, ohne es zu wissen, manchmal seinen eigenen alten Knochen wieder gegenüber stünde.

Harrogate, den 28sten

Dieser Badeort ist ziemlich auf die Art unsrer Bäder eingerichtet, und mit mehr Geselligkeit begabt als gewöhnlich die englischen. Man sieht sich an der *table d'hôte*[20], beim Tee, beim Brunnentrinken, und macht daher leichter Bekanntschaften. Der Ort besteht aus zwei Dörfern, beide nett und freundlich in einer schönen fruchtbaren Gegend gelegen. Leider ist aber jetzt gerade das Wetter abscheulich. Es regnet unaufhörlich, und der Schwefelbrunnen, den ich heut früh trank, hat mich überdies so krank gemacht, daß ich noch nicht aus meiner Stube kommen konnte. Nichts ist fataler als die englische Mode, daß nur das Wohnzimmer unten, das Schlafzimmer aber immer 2-3 Treppen hoch ist, und doppelt unerträglich beim Gebrauch eines Wassers, welches den ganzen Tag durch sehr heftig zu operieren pflegt.

Den 29sten

Der Brunnen bekommt mir noch immer nicht gut, demohngeachtet ging ich heute bis an der Welt Ende, hier eine kurze Promenade, da *the World's End* nur ein nahes Dorf ist, mit einer schönen Aussicht in – den Anfang der Welt – denn da diese rund ist, so kann man ja recht wohl jeden beliebigen Punkt, der Welt Anfang oder Ende nennen. Ich fand einen Bekannten, in dessen Gesellschaft ich, mit 70 andern Menschen, an der *table d'hôte* aß. Obgleich die *saison* ziemlich vorbei ist, sind doch noch circa 1000 Badegäste hier, meistens aus dem Mittelstande, weil Harrogate nicht zu den fashionablen Bädern gehört, wiewohl es mir weit angenehmer vorkommt als das höchst *fashionable* Brighton.

Ein alter General von 80 Jahren, der bei Tisch mein Nachbar war, unterhielt mich sehr gut. Er hatte Friedrich den Großen, Kaunitz, Kaiser Joseph, Mirabeau[21] und später Napoleon in vielen Beziehungen gekannt, und erzählte manche interessante Partikularitäten von ihnen, war überdem Gouverneur von Surinam und Isle de France[22] gewesen, hatte lange in Indien kommandiert und war jetzt, was man bei uns ›General der Infanterie‹ nennt, der nächste Grad am Feldmarschall. Alles dies würde ihm bei uns einen hohen Rang geben. Hier nicht im geringsten, und er äußerte dies selbst. »Hier«, sagte er, »ist die Aristokratie alles. Ohne Kredit der Familie, ohne Verwandtschaft mit hohem Adel, durch den man fortgeschoben wird, kann man zwar wohl einen hohen Rang in der Armee erlangen, aber ohne ganz besondere Umstände nie ein Mann von Ansehen werden. Ich bin nur Baronet«, sagte er, »demohngeachtet gibt mir dieser leere Geburtstitel noch mehr Ansehen und Rang als mein hoher Militärgrad, und ich werde nicht ›Herr General‹, oder wie bei Ihnen ›Ew. Exzellenz‹ genannt, sondern ›Sir‹ Charles.« (Sir ist der Titel des Baronets.)

Nach dem *dinner* versammelte sich die Gesellschaft zum Tee, der mit einem kleinen Ball endigte.

Leeds, den 1sten Oktober

Ich war hauptsächlich deshalb in Harrogate so lange geblieben, um Briefe von Dir zu erwarten, da ich L... diese Adresse gegeben. Heute erschien denn auch einer, den ich vorfand, als ich von meinem Spaziergang zu Haus kam. Du kannst denken, wie viel Freude er mir machte!

Ich bin in Gedanken mit Dir in Dresden gewesen und habe Deine Gesundheit vor dem illuminierten Namenszug getrunken. Es gehört übrigens wohl zu meiner natürlichen Sonderbarkeit, daß ich, obgleich vier Jahr in D... in Garnison stehend, doch nie weder Pillnitz noch Moritzburg gesehen habe, daher Deine Beschreibung des letzteren mit dem Portrait des alten Landvoigts mich so sehr interessierte.

Du tadelst es, daß ich in gewissen Dingen lieber schreibe wie rede. Du hast im ganzen recht. Es ist aber diese Sache und alles Supplizieren[23] so meiner ganzen Natur entgegen, daß ich unbeholfen und schlecht spreche, und daher immer noch besser tue, wenn ich schreibe. Auch ist dann das Mißlingen nicht so unangenehm. Doch zu meiner Reise zurück.

Die Menge prachtvoller Besitzungen in England ist wirklich fast zahllos zu nennen. Man muß sich nur auf die wichtigsten einschränken. Ohngefähr 10 Meilen von Harrogate fand ich an der Straße Harewood Park, einen sehr reizenden Aufenthalt. Dieser Park ist vor 100 Jahren von Brown ganz auf einem Terrain angelegt, wie ich es mir immer wünschte, nämlich in einem natürlichen Wald mit Talschluchten, Felsen darin, einem reich mit Wasser versehenen Waldbach, und auf einem der Hügel die Ruine eines alten Schlosses – alles dies in der fruchtbarsten Gegend mit fernen Aussichten auf die Gebürge Cumberlands. Der große Meister hat diese Materialien herrlich benützt, ein prächtiges Schloß im edlen antiken Geschmack auf einen der Hügel gebaut, im Talgrund davor den kleinen Fluß zu einem weiten See ausgedehnt, und so dem Schloß auf der einen Seite eine überaus liebliche Aussicht in den einsamen Park, auf der andern in die weite Ferne und reiche Gegend gegeben.

Auf eine auffallende Art wurde für mich die Szene noch dadurch belebt, daß gerade, als ich vor dem Schlosse vorfuhr, der Besitzer Graf Harewood (Hasenwald im Deutschen) mit seiner Meute von hundert Hunden, seinen rotgekleideten *piqueurs*[24] und einer Menge mutiger Jagdpferde, den Bergabhang herab, über die Wiesen, vom Fuchsjagen zurückkam. Es war nicht zu vermeiden, ihm entgegenzugehen, um die Ursache meines Hierseins zu erklären. Ich fand einen großen schönen Mann von außerordentlich einnehmendem Äußern, in Gestalt und Benehmen noch jung und rüstig, an Jahren aber, was man sich sagen lassen mußte, um es zu glauben, schon ein Fünfundsechziger. Er empfing mich aufs höflichste, sagte, daß er das Vergnügen gehabt habe, mich mehrmals in London zu sehen *(je n'en savais pas un mot)*[25] und bat mich, zu erlauben, daß er mir selbst seine Besitzungen zeige. So sehr ich dies nach seiner *fatigue*[26] auf der Fuchsjagd (bei einer solchen pflegt man gewöhnlich 5-6 deutsche Meilen im Galopp zu jagen und während dem 50-60 Sprünge über Hecken und Gräben zu machen) ablehnte, half mein Sträuben doch nichts, und der alte Mann begleitete mich, bergauf, bergab, über den größten Teil seiner fürstlichen *domaine*. Was mich, als mir neu, diesmal am meisten interessierte, waren die Hundeställe. 150 Stück Hunde fand ich dort in zwei sehr reinlichen Sälen, jeder Saal mit einer großen Bettstelle versehen, auf der 75 Stück Hunde schlafen. Jeder der Säle hat vorn seinen eigenen Zwinger. Nirgends spürte man den mindesten üblen Geruch, noch bemerkte man die kleinste Unreinlichkeit. In jedem Zwinger befand sich ein Ständer mit fließendem Wasser, und ein Diener ist den ganzen Tag gegenwärtig, der mit einem Besen bewaffnet, fast fortwährend den Boden wäscht, auf dem er das Wasser nach Belieben überfließen lassen kann. Die Hunde selbst sind an den größten Gehorsam gewöhnt, und verunreinigen ihr Bett und die Stube nie. Es ist eine große Kunst, sie gehörig zu füttern, denn sie müssen, um die große Anstrengung aushalten zu können, ganz mager und doch zugleich von so festem Fleisch wie Eisen sein, einer wie der andere. Dies war auch durchgängig der Fall, und man konnte nichts Hübscheres sehen als diese schlanken, gehorsamen und muntern Tiere, von denen die eine Hälfte eben erst von der Jagd zurückgekommen war, und dennoch keineswegs übermüdet schien. Sie lagen indes doch alle ruhend auf ihrem kolossalen, gemeinschaftlichen Bett und sahen uns sehr freundlich und wedelnd an, während die andre Hälfte ungeduldig und mutwillig im Zwinger umhersprang.

Auch die Pferdeställe, ohngefähr 1000 Schritt vom Schloß in einem *carré* erbaut, waren sehr schön, und kostbare Pferde darin, ohngefähr 30 an der Zahl. Der alte Herr hatte meinen Wagen folgen lassen, instruierte nun noch den Postillon auf das genaueste, welchen Weg er durch den Park zu nehmen habe, damit ich die schönsten Punkte desselben sehen möge, und wanderte dann erst mit zwei großen Wasserhunden und einem rabenschwarzen Hühnerhunde zu Hause, um sich zu seinem *dinner* anzuziehen, da er sich noch in seinem scharlachroten Rock, dem Fuchsjäger-*costume*, das wie eine *livrée* aussieht, befand.

Ich habe noch vergessen zu sagen, daß wir zuerst eine Tour durch die Zimmer des Schlosses gemacht hatten, welches ebenfalls reich und schön möbliert, und mit Familiengemälden von van Dyck, Reynolds und Lawrence, den besten Malern Englands, aus drei verschiedenen Jahrhunderten geziert ist, vorzüglich aber eine Seltenheit ganz eigentümlicher Art darbot, nämlich in der Haupt-*pièce* Vorhänge von rot gemaltem Holz, so kunstreich in alter Zeit geschnitzt, daß gewiß Rauch[27] selbst über diesen Faltenwurf erstaunt sein würde. Obgleich man mir es sagte, konnte ich es kaum glauben, bis ich mich durch das Gefühl überzeugte, so vollkommen täuschend war die Nachahmung des seidenen Stoffes. Die Fransen nur waren echtes Gold, also gerade das Umgekehrte unsrer Theatervorhänge aus Seide mit hölzernen Fransen. Eine andere ungewöhnliche Zierde bestand darin, daß die Decken, in schönem Stuck, durchgängig von demselben *dessin* wie die Teppiche waren, eine sehr kostbare Sache, wenn, wie zu vermuten, die Teppiche nach dem Muster der *plafonds*[28] haben gewirkt werden müssen.

Die lange Fahrt durch den Park, eine gute Stunde weit, war höchst belohnend. Der Weg führte uns zuerst am See hin, mit einer majestätischen Aussicht auf das Schloß, und dann im Walde am Flusse fort, der viele Kaskaden und kleinere Seen bildete. Der Wald selbst bot die größte Verschiedenheit dar, bald dick und dem Blick undurchdringlich, bald hainartig, dann freie Wiesen mit dunkler Einfassung, oder junge Dikkichte mit darin sich bergendem Dammwild, zuweilen eine schmale und weite Aussicht auf ferne Berge.

Ein so situierter Edelmann repräsentiert seinen Stand würdig, und es ist sehr natürlich, wenn er unter diesen günstigen Umständen so gut, wohlwollend, achtungswert und zufrieden erscheint, wie dieser edle Graf, dessen Bild mir immer ebenso wohltätig vorschweben wird, als das der schönen Landschaft, der er gebietet.

Von den Eindrücken des Tages ganz verschieden, und doch nicht minder schön war der Abend. Mit anbrechender Dämmerung erreichte ich die große Fabrikstadt Leeds. Eine durchsichtige Rauchwolke war über dem weiten Raum, den sie auf und zwischen mehreren Hügeln einnimmt, gelagert; hundert rote Feuer blitzten daraus hervor, und ebenso viel turmartige, schwarzen Rauch ausstoßende Feueressen reihten sich dazwischen.

Herrlich nahmen sich darunter fünfstöckige, kolossale Fabrikgebäude aus, in denen jedes Fenster mit zwei Lichtern illuminiert war, hinter welchen bis tief in die Nacht hier der emsige Arbeiter verkehrt. Damit aber dem Gewerbe-Gewühl der industriellen Illumination auch das Romantische nicht fehle, stiegen hoch über den Häusern noch zwei alte gotische Kirchen hervor, auf deren Turmspitzen der Mond sein goldnes Licht ergoß und am blauen Gewölbe, die grellen Feuer der geschäftigen Menschen unter sich, mit majestätischer Ruhe zu dämpfen schien.

Leeds hat nahe an 10000 Einwohner und doch keinen Repräsentanten im Parlament, weil es eine neue Stadt ist, während bekanntlich mancher elende, verfallne Ort, der kaum zwei erbärmliche Häuser hat, deren 2 und mehrere ins Parlament schickt, die natürlich der Besitzer mit seinen Creaturen[29] besetzt. So grell ungerecht dieser Mißbrauch ist, so haben doch die englischen Staatsmänner noch nicht gewagt, ihn abzuschaffen, vielleicht weil sie fürchten, daß jede Veränderung bei einer so komplizierten Verfassung, eine gefährliche Operation ist, zu der man nur im höchsten Notfall schreiten darf.

Spät abends

Ich habe mich hier schon an manche englischen Sitten gewöhnt, unter andern auch an kalte *dinner*. Als Veränderung zuweilen sind sie der Gesundheit zuträglich und da sie ganz national sind, findet man sie hier fast immer von vorzüglicher Qualität. So wurde heute mein einzelner Tisch mit nicht weniger als folgendem bedeckt, zu dessen Verarbeitung ein englischer Magen gehört hätte: ein kalter Schinken (alles große, nur zum Teil angeschnittene *piècen*), ein imposanter Rostbeef, eine Hammelkeule, ein Kälberbraten, eine kalte Hasenpastete, ein Haselhuhn, dreierlei Arten *pickles,* in Wasser gekochter Blumenkohl, Kartoffeln, Butter und Käse. Daß man damit ein ganzes Kränzchen Spießbürger bei uns gespeist hätte, springt in die Augen.

Den 2ten Oktober

Das erste, was ich heute früh vor meinen Fenstern erblickte, war die raffinierte *industry*[30] eines Materialhändlers, der sich nicht begnügt hatte, wie es in England bei allen seinen Kollegen der Fall ist, eine große Menge chinesischer Teebüchsen, Mandarine und Vasen vor seiner *boutique* aufzustellen, sondern außerdem noch ein Uhrwerk am Fenster produzierte, wo ein stattlicher Türkenautomat emsig Mocca-Kaffee mahlte. Von hier begann ich meine weitere Tour. Zuvörderst besah ich die Stadt-Markt-Halle, ein schönes Gebäude, wo der Markt unter einem Glasdach gehalten wird; dann die Tuchhalle, ein ungeheurer Raum, der bloß mit Tüchern aller Art und Farben angefüllt ist, und endlich die größte Tuch-Fabrik im Orte, welche durch drei Dampfmaschinen betrieben wird. Man sieht sie mit dem rohen Material (hier das Sortieren der Wolle) anfangen und mit dem fertigen Tuche endigen, und könnte recht gut seine Wolle früh in die Fabrik bringen, und abends mit dem daraus gefertigten Rocke wieder herauskommen, wenn man zugleich einen Schneider mitbrächte. Unser R… hat dieses Kunststück wirklich realisiert, und trug den Schnellrock lange mit großer Vorliebe. Die verschiedenen Maschinen sind im höchsten Grade *ingénieux*, aber der Gestank dabei und die ungesunde Luft, wie der Staub bei manchen Operationen, müssen für die armen Arbeiter, die übrigens gleich Negern alle blaugefärbt aussahen, sehr ungesund sein. Der junge Mann, welcher mir die Fabrik zeigte, sagte jedoch, daß Baumwoll-Manufakturen noch weit ungesunder wegen des feinen Staubes wären, daher auch selten ein Arbeiter daselbst 50 Jahre erreiche, hier aber habe man Beispiele von 60. Die gotischen Kirchen, welche gestern in der Ferne so viel Effekt machten, boten nichts Merkwürdiges in der Nähe dar, und die Stadt selbst, in der man, des Tag und Nacht nie unterbrochenen Rauches wegen, in einem ewigen Nebel lebt, ist der unangenehmste Aufenthalt, den man sich denken kann.

Rotherham, abends

Meine Reise fortsetzend, machte ich den ersten Halt in Temple Newsome, einem Schlosse aus Elisabeths Zeiten, der verwitweten Marquise Hertford gehörig. Das Schloß hat die Eigentümlichkeit, daß statt der Zinnen, eine Steingalerie von Buchstaben rund um das Dach läuft, die einen Spruch aus der Bibel enthält. Der Park ist traurig, und das *ameublement* des Hauses altväterisch ohne Reiz. In der Bildergalerie fand ich ebenfalls nichts Besonderes, in den Stuben aber einige interessante Bilder. Erstens die beiden Guise, die Onkel der Maria von Schottland, den General Monk, der auffallend unserm alten Freund Thielemann ähnlich sieht, und das Bild Lord Darnley's (Marias Gemahl)[31] dem dieses Schloß gehörte und in derselben Stube aufgehangen ist, wo er geboren wurde. Ich litt sehr an Kopfschmerz, weshalb ich vielleicht einen zweiten Park, Stainbrook Castle, nur öde und unheimlich fand, auch den Gemälden nicht viel Geschmack abgewinnen konnte. Hierauf führte der Weg fortwährend durch mehrere Fabrikorte, die alle wie brennende Dörfer und Städte aussahen. Rotherham selbst, wo ich mich jetzt befinde, ist wegen seiner großen Eisenwerke berühmt, und ich gedenke morgen einige davon zu besehen, wenn mein Übelbefinden nachläßt.

Den 3ten Oktober

Nachdem ich eine halbe deutsche Meile nach dem größten Eisenhammer gewandert war, fand ich leider das Werk still stehen, indem der hohe Ofen gestern schadhaft geworden war. Ich konnte folglich nur wenig sehen, und begab mich, wieder eine Viertelstunde weiter, nach dem Gußstahlwerk. Hier war aber eben die Dampfmaschine in Unordnung geraten, und das Werk stand ebenfalls still. Ich wanderte also abermals weiter zu der Zwirn- und Leinewand-Fabrik, und mein wie meines Führers Erstaunen war nicht gering, als wir auch hier keine Arbeit gewahr wurden und erfuhren, daß heute früh die große Spindel in der Hauptmaschine gebrochen sei. Mit diesem ganz besondern *guignon*[32] endigten meine vergeblichen Versuche, mich heute weiter zu unterrichten, da ich keine Zeit zu mehreren hatte. Das einzige Erwähnungswerte was ich *en passant* noch sah, war die Einrichtung an einem hohen Ofen, wo statt der hölzernen Brücke, die gewöhnlich hinaufführt, eine eiserne Bahn angebracht war, auf der, durch eins der Wasserräder mitgetrieben, der Kohlenwagen von selbst hinauf und herunter lief.

Sheffield, abends

Von Rotherham fuhr ich nach Wentworth House, dem Lord Fitzwilliam gehörig, abermals eine wahrhaft königliche Besitzung, was Größe, Pracht und Reichtum betrifft, aber auch (wie im ganzen die meisten englischen Parks) ebenso traurig und monoton, denn die unabsehbaren Strecken dürren Grases mit einzelnen Bäumen und dem zahmen, schafartigen Wilde zuletzt, werden darauf ganz unerträglich. – Gewiß ist es eine abgeschmackte Sitte, diese Öden fast immer auf einer Seite an das Schloß anstoßen zu lassen, welches solchen Gebäuden das Ansehen verwünschter Paläste gibt, die statt der Menschen nur von Hirschen bewohnt werden. Dieser Täuschung könnte man sich um so mehr überlassen, da man selten ein menschliches Wesen außerhalb dem Hause zu sehen bekommt, dieses auch in der Regel verschlossen ist, so daß man oft an der Türe desselben eine Viertelstunde klingeln und warten muß, ehe man eingelassen wird, und die Frau Castellanin erscheint, um den Cicerone zu machen und ihr Trinkgeld einzunehmen.

Viele schöne Statuen und Gemälde schmücken Wentworth House. Unter andern ein herrliches Bild van Dycks, den Erbauer des Schlosses, Lord Strafford darstellend, wie ihm eben sein Todes-Urteil notifiziert worden ist, und er, es noch in der Hand haltend, dem Sekretär seinen letzten Willen diktiert. Auf einem andern Bilde ist sein Sohn abgebildet, ein schöner Knabe von 16 Jahren in einem äußerst vorteilhaften Trauerkostüm, schwarz mit reichen Spitzen, rehfarbnen Stiefeln, einem dicht anschließenden *collet*, mit Schmelz gestickt[33], kurzem Mantel, reichem Schwert und Schärpe *en bandoulière.*[34]

Das Bild eines Rennpferdes in Lebensgröße auf graue Leinwand gemalt und ohne Rahmen in eine Nische plaziert, täuschte, als sei es lebendig. Dieses Pferd hat so viel gewonnen, daß der vorige Lord ein *carré* magnifiker Ställe, die vollständigsten, die ich noch hier gesehen, dafür aufbauen lassen konnte. In diesen Ställen, die auch eine Reitschule enthalten, stehen 60 schöne und ausgesuchte Pferde.

Ein vortreffliches Portrait des ebenso unternehmenden als eitlen Kardinal Wolsey, so wie das des leichtsinnigen Herzogs von Buckingham gewähren viel Interesse. Als die Castellanin mir das Portrait Harveys zeigte, sagte sie: »dies ist der Mann, der die Zirkulation des Blutes erfunden hat *(who has invented the circulation of the blood).«* Wer doch des Mannes Bekanntschaft machen könnte! In den Blumengärten fand ich einige einzelne hübsche Partien, unter andern eine an bunten Parterres hinlaufende Galerie von Drahtgittern, mit ausländischen Vögeln darin, einem klaren Bach der durch sie hinfloß, und immergrünen Sträuchern, auf denen sich das gefiederte Volk frei herumtummeln konnte.

Auf einem kleinen Teich daneben schwammen mehrere schwarze Schwäne, die bereits vier junge Sprößlinge hier großgezogen haben. Sie scheinen sich vollkommen an das hiesige Klima zu gewöhnen. Auffallend war mir eine gewöhnliche Buche am Ufer des Wassers, die durch frühes Köpfen zu einem ganz andern Charakter gekommen war. Sehr niedrig nach oben, bedeckten dagegen ihre sich auf allen Seiten gleich weit ausbreitenden Zweige einen ungeheuern Raum in der Breite, und formten sich zu einem regelmäßigen Laubzelte ohnegleichen. Auch einer Hemlocks-Tanne hatte man durch Köpfen weit größere Schönheit gegeben, als ihr der natürliche Wuchs verleiht.

Ich kam noch bei guter Zeit nach Sheffield, wo des vielen Rauches wegen die Sonne keine Strahlen mehr warf, sondern nur wie der Mond erschien. Indem ich mir hier die bewunderungswürdigen Produkte im Messer- und Scheren-Fach betrachtete, als z. B. ein Messer mit 180 Klingen, Scheren, die vollkommen schneiden und brauchbar sind, obgleich man sie kaum mit bloßen Augen erkennen kann etc. etc. – kaufte ich auch für Dich, ohne Aberglauben, Nadeln und Scheren für Deine ganze Lebenszeit, nebst einigen andern Kleinigkeiten neurer Erfindung, die Dir, wie ich hoffe, Vergnügen machen werden.

Nottingham den 4ten Oktober

Ich fuhr die Nacht hindurch, und sah nur von weitem bei Mondschein Newstead Abbey, Lord Byrons jetzt sehr vernachlässigten Geburtsort und Familienschloß.[35] Außer der gotischen Kirche, deren fast jede Stadt in England eine mehr oder minder schöne aufzuweisen hat, ist in Nottingham nicht viel zu sehen, eine merkwürdige Manufaktur von Petinet[36] ausgenommen, wo die Maschinen ganz allein alle Arbeit machen und nur ein einziger Mensch dabei steht, um acht zu geben, wenn sich etwa irgend etwas verschieben sollte. Es sieht höchst seltsam aus, wenn, wie durch unsichtbare Hände geführt, die Eisenungeheuer mit allen ihren Klammern und Spitzen zu hantieren anfangen, und der schönste Petinet im Rahmen gespannt, nett und fertig oben langsam hervorkommt, während man unten die Spindel mit den darum gewickelten rohen Fäden sich langsam fortdrehen sieht, ohne daß, wie gesagt, eine einzige menschliche Hand das Ganze berührte.

Es war eben die Zeit der hiesigen Messe, welche eine Menge Kuriositäten herbeigezogen hatte, unter andern eine schöne Sammlung wilder Tiere. Zwei bengalische Tiger von enormer Größe waren so vollständig gezähmt, daß selbst Damen und Kinder gestattet ward, zu ihnen in den Käfig hineinzutreten, oder die Tiere selbst in die Reitbahn herauszulassen, worin die Sammlung aufgestellt war. Kein Hund konnte frömmer sein, doch bezweifle ich, daß unsere Polizei solche Experimente geduldet haben würde. Ein merkwürdiges, und so viel ich weiß, noch nie in Europa gesehenes Tier, war das gehörnte Pferd, oder Neyl Gnu[37] aus der asiatischen Tartarei vom Himalaja-Gebürge, schön und flüchtig, und von einer höchst seltsamen Konstruktion einiger Teile. Neu war mir auch der schöne persische Waldesel, der schneller und dauerhafter als ein Pferd laufen, und wochenlang ohne Nahrung zu leben imstande sein soll. Wie auf der Pfaueninsel bei Berlin befand sich auch hier ein Riese und ein Zwerg mit unter der Tiersammlung.

London, den 6ten

Ehe ich Nottingham verließ, besuchte ich den in der Nähe gelegenen Sitz des Lord Middleton, dessen Schloß sehenswert ist. Liebhaber von Georginen[38] können im hiesigen Garten dergleichen finden, welche fast die Größe von Sonnenblumen erreichen. Auch einige Glashäuser zeichneten sich aus, der Park bot wenig. Im Schloß ist ein altes Gemälde, welches dieses und die Gärten treu darstellt, wie sie vor 200 Jahren waren. Es gibt zu interessanter Betrachtung Anlaß, um so mehr, da man die Herrschaft mit großer Gesellschaft und Gefolge im wunderlichsten *costume* sich im Garten ergehen sieht, und der dargestellte Lord derselbe ist, welcher wegen jener berühmten Geistergeschichte so oft zitiert wird. Dergleichen Darstellungen sollte jeder für seine Nachkommen anfertigen lassen, die Vergleiche sind immer ergötzlich, und zuweilen lehrreich.

In der Nacht erreichte ich St. Albans, und sah die berühmte Abtei bei Mond- und Laternenschein. Der Küster wurde schnell aufgeweckt, und mußte mich noch hinführen. Zuerst bewunderte ich das im achten Jahrhundert von den Sachsen mit römischen Ziegeln (welche ganz unverwüstlich sind) erbaute Äußere des Gebäudes beim Mondlicht, dann trat ich mit der Laterne in das imposante Innere. Das Schiff der Kirche ist wohl eines der größten, die es gibt, denn es ist über sechshundert Fuß lang. Viele herrliche Arbeit in Stein und Schnitzwerk ist darin angebracht, und obgleich man bei dem schwachen Lichte wenig deutlich sehen konnte, so machte doch das Ganze, eben durch die abenteuerliche und ungewisse Beleuchtung, nebst unsern beiden schwarzen Figuren in der Mitte, und den Tönen der Mitternachtsglocke vom Turm herab, einen recht romanhaften Eindruck.

Noch mehr war dies der Fall als wir in die Gruft hinabstiegen, wo in einem aufgebrochenen zinnernen Sarge das Gerippe des Herzogs von Bedford, des Reichsverwesers liegt, der vor 400 Jahren vom Kardinal Beaufort vergiftet wurde.[39] Es ist durch die Länge der Zeit so braun und glatt wie poliertes Mahagoniholz geworden, und neugierige Antiquare haben es deshalb schon mehrerer Knochen beraubt. Auch der Küster, ein Irländer, ergriff ohne Umstände einen der Beinknochen, und ihn wie einen Knüppel in der Luft schwingend, bemerkte er: der Knochen wäre so schön und hart durch die Zeit geworden, daß er einen vortrefflichen Shillelagh[40] abgeben könnte. Was würde der stolze Herzog gesagt haben, wenn er bei Lebzeiten erfahren, wie so geringe Leute einst mit seinem armen Leichnam umgehen würden.

Den soliden Bau damaliger Zeiten beweist am besten die über tausend Jahre alte prachtvolle hölzerne Decke, die noch so schön und wohlerhalten ist, als wenn in der angegebenen Zahl keine Nullen hinter der 1 stünden. Die bunten Fenster, nebst dem goldenen Grab des heiligen Alban, sind leider auch in Cromwells Zeit größtenteils zerstört worden.

Noch zeitig genug, um die Hälfte der Nacht auszuruhen, kam ich in London an, und mein erstes Geschäft am Morgen war, vorliegenden, zum Paket angeschwollenen Brief für Dich zu beendigen. In wenigen Stunden, hoffe ich, ist er schon unterwegs.

Laß Dir also bis dahin die Zeit nicht lang werden, und empfange diesen Brief mit gleicher Liebe und Nachsicht, als seine zahlreichen Vorgänger. [s. a. Nachlaß-Briefe S. 786 f.]

Dein treuer L.

Zwanzigster Brief

London, den 1. Nov. 1827

Ein Franzose sagt: *L'illusion fut inventée pour le bonheur des mortels, elle leur fait presques autant de bien que l'espérance.*[1] Wenn dieser Ausspruch wahr ist, so ist mir viel Glück zugemessen, denn an Illusionen und Hoffnungen lasse ich es nie fehlen.

Von diesen hat nun Dein Brief allerdings einige über den Haufen geworfen, indes sei guten Mutes, es wachsen schon neue wieder, so schnell wie Pilze, hervor. Bald mehr darüber. Aber an den widerwärtigen, immer schlafenden Präsidenten kann ich unmöglich von hier aus schreiben. Dazu, würde ein *dandy* sagen, ist der Mensch nicht *fashionable* genug. Du besorgst überdies alle diese Geschäfte so vortrefflich, daß es unrecht wäre, sie Dir nicht ganz allein zu überlassen. Dies ist zwar Egoismus von meiner Seite, aber ein verzeihlicher, weil er uns beiden Vorteil bringt. . . . .

. . . .

. . . .

Ich habe in den letzten Tagen eine kleine Exkursion nach Brighton gemacht, und einen Umweg bei der Rückkehr genommen. Das Schloß des Herzogs von Norfolk, Arundel Castle, war einer der Gegenstände meiner Neugier. Es hat einige Ähnlichkeit mit Warwick, bleibt jedoch weit hinter diesem zurück, obgleich es teilweise vielleicht ebenso alt ist. Auch hier ist am östlichen Ende ein künstlicher Berg und *keep*.[2] Auf dem runden verfallenen Turm soll man von dessen Gipfel eine herrliche Aussicht genießen. Der Nebel verhinderte sie heute, und ich konnte nicht einmal die das Schloß umschließenden Terrassengärten übersehen. Ich unterhielt mich dafür in nächster Nähe mit einem Dutzend zahmer

Uhus (der größten Eulenart), welche des ehemaligen Turmwärters Stube bewohnen. Einer davon war schon 50 Jahre hier, sehr zutulich, und bellte, wenn er etwas verlangte, vollkommen wie ein Hund. Die Engländer sind große Freunde von Tieren, eine Neigung, die ich mit ihnen teile. So findet man in den meisten großen Parks eine Unzahl von Raben, die in Schwärmen von Tausenden oft das Schloß umkreisen, und zu so einer altertümlichen Burg und den sie umgebenden Riesenbäumen nicht übel passen, obgleich ihr Gekrächze keine angenehme Musik gewährt. Das Innere des Schlosses hat nichts Ausgezeichnetes. Die vielen bunten Fenster sind alle modern, und unter den Familiengemälden schien mir bloß das des Lords Surrey, seines seltsamen Kostüms wegen, merkwürdig. Er wurde unter Heinrich VIII. hingerichtet.

Die Bibliothek ist klein, aber sehr magnifik, ganz mit Zedernholz getäfelt, mit schönem Schnitz- und Bildwerk verziert, kurz, an nichts fehlt es ihr, außer an Büchern, denn kaum ein paar hundert waren darin.

Ein sehr großer, aber einfacher Saal, heißt ›die Halle der Barone‹, und hat viele bunte Fenster, deren Malereien nicht besonders geraten sind.

In den Stuben hatte man, so viel als möglich, lauter alte *meubles* vereinigt, und ihnen möglichst nachgeholfen, damit sie nicht in ihrer Wurmstichigkeit zusammenfielen. Dies ist jetzt überall die Mode in England, Sachen, die man bei uns als zu gebrechlich und altmodisch wegwirft, werden hier auf's teuerste bezahlt, und auch die neuen wenigstens ganz im Stil der alten bestellt. Ich finde das in solchen ehrwürdigen Schlössern recht passend, sobald die Bequemlichkeit nicht zu sehr dadurch leidet, in modernen Gebäuden ist es aber lächerlich.

Der alte Teil des Schlosses soll schon in der Römerzeit eine Festung gewesen sein, weshalb man in den Mauern viel römische Ziegel findet. Auch später hat es immer als Festung gedient, und viele Belagerungen ausgehalten; der neuere Teil, im Stile des übrigen, wurde erst vom Vater des jetzigen Herzogs gebaut, und kostete, wir mir gesagt wurde, 800 000 L. St. Bei uns würde man ganz dasselbe gewiß mit 300 000 Rthlrn. erstellen können. Die Gärten schienen mir mannigfaltig und weitläuftig, und der Park soll auch sehr ausgedehnt und pittoresk sein; das abscheuliche Wetter hinderte mich aber, alles dies zu sehen. Ich fuhr den Abend noch bis Petworth, wo ein anderes sehenswertes Schloß ist, und schreibe Dir jetzt aus dem Gasthof, wo ich in wenigen Minuten wie zu Hause eingerichtet war, denn meine Reise-equipage und Bequemlichkeitsroutine hat sich in England noch sehr vervollkommnet.

Petworth House, den 2ten

Obrist C… kam heute früh zu mir in den Gasthof, machte mir viel Vorwürfe, nicht bei seinem Schwiegervater, Lord E…, dem Besitzer von Petworth-Schloß, gleich vorgefahren zu sein, und bat mich dabei so freundlich, wenigstens einen Tag bei ihnen zu bleiben, daß ich es nicht abschlagen konnte. Meine Sachen wurden also auf das Schloß gebracht, und ich sogleich dort installiert. Es ist ein schöner moderner Palast mit einer herrlichen Gemälde- und Antiken-Sammlung, und einem großen Park, der auch eine berühmte Stuterei in sich schließt. Unter den Gemälden sprachen mich drei besonders an, ein ganz ausgezeichnetes Bild Heinrich VIII. in Lebensgröße, von Holbein, merkwürdig durch den prachtvollen täuschend gemalten Schmuck und das frische, meisterhafte Kolorit; ein Portrait des unsterblichen Newton, der bei weitem weniger g e i s t r e i c h als eminent v o r n e h m aussieht, und ein anderes des Moritz von Oranien, unserem Dichter Houwald so ähnlich, daß man es unbedingt für das seinige ausgeben könnte. Die Mischung von Statuen und Bildern untereinander, die hier beliebt worden ist, wirkt unvorteilhaft und schadet beiden. Zu den Kuriositäten gehört eine Familien-Reliquie, nämlich Percy Hotspurs, eines Ahnherrn des Besitzers, großes Schwert. Die Bibliothek diente, wie gewöhnlich, zugleich als Salon, gewiß eine sehr zweckmäßige Sitte. Sie war überdies hier so eingerichtet, wie Du es liebst, d. h. nur die modernsten und wertvollsten, vor allen elegantest gebundenen Bücher in der Bibliothek aufgestellt, und für alle übrigen ein besonderer Saal im obern Stock eingeräumt. Die Schränke waren weiß lackiert, und mit mehreren Konsolen versehen, an denen man zugleich bequem hinaufsteigen konnte, um zu den obern Büchern zu gelangen.

Die Freiheit in diesem Hause war vollkommen, wodurch es seine Annehmlichkeit für mich verdoppelte. Hier empfand man in der Tat auch nicht die mindeste *gêne*. Es waren eine Menge Gäste gegenwärtig, worunter mehrere sehr liebenswürdige Damen. Der Hauswirt selbst ist ein sehr gelehrter Kunstkenner und zugleich ein bedeutender Mann *on the turf*[3], denn seine Rennpferde gewinnen öfter als andere. In seinem Gestüt sah ich einen Hengst von mehr als 30jährigem Alter (Whalebone) der von mehreren Stallknechten unterstützt werden mußte, um gehen zu können, und von dem die Fohlen dennoch, im Mutterleibe noch, mit großen Summen bezahlt werden. Das nenne ich ein glorreiches Alter. Übrigens sind die hiesigen Stuterei-Prinzipien von den unsrigen ausnehmend verschieden. Dies Thema möchte Dich aber bei aller Deiner Wißbegierde doch zu wenig interessieren, ich will also die hierüber erlangte Wissenschaft lieber einem andern Hefte anvertrauen.

Am nächsten Tage kam die Herzogin von St. A... hier an, eine Frau, deren immer steigender Glückswechsel seltsam genug ist.

Nach den ersten Erinnerungen, die sie hat, fand sie sich, ein verlassenes, hungerndes und frierendes Kind in der entlegensten Scheune eines englischen Dorfes. Eine Zigeunerbande nahm sie dort auf, von der sie später zu einer wandernden Schauspielertruppe überging. In diesem Fach erlangte sie durch angenehmes Äußere, stets heitere Laune und originelle Eigentümlichkeit einigen Ruf, erwarb sich nach und nach mehrere Freunde, die großmütig für sie sorgten, und lebte lange in ungestörter Verbindung mit dem reichen Banquier C…, der sie zuletzt auch heiratete, und ihr bei seinem Tode ein Vermögen von 70 000 L. St. Einkünften hinterließ. Durch dieses kolossale Erbteil ward sie später die Gemahlin des Herzogs von St. A…, des dritten englischen Herzogs im Range, und, was ein ziemlich sonderbares Zusammentreffen ist, des Nachkommen der bekannten Schauspielerin Nell Gwynn, deren Reize der Herzog auf ganz gleiche Weise (nur einige hundert Jahre früher) seinen Titel verdankt, wie seine Gemahlin jetzt den ihrigen.

Es ist eine sehr gute Frau, die sich nicht scheut, von der Vergangenheit zu sprechen, im Gegenteil, ihrer, vielleicht zu oft, Erwähnung tut. So unterhielt sie uns den ganzen Abend aus freien Stücken mit der Darstellung mehrerer Rollen aus ihrem Schauspielerleben. Das drolligste dabei war, daß sie ihrem sehr jungen Mann, der 30 Jahren jünger ist als sie, die Liebhaber-Rollen einstudiert hatte, welche ihm gar nicht recht gelingen wollten. Die bösen Zungen waren natürlich dabei sehr geschäftig, um so mehr, da viele der rezitierten Stellen zu den pikantesten Anspielungen fortwährend Anlaß gaben.

Nach einem dreitägigen angenehmen Aufenthalt kehrte ich hieher zurück, und feierte heute meinen Geburtstag in tiefster Einsamkeit bei verschlossenen Türen.[4] Drei Viertel meiner melancholischen Anwandlungen habe ich gewiß dem Monat zu verdanken, in dem ich das Licht der Welt erblickte. Maikinder sind weit heiterer, ich habe noch nie einen hypochondrischen Sohn des Frühlings gesehen. Mir fiel einmal ein Lied, überschrieben: ›*Prognostica*‹, in die Hände. Es tut mir sehr leid, daß ich es nicht aufbewahrt habe, denn für jeden Monat der Geburt war den Erdenkindern ihr Los verkündet. Nur das erinnere ich mich noch, daß den im Oktober Gebornen ein trüber Sinn zugeschrieben war, und der Spruch also anhub:

Ein Junge, geboren im Monat Oktober,
Wird ein Kritiker, und das ein recht grober!

Ich verlasse Dich aber jetzt für ein großes *dinner* beim Fürsten E…, denn den ganzen Tag will ich der Einsamkeit doch nicht widmen, dazu bin ich zu abergläubig. *Adieu.*

Den 4ten November

Als Ludwigsritter wohnte ich heute, am Namenstag meines Heiligen, glaube ich, oder des Königs von Frankreich, ich weiß es wahrlich nicht gewiß, einem großen Mahle beim Fürsten P… bei, und sah darauf noch die Fortsetzung des ›Don Juan‹ in Drury Lane.

Of course spielt der erste Akt in der Hölle, wo Don Juan bereits die Furien, und zuletzt gar des Teufels Großmutter verführt hat, und deshalb von ›Seiner Satanischen Majestät‹ höchsteigenhändig aus der Hölle hinausgeworfen wird. Als er bei Charon und den pittoresken Ufern des feuerflutenden Styx ankommt, fährt der Alte eben drei weibliche Seelen aus London herüber. Don Juan beschäftigt beim Aussteigen den Fährmann mit dem Wechseln einer Banknote, denn auch in der Hölle ist schon Papiergeld eingeführt, und nimmt währenddessen den Augenblick wahr, mit den drei Weibern schnell vom Ufer abzustoßen, und sie so der Erde wieder zuzuführen. In London angelangt, hat er seine gewöhnlichen Abenteuer, Duelle, Entführungen etc.; die Reiter-Statue im

Charing Cross ladet ihn zum Tee ein, seine Gläubiger aber bringen ihn nach King's Bench, aus dem eine reiche Heirat ihn zuletzt errettet, nach welcher er nun erst – in einer bösen Frau – endlich die genügende Strafe seiner Sünden findet, was die Hölle nicht vermochte. Madame Vestris ist als Don Juan der wunderlieblichste und verführerischeste Jüngling, dem man es auch gleich anmerkt, daß es ihm nicht an Routine fehlt.

Das Stück amüsierte mich, und noch unterhaltender fand ich einen neuen Roman auf meinem Tische zu Hause, der (allerdings eine schon oft gebrauchte Idee) im Jahr 2200 spielt.

England ist darin wieder katholisch und eine absolute Monarchie geworden, und die allgemeine Bildung hat solche Fortschritte gemacht, daß Gelehrsamkeit Gemeingut der niedrigsten Klassen geworden ist. Jeder Handwerker arbeitet nur rationell, nach mathematischen und chemischen Prinzipien. Lakaien und Köchinnen, welche Namen, wie ›Abelard‹, ›Heloise‹ etc. führen, sprechen mit dem Tone der Jenaer Literaturzeitung, dagegen es unter den hohen Ständen Mode geworden ist, sich im Gegensatz zu dem Plebs, der gemeinsten Sprache und Ausdrücke zu bedienen, und außer Lesen und Schreiben jede weitere Kenntnis sorgfältig zu verbergen. Dieser Gedanke ist witzig, und vielleicht prophetisch!

Auch die Lebensart dieser Stände ist höchst einfach, grobe und wenig Speisen erscheinen allein auf ihrer Tafel, und Küchenluxus wird nur noch bei den Diener-Tischen angetroffen.

Daß übrigens Luftballons das gewöhnliche Fuhrwerk sind, und Dampf die ganze Welt regiert, versteht sich fast von selbst. Ein deutscher Professor macht aber, vermöge einer neuen Anwendung des Galvanismus[5], gar die Entdeckung, Tote zu erwecken, und die Mumie des Königs Cheops, kürzlich in einer der bis jetzt noch uneröffneten Pyramiden aufgefunden, ist die erste Person, an welcher dieses Experiment versucht wird. Wie nun die lebende Mumie nach England kommt, und wie abscheulich sie sich dort aufführt, magst Du nachlesen, wenn der Roman ins Deutsche übersetzt sein wird. Übrigens komme ich mir selbst manchmal hier auch wie eine Mumie vor, an Händen und Füßen gebunden, und sehnlich meiner Auferstehung wartend.

Den 5ten

Diesen Morgen bedeckte ein solcher Nebel die Stadt, daß ich in meiner Stube nur bei Licht frühstücken konnte. An Ausgehen war bis gegen Abend nicht zu denken. Zum Essen war ich bei Lady Love eingeladen, und P... auch gegenwärtig, den sie sonst, ich weiß nicht recht warum, sehr anfeindet. Mit seiner gewöhnlichen *étourderie*[6] verdarb er es aber heute vollends. Die Dame hat nämlich, wie Du Dich noch aus älteren Zeiten erinnern wirst, eine etwas rote Nase, und Übelwollende suchen die Ursache davon in der Sitte, welche der General Pillet den Engländerinnen vorwirft. P... wußte dies wahrscheinlich nicht, und bemerkte, als er am Tisch neben ihr saß, daß sie ihren Wein aus einer andern Flasche mit einer dunkeln Flüssigkeit mischte, die wie Liqueur aussah. In seiner Unschuld – oder Bosheit, frug er scherzend, ob sie schon so ganz Engländerin geworden sei, ihren Wein mit Cognac zu mischen. An dem nunmehrigen Rotwerden ihres g a n z e n Gesichts, wie an der Verlegenheit der Nahesitzenden entdeckte er erst seine *bévue*[7], denn das unschuldige Tischgetränk war wirklich nur Brotwasser. Mir fiel dabei die komische Vorschrift ein, die ein Lehrbuch für gute Lebensart in unsrer nationell-pedantischen Manier gibt: ›Wenn Du in eine Gesellschaft gehst‹, heißt es dort, ›so erkundige Dich vorher immer genau nach den Personen, die Du dort anzutreffen vermuten kannst, nach ihren Verwandtschaften, Schwächen, Fehlern und ausgezeichneten Eigenschaften, damit Du auf der einen Seite nicht unbewußt etwas sagst, das eine wunde Stelle trifft, auf der andern aber mit Unbefangenheit angenehm und passend schmeicheln kannst.‹

Eine zwar lächerlich vorgetragene, und etwas schwer auszuführende, aber nicht üble Regel!

Es war viel von Politik die Rede, und dem prachtvollen Kriegsanfang mit Vertilgung der türkischen Flotte.[8]

Welche Inkonsequenz ist es doch, Engländer so sprechen zu hören! aber seit Napoelons Fall wissen die leitenden Politiker fast alle nicht mehr recht, was sie wollen. Die jammervollen Resultate ihres Kongresses[9] genügten ihnen zwar selber nicht, aber dennoch erschien keine Originalidee, sie weiter zu treiben, kein Hauptwille steht mehr hinter ihnen, und das Schicksal Europas hängt schon nicht mehr von seinen Führern, sondern von dem Zufalle ab. Cannings Erscheinung war nur eine transitorische, und wie sind seine Nachfolger beschaffen! Die Zerstörung der Flotte ihres sichersten und treuesten Bundesgenossen, ohne Krieg, ist wohl der beste Beweis dafür, obgleich ich mich als Mensch und Griechenfreund herzlich darüber freue.

Wir werden aber bei diesen Mißgeburten politischer Systeme, bei diesem Schwanken aller Orten, gewiß noch seltsame Dinge erleben, und vielleicht Zusammenstellungen, die man jetzt für unmöglich hält. Canning selbst ist zum Teil daran Schuld, da seine angefangenen Pläne nicht reif wurden, und ein Mann von eminentem Genie auf einem hohen Platze immer seinen Nachfolgern verderblich wird, wenn diese Pygmäen sind. Die jetzigen Minister haben ganz das Ansehen, als wollten sie England langsam d e m Abgrund zuführen, den Canning für andere gegraben hat.

Auch diese Gewitter, die sich an Asiens Grenze zusammenziehen, schlagen vielleicht erst später mitten in Europa am heftigsten ein. Mit uns hoffe ich aber, wird der Donnergott sein, Preußens Zukunft steht in meiner Ahnung selbst höher und glänzender da, als sie ihm bis jetzt das Schicksal gönnte, nur verliere es seine Devise nicht aus den Augen: ›Vorwärts!‹

Zu Haus angekommen, fand ich Deinen Brief, der mich sehr belustigte, besonders die von H... vergeblich in Paris auf *bouteilles* gezogenen *saillants*[10], die in S... so wenig Anwendung finden, denn wohl hast Du Recht:

»Rien de plus triste qu'un bon mot qui se perd dans l'oreille d'un sot«[11],

und in diesem Falle mag er sich oft genug befinden.
[s. a. Nachlaß-Briefe S. 788-803]

Den 20sten

Da man jetzt Zeit hat, das Schauspiel zu besuchen, und gerade die besten *acteurs* spielen, so widmete ich viele meiner Abende diesem ästhetischen Zeitvertreibe, und sah unter andern gestern mit erneutem Vergnügen Kembles künstlerische Darstellung des Falstaff wieder, von der ich Dir schon einmal schrieb. Nachholen kann ich jetzt noch, daß sein *costume,* in weiß und roten Farben, sehr gewählt, und von der sorgfältigsten Eleganz, wenngleich ein wenig abgenutzt war, so daß es wie sein schön gelockter weißer Kopf und Bart ihm eine glückliche Mischung von Vornehmem und Komischem gab, welches, meines Erachtens, die Wirkung sehr erhöhte, und sozusagen verfeinerte.

Überhaupt waren alle Kostüme musterhaft, dagegen es unverzeihlich störend genannt werden muß – wenn soeben Heinrich IV. mit seinem prachtvollen Hofe und so vielen in Stahl und Gold glänzenden Rittern abgezogen ist – zwei Bediente in der Theater-livrée, Schuhen und roten Hosen erscheinen zu sehen, um den Thron hinwegzutragen. Ebensowenig kann man sich daran gewöhnen, Lord Percy eine Viertelstunde mit dem im Hintergrunde sitzenden Könige sprechen zu hören, ohne daß das Publikum von besagtem Percy dabei etwas anderes als seinen Rücken zu sehen bekommt. Es ist auffallend, daß gerade die berühmtesten hiesigen Schauspieler diese Unart förmlich affektieren, während man bei uns in den entgegengesetzten Fehler verfällt, und zum Beispiele der *primo amoroso*[12] während der feurigsten Liebeserklärung seiner Schönen den Rücken weiset, um mit dem Publikum zu liebäugeln. Das gehörige Mittel zu halten ist allerdings schwierig, und die szenische Anordnung muß es dem Schauspieler erleichtern.

Aus dem Charakter des Percy machen die deutschen Akteure gewöhnlich eine Art wütendes Kalb, das sich sowohl mit seiner Frau als mit dem Könige gebärdet, als sei es eben von einem tollen Hunde gebissen worden. Diese Leute wissen gar nicht mehr, wo man den Dichter mildern, wo ihn steigern soll. Young versteht dies vollkommen, und weiß das jugendlich stürmische Aufbrausen sehr wohl mit der Würde des Helden und dem Anstande eines Fürsten zu vereinen. Er ließ jenes Feuer nur wie Blitze über eine Gewitterwolke zucken, aber nicht in ein Hagelwetter ausarten. Auch das Zusammenspiel finde ich besser als auf den deutschen Bühnen, und in den szenischen Anordnungen viele gesunde Beurteilung. Um nur ein Beispiel zu geben, so erinnere Dich (da Du einmal mit mir zusammen dies Stück in Berlin gesehen und Vergleiche die Sache anschaulicher machen) der Szene, wo der König die Gesandten Percys empfängt. Du fandest sie damals so unanständig, weil sich Falstaff dabei vor und an den König drängte, um ihm jeden Augenblick mit seinen Spässen grob in die Rede zu fallen. Es kommt dies aber nur daher, weil unsre Schauspieler mehr an ihre Persönlichkeit als an ihre Rolle denken. Herr D... fühlt sich dem

Herrn M... gegenüber selbst ›*every inch a king*‹[13], und vergißt, wen e r und wen der andere in dem Augenblick vorstellt. Hier wird Shakespeare besser verstanden, und die Szene demgemäß dargestellt. Der König steht mit den Gesandten im Vordergrunde, der Hof im Gemache verteilt, und in der Mitte des Theaters seitwärts der Prinz und Falstaff, welcher letztere als ein halbprivilegierter Lustigmacher zwar seine Spässe macht, aber sie nur mit halblauter Stimme mehr an den Prinzen als an den König richtet, und zurechtgewiesen, sogleich respektvoll die ihm gebührende ehrfurchtsvolle Attitüde wieder einnimmt, nicht aber mit dem Könige wie mit seinesgleichen fraternisiert.[14]

Auf diese Weise kann man sich der Illusion hingeben, einen Hof vor sich zu sehen; bei der andern glaubt man sich immer in Eastcheap.[15] Die hiesigen Schauspieler leben in besserer Gesellschaft, und haben daher mehr Takt.

Den 23sten

Es ist seltsam genug, daß der Mensch bloß das als Wunder anstaunen will, was im Raum oder der Zeit entfernt von ihm steht, die täglichen Wunder neben sich aber ganz unbeachtet läßt. Dennoch müssen wir in der Zeit der Tausendundeinen Nacht noch wirklich leben, da ich heute ein Wesen gesehen, was alle Phantasiegebilde jener Epoche zu überbieten scheint.

Höre, was das erwähnte Ungetüm alles leistet.

Zuvörderst ist seine Nahrung die wohlfeilste, denn es frißt nichts als Holz oder Kohlen. Es braucht aber gar keine, so bald es nicht arbeitet. Es wird nie müde, und schläft nie. Es ist keinen Krankheiten unterworfen, wenn von Anfang an nur gut organisiert, und versagt nur dann die Arbeit, wenn es nach langer, langer Zeit vor Alter unbrauchbar wird. Es ist gleich tätig in allen Klimaten, und unternimmt unverdrossen jede Art von Arbeit. Es ist hier ein Wasserpumper, dort ein Bergmann, hier ein Schiffer, dort ein Baumwollenspinner, ein Weber, ein Schmied- und Hammerknecht, oder ein Müller – in der Tat, es treibt alles und jedes Geschäft, und als ein ganz kleines Wesen sieht man es ohne Anstrengung neunzig Schiffstonnen Kaufmannsgüter, oder ein ganzes Regiment Soldaten auf Wagen gepackt, mit einer Schnelligkeit sich nachziehen, welche die der flüchtigsten *stage-coaches* übertrifft. Dabei markiert es noch selbst jeden seiner taktmäßigen Schritte auf einem vorn angehefteten Zifferblatte. Auch reguliert es selbst den Wärmegrad, den es zu seinem Wohlsein bedarf, ölt wunderbar seine innersten Gelenke, wenn diese es bedürfen, und entfernt beliebig alle nachteilige Luft, die durch Zufall in Teile dringen sollte, wo sie nicht hingehört – sollte sich aber in ihm etwas derangieren, dem es nicht selbst abhelfen kann, so warnt es sogleich durch lautes Klingeln seine Herrschaft vor Unglück. Endlich ist es so folgsam, ungeachtet seine Stärke der von hundert Pferden gleichkommt, daß ein Kind von vier Jahren mit dem Drucke seines kleinen Fingers jeden Augenblick seine ungeheure Arbeit zu hemmen imstande ist.

Hätte man wohl sonst einen solchen dienstbaren Geist ohne Salomons Siegelring erhalten können, und hat je eine wegen Zauberei verbrannte Hexe ähnliches geleistet?

Jetzt – ein neues Wunder – magnetisierst Du bloß fünfhundert Goldstücke mit dem festen Willen, daß sie sich in eine solche lebendige Maschine verwandeln sollen, und nach wenig Zeremonien siehst Du sie in Deinem Dienste etabliert. Der Geist geht in Dampf auf, aber er verflüchtigt sich nicht. Er bleibt mit göttlicher und menschlicher Bewilligung Dein legitimer Sklave. Dies sind die Wunder unsrer Zeit, die wohl die alten heidnischen und selbst christlichen aufwiegen.

Ich brachte den Abend bei der braunen Dame, Lady C…,

B... zu, die eben wieder einen neuen Roman *›Flirtation‹* (Liebelei) beendigt hat. Ich sprach sehr freisinnig mit ihr darüber, denn sie ist eine gescheite und gute Frau, und das Resultat war ein für mich unerwartetes, nämlich sie drang in mich, selbst ein Buch zu schreiben, und versprach es nachher zu übersetzen. *Dieu m'en garde!*[16] – übrigens ist zuviel vom Skeptiker in mir, um daß, wenn ich schriebe, die sanfte, fromme, regelrechte Lady B... nur zwei Seiten davon übersetzen könnte, ohne mein Buch mit einer Bekreuzigung von sich zu schieben. Vielleicht habe ich auch hie und da ein bißchen Humor, der ihr nicht zusagen würde. Dagegen will ich sie, wozu sie mich heute ebenfalls angelegentlich eingeladen, mit großem Vergnügen künftigen Sommer nach Schottland begleiten. Dies wird ein völliger Triumphzug sein, da sie, als Schwester einer der mächtigsten Großen in Schottland, und dabei von eignem literarischen Glanze strahlend, in dem Feudal-Lande, wo wahre Gastfreundschaft noch keine Fabel ist, und wo man statt *fashionables* noch *seigneurs* antrifft, überall eine freudige Erscheinung sein wird. Ich sehe sie schon im Geiste, von Schloß zu Schloß ziehend, ein Gefolge stolzer ›Ohnehosen‹[17] hinter sich, und *fáma*[18] in eleganter englischer Toilette vor sich. Ich selbst schließe mich als fremder Ritter an das Gefolge, und nehme alle die guten Sachen mit, die uns geistig und körperlich, romantisch und prosaisch zustoßen werden, bei dem großen Barden aber schließen wir die Tour, und kosten, nachdem er uns so oft den phantastischen Tisch gedeckt, einmal auch seinen eigenen.

Ich weiß nicht, ob ich Dir gesagt, daß ich in Albemarle Street bei einer Putzmacherin wohne, die einen wahren Blumenflor von Engländerinnen, Italienerinnen und Französinnen um sich versammelt hat. Alles ist die Dezenz[19] selbst, demungeachtet macht sich manches Talent darunter geltend und nützlich, so unter andern eine Französin, welche ganz vortrefflich kocht, und mich daher in den Stand gesetzt hat, heute meinen Freund L..., der so viele Artigkeiten für mich gehabt, auch einmal in meiner Häuslichkeit zu bewirten. *Dinner, concert* (spaßhaft genug war es, denn bloß Putzmacherinnen sangen und spielten), kleiner Ball für die jungen Damen, viele künstliche Blumen, viele Lichter, sehr wenige ausgewählte Freunde, kurz, eine Art ländlichen Festes mitten in dem Londner Jahrmarkt. Es war fast Morgen, ehe die wilden Mädchen zu Bett kamen, obgleich die Duegna[20] sie treulich bis zum letzten Augenblick chaperoniert[21] hatte, ich aber wurde von allen hoch gepriesen, wenn auch mein jüngerer Freund L... ihnen im Herzen ohne Zweifel besser gefallen hatte.

Den 28sten

Ein großer Schauspieler, ein wahrer Künstler in diesem Fach, steht gewiß sehr hoch! Was muß er alles wissen und können! und wie viel Genie muß er mit körperlicher Grazie und Gewandtheit, wie viel Schaffungskraft mit der größten und langweiligsten Routine verbinden.

Ich sah heute zum erstenmal seit meinem Aufenthalt in England ›Macbeth‹, vielleicht die erhabenste und vollendetste der Tragödien Shakespeares.[22] Macready, ein erst kürzlich von Amerika zurückgekehrter Schauspieler spielte die Hauptrolle vortrefflich. Besonders wahr und ergreifend erschien er mir in folgenden Momenten – erstens in der Nachtszene, wo er nach dem Morde Duncans mit den blutigen Dolchen herauskommt, und seiner Frau die geschehene Tat mitteilt. Er führte das ganze Gespräch leise (wie es die Natur der Sache mit sich bringt) wie ein Geflüster im Dunkeln, und doch so deutlich und mit so furchtbarem Ausdruck, daß alle Schauder der Nacht und des Verbrechens in die Seele des Zuschauers für den Augenblick mit übergingen. Ebenso gut gelang das schwierige Spiel mit Banquos Geist. Die schöne

Stelle: »Was Männer wagen, wag' auch ich. Komm' als der zott'ge Bär, komm' als Hirkaniens Tiger, komm' mit der Kraft von Zehn, ich stehe Dir, und meine Nerven sollst Du nimmer zittern sehen. Sei lebend wieder, und rufe in die Wüste mich zum Todeskampf – ich stehe Dir. Doch diese blut'gen Locken schüttle nicht, starre mich nicht an mit diesen Augen ohne Leben – fort! fürchterlicher Schatten, fort, verbirg Dich in der Erde Eingeweiden wieder«[23] u.s.w., fing er sehr richtig, statt zu steigern, gleich mit aller Anstrengung verzweifelnder Wut an, sank nach und nach, von Entsetzen überwältigt, immer mehr mit der Stimme, bis er die letzten Worte nur lallend aussprach. Dann plötzlich schlug er, in fürchterlicher Todesangst dumpf aufschreiend, den Mantel über das Gesicht, und sank halb leblos auf seinen Sessel zurück. Er erreichte hierdurch die höchste Wirkung. Man fühlte als Mensch es schaudernd mit, daß unser kühnster Mut doch dem Grausen einer andern Welt nicht gewachsen ist – und bemerkte keine Spur von dem bloßen Theaterhelden, der um die Natur sich wenig bekümmert, und nur für die Galerie auf Effekt spielend, in immer steigendem Geschrei und Wüten seinen höchsten Triumph sucht. Herrlich nimmt Macready auch den letzten Akt, wo Gewissen und Furcht gleichmäßig erschöpft sind, und starre Apathie schon beider Stelle eingenommen hat, wenn in drei schnell aufeinanderfolgenden Schlägen nun das letzte Gericht über den Sünder hereinbricht, der Tod der Königin, die Erfüllung der trügerischen Weissagung der Hexen, und endlich Macduffs vernichtende Erklärung, daß ihn kein Weib geboren.[24]

Was früher Macbeths Gemüt marterte, und ihn über seinen Zustand grübeln, gegen die Plage seines Gewissens ankämpfen ließ, kann ihn jetzt nur, Blitzen gleich, augenblicklich noch mit Erschütterung durchzucken. Er ist seiner und des Lebens überdrüssig, und kämpfend, wie er mit bitterem Hohne sagt: »gleich einem rings umstellten Eber« fällt er endlich – ein großer Verbrecher, aber dennoch ein König und ein Held.[25]

Gleich meisterhaft ward auch das Gefecht mit Macduff ausgeführt, was so leicht ungeschickten Schauspielern mißrät. Nichts Übereiltes, und doch alles Feuer, ja, alles Gräßliche des Endes – der letzten Wut und Verzweiflung hineingelegt.

Ich vergesse nie die lächerliche Wirkung dieser Szene bei der ersten Aufführung der Spikerschen Übersetzung des ›Macbeth‹ in Berlin. Macbeth und sein Gegner überhaspelten sich dabei dergestalt, daß sie wider ihren Willen hinter die Kulissen gerieten, ehe sie noch mit ihren Reden zu Ende waren, weshalb das von dort herausschallende »Halt, genug!« (dessen Vorhergehendes man nicht mehr gehört hatte) vollkommen so klang, als wenn der überrannte Macbeth, mit vorgehaltenem Degen den weitern Kampf deprezierend, geschrien hätte: »Laßt's gut sein, – halt, genug!«[26]

Lady Macbeth, obgleich nur von einer Schauspielerin zweiten Ranges gespielt, denn leider gibt es seit Mistress Siddons und Miss O'Neills Abgang keine erste mehr, gefiel mir in ihrer schwachen Darstellung doch besser als viele gerngroße Künstlerinnen unseres Vaterlandes, deren affektierte Manier keinem Charakter Shakespeares gewachsen ist.

Ich teile über diese Rolle nicht nur ganz Tiecks bekannte Ansicht[27], sondern ich möchte noch weiter darin gehen. Die wenigsten Männer verstehen, wie die Liebe eines Weibes alles bloß auf den geliebten Gegenstand beziehen und richten kann, und daher, eine Zeitlang wenigstens, auch nur in bezug auf ihn Tugend und Laster kennt.

Lady Macbeth, als eine rasende Megäre[28] dargestellt, die ihren Mann nur als Instrument eigener Ambition gebraucht, ermangelt aller innern Wahrheit, und noch mehr alles Interesses. Eine solche würde gar nicht des tiefen Gefühls ihres

Elends fähig sein, das sich so schauerlich in der Schlafwachszene ausspricht[29], während sie nur vor ihrem Manne, um ihm Mut zu geben, immer als die Stärkere erscheint, nie Furcht und Gewissensbisse zeigt, die seinigen verspottet, und sich über sich selbst zu betäuben sucht.

Sie ist allerdings kein sanfter, weiblicher Charakter zu nennen, aber weiblich sich äußernde Liebe zu ihrem Manne ist dennoch das Haupt-Motiv ihres Benehmens.

So wie uns der Dichter ihrer heimlichen Leiden deutlich in jener Nachtszene vorführt, so läßt er uns auch sehen, daß Macbeth lange vorher schon die geheimen, und sich selbst kaum gestandenen, ehrgeizigen Wünsche seiner Brust ihr schon verraten hat, und auch die Hexen wählen sich, wie Raupen und Maden nur das schon Krankhafte angreifen, Macbeth nur deshalb aus, weil sie ihn schon reif für ihre Zwecke finden. Sie weiß also, was er im Innersten möchte, und ihn zu befriedigen, hilft sie mit wilder Leidenschaft nach, schnell, nach Weiberart noch viel weitergehend, als er selbst gedachte. Je mehr Macbeth, sich weigernd, eine halbe Komödie mit sich selbst und ihr spielt, je mehr wächst ihr Eifer; und sie ebenfalls stellt sich vor sich selbst und ihm anders, grausamer und schlechter an, als sie ist, reizt sich künstlich auf, nur um ihn dadurch den kühnsten Mut und raschen Entschluß einzuflößen. Ihm opfert sie nicht nur alles, was zwischen Macbeth und seinen geheimen Wünschen steht, sondern auch sich selbst, die Ruhe ihres Gewissens, ja alle weibliche Gesinnung gegen andere auf, und ruft die unterirdischen Mächte um Hilfe und Stärke an. Nur auf diese Weise erscheint mir der Charakter dramatisch, und der fernere Gang des Stücks psychologisch wahr, im andern Sinne kann man nur eine Karikatur darin finden, deren Shakespeares Schöpferkraft unfähig ist, welcher immer mögliche Menschen, keine unnatürliche Scheusale und Phantasieteufel malt.

So stoßen sich denn beide endlich gegenseitig in den Abgrund hinein, während jeder einzeln vielleicht nie so weit gekommen wäre. Macbeth aber offenbar mit größerem Egoismus, weshalb auch sein Ende wie seine Qual, furchtbarer sind.

Es ist ein großer Vorteil für die Darstellung dieses Stücks, wenn dem genialsten Talent die Rolle des Macbeth, nicht die der Lady zufällt. Davon überzeugte ich mich heute sehr lebhaft. – Wird Lady Macbeth durch überwiegende Darstellungskunst zur Hauptrolle gemacht, so sieht man die ganze Tragödie aus einem falschen Gesichtspunkte. Sie wird eine ganz andere, und verliert den größten Teil ihres Interesses, wenn man nur eine kannibalische Amazone, und einen Helden unter ihrem Pantoffel sieht, der sich wie ein Pinsel von ihr, bloß zum Werkzeug ihrer eigenen Pläne, brauchen läßt.

Nein, in ihm liegt der Hauptkeim der Sünde vom Anfang an, sein Weib hilft ihm nur nach, und er ist keineswegs ein ursprünglich edler Mann, der, durch die Hexen verführt, ein Scheusal wird, was Unnatur wäre, sondern, wie in ›Romeo und Julia‹, die Leidenschaft der Liebe in einem für sie zu empfänglichen Gemüt, von der unschuldigen Kindlichkeit der Knospe durch alle Stadien des Genusses hindurch, bis zu Verzweiflung und Tod geführt wird – so ist hier selbstischer Ehrgeiz der Gegenstand des Gemäldes, wie er durch böse Mächte ausgebildet, in Macbeths Person, von ebenfalls nur scheinbarer Unschuld und dem Ruhme des gefeierten Helden, bis zu der Blutgier des Tigers, und dem Ende einer zu Tode gehetzten Bestie gelangt. Dennoch ist der Mann, in dessen Seele das Gift wühlt, mit so vielen andern hohen Eigenschaften begabt, daß wir dem Kampfe und der Entwickelung mit Anteil für den Helden folgen können. Welcher unendliche Genuß müßte es sein, dergleichen Produkte des Genies auch von durchgängig großen Schauspielern aufgeführt zu sehen, wo keine Rolle zur Nebenrolle würde! Dies wäre aber freilich nur von Geistern zu leisten, wie in Hoffmanns gespenstischer Aufführung des ›Don Juan‹.[30]

Du wirst vielleicht manches in diesen Ansichten barock[31] finden, aber bedenke, daß große Dichter wie die Natur selbst wirken. Jeden sprechen Sie in dem Gewande seines eignen Gemüts an, und vertragen daher auch viele Auslegungen. Sie sind so reich, daß sie tausend Armen ihre Gaben geben, und dennoch jedem eine andere reichen können.

Viele Theateranordnungen waren gleichfalls sehr zu loben. So sind z. B. die beiden Mörder, welche der König zum Morde Banquos gedungen, nicht, wie aus unsern Theatern, zerlumpte Banditen, in deren Gesellschaft sich der König in seinem Prachtornate und der Nähe seiner Großen lächerlich ausnimmt, und die er nie in solchem Aufzuge in seinem Palast sehen könnte, sondern von anständigem Äußern und Benehmen, Bösewichter, aber keine Lumpen.

Die altschottische Tracht ist durchgängig sehr schön, und auch der Zeit nach wahrscheinlich richtiger, gewiß aber malerischer, als ich sie auf den deutschen Theatern gesehen. Die Erscheinung Banquos, sowie das ganze Arrangement der Tafel, war ebenfalls unendlich besser. Der Regisseur in Berlin macht hierbei eine lächerliche *bévue*.[32] Wenn der König die Mörder über Banquos Tod befragt, antwortet der eine: *»Depend upon, he has had his throat cut.«* (Seid versichert, wir haben ihm die Kehle abgeschnitten); dies ist eine englische Redensart für töten, so wie wir sagen: ›er hat den Hals gebrochen‹, wenn einer an den Folgen eines Pferdesturzes gestorben ist, ohne daß er gerade den Hals in zwei Stücke gebrochen hat. Diese Redensart hat man nun wörtlich aufgefaßt, und läßt bei Tafel einen höchst ekelhaften Kopf von Pappe erscheinen, dem die Kehle auf das greulichste abgeschnitten ist! – Das Hinauf- und Hinunterfahren dieses Monstrums ist dabei so nahe der Puppen-Komödie verwandt, daß man mit dem besten Willen kaum ernsthaft bleiben kann. Hier wird durch das Gewühl der Gäste, die an mehreren Tischen sitzen, das Erscheinen des Geistes so geschickt verdeckt, daß er nur dann, als der König sich niederlassen will, von ihm und den Zuschauern zugleich, plötzlich auf des Königs Stuhle sitzend erblickt wird. Zwei blutige Wunden entstellen sein blasses Antlitz (es versteht sich, daß es der Schauspieler selbst ist, der den Banquo gespielt hat), ohne es durch die abgeschnittene Kehle lächerlich zu machen, und wenn er von der Tafel aus, umgeben vom geschäftigen Treiben der Gäste, starr den König anblickt, dann ihm winkt, und hierauf langsam in die Erde sinkt – so erscheint dies ebenso täuschend wahr als grausenerregend.

Um aber billig zu sein, muß ich doch auch einer Lächerlichkeit erwähnen, die hier vorfiel. Lady Macbeth sagt nach dem Morde des Königs, als man an das Tor klopft, zu ihrem Manne, er solle davon eilen und einen Nachtrock anziehen, damit es nicht auffiele, ihn in seinen Kleidern zu finden. Nachtrock heißt nun freilich Schlafrock, aber ich traute in der Tat meinen Augen kaum, als Macready in einem modernen Schlafrock von geblümten Zitz[33] (wahrscheinlich seinen eigenen zum täglichen Gebrauch), den er bloß über seine vorige Stahlrüstung geworfen, die darunter bei jeder Bewegung hervorblickte, heraus kam, und in diesem ergötzlichen *costume* den Degen zog, um die Kammerherren zu erstechen, die beim König schlafen.

Es war nicht bemerkbar, daß dies irgend jemand aufgefallen wäre. Freilich war die Teilnahme überhaupt ebenso gering, als Lärm und Unfug fortwährend andauernd, so daß man wirklich kaum begreift, wie sich so ausgezeichnete Künstler bei einem so ungezogenen, indifferenten und unwissenden Publikum bilden können, als sie hier fast immer vor sich haben, denn wie ich Dir schon sagte, das englische Theater ist nicht *fashionable*, und die sogenannte gute Gesellschaft besucht es fast nie. Das einzige Vorteilhafte dabei für die Schauspieler ist: sie werden nicht verwöhnt – ein Umstand, dessen Gegenteil sie in Deutschland gänzlich verdorben zu haben scheint.

Nach dem ›Macbeth‹ wurde noch der ›Freischütz‹ an demselben Abend aufgeführt. Auch Weber wie Mozart muß es sich gefallen lassen, mit Verkürzungen und Zusätzen von Herrn Bishop bearbeitet zu werden. Es ist ein wahrer Jammer, und nicht allein der Musik, selbst der Fabel des Stücks ist ihr ganzer Charakter benommen. Nicht Agathens Liebhaber, sondern der Schützenkönig kommt in die Wolfsschlucht, und singt auch Caspars beliebtes Lied. Der Teufel, in langen roten Gewändern, tanzt zuletzt einen förmlichen Shawl-Tanz[34], ehe er mit Caspar in seiner Hölle zur Ruhe kommt, welche letztere durch feurige Wasserfälle, rote Kulissen und übereinanderliegende Gerippe sehr anmutig versinnlicht wird.

Hier fällt nun jeder Vergleich mit Deutschland ganz zu unserm Vorteil aus, sosehr wir bei der Tragödie verlieren. Ich wünschte aber, es wäre umgekehrt.

Den 2ten Dezember

Ich schrieb Dir neulich, daß ich mich wohler befinde, und seit dieser Zeit bin ich immer unwohl. Man muß nie etwas verrufen, wie die alten Weiber sagen, denn, wie W. Scott hinzusetzt: ›Dinge anzukündigen, die noch nicht ganz sicher sind, bringt Unglück.‹ Dies letzte habe ich in der Tat sehr oft erfahren. Was aber meine Gesundheit betrifft, so ist sie so kauderwelsch als mein ganzes Wesen, und da ich einmal im Zitieren begriffen bin, laß mich Dir eine kurze Stelle aus einem hier sehr beliebten medizinischen Buche abschreiben, die auch außer uns gar viele Naturen unsrer Zeit über sich selbst Aufschluß geben kann. Höre:

›Eine Art Individuen, ohne im allgemeinen schwach zu sein, werden doch von der Wiege bis zum Grabe stets das sein, was man *nervous* nennt; das heißt, sie mögen von Natur fest und gut gebildet sein, so weit als das Grundwerk der Maschine geht; sie mögen ein starkes und dichtes Knochengebäude haben, und von ausgedehnten Verhältnissen, sie mögen ein ebenso starkes Muskelsystem besitzen, die Zirkulation des Blutes und die absorbierenden Organe energisch sein, und dennoch werden sie in einem Punkte immer schwächlich genannt werden müssen, nämlich die Organe, welche von der Natur bestimmt sind, die Eindrücke des Gefühls und Empfindens weiter zu befördern, werden so beschaffen sein, daß sie mit Blitzeschnelle durch die leichteste Irritations-Ursache in einen unordentlichen Zustand übergehen, zu einer Zeit krankhaft reizbar sind, zu einer andern in einer Art Gefühllosigkeit verfallen, und nie ganz den Ton und Stärke erlangen, welche zu einer festen und regelmäßigen Erfüllung ihrer Funktionen erfordert werden.‹

Das können wir nun nicht ändern, aber dagegen arbeiten können wir mannigfach, durch Beobachtung unsrer selbst und durch die Kraft des Willens.

Aber nun fährt unser ärztlicher Freund ebenso ergötzlich als weise so fort:

»Der nervöse Kranke ist immer mit seinen Klagen fertig. Dem Freunde wird er hundert seltsame Seelenleiden mitzuteilen, und täglich neue Entdeckungen an sich zu machen haben, dem Arzte aber bald von sonderbaren Schmerzen in den Augen, an allen Ecken des Kopfes, Stichen und Summen in den Ohren erzählen; dann vom Kopfe aus den ganzen Körper durchgehen, und bald im Leibe, bald im Rücken, bald in den Beinen über Leiden klagen. Nachdem er seinen Arzt mit dem Katalog seiner Krankheiten, deren Grund, Symptome und Folgen, eine halbe Stunde kostbarer Zeit geraubt hat, wird er ihn wohl noch einmal zurückrufen, um noch genauer zu fragen! was und wieviel er essen und trinken kann, da er gerade jetzt etwas Appetit fühle, oder wie er sich, warm oder kühl, anzuziehen habe? Der berühmte Doktor Baillie, der so beschäftigt war, daß er, wie er selbst sagte, einen Arbeitstag von siebzehn Stunden hatte, schwebte in wahrer Furcht vor nervösen vornehmen Patienten. Während er einst, auf die Folterbank gespannt, die endlose Prosa einer Dame von solcher Beschaffenheit anhören mußte, die so wenig wirklich krank war, daß sie im Begriff stand, denselben Abend in die Oper zu fahren – gelang es ihm endlich, durch die Ankunft eines Dritten unbemerkt zu entwischen. Aber kaum hatte der Bediente den Wagenschlag aufgemacht, als die Kammerjungfer außer Atem herunterstürzte, um den Herrn Doktor dringend zu ersuchen, nur noch einen Augenblick wieder heraufzukommen. Seufzend erschien er. ›O bester Doktor‹, rief die Dame, ›ich wollte nur wissen, ob ich wohl heute abend, wenn ich aus der Oper zurückkomme, Austern essen darf?‹ ›Ja Madame‹, schrie der entrüstete Äsculap, ›Schalen und Alles.‹ –

Es ist seltsam, daß nervöse Personen, die, solange diese Affektion vorwaltet, so *apprehensive*[35] sind, und jedes kleine Übel für höchst gefährlich ansehen und fürchten, in der Regel von dem Augenblick an, wo sich bei ihnen ein wirkliches organisches Übel bildet, ganz von selbst ihren Zustand als leicht und unbedenklich anzusehen anfangen, und während sie vorher den Arzt mit Hererzählung alle Symptome ihrer Übel ermüdeten, nun beinahe gezwungen werden müssen, ihm genügende Information zu geben, und anstatt ihn zurückzuhalten, ebenso froh als er selbst scheinen, wenn die Konferenz zu Ende ist. Eben so gibt sich die Furcht; und ich habe viele gesehen, die, nachdem sie früher stundenlang durch das Öffnen eines Fensters beunruhigt worden waren, die Ankündigung eines unvermeidlichen und nicht fernen Todes mit der größten Seelenruhe anhörten. Viel tut der Wille.

Der Dyspeptiker[36] oder Nervenschwache muß fest entschlossen sein, von jedem ersten drohenden Gefühle von Unzufriedenheit und Trauer entweder durch Zerstreuung wegzulaufen oder es determiniert zu bekämpfen. Das Annähernd der hypochondrischen Mutlosigkeit kann oft noch unterwegs zurückgedrängt werden, wenn man vom ersten Augenblick an es ernstlich versucht. ›Ich will gut sein‹, sagt das Kind, wenn es die Rute im Begriff sieht, ihm den Willen zum Guten zu geben – und ›ich will heiter sein‹, muß der Dyspeptiker sagen, wenn ihm die schlimmere Rute der Hypochondrie droht. Es ist ohne Zweifel leichter zu raten als zu tun, vorzuschreiben als zu folgen; aber das weiß ich aus eigner Erfahrung (denn auch Ärzte sind hypochondrisch) daß, ehe noch die Gewohnheit eines feigen und trägen Unterwerfens unter solche Gefühle unbesiegbar geworden ist, ein frischer, und ich möchte sagen gewissenhafter Entschluß, die anrückenden Übel jener vaporösen[37] Bedrückung gewaltsam zu zerteilen – einen weitern Weg zu diesem Zwecke zurücklegen kann. *Possunt quia posse videntur.* (Diejenigen können, welche zu können glauben.) Wir wollen demungeachtet nicht so extravagant sein, um zu sagen, daß eine Person, um gesund zu werden, es nur ernstlich zu wollen brauche: aber das sind wir überzeugt, daß ein Mensch oft unter der Last einer Indisposition unterliegt, der mit einer geist- und mutvollen Anstrengung sie abgeworfen haben würde. Die Lehre von der Unwiderstehlichkeit des Schicksals ist weder eine wahre noch nützliche Lehre, und der Hypochonder sollte bedenken, daß wenn er zur Schwermut sagt: ›Künftig sollst Du mein einziges Gut sein‹, er nicht allein sein eigenes Schicksal feststellt, sondern auch das derer, die ihn lieben, mehr oder weniger mitbestimmt.

Melancholie hat überdem etwas Poetisches und Sentimentales in sich, welches ihr bei allem Schmerz einen gewissen

Reiz gibt – doch wenn es von allem äußern Schmuck völlig entblößt, und in seiner Nacktheit dargestellt wird, bleibt am Ende nicht viel mehr übrig als Stolz, Eigennutz, und vor allen Trägheit. Ich kann mir kein schöneres Schauspiel denken, als das eines Wesens, dessen konstitutionelle Verfassung es zum Melancholischen hinneigt, und das mit seinem Temperament herzhaft kämpfend, durch Willenskraft sich zwingt, teil an der Heiterkeit der es umgebenden Welt und der wechselnden Szenen des gesellschaftlichen Lebens zu nehmen. In diesem Fall behält es allen Reiz der Melancholie ohne seine Qual.«

*

Ist das nicht sehr schön und einleuchtend? und wird es Dich nicht ebenso bekehren, als es mich in meiner Bekehrung bestärkt hat? Ich hoffe, Du wirst mir bei der nächsten hypochondrischen Anwandlung antworten: ›Lieber Freund, bitte, kein Wort weiter, ich will heiter sein.‹

Du wunderst Dich gewiß, daß ich in dieser undankbaren Jahreszeit noch immer in London verweile, aber Lady R... ist noch hier – überdem habe ich mich in das einsame Leben eingerichtet, das bloß von dem Lärm der kleinen Herde Putzmacherinnen im Hause manchmal unterbrochen wird, das Theater hat auch angefangen mich zu interessieren, und die Friedlichkeit dieses Stillebens bekommt mir wohl nach dem frühern *trouble*. Es ist wirklich so still, daß gleich dem berühmten Gefangenen in der Bastille, ich seit kurzem eine *liaison*[38] mit einer Maus begonnen habe, ein allerliebstes kleines Tierchen, und ohne Zweifel eine verwünschte Lady, die, wenn ich arbeite, schüchtern hervorschleicht, mich von weitem mit ihren Äuglein, gleich blinkenden Sternchen, anblickt, immer zahmer wird, und angelockt durch Kuchenstückchen, die ihr jeden Tag sechs Zoll entfernter von ihrer Residenz in der rechten Stubenecke hingelegt werden – eben jetzt ein solches mit vieler Grazie verzehrt hat, und sich nun unbefangen in der Stube umhertummelt. – Aber was höre ich! Unaufhörliches lautes Geschrei auf der Straße! Mein Mäuschen floh bereits bestürzt in seinen Winkel.

»Was gibt's«, frage ich, »welcher abscheuliche Lärm?« – »Der Krieg ist erklärt« – ein Extrablatt wird auf der Straße ausgerufen. »Mit wem?« – *»I don't know.«*

Das ist einer der Industriezweige der armen Teufel in London. Wenn sie nichts anderes ausdenken können, so schreien sie eine große Neuigkeit aus, und verkaufen den Neugierigen ein altes Zeitungsblatt für einen halben Schilling. Man ergreift es hastig, versteht es nicht recht, sieht nach dem Datum, und lacht, daß man angeführt wurde.

Wie es mir immer geht, wenn ich allein lebe, bin ich leider wieder so sehr in das Tag-in-Nacht-verkehren gekommen, daß ich in der Regel erst um 4 Uhr nachmittags frühstücke, um 10 oder 11 Uhr nach dem Theater zu Mittag esse, und des Nachts spazieren gehe und reite. Es ist auch gewöhnlich in der Nacht jetzt nicht nur schöner, sondern, *mirabile dictu*[39], auch h e l l e r. Am Tage decken Nebel die Stadt so, daß man Licht und Laternen, selbst wenn sie um Mittag brennen, nicht sieht, in der Nacht aber funkeln letztere so hell wie Edelsteine, und überdem scheint noch der Mond so klar wie in Italien. Als ich beim gestrigen Nachtritt auf der breiten Straße einsam dahingaloppierte, zogen auch über mir mit gleicher Schnelle weiße und rabenschwarze Wolken, wie feine durchsichtige Schleier, über den Mond hin, und gewährten lange ein eigentümliches, wildes und reizendes Schauspiel! Unten war die Luft ganz still und warm, denn nach der letzten Kälte haben wir wahres Frühlingswetter.

Außer L... und den Statisten der Clubs sehe ich jetzt wenig andere Personen als den Fürsten P..., dem man hier viel Hochmut und Schroffheit vorwirft, und von dem man sich überdies in's Ohr raunt, daß er ein wahrer Blaubart sei, der seine arme Frau furchtbar behandelt, und sechs Jahre in einem einsamen Waldschloß eingesperrt habe, so daß sie endlich, der Mißhandlungen müde, in die Scheidung von ihm habe willigen müssen. Was sagst Du, gute Julie, zu diesem traurigen Schicksal Deiner besten Freundin?[40]

Wie seltsam gestalten sich doch zuweilen Gerüchte und Verleumdungen in der Welt! Wie wenig ist man imstande vorherzusehen, welche unbegreiflichen heterogenen Folgen die Handlungen der Menschen haben, welche ganz unerwarteten Klippen die Lebensreise gefahrvoll machen werden – ja in der moralischen wie in der materiellen Welt sieht man nur zu oft da, wo Weizen gesäet wurde, Unkraut aufgehen, und dem hingeworfenen Mist Blumen und duftige Kräuter entsprießen!

Deinen langen Brief habe ich erhalten, und sage dafür den herzlichsten Dank. Verdenke es mir aber nicht, daß ich so selten einzelnes beantworte, gewissermaßen den Empfang jeder Stelle quittiere, welche Unterlassung Du mir so oft vorwirfst. Deshalb geht doch gewiß kein Wort bei mir verloren. Denke nur, daß man der Rose keine andere Antwort auf ihren köstlichen Duft gibt, als daß man ihn mit Wohlbehagen einatmet. Sie einzeln zu zerpflücken würde den Genuß nicht vermehren. Übrigens bedaure ich, jetzt selbst zu wenig Stimmung und zu wenig Stoff zu haben, um Dir gleiche Rosen zuzusenden. Die Wand ist so kahl vor mir wie ein weißes Tuch, und keine Art von *ombre chinoise*[41] will noch darauf erscheinen.

Woolmers, den 11ten

Sir G... O..., früher englischer Gesandter in Persien, hatte mich auf sein Landgut eingeladen, und da es so nahe ist, und einige Abwechslung versprach, fuhr ich gestern dahin.

Bei Nacht und Regen kam ich spät an, und mußte sogleich

Toilette machen, um zu einem Ball bei Lady Salisbury nach Hatfield zu fahren, den diese dort auf ihrem Schlosse an einem bestimmten Tage jeder Woche für die Umgegend gibt, solange sie auf dem Lande ist. Das Besuchen desselben wird daher wie eine Art Visite angesehen, und keine Einladung dazu erteilt. Sir G... nahm seine ganze Gesellschaft mit, unter der sich außer seiner Familie auch Lord Strangford, der bekannte Ambassadeur in Constantinopel befand.

Du erinnerst Dich, daß ich auf meiner frühern Exkursion nach dem Norden Hatfield nur *en passant* von außen sah. Jetzt fand ich auch das Innere ebenso imposant und respektabel durch seine Altertümlichkeit, als das Äußere. Man tritt zuerst in eine sehr große Halle mit Fahnen und Rüstungen, wandelt dann eine seltsame hölzerne Treppe hinauf, mit Figuren von Affen, Hunden, Mönchen etc., und gelangt von hier in eine lange, etwas schmale Galerie, in der heute getanzt wurde. Die Wände derselben sind aus alter eichener *boiserie*[42], mit altväterischen silbernen Wandleuchtern, gotischen Stühlen und roten *roulèaus* verziert. An einem Ende dieser, wohl 150 Fuß langen Galerie ist eine Bibliothek, und am andern Ende ein prachtvolles saalartiges Zimmer, mit tief herabhängenden metallenen Verzierungen an den *caissons*[43] der Decke, und einem haushohen Kamin, durch die Bronze-Statue des Königs Jakob gekrönt. Die Wände sind mit weißem Atlas bekleidet, Vorhänge, Stühle, Sofas in *cramoisi*, Samt und Gold. Dies Local war recht schön, der Ball indes ziemlich tot, die Gesellschaft gar zu ländlich, Erfrischungen keineswegs im Überfluß, und das *souper* nur aus einem magern Büffet bestehend. Um 2 Uhr war alles aus, und ich sehr froh, es überstanden zu haben, da ich mich müde und ennuyiert nach Ruhe sehnte.

Als ich am andern Morgen ziemlich spät aufgestanden, und fast zu spät beim Frühstück erschienen war, das hier etwas zeitig eingenommen wird, ergötzte ich mich an den vielen persischen Merkwürdigkeiten, welche die Salons zieren. Sehr auffallend war mir ein prachtvolles Manuskript mit Miniaturen, deren Farbenpracht selbst die besten Sachen dieser Art aus dem europäischen Mittelalter übertrifft, und die in der Zeichnung oft richtiger sind. Das Buch enthält die Geschichte der Familie Tamerlans[44], und soll in Persien zweitausend L. St. gekostet haben. Es ist ein Präsent des Schahs.

Mit kostbaren Metallen eingelegte Türen, Sofas und Teppiche aus eigentümlichen Samtzeugen mit Gold und Silber durchwirkt, vor allem aber eine goldene Schüssel mit dem vollkommensten bunten *émail* inkrustiert, und mehrere äußerst künstlich[45] gearbeitete *bijoux*[46] zeigen, daß die Perser, wenn sie uns in vielem nachstehen, uns auch in manchem sehr übertreffen.

Das Wetter hatte sich ein wenig aufgeheitert, und lockte mich zu einem einsamen Spaziergang. Herrliche Bäume, ein kleiner Fluß und ein Wäldchen, dessen Boden und Bäume mit Schlingkraut ganz bedeckt waren, und in dessen dichten Schatten eine merkwürdige Quelle entspringt, die mit Gewalt aus der Erde Eingeweiden hervorsprudelnd, fünfhundert Kannen in der Sekunde dem Flusse zuführt, waren die Hauptzierden des Parks. Als ich zurückkam, war es 2 Uhr, die Stunde des *luncheon*, worauf mir Sir Gore seine arabischen Pferde produzierte, von denen schnell einige zu einem Spazierritt gesattelt wurden. Der Reitknecht hatte während desselben nichts zu tun als unaufhörlich ab- und aufzusteigen, um die Tore zu öffnen, die überall den Weg versperrten, wie es in den englischen Parks und noch mehr in den Feldern der Fall ist, was das Spazierenreiten, außer den großen Landstraßen, etwas unbequem werden läßt. Abends wurde Musik gemacht, wobei sich die Tochter vom Hause und Mistress F... als vortreffliche Klavierspielerinnen auswiesen. Das Auditorium war indessen ganz ungeniert, und man ging und kam, sprach oder hörte auf die Musik, wie man Lust hatte. Nachher, als die Ladys zur Toilette auf ihr Zimmer gegangen waren, erzählte uns Sir G... und Lord Strangford Geschichten aus dem Orient, ein Thema, was nie ermüdend für mich ist. Beide sind große *partisans*[47] der Türken, und Lord Strangford lobte den Sultan als einen sehr aufgeklärten Mann. Er selbst sei, sagte er, vielleicht der erste von allen christlichen Gesandten, der mehrere Privatunterredungen mit dem Großherrn gehabt, wobei jedoch stets eine sonderbare Etiquette beobachtet worden sei. Der Sultan habe ihn nämlich im Garten des Serails in der Kleidung eines Offiziers seiner Leibwache empfangen, und dabei immer vom Sultan im Charakter seiner Rolle mit der größten Ehrfurcht in der dritten Person gesprochen, wobei Lord Strangford es nicht blicken lassen durfte, daß er ihn kenne. Der Lord versicherte, daß der türkische Kaiser Rußland besser und genauer kenne, als gar viele europäische Politiker, und daher gewiß sehr wohl wisse, was er unternehme*.

Nach dem *dinner*, das auch einige orientalische Schüsseln enthielt, und bei dem ich zum erstenmal echten Schiras trank (beiläufig gesagt, kein angenehmer Wein, der nach den Bocksschläuchen riecht), wurde wieder musiziert und kleine Verstandesspiele gespielt, welche indes nicht besonders reüssierten[48], weshalb denn auch bei guter Zeit jeder seinen Handleuchter ergriff, um zu Bett zu gehen.

Den 12ten

Ich habe von der arabischen Zucht meines Wirts einen rabenschwarzen Wildfang gekauft, den länger probieren zu können, wir heut früh einen Besuch bei Lady Cooper in der

* Wenn man nach dem Erfolg urteilen darf, so hat sich diese Meinung eben nicht bestätigt.[49] *A. d. H.*

Nachbarschaft machten. Ihr Schloß und Park Panshanger ist sehr sehenswert, besonders die Gemäldegalerie, welche zwei Madonnen Raphaels aus seiner frühern Zeit enthält, auch ein ausgezeichnet schönes Bild des Marschalls Turenne zu Pferd von Rembrandt. Lady Cooper empfing uns in ihrem *boudoir*, das unmittelbar in einen, selbst jetzt noch reizenden und vortrefflich gehaltenen, Blumengarten führte, an den sich auf der andern Seite wiederum Gewächshäuser, und eine *dairy*[50] in Tempelform anschloß, in deren Mitte Delphine von Bronze ihr kühles Wasser ergossen.

Panshanger ist durch die größte Eiche in England berühmt, die den *pleasure-ground* ziert. Sie hat zwei Ellen über dem Grunde noch 19½ Fuß im Umfang, und ist dabei sehr hoch und schlank gewachsen, ohngeachtet ihre Äste sich auf allen Seiten ausbreiten. In Deutschland haben wir größere Bäume dieser Art.

Um die Gegend noch mehr zu rekognoszieren, machten wir nachher einen zweiten Besuch in Hatfield, bei welcher Gelegenheit ich dieses genauer als früher musterte.

Das ganze Schloß nebst Küche und Waschhaus wird durch eine Dampfmaschine geheizt, ein Ofen, der dem grandiosen Ganzen angemessen ist. Die Marquise Douairière, die rüstigste Dame ihres Alters in England, führte uns treppauf treppab in allen Winkeln umher. In der Kapelle fanden wir vortreffliche alte Glasgemälde, die man in Cromwells Zeit vergraben hatte, welchem Umstand sie ihr Rettung verdanken, als die verrückten Bilderstürmer alle gemalten Kirchenfenster zertrümmerten. In einer der Stuben befand sich ein sehr gutes Bild Karl XII., dieses *Don Quixotte en grand*, der ohne Poltawa vielleicht ein zweiter Alexander geworden wäre.[51]

In den jetzigen Ställen Hatfields, dem ehemaligen Schlosse, saß Elisabeth unter der Regierung Marias gefangen. Die Königin ließ auf einem Giebel, ihrem Fenster gegenüber, eine sehr hohe, spitzige, Feueresse mit einer eisernen Stange errichten, und der Gefangenen insinuieren: diese Stange sei bestimmt, um ihren Kopf darauf zu stecken. So erzählte uns die Marquise. Die Esse steht noch, und ist jetzt dick mit Efeu überwachsen, Elisabeth aber baute, um sich an dem wohltuenden Kontrast späterer Jahre zu weiden, den neuen Palast daneben, aus dem sie den drohenden Rauchschlund nun mit besserer Gemütsruhe betrachten konnte. An Kunstgegenständen ist das Schloß arm, der Park nur reich an großen Eichenalleen und Krähen, sonst öde und ohne Wasser, ausgenommen eine häßliche, grün überzogne Pfütze nahe am Schloß.

Den 13ten

In dem Hause meines Wirts befindet sich eine eigentümliche Bildergalerie, nämlich eine persische, die wenigstens ziemlich barocke Dinge enthält. Die Portraits des Schahs und seines Sohnes Abbas Mirza sind das Interessanteste darin. Die gelbe mit Edelsteinen aller Art bedeckte Tracht des Schahs und sein enormer schwarzer Bart, repräsentieren diesen Sohn des Himmels und der Sonne nicht übel. Sein Sohn aber übertrifft ihn an Schönheit der Züge. Dagegen ist das *costume* desselben fast zu einfach, und auch die spitze Schafmütze nicht wohlbekommend. Der letzte persische Gesandte in England beschließt das Kleeblatt. Dies war ein sehr hübscher Mann, der sich in die europäischen Sitten so gut fand, daß er von den Engländern wie ein wahrer Lovelace[52] geschildert wird. Zu Hause angekommen, soll er sich überdem keineswegs diskret gezeigt, sondern manche vornehme englische Dame von dort her sehr boshaft kompromittiert haben.

Einige angezogene Puppen in demselben Local gaben uns eine treue Idee des schönen Geschlechts in Persien, mit langen, rot oder blau gefärbten Haaren, gewölbten und gemalten Augenbraunen, schmachtend feurigen, großen Augen, allerliebsten Gaze-*pantalons* und Goldringen um die Fußknöchel.

Lady O... erzählte uns dazu viele interessante Harem-Details, die ich Dir mündlich mitteilen werde, denn ich muß doch einiges auch dafür aufbewahren.

Manches scheint in Persien ganz angenehm, manches nichts weniger, so unter andern die Skorpione und Insekten. Einmal kroch Lady O..., während sie auf dem Diwan lag, eine Schlage am Nacken herunter in die Kleider, die sie nur durch schnelle Entfernung der ganzen Toilette loswerden konnte.

So etwas geschieht uns doch nicht leicht in unsrer klimatischen Mitteltemperatur. Sie sei daher gepriesen, und alle Zufriedenen darin, zu denen ich herzlich wünsche uns beide immer zählen zu dürfen.

Einundzwanzigster Brief

London, den 16. Dezember, 1827

Liebe Julie!

Nachdem ich ein Gedicht in das W... sche Hausstammbuch geschrieben, in welchem es von arabischen Rossen und Timurs Herrlichkeit, Cecil, Elisabeth, und Teherans weißen Schönen etc. wimmelte, verließ ich gestern meine freundlichen Wirte, um nach London zurückzukehren. Noch an demselben Abend meiner Ankunft führte mich L... zu einem sonderbaren Schauspiel.

In einer, eine gute deutsche Meile entlegenen Vorstadt, nahm uns eine Art Scheuer auf, schmutzig, ohne andere Decke als das rohe Dach, durch welches hie und da der Mondschein blickte. In der Mitte befand sich ein, ohngefähr 12 Fuß im Quadrat haltender, mit dichten Holzbrüstungen eingefaßter und gedielter Platz, umgeben von einer Galerie voll gemeinen Volks und gefährlich aussehender Gesichter beiderlei Geschlechts. Eine Hühnersteige führte höher hinauf zu einer zweiten Galerie, für Honoratioren bestimmt, welche pro Sitz mit drei Schillingen bezahlt wurde. Seltsam kontrastierte mit diesem Äußern ein an den Balken des Dachstuhls hängender Kristall-*lustre* mit 30 dicken Wachskerzen besteckt, und einige *fashionables* über dem höchst gemeinen Volk, welches letztere übrigens fortwährend Wetten von 20-50 L. St. ausbot und annahm. Der Gegenstand derselben war ein schöner Terrier, der hochberühmte Billy, welcher hundert lebendige Ratzen in 10 Minuten tot zu beißen sich anheischig machte. Noch war die Arena leer – und wir harrten mit bangem, mit schrecklichem Weilen – während auf der untern Galerie große Bierkrüge als Erfrischung von Mund zu Mund gingen, und dichter Zigarrenrauch emporwirbelte. Jetzt endlich! erschien ein starker Mann, einen Sack tragend, der einem Kartoffelsack glich, in der Tat aber die hundert lebendigen Ratzen enthielt, denen er, durch Lösung des Knotens, auf einmal die Freiheit gab, sie über den ganzen Platz hinsäete, und während ihres Herumtummelns schleunigst seinen Rückzug in eine Ecke nahm. Auf ein gegebenes Zeichen stürzte nun Billy herein, und begann mit unglaublicher Wut sein mörderisches Geschäft. Sobald eine Ratze leblos dalag, nahm sie der ihm folgende Knecht Ruprecht wieder auf und steckte sie in den Sack, wobei wohl manche bloß ohnmächtige mit unterlaufen mochte, ja vielleicht gab es alte Praktiker darunter, die sich von Hause aus tot stellten. Kurz, Billy gewann in 9¼ Minuten, nach Ausweis aller gezogenen Uhren, in welcher Zeit sämtliche 100 Leichname und Scheintote sich schon wieder im Sacke befanden.

Dies war der erste Akt. Im zweiten kämpfte Billy von neuem, stets unter großem Beifallsgeschrei des Publikums, mit einem Dachs. Jeder der Kämpfer hatte einen Sekundanten, der ihn beim Schwanze hielt. Es wurde nur e i n Biß oder Packen erlaubt, dann beide auseinandergerissen, und gleich wieder zugelassen, wobei Billy indes immer den Vorteil hatte, und des armen Dachses Ohren von Blute trieften. Auch hier mußte Billy in einer gewissen Anzahl Minuten, ich weiß nicht mehr wievielmal, den Dachs festgepackt haben, was er ebenfalls glänzend durchführte, zuletzt aber doch sehr erschöpft abzog.

Das Schauspiel endigte mit *bear-baiting*, worin der Bär einige Hunde übel zurichtete, und selbst wenig zu leiden schien. Man sah im ganzen, daß den *entrepreneurs*[1] ihre Tiere zu kostbar waren, um sie ganz ernstlich zu exponieren, daher ich auch schon im Anfang, selbst die Ratzen, als eines verborgenen Künstlertalents verdächtig, angegeben habe.

In demselben Local werden einige Monate später auch die

Hahnenkämpfe gehalten, wovon ich später eine Beschreibung liefern werde.

Den 21sten

Es gibt ohne Zweifel drei Naturen im Menschen; eine Pflanzennatur, die sich begnügt zu vegetieren, eine tierische, die zerstört, und eine geistige, die schafft. Viele begnügen sich mit der ersteren, die meisten nehmen noch die zweite in Anspruch, und nicht allzuviele die dritte. Ich muß leider gestehen, daß meine hiesige Lebensart mich nur in der erstgenannten Klasse verweilen läßt, was mich oft sehr unbefriedigt stimmt, *but I can't help it.*[2]

Du hast wohl ehemals von dem englischen Roscius gehört? Ein neues Wundermännchen dieser Art ist aufgetreten, und die Reife seines frühzeitigen Talents ist in der Tat höchst auffallend. ›Master Burke‹, so wird der zehnjährige Knabe genannt, spielte im Surrey Theater bei vollem Hause 5-6 sehr verschiedene Rollen mit einer Laune, scheinbaren Bühnenerfahrung, *aplomb*[3], Volubilität der Sprache, treuem Gedächtnis, und gelenkiger Gewandtheit seiner kleinen Person, die in Erstaunen setzen. Was mich aber am meisten frappierte, war, daß er in einem Vorspiel seine natürliche Rolle, nämlich die eines Jungen von 10 Jahren, ebenfalls mit so ungemeiner Wahrheit gab, daß diese echte Naivität dargestellter Kindlichkeit, nur Inspiration des Genies, ohnmöglich Resultat der Reflexion bei einem solchen Knaben sein konnte. Er begann die nachfolgenden Charaktere mit der Rolle eines italienischen Musikmeisters, in der er sich zugleich als wahrer Virtuose auf der Violine zeigte, und dies nicht etwa bloß in einigen eingelernten Fertigkeiten, sondern in dem guten Geschmack seines Spiels und einer selten erreichten Fülle und Schönheit des Tones. Man merkte es seinem ganzen Spiele an, daß er zum Musiker geboren sei. Hierauf folgte die Darstellung eines pedantischen Gelehr-

ten, dann eines rohen Schiffskapitäns u.s.w., alle Rollen vorzüglich gut ausgeführt, und besonders ganz vortrefflich und unbefangen im stummen Spiel, woran so viele scheitern. Napoleon war die letzte Rolle, die einzige, die mißlang, und ich möchte sagen, daß gerade dies Mißlingen meinem Beifall die Krone aufsetzte. Es ist ein Kennzeichen des wahren Genius, daß er im Erbärmlichen, Unpassenden, Albernen selbst mit albern erscheint, und die Rolle war die Quintessenz des Abgeschmackten. Im Leben ist es nicht anders. Macht z.B. einen Lessing zur Hofschranze, oder Napoleon zum r... Lieutenant, und Ihr werdet sehen, wie schlecht beide ihre Rollen ausfüllen.

Überhaupt kommt es nur darauf an, daß jeder an seinem Platze stehe, so wird auch jeder etwas Vorzügliches entwikkeln. So besteht mein Genie z.B. in einer sozusagen praktisch angewandten Phantasie, die ich stellen kann wie eine Uhr, mit der ich nicht nur mich in jeder wirklichen Lage sogleich zurechtfinden, sondern mit der ich mich auch, sie als Reizmittel gebrauchend, in alle möglichen Abgründe zu werfen vermag, und wenn ich daran erkranke, sie zugleich wieder als Heilmittel, durch ein erfundenes Glück benutzen kann.

Ist das nun die Folge einer zufälligen physischen Organisation, oder ein Gewinn aus eigener Kraft durch vielleicht hundert vorhergegangene Generationen? Lebte dieses mein geistiges Individuum schon vorher in miteinander zusammenhängenden Formen und dauert es selbstständig fort, oder verliert es sich nach jeder Blase, die die ewige Gärung des Weltalles aufwirft, wieder im allgemeinen? Ist, wie viele wollen, die Weltgeschichte, oder das, was in der Zeit sich begibt, ebenso wie die Natur, oder das, was im Raume existiert, nach festen Gesetzen und Regeln einer leitenden Hand schon in seinem ganzen Verlauf im voraus bestimmt, und endigt wie ein Drama im sogenannten Sieg des Guten über das Böse, oder bildet die freie geistige Kraft ihre Zukunft sich, in allem unvorherbewußt, nur unter der notwendigen Bedingung ihrer eignen Existenzmöglichkeit selbst aus? *That is the question!*[4] Soviel indessen scheint mir klar, daß wir bei Annahme der ersten Hypothese, man drehe es wie man wolle, doch nur mehr oder weniger alle miteinander künstliche Puppen sind – nur bei der zweiten Voraussetzung wahrhaft freie Geister bleiben. Ich will es nicht leugnen, es ist etwas in mir, ein unbezwingliches Urgefühl, gleich dem innersten Bewußtsein meiner selbst, das mich zu dem letztern Glauben hinzieht. Es ist dies vielleicht der Teufel! Doch verführt er mich nicht so weit, daß ich nicht mit innigster höchster Liebe einem uns unfaßbaren Gotte unsern geheimnisvollen Ursprung in Demut verdanken will, aber eben weil eine göttliche Befruchtung uns hervorrief, müssen wir von nun an auch selbstständig in Gott fortleben. Höre, was Angelus Silesius[5], der fromme Katholik, darüber sagt:

›Soll ich mein letztes End', und ersten Anfang finden,
So muß ich mich in Gott, und Gott in mir ergründen,
Und werden das, was er, ich muß ein Schein im Schein,
Ich muß ein Wort im Wort, ein Gott im Gotte sein.‹

Eben deshalb ist mir auch jener Lehrsatz unerträglich: daß früher der Mensch höher gestanden und besser gewesen, sich aber nach und nach verschlechtert habe, und nun wieder ebenso nach und nach, durch Sünde und Not sich zur ersten Vollkommenheit wieder durcharbeiten müsse. Wieviel mehr allen Gesetzen der Natur und des Seins angemessen, wie viel mehr einer ewigen, höchsten, über alles waltenden Liebe und Gerechtigkeit entsprechend, ist es anzunehmen, daß die Menschheit (die ich überhaupt als ein wahres Individuum, einen Körper, ansehe), aus dem notwendig unvollkommenern Anfang fort und fort einer stets weiter schreitenden

Vervollkommnung, einer höhern geistigen Ausbildung aus eigner Kraft entgegengeht, obgleich der Keim dazu durch die Liebe des Höchsten erschaffend hineingelegt wurde. ›Das goldne Zeitalter der Menschen‹, sagt der Graf St. Simon[6] richtig, ›ist nicht hinter uns, sondern vor uns.‹ Das unsrige könnte man (mehr des Wollens als des Vermögens wegen) das ›mystische‹ nennen. Echte Mystik ist nun freilich selten, aber man muß es doch auch eine sehr vorteilhafte Erfindung der Weltklugen nennen, daß diese der Absurdität selbst ebenfalls einen Mantel von Titular-Mystik umzuhängen verstanden haben. Hinter diesen Vorhang gehört leider das meiste, z.B. eben auch diese ›Erbsünde‹, wie sie unsre modernen Mystiker zu nennen belieben.

Vor eingen Jahren befand ich mich einmal in einer geistreichen Gesellschaft, die jedoch an Zahl gering, nur aus einer Dame und zwei Herren bestand.[7] Man stritt auch über die Erbsünde. Die Dame und ich erklärten uns dagegen, die zwei Herren dafür, wiewohl mehr vielleicht um eines geistigen Feuerwerks ihrer Gedanken willen, als aus Überzeugung. »Ja«, sagten die Gegner endlich, »die Erbsünde ist gewiß eine Wahrheit, gleich der neuen Charta der Franzosen, es war der Drang des Wissens, der sich Bahn machte. Mit seiner Befriedigung kam das Unheil in die Welt, das aber freilich auch nötig war zu unserer Läuterung, zum eignen Verdienste, dem einzig verdienstlichen.« – »Auf diese Weise«, erwiderte ich, mich zu meiner Mitstreiterin wendend, »können wir es uns gefallen lassen, denn es ist mit andern Worten unsre Meinung, ein Lernen; der nötige Übergang aus Unvollkommnem zu Besserem durch eigne Erfahrung und Erkenntnis.« – »Allerdings«, fiel die Dame ein, »nur sollen Sie es dann nicht Erbsünde nennen.« – »Gnädige Frau«, erwiderte einer der Antagonisten, »über den Namen wollen wir nicht streiten, wenn es Ihnen recht ist, nennen wir es fortan Erbadel.«

Nach allen diesen Grübeleien habe ich heute erfahren, daß die frivolsten Weltleute auch über sich selbst nachdenken. Ein Österreicher von Stande, der sich seit einiger Zeit hier aufhält, erteilte mir folgenden Rat praktischer Philosophie, den ich seiner Originalität wegen wörtlich hersetzen muß.

»Nix is halt dümmer«, sagte er, »als sich um de Zukunft gräme! Schaun's, als i hierher kam, war's grade Sommer, und die *season* schon vorbei. Nu hätt' en andrer sich gegrämt, grad in so schlechter Zeit herkommen zu sein! aber i dacht, 's wird sich schon hinziehen, und richtig, 's hat sich bis zum November hingezogen! Unterdessen hat mich der Esterhazy ufs Land genommen, wo i mich gar herrlich amüsiert hab, und nu is noch a Monat schlecht, dann wird's wieder full, die Bälle und die *routs* gehn an, und i kann's nie mehr besser wünschen! Wär' i nu nich a rechter Narr gewesen, mi zu gräme ohne Not? Hab i ni recht? Man muß in der Welt grad wie ne H... leben und nimmer zuviel an die Zukunft denken.«

Ich kann annehmen, daß dieser praktische Mann und ich sehr verschiedene Naturen sind, so wie mancher Philosoph vom Fache meine Grübeleien ohngefähr ebenso mitleidig betrachten wird, als ich die des Österreichers; und doch kommt das Resultat am Ende, wie es scheint, leider bei allen auf eins heraus! ungewiß bleibt bloß, welcher der größte Tor unter ihnen ist? Wahrscheinlich der, welcher sich für den Gescheitesten hält.

Den 28sten

Ich habe die unangenehme Nachricht erhalten, daß nahe bei Helgoland das Schiff, mit dem ich Dir die gekauften Sämereien und Blumen schickte, untergegangen ist, und nur wenig der Equipage gerettet wurde. Freund L... verliert auch einen großen Teil seiner Effekten dabei. Es ist das einzige Schiff, was dieses Jahr in jenen Gewässern verloren ging, und hat ohnbezweifelt sein Mißgeschick dem Frevel zu verdanken, an einem Freitag abgefahren zu sein. Du lachst, aber mit diesem Tage hat es eine besondere Bewandtnis, und ich scheue ihn auch, da er in dem unerklärlichen verkörperten Bilde, das sich meine Phantasie von den Wochentagen unwillkürlich geschaffen hat, der einzige von rabenschwarzer Farbe ist. Vielleicht interessiert es Dich, bei dieser Gelegenheit die Farbe der andern, als ein mystisches Rätsel zu erfahren. Der Sonntag ist gelb, Montag blau, Dienstag braun, Mittwoch und Sonnabend ziegelrot, Donnerstag aschgrau. Dabei haben alle diese Tagindividuen einen seltsamen und gewissermaßen geistigen Körper, d. h. durchsichtig ohne bestimmte Form und Grenzen.

Doch um auf den Freitag zurückzukommen, so erzählte mir der hiesige amerikanische Legations-Secretair, neulich folgendes davon.

»Der Aberglaube, daß Freitag ein übler Tag sei«, sagte er, »bleibt bis zu dieser Stunde bei allen unsern Seeleuten mehr oder weniger eingewurzelt. Ein aufgeklärter Handelsmann in Connecticut hatte vor einigen Jahren den Wunsch, das Seinige beizutragen, um einen Eindruck zu schwächen, der oft sehr unbequem wirkt. Er veranlaßte daher, daß ein neues Schiff für ihn an einem Freitag zu bauen angefangen wurde. An einem Freitag ließ er es vom Stapel laufen, gab ihm den Namen Freitag, und auf seinen Befehl begann die erste Reise gleichfalls an einem Freitag. Unglücklicherweise für den Erfolg dieses so wohlgemeinten Experiments, hat man von Schiff und Mannschaft nie wieder das mindeste gehört.«

Gestern erhielt ich Deinen Brief.

Daß Dein Edelstein, wie Du ihn liebreich nennst, von vielen in der Welt nicht nur übersehen, sondern oft sogar gern in die Erde getreten werden möchte, kömmt sehr natürlich daher, weil er im Grunde nur an wenig Stellen geschliffen wurde, und strahlt nicht durch Zufall gerade eine solche dem Vorübergehenden entgegen, so wird er, *comme de raison*[8], den gemeinen Kieseln gleich geachtet, und wo eine hervorragende Spitze verwundet, womöglich eingetreten. Nur hie und da schätzt ihn jedoch ein Kenner, und der Besitzer – der über schätzt ihn.

Die Schilderung der englischen Familie M... in B... hat mich lachen gemacht, und die Originale zu diesen Portraits sind in der großen Welt hier sehr häufig, ja die *tournure*[9] der Damen im allgemeinen, und mit seltnen Ausnahmen, ist ebenso schlecht als die, welche Du in B... gesehen – aber lange beseßner und unangemeßner Reichtum, alte historische Namen und strenge Zurückhaltung geben doch dieser aristokratischen Gesellschaft etwas Imposantes, namentlich für einen norddeutschen Edelmann, der so wenig ist!

Die kleinen Unglücksfälle, welche Du mir meldest, nimm nicht zu Herzen. Was sind sie anders als unbedeutende Wölkchen, so lange die Sonne des Geistes klar in unserm innern Himmel scheint! Übrigens solltest Du mehr Zerstreuung aufsuchen. Geh auch zu W..., zu H..., zu L... Man muß die Leute nicht bloß sehen, wenn man ihrer bedarf, sie glauben sonst nicht, daß man sie liebt und schätzt, sondern nur, daß man sie braucht; und doch wäre es gut, wenn eben diese drei uns ins Herz sehen könnten. Sie würden uns mehr lieben lernen als durch Worte und Visiten. Den Park betreffend hast Du, fürchte ich, wie ein grausamer Tyrann, erhabne Greise mit kaltem Blute gemordet. Dreihundertjährige Linden fielen also, wie unwillkürliche Märtyrer, einer hellern Aussicht zum Opfer?[10] Das ist allerdings zeitgemäß – von nun an gebe ich Dir jedoch die Instruktion, nur zu pflanzen, und zwar so viel Du willst, aber nichts, was da ist, wegzunehmen. Später werde ich ja selbst kommen, und die Spreu vom Weizen sondern.

Den 31sten

Don Miguel von Portugal[11] ist hier angekommen, und ich ward ihm heute früh vorgestellt. Nur das *Corps Diplomatique* und einige wenige Fremde waren zugegen. Der junge Prinz ist nicht übel, sieht sogar Napoleon ähnlich, war aber etwas embarrassierter[12] in seinem Benehmen. Er trug sieben Sterne und gleichfalls sieben große Ordensbänder über dem Rock. Seine Gesichtsfarbe glich der Olive seines Vaterlandes, und der Ausdruck seiner Physiognomie war mehr melancholisch als heiter.

Den 1sten Jänner 1828

Meinen besten Wunsch zum heutigen Tage, und den herzlichsten Kuß zum Anfang desselben. Vielleicht ist dies das gute Jahr, welches wir, wie die Juden den rechten Messias, schon so lange vergebens erwarten. Die Eröffnung desselben ward wenigstens von mir sehr heiter verlebt. Wir hatten den gestrigen Tag bei Sir L... M..., der fünf bis sechs sehr hübsche Weiber und Mädchen eingeladen hatte, zugebracht, und gegen Mitternacht dem neuen Jahr einen Toast zugetrunken. L... und ich führten dabei die deutsche Mode ein, die Damen zu küssen, was sie sich auch, nach dem erforderlichen Sträuben, recht gern gefallen ließen.

Heute speiste ich dagegen ein hannovrisches Reh (hier gibt es keine) beim Grafen Münster auf dem Lande, dem man zum Weihnachtsgeschenk einen *blunderbuss*[13] (Cacafoco im Italienischen) in das große Fenster der Wohnstube abgeschossen hat, gerade während die Gräfin den Kindern den heiligen Christ bescherte. Das Schrot war durch die Spiegelscheiben, wie durch Pappe, in hundert kleinen Löchern eingedrungen, ohne auch nur e i n e Scheibe zu zerschmettern. Glücklicherweise war die Christbescherung so entfernt vom Fenster, daß die Schrote nicht so weit reichten. Man begreift nicht, wer der Urheber einer solchen Infamie sein kann!

Die Anwesenheit Don Miguels macht London lebhaft. Eine *soirée* beim Herzog von Clarence fand diesen Abend statt, und morgen wird ein großer Ball bei Lady K... sein. Der Prinz scheint allgemein zu gefallen, und zeigt jetzt, nachdem er mehr hier zu Hause ist, etwas recht Gemessenes und Vornehmes in seiner *tournure*, wiewohl es so aussieht, als ruhe im Hintergrunde seiner großen Affabilität[14] doch mehr als eine *arrière-pensée.*[15] Die Etikette ist übrigens für die Portugiesen so streng, daß unser guter Marquis P... jeden Morgen, wenn er den Prinzen zuerst ansichtig wird, auf seine Knie niederfallen muß.

Den 3ten

Das gestrige Fest beim Fürsten E... übergehe ich, um Dir von der heutigen Pantomime zu erzählen, die Don Miguel ebenfalls mit seiner Gegenwart beehrte. Es ging ihm dabei noch schlimmer, wie dem seligen Kurfürsten von Hessen in Berlin, der bei dem Eröffnungs-Chor der Oper, welcher die Amazonen-Königin leben ließ, aufstand, um sich zu bedanken.

Das hiesige Volk nämlich, dem Don Miguel als ein tyrannischer Ultra geschildert worden war, und das nun in dem gefürchteten Ungeheuer einen ganz artigen und hübschen jungen Mann sieht, ist vom Abscheu zur Liebe übergegangen, und empfängt überall den Prinzen mit Enthusiasmus. So auch heute im Theater. Don Miguel stand sogleich mit seiner portugiesischen und englischen *suite*[16] auf, und dankte verbindlichst. Kurz darauf rollte der Vorhang empor, und ein neues unbändiges Klatschen zollte der schönen Dekoration Beifall. Abermals erhob sich Don Miguel, und dankte verbindlichst. Verwundert und überrascht rief dennoch gutmütig das Publikum, den Irrtum übersehend, von neuem ›Vivat‹. Nun aber erschien der Lieblingspossenreißer

DRURY-LANE THEATRE.

The rumour that Don Miguel would honour this house with a visit attracted a most numerous audience last night. *The Critic* went off, applauded as it ought to be; *Killing no Murder* followed, and excited much mirth; but no Don Miguel was forthcoming. The audience began to consider the announcement as a hoax, when, at a quarter past 10 o'clock, just before the commencement of the pantomime, the Infante made his appearance in the Duke of Glocester's box, on the right hand side of the theatre. He was dressed plainly in black; on his breast he wore a single honour. He was accompanied by six or seven individuals, the greater part of whom, judging by their countenances and costume, were natives of the country which Don Miguel is called upon to govern. The moment he was recognized, loud shouts of welcome greeted him from every part of the theatre, which he answered by frequent obeisances. The audience called loudly for "God save the King," and Don Miguel did not spare his hands when the call was made. The national air was sung by Mrs. Geesin, Miss Grant, Mrs. and Mr. Bedford, &c., and appeared to give the noble visiter much pleasure. He, in common with the audience, stood during the performance of the air, and seemed to derive great pleasure from the exertions of the vocalists. Don Miguel did not, we could easily perceive, enter much into the spirit of our pantomime,—and it would be strange indeed if he had. A nobleman on his right pointed out, from time to time, the meaning (if there be any meaning to be found in this pantomime) of various changes which occur in it. Don Miguel, however, did not seem to be much pleased with the buffettings of the Clowns, nor with the activity of Harlequin, or the grace of Columbine. That which seemed to please Don Miguel most was the rope-dancing, and the gymnastic exercises. He appeared to be not only amused, but surprised by them. At the termination of the pantomime, he rose, bowed to the audience amidst loud cheering, and retired.

The Times; 5. Januar 1828

auf dem Theater, und zwar als großer Orang-Utan mit Mazureks-Gelenkigkeit. Stärker als je ertönte der Enthusiasmus des Beifalls, und abermals erhob sich Don Miguel, und dankte verbindlichst. Diesmal aber wurde das Kompliment nur durch lautes Lachen erwidert, und einer seiner englischen Begleiter, Lord M... C..., ergriff ohne Umstände den Infanten[17] beim Arme, um ihn wieder auf seinen Sitz zurückzuziehen. Gewiß aber blieben Don Miguel und der Lieblingsakteur lange im Geiste des Publikums wider Willen identifiziert.

Den 6ten

Wir schweben in fortwährenden Festen. Gestern gab die schöne Marquise das ihrige, heute die gefeierte Fürstin L..., welches bis nach 6 Uhr früh dauerte. Von Morgen bis Abend bemüht man sich unablässig, den Prinzen zu amüsieren, und es ist wohl angenehm, eine so bevorrechtete Person zu sein, die zu unterhalten und ihr zu gefallen die Höchsten wie die Niedrigsten, die Klügsten wie die Dümmsten, ihr möglichstes tun.

Mitten unter diesem *trouble* erhielt ich wieder einen Brief von Dir durch L..., und freute mich, der darin enthaltenen hunderttausendsten Versicherung Deiner Liebe, eine Versicherung, die ich vor der ersten Million gewiß nicht zu hören müde werde, und nach dieser Million sogar noch ausrufen werde: *L'appétit vient en mangeant!*[18] So geht es auch mit den hiesigen Festen, d.h., die Welt wird ihrer nicht müde. Während sie immer mehr ihren Horizont sich mit Gewittern überziehen sieht, tanzen und dinieren unsre Diplomaten dem drohenden Sturm mit Lachen und Scherzen entgegen, und Großes und Erhabnes mischt sich fortwährend mit Gemeinem und Alltäglichem, wie in Shakespeares lebenswahren Tragödien.

Meine Stimmung ist durch alles das günstig gereizt, wohl

und kräftig. Meine männliche Seele (denn ich habe, außer der Deinigen, die mir gehört, auch noch eine eigne weibliche) ist jetzt *du jour*[19], und dann fühle ich mich immer selbstständiger, freier und weniger empfänglich für Äußeres. Dies ist sehr passend für den hiesigen Aufenthalt, denn die Engländer sind wie ihre Flintkiesel, kalt, eckig, und mit schneidenden Kanten versehen, aber dem Stahl gelingt es deshalb am leichtesten, belebende Funken aus ihnen zu schlagen, die Helle geben, durch wohltätigen Antagonismus.

In der Regel bin ich indessen zu träge, oder besser gesagt, zu wenig durch sie erregt, um als Stahl auf die mich umgebenden Individuen agieren zu mögen und zu können; ihrem Stolz aber habe ich wenigstens immer noch größeren entgegengesetzt, und manche dadurch erweicht, die andern entfernt. Eins und das andere war mir recht, denn der Kraniologe sagt ganz wahr über mich, daß mir ein wesentlich schaffenwollender Geist zugeteilt sei, und solche lieben allerdings nur, was wahlverwandt mit ihnen wirket, oder was unter ihnen stehend, ein brauchbares Instrument für sie wird, um ihre eignen Melodien darauf zu spielen. Den übrigen stehen sie entgegen oder fern.

Den 11ten

Die letzte *soirée* für Don Miguel fand heute endlich beim holländischen Ambassadeur statt, an welchen Umstand man allerhand interessante historische Reminiszenzen knüpfen könnte, denn Portugal wie Holland, beides kleine Länder nur, waren doch einst Weltmächte. Eins ging den Weg der Freiheit, das andere den der Sklaverei, und beide wurden dennoch gleich unbedeutend, und ihr inneres Glück scheint auch nicht sehr verschieden zu sein. Doch ich will diese Betrachtung verlassen, und dafür lieber mit ein paar Worten

DON MIGUEL.

(From the Court Newsman.)

His Royal Highness, accompanied by Prince Esterhazy, the Austrian Ambassador, and attended by Monsieur de Saldanha and Earl Mountcharles, left town about half-past 11 o'clock yesterday morning, in one of the King's carriages-and-four, with outriders, for Kew: the noblemen and gentlemen of the Prince's suite followed in another carriage-and-four. Mr. Aiton, the superintendent of the Royal gardens, Mr. Turner, and others of His Majesty's gamekeepers, were in waiting to attend the Prince. His Royal Highness and suite took the diversion of shooting for about two hours, during which time they shot 26 brace of pheasants, and 8 brace of hares.

The Prince and party, after partaking of a *dejeune* at the old palace, returned to Arlington-street, where his Royal Highness arrived about 5 o'clock.

In the evening the Duke of Wellington gave a grand dinner to his Royal Highness, at his residence in Piccadilly. The different services of plate and china presented to his Grace by different Courts of Europe were displayed on this occasion. The band of the Grenadier Regiment of Foot Guards, of which his Grace is Colonel, were stationed in the grand hall, in their state dresses, and performed several choice pieces of music in the course of the evening. The Prince, attended by Counts Villa Real and Bellantine, Messrs. de Mello and de Saldanha, Earl Mountcharles, and Sir William Fremantle, arrived about half-past seven o'clock in two of His Majesty's carriages. The band received his Royal Highness with *God save the King*. Among the company present to meet the Prince were the Spanish Minister; Baron Falck, the Ambassador from the Netherlands, and Baroness Falck; the Marquis de Palmella, the Portuguese Ambassador, and the Marchioness Palmella; Baron Bulow, the Prussian Minister; Count d'Aglie, the Sardinian Minister; Viscount Itabayena, the Brazilian Minister; the Marquis Wellesley, Earl Dudley, Viscount Palmerston, Sir Charles Stuart, Lord and Lady Fitzroy Somerset.

The Times; 12. Januar 1828

die Liebenswürdigkeit der Ambassadrice rühmen, deren französischer leichter Sinn noch nichts von den schwermütigen Narrheiten der englischen *fashion* angenommen hat. Ihr Haus ist zugleich eins von den wenigen, das man uneingeladen abends der Kontinentalsitte gemäß besuchen, und eine Konversation daselbst finden kann. Als Madame de F... noch unverheiratet in Tournay lebte, wohnte im Befreiungskriege mein teurer Chef, der alte Großherzog von W... in ihrer Eltern Hause und pflegte die reizende Tochter scherzend den ›liebsten seiner Adjutanten‹ zu nennen. Ich habe also, da ich denselben Posten bekleidete, eine Art Kameradschaft geltend zu machen, eine Ehre, die ich mir um so weniger nehmen lassen mag, da auch ihr Gemahl ein sehr angenehmer Mann ist, der sich durch Geist und Güte gleich sehr auszeichnet.

Mittags hatte ich beim Grafen M... ein deutsches *dinner* eingenommen, der uns immer von Zeit zu Zeit wilde Hannovraner auftischt. Heute war es ein herrlicher Eber mit jener königlichen *sauce*, von der Erfindung Georg IV., von der im *›Almanach des gourmands‹* steht: *›qu'avec une telle sauce on mangerait son père‹*.[20] Außer dieser Delikatesse wurde eine gute Anekdote von W. Scott zum besten gegeben. Dieser begegnete auf der Straße einem irländischen Bettler, der ihn um einen Sixpence (halben Schilling) bat. Sir Walter konnte keinen finden, und gab ihm endlich einen ganzen Schilling, indem er scherzend sagte: »Aber merkt Euch nun, daß Ihr mir einen Sixpence schuldig seid.« – »O gewiß!« rief der Bettler, »und möge Gott Euch so lange leben lassen, bis ich ihn wieder bezahle.«

Ehe ich zu Bette ging, hielt ich noch eine Nachlese Deiner letzten Briefe. Meine Ansicht der Rolle des ›Macbeth‹ hast Du sehr wohl verstanden, und sprichst Dich in wenig Worten meisterhaft darüber aus, so wie über die Leistung der dortigen Schauspieler. Es ist wohl sonderbar, aber wahr, daß beinahe überall die Bühne gegen sonst degeneriert. Gewiß liegt es auch in der überegoistischen, mehr mechanischen als poetischen Zeit.

Ebenso wahr ist Deine Bemerkung über die B... höhere Gesellschaft, und daß der Witz, ja selbst das Wissen, welches dort sich brüstet, nichts von dem gutmütig Anschmiegenden habe, das beiden eigentlich den wahren gesellschaftlichen Reiz allein verleihen kann. Der warme Pulsschlag des Herzens fehlt jenem vertrockneten Boden, die Leute können nicht davor[21], und wenn sie Phantasie heimsucht, erscheint sie ihnen wie dem seligen Hoffmann, auch immer nur als schauerlicher Gliedermann und als Gespenst. Dein Freund, dem es oft nicht besser geht, wurde leider auch im Sande geboren, aber der Duft des Erzes, glaub' ich, aus den Schächten, der flammende Hauch der Gnome von da unten her, die dunkle Waldeseinsamkeit der Tannen oben, und das Geflüster der Dryaden[22] aus ihren in dichten *festons*[23] herabhängenden Zweigen, haben seine Wiege umgeben und dem armen Kleinen einige fremdartige, wohltätige Elemente verliehen.

Die *par-force*-Teilnehmer der neuen Parforce-Jagd haben mich herzlich lachen gemacht. Sie sind das beste Gegenstück zu den freiwilligen Landwehrmännern. Da ich indes selbst ein aufrichtig Freiwilliger der letzteren bin, weil ich unsern König von Herzen liebe, und ihm dienen zu können nicht bloß Pflicht, sondern ein Genuß für mich ist, so werde ich mir, wieder zu Haus angekommen, auch sehr gern *une douce violence*[24] zur Parforcejagd antun lassen, da ich den elegantesten und liebenswürdigsten Prinzen, welcher der Hauptunternehmer derselben ist, ebenso innig verehre und ihm zugetan bin. Die bei uns fast vergessene Feldreiterei wird dadurch gewiß wieder aufblühen, und England lehrt mich täglich, daß die Wirkung solcher mit Gefahren und Strapazen verbundenen Sitten, auf die Jugend, und man kann wirklich sagen, Nationalbildung sehr vorteilhaft einwirkt.

Den 14ten

Mit dem Grafen B... und einem Sohne der berühmten Madame Tallien, fuhr ich diesen Morgen in die City, um das India House zu besehen, wo viele merkwürdige Gegenstände aufbewahrt werden. Tippu Sahibs Traumbuch unter anderen, in dem er jeden Tag selbst seine Träume und ihre Auslegung aufschrieb, und dem er auch seinen Untergang, gleich Wallenstein, hauptsächlich dankte. Seine Rüstung, ein Teil seines goldnen Thrones und eine seltsame Drehorgel werden gleichfalls hier aufbewahrt. Die letzte befindet sich in dem Bauche eines sehr gut dargestellten, metallenen Tigers, in natürlichen Farben und Lebensgröße. Unter dem Tiger liegt ein Engländer in roter Uniform, den er zerfleischt, und während man dreht, wird täuschend das Geschrei und Gewimmer eines mit der Todes-Agonie kämpfenden Menschen, schauerlich abwechselnd mit dem Brüllen und Grunzen des Tigers, nachgeahmt. Es ist dies Instrument recht charakteristisch zur Würdigung jenes furchtbaren Feindes der Engländer, der selbst die Tigerstreifen zu seinem Wappen machte, und von sich zu sagen pflegte: daß er lieber einen Tag lang ein auf Raub ausgehender Tiger, als ein Jahrhundert lang ein ruhig weidendes Schaf sein möge.

Das Prachtwerk über die berühmten, im harten Felsen ausgehauenen Tempel von Ellora, von Daniell[25], interessierte mich ungemein. Das Alter dieser herrlichen Denkmäler ist im Grunde gänzlich unbekannt. Höchst seltsam, und mit Merkels Hypothese, daß die älteste Kulturperiode der Erde von Negern ausgegangen sei, völlig übereinstimmend ist es, daß die Statue des Gottes im Allerheiligsten des ältesten Budda-Tempels ganz offenbar die sehr markierten Züge und das wollige Haar eines Negers darbietet.

Ein großer Stein von den Ruinen aus Persepolis, ganz bedeckt mit der immer noch unentzifferten Pfeilschrift, große chinesische Gemälde, haushohe chinesische Laternen, ein riesengroßer Plan der Stadt Kalkutta, schöne persische Miniaturen etc., sind die vorzüglichsten Merkwürdigkeiten dieser Sammlung.

Wir besahen hierauf auch die Warenlager, wo man alle indischen Produkte, wenn man sie sogleich nach dem Kontinent verschickt, äußerst wohlfeil kaufen kann, da sie in diesem Fall keine Abgabe an das Gouvernement zahlen. *Shawls,* die bei uns hundert Louisd'or wenigstens kosten würden, sind in größeren Quantitäten hier wohl für vierzig zu haben. Die schönsten, die ich je gesehen, und deren Feinheit und Pracht bei unsern Damen gewiß das größte Aufsehen machen würden, standen nur im Preis von 150 Guineen – in England sind indessen *shawls* überhaupt wenig Mode und werden nicht geachtet, so daß man auch fast alle in's Ausland verkauft.

Den 16ten

Der neue Dampfpostwagen ist soeben fertig geworden, und legt probeweise im Regent's Park fünf Meilen in einer halben Stunde zurück. Doch ist immer noch jeden Augenblick etwas daran zu reparieren. Ich war einer der ersten Neugierigen, die ihn versuchten, fand aber den fettigen Eisengeruch, der auch die Dampfschiffe so unangenehm macht, hier doppelt unerträglich.

Seltsamer ist noch ein anderes Fuhrwerk, dem ich mich ebenfalls anvertraute. Es besteht in nichts Geringerem als einem Wagen, der von einem Drachen gezogen wird, und zwar einem Papierdrachen, der nicht viel anders konstruiert ist, als diejenigen, welche die Kinder aufsteigen lassen. Es ist daher auch ein Schulmeister, der die Sache erfunden hat, und selbst so geschickt sein Vehikel zu führen weiß, daß er, auch mit halbem Winde, gut fortkommt, mit ganz günstigem aber auf gutem Terrain die englische Meile in 5/4 Minuten zurücklegt. Die Empfindung ist sehr angenehm, da man über die kleinen Unebenheiten des Bodens, wie darüber gehoben, hinweggleitet. Der Erfinder schlägt vor, die afrikanischen Wüsten damit zu bereisen, und hat zu diesem Behuf einen Raum am Hintergestell angebracht, wo ein Pony, gleich einem Bedienten, hintenauf steht, und im Fall einer Windstille vorgespannt wird. Was freilich hinsichtlich der *fourrage*[26] anzufangen sein möchte, ist nicht wohl abzusehen, der Schulmeister rechnet aber auf die in jenen Gegenden regelmäßig wehenden Passat-Winde. Als Amüsement auf dem Lande ist die Sache jedenfalls sehr zu empfehlen, und ich sende Dir daher beiliegend eine ausführliche Broschüre mit erläuternden Kupfern, wonach Du etwaigen Liebhabern unter Deinen eignen Schulmeistern auftragen kannst, ähnliche Versuche zu machen.

Den Abend widmete ich einer Pantomime, deren originelle Tollheit von so vortrefflichen Dekorationen und Maschinerien unterstützt ward, daß man sich ohne viele Schwierigkeit in die Zeit der Feenmärchen versetzen konnte. Solcher lieblicher Unsinn ist herrlich. Z. B. im Reich der Frösche ein unabsehbarer Schilfsumpf, dessen Bewohner geschickte Schauspieler auf's täuschendste agieren müssen, und zuletzt ein Tempel der Johanniswürmchen, den an ausgelassener Phantasie und wunderbarem Glanz kein chinesisches Feuerwerk erreicht.

Brighton, den 23sten

Die Mode ist eine große Tyrannin, und so sehr ich das einsehe, lasse ich mich doch auch, wie jeder andere, von ihr regieren. Seit einigen Tagen hat sie mich wieder hierher geführt zu der liebenswürdigen Missis J..., der klugen Lady L..., der reizenden F... etc. etc.

Schon bin ich wieder von Bällen und *dîners* ermüdet, und kokettiere wieder mit dem Meer, dem einzigen poetischen Gegenstand in der hiesigen prosaischen Welt. Eben ging ich, beim Scheiden der Nacht, von einem *rout* am äußersten Ende der Stadt kommend, wohl eine halbe Stunde zu Fuß an seinen Ufern hin, unter dem Schäumen und Donnern der ankommenden Flut. Die Sterne blinkten noch klar funkelnd herab, ewige Ruhe thronte oben, und wildes Brausen und Wallen tobte hier unten – Himmel und Erde in ihrem wahrsten Bilde! Wie herrlich, wie wohltuend, wie furchtbar, wie angsterregend ist doch diese Welt! Die Welt – die nie anfing, die nie endet – deren Raum nirgends begrenzt ist – in deren nach allen Seiten endloser Verfolgung, die Phantasie selbst, schaudernd sich verhüllend, zu Boden sinkt. Ach, meine teure Julie, Liebe nur findet den Ausweg aus diesem Labyrinth! Sagt nicht auch Goethe: ›Glücklich allein ist die Seele die liebt!‹[27]

Den 24sten

Wir haben heute eine vortreffliche Jagd gemacht. Das Wetter war selten klar und sonnig, dabei wohl an hundert Rotröcke versammelt. Ein solches Schauspiel ist gewiß voller Interesse, die vielen schönen Pferde, die elegant gekleideten Jäger, fünfzig bis sechzig Hunde, die über Stock und Stein Reinecke verfolgen, und das wilde Reiterheer hinterdrein, die schnelle Abwechselung von Wald und Berg und Tal, das Geschrei und Gejauchze. Es ist beinahe wie ein kleiner Krieg.

Die hiesige Gegend ist sehr hüglig, und einmal ging die Jagd einen so langen und steilen Berg hinan, daß die meisten Pferde nicht mehr fortkonnten, und auch die besten wie Blasebälge in der Schmiede stöhnten. Aber oben einmal angekommen, war der *coup d'œil*[28] auch wahrhaft prachtvoll. Man übersah das Ganze, vom Fuchs bis zum letzten *traîneur*[29] in voller Bewegung, mit einem Blick, und außerdem links ein reiches Tal, sich bis gegen London ausdehnend, rechts das Meer im schönsten Sonnenglanz.

Den ersten Fuchs bekamen wir, der zweite aber erreichte Malepartus[30] vor uns, und entging auf diese Art seinen Verfolgern. Fast alle diese Jagden werden auf Subskription[31] gehalten. Die hiesige Meute z. B., aus achtzig Hunden und drei *piqueurs*[32], mit neun Pferden, bestehend, kostet jährlich 1050 L. St., wozu fünfundzwanzig Teilnehmer sind, die bezahlen. Jeder der Lust hat, kann aber auch unentgeltlich mitreiten. Es kommt also für die *entrepreneurs*[33] auf den Mann nicht mehr als 42 L. St. jährlich. Diese sind jedoch nichts weniger als gleich verteilt. Die Reichen geben viel, die Armen wenig. Mancher zweihundert jährlich, ein anderer nur zehn, und ich glaube, dieses Arrangement wäre auch recht gut bei uns nachzuahmen, besonders von Seiten der Armen. Am auffallendsten sind bei diesen Jagden für unsre verwöhnten Augen die in schwarzen Röcken über Zaun und Gräben fliegenden Pastoren, welche oft, schon gestiefelt und gespornt, mit der Jagdpeitsche in der Hand, schnell vorher noch kopulieren[34], taufen oder begraben, um sich von der Zeremonie weg sogleich auf's Roß zu schwingen. Man erzählt von einem der berühmtesten geistlichen Fuchsjäger dieser Art, daß er immer einen zahmen Fuchs in der Tasche mit sich führte, und fand man keinen andern, diesen zum besten gab. Das Tier war so gut abgerichtet, daß es eine Weile die Hunde amüsierte, und dann, wenn es der Jagd müde war, sich schnell in seinen unantastbaren Schlupfwinkel rettete, denn dieser war kein anderer – als der Altar der Dorfkirche, zu dem ein Loch in der Mauer führte, und unter dessen Stufen ihm ein bequemes Lager bereitet war. Dies ist recht englisch religiös.

Den 6ten Februar

Ich habe mir durch Verkältung ein heftiges nervöses Fieber geholt, das mich schon vierzehn Tage an mein Bett fesselt und außerordentlich abgemattet hat. Es ist sogar nicht ganz ohne

Gefahr gewesen, die jetzt jedoch, wie der Arzt versichert, vorüber ist – also besorge nichts. Sonderbar, daß man bei einer abmattenden Krankheit gegen den Gedanken des Todes so gleichgültig wird. Er kommt uns nur wie Ruhe und Einschlafen vor, und ich wünsche mir sehr zum dereinstigen Ende ein solches langsames Herannahen meiner körperlichen Auflösung. Als einer, der gern beobachtet, möchte ich auch mich selbst, sozusagen, sterben fühlen und sehen, so weit dies möglich ist, d. h. bis zum letzten Augenblick mit voller Besinnung meine Emotionen und Gedanken betrachten, die Existenz auskosten bis zum letzten Augenblick. Ein plötzlicher Tod kommt mir wie etwas Gemeines, Tierisches vor; nur ein langsamer, mit vollem Bewußtsein, wie ein veredelter, menschlicher. Ich hoffe übrigens sehr ruhig zu sterben, denn obgleich ich eben nicht ganz zum Heiligen des Lebens gekommen bin, so habe ich mich doch an Liebe und Güte gehalten und immer die Menschheit, wenn auch nicht zuviel einzelne Menschen, geliebt. Also noch nicht reif für den Himmel, wünsche ich recht sehr, nach meiner Theorie der Metempsychose[35], noch öfters auf dieser lieben Erde einheimisch zu werden. Der Planet ist schön und interessant genug, um sich einige tausend Jahre in immer erneuter Menschengestalt darauf umherzutummeln. Ist es aber anders, so ist mir's auch recht. Aus Gott und aus der Welt fällt man einmal gewiß nicht, und dümmer und schlechter wird man wahrscheinlich auch nicht, sondern eher gescheiter und besser.

Das schlimmste beim Tode für mich wäre der Gedanke an Deinen Schmerz, und doch – würde ich vielleicht ohne das Bewußtsein Deiner Liebe nicht ganz so wohltätig und resigniert sterben können. Es ist ein süßes Gefühl beim Tode, zu wissen, daß man auch jetzt noch jemand zurückläßt, der unser Andenken mit Liebe pflegen wird, und auf diese Art, solange jenes Augen sich dem Lichte öffnen, noch gleichsam fortzuleben in und mit ihm. Ist das nun auch Egoismus?

Da wir einmal vom Sterben reden, muß ich Dir noch etwas erzählen. Erinnerst Du Dich, von meinem vorigen Aufenthalte in Brighton her, eines schottischen *chieftains*[36], eines etwas phantastischen, aber kräftigen und originellen Schotten? Er hat eben in der Blüte dieser männlichen Kraft zu leben aufgehört. Mit seinen beiden Töchtern auf einem Dampfboot eingeschifft, erhielt er kurz vor dem Debarkieren von einer Segelstange einen so heftigen Schlag an den Kopf, daß er davon auf der Stelle in einen Anfall von Raserei versetzt wurde, in Folge dessen in's Meer sprang und ans Land schwamm, wo er nach wenigen Stunden verschied. Dies Ende hatte einige tragische Verwandtschaft mit der Geschichte seines Vorfahren, die er mir mit so viel Stolz mitteilte, dessen nämlich, welcher seine Hand abhauend, sie ans Ufer warf und ihr nachschwamm.

Den 8ten

Der Doktor findet mich sehr geduldig – du lieber Gott, ich habe wohl Geduld gelernt – und um gerecht zu sein, Widerwärtigkeit ist für den Geist eine kostbare Schule. Widerwärtigkeit entsteht aber im tiefsten Grunde auch nur aus eignen Fehlern, die sich dadurch wieder selbst bessern, und man kann unbedingt annehmen, daß die Menschen, wenn sie von Hause aus stets vernünftig und gut handelten, kaum ein Leid mehr kennen würden. Aber die Freuden müßten auch so subtil werden, daß man auf alles Irdische nur wenig Wert mehr setzen könnte. Keine *dîners* mehr, bei denen man so gerne ein Indigestion riskiert. Kein Ruhm mehr, dem man mit so viel befriedigter Eitelkeit nachjagt, kein süßes und verbotnes Liebeswagen, kein Glanz, der es andern zuvortut! – es wäre am Ende, Gott verzeih' mir die Sünde, doch nur ein wahres Philisterleben, ein Stillstand, wenngleich in scheinbarer Vollkommenheit. Wahres Leben aber ist Bewegung und Kontrast. Es wäre also am Ende das größte Ungemach, wenn wir einmal alle hier ganz vernünftig würden. Ich glaube indes, die Gefahr ist noch nicht so nahe. Du siehst, meine Krankheit hat mich bis jetzt nicht geändert, ich würde Dir aber dennoch gar nichts davon geschrieben haben, wenn dieser Brief eher abginge, als bis ich ganz hergestellt bin. So kannst Du ihn aber mit völliger Seelenruhe lesen, und überzeugt sein, das ich bis zum letzten Hauch alles genießen will, was uns der freundliche Gott beschert hat, Heller oder Goldstücke, Kartenhäuser oder Paläste, Seifenblasen oder Rang und Würden, wie es die Zeiten und Umstände mit sich bringen, und zuletzt auch noch den Tod, und, was dann neues darauf hier oder dort folgen wird. Schön sind die ernsten Tugenden, aber dazwischen, als Würze! So z. B. genieße ich schon wahrhaft meine jetzige Mäßigkeit, ich fühle mich dabei ganz ätherisch leicht, über das Animalische erhabner als gewöhnlich. – Von andern Verirrungen ist gar nicht mehr die Rede, und dies alles gibt mir wirklich einen Vorgeschmack der einstigen reineren Freuden – des Alters. Denn für gewisse Dinge – gestehen wir es nur frank und frei, – hat der böse Franzose wenigstens halb recht, welcher sagt: *que c'est le vice qui nous quitte, et bien rarement nous, qui quittons le vice.*[37] Selbst die ehrlichsten der Schwärmer fanden die sicherste Tugend nur im Messer, wie der große Origenes.[38]

Den 9ten

Nie habe ich einen Doktor gehabt, der es so gut mit dem – Apotheker meint. Jeden Tag zwei Medizinen; ich ernähre mich mit nichts anderm, da ich aber leider ernstlich krank bin, nehme ich gelassen, was verlangt wird. Eine Krankenwärterin, wie Du es bist, vermisse ich aber sehr, und meine dürre und trockne Wirtin, welche sich doch öfters sehr gutwillig dazu anbietet, wäre ein schlechter Ersatz. Indessen lese ich viel und bin ganz heiter. Wollte ich mich melancholischen Selbstquälereien überlassen, so könnte ich mich, außer den positiven Ursachen dazu, noch negativ darüber ärgern, daß jetzt, wo ich zu Haus bleiben muß, fortwährend das schönste Wetter ist. Da ich aber die Weiser meiner Geistesuhr auf eine ganz andere Direktion gestellt habe, so bin ich im Gegenteil sehr dankbar, die freundliche Sonne täglich zu sehen, und daß sie, ohngeachtet ihrer Größe und Herrlichkeit, nicht verschmäht, meine Stube von morgens an emsig zu wärmen, den Tag über freundliche Lichtstrahlen hineinzusenden, die alles wie mit Gold überziehen, und abends sogar sich die Mühe nicht verdrießen läßt, mir armen Kranken, der wohl eingehüllt an seinem großen Fenster sitzt, am Meeressaum seltsame Wolkenbilder vorzumalen, die sie bald mit tiefem Blau, gelbem Feuer oder Purpur färbt, und endlich, Abschied nehmend, sich jeden Abend in solcher Herrlichkeit zeigt, daß die Erinnerung noch lange nachher den düstern Schatten der sinkenden Nacht ihren trüben und unheimlichen Eindruck benimmt, den sie sonst wohl der Seele des Einsamen und des Leidenden zu bereiten pflegen. Und so hat denn alles zwei Seiten. Der Törichte kann über alles in Verzweiflung geraten, der Weise aus allem Befriedigung und Genuß ziehen. –

Den 10ten

Ein Brief von Dir erregt mir immer große Freude, wie Du weißt, aber wieviel mehr noch in meiner jetzigen Lage. Beurteile daher, mit welchem Jubel der heutige empfangen wurde. ....

....

....

F... hat sehr Unrecht, das auszuschlagen, was ihm geboten wird. Es wäre Wahnsinn, als Schiffbrüchiger im Meere schwimmend, und schon bedeutend erschöpft, ein Fischerboot zu verschmähen, das sich zur Rettung darböte, um auf einen Dreidecker zu warten. Möglich allerdings, daß ein solcher bereits hinter dem Felsen nahet, und in dem Augenblick, wo das Boot den Hilflosen für eine geringere Bestimmung entführt hat, mit vollen Segeln ankommt – aber allwissend sind wir nicht, wir müssen die Chancen, welche die Verbindung der Begebenheiten uns darbietet, nach der Probabilität[39], nicht nach der Möglichkeit, behandeln.

Meine Geschenke haben Dir also gefallen? Nun so segne sie Gott! Die kleinen Freuden sind so gut als die großen, und man sollte die Kunst ordentlich studieren, sich dergleichen noch weit öfter zu machen. Es gibt viel sehr wohlfeile Materialien dazu. Kein Aberglaube muß sich aber darein mischen, wie Du bei der übersandten Schere äußerst. Gute Julie, die Schere soll noch erfunden werden, die unsre Freundschaft entzweischneiden kann, das könnte nur eine Krebsschere sein, die rückwärts agierend die Vergangenheit wegschnitte. Aber über etwas anderes muß ich schmälen. Wofür habe ich Dir so viel schönfarbiges *blotting-paper*[40] geschickt, wenn Du wieder in die abscheuliche Mode des Sandstreuens verfällst, welche die Engländer schon längst nicht mehr kennen, ebenso wenig wie mit Sand bestreute Fußböden. Mehrere Lot dieses Ingredienz flogen mir ins Gesicht, als ich Deinen Brief öffnete. Willst Du mir denn auch Sand in die Augen streuen, liebe Julie, und hat Dir Jeremias vielleicht eine neufromme Streubüchse aus B... dazu mitgebracht?

Ich bin sehr fleißig, und benutze meine Muße, mehrere Bände meines Lebensatlasses in Ordnung zu bringen. Den ganzen Tag über hefte ich ein, beschneide, schreibe (denn Du weißt unter jedes Bild kommt ein Kommentar) was nur ein armer Kranker tun kann, um sich die Zeit zu vertreiben, und sehe jetzt schon im Geiste 20 Folio-Bände des klassischen Werks in unserer Bibliothek stehen, und uns selbst, alt und gebückt geworden, davor sitzen, ein wenig radotieren[41], aber doch triumphierend uns der alten Zeiten freuen. Junges, neuaufgeschossens Volk lacht uns hinter unserm Rücken verstohlen aus, fliegt aus und ein, und wenn einer draußen fragt: »Was machen denn die Alten?« so lautet die Antwort: »Ach, die sitzen und studieren über ihrer Bilderbibel, und hören und sehen nicht mehr.« Das möchte ich nun gar zu gern erleben, und es ist mir immer, als wenn es auch so noch kommen müßte! – Was aber alles noch dazwischen liegen wird – das freilich weiß Gott allein!

In den Zeitungen spielen jetzt die Blasebälge eine große Rolle. Einem mit Upasgift als Experiment getöteten Esel hat man nach einer Stunde seines Todes durch fortwährendes Einblasen in die Lunge wieder neues Leben gegeben, das Parlament soll ebenfalls durch einen großen Blasebalg künftig fortwährend mit reiner Luft während der Sitzungen versehen werden, und als probates Mittel wider den plötzlichen Stickfluß wird angegeben, daß man nichts zu tun habe, als dem Patienten die Nase zuzuhalten und mit dem am Kamine hängenden Blasebalge atmosphärische Luft in den Mund zu blasen. Es wird also jetzt bald eine noch größere Menge aufgeblasener Leute in England geben als bisher*.

* Das Prinzip dieser Erfindung ist sehr einfach. Wenn man einen Blasebalg mit einer großen Blase von unten in Verbindung bringt, und am obern Ende derselben ein kleines Loch macht, und dann durch Agitierung des Blasebalgs Luft, die auf eine gewisse Temperatur gestellt ist, hineinströmen läßt, so könnte ein Parlament von Lilliputs in der Blase sitzen und deliberieren, und alle ihre Ausdünstungen würden fortwährend oben hinausgehen, und die frische Luft von unten in eben dem Maße sich kontinuierlich erneuen. Diese Art des Heizens und Ventilierens zugleich, ist das Prinzip des Herrn Vallance, welches dem englischen Senat appliziert werden soll. Vielleicht verbindet man auch noch eine Äolsharfe damit, um schlechten Organen zu Hilfe zu kommen.

Den 12ten

Meine Krankheit hat mich gehindert, nach Schottland zu gehen, wozu ich alles bereitet, und viele Einladungen erhalten hatte; jetzt wird mich die erwartete Ankunft W . . . s und der Beginn der *season* wohl in London zurückhalten. Zum erstenmal ließ mich endlich der Doktor heute wieder ausfahren, und ich richtete meinen Weg nach dem nicht sehr entfernten Park von Stranmore, um die frische Luft und das Vergnügen eines romantischen Spaziergangs recht mit vollen Zügen zu genießen. In die Gärten wurde mir jedoch der Zutritt nicht verstattet, obgleich ich meine Karte der Gebieterin zuschickte. Wir sind freilich liberaler, aber dieses vornehme Rarmachen hat auch sein Gutes. Es gibt den Dingen selbst, und der Vergünstigung ebenfalls, wenn sie eintritt, mehr Wert.

Apropos, dabei fällt mir Dein neuer Direktor ein. Es ist ein Gewinn für uns, ihn zu erhalten, demohngeachtet bitte ich Dich, es ein wenig mit ihm, wie die Besitzerin von Stranmore zu machen. Sei nicht von Anfang an zu sehr zuvorkommend, damit Dir, wenn sie verdient wird, Steigerung übrig bleibt. Sei freundlich, aber mit Würde, immer die obere Stellung nuancierend, die Du gegen ihn notwendig zu behaupten hast. Suche ihn nicht durch Schmeicheleien und überartiges Behandeln zu gewinnen, sondern lieber durch ehrendes Vertrauen, und auch durch solide Vorteile, die am Ende auf alle Leute, sie mögen reden und selbst denken wie sie wollen, ihren Eindruck doch nicht verfehlen können. Dennoch mußt Du deshalb seine Ambition nicht geringer in Anschlag bringen, sie im Gegenteil stets wach erhalten, durch vorsichtiges Hingeben und Dankbarkeit für gezeigten Eifer, aber auch durch sanften Verweis, wo Du ihn für nötig hältst, damit er sieht, Du habest ein Urteil. Als ein ehrenwerter Mann wird er dann gewiß bald unsre Sachen mit demselben Interesse wie die seinigen führen. Zuletzt endlich ermüde ihn bei seiner obern Direktion nicht zu sehr mit Details, wolle nicht zu viel Kontrolle in jeder Kleinigkeit über ihn ausüben, und wache streng darauf, seine Autorität auf die ihm Untergebenen zu unterstützen, so wie die Deinige gegen ihn zu behaupten. Nur da, wo Du befürchten könntest, daß etwas Wichtiges verfehlt werde, stehe keinen Augenblick an, die genaueste Auseinandersetzung zu verlangen. In sehr wichtigen Fällen, die Aufschub vertragen, wirst Du natürlich mich immer befragen. – Hiermit schließt Polonius[42] seine Ermahnungen.

Den 15ten

Die kurze Ausflucht war wohl noch zu früh, denn sie ist mir nicht gut bekommen. Dabei ist das liebe Wetter furchtbar geworden. Ein Schneesturm peitscht das Meer unter meinen Fenstern, daß es vor Wut schäumt und brüllt, und seine Wellen über den hohen Damm der Straße bis an die Häuser anbäumen.

Unter diesem Gedonner habe ich gestern meine Memoiren zu schreiben angefangen, und schon 8 Bogen vollendet, die ich diesem Brief beilegen werde.

Außerdem benutzte ich die Zeit, um Le Sages historischen Atlas von neuem durchzulesen, und kann überhaupt nicht sagen, daß ich während meiner ganzen Krankheit einen Augenblick Langeweile gefühlt hätte. Ja die große Ruhe und Leidenschaftlosigkeit einer solchen Zeit tut sogar meiner Seele wohl. – Übrigens wird der Körper nun auch bald gänzlich wieder hergestellt sein, und sobald der Himmel sich etwas aufklärt, denke ich mich von neuem unter die Menschen zu begeben.

A..., der ich Deinen Brief zugeschickt, läßt Dich vielmals grüßen. Wenn der König stirbt, wird sie als intime Freundin der neuen Monarchin vielleicht eine bedeutende Rolle hier spielen. Man behandelt sie im Publikum ohnedem schon ganz als eine *Princesse du sang.*[43] Sie fängt auch an ihre Wichtigkeit selbst zu fühlen, hat sich in ihrer frühern schüchternen *tournure* sehr zu ihrem Vorteil verändert, und weiß recht gut, sich mit Affabilität ein *air*[44] zu geben. Die Sonne des Glücks und der Gunst verändert einen Menschen, wie die Himmelssonne eine Pflanze, die im Dunkeln kümmerte, und nun im lichten Strahle bald ihr gesenktes Haupt emporhebt, und von der wohltuenden Wärme durchströmt, duftende Blüten dem Lichte öffnet. Wir, gute Julie, liegen vorderhand noch im Kerker, wie Hyazinthenzwiebeln, aber der Gärtner kann uns zum Frühjahr auch noch in bessern Boden und an die Sonne bringen, wenn er will. –

Den 20sten

Ich bin auferstanden – und siehe da, alles war fremd geworden, wo ich hinkam. Die Bekannten waren fast alle fort, und auf den Promenaden wie in den Häusern schauten mir überall neue Gesichter entgegen. Nur die kahle Gegend fand ich, als ich ausritt, noch die alte geblieben, bloß mit dem Unterschied, daß die grünen Wiesen sämtlich gedüngt waren mit – Austerschalen.

Eine Miss G…, ein nicht mehr ganz junges, aber artiges und reiches Mädchen, die schon längst Frau wäre, wenn der Freier nicht mir ihr auch ein paar ungenießbare Eltern mit übernehmen müßte, erzählte mir, daß man mich in der hiesigen Zeitung als auf dem Tode liegend annonciert hätte, während die Londner *Morning Post* mich auf jedem Almacks-Ball als tanzend aufgeführt habe, was in der Tat etwas gespenstig erscheint. Diese gute Miss G… ist noch immer höchst erkenntlich für ein ihr einst verschafftes *billet* zu besagten Almacks, und spielte und sang mir zum Danke dafür auch heute mehr vor, als ich bei meinen noch schwachen Nerven vertragen kann. Sobald die dicke Mutter hereintrat, empfahl ich mich, fiel aber bald darauf von neuem zwei andern Philomelen[45] in die Hände, die sich ebenfalls noch hier verspätet haben.

Unter solchen Umständen werde ich, sobald meine Kräfte ganz zurückgekehrt sind, mich nach London wenden, und kann nun wohl mit gutem Gewissen und ohne Furcht, Dir Besorgnis zurückzulassen, diese lange Epistel absenden.

Der vielen Worte kurzer Sinn ist immer der nämliche: herzliche Liebe Deines

L.

Zweiundzwanzigster Brief

London, den 28sten Februar 1828

Ich muß natürlich[1] noch einer in gewisser Hinsicht interessanten Bekanntschaft erwähnen, die ich in Brighton machte. Du hast gewiß einmal gehört, daß in der Familie Telluson einer ihrer Vorfahren ein Testament gemacht hat, nach welchem sein Vermögen 150 Jahre ruhen, Zinsen zu Zinsen geschlagen, und dann erst der in dem Augenblick des Erlöschens jener Zeit existierende jüngste Telluson es erhalten solle. In 20 Jahren läuft nun dieser Termin ab, und ich sah den 40jährigen Vater Telluson hier, der sehr wenig besitzt, und seinen Sohn, einen hübschen Knaben von 8 Jahren, der angeblich bestimmt ist, in seinem 28sten Jahr 12 Millionen L. St. zu erhalten, 94 Millionen Taler unseres Geldes. Eine Parlaments-Akte hat für die Zukunft dergleichen Testamente verboten, aber dies hat man nicht angreifen können, obgleich man es wünschte, da allerdings durch ein so ungeheures Vermögen ein Privatmann eine unnatürliche Macht erhält. Dem Knaben ist indes zu seinen schönen Hoffnungen doch herzlich Glück zu wünschen. So viel Geld zu haben, ist etwas Großes, da man doch einmal nicht leugnen kann, daß Geld der Repräsentant der meisten Dinge auf der Welt ist. Welche wunderbare, die ganze Menschheit fördernde Dinge ließen sich mit einem solchen Privatvermögen, wohlangewandt, ausrichten!

Neben diesem jungen Crösus *in spe* interessierte mich ein berühmter Sonderling, Obrist C…, der hier einige Tage verweilte. Lady M… machte mich auf ihn aufmerksam, indem sie mir folgendes erzählte: »Der elegante, ältliche Mann, den Sie dort sehen«, sagte sie, »war schon in meiner Jugend einer der erfolgreichsten Stutzer der Hauptstadt. Nachdem er aber sein Vermögen dabei bis auf einige tausend L. St. vertan hatte, führte ihn eines Tages sein Geschick vor eine Karte von Amerika, und plötzlich stieg der Gedanke in ihm auf, dort ein Ansiedler zu werden. Er sucht sich sogleich auf der Karte einen Fleck am See Erie aus, verkauft noch in der nämlichen Woche seine ganze Habe, läßt seinen Bedienten ein hübsches junges Mädchen heiraten, schifft sich mit beiden ein, kommt glücklich an dem ausgesuchten Fleck mitten im Urwald an, lebt einige Tage von der Jagd, schläft unter dem Laubdach, baut dann mit Hilfe einiger andern Ansiedler ein Blockhaus in einer Zeit von wenigen Tagen, das er noch jetzt bewohnt, erlangt bald einen bedeutenden Einfluß, auf die umher zerstreuten *aventuriers*[2], den er dazu benutzt, sie zu gemeinschaftlichen Arbeiten aufzumuntern, und denen er sich besonders dadurch empfiehlt, daß er für sie kocht und bratet, statt der halbrohen Speisen, die sie sonst genießen mußten, – liebet und mehrt sich, sieht endlich eine neue Generation dort entstehen, die ganz von ihm abhängt, besitzt jetzt an Landausdehnung ein kleines Fürstentum, berechnet seine Revenuen auf 10000 L. St. jährlich, und kommt alle 10 Jahre regelmäßig zu einer *season* nach England, wo er, wie vorher, mit der *aisance*[3] eines Weltmanns als *fashionable* lebt, und dann wieder auf 10 Jahre in die Wälder zurückkehrt, und den modernen Frack von neuem mit dem Schafpelz vertauscht.«

Mein erster Besuch in der Hauptstadt war bei Gräfin M..., die ohngeachtet ihrer 40 Jahre, während meiner Abwesenheit wieder ein neues Kind, zu dem Dutzend ihrer andern, hinzubekommen hat. Ich aß dort und bewunderte ein schönes Geschenk des Königs in Silber, welches man hier kunstvoller als irgendwo zu arbeiten versteht, so daß der Preis der *façon* oft zehnfach den Wert der Masse übersteigt. Über Tisch gab der Graf einen auffallenden Beitrag zur Charakteristik der hiesigen Gerechtigkeitspflege.

»Einem Manne, den ich kenne«, sagte er, »ward auf der

Straße sein Schnupftuch gestohlen. Er ergreift den Täter, hält ihn, als der Stärkere, gewaltsam fest, nicht ohne einige derbe Behandlung die er ihm antut, und übergibt ihn dann den herzugekommenen Polizei-Beamten. Die Sache war klar vor vielen Zeugen, und der Delinquent würde, wenn bei den Assisen[4] die Klage angebracht worden wäre, ohne Rettung entweder gehangen, oder auf lange Jahre nach Botany Bay[5] transportiert worden sein. Seine Frau suchte indes den *gentleman* auf, und flehte auf ihren Knien um Gnade, der Dieb selbst, ein nicht ungebildeter Mensch, schrieb die beweglichsten Briefe, und – wer wird sich darüber wundern, daß er endlich Mitleid und Erhörung fand, an dem bestimmten Tag der Kläger ausblieb, und folglich der Schuldige nach englischen Gesetzen freigesprochen wurde.

Dem *gentleman* bekam jedoch dies unzeitige Mitleid übel genug. Vierzehn Tage nach dem Vorgefallenen ward er von demselben Manne, der sein Schnupftuch gestohlen, für *insult*[6] und gewaltsamen Angriff auf offener Straße verklagt, und dieser durch Zeugen bewiesen. Allerdings erwiderte Beklagter, daß dies nur stattgefunden, weil ihm der Kläger sein Schnupftuch gestohlen habe. Da Delinquent aber hierüber bereits freigesprochen war, und niemand derselben Sache wegen zweimal vor Gericht gezogen werden kann, so ward auf seinen Einwand gar keine Rücksicht genommen. Kurz, mit Schmerzensgeld und Kosten mußte der zu großmütige Bestohlne dem Diebe und den Gerichten dafür noch gegen 100 L. St. bezahlen.«

Die ganze Gesellschaft fand diese Gerichtspflege abscheulich, ein alter Engländer aber verteidigte sie beharrlich. »Ich glaube«, fiel er eifrig ein, »daß die eben erzählte Anekdote gerade dazu dient, die Weisheit unserer Gesetze recht auffallend zu illustrieren. Die Gesetze überhaupt, wie die richterlichen Behörden sind doch in ihrem ersten Grunde nur dazu da, Verbrechen zu verhindern. Nur deswegen auch bestraft man sie. Der Verhehler ist daher in den Augen des Gesetzgebers fast ebenso strafbar als der Stehler, und derjenige, welcher einen Verbrecher, der bereits dem Gesetz verfallen, wissentlich von seiner Strafe zu befreien sucht, wirkt für die Kommunität nicht weniger nachteilig als der Verbrecher selbst. Jener Mann, welcher mit dem Schnupftuchstehlen vielleicht seine Laufbahn nur erst anfing, und hiernach der Gesellschaft zu Buße und Besserung entzogen werden sollte, begeht jetzt, immer kühner gemacht, wahrscheinlich bald darauf einen weit größeren Diebstahl, vielleicht einen Mord. Wer hat sich dann die Schuld davon beizumessen? Es ist daher der von Ihnen angeführte *gentleman* mit Recht für sein gesetzwidriges Mitleid bestraft worden. Wer in die Räder einer wohltätigen Maschine unbesonnen und unberufen eingreift, darf sich nicht wundern, wenn sie ihm die Finger zerbricht.« –

Die Engländer sind, man muß es gestehen, sehr gewandte Sophisten, wenn es darauf ankommt, ihre Gebräuche herauszustreichen. Der größte von ihnen, Brougham, hielt demohngeachtet neulich eine Rede von 6 Stunden, die bloß von den Mißbräuchen der englischen Justiz handelte. Am kolossalsten erschien darin der Umstand, daß in dem Court of Chancery[7] jetzt die ungeheure Summe von 50 Millionen L. St. liegt, die noch keinen Herrn hat. Ein Prozeß in diesem Gerichtshof ist sprichwörtlich geworden, um etwas Unendliches zu bezeichnen, und es existiert eine Karikatur darüber mit der Unterschrift: ›*A Chancery Suit*‹[8], die sehr ergötzlich ist. Ein von Gesundheit strotzender reich gekleideter Jüngling füllt am Anfang des Bildes den hingehaltenen Hut eines zum Skelett verhungerten Advokaten mit Goldstücken, um für ihn einen Prozeß zu führen. Eine lange, lange Prozession verschiedener Dinge und Menschen folgt, und am Ende sehen wir den jungen Mann als zerlumpten hinfälligen Bettler wieder, wie er demütig den nun wie eine Tonne dick gewordenen Advokaten, um ein kleines Almosen anfleht, welches dieser jedoch, sich stolz abwendend, verweigert. *Helas, c'est encore tout comme chez nous!*[9] – nur hier allerdings in korpulenteren Verhältnissen.

In manchen Dingen, die dem Fremden empörend scheinen, muß man sich indes vor einem vorschnellen Urteil hüten, da oft Mißbräuche, oder selbst offenbare Mängel an sich, doch nur der notwendige Schatten eines weit größeren Lichtes sind. Z. B. die Bestechungen bei den Parlamentswahlen, selbst vielleicht die *rotten boroughs*[10] und die anerkannte Abhängigkeit eines Teils des Parlaments vom Gouvernement durch Patronage u. s. w. Es ist sehr die Frage, ob ohne diese scheinbar so verwerflichen Hilfsmittel ein Ministerium in allen Fällen wird bestehen können. Es ist schon ein Vorteil, daß dem letztern nicht in der Theorie das wirklich eingeräumt ist, (wie in despotisch regierten Staaten) was es indirekt in der Praxis allerdings nicht ganz entbehren kann, ohngefähr so wie eines Predigers Leben auch nimmer seinen Lehren gleichkommt. Man muß nicht vergessen, daß menschliche Dinge sich höchstens nur dem Vollkommnen nähern, es aber nie erreichen können, daher man sich bei Reformen sehr in acht zu nehmen hat und nie ganz vergessen darf, *que le mieux est l' ennemi du bien.*[11] Demohngeachtet scheint nach vielen Anzeichen England einer Reform entgegenzugehen, weil es sie aus andern Gründen fast nicht mehr vermeiden kann, ob aber zu seinem Vorteil, ist noch sehr die Frage. Vielleicht ist die Notwendigkeit derselben eben nur der Beweis, daß seine Größe sich überlebt hat und zu sinken anfängt.

Den Abend besuchte ich das Adelphi Theater, wo ein Taschenspieler auf eine ganz neue Art seine Künste unter dem Titel ›Conversazione‹ exhibierte. Er stand nämlich unter vielen Tischen und Maschinen auf dem Theater, erzählte zuerst seine Reise mit der Diligence[12], wo er verschiedene Charaktere und Anekdoten vorführte, einige Chansons sang, und dazwischen seine Kunststücke, oder Geistererscheinungen und optische Darstellungen, in die Erzählung als Begebenheit einpassend, anbrachte – gewiß eine gute Idee, die dem gewöhnlichen Kunststückemachen ein größeres Interesse verleiht. Seine Sicherheit und Gewandtheit als Taschenspieler war überdies ebenso merkwürdig, wie sein gutes theatralisches Spiel und Gedächtnis. Zuletzt führte er auf Gläsern, die er vorher naß machte, mehrere Musikstücke mit großer Fertigkeit aus, nicht nur im Harmonika-Stil, sondern auch Walzer und dergleichen, und selbst lange Triller, die vortrefflich gelangen.

Den 9ten März

Die *season* übt schon ihr Recht. Die Straßen wimmeln von eleganten Equipagen, die Buden etalieren[13] neue Schätze, alle Häuser sind gefüllt, und alle Preise zum Doppelten und Dreifachen gestiegen. Der Minister Peel gab heute der Herzogin von Clarence eine sehr glänzende *soirée*. Sein Haus ist mit vielen schönen Gemälden geschmückt, unter denen sich auch der berühmte ›*chapeau de paille*‹[14] von Rubens befindet. Herr Peel hat dies kleine Brustbild nur mit 15000 Rthlr. unseres Geldes bezahlt. Es ist unglaublich, welche Schätze in dieser Hinsicht England enthält. So sah ich gestern in Gesellschaft der Fürstin E... die kleine Privatsammlung eines Geistlichen (Herr Carr), welche kaum 30 Gemälde enthält, und die ihm dennoch nicht nur 20000 L. St. gekostet hat, sondern sie auch vollkommen wert ist. Es sind so viel Meisterstücke als Bilder, die einzig richtige Art für einen Privatmann zu sammeln, der keine Galerie zum Unterricht, sondern nur zum Genuß bezweckt.

Man findet hier einen Garofalo von so überirdischer Verklärung, von so heilig tiefer Poesie, daß man ein Bild aus

Eden, nicht von dieser Welt, zu erblicken glaubt; daneben einen großen, fast die halbe Wand einnehmenden Claude[15], ebenfalls von der höchsten Schönheit, bei dem die geringen Mittel, die der Maler verwandte, ebenso bewunderungswürdig sind, als der außerordentliche Effekt, den er damit zu erreichen wußte. Im Nebenzimmer befanden sich noch einige andere ausgezeichnete Landschaften von Domeniquino und Annibale Carracci. Der Reichtum der Komposition, die Innigkeit und Naivität der Empfindung, waren hier mit einem so phantastischen Reiz und so viel Mannigfaltigkeit der Details geschmückt, daß ich tagelang mich hätte in diesen seltsamen Gegenden, ihren weiten Wasserspiegeln, ihren Inseln, Hainen und wohnlichen Hütten, ihren tief blauen Gebürgen und gespenstischem Waldesdunkel verlieren mögen. Im dritten Zimmer jedoch gelangt man erst zu der Krone der ganzen Sammlung, einem Bilde Leonardo da Vincis, auf welchem der Maler in den drei Personen: des Erlösers, Petrus und Johannes, die Ideale des Jünglings, Mannes und Greises dargestellt hat, alle von einer Anmut, Wahrheit und Vollendung, die nichts zu wünschen übrig läßt. Es ist der einzige Christuskopf von allen, die ich gesehen, der mir völlig genügt, und ebenso überzeugend Größe und Kraft, als Heiligkeit und Milde ausspricht, zugleich aber diesen sprechenden Ausdruck mit der idealsten Schönheit vereinigt. Dabei ist die Gruppierung des Ganzen dem Auge so wohltuend, das Kolorit so glanzvoll, jede Farbe so frisch erhalten, die Ausführung, auch des Kleinsten so meisterhaft, daß man eine Befriedigung fühlt, wie selten ein Kunstwerk gewährt*.

Doch nichts bleibt hinter dem Anschauen eines solchen

* Ein gelehrter Antiquar sagte mir einmal, daß die alten Maler gewöhnlich auf Kreidegrund malten, und Firnisse zur Bereitung ihrer Farben gebrauchten, weshalb sie so dauerhaft, frisch und glanzvoll bleiben. Sonderbar, daß man sich nicht mehr bemüht, dieses Verfahrens wieder Herr zu werden.

Meisterwerks so weit zurück, als eine kalte Zergliederung mit Worten; ich will daher auch weder von diesen noch den übrigen etwas weiter sagen, doch wünschte ich, daß Kunstkenner auf diese vortreffliche Sammlung aufmerksamer gemacht würden.

Genre-Gemälde lassen sich weit eher beschrieben. Dahin gehört die Ausstellung mehrerer Schlachten und Gefechte vom General Lejeune, die er erst mitgefochten, dann gemalt hat. Sie sind mit viel Talent und Geschmack aufgefaßt. In der Schlacht von der Moskwa bildet der theatralische Murat[16] mit seiner *suite* die Hauptgruppe, wie er mit Federn, Locken und Stickereien behangen, selbstzufrieden im Kartätschen-Feuer haltend, eben den französischen und sächsischen Kürassieren die *ordre* zu jenem mörderischen Angriffe und der Wegnahme einer Batterie von 40 Kanonen gibt, die so vielen, und auch meinem Busenfreunde H..., das Leben kostete; der König ist eben im Begriff, sich selbst an ihre Spitze zu stellen. Wer hätte ihm damals prophezeit, daß er bald darauf vom Pöbel unwürdig zerschlagen, und als Missetäter erschossen werden würde![17]

Tief erschütternd, obgleich vielleicht ein zu greller Gegenstand für die Kunst, ist auf dem Bilde der Schlacht von Marengo[18] ein österreichischer Stabsoffizier, dem eine Kugel den Unterleib aufgerissen, so daß die Gedärme an der Erde liegen. Der Unglückliche, dem höllischen Schmerze zu entgehen, hat von einem französischen Gendarme eine Pistole erfleht, die er sich mit verzweifelnder Gebärde an den Mund setzt, während der Geber sich schaudernd abwendet.

Auf einem andern Gemälde ist der Überfall eines französischen Detachements durch spanische Guerillas abgebildet. Man sieht einen höchst romantischen Bergpaß in Katalonien, merkwürdig durch die kolossalen Steinbilder von 6 Stieren, deren Errichtung man Hannibal zuschreibt. Zu ihren Füßen liegen zwei oder drei noch geharnischte Gerippe französischer Kürassiere, die einen Monat früher hier ebenfalls ihren Tod fanden. Niemand von dem ganzen Detachement entging diesmal der Ermordung, außer der General Lejeune selbst, und dies auch nur durch ein halbes Wunder, indem dreimal die auf ihn angelegten Gewehre versagten, so daß Empecinado abergläubisch eine Bestimmung darin zu sehen glaubte, und von ihm abzulassen befahl. Man sieht auf dem Gemälde den General Lejeune, völlig nackt ausgezogen, von einem der Mörder bei den Haaren gefaßt, von einem andern auf den Leib getreten, und die Gewehre der andern auf ihn gerichtet, während unter Leichen und Trümmern neben ihm seine Diener und ein Soldat, schon von Piken und Schwertern vielfach durchbohrt, ihren Geist aushauchen.

Die Schlacht am Nil[19], wo die Mamelucken in halbwahnsinniger Flucht, ihre herrlichen arabischen Rosse von dem hohen Abhang herab in den Fluß spornen, und wenige nur das jenseitige Ufer erreichen, macht gleichfalls einen sehr romantischen Effekt.

Den 13ten

Ich habe vergessen Dir zu schreiben, daß vor ohngefähr 14 Tagen das kaum fertig gewordne elegante Braunschweiger Theater, während der Probe eines neuen Stücks eingefallen ist, und einer großen Menge Menschen das Leben gekostet hat. Ich besah gestern die Trümmer, wo noch die Leichen zweier Karren-Pferde, die in der Straße daneben erschlagen wurden, unter dem Schutte liegen. Es ist ein fürchterlicher Anblick. Nur eine einzige Loge blieb stehen, und in dieser rettete sich, durch seine Kaltblütigkeit nicht von der Stelle weichend, der Schauspieler Farren, der unversehrt die ganze entsetzliche Katastrophe mit ansah, eine nur zu echte Tragödie, die sich keiner erwartet hatte.

Jetzt ist im Getümmel der *season* alles schon wieder vergessen. Bei allem dem gibt dieses geräuschvolle Leben weit weniger Stoff, als man denken sollte, und den es gibt, vergißt man im ewigen *trouble*.

Ein Familien-*dinner* bei dem großen R..., den man mit dem Sultan verglichen hat, weil dieser der Herrscher aller Gläubigen und jener der Gläubiger aller Herrscher sei, kam als Abwechslung dazwischen. Dieser Mann hat wirklich etwas ganz Originelles. Er war heute besonders lustig, und ließ seine neue österreichische Konsularuniform holen, die ihm, wie man sagte, sein Freund M...ch von Wien geschickt habe, zeigte sie uns, und ließ sich nachher sogar bereden, sie vor dem Spiegel anzuprobieren und damit einherzustolzieren, ja wie Virtuosen, wenn sie einmal angefangen haben, nicht wieder aufhören können, so ließ er nun auch noch andere prächtige Hofkleider bringen, und wechselte mehrmals die Toilette, wie auf dem Theater; eine Kindlichkeit bei solchem Geld-Heros, die ich fast mit Heinrich dem IV. vergleichen möchte, als dieser beim Eintritt des fremden Gesandten seinem Sohne eben als Reitpferd diente.

Es war übrigens ziemlich komisch anzusehen, wie der sonst so kaufmännisch ernste Mann, sich mit den verschiedensten Wendungen und Reverenzen das leichte und grazieuse *air* eines Höflings zu geben versuchte, und durch unser Lachen gar nicht irre gemacht, mit ebenso vollkommner Überzeugung als Jovialität versicherte, daß N... M... R..., wenn er wolle, jede Rolle spielen, und mit Hilfe von 6-8 extra Gläsern Wein, bei Hofe eine ebenso gute Figur machen könne als irgendeiner.

Von einem ganz verschiedenartigen Interesse war mir eine Bekanntschaft, die ich am andern Tage machte, nämlich die des Generals Mina. Du hast gewiß mehrere Portraits desselben gesehen, die ihn alle mit einem großen Schnurrbart und wilden Zügen, gleich einem furchtbaren Räuberhauptmanne, darstellen. Denke Dir also meine Verwunderung; als ich in dem Helden Spaniens nur einen sanften, einfachen, im höchsten Grade bescheidnen Mann fand, der sogar nicht das geringste von dem, was man eine militärische *tournure* nennt, an sich hatte, im Gegenteil eher einem Landpächter oder Schulmanne glich, mit einem offnen freundlichen Gesicht, und bei jeder Lobeserhebung, die man ihm machte, errötend wie ein Mädchen; doch fand ich nachher, als er sich im Gespräch animierte, allerdings eine Veränderung der Züge und ein dunkles Blitzen der Augen, das wohl verriet, welches Geistes Kind er eigentlich sei. Er sieht im ganzen noch sehr gut konserviert und kaum wie ein Vierziger aus, obgleich sein kurzes Haar ganz weiß ist, was ihn aber keineswegs alt macht, sondern nur das Ansehn gibt, als sei er gepudert. Nie, äußerte er beiläufig, habe er sich jener luxuriösen Haarzierden zu erfreuen gehabt, mit denen man ihn so reichlich auszustatten pflege, und daher oft selbst über die Karikaturen lachen müssen, die er in den Kaufläden von sich erblickt.

Außer ihm waren in der Gesellschaft noch zwei andere merkwürdige Spanier gegenwärtig. Arguelles, Minister unter dem konstitutionellen Regime und einer der ersten Volksredner in Spanien, ein Mann von gewinnendem Äußern und feinen Manieren, und der General Valdez, Kommandant von Cadiz während der letzten Belagerung. Er führte auf seinem Admiralschiff (denn er war auch Admiral und zwar der älteste in der Marine) Ferdinand den Vielgeliebten in das französische Lager. Obgleich der König, wie er erzählte, ihn vorher und während der Überfahrt mit Liebkosungen überhäuft, vielfach seinen Dank für die ihm in Cadiz wiederfahrne gute Behandlung ausgedrückt, und viel Versprechungen für die Zukunft gemacht, so wäre doch für den armen Valdez das schlimmste Los bestimmt gewesen. »Sowie der König das Schiff verließ«, fuhr Valdez fort, »änderte sich sein Betragen plötzlich, und sich endlich sicher wissend, warf er zu früh einen durchbohrenden Blick des Triumphs und einer lange zurückgehaltenen Wut auf mich. Ich kannte diesen Blick und entschloß mich schnell. Ohne mich länger zu besinnen noch zu beurlauben, sprang ich augenblicklich zurück auf das Schiff, befahl es schnell umzuwenden, und eilte mit vollen Segeln Cadiz wieder zu. So entging ich wahrscheinlich dem Tode, aber mein hiesiges Exil in Armut und Not, fern von meinem unglücklichen Vaterlande, ist für einen sechzigjährigen Mann, der an Größe und Reichtum gewöhnt war, vielleicht noch schlimmer!«

Ich führe Dich heute einmal wieder ins Theater und zwar in Gesellschaft des berühmten Lord L…, eines alten Bekannten von mir, der nach seiner vielfach bewegten Laufbahn sich jetzt nur noch durch tägliches Waschen mit Essig gleich einem *pickle*[20] konserviert, während er sonst nur andere, ebenso sauer und beißend als weiland der Konfiseur der Eleganten Zeitung schriftlich, mündlich einzumachen pflegte. Wir sprachen von vergangenen Zeiten, und als wir vor Drury Lane ankamen, deklamierte er eben einige wilde, aber schöne Verse von Moore, die er wohl auf seine eigne Vergangenheit beziehen und mit nicht zu strenger Gewissenhaftigkeit kommentieren mochte, obgleich sie der Dichter der Geliebten eines gefallenen Engels in den Mund gelegt hat. Sie lauten dem Sinne nach, in einer meiner gewöhnlichen Knittelvers-Übersetzungen des Augenblicks, ohngefähr so:

Was wäre Liebe! wenn immer nicht gleich
Durch Freude wie Qualen, durch arm wie durch reich,
Durch Ehre wie Scham, durch Alter wie Jugend,
Was frag' ich, Geliebter, nach Laster noch Tugend,
Ich weiß nur: ich lieb' Dich, wär schwarz auch Dein Herz,
Dein bin ich – und mein Deine Wonne und Schmerz.

Kein übles Motto für Desdemona, die uns erwartete, wenngleich der Mohr solcher alles hingebenden Liebe schrecklich lohnt.[21]

Ehe ich zur Vorstellung selbst übergehe, laß mich ein paar allgemeine Bemerkungen vorausschicken.

Man streitet fortwährend bei uns, ob man Shakespeare in wörtlicher, oder freier Übersetzung, oder gar freier Umarbeitung geben solle. Ich würde mich für das zweite, nämlich die freie Übersetzung, entscheiden, vorausgesetzt, daß die Freiheit dieser sich nur darauf beschränkte, im Geiste deutscher Sprache mit völliger Ungezwungenheit sich zu bewegen, wenn auch dadurch hie und da ein Wort- und Witzspiel ausfallen müßte. Am Gange des Stücks aber bedeutend zu ändern, Szenen ganz wegzulassen, Shakespeare ganz fremde Worte und Ideen zu leihen, kann ihn nur verstümmeln, selbst wenn der größte Dichter es unternähme. Man sagt, Shakespeare wäre besser zu lesen als zu sehen, und könne besonders in wörtlichen Übersetzungen nicht aufgeführt werden, ohne uns dadurch wieder in die Kindheit der dramatischen Kunst zu versetzen, wobei man zugleich behauptet, daß die theatralischen Vorstellungen zu Shakespeares Zeit nur dialogisierten Märchen im *costume* geglichen hätten. Ich will die Genauigkeit dieser Angaben dahingestellt sein lassen, aber so viel weiß ich, daß die Aufführung von ›Romeo und Julie‹, ›Macbeth‹, ›Hamlet‹, ›Othello‹, auf dem heutigen englischen Theater, welche Stücke alle doch nur mit geringen Auslassungen gegeben werden, und bei welchen die meisten angeblich schockierenden Dinge, und selbst der obligate Königstrompeter, nie fehlen, dennoch einen so vollständig befriedigenden, durch nichts gestörten Eindruck auf mich gemacht haben, als Lesen und Vorlesenhören (selbst von Tieck, dem besten Vorleser, den ich kenne) nie, auch nur im entferntesten Grade, hervorbringen konnten. Ja ich gestehe, daß ich erst seitdem die ganze gigantische

Proportion Shakespeares in ihrem vollen Umfang empfunden habe. Freilich gehört dazu ein solches Zusammenspiel, und so große Schauspieler für die Hauptrollen wie sie uns gänzlich abgehen, denn ›Macbeth‹ in Berlin, – wie Clauren sagen würde – und dieselben in England, sind ebenso verschiedne Leute als Shakespeare selbst und sein vortrefflicher Kommentator Franz Horn. Die ersten hiesigen Schauspieler, wie Kean, Kemble, Young u. s. w. sind, wie ich schon an andern Orten erwähnt, Männer von großer Bildung, die zum Teil in der besten Gesellschaft leben, und dem ernstesten Studium ihres Nationaldichters ihr Leben weihen. Selten nur treten sie in andern Rollen auf, und brauchen nicht, wie unsre Kunstlasttiere, jeden Augenblick einen tragischen Helden mit einem Ifflandischen Geheimrat, oder den Talbot[22] mit Herrn von Langsalm zu vertauschen, nicht heute im ›Othello‹ und morgen im ›Wollmarkt‹ aufzutreten.

Sehr sonderbar fällt es auf, daß scheinbar, und zum größten Teil auch wirklich, das Publikum, vor dem diese Künstler sich produzieren, ein sehr rohes und unwissendes und ungezognes ist! Vielleicht aber mag dies grade eine gute Wirkung auf die Darsteller haben. Wie der wahre Tugendhafte die Tugend, müssen auch die hiesigen Schauspieler die Kunst nur um ihrer selbst willen lieben, ziemlich unbekümmert um die Aufnahme, und sie erreichen dann hierdurch eben am sichersten zuletzt doch den allgemeinen Beifall. Indessen muß man auch gestehen, daß, ohngeachtet dieser Rohheit vieler, doch in dem englischen Theaterpublikum eigentlich ein gesünderer Sinn als in dem laxen, hypergebildeten unserer deutschen Hauptstädte verborgen liegt, ja mitten unter der *foule* des Gemeinen in ihm eine unsichtbare Kirche der Eingeweihten besteht, deren Dasein nimmer das göttliche Feuer in den Künstlern ganz verlöschen läßt. In öffentliche Kritik läßt sie sich weniger ein, aber sie wirkt mächtig im sozialen Leben.

Viele Deutsche hören es nicht gern, daß andere Nationen uns in irgend etwas übertreffen sollen, auch ich empfinde solches immer mit Bedauern, aber meine Überzeugung muß ich dennoch aussprechen, daß, wie wir keinen dramatischen Dichter von Shakespeares Kaliber haben, wir auch keinen Schauspieler besitzen, der seine Charaktere in ihrer ganzen Bedeutung wieder vor uns aufleben zu lassen fähig ist. Immer war es nicht so, wie man sagt, und ich selbst habe in meiner frühesten Jugend noch Eindrücke von Fleck und der Unzelmann bewahrt, die mir seitdem auf unserer Bühne nicht mehr zuteil wurden. Noch höher mögen Schröder und Ekhof gestanden haben, und mit vielem Vergnügen erinnere ich mich der enthusiastischen Schilderung, die mir von diesen beiden der alte Archenholz machte, welcher auch Garrick noch gesehen hatte, Schröder aber diesem wenigstens gleich stellte.

Daß man übrigens bei fremden Schauspielern sich notwendig, um sie gerecht zu würdigen, erst einigermaßen in ihre Nationalität hineindenken, sich an gewisse uns ebenso fremde Manieren, als manche Wendungen ihrer Sprache für uns bleiben, wenn wir sie auch noch so gut verstehen, gewöhnen muß, wird wohl jedem Verständigen einleuchten. Im Anfang wirken diese Ursachen immer mehr oder weniger störend, und ich habe nur ein künstlerisches Individuum gesehen, das in dieser Hinsicht, wenn ich mich so ausdrükken darf, völlig cosmopolitisch organisiert war, die unnachahmliche, vielleicht nie erreichte, gewiß nie übertroffene Miss O'Neill. Hier sprach nur Menschen-Geist und Seele zu dem unsrigen, Nationalität, Zeit und Äußeres verschwanden dem Gemüt in einer alles mit fortreißenden Entzückung.

Doch zurück zur Gegenwart. Wir sahen also den ›Othello‹, wo das Zusammenspiel der drei ersten dramatischen Künstler Englands mir einen der genußvollsten Abende gewährte, und diese etwas lange Expektoration veranlaßte, mich aber

THE TIMES

KING'S THEATRE.

THIS EVENING, March 13, will be presented (1st time these 3 years), Mayerbeer's serious Opera of IL CROCIATO IN EGITTO, with new scenery, dresses, &c. Principal characters:—Madame Pasta, Madame Caradori, and Madlle. Brambilla; Sig. Curioni, Sig. Deville, and Sig. Porto. After which, the favourite ballet of PHILLIS ET MELIBEE. Applications for boxes and tickets to be made to Mr. Seguin, at the box-office of the theatre. On Saturday, Mayer's Opera of "La Rosa Bianca e la Rosa Rossa."

THEATRE ROYAL, DRURY-LANE.

THIS EVENING, THE LORD OF THE MANOR.
After which, THE ILLUSTRIOUS STRANGER.
To conclude with THE LANCERS.

THEATRE ROYAL, COVENT-GARDEN.

THIS EVENING, THE MERCHANT OF VENICE.
Shylock, Mr. Kean; Bassanio, Mr. Warde; Portia, Miss Jarman.
To conclude with THE INVINCIBLES.

ADELPHI THEATRE, STRAND.

Under the Management of Messrs. Terry and Yates.
For the BENEFIT of Mr. T. P. COOKE.

THIS EVENING will be performed a new domestic serious burletta, called PRESUMPTIVE EVIDENCE; or, Murder will Out. After which, the favourite burletta of THE YOUNG WIDOW. To conclude with a serious burletta, called THIRTY YEARS; or, A Gambler's Life. Tickets to be had of Mr. T. P. Cooke, 7, Torrington-square; of Mr. H. Cooke, surgeon, opposite the Coburg Theatre; and at the box-office, where places may be taken.

SURREY THEATRE.

(Under the Direction of Mr. Elliston.)

THIS EVENING, THE SIEGE OF BELGRADE. Lilla, Miss Graddon. To conclude with TOM THUMB. Tickets and places to be had at the box-office at the theatre; and at Sams's library, St. James's-street.

SURREY THEATRE.

For the BENEFIT of Mrs. FITZWILLIAM.

On Monday next (first time at this theatre) the operatic drama of CLARI. Clari (with songs), Mrs. Fitzwilliam. With the interlude of "NO!" After which, THE IRISH TUTOR. To conclude with HARLEQUIN HOAX; or, A Pantomime proposed. Patch (with songs) Mr. Fitzwilliam (his first appearance here these 7 years); Columbine, Mrs. Fitzwilliam.

ROYAL COBURG THEATRE.

(Under the sole Management of Mr. Davidge.)

THIS EVENING will be presented an entirely new and most peculiar drama, called THE WHITE SPECTRE; or, The Village Phantom. After which, a new grand serious drama, called HAMLET, PRINCE OF DENMARK. To conclude with the unrivalled operatic extravaganza, called TOM AND JERRY; or, Life in London. Private boxes to be had nightly, and free admissions for the season, transferable or not, by application to Mr. Bowes, at the box-office.

☞ The publication of *The Times* commence at 5 o'clock yesterday morning, and finished at 8.

***LONDON, THURSDAY, MARCH* 13, 1828.**

auch höchst schmerzlich die oben erwähnte Heroin vermissen ließ. Mit ihr würde ich heute den Kulminationspunkt aller theatralischen Darstellung erreicht gesehen haben.

Kean, Young und Kemble, sagte ich, bilden das herrschende Triumvirat der englischen Bühne. Der erste ist ohne Zweifel der Genialste, der zweite glanzvoll und konsequent in seinem Spiel, der dritte, obgleich weniger ausgezeichnet im höchsten Tragischen, dennoch stets würdig und verständig. Nur in dieser Darstellung des ›Othello‹ spielten zum erstenmal alle drei zusammen in derselben Tragödie. Dies war aber auch ein seltner Genuß! ›Othello‹ ist, nebst ›Shylock‹[23], Keans Hauptrolle. Es ist bewunderungswürdig, mit welcher tiefen Menschenkenntnis er nicht nur die erst schlummernde, allmählich erwachende und endlich in Raserei übergehende Eifersucht malt, sondern wie er dabei auch stets die südliche Natur des Mohren, die so eigentümliche Individualität dieser Menschenklasse, auf das täuschendste nachahmt. Es blickt bei allem edlen Wesen des Mohren etwas Tierisches zuweilen daraus hervor, das schaudern macht, und auf der andern Seite auch seinen ungeheuren Schmerz noch gewaltsamer uns vor Augen stellt. Die Einfachheit seines Spiels im Anfang, die Abwesenheit aller Prahlerei nach den vergangnen großen Taten, und die innige Liebe für das gewählte Weib gewinnen die Herzen der Zuschauer, wie sie das Desdemonas gewonnen haben – der häßliche Mohr ist über dem vollendeten, heldenmäßigen Mann vergessen – bis nun unter den Qualen zerfleischender Eifersucht langsam vor unsern Augen jene versteckte grause Natur auftaucht, und wir zuletzt kaum einen Menschen mehr, sondern einen reißenden Tiger vor uns zu sehen glauben. Ich bestärkte mich hier von neuem in meiner Überzeugung, daß der große Dichter, mehr noch als der mittelmäßige, auch großer Schauspieler bedarf, um vollständig verstanden und gewürdigt zu werden. In Berlin z. B. erschien die Erdrosselungs-

Szene nicht nur lächerlich, sondern wahrhaft indezent. Hier wahrlich gefror das Blut zu Eis in den Adern, und selbst das rohe englische Publikum war eine lange Zeit lautlos, und wie vom Blitze gerührt. Ja ich gestehe, daß einigemal während der Tragödie, Othellos lange Marter, die ihm der satanische Jago so tropfenweiß mit teuflischer Ruhe zumißt – für mich so peinlich wurde, und die Furcht vor dem was ich wußte, daß noch nachfolgen würde, so in mir anwuchs, daß ich unwillkürlich mein Gesicht wie von einer zu erschütternden Szene abwenden mußte. Youngs Darstellung des Jago ist ein vollendetes Meisterwerk, und erst durch sein Spiel ist mir dieser Charakter völlig klar geworden. Es ist vielleicht, – und ich muß hier einer früher gemachten Äußerung, wenigstens ausnahmsweise widersprechen, – Jago, sage ich, ist vielleicht wider Shakespeares sonstige Weise, kein ganz in der Natur begründeter Charakter, sondern mehr eine glänzende Phantasie des Dichters, aber mit welcher bewunderungswürdigen Konsequenz durchgeführt! Es ist der verkörperte Teufel, ein Wesen von Galle und Bitterkeit genährt, das weder Vergnügens noch Freude fähig, das Böse wie sein Element ansieht, und das einzige Wohlbehagen im Philosophieren über sich selbst, dem Beschauen und der beleuchtenden Erklärung seiner eignen Schandtaten findet. Nur schwach ist er noch an die Menschlichkeit geknüpft, durch das Gefühl der Rache, die er an dem Mohren dafür nehmen will, daß jener, wie er glaubt ›den eignen Dienst zwischen seinen Bett-Tüchern versehen‹. Demohngeachtet erscheint dies fast nur wie ein Vorwand, den er sich selbst, mit dem letzten Hauch eines moralischen Gefühls, zur Entschuldigung aufstellt, und seine echte Freude an Unglück und Jammer immer das Haupt-Motiv. Dennoch wird dieses Ungeheuer nie ganz widrig. Seine geistige Überlegenheit, sein Mut, seine Konsequenz, und zuletzt seine Standhaftigkeit im Unglück, lassen den vollendetsten Bösewicht doch nie in ganz gemeine Niedrigkeit versinken. Jago bleibt immer noch ein Held gegen einen Kotzebueschen Tugendhaften. In diesem Sinne spielt Young den Charakter durchaus, sein Anstand ist finster und mürrisch, aber edel; kein Lächeln kommt über seine Lippen, und seine Scherze verlieren deshalb doch nichts durch ihre Trockenheit. Alle behandelt er, seiner Macht gewiß, mit Ruhe und Überlegenheit, jedoch mit wohl markierter Nuance. Für seine Frau ist er roh und gebieterisch, gegen Roderigo autoritativ und launig, mit Cassio achtungsvoll und freundschaftlich, dem Mohren gegenüber ehrfurchtsvoll und treuherzig, jedoch überall ernst und würdevoll. Kemble spielt in seiner Art den Cassio fast ebenso vortrefflich, und wie ihn Shakespeare schildert ›ein Mann, gemacht den Weibern das Herz zu stehlen‹. Jung, heiter, leichtsinnig, von edlem Wesen, gutmütigem Charakter und feinen Sitten. Leider wurde Desdemona nur sehr mittelmäßig gegeben. Doch ging der rührende Kontrast ihrer sanften duldenden Weiblichkeit mit des Mohren glühender Leidenschaft nicht ganz verloren.

Kean spielt den Othello in der Tracht eines Mohrenkönigs aus der Bibel in Sandalen und einem langen seidnen Talar, welches allerdings abgeschmackt ist. Man vergißt aber bald die Tracht über sein vortreffliches Spiel. –

Dein treuer L.

Dreiundzwanzigster Brief

London, den 24. März 1828

Geliebte Freundin!

Zu den aristokratischesten Abendgesellschaften gehören die *concerts* eines der liberalsten Mitglieder der Opposition, des Lord L..., eine Anomalie, die man hier oft findet, wo ein gewisser allgemeiner Liberalismus mit dem einseitigsten Adelstolz und Dünkel Hand in Hand geht, und der stolzeste Mann in seinem Hause im öffentlichen Leben den Ruf des populärsten besitzt.

Recht amüsante Feste gibt auch eine Herzogin, welche es seit so kurzem ist, daß sie von den *exclusives* noch zu den Plebejern gerechnet wird. Ein solches besuchte ich heute, wo zu gleicher Zeit im obern Stock ein vortreffliches *concert*, im zweiten ein Ball stattfand, während im untern fortwährend gespeist wurde. Bei dem vorangehenden *dinner* servierten, nach dem Beispiel eines andern fashionablen Herzogs, die Bedienten in weißen Glacé-Handschuhen, was mir das Fest verleidete, da ich mich von dem Gedanken an Lazarett und Kr... dabei nicht los machen konnte.

Reichhaltiger in geistiger Hinsicht war meine gestrige Mittagsmahlzeit beim Herzog von Somerset, einem sehr vielseitig gebildeten Manne. Über Tisch erzählte der bekannte Parlamentsredner H... seltsame Dinge. Unter andern versicherte er, kürzlich Mitglied einer Kommission der Regierung gewesen zu sein, um die Einverständnisse der Polizei mit den Verbrechern, über die man so viel geklagt, zu ergründen. Dabei sei denn herausgekommen, daß in London eine Gesellschaft, völlig wie eine Behörde organisiert, mit *bureau-clerks* etc. existiere, welche Diebstähle und Falschmünzerei im großen dirigiere, die Ertappten unterstütze, sowohl zu

Angriff als Verteidigung mächtige Hilfe gewähre, dafür aber auch ihren bestimmten Anteil erhielte. An der Spitze stünden nicht nur mehrere angesehene Leute und Parlamentsglieder, sondern sogar ein wohlbekannter Lord und Pair im Oberhause! Die Beweise wären der Art, daß man durchaus nicht daran zweifeln könne; das Ministerium sei aber bis jetzt der Meinung, um den entsetzlichen Skandal zu vermeiden, die Sache lieber fallen zu lassen. Man sieht, daß in den freien Ländern doch auch Dinge vorgehen, von denen man sich bei uns nichts träumen läßt!

Ein Naturforscher teilte uns nachher eine Vorlesung über die Kröten mit, welche mir, jedes in seiner Sphäre, ebenso seltsam als das vorhergehende vorkam. Bei einem wissenschaftlichen Artikel, wie diesem, mußt Du einige freie Ausdrücke nicht zu genau nehmen. Er sagte also, daß die Kröten die wollüstigsten aller Geschöpfe seien, wozu ihnen auch die Natur besonderen Vorschub geleistet, indem sie ihnen die Fakultät erteilt, sich bloß durch die Vorderfüße fortzupflanzen. Fänden die männlichen Kröten zufällig keine weiblichen, so setzten sie sich in den Teichen auf Karpfen, fixierten ihre Hände auf die Augen derselben, und blieben oft so lange darauf hängen, daß die Fische davon blind würden, ein Experiment, welches der Naturkundige selbst beobachtet haben wollte, und es witzelnd ›blinde Liebe‹ nannte.

Den 27sten

Ich komme eben vom *lever*[1] zurück, das diesmal sehr zahlreich war. Der König mußte wegen seines Podagras[2] sitzen, sah aber sonst sehr wohl aus. Herzog Wellington dankte für die Erhebung zur Stelle des Premierministers, indem er auf beide Knie vor dem König niederfiel, statt daß man sonst nur eins zur Erde zu bringen pflegt. Er verdoppelte wahrscheinlich die Dankbarkeit wegen seiner doppelten Eigenschaft als erster Minister und früherer General *en chef*, wie ihn auch die Karikaturen darstellen, nämlich die linke Hälfte seines Körpers als Hofmann bekleidet, die rechte als Feldmarschall, aber mit beiden Augen lachend. Da, außer den großen *entrées*[3], beinahe jedermann zu den *levers* zugelassen wird, sowohl Herren als Damen, wenn sie nur im vorgeschriebenem *costume* erscheinen, so gibt es für den Liebhaber von Karikaturen keine bessere Ausbeute in England, weil eben die ungewohnte Kleidung und der ebenso ungewohnte königliche Glanz die nationelle[4] Verlegenheit und Unbeholfenheit auf das burleskeste steigern. Unsre liebenswürdigen und routinierten Hofdamen würden oft dabei ihren eigenen Augen zum erstenmal mißtrauen.

Sobald ich mich umgezogen, ritt ich im schönsten Frühlingswetter im immer einsamen Regent's Park spazieren, wo hundert Mandelbäume blühen, und besah mir die dort angelegte neue Menagerie, welche ein sehr nachahmungswertes Muster für dergleichen abgibt. Es ist nichts Überladenes darin, und dabei eine Reinlichkeit, die man gewiß nur in England so zu realisieren imstande ist. Ich sah hier ein seltenes und zugleich eins der schönsten Tiere, die es gibt, die Tigerkatze, ein wahres Prachtexemplar von Eleganz unter den Quadrupeden.[5]

Beim Marquis Thomond, einem irländischen Pair, erwartete mich darauf ein großes *dinner*, bei welchem ich die Bekanntschaft des allerentschiedensten Torys in England des Herzogs von N... machte. Ich muß gestehen, er sah nicht wie ein Genie aus, und die ganze Gesellschaft war so steif englisch, daß ich mich herzlich freute, neben der Prinzessin P... zu sitzen, deren gutmütiges Ultra-Geplauder mir heute so angenehm vorkam, als wäre es das geistreichste gewesen.

Den Abend schloß ich auf einem Ball beim Marschall Beresford, zu Ehren der Marquise von Luley, Schwester Don

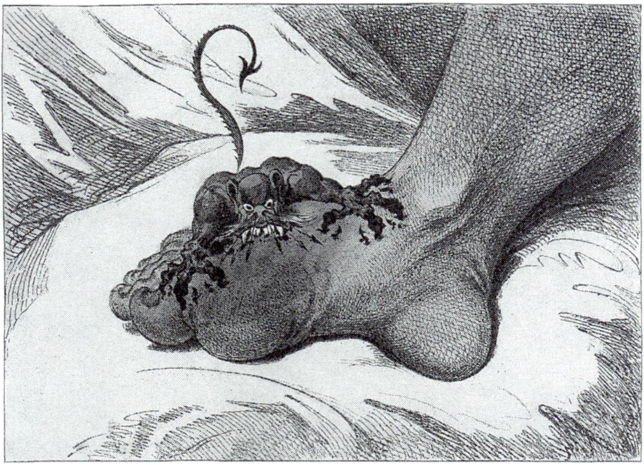

Podagra (Karikatur von James Gillray)

Miguels, die sich aber nicht wenig zu ennuyieren[6] schien, da sie nur portugiesisch spricht, und daher außer dem Wirt nicht mit vielen reden konnte.

Der Marschall selbst ist ein interessanter, imposant aussehender Krieger, gegen den der Parteigeist sich sehr ungerecht äußert. Er ist bei sehr einnehmenden Manieren zugleich ein Mann von durchgreifendem Charakter, wie ihn manche Regierungen noch außer Portugal brauchen könnten, stark wie ein Löwe und klug wie die Schlangen. Er hält Don Miguels Recht auf die portugiesische Krone für besser begründet als das seines Bruders, und beweist in der Tat, daß man bei der Beurteilung der Personen in jenem Lande einen ganz andern Maßstab als den unsrigen anlegen muß, wenn man billig sein will. So äußerte er unter andern, die Erziehung Don Miguels sei absichtlich so vernachlässigt worden, daß er im dreiundzwanzigsten Jahre noch nicht habe schreiben können, zu viel dürfe man also von einem solchen Prinzen nicht erwarten, demungeachtet sei er durch viele glänzende persönliche Eigenschaften ausgezeichnet, und den Zeitungen dürfe man nicht alles auf's Wort glauben. Dieses letztere wenigstens darf niemand bezweifeln.

Den 7ten April

Es erschien mir wie eine wahre Wohltat, heute einmal *sans gêne* auf dem Lande zu essen, in H... Lodge, dem allerliebsten Local der Herzogin von St. A... Vor dem Hause, das am Abhange eines Berges steht, blühte im hellgrünen Rasen ein prächtiger Stern von Krokus und frühen Tulpen, zierlich rund um eine Marmor-Fontaine gezogen, und über die Bäume im Talgrunde hin, dämmerte die Riesenstadt wie eine *fata morgana* des neuen Jerusalem im Nebelflor. Das Mahl war wie immer vortrefflich, und nach Tisch ergötzte uns noch Gesang und *concert* im reichsten Gewächshause voller

Blumen und Früchte. Ich saß während dem Essen bei einer direkten Urenkelin Karl II., einer Verwandtin des Herzogs, denn das erste halbe Dutzend englischer Herzöge im Rang, stammen größtenteils von den Maitressen Karls II. ab, und führen deshalb das königliche Wappen mit in dem ihrigen, worauf sie sehr stolz sind.

Es ist noch recht kalt, aber Blätter und Blüten dringen doch überall gewaltsam hervor, ein Anblick, der mich zu Hause entzücken würde, hier aber mir Herzweh verursacht, das manchmal kaum zu bezwingen ist. Demungeachtet mag ich mich nicht auf den alten, goldnen Dornensitz wieder niederlassen, und will mir lieber einen glatten und bequemen Alltagsschemel irgendwo anders in der Freiheit aussuchen.

R... Park, den 9ten

Seit gestern bin ich hier mit großer Gesellschaft bei einer sehr fashionablen Dame. Das Haus ist so geschmackvoll und reich als möglich, aber zu vornehm schon, und zu prätentiös, um wahrhaft angenehm zu sein, wenigstens für mich. Überdies ist ein gewisser L... da, ein Patentwitzbold, von dem die sehr debonnaire[7] Gesellschaft jedes Wort bewundern zu müssen glaubt, und nur aus Furcht vor seiner bösen Zunge ihm Anhänglichkeit heuchelt. Solche geistigen *bretteurs*[8] sind mir in den Tod zuwider, besonders wenn sie, wie dieser, mit einem widrigen Äußern nur Galle und Schärfe, ohne alle Grazie, besitzen. Sie erscheinen in der menschlichen Gesellschaft gleich giftigen Insekten, denen man aus erbärmlicher Schwäche hilft, sich mit andrer Blut zu nähren, nur damit sie einem das eigne nicht abzapfen.

Lieblicher als die Menschen sprachen mich die toten Gegenstände an, besonders eine freundliche hier herrschende Sitte, alle Zimmer mit einer Menge Vasen und Behältern aller Art voll frischer Blumen zu parfümieren. Unter den Gemälden bewunderte ich einen Murillo, ›Joseph‹ darstellend, welcher den kleinen Jesusknaben führt. In dem schönen Kinde liegt die künftige Größe und die göttliche Natur des Erlösers noch schlummernd halb verborgen, was sich besonders in dem ahnend aufblickenden Auge wundervoll ausspricht. Joseph erscheint als ein schlichter Mann in der vollen Kraft des mittlern Alters, mehr Würde des Charakters als des Standes verratend. Wild und originell ist die Landschaft, oben aus dunkeln Wolken lauschen liebreizende Engelsköpfe hervor. Dies Gemälde hat der Besitzer, wie er mir sagte, mit 2500 L. St. bezahlt.

Im Garten gefiel mir ein Gewächshaus für Palmen, so leicht und durchsichtig, fast ganz aus Glas bestehend, daß es einem Eispalaste glich. Häßlich finde ich dagegen eine sehr überhandnehmende Liebhaberei für alte verkrüppelte Baumstämme, die man so vielfach im geschornen Rasen eingräbt, und teils mit Clematis[9] beranken läßt, teils mit verborgnen Blumentöpfen bestellt. Ganze Ruinen dieser Art werden gebildet, welches nebst manchem andern den sinkenden guten Geschmack für Gärten in England verrät.

Für mich ist das Leben auf dem Lande hier in gewisser Hinsicht zu gesellig. Wer z. B. lesen will, geht in die Bibliothek, wo er selten allein ist, und wer Briefe zu besorgen hat, schreibt sie an einem allgemeinen großen Sekretär ebenso öffentlich, worauf sie in ein durchbrochenes Kästchen gesteckt werden, das ein Bedienter jeden Morgen zur Post trägt. Daß man alles dies allein und auf seiner Stube tut, ist eben nicht üblich, befremdet daher, und wird nicht recht gern gesehen. So frühstückte auch mancher Fremde wohl lieber auf seiner Stube, wozu aber nicht zu gelangen ist, wenn man sich nicht durch Krankheit entschuldigen kann.

Bei aller Freiheit und Abwesenheit von unnützen Komplimenten, existiert daher doch für einen an unsere Sitten

Gewöhnten hier auf die Länge ein bedeutender Zwang, den das fortwährende Sprechen in einer fremden Sprache noch mehr empfinden läßt.

London, den 12ten

Mit einem aufziehenden Frühlingsgewitter verließ ich diesen Morgen R... Park, atmete unterwegs mit Wonne die duftige Frühlingsluft und schaute mit Entzücken auf das glänzende Grün und die schwellenden Knospen, ein Anblick, dessen man nie überdrüssig wird. Das Frühjahr entschädigt die nördlichen Gegenden für alle Unannehmlichkeiten ihrer Winter, denn dieses Aufwachen der jungen Natur ist im Süden doch mit weit geringerer Koketterie von ihrer Seite begleitet.

Ich war zum Mittag wieder bei der Herzogin von St. A... auf ihrem Landhause versagt, wo mich eine angenehme Überraschung erwartete. Man plazierte mich, der zu spät kam, zwischen der Wirtin und einem langen, sehr einfach aber liebevoll und freundlich aussehenden, schon bejahrten Manne, der im breiten schottischen, nichts weniger als angenehmen Dialekte sprach, und mir außerdem wahrscheinlich gar nicht aufgefallen wäre, wenn mir nicht nach einigen Minuten bekannt geworden – daß ich neben dem berühmten – Unbekannten säße.[10] Es dauerte nicht lange, so kam mancher scharfe, trockene Witz aus seinem Munde, und mehrere höchst anspruchslos erzählte Anekdoten, die, ohne eben brillant zu erscheinen, doch immer frappierten. Seine Augen glänzten dabei, sobald er sich irgend animierte, so licht und freundlich, und es war so viel treuherzige Güte und Natürlichkeit darin ausgedrückt, daß man ihn lieb gewinnen mußte. Gegen Ende der Tafel gab er und Sir Francis Burdett wechselsweise Geisterhistorien zum besten, halb schauerlich halb launig, welches mich encouragierte[11], auch Deine be-

Sir Walter Scott

rühmte Schlüsselgeschichte zu erzählen, im *dénouement*[12] noch ein wenig embelliert.[13] Sie machte recht viel Glück, und es wäre spaßhaft genug, wenn Du sie im nächsten Romane des fruchtbaren Schotten wiederfändest.

Er rezitierte nachher noch eine originelle alte Inschrift, die er vor kurzem erst auf dem Kirchhofe von Melrose Abbey aufgefunden hatte. Sie lautete folgendermaßen:

The earth goes on the earth, glittering in gold,
The earth goes to the earth, sooner than it would,
The earth builds on the earth castles and towers,
The earth says to the earth: all this is ours.

In der Übersetzung ungefähr so:

Erd' geht auf Erde, glänzend in Gold,
Erd' geht zur Erde, früher denn wollt',
Erd' baut auf Erde Schlösser von Stein,
Erd' sagt zur Erde: Alles ist mein!

Wohl wahr! – denn Erde waren, sind und werden wir, und der Erde allein gehören wir vielleicht an.

Ein kleines *concert* beschloß den Abend, an dem auch die recht hübsche Tochter des großen Barden, eine kräftige, hochländische Schönheit, teilnahm und Miss Steevens nichts als schottische Balladen sang. Erst tief in der Nacht erreichte ich London, mein Erinnerungsbuch mit einem äußerst ähnlichen *croquis*[14] von Sir W. Scott bereichert, welches ich der Güte meiner Wirtin verdanke. Da alle mir bekannten Kupferstiche desselben durchaus nicht ähnlich sind, so werde ich eine genaue Kopie diesem Briefe beilegen.

Den 27sten

Der *trouble* dieser Tage war sehr einförmig, nur ein *dinner* beim spanischen Gesandten bietet mir eine angenehme Erinnerung, wo eine feurige und schöne Spanierin nach Tisch Boleros auf eine Art sang, die einen ganz neuen Musiksinn in mir erweckte. Wenn ich darnach, und einem Fandango, urteile, den ich einmal tanzen sah, muß die spanische Gesellschaft etwas sehr verschiedenes von der unsrigen, und bei weitem pikanter sein.

Gestern war ich eingeladen *to meet the* ›Dukes of Clarence and Sussex‹, schlug es aber aus, *to meet* Mademoiselle H... bei unserm Freunde B..., die ich noch nicht gesehen, und der groß und klein hier zu Füßen liegt.

Sie ist in der Tat allerliebst, ein reizendes Geschöpf, und sehr verführerisch für alle, die entweder noch neu der Welt sind, oder an nichts als ihr Vergnügen zu denken haben. Es ist nicht möglich, eine harmlosere und doch ihr Ziel besser treffende, sozusagen angebornere Koketterie zu sehen, so kindlich, so lieblich – *et cependant, le diable n'y perd rien.*[15]

Auch mir schien sie bald die schwachen Seiten abzumerken, und unterhielt mich ohne die mindeste scheinbare Absichtlichkeit, doch nur von dem, was passend und angenehm zu hören für mich sein konnte. Die vaterländischen Töne fielen dazu aus so hübschem Munde wie Perlen und Diamanten in den Fluß der Rede hinein, und die allerschönsten blauen Augen beschienen sie, wie eine Frühlingssonne hinter leichten Wolkenschleiern.

»Morgen spielt Kean ›Richard III.‹«, sagte sie endlich flüchtig, »der Herzog v. D... hat mir seine Loge abgetreten, wollen Sie mich vielleicht dahin begleiten?«

Daß eine solche Einladung jeder andern vorging, versteht sich von selbst.

Den 28sten

Nie habe ich noch weniger von einer Vorstellung gesehen und gehört, als von der heutigen, und doch muß ich gestehen, hat mir keine kürzer geschienen. Ja, ungeachtet der Gegenwart einer Gouvernante und eines Besuchs des Hrn. Kemble im Zwischenakt, fand kaum eine Pause in unserer Unterhaltung statt, der so viele Reminiszenzen aus der Heimat immer neues Interesse gaben.

Auch dauerte meinerseits das angenehme *excitement* ohne Zweifel noch auf dem nachherigen Balle bei der fashionablen Lady Tankarville fort, denn ich fühlte mich weit weniger von der hölzernen Fete ennuyiert, als gewöhnlich. Verzeih', wenn ich Dir heute nur diese wenigen Worte schreibe, denn eben geht Helios auf, und ich zu Bette.

Den 30sten

Alles ist hier in kolossalen Verhältnissen, selbst mein Schneider, dessen Werkstatt einer Manufaktur gleicht. Man kommt hin und fragt, umgeben von hundert Ballen Tuch und Zeug, und ebensoviel Arbeitern, nach dem Schicksal eines bestellten Fracks. Ein Sekretär erscheint mit großer Förmlichkeit, und fragt verbindlich nach dem Tage der Bestellung. Sobald man ihn angegeben, werden auf einen Wink des Geschäftsmannes zwei Folianten herbeigebracht, in denen er eine kurze Zeit studiert. »Mein Herr«, ist endlich die Antwort, »morgen um 11 Uhr 20 Minuten wird Ihr Frack soweit fertig sein, um ihn im Ankleidezimmer anprobieren zu können.« Dieser Zimmer sind mehrere, mit großen Wandspiegeln und *psychés*[16] dekoriert, fortwährend mit Anprobierenden besetzt, wo der Schneider-Millionär selbst zehnmal ändert, ohne je Verdrießlichkeit darüber zu äußern.

Nachdem dem Frack sein Recht angetan worden ist, setze ich meine Promenade fort, und komme an einen Fleischerladen, wo nicht nur das rohe Fleisch die schönsten Guirlanden, Pyramiden und andere phantasiereiche Formen bildet, und zierliche Eisbehälter überall liebliche Kühle verbreiten, sondern auch noch hinter jedem Schinken ein Komödienzettel hängt, und auf den spiegelglatten Tischen die beliebtesten Zeitungen liegen

Mit ihm wetteifert einige Häuser weiter der Händler mit Seeungeheuern, der, wie ›König Fisch‹ im Märchen, zwischen Marmor und Springbrunnen sitzt, es aber doch schwerlich so weit bringen wird als sein berühmter Kollege Crockford, der noch bessere als gewöhnliche Fische zu angeln verstanden hat. Es ist dies ein genialer Mann, der sich von einem armen Fischer zur Geißel und zugleich zum Liebling der vornehmen und reichen Welt hinaufgeschwungen hat. Er ist ein Spieler, der Millionen gewonnen, und damit jetzt einen Spielpalast in der Art des Salons in Paris, aber mit einer asiatischen Pracht erbaut hat, die selbst die königliche fast hinter sich läßt. Alles ist in dem jetzt wieder herrschenden Geschmack der Zeit Ludwig XIV., verziert mit jenen geschmacklosen Schnörkeln, Übermaß von Vergoldung, gehäufter Mischung von Stukkatur und Malerei u. s. w., eine Wendung der Mode, die sehr konsequent ist, da der englische Adel wirklich immer mehr jenem aus Ludwig XIV. Zeit zu gleichen anfängt.

Crockfords Koch ist der berühmte Ude, praktisch und theoretisch der Erste in Europa; Bewirtung und Bedienung in höchster Vollkommenheit, dabei *un jeu d'enfer*[17], wo schon oft 20000 L. St. und mehr in einem Abend von diesem und jenem verspielt wurden. Die Gesellschaft formiert einen Club, der Eintritt ist sehr schwer zu erlangen, und obgleich Hazardspiel kriminell in England ist, sind dennoch die meisten der Minister Mitglieder, und der Premier, Herzog von Wellington, einer der Direktoren dieses Spiel-Clubs!

Two-Penny-Whist (Karikatur von James Gillray)

Den 2ten Mai

Gestern wurde der erste Tag des Wonnemonats von der Herzogin von St. A... durch eine sehr angenehme ländliche Fete auf ihrer schönen Villa gefeiert.

In der Mitte des *bowling-green* war die Maistange mit vielen Bändern und Blumen-Guirlanden aufgerichtet und buntgeschmückte Landleute im altenglischen *costume* tanzten darum her. Die Gesellschaft erging sich in Haus und Garten nach Belieben. Manche schossen mit Bogen und Pfeilen, andere tanzten unter Zelten, oder spielten allerlei Spiele, schaukelten und drehten sich, oder munkelten im Dunkeln in dichten Bosketts[18], bis einige Trompetenstöße um 5 Uhr ein prachtvolles Frühstück verkündeten, bei dem alle Delikatessen und Kostbarkeiten, die der Luxus aufbieten kann, im reichsten Überfluß vorhanden waren.

Viele Diener hatte man als Gärtner in ein *fancy-costume*[19] gekleidet und an allen Büschen frische Blumenguirlanden aufgehangen, die einen unbeschreiblich reichen Effekt machten. Dabei war es ein so wunderbar schöner Tag, daß ich zum erstenmal in der Ferne London ganz klar von Nebeln, und nur ein wenig durch Rauch verdüstert, gänzlich zu übersehen imstande war.

Mit einbrechender Dunkelheit wiederholte sich der Effekt der Blumenguirlanden, nun durch bunte Lampen, zweckmäßig auf allen Bäumen verteilt, oder im Dickicht der Büsche halb verborgen. Es war schon Mitternacht vorbei, als das Frühstück sich endete.

Alles das war sehr reizend, aber doch sind es nur tote Gegenstände, und ich gestehe, daß in meinen Augen eine kleine Rose am Busen der lieblichen H..., die ich ihr heute früh gegeben, und im *concert* in D... House als einzigen Schmuck auf ihrem schwarzen Kleide erblickte, alle Guirlanden und Illuminationen des vorigen Tages weit überstrahlte. Das *concert* endigte diesmal mit einem Ball, und auch hier glänzte die deutsche Walzerin über alle ihre Rivalinnen, immer so anspruchslos, als bemerke sie keine ihrer Eroberungen. Nie gab es noch einen Schalk, der sich kindlicher anzustellen verstand, und gewiß ist eine so liebliche Koketterie der größte Reiz, wenn auch nicht das größte Verdienst der Frauen.

Den 3ten

Es geht mir wie den Vögeln, die im Mai immer am liebendsten gestimmt sind, und zu verdenken ist es mir daher nicht, wenn ich in dieser Jahreszeit der flötenden ›Nachtigall‹ nur mit klopfendem Herzen zuhören kann.

»Nun habe ich nur noch einen Tag«, sagte sie gestern am Sonnabend, »nach welchem ich wohl länger als einen Monat nicht mehr frei sein werde, und der ist morgen, in jeder Hinsicht mein Tag, wo ich noch einmal meinem Wunsche nach leben kann, dann bleibe ich auf lange, lange Zeit eine arme Sklavin!«

Ich schlug ihr schüchtern vor, an diesem Tage auf dem Lande mit mir zu essen, früh dorthin zusammen zu reiten, wozu ich mein Pferd als einen ›Phönix von Sanftmut‹ rekommandierte; abends aber, um sie nicht zu sehr zu ermüden, zurück zu fahren, was sie nach vielen Bitten endlich genehmigte.

O Natur, ländliche Freuden*, wie schön seid ihr, wie doppelt genießt man euch in solcher Gesellschaft! Wir sollten die Sternwarte in Greenwich besehen, es blieb aber bei den zwei blauen Sternen in der Nähe, die hunderttausendmal magnetischer funkelten, als alle Welten der Milchstraße, und ich

* Auf diese paßte wahrscheinlich nicht, was ich einen liebenswürdigen Prinzen, dem die Ironie nicht fremd ist, einmal so ergötzlich zu seinen Hofleuten sagen hörte: ›Nur mit Einem verschont mich, mit Euern ländlichen, schändlichen Vergnügungen und mit Euern häuslichen, scheußlichen Freuden!‹ *A. d. H.*

dankte innerlich von Herzen dem lieben Gott, daß wir gar nicht nötig haben, mit Doktor Nürnberger nach dem Sirius und Jupiter zu reisen, um in Ekstase zu geraten, und gegen die Venus am Himmel sehr gleichgültig bleiben können, wenn wir viele Stunden lang uns in dem ungestörten Anschauen einer irdischen verlieren dürfen.

Wir mußten, der bösen Welt und einer unbequemen Ankunft wegen, die Sache etwas geheim betreiben. Die Pferde waren vorausgeschickt, ich ritt auf einem Klepper nach, und H... fuhr mit der guten Gouvernante in einem Mietwagen nach dem Orte des *rendez-vous*.

Der gelbe Wagen ließ lange auf sich warten, und ich ängstete mich nicht wenig, daß etwas dazwischengekommen sein möchte: Es war auch so, aber ehrlich hielt das liebe Mädchen ihr gegebenes Wort. Endlich sah ich den alten Kasten langsam auf uns zukommen, sprengte heran, hob die Liebliche auf ihren Zelter[20], und dahin flogen wir (denn sie reitet kühn wie ein Mann) in die duftende Mailuft hinaus, wie ein paar lustige Vöglein flatternd und kosend. Bis es dunkel ward, wurde geritten, umhergewandert, und dies und jenes besehen. Beim Schein der Lichter und Sterne zugleich aßen wir bei offnen Fenstern in dem Dir schon bekannten heimlichen Stübchen über dem Fluß, und erst um 11 Uhr in der Nacht nahm uns der Wagen wieder auf zur Heimfahrt.

Wahr ist es, der Himmel schuf dieses Wesen aus ganz besonderem Stoff! Welche Mannigfaltigkeit und welche Grazie in jeder wechselnden Nuance! Scheu oder zutraulich, bös oder gut gestimmt, boudierend[21], hingebend, gleichgültig, sanft, spottend, gemessen oder wild – immer ergreift sie, wie Schiller sagt, die Seele mit Himmelsgewalt! Und welche Selbstbeherrschung bei der höchsten Milde, welch festes kleines Köpfchen, wenn sie will, wie viel Herzensgüte, und dabei doch wie viel kecke Schlauheit!

Sie ist geschaffen, den Männern zu gefallen, und auch alle

Weiber lieben sie. Gewiß eine glückliche, eine eigentümliche Natur.

Aber, gute Julie, es ist Zeit, daß ich ende, nicht wahr? Du möchtest zuletzt gar denken, ich sei närrisch oder verliebt, oder beides zugleich. *En vérité, pour cette fois-ci je n'en répondrai pas.*[22]

Den 8ten Mai

Seit einer Woche klingen mir die Ohren von drei bis vier Konzerten jeden Abend, oder jede Nacht, wie man es hier richtiger nennt, die plötzlich zur wahren *rage*[23] geworden sind, von den Höchsten und Erlesensten bis zu allen *nobodies* herab. Die Damen Pasta, Caradori, Sontag, Brambilla, die Herren Zuchelli, Pellegrini und Curioni singen ewig dieselben Arien und Duetts, welche die Leute dennoch nie müde zu hören werden. Oft singen sie, ohne Zweifel vom ewigen Einerlei selbst ermüdet, äußerst nachlässig, doch darauf kommt es hier gar nicht an. Die Ohren, welche sie hören, sind selten musikalischer Natur, sondern nur von der *fashion* begeistert, und die, welche in der *foule* den letzten Platz inne haben, unterscheiden gewiß oft kaum, ob ein Bassist oder die Primadonna eben an der Reihe ist, geraten aber nichtsdestoweniger in Entzücken. Für die Künstler ist die Sache sehr einträglich. Die Sontag z. B. erhält in jeder Gesellschaft, wo sie sich mit irgend etwas hören läßt, und oft geschieht dies in drei bis vier verschiedenen an einem Abend, wenigstens 40 L. St., zuweilen 100. Die Pasta, deren Gesang mir noch lieber, grandioser, tragischer ist, rivalisiert mit ihr, die andern, obgleich auch verdienstlich, stehen doch nur in zweiter Linie.

Außerdem ist Moscheles, Pixis, die Gebrüder Bohrer, *enfin* eine Herde von Virtuosen hier, die, wie die Mücken dem Licht, alle dem englischen Golde zufliegen, ohne sich daran zu verbrennen, sondern im Gegenteil, was die weiblichen wenigstens betrifft, rechts und links oft neue Flammen erregen, die überdies zuweilen noch mehr als das Künstlertalent einbringen.

Die Konzerte beim Prinzen Leopold sind in der Regel die angenehmsten, wo auch das unerträgliche Gedränge in einem großen Local mehr vermieden wird. Dieser Prinz ist weniger populär als er es verdient, weil die Engländer ihm den Ausländer nicht ganz verzeihen können.

Den 9ten

Auf einem Spazierritt mit M... kamen wir zufällig in einer reizenden Gegend nach Strawberry Hill (Erdbeerhügel) einem von Horace Walpole gebauten Schloß, dessen er so oft in seinen Briefen erwähnt, und das man seitdem in nichts geändert und wenig bewohnt hat. Es ist der erste Versuch des Modern-Gotischen in England, ganz im Clinquant-Geschmack[24] jener Zeit, das Steinwerk in Holz nachgeahmt, gar vieles – was glänzt, ohne Gold zu sein. Doch sieht man auch mehrere gediegnere Kunstschätze und manche Kuriositäten. Zu den ersteren gehört unter andern ein prächtiges mit Juwelen besetztes Gebetbuch voll Zeichnungen Raphaels und seiner Schüler, zu den letzteren der Hut des Kardinals Wolsey, ein sehr ausdrucksvolles Portrait der Madame du Deffant, der blinden und geistigen Geliebten Walpoles, und ein Bild der berühmten Lady Montague in türkischer Kleidung.

Da es in England alles gibt, so fand ich heute sogar einen vornehmen Engländer, der in seinem Hause deutsche Sitten, deutsche Art der Bedienung, und deutschen Gesellschaftston nachzuahmen sucht. Es ist der Graf S..., der lange unser Vaterland in ziemlich bedrängten Umständen bewohnte, und mit einemmal ein ungeheures Vermögen ererbt hat. Nur die cramoisin-farbene Livree seiner Leute mit kanariengelben *inexpressibles*[25] und Strümpfen von derselben Farbe war im englischen Geschmack, sonst alles deutsch im Hause, selbst die Eßstunde nähergerückt. Die lange Dauer des *dîners* war mir in hohem Grade lästig, ich saß wie auf Nadeln, da man mich an einem Orte erwartete, welcher mir dermalen teurer als alles ist. Ohngeachtet meiner üblen Laune gewann mir doch wider Willen mein österreichischer Nachbar ein Lächeln ab, der ungeheuer trank, und als ich ihm noch mehr anbot, erwiderte: »Nein, jetzt keinen Wein mehr, sonst werde ich exzessiv und fange an zu stänkern.« Du verstehst besser Wienerisch als ich, ich brauche Dir daher die Meinung der Phrase nicht zu erklären.

Den 16ten

Ich habe einige Tage auf dem Lande zugebracht und Epsoms Wettrennen besucht. Die Szene war sehr belebt, alle Straßen voller flüchtig dahinrollender Equipagen, und ein großer grüner Hügel mitten in der *plain*, an dessen Saum das Wettrennen stattfindet, so dicht mit tausend ausgespannten Wagen, und einem bunten Gewühl von Reitern und Fußgängern bedeckt, daß mir noch nirgends ein Volksfest malerischer erschien.

Dies Bild fasse noch in den Rahmen einer recht lieblichen, wohl angebauten Landschaft, mit einem Himmel voll schwarzer Wolken, vielem Regen, und zwar sparsamen aber desto heißeren Sonnenblicken.

Seit gestern bin ich zurück, um eine Gesellschaft beim Könige nicht zu versäumen, die heute stattfand, und zu der eine Einladung als eine *bonne fortune* angesehen wird. Die Idee von Hof muß man gar nicht damit verbinden, aber gewiß ist es, daß nirgends das Ideal eines fashionablen Hauses je besser erreicht worden sein mag. Jeder *comfort* und jede Eleganz des Privatmannes ist auf die geschmackvollste und gediegenste Weise mit der Pracht königlicher Mittel verbunden, und der Monarch bekanntlich selbst auf keinen Titel stolzer als auf den des ›Ersten Gentleman‹ in seinem Reiche.

Den 30sten

Obgleich der ewige Taumel nur wenig Zeit übrig läßt, und man, einmal hineingeraten, nicht füglich mehr herauskann, wenn man auch kein Vergnügen darin findet, so gewinne ich doch von Zeit zu Zeit freie Augenblicke zu einsamerem und bleibenderem Genuß.

So sah ich neulich eine höchst interessante Sammlung vorzüglicher Gemälde, nur die Portraits merkwürdiger Individuen aus der englischen Geschichte enthaltend. Es war auffallend, wie sehr die meisten ihrem geschichtlichen Bilde in Zügen und Haltung entsprachen. Der berühmte Lord Burleigh hatte überdem eine frappante Ähnlichkeit mit dem großen Staatskanzler Preußens, obgleich ihn sein Kopfputz sehr verstellte, der einer Altenweibermütze glich. Jakob der Erste, ergötzlich treu seinem Charakter, wie auch sein Gesandter, der originelle Ritter, der in seinen Memoiren so seltsam von sich selbst sagt, daß er überall Männern und Weibern gefallen, seine Natur aber auch keiner andern geglichen, indem ihn und alles ohne Ausnahme, was von ihm gekommen, stets eine Atmosphäre des angenehmsten, natürlichen Wohlgeruchs umduftet habe.

Ein andres *cabinet* enthielt moderne Gemälde in Wasserfarben, in welcher Kunstgattung die Engländer eine besondere Fertigkeit erlangt haben. Man erstaunt über die Glut und Tiefe der Färbung, die sie damit hervorbringen, besonders zeichneten sich einige Landschaften Schottlands aus, als ein Sonnenuntergang in den Highlands, der Claude Lorrains Wahrheit erreichte, und die einbrechende Nacht über den Loch Lomond, ein Gedicht voller Romantik.

Noch blieb mir Zeit zu einem weiten Spazierritt, auf dem ich, wie immer, nur dem Zufall mich vertrauend, einen der reizendsten Parks auffand, wie sie nur Englands Klima realisieren läßt. Die Gärten mit unbeschreiblicher Blumenpracht lagen in einem engen, äußerst fruchtbaren Wiesental, voll hoher Bäume, in welchen drei silberklare Quellen entspringen, und in mäandrisch[26] sich windenden Bächen nach allen Richtungen zwischen unabsehbaren Dickichten von blühenden Rhododendron und Azalien hinrauschten.

Meine Freude an dergleichen wird nur immer durch das Bedauern getrübt, daß Du sie nicht mit mir teilen kannst. Dein feiner Geschmack würde tausend neue Ideen hier schöpfen, um nachher noch lieblichere Details hervorzubringen, soweit Localität und Mittel hinreichen, teils durch geschickte Anwendung der Blumenfarben, teils durch graziöse Formen, oder durch erhöhte Beleuchtung, welche sinniges Öffnen und Verdecken so sehr zu steigern imstande ist.

Die angenehmen Erinnerungen dieses Morgens mußten den Rest des Tages übertragen, nämlich ein *dinner* bei Lady P..., dem größten weiblichen *gourmand* in London, zwei Bälle bei einheimischer und ausländischer Diplomatie, und ein *concert* bei Lord Grosvenor, welches zwar in einer Galerie vortrefflicher Gemälde stattfand, die man aber bei solcher Gelegenheit nicht mehr als jede andere Tapete genießen kann.

Den 6ten Juni

Eines der gehaltreichsten Häuser für mich ist das eines vornehmen Schotten, Grafen von W..., dem Abkömmling in direkter Linie von Macduff. In seiner Rüstkammer wird noch ein Ast, angeblich aus Birnams Wald[27], gezeigt, wahrscheinlich eine Reliquie von der Qualität aller andern. Wer daran glaubt, wird selig!

Die Familie ist höchst gebildet, und der schottische Sinn überhaupt dem deutschen näher verwandt als der englische. Von den liebenswürdigen Töchtern lernte ich eine neue Manier, Lieblinge aus dem Vögelgeschlecht in treuerer und dauerhafterer Kopie aufzubewahren als durch Ausstopfung. Die Federn werden ausgerupft, und nebst Schnabel und Klauen in der natürlichen Form auf starkes Velinpapier[28] oder lackiertes Holz aufgeklebt, welches ein höchst ähnliches und keinem Verderben ausgesetztes Basrelief des Tieres abgibt.

Karl X. brachte eine Zeitlang bei Lord W... in Schottland zu, und hat ihm einen alten Haushofmeister zurückgelassen, der drollig genug gleich dem in der ›Pucelle‹[29]: Bonneau heißt, und auch noch von jener fast ausgestorbenen Diener-*race* der *hommes de confiance*[30] ist, die man jetzt höchstens nur auf der Bühne antrifft. Als solcher, der im Hause nun schon 25 Jahre fungiert, darf er, gegen die englische Sitte, welche Dienern nie die geringste Annäherung anders als eben durch ihren Dienst erlaubt, zuweilen ein Wort mitsprechen, und ich fand wirklich nichts unterhaltender, als die Hof- und Gesellschaftserzählungen dieses alten Franzosen, dessen Welt eigentlich mit jener Zeit abgeschlossen wurde, so wie wir sie uns heutzutage kaum mehr denken können. Daß der eigentümliche Alte nur ein Haushofmeister ist, macht keinen Unterschied, denn er hat in seinem Leben besser beobachtet, und vielleicht mehr von der großen Welt gesehen, als gar viele Vornehme.

Als ich diesen Morgen Lady W... besuchte, hatte einer ihrer Söhne, der in Südamerika reist, eben einen großen Transport merkwürdiger Sachen geschickt, worunter sich ein lebendes Löwenäffchen befand, mit Kopf und Mähne des Königs der Tiere, bei einer Taille, die kaum die Größe einer Ratte erreicht. Statt des üblen Geruchs der Affen duftet dieser im Gegenteil nach Zimt und Moschus, und parfümiert das ganze Zimmer wie ein Räucherkerzchen, gleich dem neulich erwähnten Ritter.

Eine der vollständigsten Sammlungen Kolibris boten Farben dar, wie sie nur die Sonne bei Auf- und Untergang am Himmel malt, ebenso wie die reiche Schmetterlings-Sammlung mit mehrern ganz neuen Exemplaren. Unter andern Insekten sah ich hier zum erstenmal den sogenannten Stockkäfer, der den Übergang zwischen dem Pflanzen- und Tierreiche zu machen scheint. Er ist an sechs Zoll lang und von einem blätterlosen Ulmenzweig mit kleinen Nebenästen, welche durch die Füße gebildet werden, kaum zu unterscheiden. Nur der an der Spitze verborgne Kopf mit Fühlhörnern verrät ihn als ein organisches Wesen.

Ich aß bei Lady F... zu Mittag, wo sich ein eigner Fall zutrug. Ihr Mann war früher Gouverneur auf ›Isle de France‹[31], und sie hatte dort von einer Negerin das angebliche Wahrsagebuch der Kaiserin Josephine gekauft, welches diese vor ihrer Einschiffung nach Frankreich besessen, und daraus ihre künftige Größe und ihren Fall gelesen haben soll. Lady F... produzierte es beim Tee, und lud die Gesellschaft ein, nach dem vorgeschriebnen Modus Fragen an das Schicksal zu stellen. Nun höre die Antworten, welche es gab, und die in der Tat merkwürdig sind. Frau von Rothschild war die erste, welche frug: ob ihre Wünsche erfüllt werden würden? Sie erhielt die Antwort: ›Ermüde das Schicksal nicht mit Wünschen, wer so viel verlangt hat, muß zufrieden sein.‹ – Hierauf frug Herr Spring-Rice, ein berühmter Parlamentsredner und einer der eifrigsten Verfechter der *emancipation* der Katholiken (eine Sache, die hier für alle Welt jetzt vom größten Interesse, für oder wider, ist): ob morgen, wo die Frage im Oberhaus für diesmal entschieden wird, sie durchgehen würde? – Nun muß ich hier einschalten, daß es schon bekannt ist, daß sie n i c h t durchgehen wird, man aber zugleich allgemein glaubt, daß sie beim nächsten Parlament den gewünschten Erfolg haben müsse. – Grade so nun lautete die lakonische Antwort des Buchs, nämlich: ›Ihr werdet keinen *success* haben, diesmal.‹ – Nun zwang man eine junge Amerikanerin zu fragen: ob sie sich bald verheiraten würde? Worauf die Antwort war: ›Nicht in diesem Weltteil.‹ – Jetzt kam die Reihe an mich und ich frug: ob, was mein Herz grade jetzt so lebhaft berühre, zu meinem Glücke sei? ›Laß diese Neigung fallen‹, erwiderte das Zauberbuch, ›denn Du wirst sehen, sie ist weder wahr noch beständig.‹

Ob hierbei aber meine eigne oder die zu mir gemeint sei, bleibt, wie alle Orakel, dunkel.

Die Gesellschaft, welche natürlich keine Ahnung von meiner eigentlichen Meinung bei der Frage hatte, machte sich sehr lustig über die erhaltene Abfertigung, und verlangte, ich sollte noch eine tun. Ich frug also: Wird das Schicksal mir in ernsteren Plänen günstig sein? ›Suche‹, war die Antwort, ›und Du wirst finden, beharre und Du wirst erreichen.‹

Ohne zu suchen fand ich an demselben Abend noch eine sehr angenehme Bekanntschaft, indem ich der Herzogin von Meiningen, Mutter der Herzogin von Clarence, bei dieser vorgestellt ward, eine höchst liebenswürdige Dame von echt deutschem Charakter, der weder ihr Alter noch ihr Rang die naive Natürlichkeit hat nehmen können, welche vielleicht das sicherste Zeichen einer reinen und schönen Seele ist. Die würdige Mutter einer so hoch verehrten Tochter, muß den Engländern, die ihrer künftigen Königin sehr anhängen, eine angenehme Erscheinung sein, auch zeigte sich von allen Seiten das größte *empressement*.[32] Schade nur, daß es bei solchen Gelegenheiten den englischen Damen, vornehmen wie geringen in der Regel so sehr an graziöser *tournure* und geschickten Worten fehlt, um ein hübsches Totalschauspiel zu geben. Ein *drawing-room*[33] und eine Hofpräsentation sind hier immer so lächerlich, wie das *lever* eines Bürgermeisters der weiland freien Reichsstädte unsers Vaterlandes, und aller Stolz und Reichtum der Aristokratie verschwindet in dem linkischen *embarras*[34] dieser mit Diamanten und Putz nicht geschmückten, sondern nur beladenen Ladys. Im *négligé,* und wenn sie ungeniert in ihrem Hause sich in gewohnter Umgebung bewegen, erscheinen junge Engländerinnen oft sehr vorteilhaft, in *parure*[35] und großer Gesellschaft aber fast nie, weil eine unbezwingliche und aller Grazie entbehrende Timidität[36] selbst ihre intellektuellen Eigenschaften so vollständig paralysiert, daß eine geistreiche Unterhaltung mit ihnen gewiß eine schwere Aufgabe wird.

Ich halte sie daher auch unter allen Europäerinnen für die angenehmsten und komfortabelsten Ehefrauen, sowie für die unfähigsten zur Repräsentation und Gesellschaft. Offenbar übersteigt bei diesem Urteil das Lob den Tadel weit.

Den 16ten

Heute wohnte ich einem interessanten Frühstück bei, welches der Tauben-Club gab. Diese Benennung bedeutet keineswegs, daß die Mitglieder sanft und ohne Falsch, wie die Tauben, sich zu sein befleißigen, sondern, er besteht im Gegenteil aus der wildesten Jugend Englands, und die Tauben haben nur insofern etwas damit zu schaffen, als die Ärmsten – totgeschossen werden. Der Schauplatz war ein großer mit einer Mauer umschloßner Grasgarten. An der einen Seite befindet sich eine Reihe Zelte, in deren größtem eine gedeckte Tafel von 1–6 Uhr fortwährend frisch mit Speisen besetzt, und mit Champagner und Moselwein in Eis rastlos garniert ward. Ohngefähr 100 Schützen nebst einigen Gästen waren gegenwärtig, und die ganze Zeit über schoß, aß und trank man abwechselnd. Die Tauben werden, immer acht an der Zahl, in einer Reihe aufgestellt. An den Kästchen, die sie beherbergen, sind Stricke befestigt, welche alle acht am Schießstand zusammenlaufen, und so eingerichtet sind, daß, wenn man an einem derselben zieht, das betreffende Kästchen aufklappt und die Taube herausfliegt. Der, welcher zuletzt geschossen hat, zieht für den nächsten Schützen, aber hinter ihm stehend, so daß jener nicht sehen kann, welchen Strick er zieht, daher auch ganz unvorbereitet und ungewiß ist, welche der acht Tauben auffliegen werde. Fällt die Taube noch innerhalb der Einzäunung nach seinem Schuß, so wird sie ihm angerechnet. Kommt sie hinaus, so wird es als gefehlt angesehen. Jeder Schütze hat eine Doppelflinte, und darf beide Läufe gebrauchen.

Die beiden berühmtesten Schützen in England sind Kapitän Ross und Mr. Osbaldistone. Beide schlossen eine Wette um 1000 L. St., die aber heute noch nicht entschieden wurde. Beide fehlten kein einziges Mal, und Kapitän Ross' Taube kam nie 12 Schritte weit, flatterte auch kaum, sondern fiel fast immer mit dem Schuß sogleich wie ein Stein zur Erde. Nie habe ich so unbegreiflich gut schießen sehen. Ein hübscher kleiner Hühnerhund des Clubs apportierte jede Taube, wie eine Maschine, seinen Dienst stets ohne Fehl und ohne Übereilung verrichtend. Zuletzt schoß die ganze Gesellschaft noch um einen goldenen Becher, 200 L. St. an Wert, den jährlichen Preis, den Kapitän Ross gewann. Um 7 Uhr kam ich erst von diesem lustigen Frühstück dort, und begab mich in ein mir noch unbekanntes Theater, ›Sadler's Wells‹ genannt, welches gute dreiviertel deutsche Meilen von meiner Wohnung entfernt ist. Ich war in einem Fiacre[37] hingefahren, und als ich gegen 1 Uhr wieder zu Haus wollte, fand sich in diesem entlegenen Winkel kein Mietwagen mehr, und auch alle Häuser waren geschlossen. Dies war um so unangenehmer, da ich wirklich keine Idee davon hatte, in welchem Teile der Stadt ich mich befand.

Nachdem ich eine halbe Stunde vergeblich in den Straßen umhergeirrt war, um einen Wagen aufzutreiben, und schon mich resignierte, mit Hilfe eines *watchman* (Nachtwächter) zu Fuß nach Hause zu wandern, kam noch eine Diligence gefahren, die glücklicherweise grade meinen Weg einschlug, und mit der ich daher gegen 2 Uhr wieder bei den Hausgöttern anlangte. – Dieses Theater hat das Eigentümliche, daß es unter wirkliches Wasser gesetzt werden kann, in welchem Element die Schauspieler oft stundenlang gleich Wassertieren umherplätschern. Übrigens geht nichts über den Unsinn der hier aufgeführten Melodramen, und über den horriblen Gesang, von dem sie begleitet werden.

Den 20sten

Man hat noch einen *fancy-ball* arrangiert, der mir aber nur einen traurigen Eindruck zurückließ. Ich bemerkte einen blassen, in einen einfachen schwarzen Domino[38] gehüllten Mann, in dessen Gesicht ein unnennbarer Zug des bittersten Seelenleidens schmerzlich anzog. Er blieb nicht lange, und als ich mich bei L... nach ihm erkundigte, gab dieser mir folgende Auskunft: »Dieser beklagenswerte Sterbliche, Obrist S...«, sagte er, »würde den Helden zu einem schauerlichen Roman abgeben können. Wenn man von jemand sagen kann, er sei unglücklich geboren, so ist er es. Sein großes Vermögen verlor er früh durch den frauduleusen[39] Banquerott eines Freundes. Hundertmal kam ihm seitdem das Glück entgegen, aber immer nur, um ihn im entscheidenden Augenblick mit dem Verschwinden aller Hoffnung zu äffen, und fast jedesmal waren es nur die unbedeutendsten Kleinigkeiten, ein verspäteter Brief, eine leicht mögliche Verwechselung, ein unheilbringendes Unwohlsein, an denen alles scheiterte, scheinbar sogar immer seine eigne Schuld, und doch nur das Gewebe hohnlachender, tückischer Geister.

So beginnt er schon lange nichts mehr, um seine Lage zu ändern«, fuhr L... fort, »versucht keine Besserung seines Schicksals, im voraus durch lange, grausame Erfahrung überzeugt, daß ihm nichts gelingen könne. Ich kenne ihn von Jugend auf. Obgleich harmlos wie ein Kind, hält ihn doch ein großer Teil der Welt für böse; obgleich einer der aufrichtigsten Menschen, für falsch und intrigant; ja, man vermeidet und scheut ihn, obgleich nie ein Herz wärmer für das Wohl anderer schlug. Das Mädchen, das er anbetete, ward durch seine vermeinte Untreue zur Selbstmörderin, er selbst befand sich infolge unerhörter Umstände lange in Untersuchung wegen des Mordes seines Bruders, neben dem er, sein eignes Leben für jenes Verteidigung opfernd, blutend gefunden ward. Schon zum Strange verurteilt, rettete ihn vom schimpflichen Tode allein des Königs Begnadigung, der erst später die Beweise seiner Unschuld folgten. Eine Frau endlich, die er infolge eines schändlichen, lange vorbereiteten Betruges heiratete, lief mit einem andern davon, und wußte es dennoch dahin zu bringen, daß in der Welt nur ihm der größte Teil der Schuld beigemessen ward. Vor der Zeit so in jedem Selbstvertrauen geknickt, jeder Hoffnung auf das Schicksal wie auf die Menschen abgestorben, lebt er unter ihnen nur noch wie ein teilnahmloser abgeschiedner Geist, ein herzzerreißendes Beispiel, daß es Wesen gibt, die, für dieses Leben wenigstens, dem Teufel schon vor der Geburt verkauft gewesen zu sein scheinen. Denn wen der Fluch des Unglücks einmal getroffen, dem schafft er nicht nur Feinde auf jedem Schritt, sondern raubt ihm auch das Zutrauen und zuletzt das Herz der Freunde, bis endlich der Arme, überall Getretne, Gestoßne und Gemißhandelte darniedersinkend, sein wundes müdes Haupt hinlegt und stirbt, während sein letzter Seufzer noch der mitleidslosen Menge, als eine Anmaßung und ein unerträglicher Mißton erscheint. Wehe den Unglücklichen! Dreimal wehe ihnen! denn für sie gibt es weder Tugenden, noch Klugheit, noch Geschick, noch Freude. – Es gibt nur ein Gutes für sie, und das ist der Tod!«

Den 25ten

Im ganzen hat es doch etwas Angenehmes, jeden Tag über so viele Einladungen disponieren, und wo es einem nicht gefällt, sogleich eine besser konvenierende Gesellschaft aufsuchen zu können. Hie und da findet sich dann doch immer etwas Neues, Pikantes oder Interessantes. So machte ich gestern beim Prinzen L... die Bekanntschaft einer zweiten Ninon de Lenclos.[40] Lady A... hält gewiß niemand für mehr als 40, dennoch ist sie nahe an 80. Nichts an ihr erscheint gezwungen noch unnatürlich, dennoch alles jugendlich, Taille, Anzug, Lebhaftigkeit des Benehmens, Grazie und Schnellkraft der Glieder, soweit dies auf einem Balle zu bemerken ist, alles ist vollkommen jung an ihr, und im Gesicht kaum eine Runzel. Sorgen hat sie sich nie gemacht, und von Jugend auf sehr lustig gelebt, ist auch zweimal ihren Männern davongelaufen, weshalb sie lange England mied, und ihr großes Vermögen in Paris verzehrte. Alles zusammengenommen, eine allerliebste Frau, in ihrem Benehmen mehr Französin als Engländerin und ganz *du grand monde.*[41] In der Toilettenkunst hat sie große Studien und scharfsinnige Erfindungen gemacht. Soviel ich davon erlauschen konnte, werde ich gerne Dir und allen meinen schönen Freundinnen mitteilen.

Am nächsten Tage gab der Herzog von S... auf seiner Villa ein *déjeuner champêtre*[42], bei dem er es doch möglich gemacht hatte, noch etwas Neues für dergleichen Feten zu erfinden. Sein ganzes Haus war mit schönen *hautelisses*[43] und bunten chinesischen Tapeten behangen, eine Menge *meubles*, Sofas, *fauteuils*[44], *chaises-longues*[45], Spiegel etc. im Garten überall, wie in mehreren Salons und *cabinets* verteilt, und außerdem kleine Lager von Zelten, aus weiß- und rosa-Mousselin angebracht, die sich in dem Smaragdgrün des *pleasure-ground* herrlich ausnahmen.

Abends folgte, wie gewöhnlich, eine Illumination, größtenteils nur mit einzelnen Lampen kunstreich in den Bäumen und Büschen verborgen, gleich soviel glühenden Früchten und Johanniswürmchen, die Liebenden und die Einsamen anzulocken. Aber auch diejenigen, welche Geräusche den stillen Freuden vorziehen, fanden Befriedigung. Hier tanzte in einem weiten Zelte, zu dem ein Weg von glänzend erhellten Bögen aus Rosenguirlanden führte, ein großer Teil der Gesellschaft, dort erschallte ein vortreffliches *concert*, ausgeführt von den besten Virtuosen und Sängern der italienischen Oper. Auch italienisches Wetter begünstigte glücklicherweise vom Anfang bis zum Ende dieses Fest, welches der kleinste neckende Geist der Atmosphäre hätte vernichten können. In England war das ganze Unternehmen daher wohl ein Wagstück zu nennen, und doch findet man gerade diese Art Feten hier häufiger und schöner als irgendwo, wie der unfruchtbarste Boden oft der kultivierteste ist.

Ich habe mich nun so eingerichtet, daß ich in spätestens 4 Wochen England verlassen kann, um eine Reise von etwas längerer Dauer nach Wales, und besonders nach Irland zu machen, welches letztere nach so vielem, was ich davon höre, weit mehr Interesse wie Schottland bei mir erregt. Doch tut es mir leid, daß Krankheit zuerst, und die Zerstreuungen der Hauptstadt nachher, mich um den Anblick jenes Landes gebracht haben. Es ist eine Vernachlässigung, die ich in mein Sündenbuch mit aufnehmen muß, das leider so viele dergleichen enthält, unter dem Artikel: Indolenz – ein abscheulicher Feind der Menschen! Gewiß hatte jener französische Marschall recht, der zu Ludwig XIV., für *parvenus*[46] so ungünstigen Zeit, sich dennoch vom gemeinen Soldaten bis zu der höchsten Würde seines Standes emporschwang, als er einigen Freunden, die ihn fragten, wie ihm dies möglich geworden, antwortete: »Nur dadurch, daß ich nie bis morgen aufschob, was ich heute tun konnte.« Fast in dasselbe Kapitel gehört die Unentschlossenheit, auch ein

Erbfeind so vieler Menschen, die ein noch berühmterer Marschall, Suworow, so sehr haßte, daß er, in der Übertreibung seines Charakters, denen sogleich seine Gunst entzog, die ihm je auf eine Frage erwiderten: »Ich weiß nicht.«

›*Non mi ricordo*‹[47], geht schon eher an, und meinen Grundsätzen gemäß wende ich dies besonders auf alle besagten Sünden an, wenn sie einmal geschehen sind. Man muß es sich täglich wiederholen: Die Vergangenheit ist tot, nur die Zukunft lebt.

Möge sie uns, meine geliebte Julie, immer günstig erscheinen.

Dein treuer L.

Vierundzwanzigster Brief

Cobham Hall, den 30sten Juni 1828

Geliebte Freundin!

Nachdem ich meinen Brief an Dich abgeschickt hatte, und dann mit einigen Damen eine Landpartie gemacht, fuhr ich auf eine *assemblée*[1] beim Herzog von Clarence, wo diesmal ein solches echt englisches Gedränge war, daß es mir, wie vielen andern, durchaus nicht gelang, hereinzukommen, und wir nach einer halben Stunde unverrichteter Sache wieder abziehen mußten, um uns auf einem andern Balle zu entschädigen. Die Masse im ersten Zimmer wurde so zusammengepreßt, daß mehrere Herren ihre Hüte aufsetzten, um nur besser mit den Armen arbeiten zu können. Mit Juwelen bedeckte Damen wurden förmlich niedergeboxt, und fielen oder standen vielmehr in Ohnmacht. Schreie, Stöhnen, Fluchen und Seufzen waren die einzigen Töne, die man vernahm. Einige nur lachten, und so unmenschlich es war, muß ich mich doch anklagen, selbst unter diesen letztern gewesen zu sein, denn es war doch gar zu spaßhaft, so etwas ›Gesellschaft‹ nennen zu hören. In der Tat hatte ich es aber auch so arg bisher noch nicht erlebt.

Früh am andern Morgen ritt ich nach C... Hall, um einige Tage dort zuzubringen, auf eine Einladung zu Lord D...s Geburtstag, der heute ländlich und anspruchslos gefeiert wurde. Die Familie befand sich, außer mir, ganz allein noch durch den ältesten Sohn mit seiner schönen und lieblichen Frau vermehrt, welche gewöhnlich in Irland residieren. Häuslichkeit war überall an der Tagesordnung. Man aß früh, um gegen Abend dem *souper* im Freien beiwohnen zu können, welches Lord D... allen seinen Lohnarbeitern gab, ohngefähr 100 an der Zahl. Es ging dabei höchst anständig zu.

Wir saßen im *pleasure-ground* am eisernen Zaun, und auf der gemähten Wiese waren die Tische für die Leute gedeckt. Erst bekamen ohngefähr 50 junge Mädchen aus der Lancaster'schen Schule, die Lady D... im Park gestiftet, Tee und Kuchen. Alle waren egal angezogen, und mitunter recht hübsch, Kinder von 6-14 Jahren. Nach diesen erschienen die Arbeiter und setzten sich an eine lange Tafel, die reichlich mit ungeheuern Schüsseln voll Braten, Gemüse und Pudding besetzt war. Jeder brachte sein Besteck und seinen irdenen Becher selbst mit. Die Diener des Hauses legten vor, machten überhaupt die *honneurs* und schenkten das Bier aus großen Gartengießkannen ein. Die Musikanten des Dorfes musizierten dazu, und zwar weit besser als die unsrigen, waren auch weit besser angezogen, dagegen die Arbeiter nicht so gut und reinlich aussahen, als unsre Wenden[2] in ihrer Sonntagstracht. Es waren durchaus nur diejenigen Bewohner des Dorfes und der Umgegend eingeladen, die fortwährend für Lord D... arbeiten, sonst niemand. Die Gesundheiten aller Mitglieder der Familie des Lords wurden mit neunmaligem Hurrahgeschrei sehr förmlich getrunken, worauf unser alter Kutscher Child (jetzt in Lord D...s Dienst) der eine Art englischer *improvisatore* ist, mitten auf den Tisch stieg, und eine höchst possierliche Rede in Versen an die Gesellschaft hielt, in der auch ich vorkam, und zwar indem er mir wünschte:

›*to have always plenty of gold and never to become old*‹,

(immer genug Geld zu haben und nie alt zu werden)

was der doppelten Unmöglichkeit wegen fast satirisch klang.

Während dieser ganzen Zeit, und bis es dunkel ward, tanzten und hüpften die kleinen Mädchen unter sich mit großer Gravität auf dem Rasen, ohne irgendeinen Zusammenhang, wie Marionetten, rastlos umher, die Musik mochte schweigen oder spielen. Unsere Gesellschaft im *pleasure-ground* ward endlich auch von dieser Tanzlust angesteckt, und ich selbst gezwungen, mein deshalbiges Gelübde zu brechen, was ich meiner Tänzerin, der 60jährigen Lady D..., ohnmöglich abschlagen konnte.

Den 4ten Juli

Lange habe ich mich nicht so gut amüsiert als hier. Am Tage mache ich in der schönen Gegend Exkursionen, oder fahre in Lady D...s Phaeton und Einspänner ohne Weg und Steg in den Wiesen und dem Hochwalde des Parks umher, und auch abends nehme ich, wie jeder, nicht mehr Teil an der Gesellschaft als mir gefällt. Gestern saßen wir so alle (9 Personen), wohl ein paar Stunden lang, nach dem Essen in der Bibliothek gemeinschaftlich zusammen, und lasen, jeder aber, versteht sich, sein eignes Buch, ohne daß ein einziges Wort, die Lektüre unterbrochen hätte, über welches peripatetische[3] Stillschweigen wir doch zuletzt selbst lachen mußten, eingedenk des Engländers, welcher in Paris behauptete, *que parler c'était gâter la conversation.*[4]

Nachdem ich am ersten Tage die erwähnte Lancaster'sche Schule besichtigt hatte, wo eine einzige Person 60 Mädchen unterrichtet, die aus der Umgegend, so weit sie dem Lord gehört, täglich auf 4 Stunden hierherkommen, ritt ich nach Rochester, um die Ruinen des dortigen alten Schlosses zu besehen, ein schöner Überrest des Altertums. Was nicht mit Gewalt zerstört wurde, steht noch felsenfest seit Wilhelm des Eroberers Zeiten, also mehr als 800 Jahre. Besonders schön sind die Überreste des Eßsaals mit kolossalen Säulen, verbunden durch reich verzierte sächsische Bogen. Die Steinornamente wurden alle in der Normandie gearbeitet und zu Wasser hergesandt. Ich erstieg die höchste Spitze der Ruine, wo ich eine herrliche Aussicht fand, auf die Vereinigung der beiden Flüsse Medway und Themse, die Städte Rochester und Chatham nebst den *dock-yards*[5] in der letzten, und einer reich bebauten Umgegend.

Zum *dinner* bekam unsere Gesellschaft einen Zuwachs durch Mr. und Mrs. P..., Mr. M... und einen Neffen Lord D...s; Mrs. P... erzählte eine gute Anekdote vom Schauspieler Kemble. Auf einer seiner Kunstreisen in der Provinz spielte dieser in einem Stück, worin ein Kamel vorkommt. Er sprach deshalb mit dem Dekorateur und äußerte: daß gerade, wie er heute gesehen, ein Kamel in der Stadt sei – der Dekorateur möge sich es daher ansehen, um sein artifizielles Tier demselben so ähnlich als möglich zu machen. Der Mann schien hierüber sehr verdrüßlich und erwiderte: es täte ihm leid, daß die Herren von London glaubten, in der Provinz sei man so gar unwissend; was ihn beträfe, so schmeichle er sich, ohne weitere Inspektion, heut abend ein natürlicheres Kamel herzustellen, als irgendwo eins in der Stadt umhergehen könne.

Am folgenden Tage wurde abermals, und zwar diesmal in Gesellschaft der Damen, ausgeritten, und später, nach dem *luncheon*, eine Wasserfahrt auf Lord D...s eleganter Jacht gemacht. Bis zur Themse fuhr ich die Gesellschaft *four-in-hand*[6], was ich in der letzten Zeit so wenig geübt habe, daß an einem Kreuzwege meine *leaders* (Vorderpferde) mit ihren Köpfen wider Willen in das Innere einer quer vorbeieilenden Diligence gerieten, und dadurch in beiden Wagen, sowohl vor als hinter mir, einige Schreie des Schreckens hervorriefen, was den alten Child, der mich als seinen Schüler ansieht, sehr entrüstete.

An einem Tage verlor ich so, wie der große Korse[7], all meinen Ruhm in der großen Kunst, die Zügel zu führen, die man vom Throne ›regieren‹, vom Bocke ›fahren‹ nennt. Ich mußte daher auch den letzteren abdizieren[8], weil die Damen behaupteten, daß ihr Leben, während ich diesen Platz einnähme, in zu großer Gefahr schwebte.

Dies verdroß mich so sehr, daß ich, auf der Jacht angekommen, sogleich die Strickleitern hinaufkletterte, und im Mastkorbe blieb, wo ich, von einem lauen Zephyr[9] gefächelt, gemächtlich die stets sich ändernde Aussicht bewundern, und über meinen tiefen Sturz philosophieren konnte.

Den 5ten

Nachdem ich heute noch fleißig geholfen, einige neue Prospekte im Gebüsch auszuhauen, woran wir alle Hand legten, und einen Weg im Park angegeben hatte, dem man die Ehre antun will, ihn nach mir zu benennen, nahm ich herzlichen Abschied von dieser vortrefflichen Familie, die den Vornehmen jedes Landes zum Muster dienen könnte, und kehrte, versehen mit mehreren Empfehlungsbriefen für Irland, nach London zurück.

Den 8ten

Da ich vor meiner Abreise Dir noch vielerlei mit meinen Pferden, Wagen und Vögeln (von den letztern erhältst Du einen ganzen Transport der seltensten) zusenden will, so habe ich dieser Tage mit allerlei Einkäufen viel zu tun gehabt. Währenddem geriet ich auf die Ausstellung des Gewerbfleißes, wo man gar manches Interessantes sieht, als z. B. eine Maschine, die alle im Gesichtskreis befindlichen Dinge perspektivisch, sozusagen, von selbst zeichnet; ein Fortepiano, das, außer zu dem gewöhnlichen Gebrauche zu dienen, auch noch hundert Stücke extra allein spielt, so daß man diese mit eignen Phantasien auf den Tasten begleiten kann; ein sehr kompendiöser[10] Haustelegraph, der die Bedienten mehr als zur Hälfte, und ihre lästige Anwesenheit fast ganz erspart; eine Waschmaschine, die für die größte Menge Wäsche doch nur e i n e Gehilfin braucht; eine höchst elegante Buttermaschine, um sich in Zeit von zwei Minuten die Butter selbst beim Frühstück zu verfertigen, und mehr andere Neuigkeiten dieser Art.

Von hier fuhr ich nach der größten *nursery* (Handelsgarten)[11] in der Umgegend Londons, welche ich schon lange zu sehen gewünscht. Die mannigfachen Bedürfnisse so vieler reicher Leute bringen hier Privatunternehmungen von einem Umfang hervor, wie man sie sonst nirgends antrifft. So fand ich in diesem Garten eine Sammlung Gewächshäuser von jeder Größe. Bei vielen waren schmale bleierne Röhren, längs dem Rahmen des Glasdaches hin, angebracht, ohngefähr drei an jeder Seite des Daches. In diese Röhren sind ganz schmale Löcher gebohrt, nach Verhältnis ihrer Höhe vom Boden. Das bloße Drehen eines Hahnes füllt die Röhren mit Flußwasser, und in demselben Augenblick entsteht im ganzen Hause ein dichter Regen, gleich dem natürlichen, den man anhalten läßt, so lange man will. Dies macht das beschwerliche Begießen fast ganz unnötig, wirkt viel kräftiger und gleichförmiger ein, und nur, wo zu dichte Blätter vielleicht dem Regen undurchdringlich sind, wird nachgeholfen.

Gegen Schloßen[12] fand ich folgende einfache Vorrichtung. Auf dem First des Glasdaches, wie auf den beiden Seitenmauern, sind eiserne Spitzen befestigt, und zwei Fuß über dem Glase zusammengerolltes Segeltuch an ihnen befestigt. Kommen Schloßen, so wird durch eine leichte und schnelle Vorrichtung dieses Segeltuch, vermittelst angezogener Schnüre, stramm aufgespannt, so daß es gleichsam ein doppeltes Dach bildet, und alle Schloßen davon abprallen müssen, ohne das Glas berühren zu können.

Ohne mich in das Detail der unzähligen Ananassorten, Rosen etc. einzulassen, bemerke ich nur, daß im *département*[13] der Gemüse 435 Arten Salat, 261 Erbsen und 240 Kartoffeln zu haben waren, und so fort im gleichen Verhältnis fast mit allen Gegenständen des Gartenhandels.

Auf dem Rückwege begegnete ich den Tirolern[14], die sich einen freien Tag gemacht hatten, und frug das Mädchen, meine alte Bekannte, wie sie denn alle mit ihrem hiesigen Aufenthalt zufrieden wären? Sie versicherten enthusiastisch, daß ihr Heiliger sie hierher geführt haben müsse, denn wenige Monate hätten ihnen nun schon 7000 L. St. eingebracht, die sie sich bar mit ihren zwölf Liedern ersungen.

Der Fürst Esterházy hat dies Gejodle hier Mode gemacht, und Mode ist hier alles. Die Sontag und Pasta, ohngeachtet ihres herrlichen Talents, haben doch eigentlich auch nur diesem Umstande: daß sie Mode wurden, ihr Glück in London zu verdanken; denn Weber, der sich zu diesem Ende nicht zu benehmen wußte, erhielt bekanntlich fast nichts, die beiden Bohrer, Kiesewetter desgleichen und mehrere andere von großem Verdienste, waren nicht glücklicher.

Indem ich von der Mode rede, wäre es wohl gerade hier passend, mich vor meinem Abgange aus England noch einmal etwas weitläuftiger über das Wesen der dortigen Gesellschaft auszulassen, das allerdings einen Fremden noch mehr als Nebel, Dampfmaschinen und Postkutschen in diesem gelobten Lande auffallen muß. Es ist wohl nicht nötig, hier erst zu bemerken, daß bei solchen allgemeinen Schilderungen nur das Vorherrschende ins Auge gefaßt wird, und bei dem Tadel, den das Ganze trifft, der hundert ehrenvollen Ausnahmen, die so vollkommen das lobenswerteste Gegenteil aufstellen, nicht gedacht werden kann.

England befindet sich, allerdings mit Berücksichtigung eines ganz verschiedenen allgemeinen Zeitgeistes, dennoch in einer ähnlichen Periode wie Frankreich 30 Jahre vor der Revolution. Es wird ihr auch wie jenes verfallen, wenn es ihr nicht durch radikale, aber sukzessive Reform entgeht. Nah verwandte Grundübel sind hier vorhanden, wie dort. Auf der einen Seite: Übermacht, Mißbrauch der Gewalt, versteinerter Dünkel und Frivolität der Großen; auf der andern zum allgemeinen Nationalcharakter gewordner Egoismus und Habsucht beim ganzen Volke. Die Religion ruht nicht mehr im Herzen und Gemüt, sondern ist eine tote Form geworden, trotz dem ungebildetsten Katholizismus, mit weniger Zeremonien, aber mit gleicher Intoleranz und einer gleichen Priesterhierarchie verbunden, die jedoch, außer ihrer Bigotterie und ihrem Stolz, noch das voraus hat, daß sie das halbe Vermögen des Landes besitzt.*

Diese Ursachen haben auch dem, was man vorzugsweise ›Gesellschaft‹ nennt, eine analoge Richtung geben müssen. Die Erfahrung wird dies jedem bestätigen, der Gelegenheit zur nähern Beleuchtung des *high life* in England findet, und höchst interessant wird es ihm sein, zu beobachten, wie verschieden diese Pflanze sich in Frankreich und bei John Bull[15] durch die Verschiedenheit des Urgrundes ausgebildet hat; denn in Frankreich entwickelte sie sich mehr aus dem Rittertume und seiner Poesie, nebst einer allerdings in der Nation dominierenden Eitelkeit, verbunden mit leichtem Sinn und einer wahren Freude an der Sozialität; in England dagegen aus einer brutalen Vasallenherrschaft, dem spätern Handelsglück, angeborner übler Laune des Volkes und einer von jeher ziemlich versteinerten Selbstliebe.

* Es ist höchst auffallend, daß englische Schriftsteller sich auf alle Weise abmartern, um auszumitteln, worin der Grund der unermeßlichen Armentaxen, und des immer künstlicher und drohender werdenden Zustandes der arbeitenden Klassen in Großbritannien bestehe, und wie ihm abzuhelfen sei, zu welchem letzteren Ende einige sogar systematische Menschenausfuhr, wie die von baumwollenen Zeugen und Stahlwaren, nebst Gouvernements-Prämien dafür empfehlen – da doch das wahre augenblickliche Heilmittel so nahe liegt, – es bedürfte weiter nichts als Aufhebung des Zehnten, der überdies, weil er mit der vermehrten Kultur steigt die alleinige Ursache ist, daß in England selbst noch ungeheure Strecken eines Bodens, den man bei uns ›gut‹ nennen würde, wüste liegen bleiben, indem niemand sein Kapital und seinen Schweiß bloß für die Pfaffen hergeben will. *A. d. H.*

Man bildet sich gewöhnlich im Auslande eine mehr oder weniger republikanische Ansicht von der englischen Gesellschaft. In dem öffentlichen Leben der Nation ist dieses Prinzip allerdings sehr bemerkbar, und wird es immer mehr; ebenso in der Art ihrer Häuslichkeit, wo zugleich auch der Egoismus seltsam vorherrscht. Erwachsene Kinder und Eltern werden sich schnell fremd, und was wir Häuslichkeit nennen, ist daher hier bloß auf Mann und Frau und kleine Kinder anwendbar, solange diese in der unmittelbaren Abhängigkeit vom Vater leben. Sobald sie größer werden, tritt sogleich republikanische Kälte und Trennung zwischen ihnen und den Eltern ein. Ein englischer Dichter behauptet sogar: die Liebe der Großväter zu ihren Enkeln entstehe bloß daher, weil sie in ihren erwachsenen Söhnen nichts anders als begierige und feindliche Erben sähen, in ihren Enkeln aber wiederum die künftigen Feinde ihrer Feinde liebten. Ein solcher Gedanke selbst konnte nur in einem englischen Gehirne entstehen!

In den gesellschaftlichen Verhältnissen dagegen ist, von oben bis auf die untersten Stufen herab, auch nicht eine Spur republikanischer Elemente anzutreffen. Hier ist alles im höchsten Grade mehr als aristokratisch, es ist kastenartig indisch. Eine andere Ausbildung der heutigen sogenannten großen Welt würde vielleicht noch stattgefunden haben, wenn in England ein Hof, im Kontinentalsinne, Ton und Richtung in höchster Instanz angegeben hätte.

Ein solcher ist aber hier nicht vorhanden. Die englischen Könige leben als Privatleute, die meisten Hofchargen sind fast nur nominell[16], vereinigen sich höchst selten, nur zu großen Gelegenheiten, und da sich doch irgendwo in der Gesellschaft ein *focus*[17] organisieren muß, von dem das höchste Licht und die höchste Autorität fortwährend ausstrahlt, so schien die reiche Aristokratie berufen, diese Stelle einzunehmen. Sie war aber, bei aller ihrer Macht und Reichtum, dennoch nicht allein imstande, diesen Platz vollständig zu behaupten. Der englische Adel, so stolz er ist, kann sich doch an Alter und Reinheit, wenn solchen Dingen einmal Wert beigelegt werden soll, nicht *exklusive* nennen, kaum mit dem französischen, durchaus aber nicht mit dem höheren, großenteils intakt gebliebenem deutschen messen. Er blendet nur durch die weislich immer beibehaltenen alten historischen Namen, die, wie stehende Masken, durch die ganze Geschichte Englands durchgehen, obgleich immer neue Familien und oft solche, die von ganz geringen Leuten, oder Maitressen etc. abstammen, dahinter stecken. Englands Adel hat freilich die solidesten Vorzüge vor dem anderer Länder, durch seinen reellen Reichtum, und noch mehr durch den Anteil an der Gesetzgebung, den ihm die Verfassung einräumt; da er aber im gesellschaftlichen Leben nicht deshalb, sondern gerade nur vom affichierten[18] edleren Blute und höherer Extraktion seinen Hochmut hernehmen und beurkunden will, so ist allerdings die Prätention doppelt lächerlich.

Man fühlte dies vielleicht instinktmäßig, und so wurde durch stillschweigende Übereinkunft als unumschränkte Herrscherin nicht die Aristokratie, nicht das Geld (denn da die Aristokratie ebenso reich als die Industrie ist, so konnte die höchste Gewalt unmöglich auf diese übergehen) sondern eine ganz neue Macht: die Mode – auf den Thron gestellt, eine Göttin, die nur in England wahrhaft personell, wenn ich mich so ausdrücken darf, despotisch und unerbittlich herrscht, immer aber durch einige geschickte Usurpatoren beider Geschlechter sinnlich repräsentiert wird.

Der Kastengeist, der sich von ihr herab jetzt durch alle Stufen der Gesellschaft mehr oder weniger erstreckt, hat hier eine beispiellose Ausbildung erhalten. Es ist hinlänglich, einen niedereren Kreis vertraut besucht zu haben, um in dem auf der Leiter immediat folgenden gar nicht mehr, oder doch mit großer Kälte aufgenommen zu werden, und kein Brahmane kann sich vor einem Paria mehr scheuen[19], als ein anerkannter *exclusive* vor einem *nobody*. Jede Gesellschaftsart ist von der andern getrennt, wie ein englisches Feld vom andern durch Dornhecken. Jede hat ihre eignen Manieren und Ausdrücke, ihren ›*cant*‹[20], wie man es nennt, und vor allem eine vollkommne Verachtung für alle unter ihr stehenden. Man sieht auf den ersten Blick hieraus, daß die Natur einer solchen Gesellschaft höchst kleinstädtisch in ihren einzelnen Coterien[21] werden muß, was sie gar sehr von der Pariser unterscheidet.

Obgleich nun die Aristokratie, wie ich bemerkte, als solche nicht an der Spitze dieses seltsamen Ganzen steht, so übt sie doch den größten Einfluß darin aus. Es ist sogar schwer, *fashionable* zu werden ohne vornehmer Abkunft zu sein, aber man ist es auch noch lange nicht, wenn man vornehm, noch weniger, weil man reich ist. So ist es beinahe lächerlich, zu sagen, aber doch wahr, daß z. B. der jetzige König, Georg IV., höchst *fashionable* ist, der vorige es nicht im geringsten war, und keiner der Brüder des jetzigen es ist, was übrigens zu ihrem größten Lobe dient, da ein wahrhaft ausgezeichneter Mann nie frivol genug sein wird, um in dieser Kategorie sich auf die Länge behaupten zu können, noch zu mögen. Dennoch würde es auch mißlich sein, bestimmt anzugeben, was auf der andern Seite eigentlich die höchsten Stellen in jener Sphäre verbürge. Man sieht abwechselnd die heterogensten Eigenschaften darauf Posto fassen[22], und auch politische Motive können in einem Lande wie diesem nicht immer ohne Einfluß darauf bleiben, doch glaube ich, daß *caprice*[23] und Glück, und vor allem die Weiber, auch hierin, wie in der übrigen Welt, das meiste tun.

Im ganzen aber zeigen allerdings die modischen Engländer, ohne deshalb ihre angeborne Schwerfälligkeit und Pedanterie sehr ablegen zu können, als den Hauptzug ihres

Strebens, das lebhafte Verlangen: die ehemalige französische sittenlose Frivolität und *jactance*[24] in ihrem vollen Umfang zu erreichen, während gerade im umgekehrten Verhältnis die Franzosen jetzt diese Disposition mit altenglischem Ernste vertauscht haben, und täglich mehr einem würdigeren Lebenszweck entgegengehen.

Ein heutiger Londner *exclusive* ist daher in Wahrheit nichts anders, als ein schlechter Nachdruck, sowohl der ehemaligen *roués*[25] der Regentschaft, als der Höflinge Ludwig XV. Beide haben miteinander gemein: Selbstsucht, Leichtsinn, unbegrenzte Eitelkeit und einen gänzlichen Mangel an Herz – beide glauben sich mit Hohn und Übermut über alles hinwegsetzen zu können, und kriechen nur vor einem Idol im Staube, jene Franzosen ehemals vor ihrem König, diese Engländer vor dem von ihnen eben anerkannten Herrscher im Reiche der *fashion*. Aber welch ein Kontrast in dem ferneren Resultat! In Frankreich wurde die Abwesenheit der Moralität und Ehrlichkeit wenigstens durch ausgesuchte Höflichkeit ersetzt, für den Mangel an Gemüt durch Geist und Amabilität[26] entschädigt, die Impertinenz, sich für etwas Bessers als andere zu halten, durch hohe Eleganz und Gefälligkeit der Formen erträglich gemacht, und die selbstsüchtige Eitelkeit wenigstens durch den Glanz eines imponierenden Hofes, ein vornehm repräsentierendes Wesen, die vollendete Kunst des feinen Umgangs, gewinnende *aisance*[27], und eine durch Witz und Leichtigkeit fesselnde Unterhaltung gewissermaßen gerechtfertigt, oder wenigstens entschuldigt. Was bietet uns dagegen ein englischer *dandy* dar!

Sein höchster Triumph ist, mit den hölzernsten Manieren ungestraft, so ungeschliffen als möglich aufzutreten, ja selbst seine Höflichkeiten so einzurichten, daß sie der Beleidigung nahe sind, in welchem letztern Benehmen er besonders seine Zelebrität[28] sucht. Statt nobler *aisance*, sich jeder *gêne* der Schicklichkeit entledigen zu dürfen, das Verhältnis mit den Frauen dahin umzukehren, daß diese als der angreifende und er nur als der duldende Teil erscheint; seine besten Bekannten, sobald sie ihm nicht durch die *fashion* imponieren, gelegentlich aus Laune so zu behandeln, als kenne er sie nicht mehr, ›*to cut them*‹, wie der Kunstausdruck heißt, den unsäglich faden *jargon*[29] und die Affektation seines ›*set*‹[30] gut inne zu haben, und stets zu wissen, was ›*the thing*‹ ist – das ohngefähr macht den jungen ›*lion*‹ in der Modewelt.[31] Hat er noch dazu eine besonders hübsche Maitresse, und ist es ihm nebenbei gelungen, irgendeine Törin zu verführen, die albern genug war, sich der Mode zu opfern, und Mann und Kinder seinetwegen zu verlassen, so erhält seine Reputation einen noch höhern Nimbus. Verschwendet er dabei auch noch viel Geld, ist er jung und hat einen Namen im Peerage-Buch[32], so kann es ihm kaum mehr fehlen, wenigstens eine vorübergehende Rolle zu spielen, und er besitzt jedenfalls in vollem Maße alle Ingredienzien für einen Richelieu unserer Zeit. Daß seine Konversation nur in trivialen Lokalspäßen und *médisance*[33] besteht, die er einer Frau in großer Gesellschaft ins Ohr raunt, ohne darauf zu achten, daß noch jemand anders außer ihr und ihm im Zimmer ist, daß er mit Männern nur vom Spiel und Sport sprechen kann, daß er außer der Routine einiger Modephrasen, die der seichteste Kopf gewöhnlich am besten sich merkt, höchst unwissend ist, daß seine linkische *tournure* nur die *nonchalance* des Bauerburschen erreicht, der sich auf die Ofenbank hinstreckt, und seine Grazie viel Ähnlichkeit mit der eines Bären hat, der im Auslande tanzen gelernt – alles das raubt ihm keinen Stein aus seiner Krone.

Schlimmer noch ist es, daß trotz der vornehmen Roheit seines äußern Betragens, der moralische Zustand seines Innern, um modisch zu sein, auf einer noch weit niedrigern Stufe stehen muß. Wie sehr der Betrug in den vielen Arten von Spiel, die hier an der Tagesordnung sind, in der großen Welt vorherrscht, und lange mit Erfolg ausgeübt, eine Art von Relief gibt, ist notorisch, aber auffallender ist es noch, daß man den krassesten Egoismus, der doch auch solchen Handlungen nur zum Grunde liegt, gar nicht zu verbergen sucht, sondern ganz offen als das einzige vernünftige Prinzip aufstellt, und *›good nature‹* oder ›Gemüt‹ als *comble*[34] der Gemeinheit belacht und verachtet, wie es in keinem andern Lande der Fall mehr ist, wo man sich solcher Gesinnungen wenigstens schämt, wenn man sie hat. *›We are a selfish people‹*, sagt ein beliebter Modeschriftsteller, *›I confess, and I do believe that what in other countries is called* amor patriae *is amongst us, nothing but, a huge conglomeration of love of ourselves;* but I am glad of it; I like selfishness; *there's good sense in it‹*[35] und ferner, nicht etwa satirisch, sondern ganz ernsthaft eifrig gemeint:

›Good-natured is quite mauvais ton *in London, and really it is a bad style to take up, and I will never do.‹*[36]

Freilich, wenn man jedes Gefühl auf das spitzfindigste analysieren und verfolgen will, so wird man vielleicht immer eine Art von Egoismus im tiefsten Grunde entdecken, aber eine edle Scham wirft eben deshalb bei allen andern Nationen einen Schleier darüber, wie auch der Geschlechtstrieb etwas sehr Natürliches und Wahres ist, und dennoch, auch vom Rohsten, verborgen wird.

Hier schämt man sich aber der krassesten Eigenliebe so wenig, daß mich ein vornehmer Engländer einmal belehrte, ein guter *fox-hunter* müsse sich durch nichts in der Verfolgung des Fuches irremachen lassen, und wenn sein Vater vor ihm, über eine Barriere gestürzt, da läge, so würde er, *›if he couldn't help it‹*[37], mit seinem Pferde unbedenklich über oder auf ihn springen, ohne sich vor beendigter Jagd weiter um sein Schicksal zu bekümmern*.

* Gewiß ist die neue Pariser Gesellschaft: ›hilf Dir selbst, so wird Dir Gott helfen‹, *in praxi* noch nicht so weit gekommen. *A. d. H.*

Bei alledem hat unser *pattern*[38] eines *dandy* auch in seinen bösen Eigenschaften nicht die geringste Selbstständigkeit, sondern erscheint nur als der ängstlichste Sklave der Mode bis in die größten Kleinigkeiten, sowie der demütigste Trabant des Glücklichen, der noch höher steht, als er. Würde plötzlich Tugend und Bescheidenheit Mode, so würde niemand exemplarischer darin sein, so schwer es ihm ankommen möchte.

Ohne alle Originalität und ohne eigne Gedanken ist er eigentlich jener Tonfigur im Galgenmännchen zu vergleichen, die eine Weile mit allen menschlichen Eigenschaften täuscht, aber plötzlich in Kot zusammenfällt, sobald man entdeckt – daß sie keine Seele hat.

Wer die besten der neueren englischen Romane liest, namentlich vom Verfasser des ›Pelham‹[39], wird aus ihnen eine ziemlich richtige Idee der englischen fashionablen Gesellschaft sich abstrahieren können, wenn er *nota bene*[40] nicht vergißt, das abzurechnen, was die nationelle Eigenliebe sich zuschreibt, ohne es zu besitzen, nämlich Grazie für ihre *roués,* verführerische Formen und gewinnende Unterhaltungsgabe für ihre *dandies.* Ich habe eine Zeitlang sowohl die Zirkel derjenigen besucht, die den Gipfel bewohnen, als der, welche sich in der Mitte des modischen Narrenberges, und auch derjenigen, die an seinem Fuße sich angesiedelt haben, und sehnsüchtig nach jenem für sie unerreichbaren Gipfel blicken – selten aber fand ich eine Spur jener anziehenden Gesellschaftskunst, jenes vollkommen und wohltuend befriedigenden Gleichgewichts aller sozialer Talente, ebenso weit entfernt von Zwang als *licence*[41], welches Verstand und Gefühl gleich angenehm anspricht, und fortwährend erregt, ohne je zu ermüden, eine Kunst, in der die Franzosen so lange fast das einzige europäische Vorbild waren.

Statt dessen sah ich in der Modewelt, mit wenigen Ausnahmen, nur zu oft eine wahre Gemeinheit der Gesinnung, ein wenig gezierte Immoralität, und den offensten Dünkel, in grober Vernachlässigung aller Gutherzigkeit, sich breit machen, um in einem falschen und nichtigen *refinement*[42] zu glänzen, welches dem gesunden Sinn noch ungenießbarer wird, als die linkische und possierliche Preziosität[43] der erklärtesten *nobodies*. Man hat gesagt: Laster und Armut sei die widerlichste Zusammenstellung – seit ich in England war, scheint mir Laster und Plumpheit noch ekelerregender.

Doch laß mich, vom Allgemeinen auf's Einzelne übergehend, einige Heroen dieser Region selbst flüchtig skizzieren.

Zuerst begegnet uns ein schwer hörender und schwer sprechender Edelmann, eine lange, blonde Figur, was die Soldaten Napoleons im gemeinen aber passenden Ausdruck *un grande flandrin*[44] nannten, mit einem Gesicht von der *coupe*[45] der echt spanischen Merinos[46] und nur insofern *good looking*, als dies ohne alle Feinheit der Züge und geistvollen Ausdrucks derselben möglich ist. Das unbedeutende Auge spiegelt nur e i n e große Idee ab, nämlich die, welche das Individuum von sich selbst hegt.

»Sehen Sie sich diesen Mann an«, sagte ich zu meinem kürzlich debarkierten Freunde, »er ist kein *dandy*, dazu auch nicht mehr jung genug; demohngeachtet aber und in noch höherer Potenz dermalen der Sultan der Mode in England.« – »Unmöglich«, rief mein Freund, »Sie scherzen.« – »Nicht im geringsten«, erwiderte ich, »und ohngeachtet dessen, was sie sehen, und was sie nicht zu bestechen scheint, besitzt dieser glückliche Sterbliche doch einige Eigenschaften für die Rolle, welche er spielt, die nicht zu verachten sein möchten.« – »Und die sind?« unterbrach mich H... »Für's erste«, belehrte ich ihn, »ist er einer der vornehmsten und reichsten Edelleute des Landes, für den wenigstens 50000 Irländer, die er nicht leicht mit seiner Gegenwart beglückt,

Hunger leiden müssen; ferner ist er noch unverheiratet, und an Person wie Geist von der wünschens- und empfehlenswertesten Mittelmäßigkeit, die weder Neid erregt noch Anstoß gibt. Dabei ist er genereus für seine Umgebung, gibt gerne Feste, sieht gerne Leute, läßt sich von den Damen geduldig und mit solchem Vergnügen beherrschen, daß er ihnen Leib und Seele *à discrétion*[47] hingeben würde, hat ferner das beste Palais in London und das schönste Schloß auf dem Lande, und ist endlich, um gerecht zu sein, in *meubles,* Equipagen und Festen geschmackvoller und erfindungsreicher, als viele andere; was ihm aber unter solchen Umständen am meisten zur Ehre gereicht, ein sehr rechtlicher Mann.

Dies letztere könnte gewissermaßen im Widerspruch mit dem erscheinen, was ich früher über die Haupteigenschaften der Modischen gesagt, aber abgerechnet, daß die Ausnahme keine Regel bildet, so muß man auch bedenken, daß die Bewunderer eines glänzenden *fripon*[48] auch eine *dupe*[49] unter sich zu schätzen wissen.

Schwerlich wäre er auch mit allen genannten Vorzügen so hoch gestiegen, wenn nicht ein großes fremdes Talent sich ihn ausersehen gehabt hätte, um durch und mit ihm, sich selbst ebenso hoch auf den Thron zu stellen.

Dem stolzen und männlichen Geiste dieser Dame, den sie, wo sie will, unter der gewinnendsten Affabilität[50] zu verbergen weiß, verbunden mit aller diplomatischen Schlauheit ihres Standes, ist es gelungen, der englischen Suprematie[51] den Fuß auf den Nacken zu setzen, doch konnte sie dem Hofe, der sie seitdem umgab, und sich blindlings von ihr beherrschen ließ, weder ihren Witz und Takt, noch ihre vornehme Haltung, noch jene zurückschreckende Artigkeit gegen alle, die nicht zu den Auserwählten gehören, mitteilen, die das *non plus ultra*[52] dessen ist, nach dem die *exclusives* zu streben haben. Fast burlesk ist daher der Abstand, der zwischen ihr und dem Mitregenten in jeder dieser Hinsichten stattfindet. Dennoch herrschen beide jetzt im Olymp nebeneinander. Aber auch die unsterblichen Götter müssen Opposition erleiden, und als solche sehen wir einen Giganten in dem Marquis v... auftreten, der, sozusagen, dem Reich der Unterwelt gebietet. Bei gleichem Reichtum, mehr Verstand und Geschmack, vornehmern Manieren, als der Herzog, und geistvollern, obgleich häßlichen Zügen, ist auch seine Reputation positiver. Seines Charakters wegen wird er zwar vielleicht von manchen gemieden, von andern aber desto eifriger aufgesucht, und obgleich auch er den weisen Grundsatz der sich wichtig und gesucht machen wollenden englischen Modewelt: nur sehr schwer jemanden zu seiner Intimität zuzulassen, streng beobachtet, so hält er sich doch im allgemeinen populärer, als die von mir zuerst genannten Koryphäen. Auf seinen großen *assembléen* darf z. B. der König der Juden erscheinen[53], der des H... Türen stets verschlossen, und die der F... höchstens diplomatisch im geheimen geöffnet sieht, und noch manche andere *dii minorum gentium*[54] findet man dort, als zu Duchesses und Ladies gewordene Schauspielerinnen u. s. w., die man in jenen Zirkeln *par excellence* nicht leicht zu sehen bekommt.

Der junge Erbe eines berühmten Namens und eines großen Besitzes schien auch Ansprüche auf eine dominierende Stellung machen zu wollen; da aber bei ihm die vortrefflichen Lebenslehren, welche die Briefe seines Ahnherrn enthalten, auf ein sehr dürres Feld gefallen sind, und andere Umstände ihn noch nicht hinlänglich begünstigt haben, so mußte er sich bisher mit sehr untergeordneten Hoheitsrechten und der bloßen Anerkennung seiner schönen Wagen und Pferde, wie den Reizen seiner gefeierten Maitresse begnügen.

Eine hohe Stufe des Einflusses nimmt ferner ein fremder Ambassadeur ein, der ohne allen Zweifel die erste verdiente, wenn der beste Ton, gemütliche Liebenswürdigkeit, hoher

Rang, der feinste Geschmack, und ohngeachtet einer angenommenen englischen *tournure*, doch eine völlige Abwesenheit jener Schwerfälligkeit und Pedanterie, die englische *fashionables* nie los werden können – die einzigen Ansprüche dazu gäben. Aber eben weil er sowohl durch seine ausländische, immer über die Anglomanie den Sieg davontragende Liebenswürdigkeit, wie durch seine deutsche Gemütlichkeit den Engländern zu fern steht, erregt er zum Teil mehr noch ihren Neid, als ihre Bewunderung, und obgleich ihn die meisten recherchieren[55], schon weil er Mode ist, so bleibt er ihnen doch immer ein mehr fremdes Meteor, das sie hie und da sogar anfeinden, und zu dem sie jedenfalls solches Herz nicht fassen können, wie zu ihrem eignen Jupiter-Ammon[56], noch dem sie sich so blindlings unterwerfen wollen, wie der *autorité sans réplique*[57] ihrer Autokratin. Leicht würde vielleicht auch die schöne Gemahlin des Ambassadeurs die Rolle jener Dame gespielt haben, die sie an Reizen, wie an Jugend übertrifft, und eine Zeitlang mochten die Chancen zwischen beiden gleich stehen; aber sie war zu harmloser Gemütsart, zu natürlich und zu gutmütig, um definitiv obzusiegen. So hoch sie daher auch ihren Platz im Reiche der Mode einnimmt, hat ihr jene doch, vorderhand wenigstens, den höchsten abgelaufen. Niemand wird sie aber der genannten Ursachen wegen weniger liebenswert finden.

Unter den weiblichen Mitherrscherinnen erster Kategorie muß ich noch einiger andern erwähnen, die niemand übergehen darf, der den Eintritt in das Heiligtum wünscht. Obenan steht zuerst eine nicht mehr ganz junge, aber immer noch schöne Gräfin, eine der wenigen Engländerinnen, von der man sagen kann, daß sie eine vollkommen gute und wahrhaft distinguierte *tournure* habe. Sie würde mit ihren Naturgaben in jedem andern Lande gewiß durchaus liebenswürdig geworden sein, hier hat sie dem Gepräge des lieblosen, und alles menschlich Schöne und Liebenswerte so vernichtenden, Kastengeistes der hiesigen Gesellschaft nicht ganz entgehen können. Man hat sie oft und auf häßliche Weise in der boshaften ›Age‹ angegriffen[58], ohne ihr jedoch schaden zu können. Sie steht zu hoch und zu lieblich dazu da.

Eine schottische Viscountess, die ganz speziell im Schatten der fremden Herrscherin sich entfaltet hat, unter deren Fittichen ich sie vor 12 Jahren noch ziemlich demütig emporklimmen sah, hat seitdem allen Hochmut, um nicht zu sagen, *coarseness*[59] ihrer Berg-Kompatrioten angenommen. Von der erwähnten impertinenten Artigkeit hat sie nur die erste Eigenschaft zu erlangen verstanden, und würde, wenn sie nur ihren Mann und nicht auch außerdem ein großes unabhängiges Vermögen und dadurch politischen Einfluß beherrschte, wohl schwerlich von ihrer hohen Gönnerin auf den jetzt inne habenden Platz gestellt worden sein, obgleich man in einem, so verschiedene Zwecke beabsichtigenden, weiblichen Ministerium auch zuweilen *odd characters*[60] gebrauchen mag. Vor 12 Jahren, als ich England zum erstenmal besuchte, war diese Dame recht hübsch, und damals schon in diplomatischen Fesseln, aber anderer Art. Jetzt lebt sie bloß der Modeherrschaft und der Politik.

Wie die nachsichtige Gouvernante der übrigen erscheint eine dritte Lady, welche, glaube ich, auch auf den Titel einer deutschen Reichsgräfin Anspruch macht, der zwar in England sehr gering geachtet wird, aber, von einer Engländerin besessen, durch sie natürlich einen ganz andern Glanz erhalten muß. Dieser Titel in der Familie wurde auf dieselbe ehrenvolle Art erlangt, welcher die ersten Herzöge Englands den ihrigen verdanken. Eine Ahnfrau der Familie gefiel einem deutschen Kaiser, u. s. w. Ihre Enkelin würde jedoch schwerlich ein gleiches Glück gemacht haben, obgleich sie in der Tat noch einige Spuren der österreichischen Unterlippe in ihrem etwas in die Länge gezogenen Gesichte aufweisen kann. Sie ist bei gebildetem Geist wohl die gutmütigste der Lady Patronesses, sehr *inoffensive,* und sieht so oft aus, als wenn sie die häusliche *fireside* weit mehr lieben und zieren würde, als ihren hohen Posten für Almacks.

Als ihr Gegensatz kann eine andere Gräfin betrachtet werden, eine Französin von Geburt, die aber, von Kindheit an nach England emigriert, längst vollständig nationalisiert wurde, und gewiß nicht zu ihrem Vorteil. Dennoch ist sie mehr für die Gesellschaft gemacht geblieben, als die bisher geschilderten. Sie ist durchaus eine Frau von Welt, nicht mehr jung, aber ebenfalls noch gut konserviert, mit vielsagenden, feurigen Augen und schönen dichten Augenbrauen darüber, denen auch viele Gerechtigkeit widerfahren lassen. Die *chronique scandaleuse*[61] hat von ihr behauptet, sie habe es im *conseil*[62] der dirigierenden Modedamen vorzüglich übernommen, wie bei den alten französischen Regimentern immer einer unter den Offizieren dazu gewählt wurde, die *valeur*[63] der Neuangekommenen auf die Probe zu stellen und der ›*tateur*‹ genannt wurde, dieselbe Rolle gegen alle Neulinge, hinsichtlich ihrer Fähigkeit Mode zu werden, in der großen Welt zu spielen.

Es bleiben nun noch zwei Frauen übrig, mit denen die Zahl der Auserwählten ziemlich geschlossen ist, ja die letzte davon gehört schon eigentlich nicht mehr dazu, und schwebt mehr vereinzelt in der Atmosphäre, wie ein Komet im Planetensystem. Beide sind Marquisinnen, beide passieren für hübsch, beide sind reich, die eine hat auch Verstand, welcher der andern abgeht, und es ist daher wohl möglich, daß die erste sich durch die Zusammenstellung mit der andern ziemlich beleidigt fühlen würde, wenn dieser bescheidne Versuch einer flüchtigen Charakteristik ihr je unter die Augen käme.

Es ist überhaupt schade, daß diese Frau eine so große Meinung von sich selbst hat, und als eine der heftigsten Ultras ganz in Politik vergraben ist. Wenn sie in ihrem alten

Schlosse, das einst der Königin Elisabeth zugehörte, Hof hält, scheint sie sich wirklich in der *douce illusion*[64] zu befinden, sie selbst sei Elisabeth. Die Politik hatte sie damals mit der Alleinherrscherin etwas gespannt, folglich auch mit ihrem Satelliten, dem großen und langen H... Dagegen sah man zwei andere wichtige Personen im Reiche der Mode sehr häufig in ihrem Hause, das sich übrigens in der Politik blindlings dem Helden von Waterloo unterworfen hatte. Da die eine dieser Personen ein *dandy* der höchsten Art, die andere aber der erste *bel esprit*[65] der hohen Gesellschaft ist, so muß ich ihnen wohl auch eine kurze Aufmerksamkeit schenken.

Nur in der Unschuldsepoche der englischen Modeherrschaft, wo man noch das Ausland für seine Sitten kopierte, und nicht die jetzige Selbstständigkeit, die nun sogar als Muster für andere Länder aufzutreten anfängt, erlangt hatte, regierte ein *dandy* hauptsächlich durch seine Kleidung, und der berühmte Brummel tyrannisierte mit diesem einzigen Mittel bekanntlich jahrelang *town and country.* Jetzt ist dies nicht mehr der Fall; der höhere *exclusive* affektiert im Gegenteil eine gewisse Unaufmerksamkeit auf seine Kleidung, die sich fast immer gleich ist, und, weit entfernt jeder Mode zu folgen oder solche zu erfinden, bleibt sein Anzug höchstens nur durch Feinheit und Sauberkeit ausgezeichnet. Es gehört jetzt allerdings schon mehr dazu, der Mann nach der Mode zu sein. Man muß unter andern, wie einst in Frankreich, den Ruf eines herzlosen Weiberverführers haben, und ein gefährlicher Mensch sein. Da man es aber den ehemaligen Franzosen an glänzender Liebenswürdigkeit und einnehmender Gewandtheit, mit einem undistinguierten Äußern und unbezwinglich holprigen Manieren, auch bei dem besten Willen nicht gleich zu tun imstande ist, so muß man sich dafür, wie Tartuffe[66], als ein gleich süßer und giftiger Heuchler geltend zu machen wissen, mit leisem Gespräch, welches jetzt Mode ist, und falschen Worten sich die Bahn zu jeder gewissenlosen

Handlung im Dunkeln brechen, als da sind falsches Spiel und Betrug des Neulings in jeder Art von Sport, bei dem so mancher junge Engländer, statt gehoffter Belustigung, Selbstmord und Verzweiflung einerntet, oder, wo diese Künste nicht anwendbar sind, durch Intrigen aller Art die im Wege stehenden um Ehre oder Vermögen zu bringen suchen, im geringsten Fall aber sie wenigstens ihres Einflusses in der ausgewählten Gesellschaft zu berauben wissen.

Wer Englands Schattenseite genauer kennt, wird mich hier nicht der Übertreibung zeihen, und es nicht auffallend finden, daß der von mir erwähnte Modeheld, ein junger Mann von guter Abkunft, aber ohne Vermögen und im Grunde nichts als ein geschickter *chevalier d'industrie*[67], sich durch den Namen *sweet mischief* (sanftes Verderben) ebenso gut charakterisiert als geschmeichelt fühlt. Die Marquise scheint bis jetzt nur von dem *sweet* angezogen worden zu sein, es besteht größtenteils in, wie man sagt, unterhaltender, süß zugeflüsterter Verleumdung, vielleicht lernt sie später auch noch das *mischief* kennen.

Der *bel esprit,* – dessen kaustische Kraft[68] man so ungeheuer fürchtet, daß man ihn, wörtlich, wie die Wilden den Teufel, hofiert, damit er nicht beiße, – hat eine der widerlichsten Außenseiten, die mir noch vorgekommen sind. Er ist wohl über fünfzig Jahre alt, und sieht vollkommen aus wie eine in Galle eingemachte bittere Pomeranze, ein grau und grünlicher alter Sünder, der bei Tisch nicht essen kann, bis er zwei oder drei Menschen ihres guten Namens beraubt, und ebensoviel andere, oft nichts weniger als geistreiche, Bosheiten gesagt hat, die aber dennoch von allen sich in seinem Bereich befindenden, stets mit lautem Beifall und konvulsivischem Lachen aufgenommen werden, obgleich manchem dabei die Gänsehaut überrieseln mag, daß, sobald er den Rücken gekehrt, ihm Gleiches widerfahren werde. Aber der Mann ist einmal Mode. Seine Aussprüche sind Orakel, sein

Witz muß exquisit sein, seitdem er das Privilegium dazu von der fashionablen Gesellschaft erhalten hat, und wo die Mode spricht, da ist, wie gesagt, der freie Engländer ein Sklave. Überdem fühlt der *vulgaire* wohl, daß er in Künsten und geistreichen Dingen im allgemeinen kein recht kompetentes eigenes Urteil hat, und applaudiert daher am liebsten blindlings einem *bon mot,* wenn er andere lachen sieht, so, wie ihn jedes Urteil, wenn es aus patentiertem Munde kommt, – ebenso wie das hiesige Publikum einen ganzen Winter lang sich durch die Tiroler Gassendudler für schweres Geld, welches die grüne Fleischerfamilie lachend einstrich, – bis in den dritten Himmel entzücken ließ.

Bald hätte ich aber vergessen, daß mir noch eine letzte Dame mit wenigen Worten zu schildern übrig bleibt. Es ist dies eine recht artige *petite-maîtresse,* der zugleich ihr großer Reichtum erlaubt, das ein wenig leere, aber doch ganz hübsche Köpfchen, mit den schönsten Steinen aller Farben zu schmücken, die England aufweisen kann. Wenn man sie früh, *languissant*[69] auf ihrer *chaise-longue* hingeworfen, sieht, erblickt man in hundert eleganten Behältern um sie her unzählige *colifichets*[70], niedlich ausgelegt, deren Vorweisen aber dennoch kaum hinreichend ist, eine stets stockende Unterhaltung im Gang zu erhalten. Ein meistens gegenwärtiger Hausfreund, auf dessen Lippen ein fortwährend nichtssagendes Lächeln schwebt, bringt ebenfalls nicht viel Veränderung in's Gespräch, und die Busenfreundin, eine Art beweglicher Zwerg mit einem *pied de nez*[71], ist noch aimabler, wenn sie schweigt, als wenn sie spricht. Zwei allerliebste Kinderpuppen in den niedlichsten Phantasiekleidungen, welche häufig mit den *colifichets* zusammen ausgestellt werden, und recht artig plappern, vollenden das Gemälde. Die arme Marquise, welche bei allem Schmachten und blassem durchsichtigen Teint, doch, wie alle etwas beschränkten Geister, auch zuweilen recht boshaft werden kann, zumal wo ihre Eitelkeit mit ins Spiel kommt, ärgert sich fortwährend, daß sie nicht ganz mode und recht *fashionable*, weder Fisch noch Fleisch, wie man sagt, werden kann. Dieser fortwährende Amphibienzustand ist auch sehr unangenehm, und scheint *sans remède*[72], denn sie mag nun einmal die ›Gurli‹ spielen, ein andermal die Tugendheldin affichieren, oder durch einen frischen Aufenthalt in Paris sich ein neues *lustre*[73] zu geben versuchen – *it will never do.*[74]

Über die berühmten Almacks und die unrivalisierte Macht der Lady-Patronesses habe ich Dir schon geschrieben. Zwei große Akte ihrer Herrschaft muß ich aber noch hinzufügen.

Einmal geboten diese Damen in ihrer liebenswürdigen Laune, daß jeder, der nach Mitternacht auf den Ball käme, nicht mehr eingelassen werden sollte. Der Herzog von Wellington kam einige Minuten später aus der Parlamentssitzung und glaubte, für ihn werde die Ausnahme nicht fehlen. *Point tu tout*[75], der Held von Waterloo konnte diese Festung nicht erobern, und mußte unverrichteter Sache wieder abziehen.

Ein anderesmal erließen die Lady-Patronesses den Befehl, daß nur solche Herren, welche krumme Beine hätten, in weiten *pantalons*[76] auf Almacks erscheinen dürften, allen andern wurden kurze Hosen vorgeschrieben, in England, wo selbst der Name dieses Kleidungsstückes sonst verpönt ist, ein kühner Befehl.

Die Furcht vor dem neuen Inquisitionstribunal war so groß, daß man auch hier im Anfang gehorchte, später erfolgte indes eine *reaction*. Eine große Anzahl Herren erschienen an den Toren in den probierten *pantalons*, und verlangten Einlaß, indem sie sich der krummen Beine schuldig erklärten, und im Fall man ihnen nicht glauben wolle, die Lady-Patronesses einluden, sich selbst durch genauere Untersuchung davon zu überzeugen. Seit dieser Zeit drückten die Damen über diesen Teil der männlichen Kleidung ein Auge zu*.

Den 10ten

Es ist mir um so lieber, daß ich auf meiner Abreise von hier begriffen bin, da mir eben noch etwas ebenso Unangenehmes als Unerwartetes begegnet ist, was mich in dem Augenblick mehr *en vue* setzt, als mir lieb ist.

Schon einmal, glaube ich, schrieb ich Dir von einer Nichte Napoleons, die ich zum erstenmal beim Herzog von Devonshire sah, wo sie sich eben sehr eifrig mit H. Brougham unterhielt, als ich ihr bekannt gemacht wurde. Sie ist schön gewachsen, hat außerordentlich brillante Farben, Napoleons antike Nase, große ausdrucksvolle Augen, und alle französische Lebhaftigkeit, als Zugabe noch mit italienischem Feuer gemischt. Dabei etwas Exzentrisches in ihrem ganzen Wesen, was ich wohl liebe, wenn es Natur ist, obgleich ich offen bekennen muß, daß es mir hier nicht ganz frei von Absicht und Angewöhnung schien. Indessen ihr Name imponierte mir. Du kennst meine Ehrfurcht vor dem erhabnen Kaiser, jenem zweiten Prometheus, den Europa an einen Felsen jenseits der Linie schmiedete, jenem Riesen, welchen eine Million Pigmäen endlich zu ihrem Nachteil erschlugen, weil sie nicht Kraft genug hatten, diesen mächtigen Geist zu zähmen, daß er ihnen Dienst geleistet hätte.

* Es möchte zweckmäßig sein, hier zu bemerken, daß, seitdem obiges geschrieben wurde, die Natur der höhern englischen Gesellschaft wesentlich modifiziert worden ist. Des jetzigen Königs edle und praktische Gesinnung und die einfach liebenswürdige und vortreffliche Königin haben den Narrenszepter der Mode jener Zeit gebrochen, und man fängt an, einen würdigern Maßstab für Verdienst und Grazie anzulegen, als man bisher gewohnt war; die Koryphäen der Vergangenheit aber müssen sich diesen fügen, oder sich sonsten nur mit der eigenen Bewunderung begnügen, und statt Ausschließliche *(exclusives)* Ausgeschlossene werden.

Hauptsächlich um von ihm zu sprechen, ging ich also fleißig zu ihr, und kultivierte die Bekanntschaft der etwas männlich schönen Frau mehr als ich sonst getan hätte, nicht weil sie wenig Mode war, sondern weil diese Art weiblicher Charaktere und Reize überhaupt keineswegs diejenigen sind, welche ich vorziehe.

Unterdes waren wir ziemlich bekannt miteinander geworden, als sie nach Irland abreiste, und ich ihrer nicht weiter gedachte.

Vor einigen Wochen kam sie wieder hier an, von ihrem Manne, einem Engländer, geschieden, den sie exzentrisch genug, nur deshalb geheiratet hatte, um mit ihm nach Helena gehen zu können, was später dennoch vereitelt ward.

Ihr französisches Wesen und ihre lebhafte Unterhaltung, nebst allen diesen Details, zogen mich von neuem an, und ich sah sie noch öfter als früher. Vorige Woche trug sie mir auf, ihr ein *billet* zu einem *déjeuner champêtre*[77] im Garten der Horticultural Society zu verschaffen, über welches Fest auch Lady-Patronesses gesetzt worden sind. Als ich das *billet* brachte, verlangte sie, ich solle sie begleiten. Ganz gutmütig erwiderte ich, daß hier, wo die Gesellschaft so kleinstädtisch sei, leicht ein Gerede darüber entstehen könne, und wir morgen vor einem Zeitungsartikel nicht sicher wären, wenn wir diesen Ort allein miteinander besuchten. Statt der Antwort brach sie in Tränen aus, und sagte: es tue nichts, denn ihr wäre alles ohnehin jetzt einerlei, da sie morgen nicht mehr auf dieser Welt sein würde. – Dabei zog sie ein Fläschchen Opium oder Blausäure aus ihrem Busen, und versicherte, daß sie diese noch vor Nacht auszuleeren entschlossen sei, bis dahin aber sich betäuben wolle so gut es gehe.

Ich war nicht wenig erstaunt über ein so unerwartetes *propos*, suchte indes die schluchzende Schöne so gut ich konnte zu beruhigen, warf das Giftfläschchen zum Fenster hinaus, und äußerte die Hoffnung, daß die heitre Fete, die Gesellschaft, die freie Luft, der Beifall, den ihre hübsche Toilette einernten müsse, gewiß dieser törichten, aufgeregten Stimmung schnell Herr werden würden.

Obgleich ich ihre näheren Verhältnisse nicht kannte, so war doch nicht schwer zu erraten, daß eine unglückliche Liebe im Spiel sein mußte, der einzige Grund, aus welchem Weiber sich das Leben zu nehmen pflegen, und da ich ähnlichen Schmerz auch in m e i n e m Leben empfunden habe, so gestehe ich, daß sie mir sehr leid tat, und ich ihre Äußerungen, wenn auch übertrieben, doch nicht ganz für leere Affektation hielt.

Unterdessen war mein Wagen gekommen, und wir stiegen ein, indem sie nochmals wiederholte, sie dränge sich bloß zu dieser Zerstreuung, weil sie die Marter der Einsamkeit nicht länger zu ertragen vermöge.

Während der Fahrt kam es denn zu einer vollständigen *confidence*[78], die ich übergehe, denn es war das alte Lied von Liebesleiden und Freuden, was der Mensch ebenso sicher in jeder Generation wieder singt, als Nachtigall und Zeisig die ihrigen.

Während ich meiner schönen Freundin möglichst Trost einsprach, konnte ich mich nicht enthalten, innerlich Betrachtungen anzustellen, wie sonderbar das Schicksal spiele, und wie noch viel sonderbarer es von uns selbst gehandhabt und beurteilt werde. Neben mir saß die Nichte Napoleons! des einstigen Herrn fast der ganzen zivilisierten Welt, eine Frau, deren Onkel und Tanten alle noch vor kaum vergangener Zeit auf den ältesten Thronen Europas saßen, während sie jetzt durch die ungeheuersten Ereignisse in die Klasse der gewöhnlichen Gesellschaft herabgeworfen worden sind – und das alles hat dennoch nicht den geringsten Eindruck mehr auf das neben mir sitzende Individuum gemacht, keinen Schmerz bei ihr zurückgelassen, aber die Untreue eines albernen englischen *dandy* erregt ihre Verzweiflung, und bringt sie zu dem Entschluß, seinetwillen ihr Leben zu enden!!! Mit einer wahren Indignation rief ich ihr zu, daran zu denken, wem sie angehöre, und an das erhabne Beispiel vom Ertragen des Lebens in wahrem Unglück, das ihr großer Oheim ihr und der Welt gegeben. Echt weiblich aber gab sie gar nichts auf diese Tirade und erwiderte: »Ach wenn ich jetzt die Wahl hätte, *j' aimerais cent fois mieux être la maîtresse heureuse de mon amant que Reine d'Angleterre et des Indes.*«[79]

Bei alledem schien die Fete und die Gesellschaft, sowie einige Gläser Champagner beim Frühstück, die ich ihr einnötigte, ihre Verzweiflung bedeutend zu mildern, und ich brachte sie um 6 Uhr zurück, (ziemlich sicher, daß keine zweite Opiumflasche geholt werden würde) um meine Toilette zu einem großen *dinner* bei unserm Gesandten zu machen, das ich nicht versäumen wollte.

Denke Dir nun meinen wirklich nicht geringen Schreck, als mir einige Tage darauf R... mit seinem gut angenommenen englischen Phlegma erzählt: »Heute früh hat sich die W... im Serpentine River ersäuft, ist nachher von einem vorbeigehenden Bedienten herausgefischt und schon mehrere Stunden ehe unsereins aufsteht, unter großem Volkszulauf nach ihrer Wohnung zurückgebracht worden.« – »Mein Gott, ist sie tot?« rief ich. »Ich glaube nicht«, erwiderte R..., »sie soll, wenn ich recht höre, wieder zu sich gekommen sein.«

Ich eilte sogleich nach ihrer Wohnung, fand aber alle Läden verschlossen, und der Diener äußerte, daß niemand außer dem Arzte vorgelassen würde, die Herrschaft sei tödlich krank.

Das heißt doch die Narrheit ein wenig zu weit treiben, dachte ich bei mir selbst, und diese, ihrem unsterblichen Verwandten so schlecht nachahmende Nichte, illustriert recht die Wahrheit: wie viel leichter und schwächer es sei, ein unerträgliches Leid durch Selbstmord abzuwerfen, als es kühn bis zum letzten Atemzug zu tragen!

Doch fühlte ich lebhaftes Bedauern mit der armen Frau, und freute mich fast, daß meine nahe Abreise mir das Wiedersehen derselben, nach einer solchen Katastrophe erspare, da ich ihr weder helfen noch ihr Benehmen billigen konnte. Wie sie gestern die Horticultural Gardens, besuchte auch ich heute, nämlich bloß um mich von diesen unangenehmen Eindrücken zu zerstreuen, eine große Gesellschaft bei der Marquise H... Kaum war ich durch einige Zimmer gegangen, als ich dem Herzog von C... in den Wurf kam, einem Prinzen, der, obgleich er sich nicht pikiert ein Liberaler zu sein, doch die Öffentlichkeit sehr liebt.

Kaum wurde er mich ansichtig, als er mir schon von weitem zurief: »O P... was zum T... haben Sie für Streiche gemacht? Es steht schon in den Zeitungen, daß sich die W... Ihretwegen ersäuft hat.« – »Meinetwegen, E. K. H.? was für ein Märchen!« – »Leugnen Sie es nur nicht, ich sah Sie ja selbst *solus cum sola*[80] mit ihr im Wagen – alle Welt ist davon unterrichtet, und ich habe es auch schon nach B... an den K... geschrieben.« – »Nun, diese fremde Sünde auf meinem Konto fehlte mir noch«, erwiderte ich verdrießlich. »Übrigens wissen Sie, daß dem Napoleonischen Geschlechte nur die Engländer verhängnisvoll sind? Der Höchste desselben hat der ganzen Nation die Schmach seines Todes zum ewigen Vermächtnis hinterlassen, seine arme Nichte wird wohl nur einen einzigen englischen *dandy* den unterirdischen Mächten weihen; aber da die Nemesis[81], in der Weltgeschichte wie in den kleinen Lebensverhältnissen, nie ausbleibt, so ist es wohl möglich, daß einst noch ein Buonaparte des kaiserlichen Ahnherrn schmähliches Ende an der Nation rächt, und sich auch vielleicht einmal ein englischer *dandy* in Paris der schönen Augen einer Nachkommin Napoleons wegen erschießt. Wir Deutsche begnügen uns, jenen Helden und sein Geschlecht in jeder Hinsicht nur von weitem zu bewundern, denn gleich der Sonne, tat es einst in der Mittagshitze nicht gut, zu nahe seinem Glanz zu wohnen, und heut ist das Gestirn untergegangen.«*

Damit empfahl ich mich, und gab, zu Hause angekommen, sogleich Befehl zur Beschleunigung meiner Abreise. Hoffentlich werde ich imstande sein, morgen schon meinen Zug in entferntere, freiere Gegenden zu beginnen, und sobald soll kein städtisches, eingepferchtes Leben mir wieder nahen!

Irgendwo sagt Lord Byron von sich: seine Seele habe nur in der Einsamkeit ihren vollen freien Wirkungskreis gehabt. Diese Wahrheit paßt auch, sehe ich auf geringere Leute, denn mir geht es nicht anders. In der lästigen Gesellschaft fühle ich die Seele stets nur halb, und schrecklich ist mir schon der Gedanke: jetzt sollst du womöglich *aimable* sein! Dagegen bin ich, wie Du weißt, eben in der Einsamkeit am wenigsten allein, und am seltensten entbehre ich dort, meine teure Freundin, Deiner Gesellschaft.

Bist Du auch noch so fern, so umschwebt doch mein Geist Dein Wachen wie Deine Träume, und über Meer und Berge hin empfindet mein Herz den liebenden Pulsschlag des Deinen.

L...

* * *

(Ende des vierten und letzten Teils)

* Wir hätten Bedenken tragen können, das Vorhergehende im Texte stehen zu lassen, wenn das Wesentliche der Begebenheit nicht schon, mit noch viel näheren, wenngleich zum Teil unrichtigen Details, aus mehreren öffentlichen Blättern dem Publikum bekannt geworden wäre. *A. d. H.*

Nachlaß-Briefe
Teil IV

Die hier zur Ergänzung beigefügte Auswahl von Briefen stammt aus dem Nachlaß Pücklers. Sie wurden von Pückler selbst oder von Varnhagen von Ense 1830 nicht zur Publikation gegeben, sondern, nach dem Tod Pücklers, von Ludmilla Assing-Grimelli, einer Nichte Varnhagens, aufbewahrt. Die in dieser Ausgabe chronologisch den entsprechenden Teilen zugeordnete Auswahl der Nachlaß-Briefe verdeutlicht u. a. das inhaltliche Redigieren Pücklers und schließt Lükken in der Korrespondenz.

Zum besseren Verständnis der Vorbereitungen zu Pücklers Englandreise, sowie deren Ausgang in bezug auf erste Publikumsreaktionen, enthält die Auswahl zusätzlich Nachlaß-Briefe, die nicht in den Kontext der *Briefe eines Verstorbenen* gehören.

Wo nicht anders angemerkt, sind die Nachlaß-Briefe an Lucie von Hardenberg gerichtet. Französisch und englisch geschriebene Briefe sind vom Herausgeber ins Deutsche übersetzt, wobei französische Satzteile in englisch geschriebenen Briefen als solche übernommen wurden. (Anm.: engl. bzw. franz. über dem Datum)

den 28. August 1827
abends

Wir fuhren nach den *races* nach Egham, ich im Phaeton mit der reizenden Lady G...[1], die leider, leider vor kaum zwei Jahren erst verheiratet wurde und zwar an einen alten nicht hübschen Mann, bloß seines Titels wegen! Sie ist ebenso schön als sanft und liebenswürdig, und für mich gefährlich. – Hätte ich diese unverheiratet gefunden, so wäre ich schnell entschieden.

den 29. August 1827

Ich fuhr heute wieder mit Lady G..., werde mich aber nicht verlieben, Schnucke, wiewohl ich es tief beklage, diese engelsreiche Frau nicht früher gesehen zu haben, als sie noch frei war, denn sie hat 40000 Livre Sterling dazu, und jede Eigenschaft die man wünschen kann: sanft und gut und liebevoll! Die Schwestern bekommen vielleicht ebensoviel, aber welcher Unterschied, obgleich sie recht hübsch sind. Vor der Sonne verschwinden die Sterne! Wie schwer ist es aber, alles zusammen zu finden! Ich sehe wohl, ich muß mich begnügen, das Schicksal will mich nicht so glücklich machen – und wer bin ich auch, um es zu verlangen! Ich bin nur halben Sold wert, selbst so halb und unvollkommen.

den 30. August 1827

Wir leben hier sehr häuslich und angenehm; die Leute sind herzlich gut und die englischen Sitten auf dem Lande so ungeniert, daß ich heute nach dem Frühstück über drei Stunden lang mit der sechzehnjährigen Tochter des Hauses, Miss Harriet, einem lebendigen Mädchen *(qui au moins a la beauté du diable)*[2] im Wald herumlief, ohne daß jemand nach uns fragte.

den 31. August 1827

Ich wünschte ich könnte hier monatelang bleiben. Die Leute sind so gut, und ich fühle mich jetzt wie zu Hause. Leider gehen sie aber selbst fort, und ich muß morgen scheiden. Nach einem Spaziergang mit dem wilden Kinde, fuhren wir aus, um zwei Parks in der Nähe zu sehen, die aber nicht das mindeste Interesse darboten. Die Landpartie an sich, war aber sehr angenehm, und ich fuhr wie gewöhnlich mit Lady G... und unterhielt sie so gut ich konnte. Sie schien nicht ohne Teilnahme, *mais ce qui ferait mon bonheur dans un autre temps, n'est bon à rien maintenant!*[3]

den 1. September 1827

Ich hatte heute früh eine sonderbare Unterredung mit Lady G..., in der ich ihr sagte, daß ich ihre Schwester aus Liebe zu ihr heiraten könnte. In der Tat ist diese Schwester ein liebenswürdiges Wesen, nicht schön – auch nicht häßlich –, aber so naiv, so unschuldig und natürlich, daß man bei uns dergleichen, sechzehn Jahr alt, nicht antreffen würde.

Windsor, den 2. September 1827

Ich habe die Sache mit der Schwester auf solche Art *en train*[4] gesetzt, daß ich Lady G... als *confidente*[5] dabei interessiert, und mir dadurch einmal ihre Bekanntschaft, und zweitens auch eine Heiratsröhre menagiert habe, die doch wenigstens 30000 Livres Sterling wert ist, mit einem herzensguten Kinde von sechzehn Jahren. Wir frühstückten noch zusammen, hielten *lunch (déjeuner à la fourchette)*[6] und machten eine Promenade von drei Stunden, dann mußte ich endlich scheiden! Ich pflückte einige Vergißmeinnicht, die im Englischen denselben Namen haben, und übergab sie den Damen indem ich ihnen sagte, daß ich mit dem Ausdruck meines Dankes keinen besseren Abschied von ihnen nehmen könnte, als indem ich ihnen diese Blumen übergäbe... Sie begleiteten mich alle bis an den Wagen, die schöne Rosabel (Lady G...) mit ihnen, gebietend wie eine Herrin unter Sklavinnen. Meine Kleine drückte mir ebenfalls ein Vergißmeinnicht in die Hand und war sehr herzlich, aber Rosabel zog allein meine Blicke wie ein Magnet an sich. Sie hat diese sanfte, gedankenvolle Ruhe, die mich mehr als jeder andere weibliche Reiz fesselt, und die ich seit der Alopäus nicht wieder so angetroffen.

den 3. September 1827

Ich hatte geglaubt, ich könnte mich gar nicht mehr verlieben. Ich sehe aber, daß es hohe Zeit für mich war Rosabel zu verlassen, denn ihre Abwesenheit beunruhigt mich weit mehr als ich selbst erwartete. Diese Frau zu lieben, zu entführen, wäre eine reizende Sünde; die Schwester auf tugendhafte Weise zu heiraten, ist mir eine bittere Medizin dagegen, und doch besteht alles nur in der Einbildung, aber diese eben regiert uns, und wir nicht sie. Könnte ich Dir nur ihr Bild schicken. Du würdest verwundert sein über ihre Schönheit und den unbeschreiblichen Ausdruck von Sanftmut, Stille und Güte in diesem Gesicht. Ein leichter Zug von Melancholie, den ein himmlisches Lächeln verklärt, der Mund wie eine frische Kirsche und die schönsten Zähne, halb hinter den Lippen verborgen, wie verstohlen sich zeigend, wenn dieser liebliche Mund sich öffnet und leise Töne flüstert, deren süße Melodie unwiderstehlich in's Herz dringt – das ungefähr ist ihr Portrait. Sie ist noch nicht zwei Jahre verheiratet und hat anderthalb Jahre lang sich gesträubt ihren ganz guten, aber auch ganz reizlosen jetzigen Mann zu heiraten, – hätte sie doch noch zwei Jahre länger widerstanden! Sie mag vielleicht jetzt ebenso denken, *mais n'importe, il faut l'oublier.*[7]

abends

Ich gehe morgen auf ein paar Tage nach London zurück.

London, den 5. September 1827

Mittags aß ich in den *barracks*, wo ich wie zu Hause bin, und bei einem guten *dinner* und exzellentem Wein mich immer sehr gut amüsiere. Rosabel taucht zwar aus jedem Glase auf und sieht mich ernst und trübe an; ich kehre mich aber nicht daran, denn vergessen muß ich sie doch, wenigstens jetzt, wo alles, was nach Liebe aussieht, ganz *hors de saison*[8] wäre. Gute Schnucke, nur die Liebe zu Dir bleibt immer dieselbe und ist der Goldgrund auf dem mein Leben gemalt wird.

London, den 7. September 1827

Du weißt, meine Rosabel ist Cannings Cousine.[9] Sie ist hier – und ich mit ihr in Korrespondenz wegen ihrer Schwester. *Je tiens les deux fils*[10] und schreibe ihr sehr schöne und leidenschaftliche Briefe, kann aber leider keine Kopien davon nehmen, weil ich so enorm viel mit meinen anderen Geschäften zu tun habe.

Kann ich 50 000 Livres Sterling mit der kleinen Harriet bekommen, die ein weiches Wachs in meiner Hand sein wird, so nehme ich sie; ich fürchte aber sehr, sie hat nur 30 000, und ich kann mich schwerlich entschließen, doch ist am Ende, wenn das Gewitter einzuschlagen droht, der ein Tor, der durchaus nur in einen Palast eintreten will um sich zu schützen, obgleich ungewiß, ob er ihn zu erreichen Zeit hat! Was meinst Du?

London, den 8. September 1827

Ich aß im Club wie gewöhnlich und war lange bei Lady G…, die mir ein kleines unschuldiges *rendez-vous* auf dem *square*, wo sie wohnt, gegeben hatte, da sie in ihrem Hause während der Abwesenheit ihres Mannes keine Besuche annehmen darf. Sie scheint mir wohl nicht abgeneigt, unser Verhältnis ist aber sonderbar, da ich mit ihr stets zugleich meine Liebe zu ihr und die Heirat mit ihrer Schwester abhandle. Mit 30000 Livres Sterling wäre alles richtig gewesen; ich habe mich aber nun entschlossen, es gehe wie es wolle, es nicht unter 50000 zu tun, die geringste Summe, welche zu einer Radikalkur der Muskauer Affären nötig ist. Dabei heirate ich sehr ungern im allgemeinen, es sei am Ende wer es wolle, selbst Lady G…, glaube ich. Also was soll ich mich kreuzigen, ohne wenigstens die Geldnot dadurch gründlich loszuwerden. Ich habe also danach meine Demarchen eingerichtet und werde in spätestens drei Tagen wissen woran ich bin. Es ist ganz unwahrscheinlich, daß die Eltern, obgleich sehr reich, die eine Menge Söhne und Töchter haben, meiner kleinen Harriet, (die übrigens ein herzensgutes und sehr aimables Kind ist, auch glaube ich eher hübsch als häßlich und gesund wie ein Reh) so viel geben können. Dem sei nun wie ihm wolle, mein Preis ist gesetzt, *je ne me donne pas à moins.* [11] Lady G… versichert, die Kleine sei in mich verliebt, *mais j'ai de la peine à le croire. Mon rang je suppose, les tente tous plutôt que ma personne, et je n'ai jamais été moins aimable.* [12] Ich bin eigentlich, was die Engländer ›*outworn*‹ nennen, ausgewunden durch Kummer und Sorge und *disappointments.* [13] Es ist keine Nachfolge mehr in mir, in nichts. Selbst meine kleine Passion für Rosabel ist, kaum begonnen, schon wieder im Abnehmen. Ich wünsche die Sachen bloß wie Spielsachen. Sowie ich nur sehe ich kann sie fassen, verlieren sie ihren Wert und etwas recht Gutes erwarte ich gar nicht mehr. Ich sehe es als nicht für mich bestimmt an und mich in allem unabänderlich zur Mittelmäßigkeit verurteilt, die meinen Eigenschaften auch ganz angemessen, ja vielleicht eine Folge derselben ist.

Glaube nicht, gute Schnucke, daß ich melancholisch bin; gar nicht, nach meiner Art im Gegenteil in *very good spirits*, aber ich bin nicht mehr der alte. Kühne Jugend und frischer Mut sind dahin!

[engl.]

Sir[14],

ich muß mit einer Entschuldigung beginnen, da ich in einer Sprache an Sie schreibe, die ich nur sehr unvollkommen beherrsche, aber die Wichtigkeit meines Anliegens wird, so hoffe ich, ein ausreichender Grund sein dies zu verzeihen. Um mich sofort zu erklären: ich wünsche herzlichst um die Hand Ihrer Tochter, Miss Harriet, anzuhalten. Die Güte ihres Herzens, – die größte der menschlichen Gaben – ihr charmanter Scharfsinn, ihre freundliche Art und die Blüte des Gefühls, die ein junges Herz dazu befähigt nahezu allem gewogen zu sein, verspricht das reinste Glück für jemanden wie mich, der solche Qualitäten zu schätzen weiß, und der verzaubert ist von dieser uneingeschränkten Liebenswürdigkeit, und der Glück zu einer geliebten Frau zu geben und zu erhalten weiß. Obwohl ich es als meine Pflicht ansah Miss Harriet gegenüber keinerlei diesbezügliche Aussagen zu machen, bevor ich nicht Ihr Einverständnis erlangt habe, glaube ich einigen Grund für die Annahme zu haben, daß sie meinem Heiratsantrag nicht gänzlich entgegenstehen wird.

Aber ehe ich fortfahre, muß ich Sie, *dearest Sir*, mit meiner ganzen Lebenssituation, ihrem Vorteil und Nachteil, bekannt machen. Ich hoffe inständig, daß das letztere, obgleich es mich in mancher Hinsicht bindet, nicht als unüberwindliches Hindernis der Erfüllung meiner mir teuersten Wünsche entgegensteht.

Meine Person ist Ihnen wohl bekannt, *dearest Sir,* und Sie kennen meinen Charakter so gut wie Sie auch wissen, daß ich einer der ersten Adligen in Preußen bin, und ich darf dem hinzufügen, daß mein Titel ferner von zwei entsprechenden Familienbesitztümern, der County of Muskau und dem Seigneurie of Branitz, das erste mit 14000 Livres Sterling, das zweite mit 1500 Livres Sterling Jahreseinkünften, getragen wird. Zusammen gibt dies auf dem Kontinent eine Summe, die gleich dem Dreifachen in England entspricht. Alles was ich besitze, ist im besten Zustand: eine noble Residenz in Muskau und zwei kleinere *chateaux* auf anderen Gütern, umgeben mit großen Parkanlagen, Gärten etc. etc.; tatsächlich ist für alles, was das Leben auf dem Lande angenehm macht, großzügig vorgesorgt, und eine große Zahl Haushaltsangestellte, Diener und Untertanen, stehen in der ständigen Erwartung, ihre junge Fürstin auf dem Landsitz zu empfangen, oder falls sie die Stadt bevorzugen sollte, wird ihr der Preußische Königshof jeden Genuß bieten.

Gleichwohl ich mich vielleicht berechtigt fühlen könnte, aufgrund all dem was ich meiner zukünftigen Frau offeriere, von ihrer Seite her ein gleiches und angemessenes Vermögen zu erwerben, komme ich nicht umhin diesen Dingen etwas mehr Aufmerksamkeit zu zollen, da ich unglücklicherweise mit bestimmten, früheren Verpflichtungen zu kämpfen habe, und deshalb einen weiteren Aspekt zu benennen. Die County of Muskau ist durch verschiedene Transaktionen früherer Besitzer und bevor ich in ihren Besitz kam, mit eine Hypothek von 50000 Livres Sterling belastet; die Zinsen hieraus, zusammen mit einigen hohen Pensionen, die ich noch immer den Angestellten auf ihre Lebenszeit zahlen muß, und gleichfalls die Aufrechterhaltung eines großen Haushaltes, verlangen insgesamt sehr beträchtliche jährliche Ausgaben, die weiterhin wachsen, auch wenn ich heiraten sollte, und 50000 Livres Sterling sind wirklich keine schwere Zugabe in einen

Besitz, der 14000 jährlich bringt, aber verfügbares Geld ist auf dem Kontinent nur sehr wenig und teuer zu bekommen. Diese Schulden lasten so schwer auf mir, als ob es der doppelte Betrag wäre, und meine eigenen Ausgaben, oder eher noch die großen Verluste an Revenuen, die durch anhaltende Kriege über viele Jahre verursacht wurden, erlaubten mir nicht meine Defizite irgendwie zu verringern. Es war der Wunsch meiner Familie und gleichfalls der Seiner Majestät des Königs, als dieser mich in den Rang eines Fürsten erhob, daß die County of Muskau zu einem Majorat entwickelt werden soll, dessen Bedeutung es ist, daß ein solcher Besitz niemals weder geteilt noch verpfändet werden kann, und er als Ganzes allein an eine Person vererbt wird, an die Kinder des Besitzers in Geburtenfolge und danach an die nächsten Verwandten. Lediglich Pensionsansprüche auf Lebenszeit, zu einer festgelegten Summe, können dem noch hinzukommen. Darüber hinaus sind in diesem Fall noch einige neue und sehr bedeutende Veränderungen eingetreten, aber zwei Umstände verhinderten die Ausführung. Der eine ist die Hypothek von 50000 Livres Sterling, wodurch das Majorat unter jedweder Schätzung belastet wurde, sogar zu den geringsten Summen, und das zweite Hindernis sind Anteile meiner Mutter und meiner Schwestern an Landstücken, die in der Erbfolge mir zustehen. Das letztere kann beseitigt werden durch einen großzügigen Verzicht der beteiligten Parteien, aber diese fordern ihrerseits von mir das feierliche Versprechen, nicht wieder zu heiraten ohne in den Stand versetzt zu werden mit dem Vermögen meiner Frau, deren Auswahl und auch das übrige sie mir überlassen, Muskau von der traurigen Last zu befreien und es hiernach zu einem Majorat zu errichten, so schnell wie möglich, und gleichzeitig erlauben sie mir, im Fall meines vorzeitigen Todes ohne Kinder, es meiner Frau auf Lebenszeit zur Nutznießung zu überlassen, unter der Bedingung, es danach einschließlich des Titels an den nächsten Verwandten der Pückler-Familie, und dies ist bislang der Sohn meiner jüngsten Schwester, zu übergeben.[15] Sollte ich eigene Kinder haben, würden natürlich diese als Erben des gesamten Besitzes eingesetzt werden: der älteste Sohn in Muskau mit dem Titel eines Fürsten, und der zweite in Branitz mit dem Titel eines Grafen. Falls nur ein Sohn vorhanden ist, würde dieser beide Titel und beide Besitztümer erhalten, so, wie es in meinem Fall ist.

Ich wollte diese weitschweifige Erklärung, *dearest Sir*, um Sie vollständig bekannt zu machen mit dem Stand meiner Affären. Ich habe Ihnen alles mit der größten Offenheit und Vertrautheit erzählt, und würde der glücklichste Mann sein, wenn Sie, wissend um die Verpflichtungen die ich habe, einer Allianz mit Ihrer Tochter zustimmen würden, deren zukünftige Lage, soweit dies in menschlichem Ermessen steht, gewiß eine der brillantesten, unabhängigsten und angenehmsten sein würde. Ihre Tochter würde von meiner gesamten Familie mit der größtmöglichen Freundlichkeit empfangen, und falls sie der Meinung ist sie müsse sich gegenüber meiner Familie besondere Vorteile verschaffen, hätte sie unter diesen Umständen selbstverständlich ein doppeltes Anrecht darauf. Soweit ich überzeugt bin, liebe ich sie tatsächlich zu sehr, um nicht alle möglichen Wünsche die sie haben mag zu unterschreiben. Ich würde mit ihr entweder auf dem Land oder in der Stadt leben; sie nach England begleiten oder mit ihr reisen wohin sie will. Sollte sie wünschen mich als Gesandten an einem fremden Hof zu sehen, wäre nichts einfacher für mich zu erlangen, aber ich hoffe, meine teure Miss Harriet, wenn ich ihr meinen Namen geben darf, wird bald genau wie ich das Glück der Unabhängigkeit und der Zufriedenheit würdigen und zur Wohlfahrt von einigen tausend Familien beitragen, die in der Zukunft ihre Untertanen sein würden.[16]

Für den Moment möchte ich nicht mehr sagen. Wenn sie,

dearest Sir, Willens und in der Lage sind mir eine vorteilhafte Antwort zu geben, werden alle anderen Einzelheiten nach Ihren Wünschen und zu Ihrer Zufriedenheit geregelt.

Ich bete zum Allmächtigen, dem Gebieter über das Gute, daß es sein Ratschluß sein möge die liebenswürdige Harriet und mich für immer zu vereinigen. Wie unglücklich werde ich mich fühlen, falls des Allmächtigen Wille dagegen spricht.

Mit einer tiefen Gefühlsregung, *dearest Sir,* beschließe ich diesen Brief, den wichtigsten den ich jemals geschrieben habe, aber was auch immer sein Schicksal sein wird, glauben sie mir, verehrtester Sir, ich werde mich immer an Sie und Ihre liebenswürdige Familie mit der größten Zuneigung und dem größten Respekt erinnern.

Ich habe die Ehre, *dear Sir,* und bin
Ihr gehorsamster
Hermann Prince Pückler-Muskau

[engl.]

Titness Park, Egham den 9. September 1827

Wie soll ich versuchen Ihnen gegenüber, *my dearest Prince,* die mannigfaltigen Empfindungen mit denen mein Herz angefüllt wurde durch den Erhalt des Briefes, den Sie Lady Garvagh anvertrauten mir zu überbringen, auszudrücken. Meine spontane Regung war Dankbarkeit und Freude über die vorzügliche Ehre, die mir durch Ihre freundlichen und schmeichelhaften Äußerungen über meine liebe Harriet zuteil wurde. Meine weiteren Gefühle waren jedoch tiefes Bedauern, verursacht durch das Bewußtsein der völligen Unmöglichkeit, selbst unseren eigenen Wunsch nicht erfüllt sehen zu können. Überzeugt von dieser traurigen Wahrheit, entschloß ich mich zunächst Mr. Bonham die Pein, zu wissen auf welches Glück er notgedrungen verzichten muß, zu ersparen, aber ich fühlte, daß ich ihm die Freude über alles andere, die Lobpreisung seines Kindes, die einem Vaterherzen teuer ist, nicht vorenthalten durfte, und ich habe ihm folglich den Brief Eurer Hoheit vorgelegt. Er bedauerte gleichfalls sein absolutes Unvermögen Ihren Erfordernissen entsprechen zu können und wünscht, daß ich Ihnen sein tiefes Gefühl mitteile, welches er durch die große Ehre und Würde empfangen hat, die eine solche Allianz seiner Familie verliehen hätte. Er bittet darum Ihnen seinen aufrichtigen Dank offerieren zu dürfen für das unbegrenzte Vertrauen, das Sie ihm entgegenbrachten, indem Sie in Offenheit und Aufrichtigkeit die Lage Ihrer Besitztümer darlegten, die sicherlich wie ein Heiligtum für immer bewahrt werden sollten; und er trug mir ebenso auf, Ihnen seine dankbare Anerkennung für das noble und erhabene Feingefühl zu übersenden, mit dem jeder Teil Ihres Verhaltens während dieser Transaktion, von dem Zeitpunkt an als wir zum erstenmal das Glück hatten Sie hier zu sehen, versehen war. Hätte es dem Himmel gefallen Sie nicht in diese Umstände zu versetzen, in wem – oh!, in wem sonst hätte ich die Person gefunden der ich mit solcher Freude mein geliebtes Kind anvertraut hätte als in Ihnen, wo jede Tugend und jede Bildung vereint erscheinen. Aber es ist, leider! anders bestimmt. Seien Sie untertänigst versichert, mein teurer Fürst, daß, könnte das Ziel ohne eine offensichtliche Ungerechtigkeit gegenüber den übrigen meiner Kinder und ohne ihnen ihre gerechten Erwartungen zu entziehen erreicht werden, kein Opfer, so glauben Mr. Bonham und auch ich, wäre in dieser Hinsicht zu groß für unsere Harriet, um so mehr Sie ihr eine solche brillante Partie bieten; aber die Bedingungen sind ein unüberwindliches Hindernis für Ihre Heirat mit meiner Tochter. Lassen Sie uns nicht dadurch eine Freundschaft verlieren die uns sehr teuer und wertvoll ist und versprechen Sie uns, daß Sie manchmal geruhen werden dieses Landhaus zu besuchen und uns in London aufzusuchen. Erlauben Sie mir Sie zu bitten, daß ich die Ehre haben darf gelegentlich von Ihrer Wohlfahrt und Ihrem Glück zu hören, und Sie dürfen uns dies nicht, – Sie sollen uns dies nicht vorenthalten. Mögen sie jemanden finden der Ihnen ebenbürtiger ist als unsere Harriet es jemals sein könnte; jemand, der sein Leben Ihnen widmen wird um Sie so glücklich zu machen wie Sie es verdienen. Glauben Sie mir, *dearest Prince,*

mit dem höchsten Gefühl der Wertschätzung und Achtung
immer Ihre sehr verbundene und ergebenste
Charlotte Elisabeth Bonham

[engl.]
London, den 10. September 1827

My dearest Mistress Bonham,

ich hatte Ihre freundliche aber fast hoffnungslose Antwort bereits befürchtet, dennoch fühle ich mich jetzt, wo ich sie tatsächlich vor mir sehe, tief elend! *Le mal, en effet, paraît sans remêde*[17], ungeachtet all' dessen, kann ich es nicht glauben, daß alle meine Träume vom Glück mit einem Male, und auch noch aus solch' einem nichtigen Grund, verloren sein sollen! Ich habe mir wieder und wieder Gedanken darüber gemacht, wie ich aus einem so trostlosen Dilemma herauskomme. Ich bat die Seelen der teuren Harriet und ihrer sanften Geschwister um Rat, aber alle meine Überlegungen brachten nur wenig Trost. Ihr wohlgemeinter Brief verstärkte diese Gefühle noch.

Wenn ich nur eine Frau mit großem Vermögen suchen würde, gäbe es viele Gelegenheiten die sich wie von selbst anbieten würden, aber ich suche nach mehr; nach einer liebenden und geliebten Freundin für das Leben, nach häuslichem Glück in all' seiner Größe, und beides, davon bin ich überzeugt, würde ich in Ihrer liebenswerten Tochter finden.

Dennoch möchte ich tun was in kann, und wenn Mr. Bonham für unser Heil in der Lage ist sich der unglücklichen Summe auch nur anzunähern, bürge ich für die Hoffnung, daß ein Gelingen, in dem unsere beiderseitigen Wünsche Berücksichtigung finden, vielleicht doch noch nicht endgültig verloren ist. Lassen Sie mich daher sobald als möglich wissen, was Mr. Bonham tun kann, ohne den anderen Mitgliedern der Familie Ungerechtigkeit zuzufügen. Möge Gott verhüten, daß dies wegen mir so geschieht, denn all' meine Hoffnungen bezweckten genau das Gegenteil davon, nämlich für die Zukunft Ihrer Familie, aufgrund meiner Stellung und meines Einflusses auf dem Kontinent, besonders aber für die verheirateten Schwestern von Miss Harriet, nützlich zu sein. Sobald ich Ihre Antwort erhalte, werde ich meiner Mutter schreiben, die jetzt in Alex, ihrem Besitz in Frankreich, lebt und ihr den ganzen Fall schildern, damit sie entscheide. Alles liegt dann in ihrer Hand. Ich verdanke ihr zuviel um irgend etwas ohne ihr Einverständnis zu tun, aber sie liebt mich herzlich und bewies dies auch oftmals. Ich werde ihr ein bestimmtes *arrangement* vorschlagen, das ohne Zweifel einige Opfer von ihr verlangen wird, aber das, falls sie zustimmt, mich in die Lage versetzen wird ein Majorat aus Muskau zu machen (dies muß geschehen, wenn ich heirate), ein *arrangement,* das nicht verändert werden kann ohne die Absicht der Zuflucht in das Vermögen meiner Frau zu haben, das mir nebenbei eine moderate Summe verschafft, über die ich verfügen kann. Ich werde ihr gleichzeitig schreiben, daß mein zukünftiges Glück davon abhängt und ihr den liebenswürdigen Charakter von Miss Harriet und ihrer ganzen Familie ausmalen (Sie können sich darauf verlassen, der Maler wird gewissenhaft sein); ich sende ihr gleichfalls, wenn Sie es erlauben, Ihren Brief. Ihr freundliches Herz für mich zu zeigen, und die noble Bescheidenheit der großmütigen Seele einer einfachen Freundin, wird vielleicht mehr tun als alles andere.

Sobald die Antwort meiner Mutter eintrifft, werde ich sie Ihnen sofort zur Kenntnis geben, möge der Himmel gnädig sein! Die Vorstellung Sie, Harriet, Lady Garvagh und all' die liebenswerten Mitglieder Ihrer Familie zum letztenmal gesehen zu haben, oder letztlich ein Fremder in Ihrer Erinnerung zu bleiben, ist ein Gedanke den ich kaum ertragen kann! Und wie könnte ich jemals unter diesen Umständen nach Titness zurückkehren; es wäre ein Genuß der eher schmerzhaft als erfreulich für mich wäre. Vielleicht wird etwas in Ihnen, Mistress Bonham, diese Gefühle verstehen und an ihnen teilhaben, oder schmeichle ich mir zu sehr durch die Art wie ich denke? – Mehr möchte ich nicht sagen, meine Erschütterung ist bereits zu groß.

Seien Sie aufrichtig und liebevoll davon versichert

Ihr Hermann Prince Pückler-Muskau

[franz.]

Mon cher Hermann,

ich kann nicht leugnen, mein lieber Hermann, daß Dein letzter Brief einen tiefen Eindruck auf mich gemacht hat. Du weißt, das Glück meiner Kinder hat mich immer in all' meinen Taten gelenkt. Als ich gefordert habe Muskau solle zum Erbgut errichtet werden, um es der Familie für immer zu erhalten, und daß Du nicht wieder heiraten sollst ohne durch das Vermögen Deiner Frau die Möglichkeit zu besitzen die Hypotheken, die bisher die Verwirklichung dieses Erbgutes verhinderten, abzuzahlen, so war dies einzig zu Deinem Wohl, mein Sohn. Ich habe dies in der Annahme gewünscht, daß Du mit Deinen Vorzügen es nicht verfehlen könntest in einer einzigen Frau die persönlichen Qualitäten, die für eine glückliche Ehe notwendig sind, und das zur Befreiung Deiner Ländereien benötigte Vermögen, zu finden, um so mehr, da man Dich nicht mit Forderungen bezüglich des Ranges und des Standes der Familie Deiner Zukünftigen belästigte.

Dennoch war ich recht gerührt von dem Bild, das Du mir von Deiner Harriet und ihrer Familie gabst. Ich war fast erstaunt über die Stärke mit der Du Deine eigenen Gefühle beschrieben hast, und ich habe mit Interesse die Briefe von Mistress Bonham gelesen. – Vielleicht wurde auch mein mütterliches Herz durch die gute Meinung die sie über Dich äußerte geschmeichelt, da eine Mutter nur auf ihre Kinder stolz ist!

Gleichwohl kann ich nicht allen Deinen Vorschlägen beipflichten, da meine Mittel mir dies im Moment nicht erlauben. Aber das soll Dich nicht entmutigen, mein Sohn. Ich werde die Angelegenheit in Deinem Sinne arrangieren, etwas anders zwar als Du es möchtest, aber so, daß Du zufrieden sein wirst. Jämlitz[18] wird verkauft und somit das nötige Geld ergänzen. Du bist also ab sofort frei um das zu tun was Dein Herz und ich hoffe auch eine reife Überlegung Dir vorschreiben werden. Ich bedaure sehr, daß meine Gesundheit, die seit diesem Frühjahr überhaupt nicht gut ist, mich daran hindert selbst nach England zu kommen. Ich hätte mir sehr gewünscht mit meinen eigenen Augen diese junge Dame zu sehen, von der Du so viel Gutes sagst und die meine Tochter werden soll. Richte ihr unterdessen meine herzlichsten Grüße aus, ebenso ihrer werten Mutter, und verspreche mir zwei Dinge:

1) Wenn Du entschlossen bist, heirate so rasch wie möglich, wie Du auch selbst sagst, weil man sich in dieser Art Dinge beeilen muß und nicht mit unnötigen Täuschungsmanövern und Vorbereitungen seine Zeit vergeuden darf. Du weißt, daß ich kaum dreizehn Jahre alt war, als ich Deinen

Vater heiratete[19], und ich kannte ihn damals erst eine Woche.

2) Daß Du, sobald Du verheiratet bist, sofort zu mir nach Alex kommst zum ›*honeymoon*‹. – Ich erinnere mich an genügend Englisch um diese Bezeichnung für: ›unsere Flitterwochen‹[20] zu kennen. Ich wünsche mir von ganzem Herzen, daß es Euer ganzes Leben dauern wird, obgleich man behauptet diese Fälle würden immer seltener.

Lebe wohl, mein lieber Hermann, ich hoffe Du bist nicht unzufrieden mit Deiner alten Matscha, die es so wie Du machen wird und eines schönen Tages sich wieder verheiraten wird, falls Du Dich nicht beeilen und ihr zuvorkommen wirst, indem Du sie, wie Deine Schwestern es taten, zur Großmutter machst bevor sie fünfzig ist.

Gott segne Dich, mein Sohn. An ihn muß man sich in allem wenden, und wenn er es ist, der, wie ich hoffe, Deine Wahl gelenkt hat, werde ich gänzlich zufrieden sein, denn dann werde ich alle meine Kinder glücklichen sehen!

Clementine Comtesse de Seydewitz

London, den 14. September 1827

Meine gute Schnucke,

heute erfahre ich wieder, jedoch wenn ich ganz aufrichtig sein soll mit mehr Vergnügen als Verdruß, daß das Leben aus getäuschten Erwartungen besteht. Es ist zugleich ein Beweis wie schwer es ist, sichere Informationen einzuziehen, und wie sehr in England, gleich anderen Ländern, alles übertrieben wird. Nachdem ich endlich mit vielem Aufwande von Mühe und List endlich die Sache mit der kleinen Harriet völlig auf's klare gezogen, findet sich, obgleich alle Welt der Meinung ist, daß Lady G... bei ihrer Verheiratung 40000 Livres Sterling bekommen hat und der alte Papa, einer der Direktoren der Ostindischen Kompagnie, für steinreich gehalten wird, daß die Kleine nicht mehr mitbekommen kann, wie ... 10000 Livres Sterling, und Lady G... nur 8000 bekommen hat. *Ainsi il ne faut plus y penser*[21], und es war auch noch die Rechte nicht. Ich danke dem Himmel, daß Lady G... nicht frei war, denn bei der würde ich mehr Mühe zu entsagen gehabt haben.

* * *

London, den 24. Oktober 1827

Gute Schnucke,

es fehlt uns beiden nur an Wasser. Wir sind bloß ein wenig vertrocknet; ein warmer, durchdringender Goldregen, und wir sind so frisch wie je.

Oh gutes Nückele, warum habe ich Dich nicht hier, um Dich recht auszulachen, recht abzuküssen und Dir recht viel Wolle auszurupfen! Ich lache jetzt eben herzlich, daß Du Dich fürchtest, Du könntest mir zur Last werden. *Quel enfantillage, what nonsens!*[22]

[engl.]

London, den 25. Oktober 1827

Fürst Pückler sendet seine Grüße an Mr. Hamlet und zeigt sich sehr verbunden für die Freude, Mr. Hamlets großartige Bilder mit Muße studiert haben zu dürfen. Sie sind wirklich ausgezeichnet, je länger man sie betrachtet. Noch mehr jedoch zog Fürst Pückler ein kleines Portrait an, das er bei seinem letzten Besuch kaum beachtete. Er vermutet, daß es Miss Hamlet darstellt und in der Tat sah er niemals einen liebenswürdigeren Ausdruck.

Obgleich sehr angetan von den schönen Künsten, ist er nicht weniger empfänglich für die schöne Natur, und hofft, daß Mr. Hamlet, an dem einen oder anderen Tag, ihm die Genugtuung verschaffen wird seiner Familie vorgestellt zu werden.

London, den 27. Oktober 1827

Meine gute Schnucke,

Es will immer noch nicht gelingen, was wir so sehnlich wünschen müssen. Ich weiß nicht welcher ungünstige, diabolische oder menschliche Dämon geschäftig ist mir Steine, ja Felsen in den Weg zu werfen, über die meine Kräfte nicht hinweg können. Die Sache mit der Juwelierstochter, deren Reichtum ungeheuer und deren Person hübsch und liebenswürdig ist, ging auf's beste. Der Vater, dessen einzige Tochter sie ist, schien enchantiert[23] von mir, und plötzlich hat sich seine Wärme in Eis gewandelt und unsere nähere Bekanntschaft, die, seine Tochter betreffend, erst angehen sollte, ist so gut wie abgebrochen. Es ist dies um so auffallender, da er früherhin offenbar Schritte getan hatte und Äußerungen gemacht, die gar nicht anders auszulegen waren, als ein Wunsch, seine Tochter und mich zusammenzubringen. Die Angelegenheit war indes noch nicht so weit gediehen, und die Gelegenheit ihn zu sehen, vermöge der obwaltenden Umstände, zu selten, um eine Explikation zu versuchen. Ich fange an zu befürchten, daß die allgemein verbreitete Idee, ich wolle nur des Geldes wegen heiraten, und sei eine Art von Glücksjäger, meinen Feinden, die vielleicht hier wirksamer sind als wir ahnen, eine zu mächtige Waffe in die Hand gibt, um dagegen aufkommen zu können. Es ist fatal, ich hatte mich so gefreut, Dir vielleicht an meinem Geburtstage unerwartet eine große Freude machen zu können, der 30. Oktober will aber kein Glück bringen.[24] Wir müssen ihn wieder in der Sorge verleben, obgleich er uns nicht mutlos findet. Die Hoffnung wird zwar allmählich schwächer, dafür aber empfindet man auch die getäuschte weniger. Alles Übel führt doch immer eine kleine Kompensation mit sich.

London, den 8. November 1827

Mein *homme d'affaires*[25] und ich haben manchen Schweißtropfen darüber vergossen, und Gott im Himmel gebe sein Gedeihen! *La fortune est immense, et si je l'obtiens*[26] (was nun freilich dahin steht), so ende ich ruhmvoll. Indessen mache ich mir gar keine Illusionen; solange ich alle diese guten Dinge nicht in der Tasche habe, sehe ich sie immer noch als tausend Meilen entfernt an.

London, den 12. November 1827

Meine Herzensschnucke, bleibe Du nur gut, vernünftig und treu, dann werden wir, ich fühle es, noch glückliche Tage sehen, und um so mehr, als wir das Unglück kennengelernt haben. Unter gut verstehe ich, daß Du mich stets wahrhaft über alles setzest und liebst: folglich aber auch die Person, die ich heirate, und der wir dann doch beide den Dank schuldig sind, daß sie uns rettet, mit Vorurteil für und nicht wider, ja mit Nachsicht ansiehst. Daß ich keine mehr lieben werde, wie Dich, keiner mehr dankbar sein, und keine mehr für mich passend finden werde, kannst Du Dir wohl denken, am wenigsten eine Fremde, wo schon die verschiedene Sprache ein unübersteigliches Hindernis (wenigstens für mich) zu rechter und völliger Vertraulichkeit ist. Unter vernünftig verstehe ich, daß Du nie an mir zweifelst, und wenn ich im Verfolgen meines Planes auf Klippen stieße, was möglich ist, blindlings meinem Rat und Wunsch folgst, fest überzeugt, daß mein Glück nur in Deinem möglich ist, und unser häufiges Zusammenleben in Muskau unentbehrlich für mich ist. Ferner daß Du nie im Ernste glaubst, (nur im Scherz mache ich Ringe, und wenn ich bei Dir bin), daß ich gegen Dich in irgend etwas Kunst anwende, oder vorarbeite, und dergleichen, sondern immer alles gerade heraussagen werde, was ich wünsche, nie Dinge vorbereiten in der Verfolgung irgend eines Planes. Ich sage dies, weil ich darin die schwache Seite meiner Schnucke kenne, die bei jedermann, und selbst gegen ihren Lou gar zu gern Absicht und vorgefaßte Pläne voraussetzt. Überhaupt aber sollst Du mich, wenn es mir wirklich gelingt zu heiraten, deshalb nicht um ein Jota anders ansehen, wie es mich oft manche Deiner Äußerungen und Anspielungen auf die Zukunft fürchten lassen. Unter treu verstehe ich, daß Du mein treuer Sklave bleibst, nie vergessend, daß Du schon geraume Zeit gestorben bist, und nur in Deinem Lou, und als ein Teil von ihm fortlebst. Dies letztere schließt eigentlich alles andere schon von selbst in sich ein. Bist Du das wirklich, so kann keine Dich allein betreffende Betrachtung mehr eintreten, die nicht in meinem Sinne wäre. Es ist freilich viel verlangt, aber Du, meine Schnucke, mußt es fähig sein, und es wird, dies ist meine Beruhigung, bei einer so ungeheuren Forderung – es wird Dein eigenes Glück sicher begründen, wenn Du es fähig bist. Meine gute alte Schnucke, ich küsse Dich jetzt feierlich auf Deine Stirn, und weihe Dich ein als mein anderes Selbst!

[engl.]

London, den 13. November 1827

Dearest Miss Hamlet,

als ich mich vergangenen Montag von Miss Hamlet verabschiedete, wagte ich Ihr gegenüber den Wunsch zu äußern, Sie möge mich nicht völlig vergessen. – Ich traf auf keinen sehr ermutigenden Blick, so wenig ermutigend in der Tat, daß die Erinnerung daran meinen eigenen Blick seitdem eher melancholisch gemacht hat.

Dennoch hoffe ich, daß Miss Hamlet freundlich genug ist den beigefügten Almanach anzunehmen, der dies wiedergibt und gleichwohl nachfragt! Nichtsdestoweniger war ich bestrebt dafür zu büßen, indem ich die kleine Seite mit einem

Portrait schmückte, das bestimmt interessant und teuer für Miss Hamlet sein wird.

[franz.]

London, den 14. November 1827

Schnucke,

die Geschäfte gehen ihren Gang – vor vierzehn Tagen kann ich Dir indes nichts Positives melden. Ich bin nun mit kleinen Aufmerksamkeiten auf Distanz. Ich schicke Bücher und kleine Geschenke. Morgen werde ich den Vater sehen, und ich habe Grund zu glauben, daß die Schöne in wenigen Tagen in die Stadt zurückkehren wird. Also, man muß das Eisen schmieden solange es heiß ist. Wenn ich die mindeste Hoffnung auf Erfolg habe, werde ich mich in den nächsten vierzehn Tagen erklären. Ach! es ist bei alle dem ein saurer Apfel.

London, den 20. November 1827

Hélas! il faut vous affliger un peu.[27] Das heißt, alte Schnucke, nur von einem negativen Übel ist die Rede, nämlich, daß aus der Juweliersache auch wieder nichts wird, und aus dem unsinnigsten Grunde von der Welt, aber so kommt immer kein Unglück gern allein.

Es steht mir hier ein Felsen im Wege, der schwer wegzuschieben sein wird. Du erinnerst Dich vielleicht, daß ich Dir, glaube ich, einmal schrieb, wie die Lansdowne mir kurz nach meiner Ankunft hier sagte, als ich ihr unsere Scheidung nebst ihrem ostensiblen Grunde usw. erzählte: »Mein lieber Fürst, hier finden Sie keine Frau – nach unseren Gesetzen ist eine Scheidung bloß möglich aufgrund von Untreue, eine andere wird hier gar nicht anerkannt, und ein englisches Mädchen würde sich in einer solchen zweiten Ehe nur wie eine Art Maitresse vorkommen.« Ich sah dies damals für einen halben Spaß an und achtete wenig darauf, weil es mir gar zu abgeschmackt schien.

Denke Dir aber, daß nun alles eintrifft! Der Vater des Mädchens wünscht nichts sehnlicher als unsere Heirat. Er ist mein völliger Verbündeter dabei; das Mädchen hat ihm gestanden, daß ich ihr sehr gefallen, daß sie nicht glaube mich ohne Gefahr für ihr Herz öfter sehen zu können, daß aber ihre Gefühle unter keiner Bedingung zulassen würden unter solchen Umständen meine zweite Frau zu werden. Der Vater kam konsterniert zu mir, um mir diese saubere Erklärung mitzuteilen. Ich bearbeitete ihn nach Möglichkeit, und es gelang mir auch ihn völlig von der Albernheit des Skrupels zu überzeugen. Er versprach sein möglichstes zu tun. Aber leider kam er heute wieder – und hoffnungslos! Er habe alles angewandt, aber vergebens. Indes sei seine Tochter in Tränen ausgebrochen und habe ihn um Gottes willen gebeten, Gefühle nicht zwingen zu wollen, die unüberwindlich wären. Ich mache nun noch den letzten Versuch mit einem Brief an sie, da ich eine *entrevue* nicht erhalten kann. Es ist aber nur, *pour faire mon devoir*[28], denn an ein Gelingen ist kaum mehr zu denken. Der Papa nahm selbst mit Tränen in den Augen von mir Abschied, und ich von seinen 200000 Livres Sterling, *car pour la demoiselle, elle prouve par sa bêtise d'être une telle* Stock-Engländerin *et bégueule, que je n'en sens pas le plus petit regret.*[29]

Wenn es Dich beruhigt, gute Schnucke, zu erfahren, daß mir diese ganze Geschichte gar keinen Kummer noch Sorge macht, sondern mich bloß einen Tag nach der ersten Nachricht, die mir der Vater gab, affiziert[30] hat, so kann ich Dir dies mit Wahrheit versichern. Im Gegenteil kommt es mir eher lächerlich vor, wenn ich bedenke, daß von meiner armen Schnucke nicht nur prätendiert wird sie solle sich haben scheiden lassen, sondern auch, daß sie mir hätte untreu werden müssen, um mich in englischen Augen ganz frei zu machen. Zu diesem Preis wäre mir aber des Moguls Tochter zu teuer erkauft, obgleich ich untreu hier in meinem Sinne, und nicht in dem der Welt, nehme!

Aber gestehen mußt Du, daß meine Aventüren hier bizarr sind! Diese Sache war in solcher Verfassung, daß jeder andere wie ich, sie für so gut wie geschehen angesehen haben würde. Ich habe aber einen solchen Zweifel an allem Gelingen, daß ich kaum einen Augenblick mich der Täuschung überließ und mich auch wohl in acht nahm, Dir mehr als etwas belebende Hoffnung hinüberzuschicken. *Au reste nous recommencerons de rouler la roue de nouveau pour la faire monter la montagne, aussi infatigable que le pauvre Sysiphe.*[31] Ich habe eigentlich, wenn ich mich recht prüfe, nur einen Kummer bei alledem: Dir keine Freude mehr machen zu können, wie Alexander nur Persien zu erobern wünschte, um es nach Athen schreiben zu können. Ich glaube gewiß, wenn ich Dich nicht mehr hätte, ich täte keinen Schritt mehr für mich zu einer Verbesserung meines Schicksals. Ich würde die Rudera zu retten suchen, soviel als möglich, und in Einsamkeit für den Rest meines Lebens dem Andenken der Vergangenheit leben. *Ainsi faisons ce que nous pouvons, ne négligeons rien, mais quant à vous, ne soyez jamais inquiète, bonne* Schnucke, *pour mois.*[32]

[engl.]
London, Albemarle Street
21. November 1827

Dear Miss Hamlet,

ich hätte niemals gewagt die folgenden Zeilen an Sie zu richten, wenn ich nicht durch unerwartete Ereignisse gezwungen worden wäre, ohne Vorbehalt und ohne Zeit zu verlieren, da vielleicht mein ganzes Zukunftsglück auf dem Spiel steht, zu schreiben.

Möge der Himmel mich inspirieren Sie zu überzeugen, und

nicht zu verletzen, wenn ich versuchen werde den tiefen Eindruck zu beschreiben, den Ihre Liebenswürdigkeit in einem Gemüt hinterlassen hat, das Ihnen seitdem zärtlich ergeben ist. Ja, teure Miss Hamlet, wenden Sie sich nicht ab von mir – alles um was ich bitte, ist, mir mit Geduld zuzuhören, etwas Aufmerksamkeit und viel Nachsicht. Sie wissen sicherlich, das ist gewiß, bislang wenig von mir. Ich möge Ihnen eher als ein romantisches Gemüt erscheinen – aber kaum werden Sie die Kraft meiner Gefühle gerade in diesem Moment erraten!

Noch kann ich nicht mehr tun, als Ihnen mein Herz und meine Lebensgeschichte so offen und wahr darzulegen, wie sie vor Gott selbst offenliegen, gleichzeitig Sie noch einmal um Nachsicht und Geduld bitten, da die ungenügende Kenntnis Ihrer Sprache mich des Vorteils beraubt graziös zu schreiben. Es gibt, darauf vertraue ich, eine Sprache des Herzens, die in allen Lagen verständlich ist und die ihren Weg findet, wenn sie auf eine kongeniale Seele trifft.

Ich fühle mich verpflichtet mit einem zurückliegenden Zeitabschnitt zu beginnen, und muß wiederholen, was Ihr Vater Ihnen schon gesagt hat: daß ich in früheren Jahren eine Lady heiratete, deren Alter in keinem Verhältnis zu dem meinigen stand, jedoch war sie von exzellenter Wesensart und erwies sich mir gegenüber als vertrauensvolle Freundin in kritischen Zeiten, als ich solch einen Freund benötigte. Wie es oft Brauch auf dem Kontinent ist, befolgte ich widerstandslos den Wunsch meiner Familie, und allein Dankbarkeit und Freundschaft, und natürlich nichts Ähnliches wie Liebe, führte mich so zum Altar. Nichtsdestoweniger hatte ich Grund zur Reue. Unsere Gemeinsamkeit war in der Tat mehr die einer Mutter und eines Sohnes, als die von Mann und Frau, hauptsächlich während der späteren Jahre, – aber wir lebten zufrieden und in größtmöglichem Einklang, und manchmal, ich will es nicht leugnen, fühlte ich sogar eine Art innerlichen Stolzes und Befriedigung, all das Glück zu erhalten, das Güte schenkt, zu einer Frau, die, obgleich von liebenswürdigstem Charakter, doch der Jugend und jedem äußerlichen Reiz beraubt, von vielen anderen Männern sehr unterschieden behandelt worden wäre. Mit alldem, und unter solch' unnatürlichen Bedingungen, konnte ich mich selbst sicherlich nicht wirklich glücklich fühlen; und ungeachtet meiner Bemühungen diese Gefühle vor meiner Frau zu verheimlichen, mußte sie schließlich selbst Zuneigung zu mir entwickeln, damit sie es nicht bemerke und sich darüber gräme. Diese Entdeckung – und die Unmöglichkeit aufgrund ihres Alters mir einen Erben zu schenken, sowie ein anderer Umstand, den ich Ihrem Vater eröffnet habe, der aber hier unterdrückt werden muß – veranlaßte sie letztlich in die Scheidung einzuwilligen und gleichzeitig in überzeugender Manier zu versichern, daß ihr Verstand, nach ernsthaftester Abwägung, sie beständig zu diesem Vorsatz drängte, und nun nichts in der Welt ihre Entscheidung erschüttern könne. »Ich habe«, sagte sie, »einige Jahre lang lediglich wie eine Mutter zu Dir gestanden – ich liebe Dich zärtlich, jedoch wie einen Sohn, und mein eigenes Glück fordert, daß ich nicht mehr länger das einzige Hindernis für das Deine bin.«

Ich konnte mich nicht länger einem Urteil widersetzen, das, wie ich fühlte, allzu wahr war. Unserem König, der mehr ein Freund als ein Vorgesetzter des Vaters der Fürstin war, und uns bis zu seinem Tode besondere Aufmerksamkeit bei vielen Gelegenheiten entgegenbrachte – ihm legte ich alles dar, und er zögerte nicht unter den gegebenen Umständen unsere Scheidung, jetzt ungefähr zwei Jahre her und sofort unter minutiöser Beachtung der Gesetze des Landes vollzogen, zu genehmigen.

Ihr Vater, *dearest Madam,* teilte mir mit, daß diese Scheidung Ihre Gefühle verletze, – aber kann dies bei näherer

Betrachtung noch immer möglich sein? Erlauben Sie mir vor allem darauf aufmerksam zu machen, daß die Genehmigung des Königs in unserem Land exakt einer Parlaments-Entscheidung in diesem Königreich gleicht, und es gibt nicht den geringsten Zweifel, daß ich nach einer solchen rechtsgültigen Scheidung vollständig berechtigt bin jede Person meiner Wahl wieder zu heiraten, und daß selbst die First Lady des Landes keine Einwände haben würde mich nach dieser Scheidung zu heiraten, so, als wäre ich niemals zuvor verheiratet gewesen. Hier in England ist es eine Tatsache, daß wenn eine Scheidung, aus welchen Gründen auch immer, genehmigt oder per Parlaments-Entscheidung proklamiert worden ist, es keine Einwände von niemandem geben darf. Der Billigkeit wegen sagen Sie mir: muß nicht das gleiche Recht einem Bürger eines anderen Landes, in dem lediglich die Scheidungs-Form, nicht aber die Tatsache des Scheidens unterschiedlich ist, bewilligt werden? Betrachtet man die Motive meiner Scheidung, kann niemand, wie ich Ihrem Vater bereits schilderte, gleichzeitig strenger und unschuldiger sein. Wenn auf dem Kontinent eine Scheidung stattfindet, verursacht durch einen Vertrauensbruch seitens der Frau, werden immer Vorurteile zum Nachteil des Mannes geschürt, und ich denke mit gutem Grund, da keine Frau die tatsächlich geliebt und gut von ihrem Mann behandelt, ihn, falls sie irgendeinen Sinn für Ehre besitzt, verlassen oder betrügen wird. Wenn eine solche Sache geschieht, ist es beinahe immer, mehr oder weniger, der Fehler des Mannes, – und er kann kaum der Gerechtigkeit entfliehen, sei er nun ein schlechter oder ein schwacher Mann – aber dies war nicht der Fall bei uns; auch war es nicht unser Bestreben uns nach der Art einiger großen Souveräns scheiden zu lassen. Nein, der einzige und wirkliche Grund war nur, und dies muß vor den Gesetzen Gottes und der Menschen anerkannt werden, die Beseitigung von Umständen, die unnatürlich geworden sind; nein, vielmehr unmoralisch: Eine Ehe, die weder ihr Ziel noch ihren Zweck erfüllt. Keine Vernunft und kein Gesetz kann dagegen Einspruch erheben, und obgleich eine Scheidung die in Preußen stattgefunden hat verständlicherweise nicht nach englischer Manier gerichtet werden kann, bringen sowohl in England als auch in anderen Ländern ähnliche Fälle ähnliche Wirkungen hervor. Wenn auch nach all' dem Gesagten irgendeine törichte alte Frau oder irgendein schadenfroher oder vielleicht neidischer junger Freund nichtsdestoweniger ihre Köpfe darüber schütteln sollten, – könnte die sensible, hochbegabte, aufrichtige und großmütige Miss Hamlet die Liebe eines Mannes zurückweisen, die er ihr vom ersten Augenblick an als er sie erblickte widmete; sein Glück nicht beachten, als wäre es nicht einen Gedanken-Moment wert, und ihn wahrlich des Klüngels wegen, einem Vorurteil bestenfalls, das niemals auch nur den Hauch eines Beweises herbeibringen würde, ohne zögern opfern? – Nein, meine teure Miss Hamlet, dies kann, nach ernsthafter Überlegung, niemals ein Gedanke von Ihnen sein.

Sie mögen mich abweisen aus mancherlei Gründen – ach! mein Bedürfnis Ihre Zuneigung zu erhalten bleibt wohl *sans réplique*[33] – niemals aber würde meine vorangegangene Scheidung ein gerechter sein. Vergeben Sie mir meine lästige Abschweifung – sie war notwendig, und unter anderen Umständen hätte ich etwas Gefallen daran gefunden bei einem solch' delikaten Thema, das mich letztlich sehr bewegt und zutiefst erschüttert hat, zu verweilen. Lassen Sie mich nun in meiner Beschreibung fortfahren.

Nachdem alles weitestgehend zur Zufriedenheit geregelt und ich somit wieder frei war, projektierte ich durch Europa zu reisen um einerseits die vergangenen Geschehnisse zu vergessen, andererseits auf der Suche nach einer Gefährtin, die meinem Alter angemessen und meinem Herzen gewogener ist. Nach einem Aufenthalt in Deutschland und Holland, ohne dort irgendeinen Reiz anzutreffen der meine Einsamkeit bezwang, fuhr ich weiter nach England, einem schon immer von mir bevorzugtem Land, in dem das schöne Geschlecht in der Tat schöner und, ich zögere nicht zu sagen, besser als irgendwo anders ist.

Es war eher eine sonderbare Einzelheit, daß bereits in den ersten Tagen nach meiner Ankunft mir ein alter Bekannter Sie, Miss Hamlet, und einige andere junge Damen, als Erbinnen benannte. Nun muß ich, selbst auf das Risiko hin, daß diese Tatsache in unseren schnellebigen Zeiten angezweifelt wird, bekennen; ich hatte Vorurteile, ja sogar einige Furcht vor Erbinnen. Ich darf sagen, daß ich aus verschiedenen Erfahrungen heraus das Vorhandensein dieser Gefühle rechtfertigen kann. Zum einen durch meine Heirat mit einer Lady die wenig Vermögen besaß, und zum anderen dadurch, daß ich in England niemals einer Erbin weiter die Cour gemacht habe als es die allgemeine Höflichkeit erforderte. Mein Tun und Denken ist nicht unbegründet. Erstens habe ich einen gewissen Stolz und zweitens möchte ich nicht, obgleich ich es nicht ablehnen würde, mehr fordern als ich selbst besitze und es auch auf meine Weise finden, da, nebenbei bemerkt, jene reichen jungen Damen nicht immer liebenswürdig sind. Sie sind sehr oft voll Anmaßung und haben selten weder Beherrschung ihres Willens noch die des geringsten Unglücks gelernt, oftmals den größten Reiz einer Frau, die Sanftheit des Gemüts und die den Frauen eigene Güte des Geistes, die einen Ehemann umklammern wie Efeu-Ranken die freundliche Eiche, verloren. Weiterhin haben sie den Mangel von der düsteren Idee verfolgt zu werden: *qu'elles ne sont aimées que pour les beaux yeux et de leur cassette*[34]; eine törichte Meinung, die sie manchmal ungehörig und hart sowohl gegenüber ihren Liebhabern als auch sich selbst gegenüber macht. Soviel, was Erbinnen im allgemeinen betrifft. Ausnahmslos den mir anempfohlenen Namen keinerlei

Beachtung schenkend, entschied ich mich nun aus diesen Gründen doch soviel als möglich von der englischen Gesellschaft zu sehen, obgleich ich zwar nicht, bestenfalls nur partiell, für diese Art der Ausschweifung bin und häusliche Freuden bei weitem den anderen bevorzuge. Zu Tode gelangweilt, aber trotzdem aus Prinzip zu allen Arten Parties, von den exklusivsten bis hin zu den sehr gewöhnlichen, gehend, sah ich zweifelsohne eine große Anzahl stattlicher, hübscher und reizender Mädchen, von denen mich einige durch ihre Freundlichkeit überraschten, andere mir noch angenehm erschienen und bei zweien hatte ich sogar das, was die Franzosen *›une velléité‹*[35] nennen zu lieben und zu heiraten, aber beide Male entdeckte ich bald, daß keine von ihnen *›the real one‹* war, und ich zog mich immer *en bon ordre*[36] zurück, ehe die Dinge allzu ernst wurden.

Gleichwohl ging diese Phase vorüber und ich ließ für einige Zeit die ganze Idee des Heiratens fallen, eher abgeneigt eine Frau zu suchen wie jemand der einen Beruf sucht und entschlossen zukünftig alles dem reinen Zufall zu überlassen.

Es war nun während dieser Zeit, etwa ein Jahr später, als ich wieder von Ihnen, Madam, hörte, jedoch diesmal in einer sehr unterschiedeneren Art und Weise als zuvor; nicht Ihr Vermögen, sondern Ihre Qualitäten werden jetzt gepriesen. Mir wurde außerdem berichtet, daß Sie einige sehr akzeptable Angebote von Adligen etc. abgelehnt haben, was dazu beitrug meine Neugierde zu reizen. Inzwischen durfte ich auch die Bekanntschaft Ihres vortrefflichen Vaters machen, dessen gebildete Art und würdevolle Schlichtheit, als auch sein gutes, natürliches und höfliches Benehmen mir gegenüber, mir die vorteilhafteste Meinung von ihm gab. Somit war ich bereits durch die unterschiedlichsten Gedanken mit Ihnen beschäftigt, fast unaufhörlich, ohne selbst kaum in der Lage zu sein es mir zu erklären, und ich strebte mit wirklicher Ungeduld dem Moment entgegen, an dem ich letztlich eine Gelegenheit erhalten würde Sie zu sehen und Ihnen, *dearest Miss Hamlet*, vorgestellt zu werden; – den Rest kennen Sie.

So, wie ich durch meine Vorstellungskraft vorbereitet war, konnte ich Ihnen nicht mehr gleichgültig gegenübertreten, und Sie dann so zu finden wie Sie sind, verwandelte meine Phantasieträume in Realität – mit einem Wort: Ich dachte, und beteure es bei allem was heilig ist, nachdem ich von Ihnen fortgegangen war, daß ich hier schließlich vereinigt gefunden habe, alle Eigenschaften die ich mir von einer zukünftigen Lebensgefährtin nur wünschen kann. Ein höchst angenehmes Auftreten, einen Geist und Personalität, die sowohl für die Repräsentation bei Hofe als auch für das Entzücken in einer *cottage* gemacht ist; und über allem steht Ihr Empfindungsvermögen, die Güte Ihres Herzens und der perfekte Mangel an Eitelkeit, den ich mehr als jedes andere Talent schätze. Ja, meine teure Freundin, – wenn Sie dies wollen, erlauben Sie mir für einen Moment Sie so zu nennen – Sie machten, ich wiederhole es, ganz plötzlich sogar den tiefsten Eindruck auf mich. Ich war entzückt Sie so treu und natürlich wiederzufinden, Ihr Gemüt durch viele Fertigkeiten geschmückt und kultiviert zu sehen, ohne den letzten Teil jener kostbaren Himmelsgabe verloren zu haben: nämlich den wahren Zustand der Unschuld, den sogar eine Mutter und Ehefrau bis zum Grabe bewahren kann.

Im Verlauf jenes glücklichen Abends und an jenem Morgen der mir gestattet war mit Ihnen zu verbringen, hörte ich mit wachsendem Interesse viele einfühlsame Dinge, die Sie so anmutig äußerten, aber nichts – und Sie werden dies vielleicht befremdend finden – nichts sprach mehr zu meinem Herzen, als Sie mir erzählten, daß Sie drei lange Jahre leidend und gefährlich krank in öder Einsamkeit verbrachten. Jene Worte begleitete ein himmlischer Blick, so voll von Ergebung, daß ich eingedenk des Vergangenen mit Ihnen litt.

Ich wußte nur allzugut, aufgrund meiner eigenen Erfahrung, daß nichts in dieser Welt der Versuchungen ein sensibles Gemüt mehr veredeln und läutern kann als Leiden und Einsamkeit. Ihr ganzer Wert wurde mir in diesem Moment deutlich, die Gedanken durchzuckten wie Blitze meine Seele, und von diesem Augenblick an fühlte ich mich Ihnen näher, freudig in der zärtlichen Hoffnung ein Herz gefunden zu haben, das mein eigenes verstehen könnte. Dies lieferte plötzlich noch einen Zuwachs zu meinen Gefühlen, so daß ich nicht nur entzückt von Ihnen war, sondern gleichfalls das Zusammensein mit Ihnen so empfand, wie ich es gewünscht und erhofft hatte: Ihren Vater als einen exzellenten und liebenswürdigen Mann; Ihre Gesellschaft und Ihre Freunde so vorzüglich, daß sie durch große Rücksicht und liebenswerte Gemüter sogar unwillkürlich begeistern, – alles Sie umgebende ist gefällig, ruhig und angenehm.

Und wenn ich mich Ihnen wieder zuwandte, erblickte ich Sie, neben allen Ihren wesentlichsten Qualitäten, so lebendig und lebhaft, spielerisch und geistreich, und nichts schien mir bezaubernder, als dann ein herzliches, spielerisches Lachen Ihre gedankenverlorenen noblen Gesichtszüge für einen Moment zum heiteren Äußeren eines glücklichen Kindes veränderte! Und noch während jeder Bewegung erinnerte das Betragen und die Konversation von Ihnen und Ihren Freunden immer vorzüglich an perfekte Bildung und feines Taktgefühl, welches wahrlich im Privatleben das ist, was ein klarer Himmel der Landschaft. – Oh, ich könnte stundenlang darüber fortfahren, aber ich will Sie nicht fatiguieren[37] – ach, es ist sinnlos zu versuchen Ihnen zu beschreiben wie sehr Sie mir gefallen, die Kernfrage ist: ob mir das Glück hold genug war, in Ihrem Herzen irgendwelche Gefühle aufblühen zu lassen außer Gleichgültigkeit? Hat irgendein Gedanke Ihre Seele berührt und somit mit dem was ich fühle korrespondiert? – Oh, dann beachten Sie nicht meine glühenden Wünsche, auch nicht unsere erst kurze Bekanntschaft oder meine vorhergegangene Scheidung.

Glauben Sie mir, teure Miss Hamlet, Männer lernt man sehr oft besser in den ersten Stunden kennen, als hiernach in vielen Jahren. Ich selbst wurde, nicht nur diesmal, immer geleitet von den ersten Eindrücken, und Erfahrung hat mich gelehrt, daß ich mich nur dann irrte, wenn ich nicht darauf vertraute. Falls Sie mich mögen und es für möglich halten mich einst zu lieben, dann bin ich sogar beinahe überzeugt davon, daß ich Sie zu einer glücklichen Frau machen kann und werde, wenn Sie mir, und dies würden Sie niemals bereuen, vertrauen.

Ohne Ostentation[38] möchte ich sagen, daß ich Ihnen viele Vorteile bieten kann. Mein Stand, den Sie mit mir teilen würden, ist überall hoch angesehen und einer der ersten nach der Königlichen Familie und den regierenden Fürsten meines Landes. Mein Vermögen, obgleich nicht übermäßig, ist meinem Stande angemessen und auf unserem Familienbesitz, der ein sehr prächtiger ist, würden sie den *comfort* eines englischen Adelssitz, vereint mit dem Prunk aus *feudal times* finden, und viele tausend Ihrer Untertanen würden für Ihre Bequemlichkeit sorgen, damit Ihr Herz sich wohl und geborgen fühlt. Ich selbst würde mein Glück nur in dem Ihrigen finden, und Sie allein würden unser gemeinsames Leben bestimmen. Ich bin völlig unabhängig und bereit zu tun was immer Sie für gut heißen mögen. Ein Leben in England oder auf dem Kontinent; zu reisen oder zu Hause zu bleiben. Wenn der glanzvolle Hof in Berlin Sie verlocken würde, würden Sie dort mit der größten Zuvorkommenheit und Achtung empfangen; aber sollten Sie irgend wünschen mich als Gesandten an einem fremden Hof zu sehen, würde dies gleichfalls einfach zu erlangen sein.[39] In der Tat gibt es kein angemessenes Vergnügen, das aufgrund unserer gemeinsamen Vorteile, sind sie einmal vereinigt, für uns nicht erreichbar wäre.

Überdies ist es auf dem Kontinent nicht üblich, wie es bei nahezu allen englischen Ehemännern der Fall ist, Ehefrauen in einer Art leichter Sklaverei zu unterwerfen. Wir erlauben ihnen soviel angemessene Freiheit wie möglich, damit zufrieden, daß Liebe, Freundschaft und Achtung nur freiwillige Präsente sind; auch deshalb, weil sie weit gehorsamer zu dem Mann der sie zärtlich führt sind, als zu dem grobschlächtigen der nur zu kommandieren weiß. Ja, meine teure Miss Hamlet, so würden Sie mich antreffen, und wenn Vielfalt, Kunst, Vergnügen und Luxus schließlich ihr Angebot erschöpft haben, würden Sie, ich wage es zu sagen, immer noch in Ihrem Freund eine Qualität entdecken: einen unbegrenzten Reichtum an Gefühl für Sie und eine Anhänglichkeit die, wenn sie einmal erreicht ist, keine menschliche Kraft jemals wird unterbinden können.

Nun lassen Sie mich noch einige Worte hinzufügen. Wenn dieser Brief und das aufrichtige und ehrliche Bekenntnis das er enthält, irgendeinen Eindruck zu meinen Gunsten auf Sie gemacht hat, verhüten Sie letztlich mit zuviel Eile gegen mich zu entscheiden. Gewähren Sie mir den Wunsch Sie zu sehen, wieder mit Ihnen zu reden. Dies soll Sie zu nichts verpflichten, und ich kann nicht – ich kann es nicht ertragen Sie nur einmal gesehen zu haben, um sie sodann für immer zu verlieren!

Sie werden mich gehorsam antreffen, niemals mehr wagend als Sie erlauben; aber lassen Sie mir die Chance, falls ich Sie nicht erfreuen werde, letztlich nicht anstößig in Ihren Augen zu erscheinen.

Hermann Prince Pückler-Muskau

London, den 21. November 1827

Ich habe nur einen Feind, das ist die Phantasie. Diesen Feind aber hat meine Vernunft überwunden, wo er meiner Ruhe gefährlich war, und ich benutze die Phantasie nur noch, wo sie Vergnügen gewährt, im Formen freundlicher Bilder.

* * *

Anmerkungen zu Teil III

Die Seitenangaben der Textbezüge zu Pücklers ›Andeutungen über Landschaftsgärtnerei‹ verweisen auf die Ausgabe: it 1024; Frankfurt, 1988.

Vorwort und Postscriptum

1 facta: lat. die Tatsachen.
2 Resurrektionstau: (Wieder-)Auferstehungstau.
3 heidnisch-kabbalistisch: heidnisch-geheimnisvoll.
4 Justinus Kerner (1786-1862): ›Die Seherin von Prevorst‹. Bericht über die Versuche von Frederike Hauffe den Beweis anzutreten, daß es eine Geisterwelt im realen Leben gibt.
5 Fata (lat.): Schicksale; Erlebnisse.
6 lugubre (franz.): schauerlich.
7 bon gré mal gré: franz. wohl oder übel.
8 Comment (...): franz. Wie, rief ich erstaunt, zu Pferde wie Napoleon?
9 Wolfgang Amadeus Mozart (1756-1791): ›Don Giovanni‹ (Oper); G. Byron: ›Don Juan‹ (Gedicht; 1819); o. E.T.A. Hoffmann (1776-1822), s. 20. Brief; Anm. 30.
10 posthume Briefe: (a. postum) Briefe nach dem Tode (Briefe eines Verstorbenen).
11 plan: lat. deutlich.
12 Rezension Goethes zum 1830 erschienenen Teil I. u. II. der ›Briefe eines Verstorbenen‹ (s.a. Nachlaß-Briefe).
13 Rhadamanth: hoher Richter in der griech. Mythologie.
14 clair-obscur: franz. hell-dunkel.
15 Volte: Reitfigur.
16 Willibald Alexis (Hg.): ›Der Freimütige‹ (Berliner Conversationsblatt). Darin: Rezension der ›Briefe eines Verstorbenen‹ vom Hg. (1830)
17 Sandomir: Pücklers Benennung für Berlin (s.a. 5. Brief u. 25. Brief).
18 – voilà qui est difficile!: franz. nun das ist schwierig!
19 Ludwig Börne (1786-1837): kritisierte hauptsächlich die fremdsprachlichen Teile in den ›Briefen eines Verstorbenen‹ und stand innerhalb

der geistigen Bewegung des Jungen Deutschlands (Vormärz) in anhaltender Opposition zu Pückler.

20 (vermtl.) Moritz Gottlieb Saphir (1795-1858): Verleger u. Humorist.

21 Walter Scott (1771-1832): Scott bekannte sich erst spät zu seinen Romanen, die anonym erschienen. Zur geplanten Verunsicherung des Publikums in bezug auf den Autor der ›Briefe eines Verstorbenen‹ s. a. Nachlaß-Briefe.

22 compagnie: franz. Gesellschaft.

23 Mon cher (...), que tous (...): franz. Mein Lieber, (vergiß nicht), daß alle Arten, bis auf die langweiligen, gut sind.

24 Au revoir mon ami: franz. Auf Wiedersehen mein Freund.

25 essence de bouquet: franz. Blumenessenz; Parfüm.

26 entrevue: franz. Zusammenkunft; Unterredung.

27 Eiserne Maske: unbekannter Gefangener Ludwigs XIV., der in der Bastille bis zu seinem Tod 1703 mit einer Maske vor dem Gesicht vor der Öffentlichkeit verborgen gehalten wurde. Aufgrund dieser Ungewißheit wurde literarisch im 18. u. 19. Jh. dem Unbekannten viel angedichtet (s. a. Voltaire: ›Siècles de Louis XIV‹; 1751).

Sebastian von Portugal (1554-1578): auch hier der Vergleich mit einem ›Verstorbenen‹, dessen Tod vom Volk nicht geglaubt wurde und nachfolgend publikumswirksam blieb, indem er zum Helden stilisiert und seine ›Wiedergeburt‹ proklamiert wurde.

Waldemar: trat im 14. Jh. in der Mark Brandenburg als (falscher) Markgraf auf. Zunächst anerkannt, später jedoch des Betrugs überführt.

Guiseppe Balsamo (1743-1795); gen. Graf Cagliostro. Abenteurer und Alchimist (Goldmacher).

Graf von St. Germain (?-1784): Abenteurer u. Hochstapler. Über ihn sind nur wenige Daten bekannt geworden, da er das Publikum in völliger Ungewißheit über seine Person ließ.

28 gemeint sind die Teile I. u. II.; bei F. G. Franckh in München 1830 erschienen. Mit der ersten Ausgabe der Teile III. u. IV., im Frühjahr 1832 (Stuttgart), erschienen auch die beiden Teile (von Varnhagen und Pückler überarbeitet) der ersten Ausgabe (Teil I. u. II.) in zweiter Auflage.

29 Specimina: (lat.) Probearbeit. Von der Kupferplatte kopierte Lithographien, die nicht nur, wie Pückler schreibt, von den Vorlagen abweichen, sondern auch noch im Druck nicht exakt gelegt wurden, so daß die Konturen verschwimmen.

30 gradatim: schrittweise.
31 s. Anm. 28.
32 mordante Satire: bissige Satire.
33 in petto: (lat.-ital.) im Sinne.

Erster Brief: 8. September 1826

1 Marie Marquise de Sévigné (1626-1696): gemeint ist der sozialhistorisch bedeutende Briefwechsel mit ihrer Tochter. (1818 in zehn Bänden erschienen); s. a. 40. Brief.
2 que j'ai plus (...): franz. daß ich mehr (von Deinem Blut) habe.
3 au hasard: franz. auf gut Glück.
4 N'aimons jamais (...) médiocrement: franz. Wir sollten nie lieben oder nur recht wenig; Zu sehr zu lieben ist gefährlich (...) Mir ist die Krankheit immer noch lieber als das Heilmittel, und ich finde es milder, Menschen die ich liebe mit seelischem Schmerz zu verlassen, als sie nur mittelmäßig zu lieben.
5 fatiguieren (a. fatigieren): ermüden.
6 Vous avez sans (...): franz. Du hast ohne Zweifel, so wie ich, allerlei bittere Gedanken (bouillons) zusammengekocht.
7 maladie imaginaire: franz. eingebildete Krankheit.
8 fraîcheur: franz. Frische.
9 Karl Friedrich Nagler (1770-1846): ab 1822 Leiter des preußischen Postministeriums.
10 embarras: franz. Hindernis; Umstände.
11 Brobdingnag: Jonathan Swift (1667-1745): Phantasiebezeichnung für das Land der Riesen (a. Brobdingrag) in: ›Guillivers Reisen‹; s. a. 31. Brief.
12 chetiv: (franz.) dürftig.
13 Adolf Müllner (1774-1829): bekannter Publizist und Theaterkritiker des Vormärz (Junges Deutschland), s. a. Andeutungen S. 46.
14 Pückler diente unter dem Großherzog von Weimar als Verbindungsoffizier zum Zaren in der Stellung eines Generaladjutanten.
15 gemeint ist der Goethe-Park in Weimar: frühe Gestaltungen ab 1778 (Luisenfest). Von Goethe und dem Großherzog von Weimar Karl August (1757-1828) ausgeführte romantische bis klassizistische Gestaltungsform. Gesamtfläche ca. 55 ha.
16 Carl von Linné (1707-1778): schwed. Arzt u. Botaniker. Sein Haupt-

werk war die Schaffung einer Nomenklatur, die für jedes Lebewesen lat. Gattungs- u. Artnamen angibt. Das Linnéische System, von dem P. hier schreibt, war ein künstliches Pflanzensystem, das bald durch natürliche ersetzt wurde.

17 cheval de bataille: franz., gemeint ist, hier als ›Schlachtroß‹ bezeichnet, der Ballon des Luftschiffers Reichardt, mit dem P. 1816 eine spektakuläre Bruchlandung bei Potsdam erlebte.

18 Herzog Bernhard von Weimar, Sohn des Großherzogs, war in diesem Jahr (1826) von einer Amerikareise zurückgekehrt und beabsichtigte sein Reisetagebuch zu publizieren (Erste Ausgabe unter dem Hg. Heinrich Luden: 1828).

19 Whist: engl. Kartenspiel.

20 medisieren: lästern.

21 insinuieren: einflüstern; zutragen.

22 Le Baron de J… (…): franz. Der Baron de J… erlaubt sich vorzustellen; den seligen (verstorbenen) Herrn Capitaine de M…, früher im Dienste der Reichsstände des Rheinbundes. (Von 1806-1813 unter dem Protektorat Napoleons geschlossener Bund zwischen 16 dt. Staaten – ohne Preußen u. Österreich – u. Frankreich, nach dessen Gründung, mit dem Rücktritt des Kaisers, das Heilige Römische Reich Deutscher Nationen aufgelöst war.)

23 clair-obscur: franz. hell-dunkel.

24 embressement: franz. Eifer.

25 façon de parler: franz. Floskel.

26 fastidiös: langweilig.

27 Jakob Michael Reinhold Lenz (1751-1792): 1776 bei Goethe in Weimar. Zwei Jahre später wegen einer ›Eselei‹ (Goethe) von dort ausgewiesen.

28 Georg Gordon Lord Byron (1788-1824): ›Manfred‹ (Gedicht; 1817).

29 Heinrich Fürst von Radziwill (1775-1833): Musiker u. Sänger. Freund vieler zeitgenössischer Komponisten. Aufführung der genannten privaten Vorstellung in Berlin: 1819.

30 Faust Teil I (Ende des Prologs): Mephistopheles: Von Zeit zu Zeit seh ich den Alten gern, / Und hüte mich, mit ihm zu brechen. / Es ist gar hübsch von einem großen Herrn, / So menschlich mit dem Teufel selbst zu sprechen.

31 Kaiser Alexander I. von Rußland (1777-1826).

32 Katharina Pawlowna Königin von Württemberg (1788-1819).

33 rektifizieren: zurechtweisen; berichtigen.

34 Cochenille (a. Koschenille): Weibchen der Scharlachschildlaus.
35 Thomas Henry Lister (1800-1842): ›Granby‹; London; 1826.
36 debit: um (absichtlich) zu belasten.
37 mal à propos: franz. unpassend.
38 bonhomie: franz. Gutmütigkeit; Einfalt.

Zweiter Brief: 20. September 1826

1 entrée: franz. Einreise.
2 tout de bon: franz. ganz ernsthaft.
3 ensemble: franz. das Ganze.
4 allure: franz. Erscheinung.
5 cramoisi: franz. dunkelrot.
6 Fernando Alvarez de Toledo Herzog von Alba (1507-1582): Oberbefehlshaber der Heere unter Kaiser Karl V., Eroberer Portugals (1580).
7 point de vue: franz. hier: Blickfang.
8 Erasmus von Rotterdam (ca. 1466-1536): Humanist. Besonders bekannt geworden durch Publikation röm. u. kirchl. Klassiker.
9 table d'hôte: franz. gemeinsamer Speisetisch in Gaststätten.
10 comtoir: franz. Kontor; Zweigstelle einer Bank.
11 Panorama: Zur Unterhaltung des Publikums mit einem bestimmten Motiv ausgemalter Raum, der, z.T. mit zusätzlichen Effekten ausgestattet, eine optische Täuschung des Realen hervorrufen soll.
12 Pygmalion: griech. Sagenkönig, der sich in eine von ihm selbst geschaffene Mädchenstatuette verliebt; von Aphrodite zum Leben erweckt und von Pygmalion zur Frau genommen wird.
13 Adieu, canards (...): franz. Lebt wohl, ihr Enten, Kanäle und Kanaillien!
14 en attendant: franz. inzwischen.

Dritter Brief: 5. Oktober 1826

1 bourrasque: franz. heftiger Wind.
2 événements: franz. Ereignisse.
3 divertieren: ergötzen.
4 evergreen woods: engl. immergrüne Wälder.
5 étalage: franz. Schaufenster; Dekoration.

6 Volubilität: Geläufigkeit.
7 Comment (...) sagte ich (...): franz. »Wie, Sie konnten nicht schlafen? Ich sehr wohl und bequem, ich schlief sehr warm zwischen zwei Matrosen (durch den Hinweis Pücklers auf den Dialekt in der Aussprache, ist Matrosen, auch Matratzen möglich) und ich fühle mich ausgezeichnet.« – »Madame«, sagte ich, »man versteht, daß Sie das Meer nicht fürchten.«
8 Douanen: (franz.) Zollbeamte.
9 trouble: engl. Unruhe.
10 beau monde: franz. vornehme Welt.
11 macadamisierte Straßen: fester Straßenbelag; s. a. ›Andeutungen‹ S. 114.
12 Landes bei Bordeaux: Heidelandschaft (Les Landes) südl. von Bordeaux.
13 Meliorationen: (Boden-)Verbesserungen.
14 barock: gemeint ist bei P. immer das Überladene, Schwülstige; nicht der wertfreie Stilbegriff (s. a. 27. Brief u. a.).
15 in petto: lat.-ital. im Sinne, geplant.
16 point de vue: franz. hier: Blickfang.
17 Sir Frederick William Trench (1775-1859): engl. General.
18 faience: franz. aus Steingut bestehend.
19 robinets: franz. Wasserhähne.
20 Profusion: Reichhaltigkeit.
21 wohl furnierte plat de ménage: franz. gut belegte Speiseplatte.
22 waiters: engl. Kellner.
23 quincaillerie: franz. Küchengeräte.
24 warranted sound: engl. garantiert gesund.
25 bijoux: franz. Schmuck.
26 bowling-green: engl. Rasenfläche in der Nähe des Wohngebäudes; s. a. ›Andeutungen‹ tab. XV.
27 Palmyra: Wüstenstadt (Syrien).
28 pleasure-ground: engl. vergl. Anm. 26; s. a. ›Andeutungen‹ S. 46 ff.
29 shrubs: engl. Stauden- u. Buschanpflanzungen.
30 Prinzip des Herrn Nash: s. ›Andeutungen‹ S. 93-97.
31 Mark Brandenburg.
32 mesquin: franz. armselig.
33 Karl Freiherr von Tettenborn (1778-1845): befreite 1813 Hamburg von den französischen Besetzern.
34 Arkana: geheime Wundermittel.

35 roué: franz. frivoler Mensch.
36 comptoirs: franz. Kontore; Zweigstellen von Banken.
37 clerks: engl. Büroangestellte.
38 nil admirari: lat. nichts bewundern.
39 bullion-office: engl. Gold-Kontor.
40 lingots: franz. Barren.
41 Miguel Cervantes (1547-1616): ›Don Quijote‹. Span. Romanfigur, deren Begleiter Sancho Pansa ist. Gilt als Sinnbild eines Idealisten, der mit der Wirklichkeit in Konflikt gerät u. dadurch zum Gespött wird.
42 in Parenthese gesagt: nebenbei gesagt.
43 ennuyieren: langweilen.
44 Diligencen-Gebäude: Haltestelle der Eil-Postkutsche.
45 Nathan Baron von Rothschild (1777-1836): Bankier u. Sohn des Frankfurter Amschel Rothschild (1743-1812).
46 Haupt-Alliierter der Heiligen Allianz: Auf Anregung des Zaren, ein 1815 geschlossenes Bündnis zwischen Rußland, Preußen und Österreich, mit dem Vorsatz, liberale u. nationale Bestrebungen in Europa zu unterdrücken. Rothschild (s. Anm. 45) unterstützte dieses Vorhaben durch den Kauf von Staatsanleihen.
47 cum dignitate: lat. mit Würde.
48 contenance: franz. Haltung.
49 assurance: franz. Zuversicht; Gewißheit.
50 Exeter Change: (Börse von Exeter) vermtl. die Royal Menagerie, Vorläufer des Londoner Zoos. 1826 wurde die Zoological Society of London von Sir Stamford Raffles u. Sir Humphry Davy gegründet. Ab 1828 im Komplex des Tower of London untergebracht.
51 Cicerone: Fremdenführer.
52 brodieren: ausschmücken.
53 William Shakespeare (getauft 1564-1616): ›Romeo und Julia‹. Graf u. Gräfin Montague sind darin die Eltern von Romeo. Erster nachweisbarer (Raub-)Druck: 1597. Das Stück basiert auf einer italienischen Novelle u. der 1562 von Arthur Brooke publizierten Versnovelle ›The Tragicall Historye of Romeus and Juliet‹.
54 vaudeville: franz. Singspiel.
55 avant-coureur: franz. Vor-Läufer.
56 entetiert: eigensinnig.
57 Franz Grillparzer (1791-1872): ›Die Ahnfrau‹ (1816) Schicksalstragödie.
58 hidös: (franz. hideux) scheußlich.

59 Mary Wollstonecraft Shelley (1797-1851): ›Frankenstein or The Modern Prometheus‹ 1818. Die deutsche Übersetzung erschien erst 1912.
60 William Polidori (1795-1821): ›The Vampyre. A Tale‹ (1819). Die dt. Übersetzung erschien im gleichen Jahr unter dem Titel: ›Der Vampir. Eine Erzählung aus dem Englischen von Lord Byron‹.
61 Der Weinstock, 1769 gepflanzt, existiert noch heute.
62 Thomas Wolsey (ca. 1475-1530): Kardinal. Heinrich VIII. ließ ihn des Hochverrats anklagen u. im Gefängnis sterben, weil er dessen Scheidung von Katharina von Aragon beim Papst nicht erreichen konnte.
63 jocrisse: franz. Einfallspinsel.
64 camp d'or: franz. goldenes Lager.

Vierter Brief: 15. Oktober 1826

1 courses: franz. Ausflüge.
2 favorabler: (franz.) günstiger
3 Indigestionsartiges: Verstopfungsartiges.
4 antediluvianisch: vor dem Diluvium (Eiszeit).
5 Thomas Earl of Elgin (1766-1841): engl. Botschafter in Konstantinopel u. Kunstsammler. Er brachte die sog. Elgin Marbles 1802-1812 für 75000 Pfd. Strl. nach England u. verkaufte sie 1816 dem British Museum. Hauptsächlich Teile des Erechtheus- u. Parthenon-Tempels (Athen).
6 déclamation à part: franz. nebenbei bemerkt.
7 training-groom: engl. Pferdetrainer.
8 gemeint ist hier nicht die Person, sondern die nach dem englischen Trainer Richard Tattersall (gest. 1795) benannte Institution.
9 gras-plain: engl. Rasenfläche.
10 appellatio: lat. Berufung; Einspruch.
11 Diminutiv-Greise: physisch kleine alte Menschen.
12 Purgieren: Das Anwenden von Abführmitteln.
13 Laxanzien: Abführmittel.
14 mais tel était (...): franz. aber das war ihm eine Freude.
15 rekommandieren: empfehlen.
16 betting-post: engl., Wettbüro.
17 Volubilität: Geläufigkeit.
18 Perspektiv: Fernrohr.

19 Lorgnetten: Stielbrillen.
20 bonne mine (...): franz. gute Miene zum bösen Spiel.
21 Voilà les courses (...): franz. Das waren die Ausflüge in Newmarket.
22 divinatorisch: hellseherisch.
23 habitués: franz. Stammgäste.
24 shrubberies des pleasure-grounds: vgl. 3. Brief; Anm. 28f.
25 Humphrey Repton (1752-1818): engl. Landschaftsgestalter u. Verfasser der sog. Roten Bücher, die ca. 3000 Skizzen zur Gartengestaltung enthalten. Alte u. neue Ansichten wurden durch aufklappbare Deckblätter verglichen. Dessen Sohn John Adey Repton wurde von P. am 18. Januar 1821 brieflich eingeladen, nach Muskau zu kommen. Adey Repton traf mit einem Gehilfen (Vernal) 1822 in Muskau ein und gestaltete dort Teile der Schloßumgebung (pleasure-ground) im englischen Stil. P. ließ diese Anlagen später jedoch ändern, da Repton die lokalhistorischen Beziehungen nicht genug berücksichtigt hatte. S. ›Andeutungen‹ S. 43; 350 u. a.
26 spedieren: versenden.
27 honneurs: franz. Ehrenbezeugung
28 noblemen: engl. Adlige.
29 volée: franz. Rang; Stand.
30 fetieren: (mit einem Fest) ehren.
31 She is a great (...): engl. Sie ist eine große Freundin von mir.
32 morgue: franz. Arroganz.
33 vaisselle: franz. Tafelgeschirr.
34 profusion: franz. Verschwendung.
35 plenty: engl. Fülle.
36 train: engl. Gang.
37 étalage: franz. dekorativer Aufwand.
38 à peu de chose près: franz. beinahe.
39 relevés: franz. Gänge nach der Suppe.
40 interiministisch: vorläufig.
41 franges: franz. Fransen.
42 unfashionable: engl. unmodisch.
43 devancieren: (franz.) zuvorkommen.
44 Gynäceum: Frauengemach.
45 Aprés celà: franz. hiernach.
46 Such is the custom (...): engl. So ist es Brauch auf Brauksome Hall.
47 Whist: engl. Kartenspiel.
48 embrasure: franz. Öffnung.

49 Louise Germaine Baronin von Staël-Holstein (1766-1817): ›De l'Allemagne‹ (1813).
50 À tout prendre: franz. insgesamt.
51 Fost: (phonetisch) engl. Faust.
52 esprit fort: franz. Freigeist.
53 ridicule: franz. das Lächerliche.
54 Ostentation: Prahlerei.
55 eingeschwärzte Pariser: eingeschmuggelte Seidenhandschuhe.
56 Ahas: vgl. 29. Brief; Anm. 7.
57 pièce: franz. Zimmer.
58 caissons: franz. Fächerwerk (Kassettendecke).
59 Haupt-pièce: Salon.
60 Die Vermachung der Landschaft bedeutete eine Aufteilung und somit Einzäunung kleiner Parzellen. Parzellen eines Besitzers wurden getrennt durch die eines anderen.
61 volière: franz. Vogelhaus.
62 airs: franz. Mienen (Gesten).
63 Pantalonaden: Possen.
64 bel étage: franz. die guten (oberen) Stockwerke. Vgl. 8. Brief, Anm. 23.
65 Kanon: jährlicher Grundzins.

Fünfter Brief: 20. November 1826

1 spleen: engl. üble Laune.
2 chronique scandaleuse: franz. Klatsch; Gerede.
3 Sandomir: Berlin. S. a. 25. Brief u. Vorwort Teil III.
4 se demandant (...): franz. sie fragen sich überall: Haben Sie die Briefe eines Verstorbenen gelesen? – und ergreifen darauf alle die Flucht.
5 Tobias George Smollett (1721-1771): ›Die Abenteuer des Peregrin Pickle‹ (1751).
6 Profusion: Reichhaltigkeit.
7 parapluie: franz. Regenschirm.
8 wohlfurnierte library: gut ausgestattete Bibliothek.
9 Weindigression: Wein-Abschweifung.
10 abord: franz. Zutritt.
11 ambassadeurs: franz. Botschafter.
12 fashionables: engl., die der Mode Folgenden.

13 inkommodieren: belästigen.
14 nonchalamment: franz. lässig.
15 rencherieren: (franz.) überbieten.
16 faveur: franz. Gunst.
17 avanturier: franz. Abenteurer.
18 crime: engl. Vergehen.
19 airs: franz. Blasiertheit.
20 égard: franz. Rücksicht.
21 tournure: franz. Körperhaltung.
22 Short-Whist; Ecarté; Hazard: Kartenspiele; letzteres ein reines Glücksspiel.
23 Ressourcen: geschlossene Gesellschaften.
24 rubber: engl. ugs. für: eine Runde Whist.
25 commis: franz. Angestellter.
26 waiters: engl. Kellner.
27 liaisons: franz. Liebschaften.
28 fetieren: (mit einem Fest) ehren.
29 Fähnrich auf half-pay: Offiziersanwärter mit (nur) halbem Sold.
30 viscount: englischer Graf (count: nicht-englischer Graf).
31 routs: engl. große Gesellschaft.
32 sensitive: franz. Name für: Mimose.
33 Les absents ont tort: franz. Die Abwesenden haben Unrecht.
34 Adelbert von Chamisso (1781-1838): ›Peter Schlemihls wundersame Geschichte‹ (1814)
35 mais il faut (...): franz. aber man braucht (Mut).
36 plumper: engl. ein dick ausgestopfter Possenreißer.
37 qui coule de source: franz. die aus dem (Ursprung) Wesen hervorquellt.
38 passiert: gealtert.
39 etalieren: ausstellen.
40 moelleux: franz. (voll und weich zugleich).
41 lasziv: zweideutig.
42 Broomgirl: (Aschenputtel).
43 entrée-billet: franz. Eintritts-Karte.
44 suite: franz. Regelmäßigkeit.
45 detachiert: getrennt.
46 en petit comité: franz. in kleinem Kreis; unter uns.
47 gourmand: franz. Feinschmecker.
48 sans en perdre (...): franz. ohne daß der Appetit darunter litt.

49 Oh, n'importe (...): franz: »Oh, das macht nichts, sein Bruder bekommt ja alle Jahre Kinder, und das ist für die Familie gleichbedeutend.« – »Für seine Familie schon, aber nicht für ihn. Sein Bruder vernascht und er verdaut.«
50 petillieren: schäumen.
51 Vademekum: (lat.) wörtl. Geh-mit-mir; eine Sammlung von Sprüchen.
52 menées: franz. Umtriebe.
53 nécessaire: franz. das Notwendige.
54 ad libitum. lat. nach Belieben.
55 coup fourré: franz. einen Tiefschlag (versetzen).
56 aguerrieren: (franz.) abhärten.
57 ridicule: franz. das Lächerliche.
58 embarrasiert: (franz.) verlegen.
59 Rouladen: (franz.) Verzierungen.
60 Lizenz: (franz.) allzu große Freiheit.
61 cadence: franz. Tonfall.
62 Mit Stentorstimme eine Zote ausrufen: mit lautstarker Stimme eine Unanständigkeit ausrufen.
63 comme si (...): franz. als wäre (nichts gewesen).
64 croûte: franz. Imbiß; Zwischenmahlzeit.
65 kunstvoll: in der Vorlage gedruckt: künstlich.
66 Wisotzky in Berlin: Vergnügungslokal. S. a. 25. Brief.
67 effronterie: franz. Unverschämtheit.
68 affichieren: (franz.) zur Schau tragen.
69 entreteneur: franz. hier: Stammkunde.
70 Jungfrau-Königin: Elisabeth I. (1533-1603); Tochter von Heinrich VIII. u. Anna Boleyn.

Sechster Brief: 25. November 1826

1 Arrak: Branntwein.
2 et ne doute (...): franz. und zweifelt niemals an etwas.
3 ennuyieren: langweilen.
4 personnage: franz. Persönlichkeit.
5 konsommiert: (franz.) vollkommen.
6 mauvais pas: franz. üble Situation.
7 lustre: franz. Glanz.

8 Marlborough s'en (...): franz. Marlborough zieht in den Kampf.
9 bonne chère: franz. gute Kost.
10 akkompagnieren: begleiten.
11 bonne fortune: franz. glücklicher Zufall.
12 caracolieren: (franz.) tummeln.
13 occipitium: lat. Hinterhaupt.
14 rencontre: franz. Begegnung.
15 bonmots: franz. Scherze.
16 empressiert: (franz.) begeistert.
17 in propria persona: lat. in eigener Person.
18 raison: franz. Vernunft.
19 Ah, birbànti! (...): ital. »Ah, ihr Gauner! (...) laßt diesen A... und kommt her, hier ist der wahre Pulcinella.«
20 avertieren: benachrichtigen.
21 gradins: franz. Stufensitze.
22 corvée: franz. undankbare Arbeit.
23 affiche: franz. Anschlagzettel.
24 ressentieren: (franz.) hier: herleiten.
25 Je n'y pouvais pas tenir: franz. Ich konnte das nicht aushalten.
26 aisance: franz. Gelassenheit.
27 abandon: franz. Nachlässigkeit.
28 suite: franz. Gefolge.
29 à la Murat: Joachim Murat (1767-1815): franz. Marschall.
30 Profusion: Fülle.
31 à sa portée: franz. auf seine Ebene.
32 un vrai seigneur: franz. ein wahrer Herr.
33 reüssieren: Erfolg haben.
34 plénipotentiaires: franz. Bevollmächtigte.
35 foule: franz. Menge.
36 ambassadeurs: franz. Botschafter.
37 bon mot: franz. Scherz.
38 pour ne pas (...): franz. um nicht zu sagen Kleinlichkeit.
39 solenn: lat.-franz. feierlich.
40 Vous ne trouverez (...): franz. Sie werden das Portrait nicht ähnlich finden, (...) aber die Diamanten.
41 Philippe Graf von Ségur (1780-1873): franz. General.
42 doyens: franz. (zu den) Ältesten (gehörig).
43 Amphitryon: hier nur in der Bedeutung: König.
44 mine de doléance: franz. Klagemiene.

45 artistisch: hier: kunstvoll.

46 rayonnant: (franz.) glänzend.

47 in der 1. Ausgabe (1832): des Schauspielers bedarf;
in der 2. Ausgabe (1834): des mitteilenden Schauspielers bedarf;
in der 3. Ausgabe (1836): des mitschaffenden Schauspielers bedarf.

48 farceur: franz. Witzbold.

49 (Chemir): vermutl. v. chemin (franz. Weg); oder cheminer (alt-franz.) reisen; u. chemineor (alt-franz.) der Reisende. Im Sinne von: der (nur) geistig Reisende (Weg); der nur mit sich selbst konfrontierte Denker.

50 Prokrustes, in der griech. Sage ein Wegelagerer, der die Wanderer in sein Bett legte, um sie zu verkürzen bzw. zu dehnen, bis sie sich der Form des Bettes angepaßt hatten.
Abgesehen von den zahlreichen kritischen Bemerkungen über Religion u. Institutionen der Kirche, die Pückler oft wohl auch nachträglich in die ›Briefe eines Verstorbenen‹ aufgenommen hatte, nähert sich P. in diesem Abschnitt stark seinen Jugenderlebnissen unter frömmelnden Erziehern in Muskau u. Uhyst. Letztere nennt er die ›Herrnhutische Heuchelanstalt‹. S. a. ›Tutti Frutti; Stuttgart, 1834. Bd. I; S. 12: ›Ein Besuch im Herrnhutischen‹ (1722 gegr. Brüdergemeine in der Oberlausitz).

51 rubber: engl. (Spiel-)Runde.

52 visiting-book: engl. Besuchs-Buch.

53 routs: engl. große Gesellschaften.

54 tant bien que mal: franz. teils gut teils schlecht.

55 ennuyieren: langweilen.

56 gêne: franz. hier: Sprachhemmung.

57 far niente: ital. ein nichts.

58 attachieren: anschließen.

59 ennui: franz. Überdruß.

60 et toutes les (...): franz. und alle Sterne würden vor meinem erblassen.

61 Introduktion: frei interpretierte Einführung.

62 Ouvertüre: Anfang der Oper.

63 lever: franz. Morgenaufwartung bei Hofe.

64 Sequestrierung: Übergabe an einen Sequester (Zwangsverwalter); gemeint ist die Zwangsverwaltung des Vermögens von Georg IV. (1762-1830) bis zur Klärung der von ihm zu jener Zeit angestrengten Scheidung von Karoline von Braunschweig. Die Regierungszeit Georg IV.

(ab 1811) war geprägt von Skandalen des ›Dandy‹ und brachte der engl. Krone starken Ansehensverlust.

65 Satyrphysiognomie: heiter-grotesker Gesichtsausdruck.

66 James Gillray (1757-1815): engl. Karikaturist.

67 Ostindische Compagnie: Monopolistische Handelsgesellschaft (ca. 1600-1858).

68 Renegaten: Glaubensabtrünnige.

69 C'était sans doute (...): franz. Das war ohne Zweifel sehr katholisch.

70 Il a le cœur (...): franz. Er hat das Herz eines t(...), mit der Gestalt eines â(ne) Esels.

71 Cornelius Jansen (1585-1638): Bischof von Ypern. Begründete eine gegen die Jesuiten gerichtete Lehre: Jansenismus.

72 I never like to (...): engl. Ich streite nicht um Butter und Brot.

73 aus dem Krieg der Engländer gegen die Birmanen (1825).

74 Poecileorama: lat. poecile: ›gemalte Halle‹ (in Athen); hier: motivisch wechselnde Schau-Raumdekorationen.

75 de l'ancien régime: franz. der alten Regierung (vor 1789).

76 Charles Mat(t)hew (1776-1835): engl. Alleinunterhalter. Kurze Bühnenstücke in Serie, mit wechselnden Themen: ›At home‹.

77 Equivokste: (franz. équivoque) Das Doppelsinnigste.

78 le grand air: franz. den großen Herrn (spielen).

79 August von Kotzebue (1761-1819): ›Pachter Feldkümmel‹.

80 Parodie auf: Johann Spurzheim (1776-1832): Arzt u. Mitarbeiter Franz Josef Galls (1758-1828) auf dem Gebiet der Schädellehre (Kraniologie).

81 Diligence: (franz.) Eil-Postkutsche.

82 einschwärzen: einschmuggeln.

83 fatigant: ermüdend.

Siebenter Brief: 12. Dezember 1826

1 Nabob: Provinzgouverneur in Indien.

2 Modesty and merit: engl. Bescheidenheit und Verdienst.

3 deployieren: (franz.) entfalten.

4 Louis Herzog von Enghien (1772-1804): Von Napoleon völkerrechtswidrig in Baden gefangengenommen u. in Vincennes erschossen worden.

Die erwähnte Treulosigkeit in Spanien bezieht sich auf die Ernennung

Joseph Buonapartes (1768-1844) zum König von Spanien (1808-1812) durch Kaiser Napoleon, obwohl Spanien mit Frankreich vertraglich verbunden war u. Karl IV. bzw. Ferdinand VII. der Thronfolge rechtlich näher standen.

5 Quand les ambassadeurs (...): franz. Als die Botschafter vieler Könige kamen / Ihn anzuerkennen im Namen des Universums (Erdkreises).

6 coup d'epée und auch die coup d'épingles: franz. die Degenhiebe und auch die Nadelstiche.

7 Je légue l'opprobre (...): franz. Ich vermache die Schmach meines Untergangs an England.

8 assurance: franz. Zuversicht.

9 vis comica: lat. Talent; Ausdruckskraft.

10 rout: engl. Gesellschaftsball.

11 Louis Fauvelet de Bourrienne (1769-1834): ›Mémoires sur Napoléon‹ (10 Bde.; 1828-1830). Jugendfreund u. Begleiter Napoleons bis 1804. Später geistesgestört. Die o. g. Chronik gilt als sehr unzuverlässig, wie auch Pückler beim Lesen feststellte. Hier wird jedoch deutlich, daß dieser Text nachträglich in die erste Ausgabe des III. u. IV. Teils der ›Briefe eines Verstorbenen‹ aufgenommen wurde.

12 à sa portée: franz. auf seiner Ebene.

13 bagarre: franz. Wirrwarr.

14 fashionable soirée by (...): franz. u. engl. modische Abendgesellschaft bei Lady Eitel oder Närrisch prunken könne.

15 Brownomanie: die neue Art: (nach Pücklers Wortspiel) alles in brauner Farbe zu dekorieren.
Die alte Art: nach dem schottischen Arzt John Brown (1735-1788), der durch seine ›Elementa medicinae‹ ein neues, umstrittenes System (Brownianismus) begründete, das alle Krankheiten auf Mangel oder Überfluß zurückführte. Nach seiner ›Erregungstheorie‹ mußten Schwächekrankheiten (Asthenien) durch starke Reizungen behoben werden (Kirschgeist, Pfeffer etc.).
Die alte Art: Lancelot ›Capability‹ Brown (1716-1783): Landschaftsgestalter u. Lehrmeister Humphry Reptons (1752-1818).
Das Bild meint wohl: die einfache (neue) künstlerische Struktur im Vergleich zur komplexen (alten) künstlerischen Struktur.

16 portugiesische Affären: gemeint ist das Eingreifen Englands in den Kampf um die portugiesische Thronfolge unter dem Außenminister George Canning (1770-1827). England unterstützte den Freiheitskampf der Portugiesen, nachdem französische Truppen im Auftrag

der ›Heiligen Allianz‹ 1823 Spanien besetzt hatten und auch wichtige Übersee-Handelsverbindungen bedrohten. Die Handelsinteressen Englands wollte Canning sichern, indem er den konservativen Prinz-Regenten Don Miguel unterstützte, der für eine Erweiterung des engl. Südamerikahandels sorgte.

17 bonhomie: franz. Einfalt.

18 resurrection-men: engl. Leichenräuber (für anatomische Studien).

19 Jacob Heinrich Rehder (1790-1852): Parkinspektor in Muskau. S. a. ›Andeutungen‹ S. 63 ff.

20 fraîcheur: franz. Frische.

21 Datura: Solanaceae (indische Pflanze; gen. Stechapfel).

22 Holly: engl. Stechpalme; Ilex.

23 Qui êtes-vous (...): franz. Wer sind Sie, Monsieur? Was suchen Sie hier?

24 ex officio: lat. offiziell.

25 Alteration: Aufregung.

26 à ses anciennes amours: franz. zu seinen ehemaligen Liebschaften.

27 Alexander von Humboldt (1769-1859): Naturforscher. Von 1808-1826 arbeitete H. in Paris an der Herausgabe der Beschreibung seiner Weltreise (1799-1804). Erst im Mai 1827 kam H. auf Wunsch von Wilhelm III. nach Berlin zurück; es handelt sich offensichtlich um eine Zeitungsmeldung im Vorfeld dieser Rückkehr.

28 Le pire est (...): franz: Das Schlimme ist, daß ich zugleich zuviel und zuwenig sensibel für die Ansichten und auch Lebensarten anderer bin.

29 kunstvoll: in der Vorlage gedruckt: künstlich.

30 en attendant: franz. unterdessen.

Achter Brief: 25. Dezember 1826

1 Vgl. ›Andeutungen‹ S. 43.

2 priory: engl. kleines Kloster; in Abhängigkeit einer Abtei. Versammlungsort ev. Geistlicher (Konvent).

3 en passant: franz. im Vorübergehen.

4 nil admirari: lat. nichts bewundern.

5 Josiah Wedgwood (1730-1795): gründete eine bekannte Töpfermanufactur in England, deren Nachfolger die beliebten blauen Tonwaren in der Toscana fertigten u. exportierten.

6 einer dito mit (...): lat. u. franz. einer ebenso mit gerösteten Schweinsohren à la Sainte Ménéhould.
7 muffins: engl. Teekuchen.
8 moutarde de maille: franz. milder Senf.
9 Dominique Vivant Baron von Denon (1747-1825): Museumsdirektor in Paris u. Maler.
10 lever: franz. Morgenempfang bei Hofe.
11 Boiserie: (franz.) Täfelung.
12 René-Antoine Réaumur (1683-1757). Physiker u. Zoologe; 14° R= 17,5° C.
13 krenelierte Mauer: mit Zinnen versehene Mauer.
14 berceaux: franz. Gewölbebogen; Laubengang.
15 s. 4. Brief, Anm. 25.
16 rosary: engl. (a. rosery) Rosengarten; Rosenbeet. Vgl. a. ›Andeutungen‹ S. 184f.
17 pièces: franz. Zimmer.
18 caissons: franz. Fächerwerke (Kassettendecke).
19 enfilade: franz. Zimmerflucht.
20 Fatiguen: (franz.) Strapazen.
21 mutton-chops: engl. Hammelrippchen.
22 Partikülier: Privatmann.
23 de plein pied: franz. Erdgeschoß. Vgl. 4. Brief, Anm. 64.
24 Tür-embrasuren: Türrahmen; Zarge.
25 Antonio Canova (1757-1822): klassizistischer Bildhauer.
26 aviary: engl. Vogelhaus.
27 Papageno: In Anlehnung an Mozarts ›Zauberflöte‹ nennt Pückler den für das Vogelhaus verantwortlichen Diener ›Papageno‹.
28 chemin faisant: franz. unterwegs.
29 Ballerino: Pücklers Kranich in Muskau.
30 conduits de chaleur: franz. Warmwasser-Heizungsrohre.
31 Antipoden: Menschen die (jeweils) auf dem entgegengesetzten Teil der Erde leben.

Neunter Brief: 28. Dezember 1826

1 Schwibbogen: nur links u. rechts gelagerter, sonst freitragender Bogen.
2 s. Frontispiz.
3 de plain pied: franz. ebenerdig.

4 förmliches cabinet: der Form nach (fast) ein Zimmer.
5 hautelisse: franz. Gobelin; Wandteppich mit eingewirkten Motiven.
6 Titian (Tizian); Raphael (Raffael): Die Schreibweise der Namen gibt Pückler nach den Signaturen auf den Bildern wieder.
7 Refutation: (lat.) Widerlegung.
8 Niccolò Machiavelli (1469-1527): ital. Historiker; ›Il principe‹ (1513) beinhaltet Leitsätze, die M. als einzig gültige Art und Weise Politik zu machen anführt.
9 par la grâce de Dieu: franz. von Gottes Gnade.
10 properieren: gedeihen; vorankommen.
11 cavalier: engl. (franz. chevalier) Ritter; Königstreue.
12 Majolika: Töpferware; gen. nach d. Insel Mallorca.
13 Schwarzer Prinz: Edward Prince of Wales (1330-1376); so gen. nach der Farbe seiner Rüstung.
14 enfilade: franz. Zimmerflucht.
15 Koller: Wams; Jacke.
16 Schlacht von Lichfield: nördl. von Birmingham.
17 abandon: franz. Ungezwungenheit
18 gemeint ist: die Echte Zeder (Libanon-Zeder); bis 40 m hoch.
19 antediluvianisch: vor dem Diluvium (Eiszeit).
20 beut: veralt. für: bietet.
21 car il faut (...): franz. denn es ist notwendig, daß ich davon auch etwas berichte.
22 seit 1838: Royal Leamington Spa.
23 douche: franz. Dusche.
24 contemplation: engl. Betrachtung; Nachsinnen.
25 mütilieren: (franz.) verstümmeln.
26 Piers Gavestone: Von Edward I. verbannt u. von Edward II. nach England zurückgerufen. Bei Scarborough gegen ein Sicherheitsversprechen gefangengenommen u. 1312 unter dem Vorsitz von Thomas Lancaster zum Tode verurteilt.
27 Posten: Poststationen.
28 Walter Scott (1771-1832): ›Kenilworth‹ (1821).
29 Elisabeth's Bower: Elisabeths Laube.
30 rudera: lat. Überreste; Trümmer.
31 platieren: versilbern.
32 echtes Vollsilber durch Versilbertes tauschen.
33 ce n'est pas mon metier: franz. das ist nicht mein Gebiet (gemeint ist die Beschreibung von Industrietechnik als lit. Motiv).

34 Ostentation: Prahlerei.

35 Lenné: in der Vorlage gedruckt: Lainé; Peter Josef Lenné (1789-1866), Gartengestalter (u.a.) der Potsdamer Parkanlagen. Ursprünglicher Name: le Nain; s. ›Andeutungen‹, S. 16.

36 Benjamin West (1738-1820): amerikanischer Maler; ab 1763 in London.

37 affrös: scheußlich.

38 corps de logis: franz. Hauptgebäude.

39 à tout prendre: franz. alles in allem.

Zehnter Brief: 2. Januar 1827

1 hors d'œuvre: franz. Beiwerk.

2 à la fourchette: franz. Gabelfrühstück.

3 Malepartus: J.W. Goethe (1749-1832): Reineke Fuchs.

4 Faden der Ariadne: griech. Sagengestalt. Half Theseus durch ein Garnknäuel, den sog. Ariadnefaden, aus dem Labyrinth des Minotauros herauszufinden.

5 Afterkunst: schlechte Kunst.

6 Gestelle für Rankpflanzen: s. ›Andeutungen‹; S. 190ff.

7 luncheon: engl. (formellere Form von: lunch) Gabelfrühstück.

8 Spezimen: (lat.) Probestück.

9 tournure: franz. Körperhaltung; Gestalt.

10 exécutez-vous: franz. trage ich Dir's vor.

11 clumps: engl. Baum-Gruppen. Vgl. a. ›Andeutungen‹; S. 81.

12 Eatrop Park: offensichtlich, wie P. schreibt, ist dieser Park um 1830 nicht mehr gepflegt worden. Als gestaltete Anlage existiert er heute nicht mehr.

13 Ratzen: ugs. für Ratte; Jägersprache: Iltis.

14 Ludovico Cardi Cigoli (1559-1613): Schüler von Cristofano Allori (1577-1621); Ludovica war in Florenz maßgebend für einen reicheren Kolorismus u. eine natürlichere Darstellung der Motive (dem Manierismus abgewandt). Das erwähnte Motiv: ›Judith mit dem Haupt des Holofernes‹ ist von mehreren Malern dieser Stilrichtung ausgeführt worden.

15 ein vergleichbarer Textabsatz in: ›Andeutungen‹; S. 36.

16 Walter Scott (1771-1832): ›Woodstock‹; 1826.

17 offices: engl. Wirtschaftsräume.

18 grille: franz. Gittertüre.

19 pendant: franz. Gegenstück.
20 plafond: franz. Zimmerdecke.
21 plaid: engl. u. franz. karierter Überwurfmantel (aus schottischem ›plaid‹).
22 roué: franz. durchtriebene Person.
23 Lucius Annäus Seneca (ca. 4 v. Chr.-65 n. Chr.): römischer Philosoph (Stoiker); von Nero zum Selbstmord gezwungen.
24 Belvedere: (ital.) Name für schön gelegene Schlösser; ›Schöne Aussicht‹.
25 suite: franz. Gefolge.
26 pétulance: franz. Ausgelassenheit.
27 Il est beau au feu: franz. er ist vornehm am Herd.
28 Termen: Grenzsteinsäulen.
29 Makkabäer: (Hasmonäer); Familie des unter Antiochus Epiphanes aufständischen Judas (um 160 v. Chr.).
30 Comen les gens (...): franz. Wie die Kaiserlichen 1525 den Franzosen trotzten.
31 Dodo: ornith. Name für einen ausgestorbenen Vogel (Mauritius).
32 deminutiver Kämpe: kleiner Kämpfer.
33 Neuholland: 1604 von Holländern entdeckt (Australien).
34 Maiden Queen: Elisabeth I. (1533-1603).
35 in status quo: lat. in diesem Zustand.
36 caisson: franz. Fächerwerk (Kasettendecke).
37 Raffael (1483-1520): ›Die Schule von Athen‹ (Vatikan).
38 John Locke (1632-1704): engl. Philosoph; Staatstheoretiker.
39 Martin Luther (1483-1546): berühmter Reformator.
40 Georg Friedrich Händel (1685-1759): dt. Komponist; ab 1712 in London.
41 Hugo Grotius (1583-1645): niederl. Rechtsgelehrter (Völkerrecht).
42 John Radcliffe (1650-1714): engl. Physiker.
43 Johann Fust (ca. 1400-1466): Geldgeber Gutenbergs (Mainz).
44 gioco di villano: ital. Spiel der Bauern.
45 à tout prendre: franz. alles in allem.
46 Mais c'est à y revenir demain: franz. Aber morgen muß ich darauf zurückkommen.
47 montiert: hier von monter (franz.): gewachsen.
48 William Chambers (1723-1796): engl. Gartengestalter u. Architekt.
49 Volieren: Vogelkäfige.
50 ›Louis l'inévitable‹ und ›deux fois neuf‹: franz. ›Ludwig der Unvermeidliche‹ und ›zweimal neun‹ (Ludwig XVIII; 1755-1824).

51 estrade: franz. erhöhter Platz; Podium.
52 bel étage: franz. Erdgeschoß.
53 hautelisse: franz. Wandteppich; Gobelin.
54 franges: franz. mit Fransen verziert.
55 Piedestal: (franz.) Säulenfuß; Sockel.
56 juste-au-corps à la Henri quatre: franz. körpernaher Männerrock, nach Heinrich IV.
57 en sautoir: franz. über der Brust.
58 Walter Raleigh (1552-1618): engl. Seefahrer.
59 Ninon de Lenclos: Anne de Lenclos (1620-1705); franz. Liebhaberin am königl. Hof.
60 Je l'ignore: franz. Ich weiß es nicht.
61 William Pitt (1759-1806): engl. Premierminister (1783-1806).
62 chef de cuisine: franz. Küchenchef.
63 pelotonweise: soldatisch aufgereiht.
64 rez-de-chaussée: franz. Erdgeschoß.
65 echappieren: (franz.) entweichen.
66 Macassar-Öl-Essenz: Haarwuchs-Öl.
67 Tivoli in Paris: Vergnügungslokal mit Unterhaltungsprogramm.
68 Volte: hier eine Drehung.
69 Equilibrist: Gleichgewichtskünstler.
70 il faut que (...): franz. es muß alles ein Ende haben.

Elfter Brief: 19. Januar 1827

1 aimabler buffon: franz. liebenswürdiger Possenreißer.
2 tel le maître (...): franz. wie der Herr, so der Knecht.
3 fusée: franz. (Gewehr-)Salve.
4 l'esprit des escaliers: franz. Treppenwitz.
5 Mais dès qu'un (...): franz. Aber sobald ein Botschafter tot ist, kehrt er sofort in's Privatleben zurück.
6 Damaszener: verziertes Stahlschwert.
7 By God Sir (...): engl. Beim Himmel Sir, ich erinnere mich, das Schwert ist vergiftet.
8 embonpoint: franz. Korpulenz.
9 haut-goût: franz. Anzüglichkeit.
10 Ameliorationen: Verbesserungen (des Ackerbodens).
11 après coup: nachträglich.

12 Zu den Preußischen Reformen s. a. 25. Brief, Anm. 52; ›Andeutungen‹ S. 317f u. ›Tutti Frutti‹; Stuttgart, 1834 Bd. V.
13 et pour cause: franz. und mit (gutem) Grund.
14 sympathetisch: veralt. mitfühlend.
15 Brahmine: (a. Brahmane) Angehöriger der indischen Priesterkaste.
16 Il n'y a qu'un (...): franz. Es ist nur ein Schritt vom Erhabenen zum Lächerlichen.
17 facchino: ital. Gepäckträger.
18 ius talionis: lat. Das Recht der Vergeltung (von Gleichem mit Gleichem). Z. B. Mord mit Todesstrafe vergelten.
19 Friedrich Schiller (1759-1805): ›Die Piccolomini‹.
Octavio: (...) In steter Notwehr gegen arge List / Bleibt auch das redliche Gemüt nicht wahr – / Das eben ist der Fluch der bösen Tat, / Daß sie, fortzeugend, immer Böses muß gebären. (V. 1)
20 Cosmorama: vergl. 18. Brief; Anm. 20 (wie man es in Berlin nennt): Xavier de Maistre (1763-1852). ›Reise um mein Zimmer‹ (1790-94).
21 fourgon: franz. Transportkarren.
22 régime: franz. Verfahren.
23 qu'un bouillon (...) franz. als eine Brühe aus der Niere eines Schmetterlings.
24 Kontradiction: Widerspruch.
25 John Adey Repton: s. ›Andeutungen‹ S. 350; u. 4. Brief, Anm. 25.
26 Antonio Canova (1757-1822): ital. Bildhauer.
27 Podagra: Fußgicht.
28 prätendieren: vorgeben.
29 Giuseppe Balsamo (1743-1795); gen. Graf Cagliostro. Abenteurer und Alchimist (Goldmacher).
30 Hélas ils sont (...): franz. Leider sind diese Festtage vorbei.
31 défaite bei Aspern: franz. Niederlage; 1809 verlor Napoleon die Schlacht bei Aspern gegen die Österreicher.
32 tu m'échappes: franz. du entgleitest mir.
33 Cyrus: a. Kyros; pers. König (?-592 v. Chr.)
34 Herodes Antipas (4 v. Chr.-37 n. Chr.) heiratete in zweiter Ehe Herodias, die ihre Tochter Salome mit in diese Ehe brachte. Herodias veranlaßte Herodes, Johannes den Täufer enthaupten zu lassen.
35 la vie de château: franz. das Schloßleben.
36 Cannevas: Kanevas; Einteilung des Stoffes in der ital. Stegreifkomödie in Akte u. Szenenbilder.
37 Ostentation: Prahlerei.

38 de rigueur: franz. unerläßlich.
39 corpus iuris: lat. gesetzliche Grundlage (Heiratsvertrag).
40 honneurs: franz. Ehrenbezeugungen.
41 skabrös: heikel.
42 immediat: unverzüglich.
43 Du haut et du bas: franz. Höhen und Tiefen.
44 la petit bouche: franz. sich zieren.
45 cahier: franz. Heft.
46 corn-bill: engl. Getreide-Gesetzgebung.
47 à mon aise: franz. zu meiner Freude.
48 modest: bescheiden.

Zwölfter Brief: 7. Februar 1827

1 jetée: franz. Hafendamm.
2 Palankin: Sänfte.
3 fat: franz. eingebildeter Mensch.
4 bonne chère: franz. gute Kost.
5 Persepolis: Residenzstadt der Perserkönige. 330 v. Chr. von Alexander d. Großen zerstört.
6 gourmandise: franz. Naschhaftigkeit.
7 pronieren: (franz. prôner) übermäßig rühmen.
8 coups de griffes: franz. Prankenhiebe.
9 Alkibiades: athen. Staatsmann (ca. 450-404 v. Chr.) Poniatowsky: s. 47. Brief, Anm. 50.
10 Fatuität: Einfalt.
11 les souvenirs (...): franz. die Andenken an das alte Regime.
12 Am 15. Januar 1827 verstarb der Herzog von York (1763-1827).
13 fatigue: franz. Strapaze.
14 antichambres: Vorzimmer.
15 qui à écoute aux portes: franz. der an den Türen lauscht.
16 eblouieren: (franz. eblouir) blenden.
17 C'est bien vrai (...): franz. Das ist wohl wahr, ein Herzog putzte mir in Neapel die Stiefel und in Petersburg rasierte mich jeden Morgen ein russischer Prinz.
18 un Prince russe (...): ein russischer Prinz verprügelte mich jeden Morgen.
19 bel air: franz. das gute Ansehen.

20 für die farce: für diesen Schwank.
21 barone: a rascal: ital. u. engl. Schuft; Schelm.
22 May I help (...): engl. Darf ich Ihnen etwas Fisch servieren.
23 With great pleasure: engl. Mit großem Vergnügen.
24 turbot: engl. Steinbutt.
25 Quelle folie (...): franz. Welch' Narrheit der Mode.
26 entremise: franz. Vermittlung.
27 Tarantella: ital. Volkstanz.
28 Il est vrai (...): franz. Es ist wahr, daß das Glück mich oft spazieren geschickt hat, aber zum Tanzen – das ist nun wirklich zuviel!
29 Holofernes: assyrischer Feldherr unter Nebukadnezar.
30 pantalon: franz. lange Hosen.
31 suit: engl. Anzug. In der Vorlage gedruckt: soot. Vgl. aber d. folgenden Text: »keinen noch prächtigeren Anzug«.
32 mordante chanson: franz. bissiges Lied.
33 enfin parut (...): franz. schließlich erscheinen Lord Ruthwen und der junge Scott, der eine ohne Arsch und der andere ohne Hose.
34 ad oculos: lat. vor Augen.
35 Horatio Smith: ›Zillah, a Tale of the Holy City‹. By the author of ›Brambletye House‹ etc. 1828.
Nachträglich von Pückler in den chronologischen Ablauf der Briefe eingebrachtes Zitat. Vgl. a. 7. Brief; Anm. 11.
36 Etablissements: franz. Feststellungen.
37 axe: franz. Achse.
38 konsommiert: franz. consommé; vollkommen.
39 düpieren: franz. dupe; betrügen.
40 retraite: franz. Rückzug.
41 Ahnherr: gem. ist Rüdiger von Bechlarn; s. ›Andeutungen‹ S. 173.
42 ci-devant jeune homme: franz. einst junger Mann.
43 extraordinairement collant: franz. besonders eng.
44 Entendez-vous (...): franz. Hören Sie, besonders eng, wenn ich hineinpasse, nehme ich sie nicht.
45 rout: engl. Gesellschaftsball.
46 Si j'y entre (...): franz. wenn ich hineinpasse, gehe ich nicht hin.
47 mal gré bon gré: franz. übel oder wohl.
48 tournure: franz. Körperhaltung.
49 force champagne: franz. viel Sekt.
50 Bacchantin: ekstatisch-orgastische Frau im Kult des griech. Weingottes Dionysos (a. Mänade).

51 Das junge Mädchen quaestiones: lat. Das junge in Frage kommende Mädchen.
52 malgré lui: franz. (der Abenteurer) wider Willen.
53 dans ces temps-ci il y (...): franz. um diese Zeit herrschen immer gefährliche Stürme (Tropenstürme), die unheilvoll sein können.
54 Honneur à (...): franz. Ehre dem Sir Temple!
55 le rat criminel: franz. die kriminelle Ratte.
56 renvoyé extraordinaire (...): franz. der außerordentliche Abservierte (statt: envoyé extraordinaire; außerordentlicher Abgesandter) und der Frühstücksdiplomat.
57 reüssieren: Erfolg haben.
58 À merveille: franz. ausgezeichnet.
59 Naturam expellas furca etc.: lat. in: Quintus Horatius (65-8 v. Chr.): Epistel an Fuscus Aristius (10. Brief; I) Z. 24f.
Naturam expelles furca, tamen usque recurret, / et mala perrumpet furtim fastidia victrix.
Wie verächtlich ihr / sie von euch stoßt, die stärkere Natur / kommt immer unversehns zurück und dringt / durch euern falschen Ekel siegend durch.
(Nach einer Übersetzung von C. M. Wieland)
60 tracasseries: franz. Schikanen.
61 ex officio: lat. von Amts wegen.
62 perpendiculaire: franz. senkrecht.

Dreizehnter Brief: 19. Februar 1827

1 To make the best (...): engl. Um mit meiner Zeit das Beste zu tun.
2 pas de trois: franz. Dreiertanz.
3 à s'y méprendre: franz. zum Verwechseln.
4 relation: engl. Erzählung; Beziehung.
5 akkompagnieren: begleiten.
6 Prärogative: Vorrecht.
7 rikoschettieren: franz. ricocher: aufprallen.
8 tellurisch: die Erde betreffend.
9 mélange: franz. Mischung.
10 rapières: franz. Degen.
11 cartouchières: franz. Patronentaschen.
12 tournure: franz. Körperhaltung; Gestalt.

13 pour en faire (...): franz. um daraus eine Weltdame zu machen.
14 Sylphide: Geist (anmutiges Mädchen) des mittelalterlichen Zauberglaubens.
15 eingeschwärzt: eingeschmuggelt.
16 cornet: franz. Hörnchen (spitze Tüte).
17 d'un excellent (...): franz. von ausgezeichneter Lebensart und ohne Dünkel.
18 imbécile: franz. Geistesschwacher.
19 beau monde: franz. vornehme Welt (Gesellschaft).
20 Parias: Angehöriger der niedersten indischen Kaste; oder außerhalb jeder Kaste.
21 singerie: franz. Affenkomödie.
22 mouton qui rêve: franz. Schaf das träumt.
23 l'usage du (...): franz. Weltkenntnis und bisweilen Anstand.
24 dindons: franz. Truthähne.
25 gemeint ist das Hermannsbad in Muskau. S. ›Andeutungen‹ S. 176; 267 u. Abb. XXXIII f.
26 homme de boucher: franz. Fleischergeselle.
27 Allons donc (...): franz. Was Sie nicht sagen Monsieur, (erwiderte der heroische Küchling, den Arzt) nun gleichfalls (umarmend), mein Beruf ist es dem König die Speise zuzuführen – der Ihre ist es seine Verdauung zu fördern. So sollte jeder das Seinige tun.
28 accompagnement: franz. Begleitung.
29 un beau matin: franz. eines schönen Morgens.
30 Le remède est (...): franz. Das Heilmittel ist schlimmer als das Leiden.
31 in another quarter: engl. in einem anderen Stadtviertel.
32 Ottomane: niedriges Liegesofa.
33 du bel air: franz. mit Anstand; mit Niveau.
34 trouble: engl. u. franz. Unruhe; Trubel.
35 repandieren: se répandre dans le monde: franz. viel in Gesellschaft gehen.
36 etalieren: (franz.) zur Schau stellen.
37 künstlich: gemeint ist bei Pückler: kunstvoll.

Vierzehnter Brief: 25. März 1827

1 aperçu: franz. Überblick.
2 foule: franz. Menschenmenge.

3 Profusion: Reichhaltigkeit.
4 accessible: franz. zugänglich.
5 bonne chère: franz. gute Kost.
6 offices: franz. Dienerschaft.
7 Minervas' Vogel: Eule.
8 Francesco Zambeccari (1756-1812): ital. Pionier der Luftfahrt (tödlich verunglückt).
9 conduits de chaleur: franz. Heizungsrohre.
10 chefs d'œuvres: franz. Meisterwerke.
11 vaisselle: franz. Tafelgeschirr
12 car les vieilles (...): franz. denn die Alten betrügen besonders ungeniert.
13 métier: franz. Beruf.
14 coup: franz. (Karten-)Stich.
15 tripot: franz. Spielhaus.
16 fat, fair and forty: engl. fett, blond und vierzig.
17 repandieren: s. 13. Brief; Anm. 35.
18 manège: franz. (Schul-)Reitbahn.
19 piqueur: franz. Vorreiter.
20 Kantschu: (türk.-slaw.) Riemenpeitsche.
21 assemblées: franz. Versammlungen.
22 port: franz. Haltung.
23 pazza per la musica: ital. verrückt nach Musik.
24 qui sent la (...): franz. die auf dreißig Schritte nach Bürgertum riecht.
25 rubber: engl. Whist-Runde (Kartenspiel).
26 Approchen: (franz.) Annäherungen.
27 mais c'est un (...): franz. sondern ist eben ein ehrenwerter Zahnarzt.
28 cashmere-shawl von Tippu Sahib: Kaschmir-Schal von Tippu Sahib (1749-1799): Sultan von Mysore (Indien).
29 comme il vous plaira: franz. wie es Dir gefällt.
30 Xeres: Jerez (Sherry) n. d. span. Stadt Jerez de la Fronteral.
31 Hélas, mon (...): franz. Ach, mein Kanzler wird Dir den Rest vortragen.
32 Lugubres: (franz.) Schauerliches.
33 c'est-à-dire: franz. das heißt (die) Menschenmenge.
34 magnifiquement ennuyeux: franz. herrlich langweilig.
35 il s'en faut: franz. dazu fehlt ihr noch viel.
36 sc. Geldstolz: lat. (scilicet) ergänze.

37 It's impossible (...): engl. Das ist nicht möglich, meine Dame, ich bin diesem Herrn nie vorgestellt worden.

38 Chargé d'affaires: franz. Geschäftsträger; Beauftragter.

39 gemeint ist wohl die Freimaurerei, eine freigeistige Vereinigung mit dem Ziel, die Ideale der Menschen zu verwirklichen. Ursprung in der Aufklärung. In England u. Deutschland seit ca. 1735 ohne einheitliche Organisation in Logen und Landeslogen zusammengefaßt. Pücklers Parteinahme gilt nicht der Hochgrad-Freimaurerei, sondern dem Grundgedanken.

40 mais c'est toujours (...): franz. aber es ist stets die gleiche Sache.

Nachlaß-Briefe

1 reüssieren: (franz.) Glück haben; Erfolg haben.

2 fonds: franz. Kapital; Bargelder.

3 deus ex machina: lat. Gott aus der Maschine (ein Wunder).

4 gemeint sind die in Kübeln gepflanzten Orangenbäume, die im Sommer aus der Orangerie auf die Freitreppe (Schloßrampe) gestellt wurden. (vgl. ›Andeutungen‹ Abb. XV u. S. 350).

5 gemeint ist das Hermannsbad in Muskau. S. ›Andeutungen‹ S. 176; 267 u. Abb. XXXIII f.

6 Pücklers ›Andeutungen über Landschaftsgärtnerei‹ erschien, als seine zweite Publikation, 1834. Aufgrund der Schwierigkeiten der Vorbereitungen, die sich für die geplante Englandreise ergaben, verzögerte sich die Herausgabe dieser Schrift einerseits; andererseits brachte Pückler aber die umfangreichen Erfahrungen aus England nach seiner Rückkehr mit in dieses Fachbuch ein. Nach dem Vorbild der sog. ›Roten Bücher‹ von Humphrey Repton (1752-1818), deren Parkansichten die Situationen vor und nach der Gestaltung durch aufschlagbare Deckblätter zeigen, konzipierte Pückler den Atlas zum Textband der ›Andeutungen, über Landschaftsgärtnerei‹.

7 fama: lat. Gerücht; Gerede.

8 Tout cela n'était (...): franz. All das war nicht dazu angetan mir Appetit zu machen, aber bei großen Ereignissen besitze ich genügend Gemütsruhe.

9 Soyez raisonnable et sage: franz. Sei vernünftig und klug.

10 démarches: franz. diplomatische Schritte.

11 Diligence: Eil-Postkutsche.

12 Kalesche: großer vierrädriger Wagen.
13 engouiert: (franz.) eingenommen.
14 maussade: franz. verdrießlich.
15 C'est pour moi (...): franz. Für mich ist das eine recht traurige und verdrießliche Schule durch die ich jetzt zu gehen gezwungen bin; ob das wirklich die Mühe wert ist, kann ich noch nicht genügend beurteilen.
16 Cela suffirait (...): franz. Das würde ausreichen um uns zu behaupten, und ich würde auch nicht mehr verlangen.

Anmerkungen zu Teil IV

Die Seitenangaben der Textbezüge zu Pücklers ›Andeutungen über Landschaftsgärtnerei‹ verweisen auf die Ausgabe: it 1024; Frankfurt, 1988.

Fünfzehnter Brief: 15. April 1827

1 Quién sabe!: span. Wer weiß!

2 qu'il se sent (...): franz. er fühlt sich miserabel, weil er stolz nur aus Hochmut und liberal nur aus Gemeinheit ist.

3 Zephyr: poet. f. milder Südwestwind.

4 coup d'œil: franz. Blick; Überblick.

5 Gesundheiten: d. h., während dem Anstoßen der Gläser.

6 Nationelles: Nationales (vgl. a. 34. Brief, Anm. 35).

7 hear, hear: engl. hört, hört; zustimmender Ausruf während Parlamentsreden.

8 Mylords (...): engl. Mylords und Gentlemen, füllen Sie Ihre Gläser.

9 Tournüren: (franz.) (äußere) Aufmachungen.

10 nièce: franz. Nichte.

11 albinos teint: franz. Albino-Hautfarbe (bleich).

12 Washington Irwing (1783-1859): romant. Autor; polit. u. gesellschaftskritische Betrachtungen in einer Mischung von Witz u. Poesie.

13 Hardtraber: Laufrad aus Holz.

14 The flying privy: engl. Der fliegende Geheime (s. a. Anm. 15 f.).

15 Privy Seal: engl. Geheimsiegel; Amtssiegel, etwa in der Rechtsbedeutung einer heutigen Schlichtungsstelle (juristischer Vergleich). Amtstitel im dt.: Geheimer Rat.

16 privy als Substantiv: Abort.

17 Teufelsschlucht: Devil's Dyke; oberhalb Brightons.

18 Ecarté, Whist u. Loo: Kartenspiele.

19 décousu: franz. ohne Zusammenhang; Beziehungslosigkeit.

20 Sinecuren: (lat.) Einkünfte, ohne Gegenleistung.

21 que les deux (...): franz. daß die beiden Enden der Frucht verdorben sind.

22 mais nous verrons!: franz. aber wir werden sehen!
23 incubus: engl. Alpdruck.
24 extorquieren: erzwingen.
25 Connetable: (franz.) Konstabler; hoher Beamter im Dienst der Krone.
26 tour à tour: franz. durch und durch.
27 citizen: engl. Bürger; Stadtbewohner.
28 amant: franz. Geliebter.
29 Almacks-Ball: engl. Modeball.
30 reunion: franz. u. engl. Gesellschaft.
31 nobodies sich eingeschwärzt: Personen ohne Rang haben sich eingeschmuggelt.
32 parvenus: franz. Emporkömmlinge.
33 inaccesible: franz. unzugänglich.
34 Krönung von Zar Nikolaus I. (1796-1855): im August 1826.
35 Haus der Gemeinen: House of Commons (Unterhaus).
36 commoner: engl. Bürger; Gemeiner (jeder Engländer unter dem Pair).
37 portugiesische Angelegenheiten: s. 7. Brief; Anm. 16.
38 magnetischer Somnambulismus: Zustand des Schlafwandelns.
39 Haus der Lords: Oberhaus.
40 konstitutionelle Prärogative: verfassungsmäßig geregeltes Vorrecht.
41 bon gré mal gré: franz. wohl oder übel.
42 Heros: nach Herostratos (um 350 v. Chr.); H. legte, um berühmt zu werden, Feuer an den Artemistempel in Ephesus. Der Name wird auch benutzt für: Ehrgeiz.
43 conspiracy: engl. Verschwörung.
44 Ce qui est beau (...): franz. Das ist das Schöne in England (...), daß ein Engländer weder durch Rang, noch durch Reichtum oder Begünstigung in hohe Amtswürden gelangen kann. Geist allein gibt und bewahrt sie uns.
45 en place: franz. im Amt.
46 decontenanciert: (franz.) fassungslos.
47 Je crois (...): franz. Ich glaube deshalb, daß sie mir nur noch wenige Dinge verweigern würden.
48 nièce: engl. Nichte.
49 C'est la mer à boire: franz. Das ist wie ein Meer auszutrinken. (Es ist nicht durchführbar.)

50 To meet His Royal Highness: engl. Seine Königliche Hoheit treffen.
51 mousseline: franz. Nesselstoff.
52 steeple-chase: engl. Hindernisrennen.
53 déjeuner: franz. Mittagessen; spätes Frühstück.
54 kamtschatkalische Hunde: Kamtschatka; nordasiatische Halbinsel zwischen Bering- u. Ochotskischem Meer.
55 bagarre: franz. Wirrwarr.
56 degagieren: befreien.
57 poltronnerie: franz. Feigheit.
58 C'était sans (...): franz. Das war ohne Zweifel ein großer Fehler.
59 d'un beau sang: franz. vornehmen Blutes.
60 partisan: franz. Parteigänger; Anhänger.
61 Robert Dudly Earl of Leicester (1532-1588).
62 Walter Scott (1771-1832): ›Kenilworth‹.
63 Quel beau cheval (...): franz. Welch schönes Pferd haben Sie da.
64 C'est une belle (...): franz. Es ist ein feines Tier, ich habe es selbst gemacht und deswegen hänge ich sehr an ihm.
65 esturgeon: franz. Stör.
66 Ce poisson (...): franz. Diesen Fisch gibt es bei Ihnen wohl häufig.
67 Oui, Sire, je (...): franz. Ja, Sire, ich bin es während fünfzehn Jahren gewesen.
68 Rex Judaeorum: der König der Juden (Baron Rothschild).
69 enragiert: (franz.) rasend; evtl. a. engagiert: entschieden für etwas eintreten.
70 vermeil: franz. vergoldetes Silber.
71 Rene-Antoine Réamur (1683-1757): Physiker u. Zoologe; 30° R = 37,5° C.
72 aur chiffoné: franz. seidenes Ansehen.
73 clair-obscur: franz. Helldunkel.
74 plongée dans une (...): franz. versunken in süßer Anmut.
75 of refinement: engl. (ein Bild) der Läuterung.
76 Petschafte: Handstempel (zum Siegeln).
77 Tout lasse, (...): franz. Alles ermüdet, zerbricht und geht vorbei.
78 enfin il faisait (...): franz. schließlich machte er Regen und Schönwetter in V(ienna), oder vielmehr Sturm und Hagel.
79 desappointiert: (franz.) enttäuscht.
80 malgré ses diamants (...): franz. trotz ihrer Diamanten, ihres Standes und ihres hübschen Aussehens.

81 du temps (...): franz. seit der Zeit ihrer Jugendstreiche.
82 pupille: franz. Mündel; Pflegekind.
83 demi-toilette: franz. Halb-Toilette.
84 inexpressibles: engl. lange Hosen (Beinkleider).
85 si ce tablier (...): franz. ob diese Schürze eine Anspielung auf ein Keuschheitsgelübde sei.
86 Are you ready? – Now we fly...: engl. Bist Du bereit? – Jetzt fliegen wir.
87 E.T.A. Hoffmann (1776-1822): Der Goldene Topf. Vigilie 10; Pückler unterscheidet mit dieser Anspielung seine Erziehungsphase bei den Herrnhutern in Uhyst von der Zeit seines Studiums. In dem Märchen von Hoffmann wird der Student Anselmus in eine gläserne Flasche gesteckt.
88 Herrnhut: s. 25. Brief; Anm. 81.
89 et si je m'em (...): franz. und falls ich überhaupt noch etwas davon spüre, ist es wenig.
90 industry: engl. Betriebsamkeit; Emsigkeit.
91 en evidence: franz. hervorstechend.
92 sixpence: ein halber Schilling.
93 comptoir: franz. Geschäftsraum einer Bank (gem. i. Baron Rothschild).
94 R... est vraiment (...): franz. R(othschild) ist wahrlich ein sehr netter Kerl.
95 de moitié Ecarté: franz. Ekarté mit halbem Einsatz.
96 double-roll; hot-rolls: engl. Doppel-Semmel; heiße Semmel. (In der Vorlage gedruckt: duble Rolls; hut Rolls.)
97 lorgnon: franz. Kneifer.
98 en passant: franz. im Vorübergehen.
99 tutti frutti: ital. viele Früchte (a. synonym mit: Satire).
100 Delicious! engl. köstlich!

Sechzehnter Brief: 5. Juni 1827

1 vergl. ›Jugendwanderungen‹; Stuttgart, 1835; S. 166.
2 Antonio Allegri (um 1489-1534): gen. Correggio.
3 délice: franz. Genuß.
4 Meindert Hobbema (getauft 1638-1709): vor 1660 einige Jahre Schüler von Ruisdael.

5 Jacob van Ruisdael (1628-1682): Die Schreibweise des Namens entnahm P. von den Signaturen der Bilder.

6 Jan van Huysum (1682-1749): Letzter bedeutender Repräsentant der traditionsreichen Früchte- u. Blumenmalerei.

7 nicht eindeutig zu klären, da sich mehrere Maler aus dieser Familie mit diesem Thema beschäftigten. (Vermutl. ist aber der letztgenannte gemeint): Jan van Os (1744-1808), Vater von Pieter van Os (1776-1839) u. Jakob van Os (1782-1861).

8 Jan van der Meer (1632-1675): gen. Vermeer.

9 Philips Wouwerman (getauft 1619-1668).

10 Paulus Potter (getauft 1625-1654).

11 Clementine Gräfin Callenberg-Muskau (1770-1850): s. a. ›Kleine Genealogie‹

12 employieren: (franz.) (mit Arbeit) beschäftigen.

13 à discrétion: franz. nach Belieben.

14 pumps: engl. Tanzschuhe.

15 ambassadrices en conférence (...): franz. Botschafterinnen (Gattinnen von Botschaftern) in einer Unterredung, alle drei ernsthaft mit einer Kleid-Schleppe beschäftigt.

16 brouiliert: (franz.) zerstritten.

17 Teil I. u. II. der ›Briefe eines Verstorbenen‹ (d.i. Band 2) erschienen 1830; die Teile III. u. dieser (IV.), nach einer Überarbeitung von Pückler, erst 1832. Deshalb der Hinweis Pücklers auf den König, Georg IV., der 1830 verstarb.

18 vermutlich ist nicht Pluto (Pluton), grch. Gott der Unterwelt, sondern Plutos, grch. Gott des Reichtums, gemeint.

19 Je t'aimerai toujours: franz. Ich werde dich immer lieben.

20 cadence: franz. Tonfall.

21 immanquablement: franz. unausbleiblich.

22 car c'est l'usage ici: franz. denn so ist es Sitte hier.

23 clin d'œil: franz. Augenblick.

24 August von Kotzebue (1761-1819).

25 massacre von Scio: (Chios) Insel (türk. Sakiz Adasi) vor der Westküste Kleinasiens. 1822 wurde der Volksaufstand der Chier blutig niedergeschlagen.

26 ...schen: preußischen.

27 Belle-Alliance: nähere Bezeichnung des Schlachtfeldes bei Waterloo (1815).

28 Jean Eynard (1775-1863): Unterstützte den grch. Freiheitskampf.

29 fraîcheur: franz. Frische; gem. i. der Teint der Damen.
30 changieren: (franz.) wechseln.
31 Horticultural Gardens: engl. Botanische Gärten.
32 industry: engl. Emsigkeit.
33 air: franz. übertriebenes Benehmen.
34 vermtl. ›to know‹ von Pückler als ›kennen‹ übersetzt; sinnvoller: ›wissen‹ (wenn ich das nicht wüßte).
35 vogue: franz. Beliebtheit.
36 où rien ne cloche: franz. wo es an gar nichts mangelt.
37 Faniertes: (franz.) Abgeschmacktes.
38 porte cochère: franz. Kutschen-Einfahrt.
39 Divan: (a. Diwan) Staatsrat (türk.).
40 quand on a (...): franz. Wenn man die Erde entvölkert hat, muß sie anschließend bevölkert werden.
41 à ma guise: franz. nach meinem Willen.
42 Claude Gellée (1600-1682): gen. Lorrain.
43 hostler: engl. Stallknecht.
44 Philip Stanhope Earl of Chesterfield (1694-1773): Briefe an seinen Sohn. Erstmals nach dem Tode Ch. erschienen, bis 1828 in mehreren Auflagen.
45 wohlarrosiert: gut befeuchtet (gegen Staub).
46 Epikureer: allg. für Genußmensch.
47 distrait: (franz.) zerstreut.
48 püsillanime: (franz.) kleinmütig.
49 Abdikation: Abdankung.
50 Libell: (lat. libellus) Büchlein.
51 que le mieux (...): franz. daß das Bessere der Feind des Guten ist.
52 Botany Bay: s. 30. Brief; Anm. 18.
53 C'était bien (...): franz. Er war ein Philosoph ohne es zu wissen.
54 Tivoli in Paris: Vergnügungslokal mit Unterhaltungsprogramm.
55 crest: engl. Helmbusch.
56 tribune mit gradins: franz. Zuschauertribüne mit Stufensitzen.
57 sapeurs: franz. Pioniere.
58 (passer)en revue: franz. besichtigen; die Parade abnehmen.
59 haranguieren: feierlich begrüßen.
60 tirailleurs: franz. Scharfschützen.
61 chargieren die schottischen Quarres: schwere Reiterei stürmt gegen die schottische Schlachtordnung.
62 Scapin: Schelm.

63 ennui: franz. Langeweile.
64 Kraniologie: Schädellehre. Begründet von Franz Josef Gall (1758-1828).
65 de bonne foi: franz. in gutem Glauben.
66 präponderieren: überwiegen.
67 Geburtsdistinktionen: Vorteile aufgrund klassenunterschiedener Geburt.
68 bosse: franz. Beule.
69 John Nash (1752-1835), s.a. ›Andeutungen‹, S. 93 ff.
70 a fresco-Gemälde: (a. al fresco) auf den noch feuchten (frischen) Putz gemaltes Bild. Durch das Eindringen der Farbe in die obere Schicht des Putzes ist diese Malerei besonders dauerhaft konserviert.
71 Indezenz: Ungeschicklichkeit.
72 Girandolen: (franz.) Wandleuchter.
73 C'est vraiment (...): franz. Das ist wahrlich ein Trost!
74 Gare à toi!: franz. Hüte Dich!
75 Themsetunnel: Da die Themse für Seeschiffe bis zur London Bridge passierbar war, wurde von 1825-1843 der Themsetunnel gebaut. Erst 1894 wurde die Tower Bridge eingeweiht, die den Seeschiffen durch hydraulisches Anheben der Brückenfahrbahn den Weg bis zur London Bridge frei hält.
76 chef de cuisine: franz. Küchenchef.
77 extinguisher: Löschhütchen (für Kerzen).
78 Philinen-Gesicht: Johann Wolfgang Goethe (1749-1832): Wilhelm Meisters Lehrjahre. »Wilhelm (...) schätzte sie zwölf bis dreizehn Jahre; ihr Körper war gut gebaut, nur daß die Glieder einen stärkeren Wuchs versprachen oder einen zurückgehaltenen ankündigten. Ihre Bildung war nicht regelmäßig, aber auffallend; ihre Stirn geheimnisvoll, ihre Nase außerordentlich schön und der Mund, ob er schon für ihr Alter zu sehr geschlossen schien und sie manchmal mit den Lippen nach einer Seite zuckte, noch immer treuherzig und reizend genug. Ihre bräunliche Gesichtsfarbe konnte man durch die Schminke kaum erkennen. Diese Gestalt prägte sich Wilhelm sehr tief ein« (2. Buch, IV. Kap.).
79 ponceau-rot: (lat.-franz.) hochrot.
80 chaperonieren: (franz.) begleiten (als Anstandsdame).
81 You are a foreigner – (...): engl. Sie sind ein Ausländer – ich kenne Sie, Fürst!
82 Prätendent: jmd., der Ansprüche auf den Thron geltend macht.

83 gouffre: franz. Schlund; Strudel.
84 Curricle: (lat.) leichter Wagen.
85 attroupieren: (franz.) zusammenrotten.
86 haranguieren: überzeugend ansprechen.
87 bagarre: franz. Wirrwarr.
88 am Schlaf: Sg. von Schläfe; bis in das 18. Jh. gebr. f. Stirnseite. So gen., da der Schlafende darauf liegt.
89 trepanieren: (franz. trépaner) Schädelbohrer; Schädelbohrung: als Vorbereitung einer Hirnoperation.
90 élève: franz. Schüler.
91 effronterie: franz. Frechheit.
92 in optima forma: lat. aufs beste.
93 Bogen-Festons: Bogen-Girlanden.
94 John Malcolm (1769-1833): Sketches of Persia (1827). (Harpagon: Geizhals; s. Molière).
95 bull: engl. (an irish bull) Kalauer; Ungereimtheit.
96 Distraktion: Zerstreuung.
97 gourmandise: franz. Naschhaftigkeit.
98 auto da fé: lat.-portug. Ketzerverbrennung; Scheiterhaufen.
99 Je prévois (...): franz. Ich sehe, daß in hundert Jahren die Stellung der Edelleute und der Mönche nicht mehr halb so einträglich sein werden als heutzutage.
100 Benjamin Disraeli, Earl of Beaconsfield (1804-1881): Vivian Grey. Autobiographischer Roman (1826; 5 Bde.).
101 en horreur: franz. (umgspr. etwa) gefressen.
102 desesperieren: (franz.) in Verzweiflung bringen.
103 Encore un moment (...): franz. Bitte noch einen Moment (...), ich fordere ja nichts, außer etwas französisch zu sprechen, mit Ihnen eine vernünftige Unterhaltung zu führen, die Engländer sind dazu nicht fähig.
104 L'amitié d'un (...): franz. Die Freundschaft eines großen Mannes ist eine Gabe der Götter.
105 Ces paroles (...): franz. Dieser Dialog wurde für mich geschrieben.
106 donnez-lui tout (...): franz. Geben Sie ihm so viel er möchte, wenn mir nur ein Paar (paire) zum wechseln verbleiben.

Siebzehnter Brief: 20. August 1827

1 bougeoir: franz. (Hand-)Leuchter.
2 terra incognita: lat. unbekannte Gegenden.
3 künstlich: kunstvoll.
4 Windspiel: kleiner Windhund.
5 turn-pike: engl. Schlagbaum.
6 Pennsylvania USA; William Penn (1644-1718): kaufte das Land 1681 u. gründete 1683 Philadelphia.
7 Phaeton: leichter offener Wagen; benannt nach dem Sohn des grch. Sonnengottes Phaeton.
8 mal à son aise: franz. unbehaglich.
9 témoin: franz. Zeuge.
10 que diable (...): franz. was zum Teufel will sie tun?
11 coronets: engl. Adelskronen.
12 ridicüle: (franz.) lächerliche.
13 Das geplante Mausoleum im Park von Muskau wurde von Karl Friedrich Schinkel (1781-1841) entworfen, jedoch nicht realisiert. 1888 ließ Traugott Hermann Graf von Arnim-Muskau an dem dafür projektierten Platz, abweichend von Schinkels Entwurf, ein Mausoleum errichten (1945 zerstört). S. a. ›Andeutungen‹ S. 172; 225; 236f.
14 du jour: franz. für heute (im Dienst).
15 tout comme chez nous: franz. ganz wie bei uns.
16 Nabob: Provinzgouverneur in Indien.
17 Moquez-vous de moi (...): franz. Mache Dich über mich lustig, aber ich verwahre es noch immer.
18 quand même: franz. trotzdem.

Achtzehnter Brief: 7. September 1827

1 Soyez tranquille (...): franz. Sei unbesorgt, wir werden eines Tages das Kap der Guten Hoffnung noch umsegeln.
2 Arrondierung: Zusammenlegung (von Grundstücken).
3 Eine ausführlichere Besprechung in: ›Andeutungen‹ S. 24ff.
4 Stoiker: phil. Schulrichtung (um 300 v. Chr.); lehrt u.a. die Beherrschung weltlicher Leiden.
5 sur le qui-vive: franz. in Distanz (auf der Hut sein).

6 créneaux: franz. Schießscharten.
7 Interims-livrée: lat.-franz. Alltags-Uniform.
8 outriders: engl. Vorreiter; Eskorte.
9 Françoise d'Aubigné Marquise de Maintenon (1635-1719): Die Briefe der Madame de Maintenon. Darin: Briefe an die Fürstin Anna Maria Orsini (Ursin).
10 jupon: franz. (Frauen-)Unterrock.
11 in articulo mortis: lat. im Augenblick des Todes.
12 savoir-faire: franz. Gewandtheit.
13 äonen: grch.-lat. unendlich lang; ewig.
14 aimable: franz. liebenswürdig.
15 je m'en flatte au moins: franz. ich bilde es mir ein.
16 Potentaten: (regierende) Fürsten.
17 Repositorio: lat. Aufbewahrungsort (Bücherregal).
18 attrapieren: (franz.) erwischen.
19 negus: engl. Glühwein.
20 encombriert: (franz.) versperrt.
21 candelabres: franz. Laternenträger.
22 Lord Mayor: (Oberbürgermeister), seit 1414 in England gebräuchliche Amtsbezeichnung.
23 Assisen: (franz.) Schwurgerichtsverhandlungen.
24 gêne: franz. Verlegenheit.
25 Molinisten: Luis de Molina (1535-1600): span. Jesuit, gründete 1588 eine Gnaden- und Freiheitslehre, in der die freie Willensentscheidung d. Menschen von der Gnadenwirkung Gottes nur begleitet, aber nicht umschlossen ist.
Janseisten: Cornelius Jansen (1585-1638): Bischof von Ypern. Begründete eine Lehre gegen die Jesuiten (s. a. 6. Brief; Anm. 71).
26 Zodiak: Tierkreis (astron.)
27 künstlich: kunstvoll.
28 Lady in her own right: engl. Lady von Geburt.
29 highwayman: engl. Straßenräuber.
30 Quinconcen: (franz.) Kreuzpflanzungen.
31 malgré elles: franz. wider Willen.
32 Bourraske: (franz.) Platzregen; Sturm.
33 gig: engl. Kabriolett.
34 Scheherazade: (a. Scheherezade) pers. Märchenerzählerin aus Tausendundeiner Nacht.
35 sans adieu: franz. ohne Adieu.

Neunzehnter Brief: 25. September 1827

1 fatiguant: (franz.) strapaziös.
2 Grouse-Jäger: Waldhuhn-Jäger.
3 apparence: franz. Aussehen; äußere Erscheinung.
4 Pertinenzen: Zugehörigkeiten; Ländereien.
5 arrière-garde: franz. Nachhut.
6 Quadrupeden: Säugetiere (nach Linné).
7 antediluvianisch: vor dem Diluvium (Eiszeit); allg. f. vorzeitlich.
8 conglomération: franz. Ansammlung.
9 Ocker: Eisenoxyd.
10 sieben Wochen: (sieben Tage).
11 A... D...: vermtl. Alaunwerk Direktor. Erste Belege für den Alaunabbau in Muskau: ab 1573. Stillegung aufgrund unrentablen Abbaus: 1673. Pückler projektierte das Alaunwerk mit in die Parkkomposition ein. Es erwies sich jedoch nicht als zusätzliche Einnahmequelle, so daß P. das Gelände für die Erweiterung des Bade-Parks nutzte (s. ›Andeutungen‹ S. 161, 175, 266 u. 326).
Alaun: Tage- u. Untertagebau. Die Alaunerde wird gewaschen u. ausgelaugt. Der relativ dünnen Auslaugungslösung wird dann über ein Gradierwerk – durch Verdunstung – das Lösungsmittel H_2O entzogen, die dabei entstehende ca. 15%ige Lösung in einer Siederei um fast zwei Drittel eingedampft. Die restliche Lauge läuft durch Kühlkästen, in denen sich das Alaun abschlägt. Es dient zur Verarbeitung in Färbereien und Gerbereien. Nebenprodukt: Glaubersalz.
12 Podagra: Fuß-Gicht.
13 In der Vorlage gedruckt: Fips (phonetische Wiedergabe Pücklers).
14 künstlich: kunstvoll.
15 Hotspur Percy: William Shakespeare (getauft 1564-1616): König Heinrich IV. Darin: Heinrich Percy, genannt Heißsporn.
16 Sic transit gloria mundi: lat. So vergeht der Ruhm der Welt.
17 coq en pâte: franz. (die Made im Speck).
18 eingeschwärzt: eingeschmuggelt.
19 Monsieur, j'ai l'honneur (...): franz. Mein Herr, ich habe die Ehre Ihnen meinen Respekt zu erweisen, Sie sind zu gütig uns Ihren Besuch zu erweisen. – Wir haben hier so selten die Gelegenheit zu plaudern.
20 table d'hôte: franz. Gemeinschaftstafel.
21 Friedrich der Große (1712-1786).

Wenzel Anton Fürst von Kaunitz-Rietberg (1711-1794): österr. Staatskanzler.

Joseph II. (1741-1790): dt. Kaiser von 1765-1790.

Honoré Riquetti Graf von Mirabeau (1749-1791): franz. Politiker.

22 Surinam: British-Guayana (Südamerika).

Isle de France: Mauritius.

23 Supplizieren: unterwürfig um etwas bitten.

24 piqueurs: franz. Jäger.

25 je n'en savois (...): franz. ich wußte davon kein Wort.

26 fatigue: franz. Strapaze.

27 Christian Daniel Rauch (1777-1857): spätklassizistischer Bildhauer.

28 plafonds: franz. Zimmerdecke.

29 Creaturen: (franz.) Günstlinge.

30 industry: engl. Betriebsamkeit; Emsigkeit.

31 Charles de Lorraine Duc de Guise (1524-1574): Erzbischof von Reims.

François de Lorraine Duc de Guise (1519-1563): Politiker u. Feldherr im Krieg (1562) gegen die Hugenotten.

Adolph Freiherr von Thielemann (1765-1824): preuß. General.

Henry Stuart Lord Darnley, Duke of Albany (1545-1567): Gemahl der Maria Stuart (1542-1587), Königin von Schottland von 1542-1568.

32 guignon: franz. Unglück; Pech.

33 collet, mit Schmelz gestickt: Kragen mit gefärbten Keramikteilchen (Schmalte) gestickt.

34 en bandoulière: franz. quer über Schulter u. Brust.

35 Newstead Abbey: 1170 gegründet u. von Heinrich VIII. der Familie Byron als Lehen übergeben. Georg Gorden Byron kam während einer Reise seiner Mutter Catherine nach London zur Welt (1788).

36 Petinet: Gewebe aus Baumwolle u. Seide.

37 in der Vorlage gedruckt: Neyl Ghu; NN. (Antilopen-Art).

38 Georgine: (n. Georgi; russ. Botaniker) Seerosendahlie.

39 John Herzog von Bedford (1389-1435): Bruder Heinrich V., der ihn 1422 auf dem Totenbett zum Regenten ernannte.

Henry Beaufort (1377-1447): Kardinal; besaß die politische Macht unter Heinrich VI. (ab 1426).

40 Shillelagh: Irische Kampfwaffe (Keule), aus Schlehdorn- od. Eichenholz.

Zwanzigster Brief: 1. November 1827

1 L'illusion fut inventée (...): franz. Die Illusion wurde für das Glück der Sterblichen geschaffen, sie gibt ihnen beinahe ebensoviel Gutes wie die Hoffnung.
2 keep: engl. Bergfried.
3 on the turf: engl. auf der Rennbahn.
4 Pücklers 42. Geburtstag: 30. Oktober 1827.
5 Galvanismus: Luigi Galvani (1737-1798): ital. Arzt u. Naturforscher. Entdecker der galv. Elektrizität.
6 étourderie: franz. Unbesonnenheit.
7 bévue: franz. Versehen; Schnitzer.
8 gemeint ist die Schlacht von Navarino (Oktober 1827).
9 Wiener Kongreß (1814/15).
10 auf bouteilles gezogene saillants: franz. auf (aus) Flaschen gezogene Geistesblitze (s. a. Anm. 11).
11 Rien de plus triste (...): franz. Nichts ist jämmerlicher als ein gutes Wort (bonmot; Witz), das sich im Ohr eines Dummkopfes verliert.
12 primo amoroso: ital. erster Liebhaber.
13 every inch a king: engl. jeder Zoll ein König.
14 fraternisieren: vertraulich tun.
15 Eastcheap: sog. als Unterscheidung zur Cheapside. (Straße in London: Cheapside – U-Station Bank – Eastcheap.)
16 Dieu m'en garde!: franz. Gott behüte mich!
17 Ohnehosen: sans-culotte; Bezeichnung für franz. Republikaner (ohne Kniehosen, mitlaufender Pöbel).
18 fama: lat. Gerücht; Gerede.
19 Dezenz: Zurückhaltung; Anstand.
20 Duegna: Duenja; dueña (span.) Anstandsdame.
21 chaperonieren: (franz. chaperon; Anstandsdame) begleiten als Anstandsdame.
22 s. a. ›Andeutungen‹ S. 74.
23 William Shakespeare (getauft 1564-1616): Macbeth (III, 4).
24 Macduff: (...) »Tell thee, Macduff was from his mother's womb / Untimely ripp'd« (V, 7).
25 Die Tötung von Macbeth ist nach der Vorgabe Shakespeares für den Zuschauer nicht sichtbar. Macduff kommt mit dem abgeschlagenen Kopf Macbeths hinter der Bühne vor.

26 Macbeth: (...) »And dammn'd be him that first cries: Hold, enough!« (V, 7).
27 Ludwig Tieck (1773-1853): Shakespeares Vorschule.
28 Megäre: Furie.
29 Schlafwachszene: aus: Macbeth (Schlafgemachszene) II, 2.
30 E.T.A. Hoffmann (1776-1822): ›Don Juan‹. 1813 Vorabdruck in der ›Allg. Musikalischen Ztg.‹; später im ersten Band der ›Fantasiestücke in Callots Manier‹.
31 barock: übertrieben; überladen.
32 bévue: franz. (Fehlinterpretation); Schnitzer.
33 Zitz: Baumwollstoff.
34 Shawl-Tanz: engl. Schal-Tanz; oder Show-Tanz: Schau-Tanz.
35 apprehensive: engl. furchtsam.
36 Dyspeptiker: Hypochonder; Mensch, der ständig mit der Angst lebt krank zu werden.
37 vaporös: (franz. vaporeux) nebelhaft; unklar.
38 liaison: franz. Verbindung; Liebschaft.
39 mirabile dictu: lat. es sagt sich sonderbar.
40 gemeint sind die Gerüchte um Pücklers Scheidung, die ihm manche Schwierigkeiten bereiteten (s. a. Nachlaß-Brief an Miss Hamlet).
41 ombre chinoise: franz. Schattenspiel.
42 boiserie: Getäfel.
43 caissons: franz. Fächer (einer Zimmerdecke).
44 Tamerlan: Timur-Leng (1336-1405): Mongolen-Khan.
45 künstlich: kunstvoll.
46 bijoux: franz. Juwelen.
47 partisans: franz. Parteigänger; Anhänger.
48 reüssieren: (franz.) glücken; gelingen.
49 Gemeint ist, daß der türkische Kaiser von Zar Nikolaus I. 1829, zugunsten des grch. Freiheitskampfes, besiegt wurde.
50 dairy: engl. Molkerei; Gebäude in Parkanlagen, in denen frische Milch gereicht wurde (s. a. ›Andeutungen‹ S. 218 f.).
51 Karl XII. (1682-1718): unterlag gegen Peter den Großen 1709 in der Schlacht bei Poltawa. Die Stellung der Schweden als Großmacht ging damit zu Ende.
52 Samuel Richardson (1689-1761): Clarissa Harlowe; darin: Lovelace, ein skrupelloser Müßiggänger.
53 Gaze-pantalons: franz. lange Hosen aus Gaze.

Einundzwanzigster Brief: 16. Dezember 1827

1 entrepreneurs: franz. Unternehmer.
2 but I can't help it: engl. aber so ist es eben.
3 aplomb: franz. Sicherheit.
4 That is the question!: engl. Das ist die Frage! (in Anlehnung an Shakespeares ›Hamlet‹).
5 Johann Scheffler (1624-1677): gen. Angelus Silesius; schrieb vorwiegend Epigramme u. Sonette über das Verhältnis von Seele u. Gott. Sein Werk wurde u. a. auch von den Herrnhutern aufgenommen.
6 Claude-Henry Comte de Saint-Simon (1760-1825): setzte die Philosophie Voltaires und Rousseaus fort. Individual- u. Sozialethik, auf Vernunft u. Natur gegründet. Die Gegensätze zwischen Arbeitnehmer u. Arbeitgeber wurden verdeutlicht im Zusammenhang mit der Ausnutzung des Menschen durch den Menschen (s. a. ›Andeutungen‹ S. 299).
7 Nach einer Notiz von Varnhagen von Ense, war die genannte Dame Rahel Varnhagen (seit 1814 verh.).
8 comme de raison: franz. wie es recht und billig ist.
9 tournure: franz. Benehmen, Haltung.
10 gemeint sind vermtl. die alten Linden auf dem sog. bowling-green im Muskauer Park, die den weiten Blick, von der in jenem Jahr fertiggestellten Freitreppe, über die Neiße nach Osten behinderten (s. a. ›Andeutungen‹ S. 68 ff.; tab. II).
11 Don Miguel (1802-1866): Nach dem Versuch 1823 eine absolutistische Macht aufzubauen, wurde M. 1824 verbannt. 1827 Rückreise nach Portugal über England.
12 embarrasiert: (franz.) verlegen.
13 blunderbuss: engl. Vorderlader-Schrotflinte.
14 Affabilität: (franz.) Freundlichkeit; Leutseligkeit.
15 arrière-pensée: franz. Hintergedanke.
16 suite: franz. Gefolge.
17 Infant: (span.) Prinz.
18 L'appétit vient (...): franz. Der Appetit kommt beim Essen.
19 du jour: franz. von heute.
20 qu'avec une telle (...): franz. daß man mit einer solchen Soße seinen Vater essen würde.
21 davor: hervor.
22 Dryaden: weibliche Baumgeister.

23 festons: franz. Girlanden.
24 une douce violence: eine sanfte Gewalt.
25 Thomas Daniell (1749-1841).
26 fourrage: franz. Tierfutter.
27 Johann Wolfgang Goethe (1749-1832): Egmont. Darin Klärchen: (...) Himmelhoch jauchzend, / Zum Tode betrübt, / Glücklich allein / Ist die Seele die liebt (III; Klärchens Wohnung).
28 coup d'œil: franz. Blick; Überblick.
29 traîneur: franz. Nachzügler (a. Schlepper einer Jagd).
30 Malepartus: Schloß des ›Reineke Fuchs‹ (J. W. Goethe).
31 Subskription: Vorabzahlung.
32 piqueurs: franz. Vorreiter (einer Jagd).
33 entrepreneurs: franz. Veranstalter.
34 kopulieren: (eine Ehe) zusammenfügen.
35 Metempsychose: Seelenwanderung.
36 chieftain: engl. Oberhaupt einer Familie (Sippe).
37 que c'est le vice (...): franz. daß das Laster uns verläßt und sehr selten wir das Laster verlassen.
38 Origenes, ca. 185-255 n. Chr.: alexandrin. Gelehrter; Begründer der Bibelwissenschaft.
39 Probabilität: Wahrscheinlichkeit; Glaubwürdigkeit.
40 blotting-paper: engl. Löschpapier.
41 radotieren: (franz.) daherreden.
42 William Shakespeare (getauft 1564-1616): ›Hamlet‹. Darin: Polonius.
43 Princesse du sang: franz. Prinzessin (Fürstin) von Geburt.
44 mit Affabilität ein air geben: mit Freundlichkeit (Leutseligkeit) sich Ansehen zu verleihen.
45 Philomelen: Nachtigallen.

Zweiundzwanzigster Brief: 28. Februar 1828

1 natürlich: nachträglich.
2 aventuriers: franz. Abenteurer.
3 aisance: franz. Gelassenheit.
4 Assisen: (franz.) Schwurgerichte.
5 Botany Bay: Beginn der engl. Besiedelung von Australien, südlich des heutigen Sydneys durch Gefangenentransporte ab 1788. Nach 1826 auch durch freie Siedler.

6 insult: engl. Beleidigung.
7 Court of Chancery: Kanzleigericht.
8 A Chancery Suit: Ein Kanzleigerichts-Prozeß.
9 Helas, c'est encore (...): franz. Ach, es ist genau wie bei uns!
10 rotten boroughs: engl. unbedeutende, im Parlament vertretene Marktflecken.
11 que le mieux (...): franz. daß das Bessere der Feind des Guten ist.
12 Diligence: (franz.) Eil-Postkutsche.
13 etalieren: (franz.) ausstellen.
14 chapeau de paille: franz. Strohhut.
15 Claude Gellée (1600-1682): gen. Lorrain.
16 Joachim Murat (1767-1815): franz. Marschall.
17 1815 von den Österreichern standrechtlich erschossen.
18 1800 besiegte Napoleon die Österreicher in der Schlacht bei Marengo (zw. Mailand u. Genua).
19 Mohammed (Mehemed) Ali (um 1769-1848): Vizekönig (Pascha) von Ägypten, ließ 1811 die Mameluken in Kairo verfolgen u. töten, um deren Vormachtstellung in Ägypten auszuschalten.
20 pickle: engl. eingemachtes Gemüse.
21 William Shakespeare (getauft 1564-1616): ›Othello‹. Darin: Othello erwürgt Desdemona aus Eifersucht (V, 2).
22 William Shakespeare (getauft 1564-1616): ›König Heinrich VI‹. Darin: Lord Talbot.
23 William Shakespeare (getauft 1564-1616): ›Der Kaufmann von Venedig‹. Darin: Shylock.

Dreiundzwanzigster Brief: 24. März 1828

1 lever: franz. Morgenempfang bei Hofe.
2 Podagra: Fuß-Gicht.
3 entrées: franz. Einzug; Empfang.
4 nationelle: nationale.
5 Quadrupeden: Säugetiere (nach Linné).
6 ennuyieren: (franz.) langweilen.
7 debonnaire: (franz.) gutmütig.
8 bretteurs: franz. (provozierender) Streiter.
9 Clematis: Waldrebe.
10 Unbekannter: Walter Scott (1771-1832).

11 encouragieren: (franz.) ermutigen.
12 dénouement: franz. Abschluß; Ausgang.
13 embelliert: (franz.) verschönert.
14 croquis: franz. Skizze.
15 et cependant, (...): franz. und doch, dem Teufel entgeht nichts.
16 psychés: franz. große Dreh-Spiegel.
17 un jeu d'enfer: franz. ein Höllenspiel (Spielhölle).
18 Bosketts: (franz.) (Lust-)Wäldchen.
19 fancy-costume: engl. Maskenkostüm.
20 Zelter: (a. Zeltler) Damen-Reitpferd.
21 boudieren: (franz.) aufspringen.
22 En vérité, (...): franz. In der Tat werde ich diesmal nicht darauf antworten.
23 rage: engl. Sucht; Manie.
24 Clinquant-Geschmack: (franz.) falscher (Gold-)Glanz; Tand.
25 inexpressibles: engl. die Unaussprechlichen (Beinkleider).
26 mäandrisch: schlangenförmig.
27 William Shakespeare (getauft 1564-1616): ›Macbeth‹. Darin: Macduff u. Birnamswald (s. a. ›Andeutungen‹ S. 74).
28 Velinpapier: weiches Pergament.
29 François Marie Arouet (1694-1778): gen. Voltaire. ›La Pucelle d'Orléans‹.
30 hommes de confiance: franz. Vertrauenspersonen.
31 Isle de France: Mauritius.
32 empressement: franz. Eifer.
33 drawing-room: engl. Gesellschaftszimmer.
34 embarras: franz. Verlegenheit; Angeberei.
35 parure: franz. Schmuck; Putz.
36 Timidität: Schüchternheit; Verzagtheit.
37 Fiacre: (franz.) Droschke. Miet-Kutsche.
38 Domino: langer Maskenmantel mit Kapuze u. weiten Ärmeln.
39 frauduleus: (franz.) betrügerisch.
40 Ninon de Lenclos (1620-1705): Anne Lenclos; Geliebte div. Hof-Aristokraten (Kurtisane).
41 du grand monde: franz. von Weltgeist.
42 déjeuner champêtre: franz. Landfrühstück.
43 hautelisses: franz. Wandteppiche; Gobelins.
44 fauteuils: franz. Lehnstühle; Sessel.
45 chaises-longues: franz. Liegestühle.

46 parvenu: franz. Emporkömmling.
47 Non mi ricordo: ital. Ich erinnere mich nicht.

Vierundzwanzigster Brief: 30. Juni 1828

1 assemblée: franz. Versammlung.
2 Muskau war ab ca. 600 n. Chr. Siedlungsgebiet westslawischer Völkerstämme (Sorben/Wenden). Zur Befriedung der Wenden entstand ebenfalls um 600 n. Chr. eine Veste auf dem Gelände des Neuen Schlosses. Pückler berücksichtigte div. Gebäude u. a. die Tradition der Wenden in seiner Parkkomposition (s. ›Andeutungen‹ S. 158ff.; 166; 176f.).

Ab 1807: Aufhebung der Leibeigenschaft aufgrund der preußischen Reformen. Veränderte Struktur der Standesherrschaft Muskau. – Kulturzentrum der Sorben heute: Bautzen.

3 peripatetisch: ›Peripatos‹ wird der Wandelgang der Schule in Athen genannt, in der Aristoteles lehrte. ›Peripatetiker‹ bezeichnet Schüler des Aristoteles (384-322 v. Chr.). Das hier gebrauchte Adjektiv meint wohl einfach: das allgemeine, in der Runde der Leser vorhandene, Schweigen.
4 que parler (...): franz. daß reden die Unterhaltung verdirbt.
5 dock-yards: engl. Hafengebiet.
6 four-in-hand: engl. Vierspänner; vierspännig.
7 der große Korse: Napoleon.
8 abdizieren: abdanken; verlassen.
9 Zephyr: poet. milder Südwestwind.
10 kompendiös: an einem Ort zusammenlaufend.
11 nursery: engl. Gärtnerei; Pflanzschule zum Verkauf der Pflanzen.
12 Schloßen: Hagelkörner.
13 département: franz. (Gemüse-)Abteilung; Sämerei.
14 Tiroler: s. 16. Brief.
15 John Arbuthnot (1667-1735): ›The History of John Bull‹. Darin: John Bull als satirischer Held u. Urbild eines Engländers.
16 nominell: nur dem Namen nach Träger eines Amtes bei Hofe.
17 focus: lat. Brennpunkt; Mittelpunkt.
18 affichiert: (franz.) äußerlich; zur Schau tragen.
19 Brahmane: Angehöriger einer indischen Priestersekte; Paria: keiner Kaste angehöriger Inder.

20 cant: engl. vermtl. aus ›can't‹ (nicht können) entstandener Modeausdruck für die vielfältigsten (wahren) Hintergründe der damaligen (um 1825) Mode-Gesellschaft. – Der ›Cant‹ fordert das Scheinwesen (Mode, Dandy etc.) zur Reflexion heraus. ›Cant‹ ist die öffentliche Meinung trotz des spürbaren Unwahren darin. Pückler meint damit die Widersprüchlichkeit einerseits dieser Moden in der Gesellschaft zu akzeptieren und andererseits im Erkennen dieser Heuchelei inneren Protest zu bekunden, der allerdings keinen praktischen Wandel bewirkt.

21 Coterien: (franz.) Gruppen.

22 Posto fassen: (lat.-ital.) eine Stellung (Standpunkt) einnehmen.

23 caprice: franz. Laune; Willkür.

24 jactance: franz. Prahlerei.

25 roués: franz. durchtriebene, frivole Personen.

26 Amabilität: Liebenswürdigkeit.

27 aisance: franz. Ungezwungenheit; Gelassenheit.

28 Zelebrität: Feierlichkeit; Genuß.

29 jargon: franz. Klassensprache (vgl. a. Anm. 20).

30 set: engl. (eine bestimmte) Gesellschaftsgruppe.

31 lion: engl. (eigentlich nur im Plural) Sehenswürdigkeiten. Entstanden aus: to show the lions (Die Löwen im Tower of London zeigen). Später a. Persönlichkeiten im öffentl. Leben bezeichnend (Vgl. a. 37. Brief; Anm. 1 f.).

32 Peerage-Buch: (a. Pairi-Book) Buch der Pairs-Würden. Verzeichnis der Pairs.

33 médisance: franz. üble Nachrede.

34 comble: franz. höchste Stufe.

35 We are a selfish (...): engl. Wir sind ein selbstsüchtiges Volk, (...) Ich gestehe und ich glaube daran, daß es das was andernorts ›Vaterlandsliebe‹ genannt wird bei uns gibt, und es nichts als eine riesige Ansammlung von Selbstliebe ist; aber ich bin froh darüber; ich mag Selbstsüchtigkeit, sie hat ihren Sinn.

36 Good-natured is (...): engl. Gutmütigkeit ist ein ganz übler Stil für London, und tatsächlich ist es ein zu schlechter Stil um ihn anzunehmen, und ich werde es niemals tun.

37 if he couldn't help it: engl. wenn's nicht anders geht.

38 pattern: engl. Muster; Beispiel.

39 Edward Earl of Bulwer-Lytton (1803-1873): ›Pelham, or The Adventures of a Gentleman‹.

40 nota bene: lat. im übrigen.

41 licence: franz. allzu große Freiheit.
42 refinement: engl. Feinheit; Läuterung.
43 Preziosität: Ziererei.
44 un grand flandrin: franz. ein großer hagerer Kerl.
45 coupe: franz. Zuschnitt; Art u. Weise.
46 Merino: Schafrasse.
47 à discrétion: franz. nach Belieben.
48 fripon: franz. Schalk.
49 dupe: franz. Betrogener.
50 Affabilität: Leutseligkeit.
51 Suprematie: Obergewalt.
52 non plus ultra: das Höchste; das Ziel (in der Vorlage gedruckt: nec plus ultra).
53 König der Juden: Baron Rothschild.
54 dii minorum gentium: lat. Götter von geringer Abstammung.
55 recherchieren: (franz.) begehren.
56 Ammon: (a. Hammon) ägypt. Orakelgott.
57 autorité sans réplique: franz. Autorität ohne Widerrede.
58 Age: Londoner Wochenzeitung. Erschien vom 15. Mai 1825 bis 7. Oktober 1843. Nachfolger: Age and Argus.
59 coarseness: engl. Grobheit.
60 odd characters: engl. ungleiche Charaktere.
61 chronique scandaleuse: franz. Berichte in Zeitungen (Klatschspalte).
62 conseil: franz. Rat.
63 valeur: franz. Tauglichkeit.
64 douce illusion: franz. süße Selbsttäuschung.
65 bel esprit: franz. Schöngeist.
66 Jean-Baptiste Molière (1622-1673): Tartuffe (Charakterkomödie). Tartuffe verkörpert einen eigensüchtigen Heuchler.
67 chevalier d'industrie: franz. Hochstapler.
68 kaustische Kraft: beißende, spöttische Kraft.
69 languissant: franz. schmachtend.
70 colifichets: franz. Flitterkram; kleine Schmuckstücke.
71 pied de nez: franz. ein langes (dummes) Gesicht machen.
72 sans remède: hoffnungslos.
73 lustre: franz. glänzendes Aussehen.
74 it will never do: engl. es wird niemals genügen.
75 Point du tout: franz. durchaus nicht.

76 pantalons: franz. lange Hosen.
77 déjeuner champêtre: franz. Picknick; Frühstück im Freien.
78 confidence: franz. Vertrautheit.
79 j'aimerais cent fois (...): franz. ich wäre hundertmal lieber die Mätresse meines Geliebten als Königin von England und Indien.
80 solus cum sola mit ihr im Wagen: lat. alleine mit ihr im Wagen.
81 Nemesis: ausgleichende Gerechtigkeit.

Nachlaß-Briefe

1 In den folgenden Briefen handelt es sich um die Personen: Charlotte Elisabeth Bonham u. Mr. Bonham, Eltern der Rosabel Garvagh (geb. Bonham) und Harriet Bonham.
2 qui au moins (...): franz. die zumindest die Schönheit des Teufels besitzt.
3 mais ce qui ferait (...): franz. aber das, was zu einer anderen Zeit mein Glück gewesen wäre, ist im Moment zu nichts gut.
4 en train: franz. in Gang.
5 confidente: franz. Vertraute.
6 lunch (déjeuner à la fourchette): franz. Gabel-Mittagessen.
7 mais n'importe (...): franz. aber egal, man muß es vergessen.
8 hors de saison: franz. unpassend.
9 Canning: George Canning (1770-1827); engl. Politiker, verh. mit Joan Scott.
10 Je tiens (...): franz. Ich halte beide Fäden.
11 je ne me donne (...): franz. für weniger gebe ich mich nicht her.
12 mais j'ai de la peine (...): franz. aber es fällt mir schwer dies zu glauben. Ich nehme an, daß meine Stellung sie alle mehr verlockt als meine Person, und ich war nie weniger liebenswürdig.
13 disappointments: engl. Enttäuschungen.
14 (Mr. Bonham).
15 s. a. Kleine Genealogie.
16 zur Stereotypie dieses Absatzes s. a. Anm. 39.
17 Le mal (...): Das Übel, so scheint es, ist nicht zu kurieren (gemeint sind die Gerüchte um Pückler, die seine Heiratspläne immer wieder vereitelten).
18 Jämlitz: (a. Jemlitz).
19 s. a. Kleine Genealogie.

20 unsere Flitterwochen: in der Vorlage deutsch geschrieben.
21 Ainsi il ne faut (...): franz. Man muß also nicht mehr daran denken.
22 Quel enfantillage, what nonsens: franz./engl. Was für eine Kinderei, welch ein Unsinn.
23 enchantiert: (franz.) entzückt.
24 Pücklers 42. Geburtstag.
25 gemeint ist Mr. Hamlet.
26 La fortune (...): franz. Das Vermögen ist immens, und wenn ich es bekomme (...).
27 Hélas! il faut (...): franz. Ach! Du muß Dich etwas grämen.
28 pour faire mon devoir: franz. um meine Pflicht zu tun.
29 car pour la demoiselle (...): franz. weil das Fräulein aus Dummheit eine solche Stock-Engländerin und prüde Frau ist, daß ich darüber nicht das geringste Bedauern verspüre.
30 affizieren: betroffen machen.
31 Au reste nous (...): franz. Zudem werden wir wieder anfangen das Rad von neuem zu rollen, um es den Berg hinauf zu bewegen, ebenso unermüdlich wie Sisyphos.
32 Ainsi faisons (...): franz. Also tun wir was wir tun können, vernachlässigen wir nichts, aber was Dich betrifft, sei niemals besorgt, gute Schnucke, um mich.
33 sans réplique: franz. ohne Antwort.
34 qu'elles ne sont (...): franz. daß sie nur wegen ihrer schönen Augen und ihre Schmuckkassette geliebt werden.
35 une velléité: franz. eine Regung; eine Anwandlung.
36 en bon ordre: franz. in guter Manier.
37 fatiguieren: (franz.) ermüden.
38 Ostentation: Prahlerei.
39 zur Stereotypie dieses Absatzes s. a. Anm. 16.

Französische Literatur
im insel taschenbuch

Honoré de Balzac: Das Chagrinleder. Aus dem Französischen von Hedwig Lachmann. Herausgegeben von Erika Wesemann. it 1278

– Eugénie Grandet. Aus dem Französischen von Gisela Etzel. Herausgegeben von Eberhard Wesemann. it 1127

– Die Frau von dreißig Jahren. Aus dem Französischen übertragen von Werner Blochwitz. it 460

– Glanz und Elend der Kurtisanen. Aus dem Französischen von Felix Paul Greve. it 1232

– Das Mädchen mit den Goldaugen. Aus dem Französischen von Ernst Hardt. Mit einem Vorwort von Hugo von Hofmannsthal. Zehn Illustrationen von Marcus Behmer. it 60

– Tolldreiste Geschichten. Aus dem Französischen von Benno Rüttenauer. Mit Illustrationen von Gustave Doré. it 911

– Über die Liebe. Sein Weltbild aus seinen Werken. Zusammengestellt und mit einem Essay herausgegeben von Stefan Zweig. it 715

– Vater Goriot. Aus dem Französischen von Franz Hessel. Herausgegeben von Erika Wesemann. it 1167

Charles Baudelaire: Die Blumen des Bösen. Übertragen von Carlo Schmid. it 120

Pierre Augustin Caron de Beaumarchais: Die Figaro-Trilogie. Der Barbier von Sevilla oder Die nutzlose Vorsicht. Der tolle Tag oder Figaros Hochzeit. Die Schuld der Mutter oder Ein zweiter Tartuffe. Deutsch von Gerda Scheffel. Nachwort von Norbert Miller. Mit zeitgenössischen Illustrationen. it 228

William Beckford: Vathek. Aus dem Französischen von Franz Blei. Mit einem Vorwort von Stéphane Mallarmé. it 1172

Hector Berlioz: Groteske Musikantengeschichten. Aus dem Französischen von Elly Ellès. it 859

George Clémenceau: Claude Monet. Betrachtungen und Erinnerungen eines Freundes. Mit farbigen Abbildungen und einem Nachwort von Gottfried Boehm. it 1152

Alphonse Daudet: Briefe aus meiner Mühle. Aus dem Französischen übertragen von Alice Seiffert. it 446

– Montagsgeschichten. Aus dem Französischen von Eva Meyer. it 1251

– Tartarin von Tarascon. Die wunderbaren Abenteuer des Tartarin von Tarascon. Mit 45 Zeichnungen von Emil Preetorius. it 84

Denis Diderot: Erzählungen und Gespräche. Übersetzt von Katharina Scheinfuß. it 554

– Jakob und sein Herr. In der Übersetzung von Mylius. Herausgegeben von Horst Günther. it 772

152/1/10.90

Französische Literatur im insel taschenbuch

Denis Diderot: Die Nonne. Mit einem Nachwort von Robert Mauzi, die Übersetzung des Nachworts besorgte Margaret Carroux. it 31

– Rameaus Neffe. Le Neveu de Rameau. Ein Dialog. Zweisprachige Ausgabe. Übersetzt von Goethe. Mit Zeichnungen von Antoine Watteau. Herausgegeben und mit einem Nachwort versehen von Horst Günther. it 775

Alexandre Dumas: Die drei Musketiere. Aus dem Französischen von Herbert Bräuning. it 1131

– Der Graf von Monte Christo. 2 Bde. Bearbeitung einer alten Übersetzung von Meinhard Hasenbein. Mit Illustrationen von Pavel Brom und Dagmar Bromova. it 266

– Die Kameliendame. Aus dem Französischen von Walter Hoyer. Mit Illustrationen von Paul Gavarni. it 546

Marguerite Duras: Der Vize-Konsul. Roman. Deutsch von W. M. Guggenheimer. Großdruck. it 2312

Dominique Fernandez: Süditalienische Reise. Aus dem Französischen von Julia Kirchner. Mit farbigen Fotografien von Martin Thomas. it 1076

Gustave Flaubert: Bouvard und Pécuchet. Aus dem Französischen übersetzt von Georg Goyert. Mit Illustrationen von András Karakas. Mit einem Vorwort von Victor Brombert und einem Nachwort von Uwe Japp. it 373

– Drei Erzählungen. Trois contes. Übersetzt und herausgegeben von Cora van Kleffens und André Stoll. it 571

– Lehrjahre des Gefühls. Geschichte eines jungen Mannes. Übertragen von Paul Wiegler. Mit einem Essay und einer Bibliographie von Erich Köhler. it 276

– Madame Bovary. Revidierte Übersetzung aus dem Französischen von Arthur Schurig. it 167

– November. Aus dem Französischen übersetzt von Ernst Sander. Mit einem Nachwort von Monika Bosse. it 411

– Reise in den Orient. Ägypten. Nubien. Palästina. Syrien. Libanon. Aus dem Französischen von Reinhold Werner und André Stoll. Mit Photographien von Maxime Du Camp, einem Register und einem Nachwort. Herausgegeben von André Stoll. it 619

Gustave Flaubert: Salammbô. Herausgegeben und mit einem Nachwort versehen von Monika Bosse und André Stoll. Aus dem Französischen übersetzt von Georg Brustgi. it 342

– Ein schlichtes Herz und andere Erzählungen. Aus dem Französischen von Cora van Kleffens und André Stoll. Großdruck. it 2314

152/2/10.90

Französische Literatur im insel taschenbuch

Anatole France: Blaubarts sieben Frauen und andere Erzählungen. Mit Illustrationen von Lutz Siebert. Aus dem Französischen von Irmgard Nickel. it 510

Die geheimen Papiere der Gräfin Dubarry. Mit einem Nachwort von Franz Blei. it 1262

Edmond und Jules de Goncourt: Germinie Lacerteux. Aus dem Französischen von Curt Noch. it 1054

– Tagebücher. Aufzeichnungen aus den Jahren 1851-1870. Nach der ersten Gesamtausgabe der Académie Goncourt ausgewählt, übertragen und herausgegeben von Justus Franz Wittkop. it 692

Victor Hugo: Notre-Dame von Paris. Aus dem Französischen von Else von Schorn. Mit zeitgenössischen Illustrationen. it 298

Choderlos de Laclos: Schlimme Liebschaften. Mit 14 Kupferstichen. Übertragen und eingeleitet von Heinrich Mann. it 12

Madame de Lafayette: Die Prinzessin von Clèves. Roman. Aus dem Französischen von Julia Kirchner. Mit einem Nachwort von Emile Magne. it 768

Briefe der Ninon de Lenclos. Aus dem Französischen von Lothar Schmidt. Mit zehn Radierungen von Karl Walser. it 1173

Alain René Le Sage: Die Geschichte des Gil Blas von Santillana. Aus dem Französischen von Konrad Thorer. Mit Illustrationen von Daniel Chodowiecki. it 949

Pierre Carlet de Marivaux: Die Abenteuer des jungen Brideron. Eine Parodie. Übersetzt und herausgegeben von Gerda Scheffel. it 1035

– Betrachtende Prosa. Aus dem Französischen übertragen und mit einem Nachwort herausgegeben von Gerda Scheffel. it 1049

– Das Spiel von Liebe und Zufall. Und andere Komödien. Aus dem Französischen und mit einem Nachwort von Gerda Scheffel. it 805

Guy de Maupassant: Bel-Ami. Aus dem Französischen von Josef Halperin. Mit zeitgenössischen Illustrationen. it 280

– Die Brüder. Novelle. Deutsch von Ernst Weiß. Mit Illustrationen von Géo Dupuis. it 712

– Das Haus Tellier. Und andere Erzählungen. Ausgewählt und mit einem Nachwort versehen von Werner Berthel. Mit zeitgenössischen Illustrationen. Aus dem Französischen übersetzt von Helmut Bartuschek und Karl Friese. it 248

– Pariser Abenteuer. Und andere Erzählungen. Ausgewählt von Werner Berthel. Mit zeitgenössischen Illustrationen. Aus dem Französischen von Helmut Bartuschek und Karl Friese. it 106

152/3/10.90

Französische Literatur im insel taschenbuch

Guy de Maupassant: Unser einsames Herz. Herausgegeben und mit einem Nachwort versehen von Dolf Oehler. Mit zeitgenössischen Illustrationen. Aus dem Französischen von Josef Halperin. it 357

Louis Sébastien Mercier: Das Jahr 2440. Ein Traum aller Träume. Herausgegeben von Herbert Jaumann. it 1162

Prosper Mérimée: Carmen. Mit Zeichnungen von Pablo Picasso. Aus dem Französischen übersetzt von Franz Schnabel. it 361

Jules Michelet: Die Frauen der Revolution. Herausgegeben und übersetzt von Gisela Etzel. Mit zahlreichen Abbildungen. it 726

Honoré-Gabriel Mirabeau: Der gelüftete Vorhang oder Lauras Erziehung. Aus dem Französischen von Eva Moldenhauer. Nachbemerkung von Norbert Miller. it 32

– Preußische Monarchie und Französische Revolution. Briefe nach Deutschland und Kapitel aus der »Preußischen Monarchie« in der Übersetzung von Jakob Mauvillon. Herausgegeben von Horst Günther. it 1118

Molière: Der eingebildete Kranke. Aus dem Französischen von Johanna Walser und Martin Walser. it 1014

– Der Menschenfeind. Nach dem Französischen des Molière von Hans Magnus Enzensberger. it 401

Michel de Montaigne: Essays. Herausgegeben und mit einem Nachwort versehen von Ralph-Rainer Wuthenow. Revidierte Fassung der Übertragung von Johann Joachim Bode. it 220

– Tagebuch einer Reise durch Italien. Aus dem Französischen von Otto Flake. it 1074

Michel de Montesquieu: Perserbriefe. Aus dem Französischen von Jürgen von Stackelberg. Mit Anmerkungen zum Text und einem Nachwort. it 458

Blaise Pascal: Größe und Elend des Menschen. Aus den »Pensées«. Auswahl, Übersetzung und Nachwort von Wilhelm Weischedel. it 441

– Über die Religion und über einige andere Gegenstände. Aus dem Französischen übertragen und mit einem Nachwort herausgegeben von Ewald Wasmuth. it 1008

Abbé Prévost: Manon Lescaut. Geschichte des Ritters Des Grieux und der Manon Lescaut. Mit einem Nachwort von Josef Heinzelmann. Illustrationen von Franz von Bayros. Aus dem Französischen von Elisabeth von Hase und Walter Hoyer. it 518

Marcel Proust / Eugène Atget: Ein Bild von Paris. Texte und Photographien. Herausgegeben von Arthur D. Trottenberg. it 669

152/4/10.90

Französische Literatur
im insel taschenbuch

François Rabelais: Gargantua und Pantagruel. Mit Illustrationen von Gustave Doré. Herausgegeben von Horst und Edith Heintze. Erläutert von Horst Heintze und Rolf Müller. 2 Bände. Übersetzung auf Grund der maßgebenden französischen Ausgabe, unter Benutzung der deutschen Fassung von Ferdinand Adolf Gelbcke. it 77

Jean-Jacques Rousseau: Bekenntnisse. Aus dem Französischen von Ernst Hardt. Mit einer Einführung von Werner Krauss. it 823

Marquis de Sade: Justine oder Die Leiden der Tugend. Mit einem Essay von Albert Camus. Aus dem Französischen von Raoul Haller. it 1257

– Schriften aus der Revolutionszeit. Herausgegeben von Georg Rudolf Lindt. it 1117

George Sand: Geschichte meines Lebens. Aus ihrem autobiographischen Werk ausgewählt und mit einer Einleitung versehen von Renate Wiggershaus. it 313

– Indiana. Aus dem Französischen von A. Seubert. Mit einem Essay von Annegret Stopczyk. it 711

– Lélia. Aus dem Französischen von Anna Wheill. Mit einem Essay von Nike Wagner. it 737

– Lucrezia Floriani. Roman. Aus dem Französischen von Anna Wheill. it 858

– Das Teufelsmoor. Aus dem Französischen von Helene und Herbert Kühn. Mit Illustrationen von Tony Johannot. it 943

Misia Sert: Pariser Erinnerungen. Aus dem Französischen von Hedwig Andertann. Mit einem Bildteil. it 1180

Madame de Sévigné: Briefe. Herausgegeben und übersetzt von Theodora von der Mühl. Mit zeitgenössischen Kupferstichen. it 395

Anne Germaine Madame de Staël: Über Deutschland. Vollständige und neu durchgesehene Fassung der deutschen Erstausgabe von 1814 in der Gemeinschaftsübersetzung von Friedrich Buchholz, Samuel Heinrich Catel und Julius Eduard Hitzig. Herausgegeben und mit einem Nachwort versehen von Monika Bosse. Mit einem Register, Anmerkungen und einer Bilddokumentation. it 623

Stendhal: Die Kartause von Parma. Vollständige Ausgabe. Aus dem Französischen von Arthur Schurig. it 1222

– Rom, Neapel und Florenz im Jahre 1817. Aus dem Französischen von Katharina Scheinfuß und Bernhard Frank. it 1073

– Rot und Schwarz. Vollständige Ausgabe. Aus dem Französischen von Arthur Schurig. Mit einem Nachwort von Uwe Japp. it 1210

– Über die Liebe. Vollständige Ausgabe. Aus dem Französischen und mit einer Einführung von Walter Hoyer. it 124

152/5/10.90